Reinhold Scheck

Das Excel-Profiseminar:
Erprobte Lösungswege für Anspruchsvolle

Reinhold Scheck

Das Excel-Profiseminar: Erprobte Lösungswege für Anspruchsvolle

Von der Aufgabenstellung zur dynamischen Lösung.
Ganz ohne Programmierung.
Für die Versionen 2003, 2007 und höher

Reinhold Scheck: Das Excel-Profiseminar: Erprobte Lösungswege für Anspruchsvolle
Microsoft Press Deutschland, Konrad-Zuse-Str. 1, 85716 Unterschleißheim
Copyright © 2009 Microsoft Press Deutschland

15 14 13 12 11 10 9 8 7 6 5 4 3 2 1
11 10 09

ISBN 978-3-86645-5-662-4

© Microsoft Press Deutschland
(ein Unternehmensbereich der Microsoft Deutschland GmbH)
Konrad-Zuse-Str. 1, D-85716 Unterschleißheim
Alle Rechte vorbehalten

Fachlektorat und Korrektorat: Frauke Wilkens, München
Layout und Satz: Gerhard Alfes, mediaService, Siegen (www.media-service.tv)
Umschlaggestaltung: Hommer Design GmbH, Haar (www.HommerDesign.com)
Gesamtherstellung: Kösel, Krugzell (www.KoeselBuch.de)

Inhaltsverzeichnis

Wozu und wie Sie dieses Buch gebrauchen

Ein Seminarbuch? Wozu das denn?

Lernen und Vergessen – ein großes Thema in unser aller Leben. Beides gut zu können ist gleich wichtig. Eine sehr große Anzahl von Einflussfaktoren bestimmt, wie wir lernen, wie rasch und wie viel, welches Niveau wir dabei erreichen, wie lange wir es halten und ob wir es noch steigern können, wie bald und wie schnell dann von dem mit mehr oder weniger Mühe Erworbenen vieles wieder verloren geht.

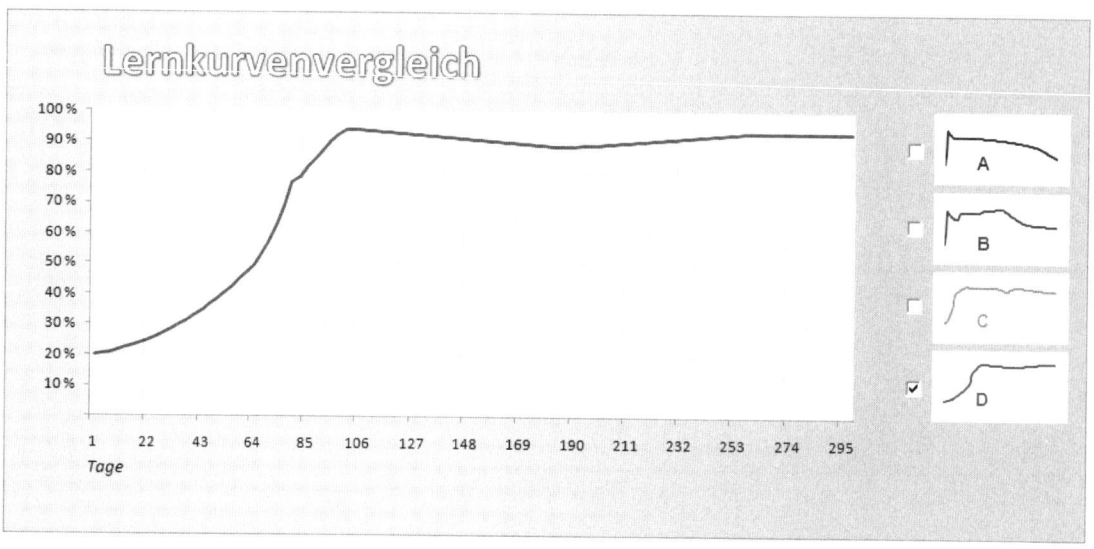

Abbildung E.1 Was Sie über Excel lernen und wie Sie es wieder vergessen, das können Sie mit Excel zeigen

Damit eine günstige Kombination aus Lernkurve, Lernplateau und Vergessenskurve zustande kommt (siehe dazu Verlauf D in Abbildung E.1) ist es bedeutsam – neben vielem anderen natürlich –, unter welchen Bedingungen Sie und wann welches Wissen erwerben, welche Möglichkeiten Sie haben oder suchen, das Erlernte anzuwenden, und welche Mittel Ihnen zur Verfügung stehen, es zu halten und zu vertiefen. Noch immer spielt das Medium Buch in solchen Prozessen eine elementare Rolle.

Mit diesem Arbeitsbuch erhalten Sie eine große Fülle von Informationen und Anleitungen. Als Dozent eines Präsenzseminars, bei dem jedes der hier angebotenen Beispiele von den Teilnehmern mit eigenen Übungen zu begleiten wäre, würde ich für die Vermittlung der Inhalte ungefähr sechs Tage ansetzen. Das allerdings nur, wenn die Teilnehmerzahl der Gruppe nicht zu groß wäre, wenn die Mitglieder gute, gleichartige Vorerfahrungen hätten und sich obendrein die Gruppe in ihrer Motivation und Zielsetzung als halbwegs homogen bezeichnen ließe. Sollte der eine oder andere dieser Vorzüge – sie kommen nicht gerade häufig vor, wie Sie wissen – entfallen, dann könnte das ganze Programm auch acht oder zehn Seminartage in Anspruch nehmen. Letzteres besonders dann, wenn auch grundlegende Arbeitstechniken und Arbeitsmöglichkeiten (hauptsächlich vermittelt im Teil B des Buches) einzuüben wären. In qualitativer und quantitativer Hinsicht ein hoher Anspruch also, von den Kosten einer solchen Veranstaltung erst gar nicht zu reden. Und mal ehrlich: Ein so skizziertes Excel-Seminar wird es in der Realität recht selten geben. Ich finde das schade. Sie auch?

Wenn ja, dann könnte Ihre Arbeit mit dem Buch in mancherlei Hinsicht geeignet sein, die Standardmängel so vieler Lehr- und Lernveranstaltungen auszugleichen. Andererseits könnte es natürlich auch helfen, ein hochwertiges Präsenzseminar vorzubereiten, es zu begleiten und/oder in seinem Erfolg zu sichern.

Natürlich wird ein Buch seine Wissensvermittlung auf andere Art leisten, als ein erfahrener Dozent es tun würde, der gelernt hat, die heterogenen Bedürfnisse seiner Zielgruppe zu verstehen und zu bündeln sowie eine Arbeitsatmosphäre zu schaffen, die ein motiviertes und rasches, also ein »erfolgreich« genanntes Lernen ermöglicht. Das müssen Sie als Leser ganz allein schaffen und – klar – das ist für viele nicht einfach, aus den unterschiedlichsten Gründen. Prinzipiell aber hat ein solches »Seminarbuch« zahlreiche Vorteile. Die wichtigsten davon will ich hier auflisten und gerne wünschen, dass sie Ihnen beim Durcharbeiten dieses Buches zum persönlichen Nutzen begegnen und späterhin den Erfolg und die Freude bei Ihrer Arbeit mit Excel mehren:

■ Das Seminarbuch folgt mit seinem Aufbau und seinen Inhalten einem didaktischen Konzept. Es benutzt einen roten Faden, überlässt es aber Ihnen, ob Sie ihm so folgen möchten, wie er gelegt ist.

■ Ihr Vor- und Fachwissen ist entweder schon ausreichend vorhanden oder aber es wird im technischen Teil des Buches den relativ hohen Anforderungen dieses Seminars angepasst. Sie erleben also nicht die frustrierenden Nachteile, wie sie eine fachlich heterogene Gruppe leider nahezu jedem ihrer Mitglieder vermitteln kann.

■ Sie stehen nicht im Leistungs- und Interessenwettbewerb mit anderen. (Dass dieser Vorteil so manchem gelegentlich auch zum Nachteil gereichen kann, sei nicht verschwiegen.)

■ Sie legen die Schwerpunkte Ihres Wissenserwerbs nach eigenen Bedürfnissen und Möglichkeiten fest. Welche Ergebnisse Sie erreichen wollen und welche Erfahrungen Sie vertiefen möchten, bestimmen Sie selbst. Ebenso wichtig: Auch was Sie nicht beachten wollen, ist ganz Ihrer Entscheidung überlassen.

■ Sie geraten nicht unter Erfolgsdruck, weil Sie die Zeittakte und die Dauer des Lernens und Übens nach eigenen Rhythmen und unter eigenen Bedingungen einrichten.

■ Ihr Seminardozent (der Autor des Buches) war ebenfalls nicht unter dem qualitätsmindernden Druck des »Das müssen wir jetzt bis zum Ende der Veranstaltung alles noch schaffen«, er konnte jeden Punkt mit jener Ausführlichkeit und Tiefe abhandeln, die er für richtig und angemessen hielt.

■ Wiederholung ist die Mutter des Lernens und Behaltens. Ein Buch dieser Art lässt Sie nicht nur das angeeignete Wissen jederzeit an einem Ort Ihrer Wahl rekapitulieren, sondern es gibt Ihnen die Möglichkeit, seine Inhalte auf alle ähnlichen Arbeitszwecke anzuwenden. Die benutzten Beispiele stammen sämtlich aus der Praxis, sind aber neutralisiert und (teilweise) abstrahiert, auch um sie leichter auf die Bedürfnisse Ihres Excel-Arbeitsplatzes übertragbar zu machen.

Es geht hier um ziemlich viel Stoff und die Ansprüche sind relativ hoch. Das sollten Sie als Herausforderung verstehen. Allerdings ist Excel ein derart inhaltsreiches und vielgestaltiges Programm, dass es hochgradig vermessen wäre zu behaupten, man könne »alles über Excel« und seine Anwendungsgebiete in ein paar Hundert Buchseiten packen. Deswegen wird – abgesehen von den Informationen des Inhaltsverzeichnisses – noch zu berichten sein, welche Themenkreise hier vordringlich zur Sprache kommen, welche anderen nur am Rande betrachtet werden können und welche unberücksichtigt bleiben.

Welche Excel-Versionen werden angesprochen?

Zahlreiche Anwender benutzten zum Zeitpunkt der Drucklegung dieses Buches (Frühjahr 2009) noch Excel 2002 (10.*) bzw. 2003 (11.*) unter Microsoft Windows bzw. die äquivalenten Fassungen unter dem Betriebssystem Macintosh. In vielen Unternehmen war die hoch innovative Programmfassung Excel 2007 noch nicht installiert und die Umstiegsbereitschaft war durchaus zögerlich zu nennen. Einer der Gründe dafür, dieses Buch relativ versionsneutral zu gestalten. Der Begriff »relativ« aus folgenden Gründen: Das Buch benutzt in seinen Erläuterungen und Abbildungen Excel 2007 und schließt teilweise, soweit bereits bekannt, auch zukünftige Programmfassungen ein. Die verwendeten Beispiele allerdings sind so angelegt und ausgestattet, dass sie in allen der oben genannten Programmfassungen, also auch in den älteren, realisierbar sind. Dieser Ansatz bedingt natürlich Verzicht. Manche der herausragenden Features von Excel 2007 werden hier keine Rolle spielen, einige der neuen Möglichkeiten bleiben unberücksichtigt. Ich werde jedoch gelegentlich darauf hinweisen, wie ich das eine oder andere unter Verwendung neuer Ressourcen besser, eleganter oder attraktiver gelöst hätte.

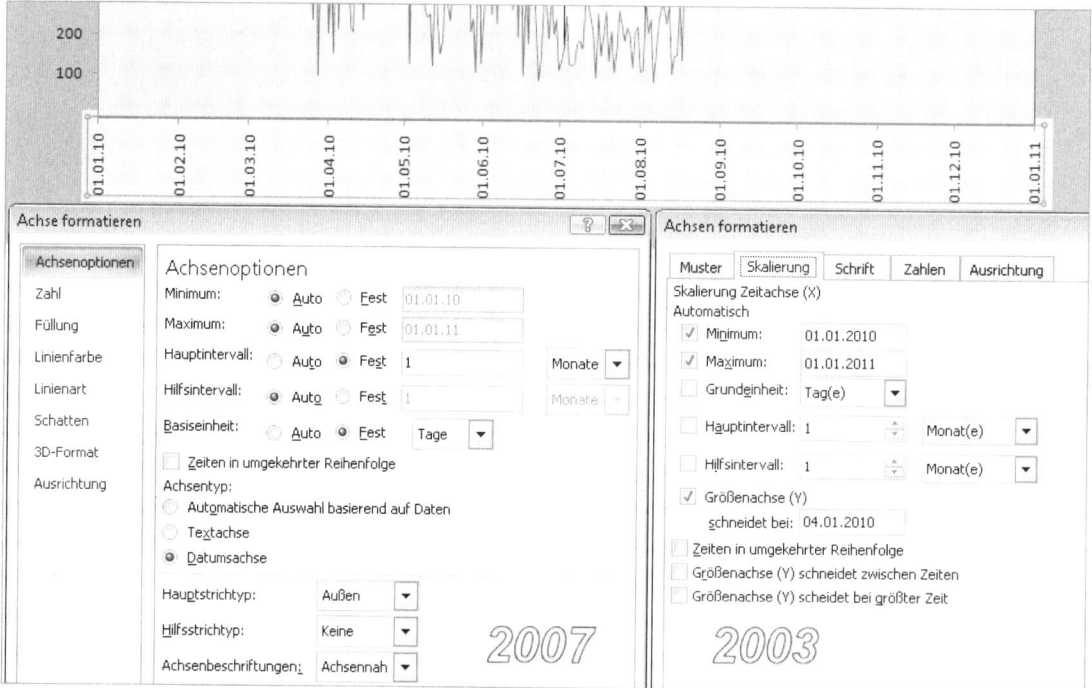

Abbildung E.2   Bei starker Unterschiedlichkeit werden synoptische Tabellen oder Bilder gezeigt

In einigen Fällen sind die Unterschiede zwischen alt und neu so stark, dass eine parallele Darstellung von Abläufen oder Anleitungen unverzichtbar ist. Um in solchen Fällen einer möglichen Verwirrung so gut wie möglich vorzubeugen, werde ich, wie in Abbildung E.2 beispielhaft gezeigt, mit Tabellen oder Abbildungen entsprechende Gegenüberstellungen anbieten. Allerdings werden dabei dann jeweils nur die Versionen 2007 und 2003 verglichen.

Andererseits gilt: Wenn ich in einer Beschreibung oder Anleitung keine der Versionen ausdrücklich erwähne, können Sie voraussetzen, dass der jeweilige Inhalt oder Vorgang in beiden Versionen identisch oder jedenfalls sehr ähnlich ist.

HINWEIS Die meisten der in diesem Buch beschriebenen Beispiele sind auch unter Excel 2000 (9.*) anwendbar, wenn auch die dort erforderlichen Vorgehensweisen in etlichen Fällen von den hier verwendeten Beschreibungen deutlich abweichen.

Abgrenzung zu anderen Büchern des Autors

Dies ist das vierte Excel-Buch, das ich in der Partnerschaft mit Microsoft Press geschrieben habe. Die anderen drei, in der Reihenfolge ihres Erscheinens:

1. »Microsoft Excel – Diagramme«, ISBN 978-3-86063-592-6, im Mai 2005
2. »Präsentieren mit Microsoft Excel«, ISBN 978-3-86645-606-8, im Juni 2006
3. »Microsoft Office Excel 2007 – Diagramme«, ISBN 978-3-86645-416-3, im Oktober 2007

Die Titel 1 und 2 wurden für Anwender der Excel-Versionen 97 bis 2003 geschrieben und sind auch als sog. Bundle unter dem Titel »Das Excel Profi-Paket« – ISBN 978-3-86645-618-1 – erschienen. Der Titel 3, thematisch und inhaltlich eine Zusammenfassung seiner beiden Vorläufer, ist ganz auf die vielfältigen Änderungen und Funktionserweiterungen der neueren Excel-Versionen (ab 2007) zugeschnitten. Er wird seit Dezember 2008 in englischer Übersetzung auch international angeboten: »Create Dynamic Charts in Microsoft Office Excel 2007 and Beyond« – ISBN 978-0-7356-2544-0.

Die vorstehende Auflistung ist zur Beantwortung zweier Fragen wichtig:

- Sie kennen bereits eines oder gar alle der vorstehend genannten Werke (Herzlichen Dank für Ihr Interesse!). Was nun erwartet Sie hier, was ist anders?

- Sie kennen die anderen Bücher nicht. Welche Inhalte würden Sie dort finden, die das hier vermittelte Wissen vertiefen oder ergänzen?

In Kürze: Bei meinen bisherigen Büchern war mir sehr wichtig, die herausragenden und relativ unbekannten Möglichkeiten von Excel als Zahlen-Präsentationsprogramm vorzustellen. Wie können Sie hoch dynamische, mit vielfältig variablen Diagrammen ausgestattete, grafisch hochwertige Visualisierungsmodelle aufbauen, ohne dazu eine einzige Zeile Programmcode verwenden zu müssen und ohne auf die prinzipiell statische Diaprojektor-Strategie von PowerPoint angewiesen zu sein? Schlagwort dazu: »Der Informationsgehalt von 100 oder mehr PowerPoint-Folien in einem einzigen Excel-Arbeitsblatt. Per Mausklick(s) sofort und vollständig fehlergepuffert abrufbar – also auch von Excel-Laien mühelos zu benutzen.« Besonderes Gewicht wurde in diesen Werken auch auf die grafische Gestaltung und Ausgestaltung, also auf die optische Überzeugungskraft der Modelle gelegt.

Im Vordergrund dieses Buches aber stehen andere, mehr anwendungstechnische Aspekte, denen ich in meinen früheren Publikationen deutlich weniger Aufmerksamkeit gewidmet habe. Es geht hauptsächlich um die variantenreiche Verwendung von Features und Ressourcen, um die geschickte und planvolle Nutzung zahlreicher Programmstandards – Überraschungen des Typs »Ach, das geht auch?« eingeschlossen.

Wie mit meinen anderen Büchern wende ich mich hier vorwiegend an eine große Mehrheit der Excel-Benutzer. Das sind jene Anwender, die in Firmen jeder Art und Größe vor diversen kalkulatorischen und analytischen Aufgaben stehen und/oder mit Berichtspflichten betraut sind und die solche Aufgaben effizient und anwendungssicher lösen möchten. Dies jedoch ohne sich von Leistungen anderer abhängig zu machen und ohne den Schritt in die Programmierung von Excel gehen zu müssen. Sie werden also hier keine Informationen zum Thema *VBA (Visual Basic for Applications)* finden, dennoch aber Lösungen entdecken, die beim Betrachter oder Nutzer Zweifel erwecken, ob solche Dynamik und Arbeitssicherheit tatsächlich ohne Programmcode realisierbar ist.

Natürlich lässt es sich keinesfalls vermeiden, dass sich zwischen den genannten Büchern und diesem hier einige Themen und Inhalte überschneiden oder wiederholen. Dafür sei im Voraus um Nachsicht gebeten. Es wäre unprofessionell oder gar fahrlässig, würde ich bestimmte Basisaspekte, die nach meiner Erfahrung in jedes Excel-Seminar gehören, nur deswegen hier weglassen, weil ich sie an anderem Ort schon einmal gleichartig oder gar gleichlautend beschrieben habe. Allerdings betrifft das nur das Wichtigste. Denn im Titel des Buches werden Lösungen für Anspruchsvolle versprochen. Dass dies auch anspruchsvolle Inhalte und planvolles Vorgehen erfordert, ist selbstverständlich.

Wie soll ich am besten vorgehen?

Das Seminar ist in zwei Teile gegliedert, die eigentlichen »Lektionen« im Teil A des Buches und die wesentlichen Informationen zur Vor- und Nachbereitung im Teil B.

In den ersten Kapiteln des Teils A will ich Sie unter Verwendung von Beispielen und Schritt-für-Schritt-Anleitungen mit grundlegenden Praktiken vertraut machen. Da geht es etwa um komfortable und effiziente Arbeitsweisen, um das komfortable Erstellen, Überarbeiten, Verschachteln und Prüfen von Formeln, um das Rechnen mit Kalenderdaten und Uhrzeiten oder um den Nutzen der vielfältig einsetzbaren Textfunktionen von Excel. In den dann folgenden Kapiteln des Teils A wird die Mehrheit dieser Basisinformationen benutzt, um in den jetzt auftauchenden und zunehmend anspruchsvoller werdenden Praxisbeispielen zügig voranzukommen.

Der Teil B ist vorwiegend technischen Informationen gewidmet. Hier beschreibe ich die Inhalte von und den Umgang mit verschiedenen Features und Ressourcen des Programms. Sie finden dort beispielsweise Standardangaben zu diversen Funktionen, zu Formatierungsarten, zur Einrichtung und Verwaltung von Bereichsnamen, zu Steuerelementen, zur Einrichtung von Diagrammen und etliches mehr.

Wie Sie mit den Inhalten dieser beiden Teile umgehen können oder wollen, wird sehr wesentlich von den Vorerfahrungen bestimmt sein, die Sie bisher mit Excel erwerben konnten. Dies pauschal nach dem gleichermaßen beliebten wie unsinnig-banalen Muster »Einsteiger – Fortgeschrittene – Experten« einzustufen, möchte ich mir und Ihnen ersparen.

Wer meine im vorigen Abschnitt erwähnten Werke bereits kennt und damit gearbeitet hat, wird mit den hier vermittelten Inhalten nur wenige Schwierigkeiten haben.

WICHTIG   Etliche Beschreibungen in diesem Buch setzen voraus, dass Sie meinen Empfehlungen zur Einrichtung von Grundeinstellungen (Optionen) für Ihre Excel-Version gefolgt sind. Diese sind keinesfalls essenziell (mit einer Ausnahme für die Anwender von Excel 2003, siehe Anmerkung weiter unten) und das eine oder andere davon mag vielleicht auch so wenig mit Ihren bisherigen Gewohnheiten übereinstimmen, dass Sie lieber in gewohnter Manier weiterarbeiten möchten. Dann aber müssen Sie bitte beachten, dass einige Arbeitsgänge nicht genau so funktionieren werden – Kleinigkeiten sind das allerdings eher –, wie sie hier beschrieben sind.

Wenn Sie diesen Nachteil vermeiden möchten, lesen Sie also bitte als Erstes in Teil B das Kapitel 9 »Grundeinstellungen« und richten Sie diese entsprechend ein.

(Für Anwender von Excel 2003 ist die Einrichtung des Add-Ins *Analyse-Funktionen* vor der Arbeit mit den Beispielen dieses Buches unerlässlich.)

Ansonsten gilt: Wenn Sie einstufen möchten, wie Sie mit den Anforderungen dieses Buches umgehen können, blättern Sie zunächst durch den technischen Teil B. Ist Ihnen das alles schon mehr oder weniger vertraut? Können Sie dort den Beschreibungen ohne Anstrengung folgen?

- Wenn ja, dann können Sie sich sofort dem Teil A zuwenden und sich dort den Beispielen und Anleitungen widmen. In diesem Fall hat der Teil B für Sie die primäre Funktion eines Nachschlagewerks.

- Wenn nein, dann sollten Sie zunächst den Teil B vollständig und sorgfältig durcharbeiten. Er hat in diesem Fall die unersetzlich wichtige Funktion eines Vorbereitungskurses.

In beiden Fällen aber gilt der Vorschlag, den Teil A in der Reihenfolge seiner Kapitel durchzugehen. Dies nicht nur wegen des schon erwähnten roten Fadens, sondern auch weil ich bei den von Kapitel zu Kapitel stets komplizierter werdenden Inhalten voraussetzen muss, dass die relevanten Vorinformationen bekannt und im besten Fall auch eingeübt sind. Damit Letzteres gut und sicher gelingt, sind auf der zum Buch gehörenden CD-ROM einige der Beispiele als vorgefertigte »Hülse« deponiert, die Sie, meinen Empfehlungen oder den Schritt-für-Schritt-Anleitungen folgend, bearbeiten, gestalten, ausstatten und einem Ergebnis zuführen sollten. Dieses Ergebnis ist ebenfalls auf der CD-ROM zu finden, Sie können sich also auf dem Weg von der Hülse zur Lösung immer wieder auch am fertigen Modell orientieren.

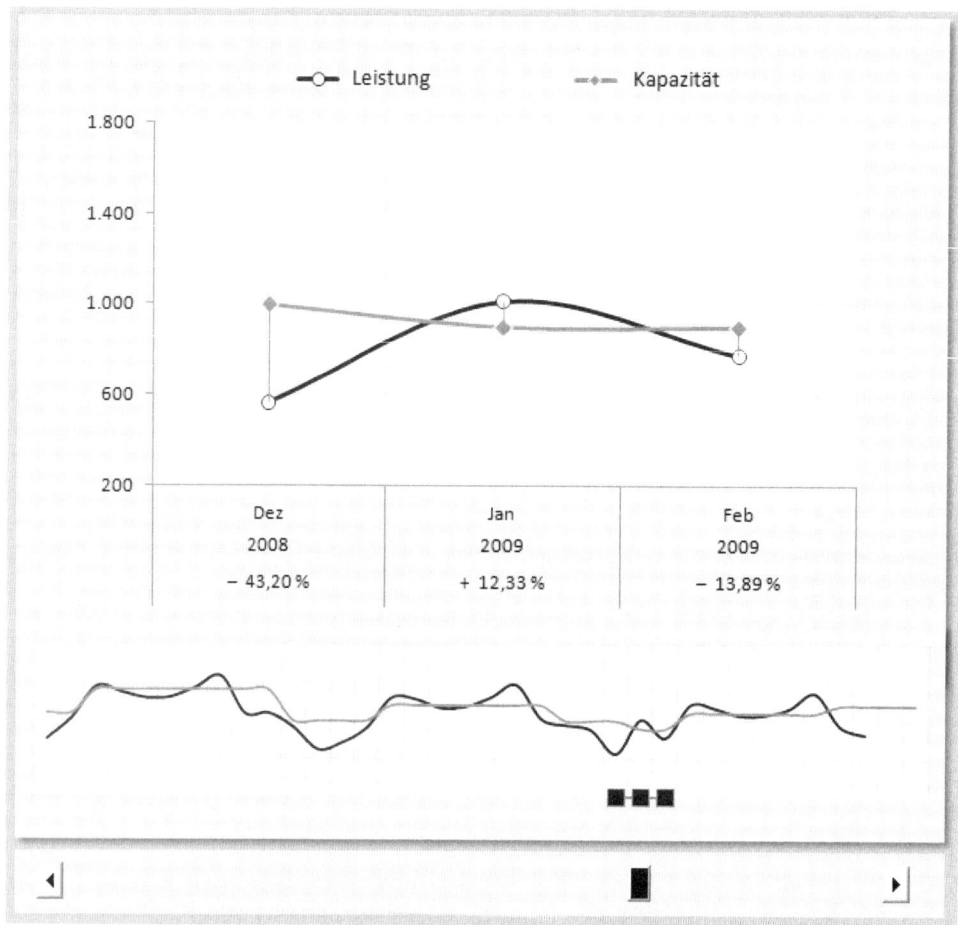

Abbildung E.3 Auf dem Weg zur fertigen Lösung gibt es viel zu beachten und zu lernen

Natürlich kann ein relativ schlankes Arbeitsbuch nicht jeden Informationsanspruch befriedigen, der während der Bearbeitung von Beispielen oder der Konstruktion von Lösungen entstehen mag. Somit möchte ich Ihnen gerne zusätzliche Quellen für den Ausbau Ihres Fachwissens empfehlen:

- Die interne Excel-Hilfe, zwar weithin nicht sonderlich beliebt, ist dennoch aber oft nützlicher als gedacht. (Was allerdings Excel 2007 betrifft ist es leider so, dass die allgemein negative Einschätzung zum Wert des Hilfemoduls sich demnächst wohl noch verstärken wird.)

- Eine häufig bessere Wahl ist die sehr vielgestaltig ausgebaute Internetplattform von »Office Online«. Hier finden Sie, z. B. unter *http://office.microsoft.com/de-de/excel/FX100646951031.aspx*, nützliche und teilweise recht gut geschriebene Informationen, die weit über das Angebot des Excel-internen Hilfemoduls hinausgehen.

- Zahlreiche Benutzerforen, Newsgroups, Blogs und private Internetpräsentationen beschäftigen sich mit Excel-Themen. Dort können Sie oft sehr gute und schnelle Antworten erwarten, auch noch auf die kompliziertesten Fragen.

- Die Listen, die Sie auf der Buch-CD-ROM im Ordner *Materialien* finden, bieten zusammenfassende Übersichten, beispielsweise zu Tastenkombinationen, Funktionen oder Zeichensätzen.

Was wird vorausgesetzt?

Die Ausführungen des vorigen Abschnitts machen deutlich, dass Sie zum Verstehen der Beispiele und zum Entwickeln eigener Lösungen keinesfalls von Anfang an über umfangreiche Anwenderkenntnisse verfügen müssen. Genau die nämlich können Sie hier erwerben. Wenn Sie meinen oben erwähnten Ratschlägen zur Vorgehensweise folgen, dürften also für Verständnis und Handhabung der vorgestellten Lösungen keine wesentlichen Schwierigkeiten auftauchen. Allerdings kann und will dieses inhaltlich anspruchsvolle Werk kein umfassend orientierendes Excel-Handbuch sein. Deshalb sind einige Windows- und Excel-Basiskenntnisse selbstverständliche Voraussetzung. Ich gehe also bei meinen Formulierungen und Anleitungen davon aus, dass Sie zu den nachstehenden Themen über ausreichende Grundkenntnisse verfügen bzw. den entsprechenden Zugang zu Informationen aus anderen Quellen haben oder suchen:

- Dateien erzeugen, speichern und (im Windows-Explorer) verwalten.

- Kenntnis der Fachbezeichnungen jener Elemente, die auf einem Excel-Bildschirm auftauchen.

- Excel-Arbeitsmappen organisieren und verwalten (z. B. Arbeitsblätter einfügen, kopieren, verschieben, löschen, umbenennen).

- Excel-Arbeitsblätter strukturell organisieren (z. B. Zellen, Zeilen und Spalten ausfüllen, kopieren, einfügen, verschieben, löschen).

- Einfache Listen und Datentabellen erstellen, formatieren und überarbeiten.

- Einfache, nicht geschachtelte Formeln verschiedener Bezugsarten (relativ, absolut, gemischt) schreiben und editieren (ändern, anpassen, vervielfältigen).

- Mit mehreren geöffneten Programmen bzw. Fenstern in Windows umgehen.

- Wissen, wie die Befehlsstrukturen Ihrer Excel-Version organisiert sind und wie Sie auf einzelne Befehle oder Features zugreifen können. Dies ist insbesondere deswegen wichtig, weil es in dieser Hinsicht zwischen den Versionen 2003 und 2007 erhebliche Unterschiede gibt, die ich in all ihrer Komplexität keinesfalls in diesem Buch vorstellen kann.

Anwendung der rS1.Methode

Wie in allen meinen Excel-Büchern ist auch hier die wesentliche Grundlage der meisten Lösungen und Modelle meine »rS1.Methode«, eine detailreich geregelte Kombination aus Tabellenfunktionalitäten, Verwendung bestimmter Funktionen bzw. Formeln und dem Gebrauch von Steuerelementen. Ich habe diesen Standard entwickelt und benutze ihn seit vielen Jahren in zahlreichen Lösungen. Sein Kern ist eine absolute, aber vielgestaltige Strukturiertheit, gekoppelt mit einer konsequenten Verwendung von Bereichsnamen bestimmter Art und vorgeschriebener Syntax.

Viele Beispiele in diesem Buch benutzen diese rS1.Methode. Was also vom Leser in Kauf zu nehmen ist: Sie müssen das Verfahren verstehen und nachvollziehen, wenn Sie die gezeigten Lösungen nachbilden möchten. An der theoretischen Methodenbeschreibung führt somit kein Weg vorbei. Die entsprechenden Erläuterungen sind aus rechtlichen Gründen nicht in den laufenden Text eingefügt, sondern auf der CD-ROM abgelegt.

CD-ROM   Sie finden die entsprechende Datei unter *\Materialien\rS1_Methode_2007.pdf*. Die dort enthaltenen Angaben sind sinngemäß auch auf die früheren Versionen von Excel anwendbar.

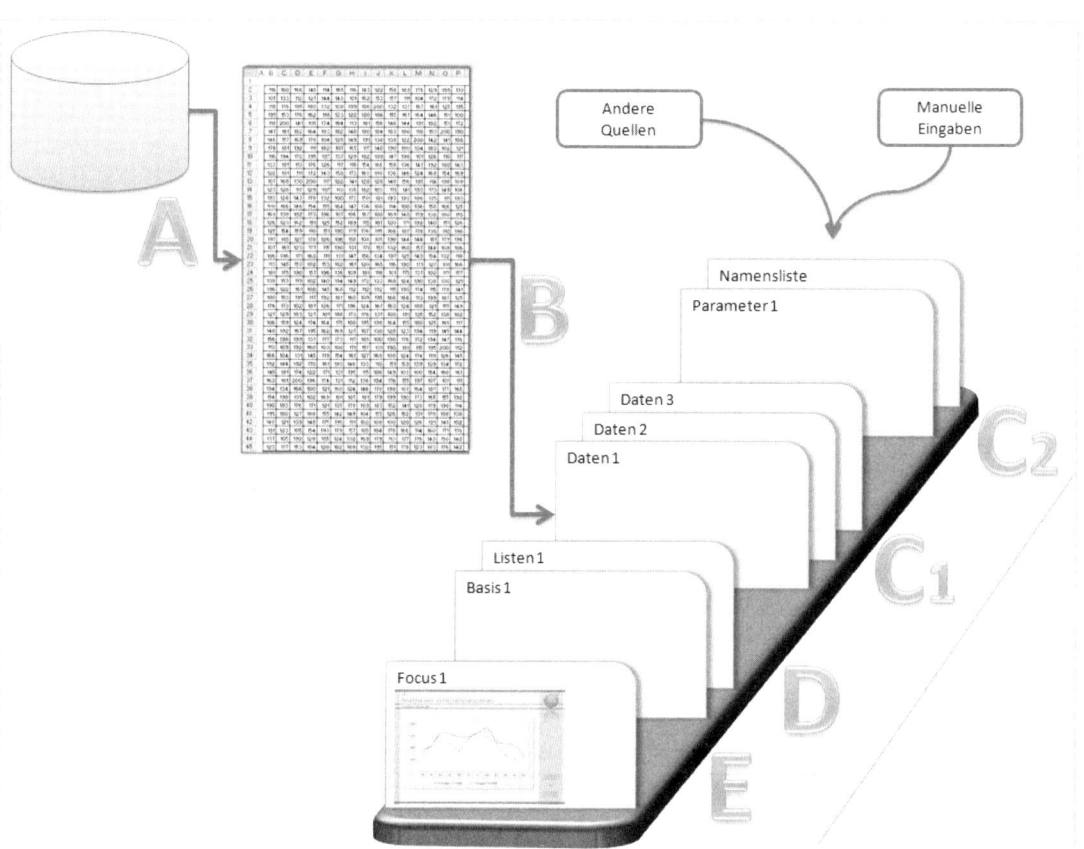

Abbildung E.4 Die rS1.Methode definiert eine standardisierte Struktur, vermeidet also den »Wildwuchs«

Sollten Sie die Methode noch nicht kennen, empfehle ich Ihnen, das Dokument auszudrucken und am besten noch vor dem Studium des Teils A, wo ab Kapitel 4 der Einstieg in Lösungen und Modelle ansteht, zu lesen. Auch weiterhin sollten Sie dann einen Ausdruck des Dokuments zum Verständnis der Beispiele und ihrer Konstruktionsart bereithalten.

Die Mühe, sich mit der rS1.Methode zunächst theoretisch zu beschäftigen, lohnt sich allemal, auch wenn das Verfahren zunächst ein wenig sperrig erscheinen mag und ungewohnte Anforderungen stellt – es wird z. B. erwartet, dass Sie Regeln befolgen und Konventionen beachten. Der große Vorteil aber: Bei der praktischen Umsetzung vermeiden Sie erfolgreich das Excel-Problem Nummer eins, den »Wildwuchs« Ihrer Lösungen. Wohl fast jeder geübte Excel-Anwender kennt diese Charakteristika:

- Arbeitsergebnisse sind unübersichtlich und für andere kaum nachvollziehbar.

- Benutzte Methoden und Wege sind nach einiger Zeit nur noch schwer interpretierbar – auch für den Entwickler der Lösung selbst.

- Sich ähnelnde Probleme werden unsystematisch und ohne Auswahl einer besten Methode verschiedenartig gelöst – »Prima, es funktioniert, dann lassen wir es jetzt so«.

- Gefundene Lösungen sind nur schwer oder gar nicht auf andere, gleichartige Aufgabenstellungen übertragbar.

Ich arbeite schon recht lange mit Excel, seit 1989. Und so ziemlich alle Fehler, die man bei der Anwendung dieses mächtigen Programms machen kann, dämliche Schusseleien eingeschlossen, habe ich selbst gemacht (manche davon beherrsche ich heute noch). Wenn ich mich als »gebranntes Kind« bezeichne und mich erinnere, was am meisten wehtat in dieser Phase, dann waren das fast immer die Folgeerscheinungen einer unbedachten, dem Prinzip von Versuch und Irrtum folgenden Arbeitsweise. Das war der Hauptanlass dafür, ein Strukturierungsverfahren für meine Excel-Projekte zu entwickeln und es auf solche Lösungen zu übertragen, die zwar völlig auf Programmierung verzichten, dennoch aber hohe, bisweilen gar sehr hohe Ansprüche an ein leicht nachvollziehbares Regelwerk stellen, genauso wie ein auf der Basis von Richtlinien mit VBA oder einer anderen Sprache programmiertes Modell.

Das Ergebnis war wirklich verblüffend günstig und ist es bis heute geblieben:

- Sie suchen etwas und finden es auch.

- Besser noch: Sie wissen schon vorher, wo Sie und was Sie *nicht* suchen müssen.

- Sie verstehen auch noch Monate oder Jahre später selbst hoch komplizierte und seit Langem nicht mehr benutzte Formeln und Strukturen ohne große Mühe.

- Kenner und Anwender der Methode begreifen ohne umfangreiche Erläuterungen die Inhalte und Lösungswege auch fremder Modelle.

- Ihre Lösung ist leicht und elegant auf ähnliche Aufgabenstellungen übertragbar.

Gestaltung und Materialien

Im letzten Abschnitt dieser Einführung geht es um formale und strukturelle Aspekte des Buches:

Schreibweisen

Die Orthografie beachtet die Regeln der neuen deutschen Rechtschreibung mit Stand vom Herbst 2006. Bei der Textverarbeitung finden die Vorgaben der DIN 5008 Anwendung.

Die im Buch gebrauchte Terminologie benutzt, soweit sie sich auf Funktionalitäten von Microsoft Excel bezieht, jene Begriffe, wie sie in den deutschen Fassungen der Programmversionen

2003 und 2007 zu finden sind. Dies gilt auch dann, wenn solche Schreibweisen nicht mit deutschen Rechtschreibregeln oder mit DIN-Vorgaben übereinstimmen.

Englische oder gemischtsprachige Begriffe kommen insoweit zum Einsatz, als sie auch in den genannten deutschsprachigen Excel-Versionen vorhanden sind (wie z. B. »Add-Ins« oder »Diagrammtools«). Ansonsten jedoch werden die in der Softwarebranche so beliebten Anglizismen nach Möglichkeit vermieden. Ausnahmen davon sind Begriffe, die im Deutschen bereits fest integriert sind und mit deutschen Wörtern nicht gut bzw. nicht allgemein verständlich ausgedrückt werden können (wie z. B. »Link«, »online« und Ähnliches).

Für Funktionen und Formeln gilt Folgendes:

Zur abstrakten Beschreibung bzw. Erläuterung einer Funktion und ihrer Argumente wird in Teil B, Kapitel 11 die Syntaxdarstellung benutzt. Hierbei wird natürlich jede Funktion einzeln dargestellt.

Schreibweisen Syntax
=INDEX(Matrix;Zeile;Spalte)
=BEREICH.VERSCHIEBEN(Bezug;Zeilen;Spalten;Höhe;Breite)
=INDIREKT(Bezug;A1)

Zur Wiedergabe der praktischen Anwendung einer Funktion, also zur Erläuterung einer im Arbeitsblatt benutzten Formel, wird im Teil A des Buches natürlich die tatsächliche Schreibweise benutzt. Dabei kommt es selbstverständlich auch zur Darstellung kombinierter oder verschachtelter Varianten und, bei Anwendung der rS1.Methode, zwischen den Klammern häufig zu einer Mischung aus Namens- und Zellbezügen.

Schreibweisen Anwendungspraxis
=INDEX(rL1.Konten01Liste;rL1.Konten01Ausw;1)
=SUMME(BEREICH.VERSCHIEBEN(rB1.Kostenstellen;0;0;1;rL1.Kum01Ausw))
=BEREICH.VERSCHIEBEN(INDIREKT(Y$9);$L16;Y$7)

Beispieldateien und Materialien

Auf der dem Buch beigegebenen CD-ROM sind etliche Beispieldateien und Materialien bereitgestellt.

- *Beispieldateien* sind halbfertige oder fertig ausgearbeitete Excel-Arbeitsmappen, mit denen die Ausführungen der einzelnen Kapitel unterstützt werden. Deshalb sind solche Dateien in einem Hauptordner mit dem Namen *Buch* abgelegt. Die meisten Beispieldateien sind für die Nutzer der verschiedenen Excel-Versionen in zwei unterschiedlichen Formaten deponiert. Deswegen enthält der Ordner *Buch* zwei Unterordner, nämlich *Buch\2003xls*\ und *Buch\2007xlsx*. Im Erstgenannten sind die Dateien im Format »Excel 97-2003-Arbeitsmappe (*.xls)« abgelegt, im Zweitgenannten im 2007-Standardformat »Excel-Arbeitsmappe (*.xlsx)«.

HINWEIS   Wenn Sie mit den Beispieldateien arbeiten möchten, ist es sehr empfehlenswert, sie von der CD-ROM auf Ihre Festplatte zu kopieren und ihnen dort einen anderen Namen zu geben.

Viele Arbeitsblätter der Beispieldateien sind – ohne Kennwort – geschützt. Dies betrifft in einem Fall auch die Arbeitsmappe. Dieser Schutz hat vorwiegend den Zweck, beim Arbeiten mit den Dateien vor bestimmten Fehlern, wie etwa vor dem versehentlichen Überschreiben von Formeln, zu schützen. Sie können diesen Schutz natürlich jederzeit aufheben.

Einige Beispieldateien haben ein Präsentationsarbeitsblatt (oder mehrere solcher Blätter) mit dem Blattnamen *Focus 1* (*Focus 2* usw.). Diese Arbeitsblätter sind für eine Bildschirmauflösung von 1024 x 768 Pixeln ausgelegt. Dies vorwiegend deshalb, weil die meisten neuzeitlichen Beamer eine solche Auflösung problemlos beherrschen, eine höhere oft aber leider noch nicht oder jedenfalls nicht in ausreichender Qualität.

- *Materialien* sind Dateien verschiedener Art, mit denen ich Ihre Arbeit und Ihre Übersicht unterstützen will. Solche Dateien sind in einem Hauptordner mit dem Namen *Materialien* abgelegt. Dieser benutzt ebenfalls die vorstehend beschriebene Versionsunterteilung.

Register

Wenn Sie dieses Buch als Nachschlagewerk benutzen möchten, helfen Ihnen zwei unterschiedliche Indizes:

- Im *Praxisindex* finden Sie Verweise auf Seiten, die Beschreibungen spezifischer Arbeitsgänge oder Schritt-für-Schritt-Anleitungen enthalten.

- Im *Stichwortverzeichnis* sind Schlagwörter, Fachbegriffe und Funktionen aufgelistet.

Teil A

Kapitel 1

Gute Angewohnheiten

In diesem Kapitel:

Gute Angewohnheiten? Das ist zumeist jenes Verhalten, von dem andere meinen, wir sollten es zeigen. »Iss deinen Teller leer.« »Iss doch nicht immer so viel.« »Entspanne dich, ruh sich aus.« »Mach mehr Sport.« »Sei nicht so aggressiv.« »Du musst auch mal lernen, dich durchzusetzen.« »Benutze die rechte Maustaste.« Irgendwann mag man das alles nicht mehr hören. »Aber wir meinen es ja nur gut.« Das mag man irgendwann schon erst recht nicht mehr hören.

Was also soll ich machen? Da will ich Ihnen gleich zu Anfang ein paar empfehlenswerte Arbeitsweisen vorstellen – also gute Ratschläge erteilen – und Sie wollen es gar nicht mehr hören. Obwohl ich es doch nur gut meine. Egal jetzt, da müssen wir durch. Denn schlechte Angewohnheiten beim Umgang mit Excel kenne ich so viele (und musste mir selbst etliche davon mühsam abgewöhnen), dass ich einfach nicht zusehen mag, wie so mancher sich, bis hin zum Krampf, ein Vielfaches an Arbeit zumutet, als es zur Bewältigung einfacher Standardaufgaben nötig wäre. Manches geht eben viel besser und einfacher, als mancher denkt. Und solcherlei Erfahrung liefert nun mal den kaum unterdrückbaren Impuls zur Weitergabe von Empfehlungen – ob vom Empfänger gewünscht oder nicht –, Sie werden das kennen.

So wird die Arbeit komfortabler

Fast alle PC-Benutzer aus meinem Bekannten- und Kundenkreis haben sich den Umgang mit dem PC, die Handhabung unterschiedlicher Anwendungsprogramme oder das Arbeiten mit Maus und Tastatur im Wesentlichen selbst beigebracht. Das ist schon schlimm genug. Noch schlimmer, was teilweise dabei herausgekommen ist. Dabei spreche ich schon gar nicht erst von den auf Dauer krank machenden Arbeitsplätzen, von miserablen Beleuchtungen oder von Körperhaltungen, die nur für den Broterwerb von Orthopäden und Physiotherapeuten erfreulich sind. Allein schon diese merkwürdigen, unkoordinierten Handgriffe – Missgriffe eher – bei der kombinierten Verwendung von Maus und Tastatur – es ist einfach ein Jammer. Wenn Sie sehen würden, auf welche Art ich dieses Buch schreibe, würden Sie schnell verstehen, was ich mit »Jammer« meine. Niemand hat mir früher gezeigt wie es besser geht, niemals, als es noch an der Zeit war, hatte ich Bedürfnis oder Antrieb, es besser zu lernen. Jetzt ist bei meiner 4- bis 7-Finger-Schreiberei mit Word jeder Ablauffehler schon so fest eingeschliffen, besonders dieses alberne, völlig unnötige Hin und Her zwischen Tastatur und Maus, dass ich zwar einsichtig bin, nicht aber auf gutem Weg zur Besserung. Also hilft nur jammern.

Ganz anders aber mit Excel. Hier, bei meinem Lieblingsprogramm, habe ich mir doch etliches an Koordiniertheit und Erleichterungen angewöhnt, was ich in diesem Seminar gerne zum Thema für erste »Fingerübungen« machen will. Auch wenn solche Angaben mehr in den technischen Teil B des Buches gehörten, als Grundlagen für alles Folgende sind sie so wichtig, dass ich derartige Inhalte nicht im Nachschlageteil deponieren möchte. Öffnen Sie also bitte eine neue, leere Excel-Arbeitsmappe und probieren Sie selbst aus, was hier angeregt wird.

Vorab noch ein Hinweis, danach zwei einfache Grundregeln:

HINWEIS   Ab sofort setze ich bei meinen Ausführungen voraus, dass Sie in Ihrer Excel-Version jene Grundeinstellungen gesetzt haben, die ich in Kapitel 9 des Teils B empfohlen habe.

- Wenn Sie gerne und flott mit der Tastatur arbeiten, benutzen Sie so viele Tastenkombinationen wie möglich. Davon gibt es in Excel einige, die ausgesprochen nützlich, aber wenig bekannt sind. Etliche davon werden Sie bei der Arbeit mit diesem Buch schätzen lernen. (Ein entsprechendes Verzeichnis finden Sie auf der CD-ROM im Ordner *Materialien* und dem zu Ihrer Programmversion passenden Unterordner.)

- Wenn Sie mehr der »Mausarbeiter« sind, versuchen Sie herauszufinden, was unter Excel so alles mit Links- und Rechts- und Doppelklicks oder mit Mausaktionen in Verbindung mit verschiedenen Tastendrücken geht. Auch dazu liefert Ihnen dieses Buch vielleicht die eine oder andere Überraschung.

Die rechte Maustaste und andere Zugriffe auf Kontextmenüs

Die Nutzung von Kontextmenüs ist schon seit Langem ein Vorteil gewesen, in Excel 2007 ist er noch größer geworden. Ein paar Beispiele dazu. Zunächst im Zusammenhang mit Abbildung 1.1:

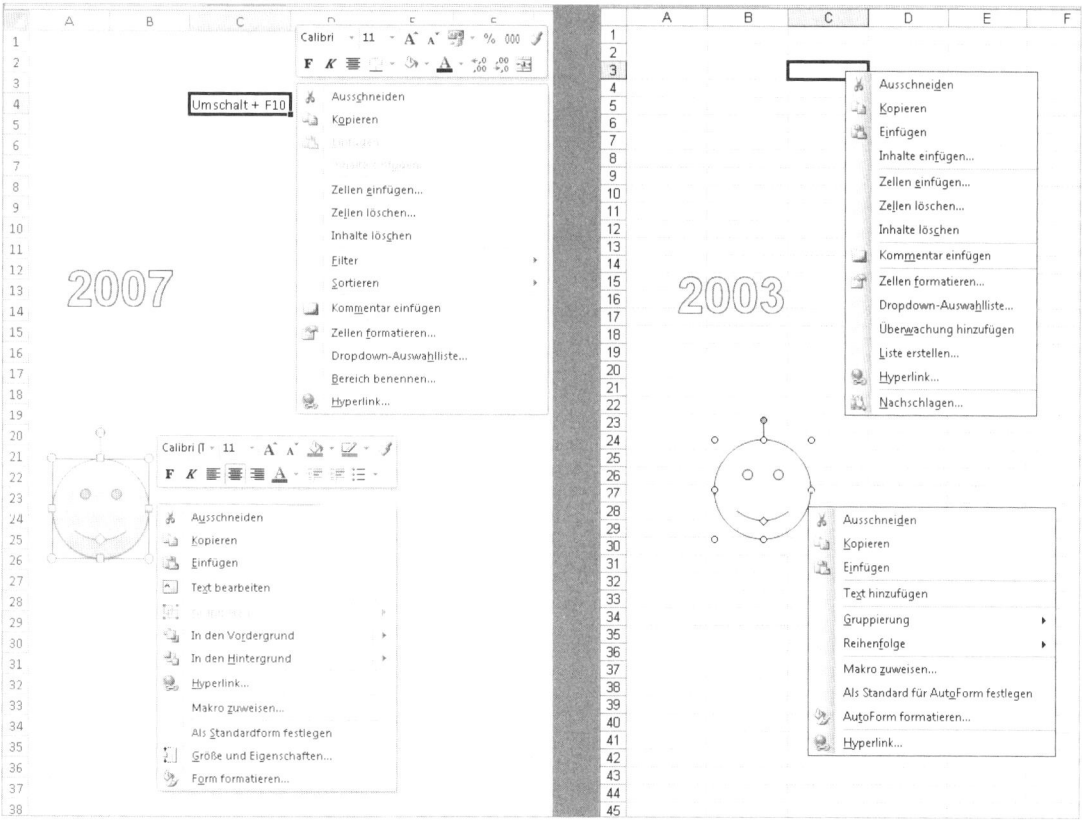

Abbildung 1.1 Verzichten Sie nicht auf die Vorteile der Kontextmenüs

Verwendung der Maus

Wenn Sie ein Element oder ein Objekt mit der rechten Maustaste anklicken, erscheint ein dazu passendes Kontextmenü, das Ihnen einen Teil jener Befehle anbietet, die auf das aktivierte Element oder Objekt anwendbar sind. So weit, so bekannt. Neu in Excel 2007 ist eine zusätzlich ober- oder unterhalb des Kontextmenüs auftauchende sog. *Minisymbolleiste*, die Ihnen die wichtigsten Formatierungsoptionen offeriert. Sehr interessant sind hier beim Rechtsklick auf Zellen auch die unmittelbar einsetzbaren Kontextoptionen *Filter*, *Sortieren* und – besonders bei Anwendung der rS1.Methode – *Bereich benennen*.

Excel 2007 benutzt außer der sog. *Symbolleiste für den Schnellzugriff* keine Symbolleisten mehr. Der Rechtsklick auf das genannte Element bringt lediglich ein paar uninteressante Befehlsmöglichkeiten zum Vorschein, die auf anderen Wegen schneller bzw. sicherer ansprechbar sind. Unter Excel 2003 hingegen erzeugt der Rechtsklick auf eine beliebige Symbolleiste oder in den Symbolleistenbereich eine Liste aller in dieser Installation verfügbaren Symbolleisten, lässt Sie also weitere dieser Befehlsgruppenelemente hinzufügen.

Auch der Rechtsklick auf eine der beiden *Bildlaufleisten* bringt ein Kontextmenü zum Vorschein, das Ihnen einige Optionen zum Bildlauf anbietet. Diese sind aus meiner Sicht jedoch nur selten hilfreich und daher eher zu vernachlässigen.

Wesentlich wichtiger und nützlicher bei der alltäglichen Arbeit sind die Rechtsklicks am unteren Fensterrand. Zunächst unter Excel 2003 in Zusammenhang mit Abbildung 1.2:

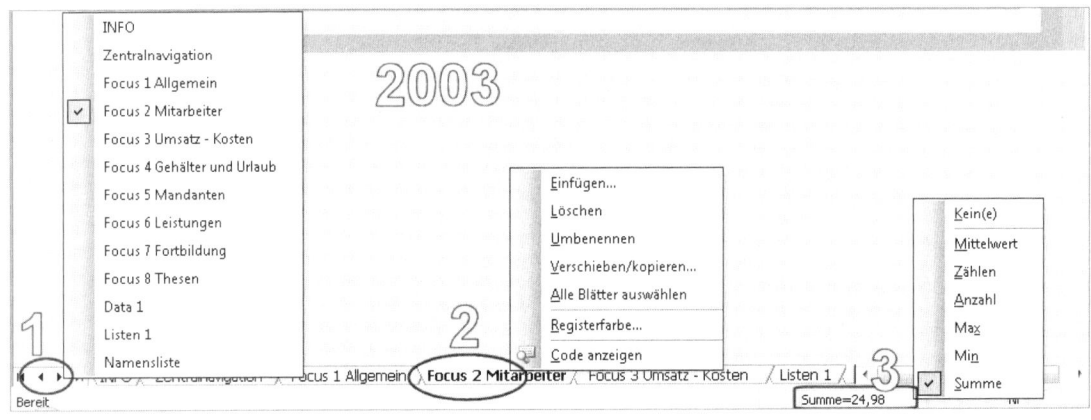

Abbildung 1.2   Arbeitserleichterungen gibt es auch in der Statusleiste zu entdecken

1. Ein Rechtsklick auf die Navigationspfeile im linken Bereich der *Blattregisterkarten* erzeugt eine Auswahlliste aller Arbeitsblätter dieser Arbeitsmappe. Besonders in großen Arbeitsmappen also wird damit der Zugriff auf ein bestimmtes Arbeitsblatt sehr erleichtert.

2. Der Rechtsklick auf einen Blattnamen der *Blattregisterkarten* eröffnet einige wichtige Arbeitsmöglichkeiten für das aktive Blatt.

3. Wenn Sie Zellen mit Zahlen markiert haben, wird als Standard deren Summe in der *Statusleiste* angezeigt. Relativ unbekannt ist immer noch, dass ein Rechtsklick auf diese Anzeige (oder auf eine beliebige andere Stelle der *Statusleiste*) auch andere Kalkulationen der mar-

kierten Zahlen ermöglicht. Gerade in der Entwicklungsphase einer Anwendung ist dies eine sehr nützliche Option, um die Richtigkeit von Formelergebnissen überprüfen zu können.

Abbildung 1.3 Viel mehr zu beachten und zu schalten gibt es unter Excel 2007

Dann unter Excel 2007 in Zusammenhang mit Abbildung 1.3:

1. Für den Rechtsklick auf die Navigationspfeile im linken Bereich der *Blattregisterkarten* gilt das oben für die Vorversionen Gesagte.

2. Neu und bedeutsam ist, dass nach dem Rechtsklick auf einen Blattnamen der *Blattregister-karten* auch das Aus- und Einblenden des aktiven Blattes und dessen Schutz angeboten wird.

3. Ein Rechtsklick auf eine beliebige Stelle der *Statusleiste* öffnet eine komplexe Liste, die Ihnen Zugriffe auf diverse Optionen und deren Aktivierung bzw. Deaktivierung erlaubt.

Verwendung von Tasten

Bei markierten Zellen oder Objekten können Sie die Kontextmenüs auch mittels der Tastatur öffnen. Die neuzeitlichen Tastaturen (für Windows-PC) verfügen über eine entsprechende Zugriffstaste, die sich meistens rechts neben der `Leertaste` befindet. Sollte eine solche Taste nicht vorhanden sein, können Sie auch die Tastenkombination `⇧`+`F10` benutzen. Beides entspricht also dem Klick mit der rechten Maustaste. Vorausgesetzt ist jedoch die vorherige Markie-rung eines Zellbereichs oder eines Objekts. Damit ist als Einschränkung verbunden, dass Sie mit der Tastatur nicht unmittelbar auf die Kontextmenüs nicht markierbarer Bildschirmbereiche (z. B. *Symbolleisten* unter Excel 2003, *Statusleiste* usw.) zugreifen können.

Viele Anwender haben sich in jahrelanger Praxis daran gewöhnt, Befehle mittels einer Tasten-kombination aus `Alt` und in Menübefehlen unterstrichenen Zeichen (*Accelerator*) aufzurufen. Diese Möglichkeit ist ab Excel 2007 sehr unkomfortabel geworden, jedenfalls was den Zugriff auf die Befehle der *Multifunktionsleiste* (*Ribbon*) betrifft. Bei der Nutzung der Kontextmenüs allerdings funktioniert es auch noch wie gewohnt. Im Zusammenhang mit Abbildung 1.3, Ziffer 2: Hier würde also bei geöffnetem Kontextmenü ein Antippen der Taste ⓑ genügen, um das Dialogfeld zum Blattschutz aufzurufen.

Kontextmenüs in Diagrammen

Egal ob Sie mit der Maus oder mit Tasten auf solche Menüs zugreifen, deren Zusammenstellung der Befehlsmöglichkeiten ist stets kontextsensitiv. Das kann besonders beim Umgang mit Diagrammelementen einige Verwirrung erzeugen, wenn Sie dort mit der rechten Maustaste arbeiten: Wenn Sie genau auf ein spezifisches Element zeigen (eine *Datenreihe*, eine *Gitternetzlinie*, eine *Legende* usw.) und dann klicken, erhalten Sie den Befehlssatz für dieses Element. Wenn Sie allerdings versehentlich auf ein eng benachbartes anderes Element gezeigt haben, erhalten Sie eben dessen Kontextmenü. Wenn Sie in eine scheinbar »freie Fläche« des Diagramms klicken, kommt es wiederum darauf an, ob der Mauszeiger auf die *Zeichnungsfläche* gerichtet war oder außerhalb davon auf die *Diagrammfläche*. Achten Sie also auf die bisweilen sehr unterschiedlichen Ergebnisse Ihrer Mausaktionen.

Wenn Sie hingegen, was oft praktischer ist, die Diagrammelemente unter Verwendung von ⬆, ⬇, ⬅, ➡ mit der Tastatur ansteuern und somit also markieren, ist bereits vor Aufruf des Kontextmenüs deutlich sichtbar, auf welches Element sich Ihre nächste Aktion beziehen wird. Dass diese dann ebenfalls mittels Tasten zu erfolgen hätte, ist naheliegend.

> **HINWEIS**   Ab dem nächsten Abschnitt tauchen, zunächst an einigen Stellen, dann immer häufiger, Formeln unterschiedlicher Art und Komplexität auf. Was Sie über einzelne Excel-Funktionen und deren Argumente wissen sollten, erfahren Sie in Kapitel 11 in Teil B. Wie Sie auf relativ einfache und sichere Art Formeln schreiben und prüfen können, das ist Thema eines Abschnitts weiter unten in diesem Kapitel.

Markieren und Navigieren

Zunächst soll ein Block mit wechselnden Zahlen erzeugt werden. Bitte benutzen Sie dazu die Funktion ZUFALLSBEREICH (die Ihnen unter Excel 2003 nur dann zur Verfügung steht, wenn Sie, wie in Kapitel 9 »Grundeinstellungen« in Teil B empfohlen, das *Add-In Analyse-Funktionen* aktiviert bzw. nachinstalliert haben).

1. Markieren Sie die Zelle C5 und geben Sie den Text *Jan* für den Monat Januar ein. Ziehen Sie dann mit dem Ausfüllkästchen nach rechts bis in Zelle H5, sodass eine Spaltenbeschriftung mit Monatsnamen von *Jan* bis *Jun* entsteht. Markieren Sie die gesamte Zeile 5 und weisen Sie ihr die Schriftformatierung *Fett* zu.

2. Markieren Sie die Zelle B6 und geben Sie den Text *Kst 01* für die Kostenstelle 1 ein. Ziehen Sie dann mit dem Ausfüllkästchen nach unten bis in Zelle B15, sodass eine Zeilenbeschriftung mit Kostenstellenbezeichnungen von *Kst 01* bis *Kst 10* entsteht. Markieren Sie die gesamte Spalte B und weisen Sie ihr die Schriftformatierung *Fett* zu.

3. Markieren Sie die Zelle C6, halten Sie dann die Taste ⬆ gedrückt und klicken Sie auf die Zelle H15. Auf diese Weise haben Sie nun einen Block aus 60 Zellen markiert. Aktive Zelle (ein wichtiger Begriff in Excel) ist weiterhin C6. Diese Koordinatenbezeichnung sehen Sie (vgl. Abbildung 1.4, Ziffer 1) im sog. *Namenfeld* links neben der *Bearbeitungsleiste*, auch dann, wenn sich die aktive Zelle nicht im sichtbaren Teil des Bildschirms befindet. Im markierten

Bereich soll nun eine variable Zahlenmatrix entstehen. Dazu geben Sie, und zwar in alle markierten Zellen gleichzeitig, eine Formel ein.

4. Schreiben Sie in der *Bearbeitungsleiste* die Formel =ZUFALLSBEREICH(101;999) und schließen Sie die Eingabe nicht, wie vielleicht gewohnt, mit [↵] ab, sondern mit der äußerst hilfreichen Tastenkombination [Strg]+[↵]. Mit dieser Mehrfacheingabe (mehr dazu noch weiter unten) haben Sie den Inhalt der aktiven Zelle in alle markierten Zellen übertragen. Das funktioniert übrigens auch dann, wenn Sie keinen zusammenhängenden Block ausgewählt, sondern zuvor, z. B. mit [Strg] und Mausaktionen, eine Mehrfachmarkierung erzeugt haben.
5. Belassen Sie die Markierung. Die Zahlen, aus Formeln innerhalb der von Ihnen festgelegten Spanne zufällig generiert, können Sie jetzt mit Drücken der Taste [F9] (Neuberechnung also) jederzeit verändern. Weisen Sie dem Bereich ein Zahlenformat mit 1000er-Trennzeichen zu, auch wenn es die Zahlen, bislang jedenfalls, nicht benötigen.

Das Ergebnis sollte jetzt der Abbildung 1.4 entsprechen.

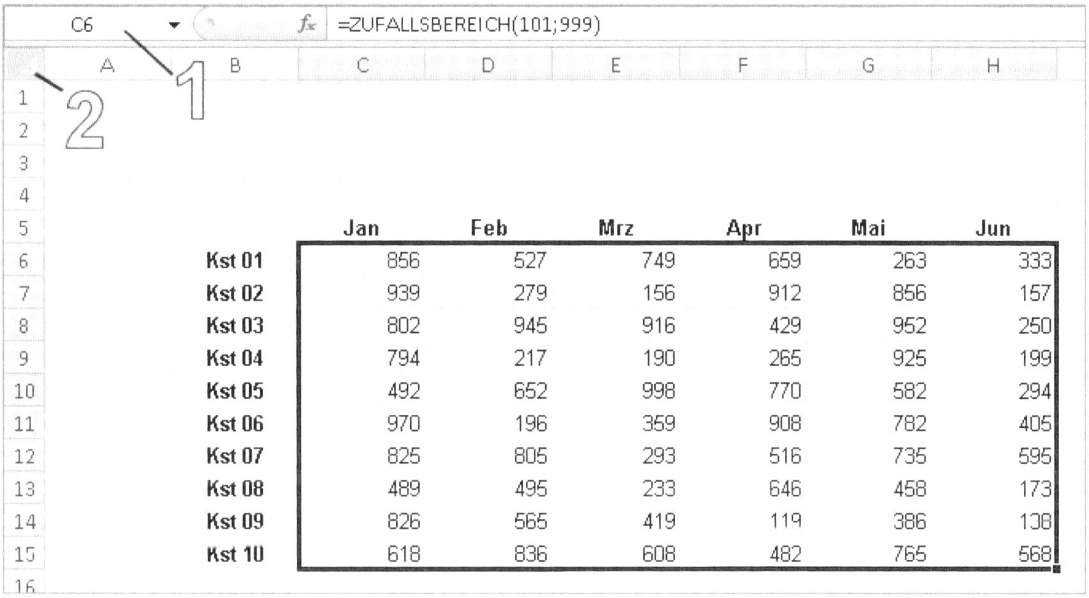

	Jan	Feb	Mrz	Apr	Mai	Jun
Kst 01	856	527	749	659	263	333
Kst 02	939	279	156	912	856	157
Kst 03	802	945	916	429	952	250
Kst 04	794	217	190	265	925	199
Kst 05	492	652	998	770	582	294
Kst 06	970	196	359	908	782	405
Kst 07	825	805	293	516	735	595
Kst 08	489	495	233	646	458	173
Kst 09	826	565	419	119	386	138
Kst 10	618	836	608	482	765	568

Abbildung 1.4 Eine Zahlenmatrix mit Zeilen- und Spaltenbeschriftungen

HINWEIS Die Formel =ZUFALLSBEREICH(101;999) erzeugt also eine zufällige Ganzzahl zwischen 101 und 999. Dasselbe würden Sie mit der Formel =GANZZAHL(ZUFALLSZAHL()*(999-101)+101) erreichen, deren Wertespanne also nach dem Muster =ZUFALLSZAHL()*(b-a)+a definiert wird.

Die keine Argumente benutzende Formel =ZUFALLSZAHL() liefert eine Zahl größer oder gleich 0 und kleiner als 1. Mehr dazu in Teil B, Kapitel 11.

Nun soll es um ein paar verschiedene Markierungsvarianten des Zahlenbereichs gehen. Stellen Sie sich bei allen Aktionen bitte grundsätzlich vor, dass dieser Bereich sehr viel größer, also nicht vollständig auf dem Bildschirm zu sehen ist. Dann wird schnell klar, welche Vorteile aus den hier vorgestellten Arbeitsweisen resultieren. Zuvor aber ein kleiner Ausflug:

1. Markieren Sie die Zelle A1. Drücken Sie die Tastenkombination `Strg`+`↓`. Sie gelangen in die letzte Zeile des Arbeitsblatts. Das ist bei Excel 2003 die Zeile 65.536 und bei Excel 2007 die Zeile 1.048.576.

2. Drücken Sie die Tastenkombination `Strg`+`→`. Sie gelangen in die letzte Spalte des Arbeitsblatts. Das ist bei Excel 2003 die Spalte IV bzw. 256 und bei Excel 2007 die Spalte XFD bzw. 16.384. (Das Excel 2007-Arbeitsblatt hat ein Volumen, das 1024-mal größer ist als das des Excel 2003-Arbeitsblatts. Davon wird in Kapitel 17 noch die Rede sein.)

3. Mit der Tastenkombination `Strg`+`↑` gelangen Sie wieder in Zeile 1, mit der Tastenkombination `Strg`+`←` wieder zurück zur Zelle A1.

Auf diesem Weg haben Sie also die Grenzen des Arbeitsblatts ausgelotet. Dasselbe machen Sie mit dieser Vorgehensweise in einem mit Daten (lückenlos) gefüllten Zellbereich. Markieren Sie in dem oben erzeugten Zahlenblock die obere linke Zelle, also C6, und wandern Sie mit den vorstehend erwähnten Tastenkombinationen zu den Eckpunkten der Blocks. Kehren Sie zurück zur Zelle C6. Hätte der Bereich auch leere Zellen enthalten, hätten Sie, bei weiterhin gedrückter Taste `Strg`, so oft die entsprechende Pfeiltaste drücken müssen, bis Sie am gewünschten Richtungsziel angekommen wären.

Im nun folgenden Arbeitsgang sollen der gesamte Wertebereich bzw. Teile davon markiert werden. Beginnen Sie wieder bei Zelle C6.

- Halten Sie die Taste `⇧` gedrückt und drücken Sie wiederholt und so häufig die Taste `↓`, bis Sie die gewünschte Anzahl von Zellen in dieser Spalte markiert haben. Wenn Sie die Taste `↓` bei dieser Aktion dauerhaft gedrückt halten, läuft die Markierung so lange abwärts, bis Sie die Taste loslassen. Dasselbe funktioniert natürlich auch in horizontaler Richtung mit `⇧`+`→`.

- Halten Sie die Tasten `Strg`+`⇧` gedrückt und drücken Sie die Taste `↓`. Nun ist der gesamte mit Daten gefüllte Bereich der aktuellen Spalte markiert. Probieren Sie, wieder von einer einzigen Zelle ausgehend, das Ganze auch in der horizontalen Richtung. Hätte der jeweilige Bereich auch leere Zellen enthalten, hätten Sie, bei weiterhin gedrückten Tasten `Strg`+`⇧` so oft die entsprechende Pfeiltaste drücken müssen, bis Sie am gewünschten Richtungsziel angekommen wären.

- Im nächsten Beispiel soll, wiederum ausgehend von Zelle C6, der gesamte Datenbereich zügig markiert werden. Halten Sie die Tasten `Strg`+`⇧` gedrückt und drücken Sie die Taste `↓` – erste Spalte ist markiert –, dann sofort `→` – alle Spalten des Bereichs sind markiert.

- Nun soll der gesamte Block einschließlich seiner Beschriftungen markiert werden. Setzen Sie den Zellzeiger auf eine beliebige Zelle innerhalb – das ist wichtig – des Blocks. (Diese Zelle könnte auch eine leere sein, solange sie sich nur innerhalb des Blockbereichs befindet.) Drücken Sie dann die Tastenkombination `Strg`+`⇧`+`*` (Stern). Damit wird die gewünschte Markierung gesetzt und gleichzeitig die obere linke Zelle des so ausgewählten Bereichs zur aktiven Zelle gemacht.

HINWEIS   Eine Alternative zu dieser Blockmarkierung wäre, wiederum ausgehend von einer Zelle innerhalb des zu markierenden Bereichs, die Verwendung der »Standard-Alles-markieren-Tastenkombination« von Windows, nämlich `Strg`+`A`. Auch dabei wird der gesamte Block markiert, allerdings bleibt die Aktivität bei der zuvor ausgewählten Zelle. Dies ist für verschiedene Folgeschritte ausgesprochen ungünstig, weshalb ich diese Tastenkombination sehr selten empfehle. Der gleiche Mangel gilt, wenn Sie, ausgehend von einer leeren Zelle *außerhalb* eines Datenblocks, mit `Strg`+`A` das gesamte Arbeitsblatt markieren möchten. Deswegen empfehle ich für diesen Zweck eher den Mausklick auf die Spalten-Zeilen-Koordinate (vgl. Abbildung 1.4, Ziffer 2) oder aber eben die zuvorige Auswahl von A1 und dann erst `Strg`+`A`.

Vor den abschließenden Übungen zu diesem Thema soll die kleine Tabelle noch ein wenig verändert werden. Zunächst schlage ich vor, die Variabilität der Daten aufzuheben. Dazu sollen die Formeln im Bereich C6:H15 durch Konstanten, also durch ihre aktuellen Ergebnisse ersetzt werden. Anschließend sind die Werte in beiden Achsen zu summieren.

Nun also zu dem Arbeitsblatt, in dem zunächst die Formelergebnisse zu Konstanten werden sollen:

1. Markieren Sie die Zelle C6 und davon ausgehend den gesamten Bereich, der die Formeln enthält. Wählen Sie einen Kopierbefehl und fügen Sie anschließend in den weiterhin markierten Bereich nicht alles, sondern über den entsprechenden Kontextmenübefehl nur die *Inhalte* mit der Option *Werte* ein.

2. Nun sollen die Daten spaltenweise summiert werden. Markieren Sie dazu den Bereich C16:H16, erzeugen Sie in der aktiven Zelle die Formel =SUMME(C6:C15) und schließen Sie mit `Strg`+`↵` ab. Bei dieser oben schon einmal praktizierten Mehrfacheingabe werden die Formeln nicht nur in die Nachbarzellen übernommen, sondern dort auch mit ihren Bezügen angepasst. Der Effekt ist also so, als hätten Sie eine Formel in C16 geschrieben und diese dann in einem weiteren Arbeitsschritt mit dem Ausfüllkästchen oder per Kopie nach rechts übertragen.

Für die Summierung der Zeilen böte sich nun eine gleichartige Vorgehensweise an. Hier möchte ich jedoch noch eine andere Technik einführen. Die Formelvervielfältigung per AutoAusfüllen-Doppelklick unterliegt allerdings, anders als die gerade ausgeführte Mehrfacheingabe, drei wichtigen Restriktionen:

- Das Ganze funktioniert nur spaltenspezifisch, also nur in vertikaler Richtung.

- Die jeweilige Nachbarspalte muss vollständig mit Daten gefüllt sein, darf also keine leeren Zellen enthalten.

- Bei diesem automatischen, vertikalen Ausfüllen werden auch die Formate der Startzelle nach unten übertragen. Dies kann beim Arbeiten in bereits durchformatierten Modellen natürlich sehr unangenehme Folgen haben.

Nun aber:

1. Markieren Sie die Zelle I6 und erzeugen Sie dort die Formel =SUMME(C6:H6).

2. Zeigen Sie mit der Maus auf das Ausfüllkästchen der Zelle I6 und führen Sie dann einen Doppelklick aus. Die Formel wird automatisch und unter Bezugsanpassung bis zur letzten Zelle übertragen, für die es in der Nachbarspalte einen Wert gibt, im aktuellen Fall also bis I16.

Dieselbe Technik funktioniert auch mit anderen AutoAusfüllen-Varianten:

3. Entfernen Sie alle Zeilenbeschriftungen unterhalb der Zelle B6. Nur der Text *Kst 01* in Zelle B6 bleibt übrig.

4. Zeigen Sie mit der Maus auf das Ausfüllkästchen der Zelle B6 und führen Sie dann den Doppelklick aus. Der Text wird bis B16 übertragen und dabei im letzten Zeichen um jeweils den Wert 1 erhöht, wie es auch beim Vervielfältigen mittels Ausfüllkästchen geschehen wäre. Ersetzen Sie den Text *Kst 11* in Zelle B16 durch *Summen* oder durch *Gesamt*.

5. Nun soll bewusst ein Fehler erzeugt werden: Markieren Sie die Zelle C5 mit dem Text *Jan* und doppelklicken Sie auf das Ausfüllkästchen. Sofort entsteht unter Mitnahme des Formats eine vertikale Monatsnamenreihe bis *Dez*. Wie schön – hier aber gänzlich unerwünscht und deshalb sofort rückgängig zu machen.

Wie gesagt, gelegentlich eine sehr angenehme Arbeitserleichterung. Allerdings nur dann, wenn die angesprochenen Grundbedingungen dafür existieren. Deswegen und wegen der leicht und schnell auftretenden Fehler setze ich die Option nur selten ein und bevorzuge in der Regel die Markierung eines Bereichs mit anschließender Mehrfacheingabe mittels ⌂Strg⌂+⌂↵⌂.

Formatieren Sie jetzt noch die kleine Tabelle und deren Daten nach Ihren Wünschen. Vielleicht sollten Sie, bevor es weitergeht, diese Übungsdatei speichern. Sie wird auch im weiteren Verlauf des Kapitels noch gebraucht. Ich werde sie fortan als Datei *Übung 01* ansprechen.

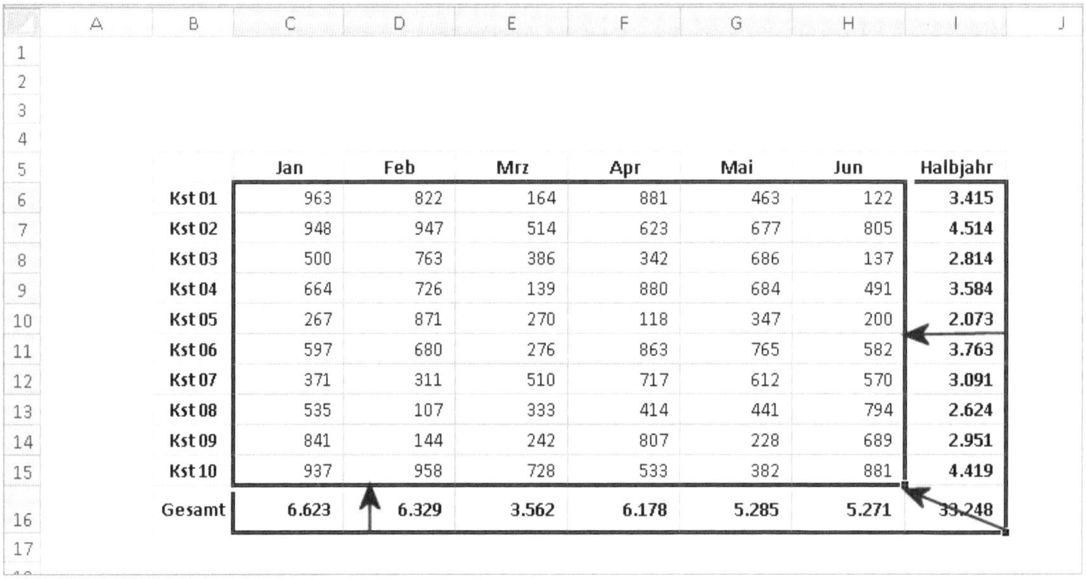

	A	B	C	D	E	F	G	H	I	J
1										
2										
3										
4										
5			Jan	Feb	Mrz	Apr	Mai	Jun	Halbjahr	
6		Kst 01	963	822	164	881	463	122	3.415	
7		Kst 02	948	947	514	623	677	805	4.514	
8		Kst 03	500	763	386	342	686	137	2.814	
9		Kst 04	664	726	139	880	684	491	3.584	
10		Kst 05	267	871	270	118	347	200	2.073	
11		Kst 06	597	680	276	863	765	582	3.763	
12		Kst 07	371	311	510	717	612	570	3.091	
13		Kst 08	535	107	333	414	441	794	2.624	
14		Kst 09	841	144	242	807	228	689	2.951	
15		Kst 10	937	958	728	533	382	881	4.419	
16		Gesamt	6.623	6.329	3.562	6.178	5.285	5.271	33.248	
17										

Abbildung 1.5   Blockmarkierung unter Ausschluss der Randbereiche

Im nächsten Arbeitsgang wird eine Markierungsart erläutert, die ich recht häufig anwende und mit Abbildung 1.5 vorstelle.

Sie haben eine große, listenartige Datensammlung, die an ihrem unteren und an ihrem rechten Rand eine oder mehrere Zeilen/Spalten mit Formeln oder anderen Ergänzungen aufweist. Sie möchten nun relativ schnell und sicher eine Blockmarkierung setzen, einige oder alle der Randbereiche aber selektiv ausschließen. Am Beispiel der kleinen Übungsdatei:

1. Markieren Sie die Zelle C6. Halten Sie die Tasten `Strg`+`⇧` gedrückt und drücken Sie `↓`, dann sofort `→`. Der Bereich C16:I16 ist komplett markiert.

2. Lassen Sie nun die Taste `Strg` los, aber halten Sie `⇧` weiter gedrückt. Nun können Sie mit `←` oder `↑` die Markierung schrittweise um Spalten oder Zeilen verkürzen. Solange Sie dabei `⇧` gedrückt halten, können Sie mit der Markierung »spielen«, sie also mit den Pfeiltasten schrittweise auch wieder erweitern oder diese Erweiterungen zurücknehmen.

Das funktioniert selbstverständlich genauso gut, wenn Ihr Markierungsbereich nur eine Zeile oder eine Spalte beinhaltet.

Weitere Navigationsmöglichkeiten

Bevor es weitergeht, sollte ich erwähnen, dass es unter Excel sehr viel mehr Tastenkombinationen und andere sinnvoll einsetzbare Handgriffe gibt, als in diesem Buch Erwähnung finden. Ich beschränke mich hier auf das, was ich in der alltäglichen, praktischen Arbeit als häufig nutzbar und als Erleichterung kennengelernt habe. Dass anderen Anwendern durchaus anderes wichtig oder wichtiger sein mag, ist diesem Gedanken quasi implizit.

Eine Liste der mir in diesem Sinne als nützlich erscheinenden Tastenkombinationen finden Sie, wie oben schon erwähnt, im Ordner *Materialien* auf der CD-ROM. Sie ist als filterbare Excel-Tabelle angelegt. Sie können sie deshalb leicht ergänzt und auch ausdrucken. Ich arbeite sehr viel mit solcherlei gedruckten Informationssammlungen – sie sind stets in der Nähe meines Arbeitsplatzes deponiert – und werde noch einige Male auf dieses Thema zurückkommen. Sie erscheinen mir in der Anwendung sehr viel komfortabler als ein Nachschlagen im Buch oder in einer Datei oder im Internet.

Nicht A1 ist das Ziel, sondern J22

Nun zu einem recht speziellen, aber wichtigen Navigationsbeispiel. Die mit Abbildung 1.6 vorgestellte Datei werden Sie in einem späteren Kapitel noch kennenlernen. Hier soll sie der Darstellung einer besonderen Variante der Tastenkombination `Strg`+`Pos1` dienen. Normalerweise können Sie von jeder beliebigen Zelle aus mit einem Ruck die Zelle A1 »anspringen«. Das ist nützlich genug. Besser aber noch ist das, was bei `Strg`+`Pos1` im fixierten Fenster passiert:

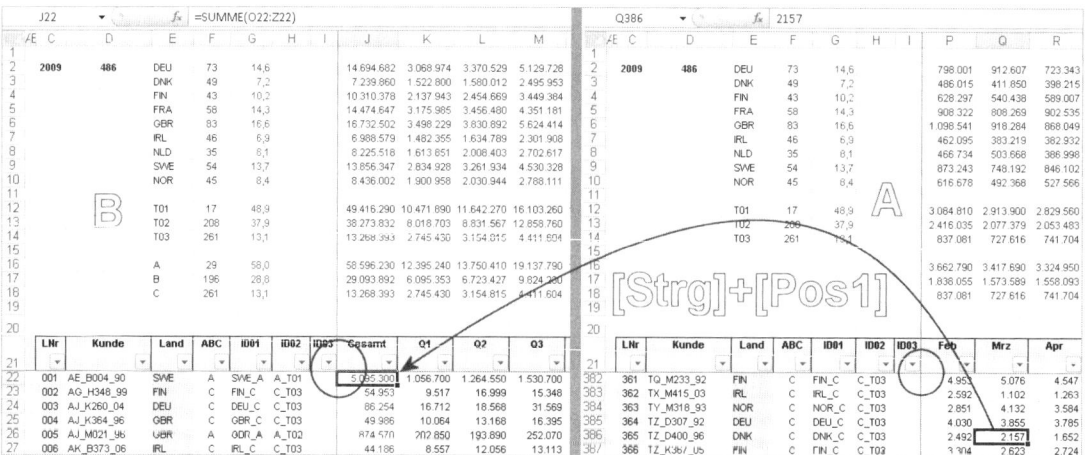

Abbildung 1.6 Bei der Arbeit im fixierten Fenster ist der »Rücksprung« recht einfach

Im gezeigten Beispiel wurde ein *Fenster* (Arbeitsblatt) in beiden Achsen fixiert. Der Schnittpunkt der Fixierung ist im Bild mit einem Kreis markiert. Bei der Arbeit mit den *Bildlaufleisten* oder bei ähnlichen Versetzungsoperationen bleiben also die Spalten A bis I und die Zeilen 1 bis 21 stehen, während der übrige Zellbereich des Arbeitsblatts verschiebbar ist. Das ist für allerlei Betrachtungen und Handlungen natürlich äußerst praktisch.

Damit zu Abbildung 1.6, rechte Seite, Abschnitt A: Im gezeigten Fall hat der Anwender den beweglichen Bereich nach unten und nach rechts verschoben, seine aktive Zelle ist Q386, sie befindet sich aktuell in der Nähe des Fixierungsschnittpunkts. Nun möchte der Anwender die Verschiebung wieder völlig aufheben. Dazu genügt jetzt die Tastenkombination (Strg)+(Pos1), mit der in diesem Fall statt A1 jene Zelle aktiviert wird, die die linke obere des beweglichen Bereichs ist, im Beispielfall also die Zelle J22. Der Anwender kehrt also mühelos in die Normal-ansicht (Abbildung 1.6, Abschnitt B) seines Arbeitsblatts zurück.

Ebenso günstig: Es ist hier egal, welche vor der Anwendung dieser Tastenkombination die aktive Zelle war, im fixierten Fenster wird immer die Normalansicht hergestellt. Die Zelle J22 würde also auch dann mit (Strg)+(Pos1) erreicht, wenn sich die Markierung zuvor in einem der fixierten Teile des Arbeitsblatts befunden hätte. Sie würden also beispielsweise von B2 nicht nach A1, sondern nach J22 springen. Und natürlich funktioniert das alles sinngemäß gleichartig auch dann, wenn Ihr Arbeitsblatt nur in einer Achse fixiert ist.

Navigation mit *Gehe zu*

Zu meinen erklärten Lieblingstasten gehört (F5) – andere, ähnlich sympathische werde ich Ihnen noch vorstellen. Der Schnellzugriff auf den Befehl *Gehe zu* ist mir vorwiegend deswegen so angenehm, weil im dann erscheinenden Dialogfeld alle in einer Arbeitsmappe vorhandenen Bereichsnamen aufgelistet sind. Da ich bei meiner rS1.Methode konsequent mit vielen Namen arbeite und diese mit spezifischen Präfixen ausstatte, erhalte ich nach (F5) eine alphanumerisch sortierte Liste mit »Sprungzielen«, so wie es auf der linken Seite von Abbildung 1.7 zu sehen ist. Ein Doppelklick auf einen der Namen genügt, um den Bereich zu aktivieren und zu markieren, der diesen Namen trägt, unabhängig davon, an welcher Stelle innerhalb der Arbeitsmappe sich dieser Bereich befindet! Sie haben hier also die hervorragende Möglichkeit der arbeitsblattübergreifenden und dennoch zielgenauen Navigation.

rS1

Analyse von Unternehmensdaten

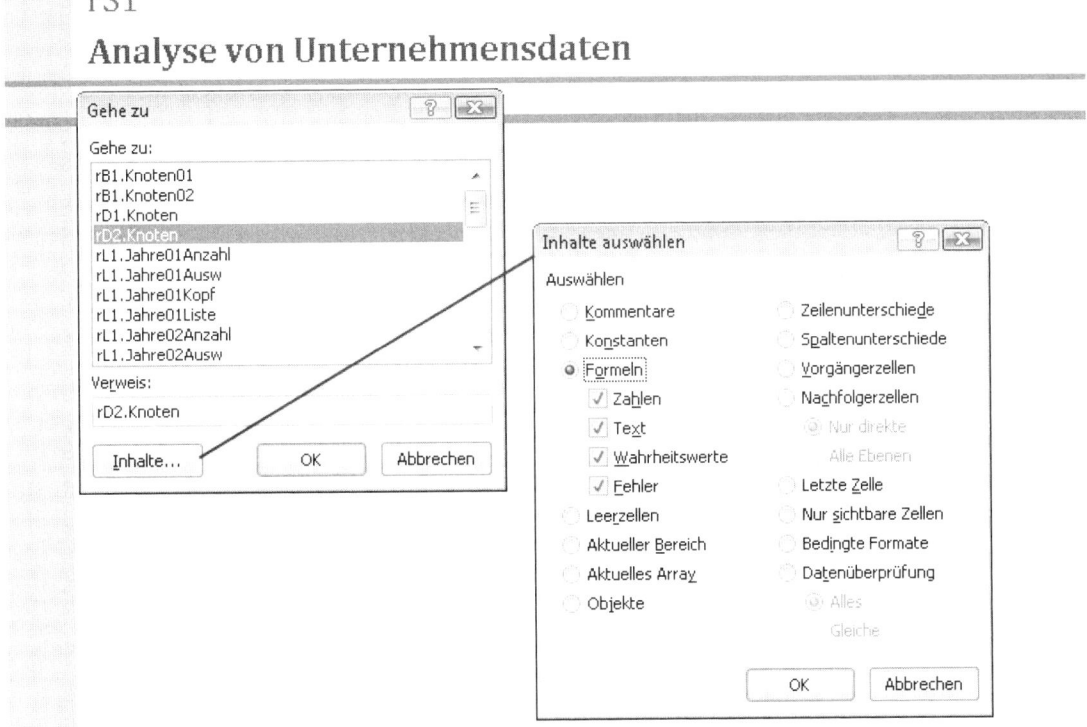

Abbildung 1.7 Mit *Gehe zu* werden viele Aufgaben deutlich leichter

Das mag jenen Lesern, die Bereichsnamen noch nicht oder nur selten benutzen, derzeit noch wenig Freude machen, aber ich bin ziemlich sicher, dass Sie demnächst meine positive Einschätzung dieses Features teilen werden. Zumal Sie dann auf einen Großteil der oben ausführlich vorgestellten Tastenkombinationen getrost verzichten können: Ein mit *Gehe zu* angesteuerter, benannter Bereich wird sofort und zuverlässig markiert, egal wie groß er ist und egal ob es sich um einen geschlossenen Block oder um einen Mehrfachbereich handelt.

Es kommt noch besser: Die oben benutzte Datei *Übung 01* verwendet an einigen Stellen Formeln. Diese sollen in der Entwicklungsphase vor versehentlichen »Verletzungen« bewahrt werden. Nicht durch Sperrung – das wäre dem Arbeitsfluss eher hinderlich –, aber durch die Verwendung einer warnend informierenden Zellfärbung. Stellen Sie sich bitte eine sehr viel kompliziertere Struktur vor, mit vielen verschiedenen Formeln an den unterschiedlichsten Stellen. Im Zusammenhang mit Abbildung 1.7:

1. Wählen Sie nur eine einzige Zelle aus, damit sich der folgende Arbeitsgang nicht auf einen markierten Bereich, sondern auf das gesamte Arbeitsblatt bezieht.

2. Öffnen Sie mit F5 das Dialogfeld *Gehe zu*.

3. Klicken Sie unten links auf *Inhalte* und in dem sich dann öffnenden Dialogfeld *Inhalte auswählen* auf die Option *Formeln*.

4. Nach dem *OK* werden im Arbeitsblatt alle Zellen, die Formeln enthalten, markiert und können jetzt nach Ihren Wünschen formatiert werden.

Beachten Sie, was im Dialogfeld *Inhalte auswählen* sonst noch angeboten wird, und machen Sie, auch mit Ihren eigenen Excel-Modellen, entsprechende »Gehe-zu-Experimente«.

Zum Abschluss dieses Themas noch eine kombinierte Variante aus *Gehe zu* und Markieren. Sie möchten in einem leeren Arbeitsblatt, ausgehend von der Zelle B3, einen sehr großen Bereich markieren, bis hin zur Zelle CV25502. Dazu müssen Sie, wenn Ihnen die Zielzelle bekannt ist, nicht auf umständliche Art die Bildlaufleisten benutzen. Es gilt im Folgenden das eingangs des Kapitels vorgestellte, einfache Markierungsprinzip »Startzelle markieren, ⬆ drücken, Zielzelle markieren«. Im Zusammenhang mit Abbildung 1.8, Variante A:

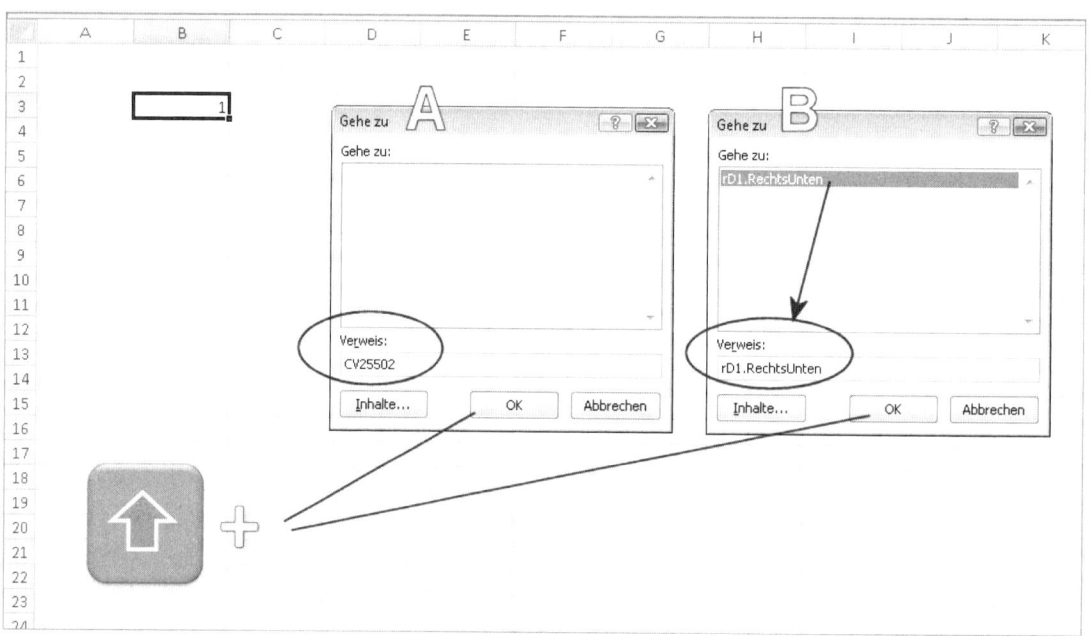

Abbildung 1.8 Großräumige Markierungen mit *Gehe zu*

1. Aktivieren oder erzeugen Sie ein leeres Tabellenblatt und markieren Sie die Zelle B3.

2. Öffnen Sie mit ⌨F5 das Dialogfeld *Gehe zu* und tragen Sie unten bei *Verweis* den Zellbezug CV25502 ein.

3. Drücken Sie die Taste ⬆, halten Sie sie gedrückt und drücken Sie dann ↵ oder klicken Sie auf *OK*. Der gewünschte Bereich ist markiert.

Bei der in der Abbildung vorgestellten Variante B wurde in einem früheren Arbeitsgang der Zielzelle CV25502 der Bereichsname *rD1.RechtsUnten* zugewiesen. Dieser Name taucht deshalb in der *Gehe zu*-Liste auf. Wenn Sie ihn anklicken, erscheint er in der Zeile *Verweis* und kann dann wie oben beschrieben angesteuert werden. Schneller geht es noch, wenn Sie nach Öffnen des Dialogfelds ⇧ drücken und dann einen Doppelklick auf den Namen ausführen, um die rund 2,5 Millionen Zellen zu markieren.

Verwendung von komplexen Dialogfeldern

Nahezu jedes Element, das Sie unter Excel erzeugen, können Sie umgestalten, mal mit nur wenigen Optionen (z. B. ein *Formularsteuerelement*), mal mit nahezu uferlosen Möglichkeiten (z. B. eine Zelle und deren Inhalt oder ein Zeichnungsobjekt).

Zu meinen guten Angewohnheiten bei der Arbeit mit Excel zähle ich, dass ich für derartige Aufgaben nur dann die Befehlsschaltflächen aus den Symbolleisten bzw. neuerdings der Multifunktionsleiste benutze oder nur dann »freihändig« mit der Maus arbeite, wenn sich eine notwendige Formatierung auf nur einen oder zwei Handgriffe bezieht oder wenn es mal »nicht so drauf ankommt«. Wenn aber anspruchsvollere Aufgaben anstehen, wie z. B. multiple und präzise Formatierungen bei der Anfertigung von Präsentationslösungen, verwende ich schon seit Langem sehr konsequent und beharrlich die komplexen Dialogfelder, wie sie beispielhaft in Abbildung 1.9 und Abbildung 1.10 zu sehen sind. Das hat mehrere wichtige Gründe:

- Wenn ich mit einer Registerkarte arbeite, die alle aktuell relevanten Optionen anbietet (etwa *Schriftart* und *Schriftschnitt* und *Schriftgrad* und *Schriftfarbe* und mehr), wird die Zuweisung von Formaten übersichtlicher.

- Wenn ich in Dialogfeldern mit mehreren Registerkarten arbeite, wird die Wahrscheinlichkeit, dass ich einen wichtigen Arbeitsschritt vergesse, geringer. (Ich sehe im Dialogfeld, dass ich mich bei den markierten Zellen ggf. um Zahlenformat *und* Ausrichtung *und* Schriftmerkmale *und* Rahmung *und* Färbung *und* Schutzattribute zu kümmern habe.)

- Ich kann, wenn und wo es darauf ankommt, sehr genau arbeiten und beispielsweise exakt übereinstimmende Maßeinheiten (für Spaltenbreiten, Zeilenhöhen, Objektabmessungen usw.) benutzen.

Wer sich solchen Gedanken anschließt, mag sich freuen, dass es auch nach dem Wechsel zu Excel 2007 diese »guten alten« Dialogfelder noch gibt (jedenfalls zum Teil). Sie weichen dort auch nach Art und Inhalten nicht besonders stark von den aus früheren Versionen bekannten Strukturen ab. Ehedem, bis Version 2003, wurden diese konservativen Dialogfelder zumeist über das Menü *Format* aufgerufen. In Excel 2007 ist, wie in Abbildung 1.9 exemplarisch gezeigt, der Zugriff anders organisiert.

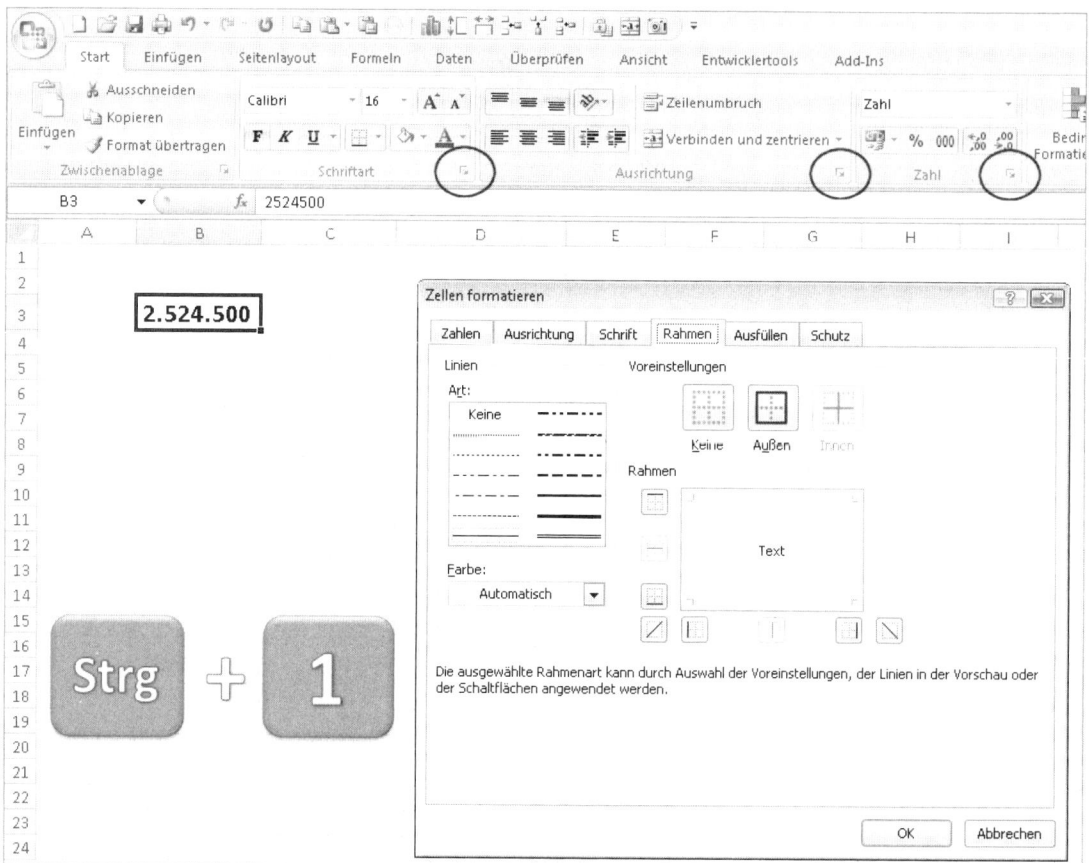

Abbildung 1.9 Das gibt es auch unter Excel 2007: Dialogfelder der alten Art

Einige der in der *Multifunktionsleiste* sichtbaren *Gruppen* zeigen in ihrer rechten unteren Ecke einen kleinen Pfeil (in Abbildung 1.9 mit Kreismarkierung hervorgehoben). Dahinter verbirgt sich ein sog. »*Startprogramm*« – ein *Launcher* heißt es in der englischen Fassung – für ein spezifisches Dialogfeld mit mehreren Registerkarten. Wenn Sie also z. B. in der Gruppe *Schriftart*, *Ausrichtung* oder *Zahl* auf diesen Pfeil klicken, öffnet sich das Dialogfeld *Zellen formatieren* – mit jeweils der aufgabenspezifisch aktivierten Registerkarte.

Viel einfacher aber ist es – und zwar in Excel 2003 und in Excel 2007 –, wenn Sie das zu formatierende Element markieren (eine Zelle, ein Zeichnungsobjekt, ein Bild, eine Diagrammelement usw.) und dann die von mir sehr geschätzte Tastenkombination [Strg]+[1] benutzen. Egal was Sie gerade markiert haben, [Strg]+[1] öffnet immer das zugehörige Formatierungsdialogfeld. Sehr zu empfehlen!

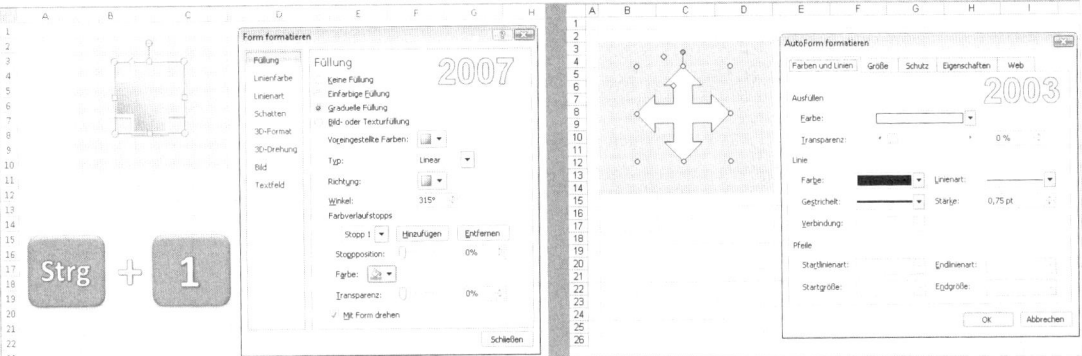

Abbildung 1.10 Die Formatierungsdialogfelder für grafische Objekte sind deutlich anders geworden

In Abbildung 1.10 sehen Sie Dialogfelder zur Formatierung von Zeichnungsobjekten, links aus der Version 2007, rechts aus 2003. Hier nun, und das gilt genauso für den Umgang mit Diagrammen, sind die Neuerungen so zahlreich geworden, dass diesem Thema eine eigene Übersicht (Kapitel 15) im technischen Teil B dieses Buches gewidmet ist.

HINWEIS   Bislang ist hier schon sehr viel von der Taste (Strg) die Rede gewesen. Dazu möchte ich anmerken, dass mir in meinen Präsenzseminaren immer noch und immer wieder auffällt, das einige Anwender, darunter offenbar auch recht erfahrene, diese Taste als »*String-Taste*« bezeichnen. Keine Ahnung, wer das in Deutschland vor vielen Jahren mal in die Welt gesetzt hat, erfolgreich war es allemal – so wie manch anderer Unsinn auch. Bitte also, wenn Sie möglicherweise den Begriff auch benutzen sollten, gewöhnen Sie es sich ab. Das *Strg* steht für *Steuerung* (im Englischen ist das die Taste (Ctrl) = Control), das hat also mit dem englischen Begriff *string* (für *Schnur, Folge, Zeichenkette* und viele andere Bedeutungen) nicht das Geringste zu tun.

So wird die Arbeit effizienter und sicherer

Bisher ging es in diesem Kapitel um Bequemlichkeit, um Erleichterungen bei häufig vorkommenden Aufgaben. In der Folge nun steht mehr der Aspekt Sicherheit im Vordergrund. Dass beides mitunter sehr leicht zusammenpasst – bequemes und gleichzeitig fehlerarmes Arbeiten –, mag gelegentlich überraschen, ist aber unter Excel gar nicht so selten. Optimal dann, wenn zu Komfort und Sicherheit auch noch Effizienz kommt. Effizienz bezeichnet das Verhältnis zwischen Aufwand und dem daraus zu erzielenden Nutzen. In diesem Sinne wurde bislang also schon recht viel über effiziente Arbeitsweisen berichtet. Richtig spannend allerdings wird das Ganze, wenn der Effizienzgedanke ein wenig tiefer greift und Ihnen auch den Einstieg in komplexe Problemlösungen ermöglicht. Dazu werden Sie in diesem Kapitel noch einige kleine, in den folgenden Kapiteln dann noch recht viele und ausführlich beschriebene Beispiele finden.

Formeln schreiben und editieren

Öffnen bzw. aktivieren Sie die Datei *Übung 01*, die uns oben schon für etliche Markierungsexperimente zur Verfügung stand. Bei der Erstfassung gab es dort im Bereich C6:H15 Formeln, die später durch Konstanten ersetzt wurden. Nun aber soll die kleine Tabelle wieder mit variablen Werten ausgestattet werden. Nicht weil das hier besonders wichtig und sinnvoll wäre, sondern weil eine bestimmte Art des Schreibens und Prüfens von Formeln eingeführt werden soll.

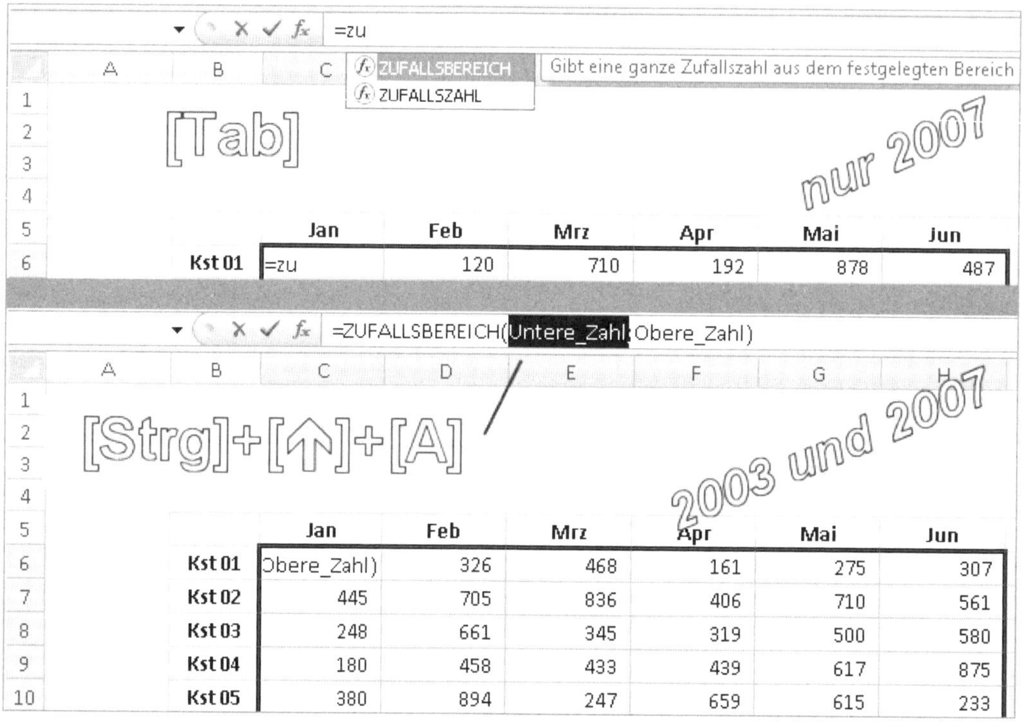

Abbildung 1.11 Mit der Syntax in der Bearbeitungsleiste wird das Entwickeln von Formeln leichter

Im oberen Teil der Abbildung 1.11 finden Sie einen Hinweis auf eine sehr angenehme Neuerung, die Ihnen ab Excel 2007 für die Entwicklung von Formeln zur Verfügung steht. Es genügt, in der Bearbeitungsleiste nach dem Gleichheitszeichen den führenden Buchstaben (oder mehrere) einer Funktion einzugeben. Sofort erscheint unterhalb der Bearbeitungsleiste eine Liste aller Funktionen, die mit diesem (bzw. diesen) Buchstaben beginnen. Sie können dann den Listeneintrag Ihrer Wahl mittels Doppelklick auswählen oder ihn mit der Taste [↓] bzw. [↑] ansteuern und ihn dann mit der Taste [↹] in die Bearbeitungsleiste einfügen.

Für einen in der Liste aktuell markierten Eintrag wird rechts daneben eine kurze Textinformation zum Zweck dieser Funktion gezeigt.

Natürlich ist es auch so, dass Sie mit den Führungsbuchstaben die Komplexität der Auswahlliste bestimmen. Im gezeigten Beispiel hat der Anwender die Zeichenfolge *=zu* eingegeben. Deswegen werden ihm hier nur die beiden Funktionen ZUFALLSBEREICH und ZUFALLSZAHL angeboten. Hätte er sich auf *=z* beschränkt, würde Excel hier alle Funktionen auflisten, die mit »z« beginnen, hätte er als führende Buchstaben *=zi* eingegeben, würden in seiner Auswahlliste nur die neun Excel-Zinsfunktionen auftauchen.

Für die weiteren Ausführungen sei unterstellt, dass Sie diesen Komfort noch nicht in Anspruch nehmen können oder dass Sie Ihre Formeln auch unter Excel 2007 noch häufig auf konventionelle Art und Weise schreiben.

Sie sind gebeten, im Zellbereich C6:H15 wieder Formeln des Typs ZUFALLSBEREICH zu erzeugen. Dazu gilt, im Zusammenhang mit Abbildung 1.11, unterer Teil, Folgendes (erst die gesamte Vorgehensweise, dann ein paar Erläuterungen dazu):

1. Markieren Sie den Bereich C6:H15. Die aktive Zelle, in der Sie die Formel erzeugen (und später für den gesamten markierten Bereich übernehmen möchten), ist also C6.

2. Schreiben Sie in der Bearbeitungsleiste nach dem Gleichheitszeichen den Funktionstext in Kleinbuchstaben und bis zur öffnenden Klammer, also =zufallsbereich(

3. Drücken Sie jetzt die Tastenkombination ⌗Strg⌗+⌗⇧⌗+⌗A⌗. Excel liest nun die komplette Syntax der zu schreibenden Formel, also =ZUFALLSBEREICH(Untere_Zahl;Obere_Zahl), in die Bearbeitungsleiste ein und markiert gleichzeitig das erste Argument, das somit überschreibbar ist.

4. Überschreiben Sie das erste Argument, also Untere_Zahl, mit der Zahl 101. Markieren Sie dann das zweite Argument, also Obere_Zahl, mit Doppelklick in diesen Text und überschreiben Sie die Markierung mit der Zahl 999.

5. Schließen Sie mit ⌗Strg⌗+⌗↵⌗ ab, um die Formel gleichzeitig in alle Zellen des zuvor markierten Bereichs C6:H15 einzugeben.

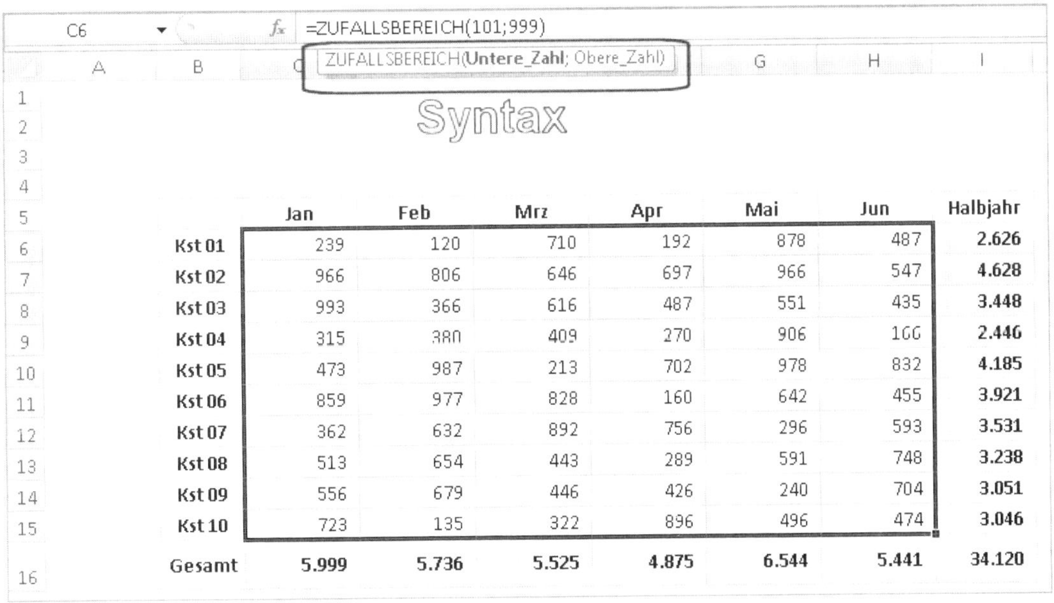

	A	B					G	H	I
			Jan	Feb	Mrz	Apr	Mai	Jun	Halbjahr
6		Kst 01	239	120	710	192	878	487	2.626
7		Kst 02	966	806	646	697	966	547	4.628
8		Kst 03	993	366	616	487	551	435	3.448
9		Kst 04	315	380	409	270	906	166	2.446
10		Kst 05	473	987	213	702	978	832	4.185
11		Kst 06	859	977	828	160	642	455	3.921
12		Kst 07	362	632	892	756	296	593	3.531
13		Kst 08	513	654	443	289	591	748	3.238
14		Kst 09	556	679	446	426	240	704	3.051
15		Kst 10	723	135	322	896	496	474	3.046
16		Gesamt	5.999	5.736	5.525	4.875	6.544	5.441	34.120

Abbildung 1.12 Dieser Stand der Dinge ist keinesfalls zufriedenstellend

Sie können jetzt wieder mit ⌗F9⌗ jeweils neue, zufällige Ganzzahlen innerhalb der definierten Spanne erzeugen. Ihre Tabelle sollte jetzt der Abbildung 1.12 entsprechen. Dort allerdings lesen Sie in der Bildunterschrift, dass es offenbar etwas zu meckern gibt. Stimmt. Bevor das aber erläutert werden soll, zunächst einige Anmerkungen zur gerade beschriebenen Vorgehensweise.

- Es ist bei der Eingabe von Formeln eine gute Angewohnheit, die Funktionstexte in Kleinbuchstaben zu schreiben. Wenn Sie mit dem Schreiben der Formel fertig sind und die Taste
  ⏎ drücken, wandelt Excel die betreffenden Zeichen in Großbuchstaben um. Dies aber nur
  dann, wenn das Programm Ihre Eingabe »verstanden« hat, wenn der Text also fehlerfrei
  geschrieben wurde. Ihr Vorteil daraus? Am Beispiel: Sie haben eine komplizierte und mehrfach geschachtelte Formel geschrieben, auf die Excel nach dem Drücken von ⏎ mit dem
  Fehlerwert #NAME? reagiert. Das kann mehrere Ursachen haben. Eine davon ist, dass Sie einen
  Funktionstext falsch geschrieben haben. Dieser wird also in Ihrer Formel weiterhin in Kleinbuchstaben erscheinen und der Fehler ist schnell entdeckt.

- Das Einlesen der Syntax mittels [Strg]+[⇧]+[A] und das ihm folgende Doppelklick-Markie-
  ren und Überschreiben der Formelargumente ist eine Arbeitsweise, mit der Sie gleich mehrere Fehler vermeiden können. Sie sehen deutlich vor sich, welche Angaben Ihre Formel an
  welcher Stelle erwartet, die Semikola als Trennzeichen stehen bereits an den richtigen Positionen, Sie erzeugen beim Doppelklick auf den jeweiligen Argumenttext keine Markierungs-
  fehler.

HINWEIS   Das vorstehend im zweiten Punkt Gesagte ist wichtig für das Entstehen der Formel.
Für das Überarbeiten und Kontrollieren einer fertigen Formel hingegen benutzen Sie ggf. die
unter der Bearbeitungsleiste erscheinende Syntaxanzeige (vgl. Markierung in Abbildung 1.12).
Diese Anzeige kommt zum Vorschein, wenn Sie die Formel aktivieren, indem Sie einfach inner-
halb der Formel an beliebiger Stelle klicken (eine Aktivierung mit [F2] oder, äquivalent, der
Klick in der Bearbeitungsleiste hinter die Formel hat diesen Effekt nicht). Nun können Sie mit
Klicks auf die Argumente der Syntaxanzeige die zugehörigen Teile der Formel markieren und
überarbeiten.

Es gab was zu meckern? Richtig. Denn die gerade erzeugten Formeln wirken reichlich insuffi-
zient und beinhalten einen leider sehr häufig vorkommenden Kardinalfehler: Sie sind statisch.
Wenn sich die Anforderung ändert (»ach so, Entschuldigung, ich meinte nicht 101 bis 999, sondern 100 bis 1000«), müssen Sie alle entsprechenden Formeln ändern. Und bei der nächsten
Überlegung (»also das tut mir jetzt wirklich leid, aber wir müssten es doch eher mit der Spanne
−100 bis +100 probieren«) ändern Sie alle Formeln abermals. Das ist hier bei einem geschlossenen, übersichtlichen Block und mit Anwendung der Mehrfacheingabe kein sonderliches Problem, kann sich aber zu einer höchst unangenehmen, vertrackten und äußerst fehleranfälligen
Aufgabe auswachsen, wenn es sich um deutlich kompliziertere Formeln in deutlich komplizierteren Strukturen handeln sollte.

Kurz gesagt also – und extrem wichtig:

WICHTIG   Wenn ein Formelargument variable Werte benutzen kann (das ist in Excel überaus häufig so),
dann sollten diese Werte nicht innerhalb der Formel selbst stehen, sondern, wann immer möglich, an anderen
Stellen, auf die sich die Formel dann mit ihren Argumenten bezieht.

Und genau das soll jetzt für das kleine Beispiel (und danach immer wieder) realisiert werden. Im Zusammenhang mit Abbildung 1.13:

1. Rahmen und beschriften Sie im Zellbereich B2:C3 wie abgebildet. Tragen Sie in Zelle B2 die Zahl -100 (minus 100) ein, die im Zufallsbereich Untere_Zahl sein soll, und in Zelle B3 die Zahl 100 (also plus 100) für das Argument Obere_Zahl.

2. Markieren Sie den Bereich C6:H15. Die aktive Zelle ist C6. In der Bearbeitungsleiste sehen Sie die Formel =ZUFALLSBEREICH(101;999).

3. Markieren Sie das erste Argument (entweder mit Doppelklick in die 101 oder, wie oben beschrieben und in Abbildung 1.12 vorgestellt, mit Klick auf das Argument Untere_Zahl in der Syntaxanzeige).

4. Klicken Sie jetzt auf die Zelle B2, um diesen Bezug in die Formel zu übernehmen und für Untere_Zahl zu verwenden. Drücken Sie danach sofort die Taste ⌨F4⌨, um aus dem relativen Zellbezug einen absoluten zu machen. (Orientieren Sie sich ggf. weiter unten im Kasten zu den unterschiedlichen Bezugsarten in Excel.)

5. Markieren Sie das zweite Argument und weisen Sie ihm auf die gleiche Art den Bezug B3 für die Obere_Zahl zu, den Sie ebenfalls mit ⌨F4⌨ zum absoluten Bezug machen.

6. Die Formel ist jetzt fertig und sieht so aus: =ZUFALLSBEREICH($B$2;$B$3). Übertragen Sie die Formel mit ⌨Strg⌨+⌨↵⌨ in den gesamten markierten Bereich C6:H15. Das Ergebnis sollte jetzt der Abbildung 1.13 entsprechen.

Ein kleiner Schritt, wenig Aufwand, aber Großes geleistet: Ihre Formeln sind multivariabel geworden. Sie können zufällige Ganzzahlen jeder Wertespanne erzeugen, die Sie mit zwei Eingaben in den Zellen B2 und B3 definieren. Solange nur die Zahl in B2 kleiner ist als die in B3, werden die Formeln das gewünschte Ergebnis erzeugen.

HINWEIS Wozu man solche benutzerdefinierten Zahlen überhaupt benötigt und benutzt? Dazu erfahren Sie mehr bei den Erläuterungen zu den Funktionen ZUFALLSBEREICH und ZUFALLSZAHL im Teil B, Kapitel 11.

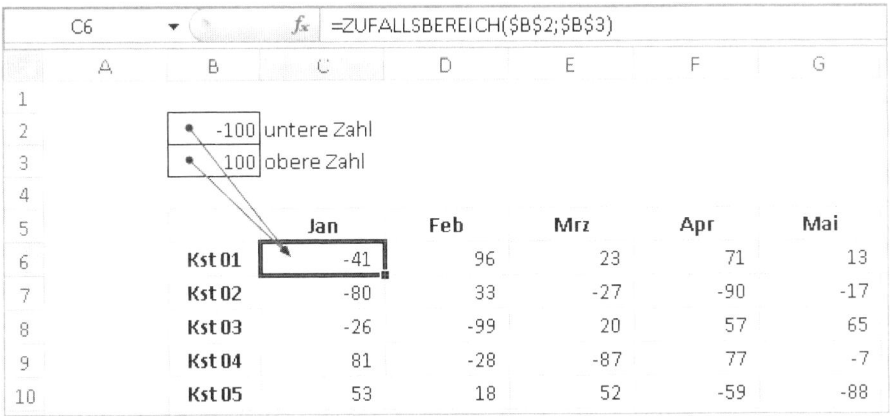

C6	▼	f_x	=ZUFALLSBEREICH($B$2;$B$3)			
	A	B	C	D	E	F	G
1							
2		-100	untere Zahl				
3		100	obere Zahl				
4							
5			Jan	Feb	Mrz	Apr	Mai
6		Kst 01	-41	96	23	71	13
7		Kst 02	-80	33	-27	-90	-17
8		Kst 03	-26	-99	20	57	65
9		Kst 04	81	-28	-87	77	-7
10		Kst 05	53	18	52	-59	-88

Abbildung 1.13 So ist das Ganze nicht nur besser, erst so ist es gut brauchbar

Wenn Sie sich jetzt bitte nochmals vorstellen, dass es sich – mit dem gleichen vorteilhaften Ergebnis – vielleicht um 1.500 Formeln erheblich komplizierterer Art an verschiedensten Stellen in mehreren unterschiedlichen Arbeitsblättern handeln könnte, dann werden Sie sicherlich zustimmen, dass die erste Variante nahezu untauglich war.

Nun aber im nachstehenden Kasten noch wie angekündigt ein paar Informationen zu unterschiedlichen Bezugsarten. (Zu den beiden Pfeilen, die Sie in Abbildung 1.13 sehen, erfahren Sie dann mehr im nächsten Abschnitt »Formeln aufbauen und prüfen«.)

In Excel-Formeln wird zwischen relativen und absoluten Zellbezügen unterschieden. Dies zu wissen und zu berücksichtigen, ist bei der Konstruktion von Formeln besonders wichtig. Wenn Sie eine Formel mit einer beliebigen Methode an Ort und Stelle vervielfältigen oder ausschneiden bzw. kopieren und an anderer Stelle einfügen, kommt es, je nach der in der Formel vorhandenen Bezugsart, zu unterschiedlichen Anpassungen des Zellbezugs. Dabei gibt es mehrere Möglichkeiten. Im Zusammenhang mit Abbildung 1.14, in der sich vier einfache Formeln sämtlich auf die Zelle B2 beziehen:

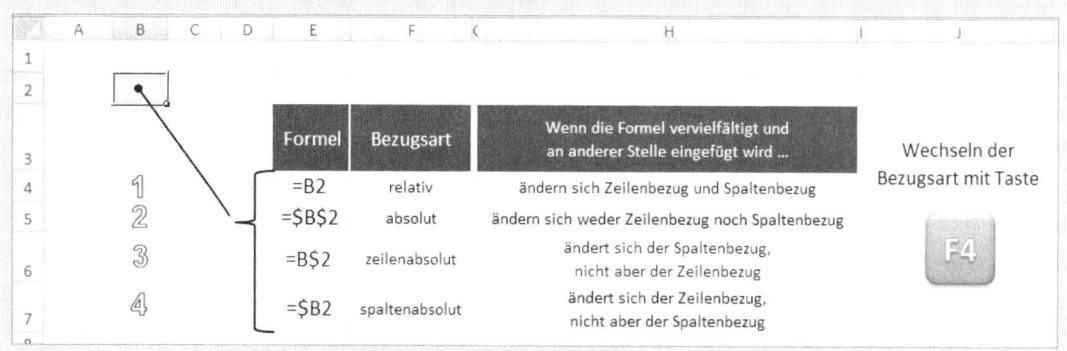

Abbildung 1.14 Ändern Sie die Bezugsart Ihrer Formelargumente mit der Taste ⌗F4⌗

1. Die Bezugsart der Formel in Zelle E4 ist *relativ*. Wenn die Formel in eine andere Zelle übertragen wird, ändert sich der Bezug auf die Spalte wie auch auf die Zeile. Aus =B2 würde beispielsweise, je nach neuer Position, =C3 oder =AD255 usw.

2. Der Anwender hat die Bezugsart in eine *absolute* verändert. Wenn die Formel in eine andere Zelle übertragen wird, ändern sich weder Zeilenbezug noch Spaltenbezug, es bleibt bei =$B$2. Verantwortlich dafür sind die Dollarzeichen, die der Zeilenbezeichnung und der Spaltenbezeichnung vorangestellt sind. Sie können diese Zeichen mit der Tastatur eingeben, sollten das aber nicht. Sehr viel einfacher und vor allem sicherer ist es, wenn Sie sofort nach dem Schreiben oder Erzeugen des Bezugs – der Cursor blinkt dahinter oder aber der Bezug ist markiert – die Taste ⌗F4⌗ drücken, mit der Sie, bei wiederholtem Drücken, die Bezugsart beliebig häufig wechseln können, also die hier beschriebenen Varianten 1 bis 4 beliebig herstellen können. Diesen Wechsel können Sie auch nachträglich, also in einer bereits existierenden Formel noch erzeugen, wenn Sie in dieser Formel den zu ändernden Bezug markieren und dann ⌗F4⌗ drücken.   ▶

3. Der Anwender hat mit ⌅F4⌅ die Bezugsart in eine *zeilenabsolute* verändert. Wenn die Formel in eine andere Zelle übertragen wird, ändert sich nur der Bezug auf die Spalte, nicht aber auf die Zeile. Aus =B$2 würde beispielsweise =C$2 oder =AD$2 usw.

4. Der Anwender hat mit ⌅F4⌅ die Bezugsart in eine *spaltenabsolute* verändert. Wenn die Formel in eine andere Zelle übertragen wird, ändert sich nur der Bezug auf die Zeile, nicht aber auf die Spalte. Aus =$B2 würde beispielsweise =$B3 oder =$B255 usw.

In diesem Zusammenhang ist es natürlich wichtig, dass Sie nach Möglichkeit bereits vor dem Schreiben einer Formel wissen, was Sie anschließend hinsichtlich einer Vervielfältigung dieser Formel unternehmen möchten.

Formeln aufbauen und prüfen

Es wird in späteren Kapiteln noch reichlich Gelegenheit geben, sich klarzumachen, welche Fehlermöglichkeiten in einer Formel stecken können. Und es wäre eher lächerlich, würden Sie erwarten, dass Ihnen oder anderen jederzeit fehlerfreie Formelkonstruktionen auf Anhieb gelingen könnten. Die Teufel stecken wie üblich in den Details und besonders gemeine Teufel stecken in besonders unscheinbaren Details. Das ist nicht weiter beunruhigend, denn es gibt zahlreiche Möglichkeiten, Formelfehler zu finden. Einige wichtige davon will ich hier vorstellen und dabei auch eine nun schon deutlich anspruchsvollere Übungsdatei einführen.

In meinen Ausführungen zu den *Grundeinstellungen* (Kapitel 9, Teil B) habe ich empfohlen, die automatischen Fehlerüberprüfungen von Excel abzuschalten, vor allem weil ich deren Anzeigen häufig eher irritierend als hilfreich empfinde. Wenn ich Formeln überprüfen möchte oder auf der Suche nach möglichen Fehlern bin, gehe ich gezielt vor und nutze dabei nur wenige Hilfsmittel.

Formelüberwachung mit Spuren

Als Erstes zu den beiden Pfeilverbindungen, die Sie abstrakt unten links in Abbildung 1.15 und im konkreten Anwendungsfall oben links in Abbildung 1.13, dort zwischen den Zellen B2 bzw. B3 und C6, sehen. Es handelt sich um von Excel gelegte Spuren, die in früheren Versionen einmal Elemente des sog. *Detektivs* waren. Seit einiger Zeit gehören sie, sprachlich nun etwas prosaischer zugeordnet, zur *Formelüberwachung*.

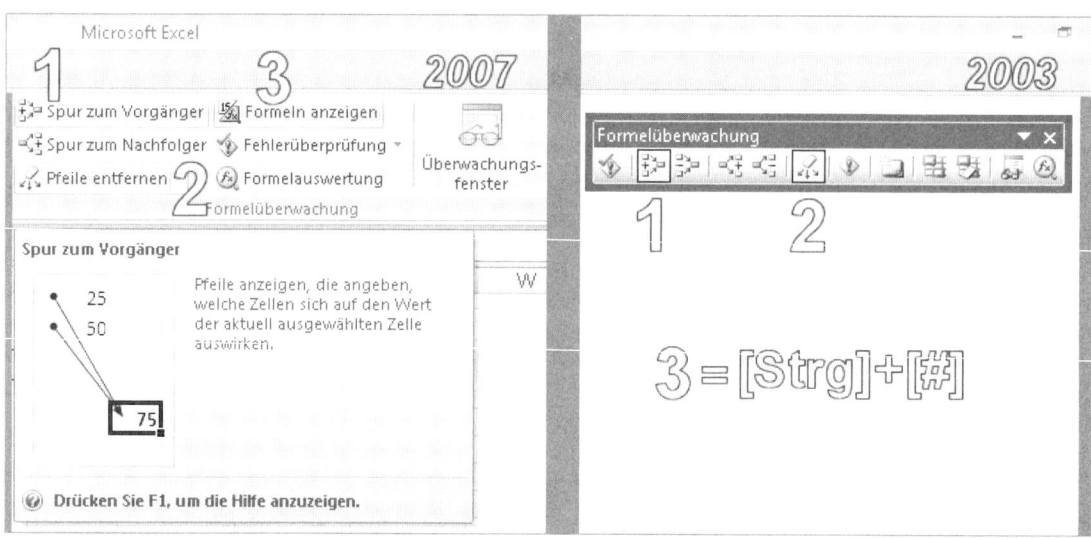

Abbildung 1.15 Einige Befehle der *Formelüberwachung* in beiden Versionen

Die nachstehend angesprochenen drei Befehle finden Sie (vgl. Abbildung 1.15) als Nutzer von Excel 2007 in der *Multifunktionsleiste*, Registerkarte *Formeln*, Gruppe *Formelüberwachung*; unter Excel 2003 befinden sie sich in der Symbolleiste *Formelüberwachung*.

1. Mit dem Befehl *Spur zum Vorgänger* erzeugen Sie, ausgehend von einer Zelle, die eine Formel enthält, verschiedenartige Linien und Markierungen (vgl. dazu auch mit Abbildung 1.16), die Ihnen häufig (nicht immer) relativ deutlich zeigen, welche Verbindungen bzw. Bezüge zwischen den so hervorgehobenen Zellen bestehen. Sie können mehrere Zellen nacheinander entsprechend ausforschen. Die zuvor gelegten Spuren bleiben dabei erhalten. (Sie werden solche Spuren in etlichen Abbildungen dieses Buches entdecken und ich will Ihnen gerne empfehlen, diese Art der Bezugsvisualisierung in Ihrer Praxis häufig zu benutzen.)

2. Mit dem Befehl *Pfeile entfernen* löschen Sie alle Spuren, die Sie zuvor gelegt haben.

3. Mit dem Befehl *Formeln anzeigen* wechseln Sie zwischen der Ergebnisansicht und der Formelansicht eines Arbeitsblatts. Dieser Befehl ist unter Excel 2003 nicht in der Symbolleiste enthalten, kann dort aber, genau wie auch in der Version 2007, mit der Tastenkombination $\boxed{\text{Strg}}$+$\boxed{\#}$ aufgerufen werden.

Formeln sicher entwickeln

Für die nächsten Prüfvorgänge müssen zunächst einmal die entsprechenden Formeln erzeugt werden.

CD-ROM   Bitte öffnen Sie von der CD-ROM aus dem zu Ihrer Excel-Version passenden Ordner die Datei *0101_Summenbildung*.

Vorab ein paar Informationen zu den Inhalten und Strukturen des Arbeitsblatts *Daten 1 Plan* in der Datei *0101_Summenbildung*. Diese Tabelle ist sehr typisch für die Art und Weise eines

Datenaufbaus unter Anwendung der rS1.Methode. Ein solches Arbeitsblatt dient in einer fertigen Lösung als Datenquelle und ist dann in aller Regel für den Anwender unsichtbar.

Eine der hier geltenden Grundregeln ist besonders bedeutsam und soll deswegen schon hier im ersten Kapitel hervorgehoben werden:

ACHTUNG   In unserem Kulturkreis werden bildhafte Elemente und Texte mit den Augen von oben links nach unten rechts abgetastet. Die wichtigsten Informationen eines Arbeitsblatts gehören also nach oben und nach links. Deswegen bilde ich beispielsweise, Sie werden das noch sehen, Jahresdaten von links nach rechts in der Reihenfolge *Jahr – Halbjahre – Quartale – Monate* oder Summenhierarchien in der nachstehend vorgestellten Art (Gesamtsummen oben, Teilsummen darunter, Konstanten ganz unten). Die Gruppierungs- und Gliederungsfunktionalitäten von Excel benutze ich in meinen eigenen Analyse-, Berichts- und Präsentationsmodellen niemals. Warum, das wird sich in späteren Kapiteln noch erschließen.

Nun zu dem Aufbau des Blattes und zum Arbeitsziel:

- Die betriebswirtschaftlich orientierten Plandaten des Jahres 2010 sind in einer nach Konten und Monaten aufgebauten Matrix hinterlegt. Die Zahlen in den Zeilen 14 bis 32 (die Excel-Zeilennummern sind hier gemeint) sind bereits verdichtete Werte, die teilweise aus Vorsystemen übernommen, teilweise in Excel per Kalkulation erzeugt wurden und hier als Konstanten vorliegen.

- Aus diesen Konstanten sollen in zwei Ebenen hierarchische Gruppierungen erzeugt werden. In den Zeilen 8 bis 13 werden Summierungen zweiter Ordnung entstehen, also beispielsweise *Personalkosten gesamt* oder *Sachkosten gesamt*. In den Zeilen 5 bis 7 werden Summierungen erster Ordnung entstehen, also beispielsweise *Kosten gesamt*.

- Die fortlaufenden Nummerierungen in Zeile 2 und in Spalte C sowie eine leere, nur mit einer Überschrift versehene Spalte (E) sind typische Elemente der rS1.Methode, die erst in späteren Kapiteln einer Erläuterung bedürfen.

- Die genannten Additionen werden mit SUMMEWENN realisiert. Deswegen sind alle Konten mit kennzeichnenden Parametern versehen, die sich in der mit *ID2* beschrifteten Spalte F befinden und die von den Formeln als Suchkriterien bzw. Suchbereich benutzt werden. Wenn Sie mit der Funktion SUMMEWENN noch keine Erfahrung haben, sollten Sie sich bitte zunächst im Teil B, Kapitel 11, entsprechend informieren.

- Die Suchkriterien in den Zellen F5:F7 (oberste Hierarchiestufe) benutzen in ihrer zweiten Stelle einen »Asterisk« (den Stern * der Tastatur) als Platzhalter bzw. Stellvertreterzeichen (*Wildcard*) für beliebige andere Zeichen.

- Im Bereich H5:S13 werden 108 Formeln benötigt und jede dieser Formeln wird drei verschiedene Bezugsarten haben. Dennoch ist diese Aufgabe recht einfach und schnell umsetzbar und das Ergebnis leicht auf mögliche Fehler zu überprüfen.

Damit im Zusammenhang mit Abbildung 1.16 zur Schritt-für-Schritt-Anleitung. Hier werden neue Informationen auftauchen, aber auch, wie es sich in einem ordentlichen Seminar gehört, einige der bereits weiter oben vermittelten Inhalte wiederholend eingeübt:

| H5 | ▼ | fx | =SUMMEWENN($F$14:$F$32;$F5;H$14:H$32) |

ÆC[E F	G	H	I	J	K	L	M	N	O	P	Q	R	S
	PLAN 2010	01	02	03	04	05	06	07	08	09	10	11	12
ZNr	ID1	ID2	Konto	Jan	Feb	Mrz	Apr	Mai	Jun	Jul	Aug	Sep	Okt	Nov	Dez
01	E*	Erlöse ges.	882.800											
02	N*	Wareneinsatz ges.												
03	K*	Kosten ges.												
04	EB	Erlöse Bar ges.												
05	EK	Erlöse Kredit ges.												
06	ES	Erlöse Sonstige ges.												
07	NW	Wareneinkauf ges.												
08	KP	Kosten Personal ges.												
09	KS	Kosten andere ges.												
10	EB	Erlöse Bar 01	20.800	18.200	19.500	20.900	17.800	17.900	20.000	19.200	19.300	17.100	17.200	18.000
11	EB	Erlöse Bar 02	30.000	27.200	27.000	28.500	29.800	28.800	28.500	29.300	29.700	34.600	36.200	38.100
12	EB	Erlöse Bar 03	1.900	1.600	1.900	1.700	1.700	1.900	1.700	1.600	1.800	1.700	1.600	1.500
13	EK	Erlöse Kredit 01	118.800	127.900	136.400	121.400	135.100	119.400	131.800	110.900	124.600	112.200	123.300	118.100
14	EK	Erlöse Kredit 02	182.300	214.700	207.600	197.400	203.500	183.300	219.700	189.300	208.600	180.200	185.300	192.400
15	EK	Erlöse Kredit 03	428.300	294.500	202.400	211.200	166.500	180.900	170.100	174.600	236.400	332.500	414.100	555.100
16	ES	Erlöse Sonstige 01	6.800	7.000	8.000	6.500	6.600	7.400	7.800	7.100	6.700	6.300	6.500	6.200
17	ES	Erlöse Sonstige 02	91.800	8.800	9.400	8.700	9.100	8.600	8.700	8.600	9.000	8.600	8.100	8.300
18	ES	Erlöse Sonstige 03	2.100	2.300	2.400	2.200	2.200	2.300	2.300	2.400	2.000	2.400	2.000	2.000
19	NW	Wareneinkauf 01	114.700	120.500	114.300	121.300	130.800	120.000	107.100	29.400	31.200	85.500	84.600	90.300
20	NW	Wareneinkauf 02	148.200	170.900	153.900	64.800	67.300	57.400	65.100	45.000	47.000	140.100	141.800	143.400
21	NW	Wareneinkauf 03	62.700	75.400	87.400	100.200	103.600	102.100	100.200	230.600	321.800	164.500	152.300	165.400
22	NW	Wareneinkauf 04	31.700	32.300	33.700	28.800	30.100	28.700	34.500	26.900	27.400	27.700	27.600	28.200
23	KP	Personalkosten 01	102.500	102.500	102.500	102.500	102.500	102.500	102.500	102.500	102.500	102.500	102.500	102.500
24	KP	Personalkosten 02	16.200	16.200	16.200	16.200	16.200	16.200	16.200	16.200	16.200	41.000	41.000	41.000
25	KS	Sachkosten 01	15.000	15.000	15.000	15.000	15.000	15.000	15.000	15.000	15.000	15.000	15.000	15.000
26	KS	Sachkosten 02	10.600	10.600	10.600	10.600	10.600	10.600	10.600	10.600	10.600	10.600	10.600	10.600
27	KS	Sachkosten 03	8.400	8.400	8.400	8.400	8.400	8.400	8.400	8.400	8.400	8.400	8.400	8.400
28	KS	Sachkosten 04	32.000	32.000	32.000	32.000	32.000	32.000	32.000	32.000	32.000	32.000	32.000	32.000

Abbildung 1.16   Im markierten Bereich werden Formeln zur Bildung von Teil- und Gesamtsummen erzeugt

1. Markieren Sie die gesamten Zeilen 5:7 und weisen Sie ihnen als Schriftfarbe ein kräftiges Blau zu. Markieren Sie dann die gesamten Zeilen 8:13 und weisen Sie ihnen die Schriftfarbe Magenta oder eine ähnlich kräftige, von anderen gut unterscheidbare Farbe zu. (Es soll später auf den ersten Blick erkennbar sein, welche Daten zu welcher Hierarchiestufe gehören.)

2. Markieren Sie den Bereich H5:S13 und beginnen Sie in der Bearbeitungsleiste mit der Eingabe einer Formel. Fügen Sie unter Excel 2007 die Formel, wie oben beschrieben, aus einer Vorgabeliste mit ⌧ ein oder schreiben Sie =summewenn(bis zur öffnenden Klammer und benutzen Sie dann die Tastenkombination Strg+⇧+A, um die komplette Syntax dieser Funktion einzulesen, nämlich =SUMMEWENN(Bereich;Suchkriterien;Summe_Bereich).

3. Das Argument Bereich ist markiert. Ziehen Sie mit der Maus über die Zellen F14:F32. Hier – nur hier – kann Excel die Suchkriterien finden. Deswegen muss dieser Bezug absolut werden, also an vier Stellen mit dem Dollarzeichen versehen werden. Die geben Sie natürlich nicht manuell ein. Der Cursor blinkt hinter dem Bezug. Drücken Sie F4 (beim »Vertippen« ggf. mehrfach), bis die Formel bis hierhin =SUMMEWENN($F$14:$F$32;Suchkriterien;Summe_Bereich) lautet.

4. Doppelklicken Sie auf das Argument Suchkriterien und klicken Sie mit der Maus auf die Zelle F5. Hier steht das zeilenrelevante Suchkriterium. Bei der späteren Übertragung und Anpassung der Formel muss der Zeilenbezug variabel bleiben, der Spaltenbezug hingegen nicht (die Suchkriterien stehen alle und nur in Spalte F). Deswegen muss dieser Bezug spaltenabsolut werden. Drücken Sie also F4, bis die Formel =SUMMEWENN($F$14:$F$32;$F5;Summe_Bereich) lautet.

5. Doppelklicken Sie auf das Argument Summe_Bereich und ziehen Sie mit der Maus über die vorhandenen Januar-Werte, also über den Bereich H14:H32. Hier stehen die zu summierenden Konstanten, von denen einige dem Suchkriterium entsprechen. Bei der späteren Übertragung und Anpassung der Formel muss der Spaltenbezug variabel bleiben, der Zeilenbezug hingegen nicht (die zu summierenden Daten stehen alle und nur in den Zeilen 14 bis 32). Deswegen also muss dieser Bezug zeilenabsolut werden. Drücken Sie also `F4`, bis die Formel ihre endgültige und jetzt drei Bezugsarten beinhaltende Fassung hat: =SUMME-WENN($F$14:$F$32;$F5;H$14:H$32).

6. Kontrollieren Sie sorgfältig, ob das alles so stimmt. Insbesondere sind natürlich die Bezugsvarianten, also die richtigen Positionen der Dollarzeichen in der Formel, von unverzichtbarer Bedeutung.

7. Okay, alles in Ordnung? Der nächste Schritt ist nun denkbar einfach und sehr effizient: Übertragen Sie mit Mehrfacheingabe, also mit `Strg`+`↵`, die Formel in den markierten Bereich H5:S13. Alle der auf diese Weise erzeugten 108 Formeln haben sich richtig angepasst und die Farbformate der Zeilen sind bei dieser Aktion erhalten geblieben. Fertig.

Fertig? Halt, halt, halt! Sind Sie denn sicher, dass sich die Formeln richtig angepasst haben? Sind Sie sicher, dass die blau oder magenta gefärbten Zahlen tatsächlich die gewünschten Gesamt- und Zwischensummen zeigen? Sind Sie nicht. Also müssen Sie das prüfen. Dazu empfehle ich für solche einfachen Standardmodelle drei von mehreren möglichen Methoden:

Formelergebnisse und Formelargumente untersuchen

Die erste der Methoden wurde oben schon vorgestellt: Visualisieren Sie, zunächst von der Zelle H5 ausgehend mit *Spur zum Vorgänger* die in dieser Zelle vorhandenen Formelbezüge. Das daraus entstehende Bild ist sehr übersichtlich und entspricht den Linien und Rahmungen in Abbildung 1.16. Es ist deutlich zu erkennen, welchen Bereich Excel auf das Vorhandensein der Suchkriterien prüft, welches Suchkriterium aus welcher Zelle dabei Verwendung findet und aus welchem Bereich dann die relevante Summe gebildet wird. Wiederholen Sie probeweise dann den Vorgang für einige andere Zellen und besonders – das mache ich auf jeden Fall immer – für die letzte Zelle des Formelblocks, also für S13. Anschließend löschen Sie mit *Pfeile entfernen* die erzeugten Spuren.

HINWEIS   Bei den in diesem Buch vorgeschlagenen Arbeitsweisen und Strukturen kommt es häufig vor, das mehrere Elemente in einem einzigen Arbeitsgang erzeugt werden oder dass mehrere Elemente unter einem gemeinsamen Bereichsnamen zusammengefasst und dann in ihren einzelnen Teilen von einer variablen Formel angesprochen werden. Wenn Sie bei solchen Einrichtungen generell prüfen, ob »das Erste« genauso richtig ist bzw. funktioniert wie »das Letzte«, dann ist die Wahrscheinlichkeit meistens sehr hoch, dass auch alles, was dazwischen liegt, ebenfalls in Ordnung ist.

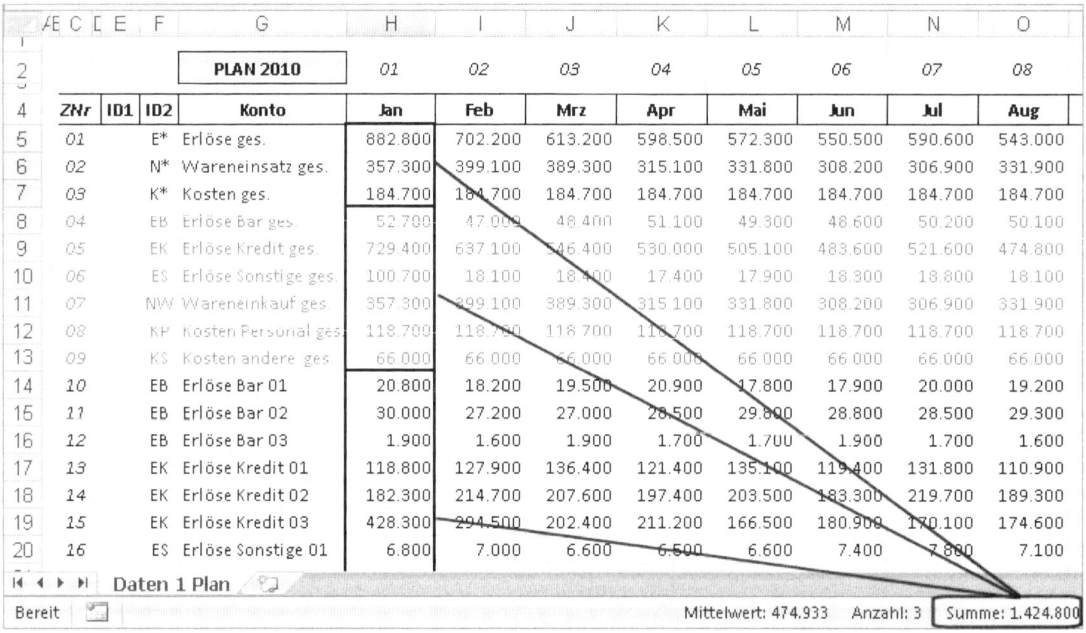

ZNr	ID1	ID2	Konto	Jan	Feb	Mrz	Apr	Mai	Jun	Jul	Aug
			PLAN 2010	01	02	03	04	05	06	07	08
01		E*	Erlöse ges.	882.800	702.200	613.200	598.500	572.300	550.500	590.600	543.000
02		N*	Wareneinsatz ges.	357.300	399.100	389.300	315.100	331.800	308.200	306.900	331.900
03		K*	Kosten ges.	184.700	184.700	184.700	184.700	184.700	184.700	184.700	184.700
04		EB	Erlöse Bar ges.	52.700	47.000	48.400	51.100	49.300	48.600	50.200	50.100
05		EK	Erlöse Kredit ges.	729.400	637.100	546.400	530.000	505.100	483.600	521.600	474.800
06		ES	Erlöse Sonstige ges.	100.700	18.100	18.400	17.400	17.900	18.300	18.800	18.100
07		NW	Wareneinkauf ges.	357.300	399.100	389.300	315.100	331.800	308.200	306.900	331.900
08		KP	Kosten Personal ges.	118.700	118.700	118.700	118.700	118.700	118.700	118.700	118.700
09		KS	Kosten andere ges.	66.000	66.000	66.000	66.000	66.000	66.000	66.000	66.000
10		EB	Erlöse Bar 01	20.800	18.200	19.500	20.900	17.800	17.900	20.000	19.200
11		EB	Erlöse Bar 02	30.000	27.200	27.000	28.500	29.800	28.800	28.500	29.300
12		EB	Erlöse Bar 03	1.900	1.600	1.900	1.700	1.700	1.900	1.700	1.600
13		EK	Erlöse Kredit 01	118.800	127.900	136.400	121.400	135.100	119.400	131.800	110.900
14		EK	Erlöse Kredit 02	182.300	214.700	207.600	197.400	203.500	183.300	219.700	189.300
15		EK	Erlöse Kredit 03	428.300	294.500	202.400	211.200	166.500	180.900	170.100	174.600
16		ES	Erlöse Sonstige 01	6.800	7.000	6.600	6.500	6.600	7.400	7.800	7.100

Daten 1 Plan

Bereit   Mittelwert: 474.933   Anzahl: 3   Summe: 1.424.800

Abbildung 1.17 Überprüfen Sie die Richtigkeit der Resultate Ihrer Formeln

Die zweite in diesem Fall wichtige Prüfung bezieht sich auf die Richtigkeit der Ergebnisse und kann hier als »Bereichssummenvergleich« bezeichnet werden. Auch dafür sind jetzt die unterschiedlichen Färbungen der Daten nützlich. Im Zusammenhang mit Abbildung 1.17:

1. Markieren Sie die blauen Zahlen (die drei Summen der Hierarchiestufe 1) des Januars und merken Sie sich das Summierungsergebnis, das unten in der Statusleiste angezeigt wird.

2. Markieren Sie die magenta gefärbten Januar-Zahlen der Hierarchiestufe 2 und schauen Sie in die Statusleiste, danach die schwarz gefärbten Januar-Zahlen der Hierarchiestufe 3 (die Konstanten); prüfen Sie jeweils die Übereinstimmung mit dem Ergebnis aus Schritt 1.

3. Markieren Sie mit dem gleichen Ziel und demselben Prüfverfahren die Gesamtheit der blauen Zahlen des Datenbereichs, danach alle magenta gefärbten, danach alle schwarzen. Wenn diese drei globalen Summen identisch sind, und das zuvor durchgeführte Spurenlegen einwandfreie Ergebnisse zeigte, ist ein Kalkulationsfehler relativ unwahrscheinlich.

4. Dennoch kann es, jedenfalls in komplizierteren Modellen, sinnvoll sein, auch noch stichprobenartige Prüfungen vorzunehmen, indem Sie etwa auf die gleiche Weise untersuchen, ob *Erlöse ges.* im März tatsächlich der Summe aus J14:J22 entspricht.

Man kann es auch übertreiben? Gewiss doch. Aber ich stehe gerne dazu. Mit allen schlechten Erinnerungen daran, wie erbärmlich »effizient« doch eine kleine Zeitersparnis durch Nachlässigkeit in der Entwicklungsphase sein konnte, wenn ihr dann in der fast fertigen Lösung eine mehrtägige und extrem aufwendige Fehlersuche folgte.

Das hier eingeführte Modell ist klein und es ist sehr übersichtlich geordnet. Das jedoch entspricht keinesfalls der alltäglichen Anwendung von SUMMEWENN und/oder ZÄHLENWENN. Der große Vorteil dieser Funktionen besteht ja gerade darin, dass bei der Verwendung von Suchkriterien die zu untersuchenden Zeilen oder Spalten in einer beliebigen, auch lückenhaften Reihenfolge angeordnet sein dürfen und das Modell vielleicht Hunderte oder Tausende von Wertebereichen haben kann. In solchen Fällen ist eine sehr sorgfältige Kontrolle natürlich keinesfalls verzichtbar. Ich benutze dann, soweit realisierbar, für Prüfzwecke immer auch Filterungen in Verbindung mit der Funktion TEILERGEBNIS. So etwas werden Sie dann in späteren Kapiteln kennenlernen.

Die nächste der empfohlenen Prüfmethoden verwende ich gerne dann, wenn ich vermuten muss, dass Teile einer Formel falsch sind bzw. falsche Zugriffe ausführen, und ich diesen Mangel mit den vorgenannten Praktiken nicht entdecken kann. Hier lasse ich mir nach Möglichkeit von Excel zeigen, was die Teilergebnisse oder Teilzugriffe einer Formel sind. Am Beispiel der weiterhin geöffneten Übungsdatei *0101_Summenbildung* und in Zusammenhang mit der Nummerierung in Abbildung 1.18:

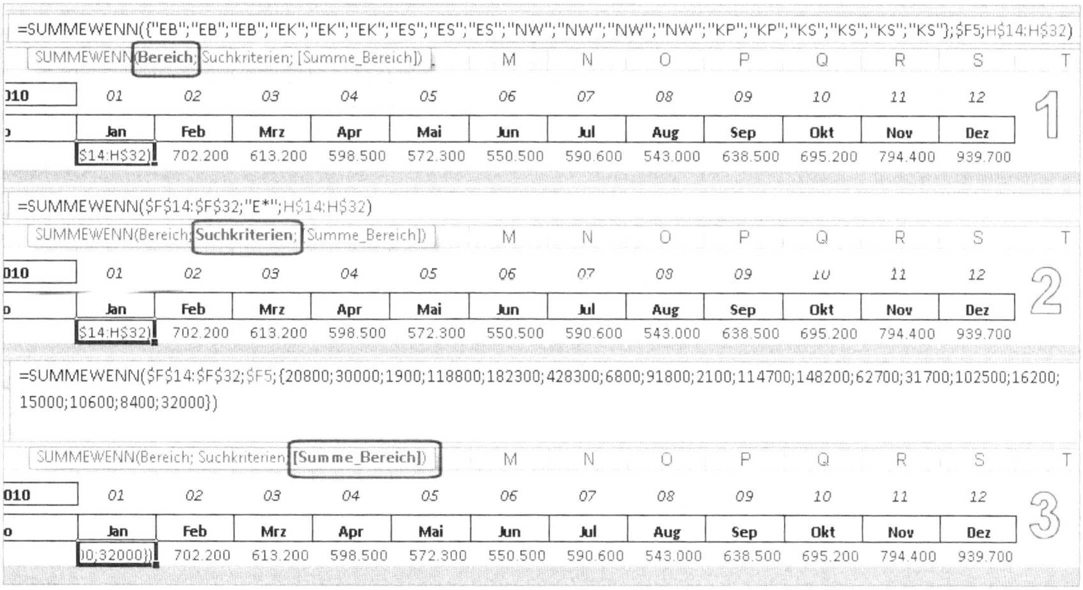

Abbildung 1.18 Prüfen Sie Teilergebnisse oder Bezüge einer Formel mit ‎`F9`

1. Markieren Sie die Formel in Zelle H5 und klicken Sie dann in der Bearbeitungsleiste in die Formel, damit deren Syntaxanzeige unterhalb der Bearbeitungsleiste erscheint. Klicken Sie in der Syntaxanzeige auf das Argument Bereich, um den relevanten Teil der Formel fehlerfrei zu markieren. Drücken Sie dann auf die »Berechnungstaste« F9 . Excel zeigt Ihnen jetzt seine »interne Wahrnehmung« dieses Formelteils, nämlich ein in geschweiften Klammern dargestelltes Array, wie es sich aus dem Bezug $F$14:$F$32 ergibt. Das also sind alle Texte, in denen Excel auf Übereinstimmung mit dem Suchkriterium prüft. Drücken Sie die Taste Esc , um zur ursprünglichen Darstellung der Formel zurückzukehren.

2. Klicken Sie in der Syntaxanzeige auf das Argument Suchkriterien, um diesen Teil der Formel zu markieren. Nach dem Drücken von F9 zeigt Ihnen Excel, welchen Text es in diesem Teil der Formel benutzt, nämlich den Inhalt der Zelle F5. Drücken Sie die Taste Esc , um den Prüf-modus zu verlassen.

3. Mit dem dritten und letzten Teil der Formel wird genauso verfahren. Hier kommt also das Array jener Zahlen zum Vorschein, auf die Excel bei dieser Art der Summierung selektiv zugreift. Zum Abschluss Esc nicht vergessen.

Dieses Verfahren ist nicht immer anwendbar. Wenn die Zeichenfolgen der nach F9 erzeugten Arrays zu groß sind, um sie als Inhalt einer einzigen Zelle darstellen zu können, reagiert Excel mit einer entsprechenden Fehlermeldung: »*Formel ist zu lang*«.

Zwei weitere Beispiele der gleichen Anwendungsart zum Prüfen von Formelinhalten oder zum schnellen Entdecken von Formelfehlern:

Mit einer Formel wie =REST($D29-$C29;1)*24 errechnen Sie die Dezimalstunden einer Zeitspanne zwischen zwei Uhrzeiten, die in C29 und D29 stehen (20:00 Uhr bis 03:38 Uhr des Folgetages, inhaltlich mehr dazu im nächsten Kapitel). Wenn Sie die einzelnen Formelteile wie nachstehend aufgelistet markieren und dann mit F9 jeweils die Werteanzeige dieser markierten Teile abru-fen (danach immer wieder Esc !), könnten Sie z. B. folgende Darstellung in der Bearbeitungs-leiste sehen:

=REST($D29-$C29;1)*24 **Markierter Teil:**	**Beispiel zur Ansicht in der Bearbeitungsleiste nach Drücken von** F9 **:**
$D29	=REST(0,151388888888889-$C29;1)*24
$C29	=REST($D29-0,833333333333333;1)*24
$D29-$C29	=REST(-0,681944444444444;1)*24
REST($D29-$C29;1)	=0,318055555555556*24
REST($D29-$C29;1)*24	=7,63333333333333 (also 7,63 Dezimalstunden)

Angenommen, bei der Formel

=SUMME(BEREICH.VERSCHIEBEN(rB1.KstGesamt;0;0;rL1.QuartalAusw;rL1.Kum01Ausw)) ist bedauerlicherweise keine Zahl, sondern der Fehlerwert #NAME? das Ergebnis. Dass Excel einen der drei benutzten Bereichsnamen nicht interpretieren kann, ist also naheliegend. Aber welcher davon ist der Übeltäter? Das ist in der Formel selbst nicht zu erkennen. Schnell fündig aber werden Sie, wenn Sie die Bereichsnamen in der Formel einzeln markieren und mit F9 prüfen, ob dieser Teil der Formel den Fehler liefert. Aber Achtung: Prüfen Sie besser gleich alle drei Namen, denn ein solcher Namensfehler könnte hier ja mehrfach vorhanden sein.

Formeln ersetzen

Es sei unterstellt, Sie haben einen Fehler entdeckt, der Sie veranlasst, alle Formeln im Bereich H5:S13 korrigierend zu ersetzen. Oder aber Sie haben die Mehrfacheingabe versäumt, also die Formel zwar richtig geschrieben, versehentlich jedoch nur in die Zelle H5 eingegeben:

1. Markieren Sie den gesamten Bereich H5:S13.
2. Drücken Sie die Taste F2, um die Zelle H5 zu aktivieren. Der Cursor blinkt hinter der Formel. Alternativ können Sie auch in der Bearbeitungsleiste hinter die Formel klicken.
3. Wenn erforderlich, ändern Sie die Formel.
4. Geben Sie die Formel mit Strg + ↵ in den gesamten markierten Bereich ein.

Was sonst noch nützlich ist

Einige weitere Übungen mit der Datei *0101_Summenbildung* sollen die ersten Eindrücke aus der Abteilung Komfort und Sicherheit in diesem Kapitel abschließen.

Komplexe Bereichsformatierung

In diesem Buch wird noch ausführlich von diversen Formatierungen die Rede sein. Vorläufig will ich Sie jedoch nur mit einer allgemeinen Regel bekannt machen, die Ihnen bisweilen viel »Kleinarbeit« ersparen kann.

TIPP   Wenn dem nichts entgegensteht, formatieren Sie in Arbeitsblättern immer das ganze Blatt oder ganze Spalten bzw. ganze Zeilen.

Dies ist hinsichtlich der Auswirkung auf den Speicherbedarf Ihrer Arbeitsmappe völlig unproblematisch, gelegentlich sogar im Gegenteil. Also keine Sorge, auch wenn sich z. B. bei Excel 2007 eine Formatierung des gesamten Arbeitsblatts auf über 17 Milliarden Zellen auswirkt, in Excel 2003 immerhin noch auf knapp 17 Millionen.

Ein Verfahren, wie ich es in der Praxis häufig gebrauche, ist mit Abbildung 1.19 und Abbildung 1.20 illustriert:

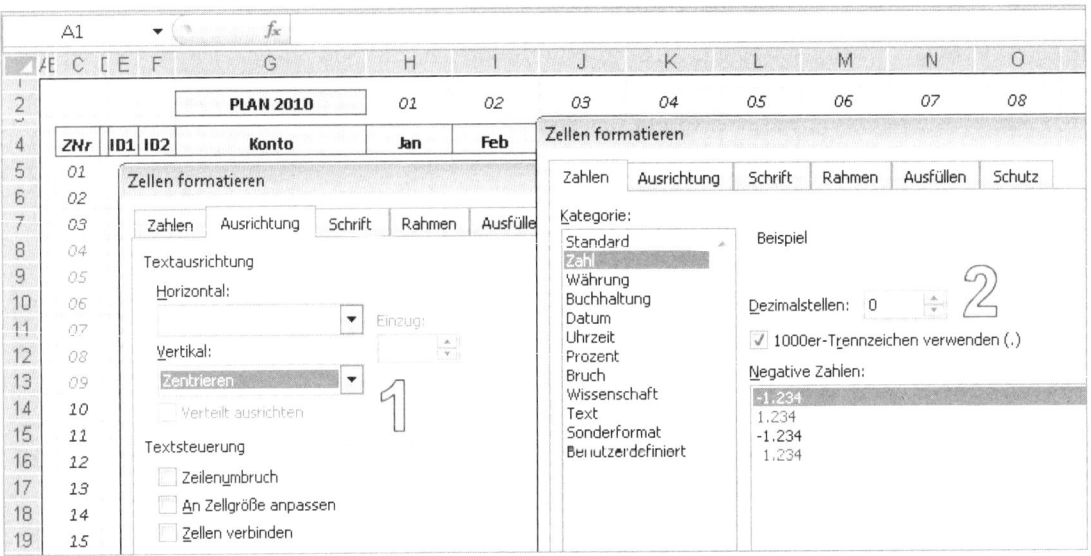

Abbildung 1.19 Diese Formate sollen (zunächst) für das gesamte Arbeitsblatt gelten

Markieren Sie das gesamte Arbeitsblatt und öffnen Sie mit ⌈Strg⌉+⌈1⌉ das Dialogfeld *Zellen formatieren*.

1. Wählen Sie auf der Registerkarte *Ausrichtung* bei *Vertikal* die Option *Zentrieren* aus. Dies ist leider nicht Excel-Standard, obwohl es fast immer besser aussieht, wenn die Zellinhalte nicht am unteren Rand »kleben« (was besonders hässlich wirkt, wenn die Zeilen deutlich höher sind als es dem Schriftgrad entspricht).

2. Aktivieren Sie auf der Registerkarte *Zahlen* in der Kategorie *Zahl* die Option *1000er-Trennzeichen verwenden*, wenn zu erwarten ist, dass es in diesem Arbeitsblatt Zahlen über 1.000 geben wird. (Ich habe mich bei solchen Modellen früher nicht selten geärgert, dass ich eine solche Festlegung nur für einen spezifischen Bereich definiert habe. Irgendwann kamen dann doch noch weitere Zellen mit Zahlen hinzu, dann vielleicht nochmals, und jedes Mal wurde dann wieder nachformatiert.) Das Format gilt nun für alle Zellen, wirkt sich jetzt also auch auf Zahlen aus, die anders darzustellen sind oder auch vorher bereits anders formatiert waren.

3. Spalte C und Zeile 2 der Übungsdatei enthalten die in der rS1.Methode häufig benutzten Reihen mit »Hilfszahlen«, die ich zur optischen Abgrenzung von anderen Daten meistens mit einem besonderen Format versehe. Da in Schritt 2 das Tausenderformat pauschal festgelegt wurde, ist es für diese Hilfszahlen wieder zurückzusetzen. Hier lässt sich eine »Kreuzformatierung« verwenden: Markieren Sie die gesamte Zeile 2, drücken Sie dann ⌈Strg⌉ und markieren Sie zusätzlich die gesamte Spalte C. Legen Sie dann das benutzerdefinierte Zahlenformat 00 für diese Bereiche fest.

Natürlich kann sich bei weiteren Arbeiten dann die Notwendigkeit ergeben, auch an anderen Stellen das bereits global festgelegte Format zu korrigieren. Das ist natürlich kein Problem – dann wird eben, und nur dann, die einzelne Zelle oder der kleine Bereich formatiert.

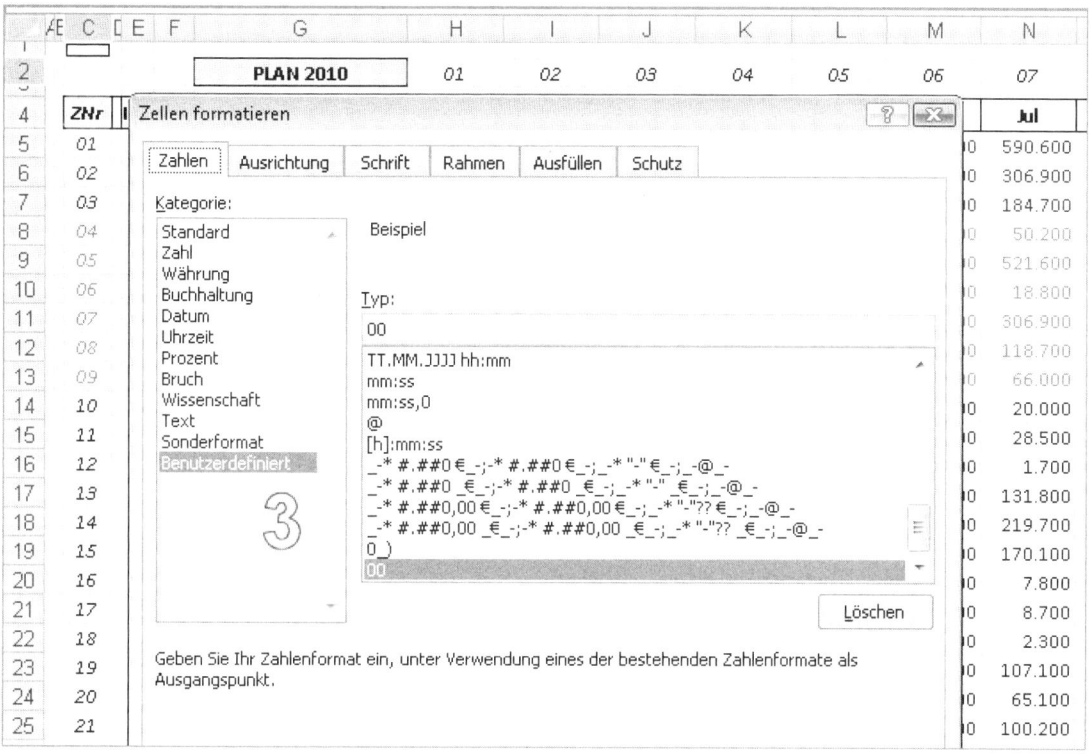

Abbildung 1.20   Bei einer »Kreuzformatierung« bearbeiten Sie ausgewählte Zeilen und Spalten gleichzeitig

Kopieren und Inhalte einfügen

Überraschend finde ich immer wieder, wie wenig die segensreichen Optionen des Befehls *Inhalte einfügen* bekannt sind, die nach jedem Kopierbefehl zur Verfügung stehen. Wie Sie in Abbildung 1.21 erkennen, unterscheiden sich die entsprechenden Dialogfelder bei den beiden Programmversionen in nur einer Position. Die Anwendung ist in vielen Fällen ausgesprochen günstig und es sei Ihnen dringend empfohlen, mit eigenen Experimenten herauszufinden, wie Sie mit *Inhalte einfügen* Ihren Excel-Arbeitsalltag erleichtern können.

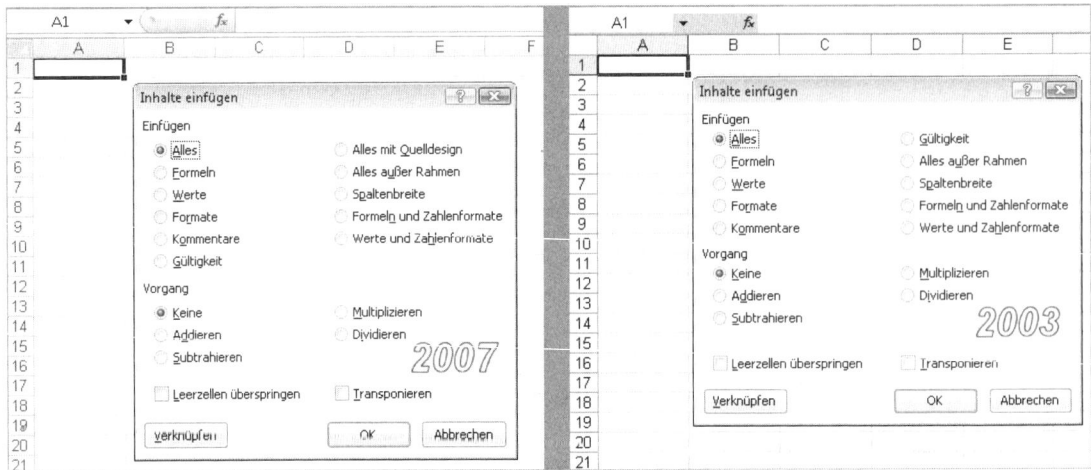

Abbildung 1.21   Probieren Sie aus, was alles möglich ist

Ein paar Hinweise zu den Optionen im unteren Bereich des Dialogfelds *Inhalte einfügen*:

Vorgang: Wenn Sie Zahlen kopieren und diese in andere Zellen mit Zahlen einfügen, legen Sie hier fest, welche mathematische Operation dabei erfolgen soll. So sollen etwa die Werte der Ziel-zellen um 3,5 % erhöht werden. Kopieren Sie eine Zelle mit dem Wert 1,035 in die Zwischenab-lage. Markieren Sie die Zellen des Zielbereichs. Wählen Sie *Inhalte einfügen* und dann die Option *Multiplizieren*.

Leerzellen überspringen: Sie haben einen Bereich in die Zwischenablage kopiert, der leere Zellen beinhaltet. Diese werden jetzt beim Einfügen ignoriert. Wenn der Zielbereich an den entspre-chenden Stellen Inhalte hat, werden diese also nicht durch die Leerzellen des Quellbereichs überschrieben.

Transponieren, also den kopierten Bereich beim Einfügen um 90 Grad drehen, sollten Sie immer dann, wenn Sie Spalten zu Zeilen und Zeilen zu Spalten machen wollen. Wer so etwas schon ein-mal in einer großen Tabelle mit zahlreichen Formeln manuell abarbeiten musste, wird sich nachträglich gehörig ärgern, falls das Transponieren noch nicht bekannt war.

Verknüpfung einfügen: Die Daten werden nicht als Konstanten, sondern automatisch als For-meln mit relativen Bezügen zu den Quelldatenbereichen eingefügt.

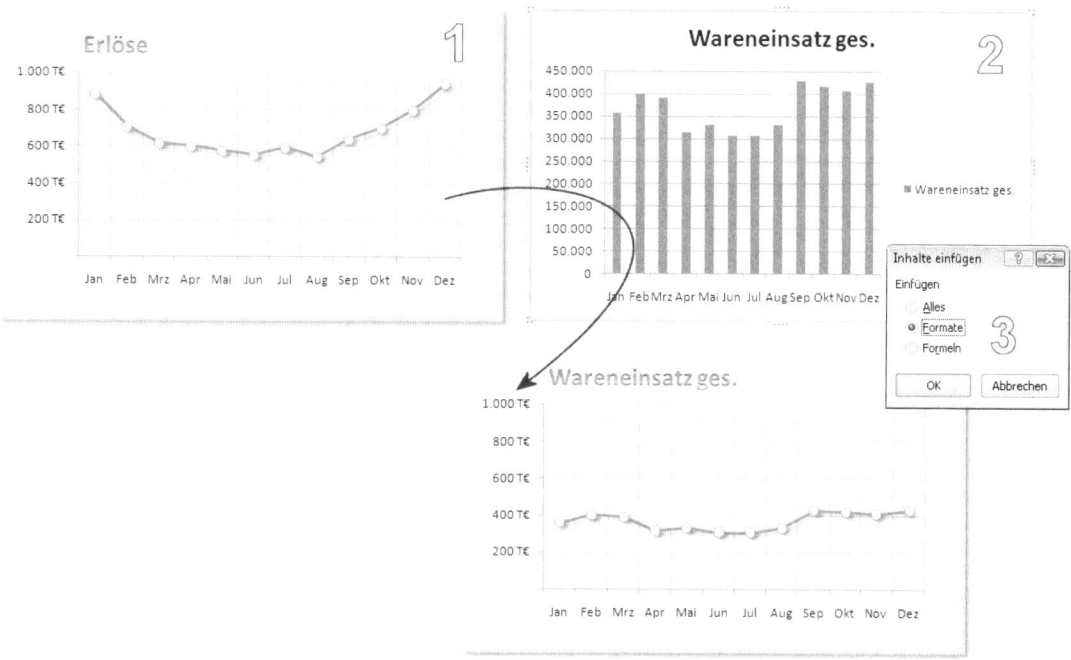

Abbildung 1.22 Das spart sehr viel Zeit und Mühe: Diagrammformate kopieren

Ziemlich sauer war ich, als ich irgendwann einmal entdeckte, dass man komplexe Diagrammformate von einem Diagramm auf ein anderes kopieren kann. Da habe ich mir vorher immer viel zu viel Arbeit gemacht. Am Beispiel der Abbildung 1.22:

1. Aus dem Bereich G4:S5 des Arbeitsblatts *Daten 1 Plan* wurde ein Erlösdiagramm generiert und dann in – je nach Zählweise – etwa 12 bis 20 Arbeitsschritten formatiert.

2. Später wurde ein anderes Diagramm erstellt und ebenfalls formatiert. Dieses sollte jedoch, wie sich zum Schluss herausstellte, doch lieber mit seinen gesamten Formatierungen dem Diagramm 1 entsprechen. Wenig leichter als das:

3. Klick auf die Diagrammfläche im Diagramm 1 und Kopierbefehl, dann Klick auf die Diagrammfläche des Diagramms 2, dann *Inhalte einfügen* mit der Option *Formate* – fertig. Mal eben 12 bis 20 Arbeitsschritte gespart.

Gruppenarbeit

Stellen Sie sich bitte vor, Sie müssten Strukturen, Formeln und Formate des Arbeitsblatts *Daten 1 Plan* komplett auf mehrere andere Arbeitsblätter übertragen, weil Sie dort z. B. Istdaten und Plandaten gleicher Art aus früheren Jahren deponieren möchten – ein umfangreiches Präsentationsmodell soll vielleicht entstehen. Ich gehe in der Beschreibung von zusätzlichen fünf gleichartigen Arbeitsblättern aus. Für diese Aufgabe bieten sich im ersten Durchgang – der Vervielfältigung – zwei Standards an:

- Sie duplizieren das Arbeitsblatt entsprechend häufig (z. B. mit $\boxed{\text{Strg}}$ + nach rechts ziehen des Blattnamens) und geben dann diesen Kopien neue Blattnamen.

- Sie erzeugen fünf neue, leere Arbeitsblätter. Dann markieren Sie das komplette Quellarbeitsblatt und kopieren es in die Zwischenablage. Jetzt erzeugen Sie aus den fünf neuen Blättern eine Gruppe, in der Sie dann gleich auch den zweiten Durchgang der Aufgabe erledigen können:

1. Klicken Sie auf den Blattnamen des ersten neuen Arbeitsblatts, halten Sie $\boxed{\text{⇧}}$ gedrückt und klicken Sie auf den Blattnamen des letzten neuen Arbeitsblatts. Damit ist eine Gruppe entstanden (wie an der Umfärbung der Blattregister und an der Textinformation *[Gruppe]* in der Titelleiste des Fensters zu sehen). Jeder Ihrer nächsten Arbeitsschritte wirkt sich nun gleichzeitig auf alle zur Gruppe gehörenden Arbeitsblätter aus.

2. Markieren Sie das gesamte Arbeitsblatt oder die Zelle A1 und fügen Sie den Inhalt der Zwischenablage ein. Alles wird in alle Blätter der Gruppe übernommen.

3. Markieren Sie nun den Bereich H14:S32, der die Konstanten enthält und löschen Sie diese mit der Taste $\boxed{\text{Entf}}$.

4. Klicken Sie mit der rechten Maustaste in einen Blattnamen der Gruppe und heben Sie die Gruppierung auf.

5. Legen Sie für die jetzt gleichartig eingerichteten Blätter die neuen Namen Ihrer Wahl fest.

WICHTIG   So komfortabel das Arbeiten mit einer Gruppe ist, so ärgerlich kann es sein, wenn Sie bei allem Eifer und Fortschritt vergessen, dass Sie in mehreren Blättern gleichzeitig agieren. Sie führen dann, obwohl nicht mehr opportun, blattspezifische Schritte in der Gruppe aus, je mehr, umso schlimmer. Wenn Sie das zu spät entdecken, können Sie Ihre Arbeitsmappe getrost in den Abfall werfen, denn rückgängig machen lassen sich solche voluminösen Mehrfachfehler nicht. Bitte also immer genau darauf achten, wann Sie die Gruppe wieder auflösen müssen.

Zellschutz

Die letzte Übung dieses Kapitels geht von der Vorstellung aus, dass Sie im Arbeitsblatt *Daten 1 Plan* weitere und teilweise komplizierte Arbeiten verschiedener Art ausführen möchten. Dabei kann es schnell einmal passieren, dass Sie versehentlich eine vorhandene Formel fehlerhaft überschreiben oder gar löschen. Experten in der Spezialdisziplin »Zerschießen« vernichten da schon mal in wenigen Sekunden, was einige Stunden Aufbauarbeit gekostet hat, schlimmstenfalls ohne es zu merken. Es gibt also gute Gründe, dass Sie auch schon während der Entwicklungsarbeit die bereits fertigen Teile (in diesem Beispiel die Formeln) vor unachtsamen Zugriffen – vor Ihren eigenen nämlich – schützen. Im Zusammenhang mit Abbildung 1.23 und Abbildung 1.24 sowie mit der dort zu sehenden Nummerierung:

1. Markieren Sie das gesamte Arbeitsblatt und öffnen Sie mit $\boxed{\text{Strg}}+\boxed{1}$ das Dialogfeld *Zellen formatieren*. Wählen Sie die Registerkarte *Schutz*. Dort sehen Sie, dass als Standard alle Zellen des Arbeitsblatts gesperrt sind, sofern Sie einen Blattschutz einrichten. Heben Sie die Option *Gesperrt* für das gesamte Arbeitsblatt auf.

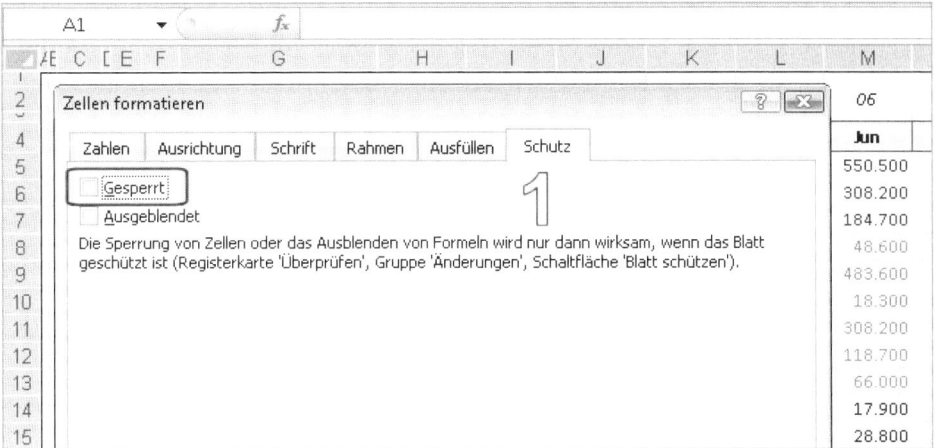

Abbildung 1.23 Heben Sie zunächst für alle Zellen den Status *Gesperrt* auf

2. Öffnen Sie mit ⌷F5⌷ das Dialogfeld *Gehe zu*. Klicken Sie auf die Schaltfläche *Inhalte* und in dem dann erscheinenden Dialogfeld auf *Formeln*. Alle Zellen, die gegenwärtig Formeln enthalten, werden nach dem *OK* markiert.

3. Öffnen Sie abermals mit ⌷Strg⌷+⌷1⌷ das Dialogfeld *Zellen formatieren*. Wählen Sie wieder die Registerkarte *Schutz* und aktivieren Sie für die jetzt markierten Zellen die Option *Gesperrt*.

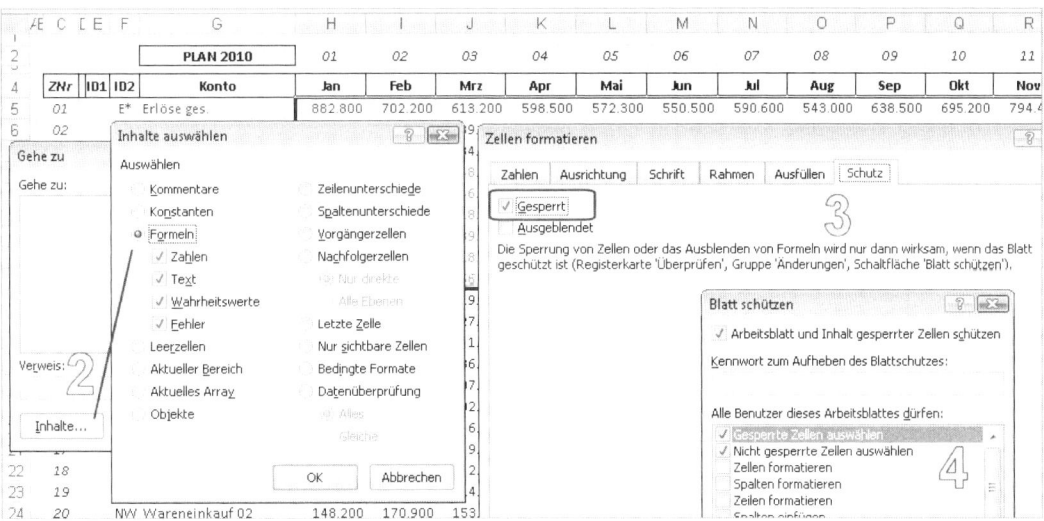

Abbildung 1.24 So richten Sie für alle Zellen, die Formeln enthalten, den Zugriffsschutz ein

4. Richten Sie abschließend einen Blattschutz ein, bei dem Sie in diesem Fall natürlich auf ein Kennwort verzichten, wohl aber die Optionen *Gesperrte Zählen auswählen* und *Nicht gesperrte Zählen auswählen* einschalten. Denn schließlich wollen Sie ja weiterarbeiten können und ggf. auch sehen, was Sie mit jenen Formeln eingerichtet haben, die Sie erst dann wieder editieren können, wenn Sie den Blattschutz aufheben.

Das nächste Kapitel hat den Titel »Mit der Zeit wird alles besser«. Das sollten Sie durchaus mehrdeutig verstehen. Also auch in dem Sinne, dass es natürlich immer sehr hilfreich und das Behalten fördernd ist, wenn Sie sich zwischen umfangreichen Arbeitsschritten auch mal ein wenig Entspannung gönnen.

Also: Pause!

Kapitel 2

Mit der Zeit wird alles besser

In diesem Kapitel:

Die Überschrift »Mit der Zeit wird alles besser« bedeutet für dieses Kapitel mindestens zweierlei: Vielleicht trägt es erstens dazu bei, Ihre Kenntnisse zum Thema »Zeit in Excel« ein wenig aufzufrischen oder zu verbessern – es geht sowohl um Kalenderdaten und Uhrzeiten sowie deren Formatierung und Kalkulation als auch um die Verwendung von Zeitachsen in Diagrammen. Und zweitens wird möglicherweise der Zeitaufwand, den Sie jetzt und später in die vorgeschlagenen Übungen investieren, nach und nach – mit der Zeit eben – dazu beitragen, dass Ihnen demnächst das eine oder andere in Excel etwas leichter und besser von der Hand geht. Die österreichische Schriftstellerin Marie von Ebner-Eschenbach hat gesagt: »*Wenn die Zeit kommt, in der man könnte, ist die vorüber, in der man kann.*« Das muss ja wohl nicht so sein, jedenfalls nicht, wenn es Excel betrifft!

Sehr häufig erlebe ich, dass Anwender sich im Umgang mit den hier zu behandelnden Themen relativ schwertun. Das liegt in erster Linie offenbar daran, dass unser Denk-Umgang mit Kalender und Uhr ganz anderen Mustern gehorcht, als sie in Excel üblich sind. Sie vermeiden Fehler und weichen Fallgruben aus, wenn Sie beim Thema »Zeit in Excel« drei wichtige Aspekte nicht aus dem Auge verlieren:

WICHTIG

- Was Sie in einer Zelle sehen, muss keinesfalls das sein, was sich tatsächlich als Wert in dieser Zelle befindet.
- Ein Kalendertag entspricht der Zahl 1, ein Datum ist eine fortlaufende Zahl. Jeder neue Tag erhöht diese Zahl um 1. Beispiel: Heute ist gestern + 1.
- Ein Tag mit 24 Stunden in Excel entspricht der Zahl 1. Jede Uhrzeit innerhalb dieses Tages lässt sich also als Bruchteil von 1 ausdrücken. Beispiel: Zwischen 18 Uhr und Mitternacht liegen 0,25.

Nun aber – es wird Zeit:

Kalenderdaten und Uhrzeiten

Können Sie innerhalb von, ich sage mal zwei Minuten, im Kopf ausrechnen, wie viele Tage Sie heute alt sind? Wenn ja, Glückwunsch! Wenn nein, liegt es in erster Linie daran, dass unser Zahlendenken auf das Dezimalsystem ausgerichtet ist und nicht auf solche Merkwürdigkeiten wie z. B. Jahre und Monate mit unterschiedlichen Tagesanzahlen. Excel benutzt da eine viel einfachere Zählvariante: Hinreichend gut bekannt ist die Tatsache, dass Tag 1 der Standardzeitrechnung von Excel der 1. Januar 1900 ist. Was sich daraus an Konsequenzen und Darstellungsvarianten ergibt, ist Thema dieses Hauptabschnitts.

ACHTUNG   Die folgenden Beispiele und Beschreibungen gehen davon aus, dass Sie bezüglich der fortlaufenden Tageszählung den Installationsstandard von Excel unter Microsoft Windows benutzen. Dabei ist das Anfangsdatum, von dem aus alle Daten berechnet werden, der 01.01.1900.

Sollten Sie allerdings, ob absichtlich oder versehentlich, die sog. *1904-Datumswerte* eingerichtet haben – diese Einstellung ist übrigens arbeitsmappenspezifisch –, dann erfolgt die serielle Tageszählung ab dem 02.01.1904.

Die Einstellungsmöglichkeiten dafür finden Sie in der Version 2003 unter *Extras/Optionen/Berechnung*, in der Version 2007 unter *Excel-Optionen/Erweitert/Beim Berechnen dieser Arbeitsmappe*.

7.096 = 40.000?

Warum nicht? Kann ja mal vorkommen. Zum Beispiel wenn Sie Lust haben, einen mehr oder weniger lieben Mitmenschen ein wenig zu foppen. Mit Excel ist die Aussage der Überschrift leicht zu beweisen. Und wenn Sie es geschickt genug anstellen, kann es schon ein Weilchen dauern, bis man Ihnen auf die Schliche kommt. Im Zusammenhang mit Abbildung 2.1:

Abschnitt A: In Zelle F2 hat jemand das Datum des *6. Juli 2009* eingetragen. Die Formel =WERT(F2) in Zelle F3 hat das Ergebnis 40.000. Dieser Tag ist/war also der 40.000ste seit dem 1. Januar 1900 (laut Excel – es gibt da einen kleinen Fehler, der hier aber getrost ignoriert werden kann). Die Verwendung von WERT ist hier eher überflüssig. Die Formel =F2 und dann die Zuweisung des Zahlenformats Standard für die Zelle hätte es nämlich in F3 auch getan. Mit so etwas können Sie natürlich niemanden aufs Glatteis führen.

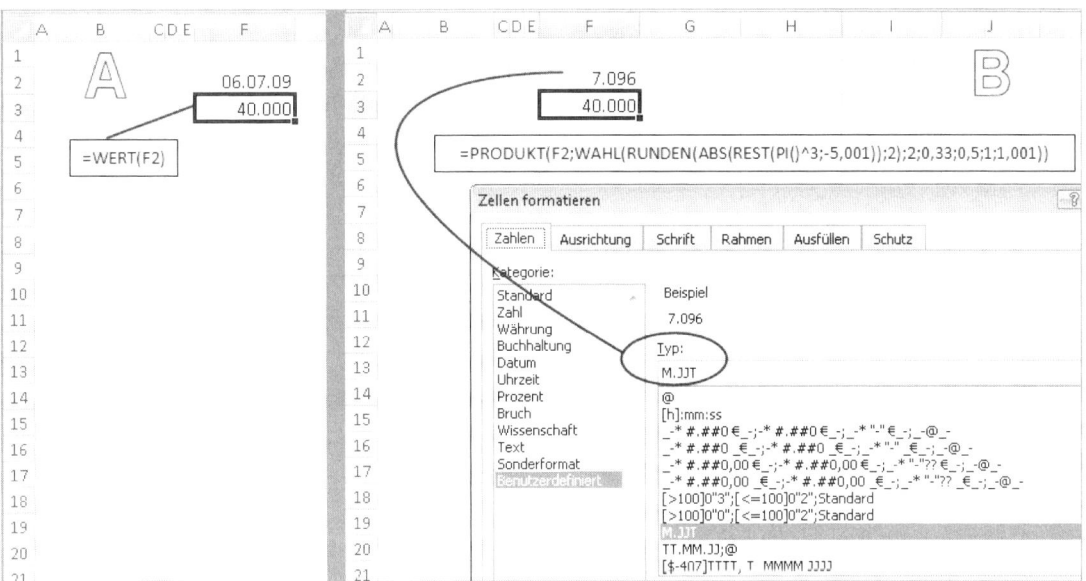

Abbildung 2.1 Das Datum in Zelle *F2* wirkt wie eine Zahl mit *Tausender-Trennzeichen*

Abschnitt B: Das sollten Sie nicht als Datei anbieten, sondern ggf. als Ausdruck. Ob es hier nun mit dem Glatteis klappt, hängt erstens von Ihrem schauspielerischen Talent, zweitens von der Excel-Erfahrung des »Opfers« und drittens von dessen Geduld und Leidensbereitschaft ab. Also: Sie haben irgendwo gelesen, gezeigt bekommen, wie auch immer, dass man mit dieser komischen Formel, die Sie absolut nicht verstehen – ja doch, leider –, aus 7.096 das Ergebnis 40.000 errechnet (oder aus 4.915 das Ergebnis 33.333). Sie wissen zwar nicht, was das Ganze soll oder wofür die Formel nützlich ist, Sie haben es jedoch auch selbst schon mal probiert und es funktioniert nicht. Sie möchten es aber doch – »Bitte, du weißt so was doch immer so gut« – gerne verstehen, und ob er/sie Ihnen mal erklären könne … usw.

Die Formel

```
=PRODUKT(F2;WAHL(RUNDEN(ABS(REST(PI()^3;-5,001));2);2;0,33;0,5;1;1001))
```

ist natürlich nur schierer Blödsinn, um den Bluff und eine mögliche Verwirrung zu verstärken. Denn diese Formel liefert nichts anderes als die Kalkulation =F2*1, entspricht also der oben erwähnten Formel =WERT(F2). Entweder der Braten wird sofort gerochen und Sie sind nach einigen kurzen Prüfungen ertappt, oder es wird schwierig. Denn die Vorgabe 7.096 in Zelle F2 ist nichts anderes als die Zahl 40.000. Allerdings wurde sie auf ziemlich niederträchtige und völlig ungewöhnliche Weise als Datum formatiert: Der *6. Juli 2009* im benutzerdefinierten Zahlenformat M.JJT (Monat, Punkt, Jahr, Tag).

Das vorstehende Beispiel ist noch nicht wirklich so richtig gemein. Da gibt es deutlich Schlimmeres. Gelegentlich werde ich mal gefragt, ob ich nicht ein Kurzseminar zu den übelsten Reinlege-Tricks mit Excel machen möchte. Ja gerne, warum nicht? Aber nicht in diesem Buch – versprochen. Nur ein Beispiel sei noch gestattet, ein Zacken schärfer als das obige.

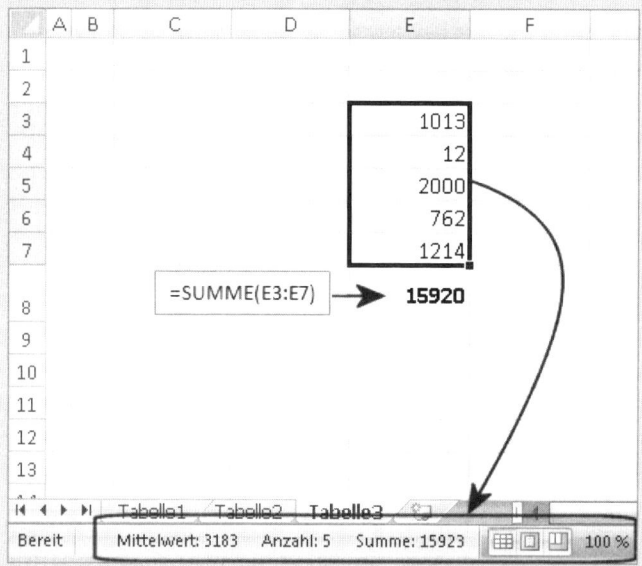

Abbildung 2.2 Stimmt hinten und vorn nicht und unten noch weniger

Die mit Abbildung 2.2 vorgestellte Rechnung können Sie mit einem intakten, virusfreien Excel durchaus anstellen, dennoch stimmt sie in gleich mehrfacher Hinsicht nicht. Das ist mit dem Taschenrechner schnell überprüft: 1.013 + 12 + 2.000 + 762 + 1.214 = 5.001. Excel zeigt in E8 als Ergebnis der Formel =SUMME(E3:E7), jedoch das Ergebnis 15.920. Noch schlimmer: Die Zellen E3:E7 sind markiert und Sie sehen in der Statusleiste, dass es fünf Werte sind, korrekt also, die dort angezeigte Summe ist aber 15.923, stimmt also weder mit dem Taschenrechnerergebnis noch mit dem Formelergebnis in Zelle E8 überein, und der Mittelwert ist mit 3.183 ebenfalls kurios. Wie das zu verstehen ist? Dazu mehr – und auch die entsprechende Datei samt Auflösung – an anderer Stelle.   ▶

Natürlich ist das alles nicht nur Spielerei. Wer einmal auf so etwas hereingefallen ist oder herausgefunden hat, was dahintersteckt, wird die eingangs des Kapitels erwähnte und so sehr wichtige Grundaussage Nummer 1 weniger schnell vergessen als andere. Ich wiederhole verkürzend:

Was Sie in einer Zelle sehen, muss keinesfalls das sein, was sich in dieser Zelle befindet.

Datums- und Wochentagsformate

Es gibt zahlreiche Möglichkeiten, ein Kalenderdatum zu formatieren, selbst wenn Sie mit Excel im Lande bleiben und die anderenorts üblichen Gepflogenheiten außer Acht lassen.

CD-ROM Bitte öffnen Sie von der CD-ROM aus dem zu Ihrer Excel-Version passenden Ordner die Datei *0201_DatumUhrzeit*.

Die Übungsdatei *0201_DatumUhrzeit* ist ohne Kennwort geschützt, hat ansonsten aber keine Besonderheiten vorzuweisen. Lediglich die für die Anwendung der rS1.Methode typischen Leerzeilen oben und Leerspalten links sowie die Zeilen- und Spaltennummerierung mit dem Zahlenformat 00 in Spalte C und in Zeile 4 mögen noch ungewöhnlich erscheinen.

Als Erstes sollen die Strukturen und Formate der Excel-Zeilen 9 bis 12 (vgl. Abbildung 2.3) vorgestellt werden. Die gelbe Zelle F10, die im Auslieferungszustand das Datum 06.07.2009 enthält, ist Eingabezelle. Sie können dort also ein beliebiges, nach dem 01.01.1900 liegendes Datum eintragen. Dieses Datum wird von den restlichen Zellen des Blocks übernommen, bzw. die hinterlegten Formeln beziehen sich darauf.

	C	E	F	G	H	I	J	K
4		00	01	02	03	04	05	06
8								
9	00		F1	F2	F3	F4	F5	F6
10	01	**Datum**	06.07.2009	06.07.09	6. Jul. 09	06. Juli 2009	09-06-07	090706
11	02	**Wochentag 1**	Mo	Montag	Mo, 06.07.09	Montag, der 06. Juli 2009		
12	03	**Wochentag 2**	2	02	Mo	Montag		
13	04							
14	05							
15	06							
16	07							

Abbildung 2.3 Nur ein paar Datumsformate von vielen möglichen

Wie auch bei anderen Zahlenformatierungen üblich können Sie einem Kalenderdatum integrierte oder benutzerdefinierte Formate zuweisen. Welches hier in den einzelnen Zellen jeweils hinterlegt ist, entnehmen Sie bitte der nachstehenden Tabelle 2.1 oder aber Sie markieren nach Aufheben des Blattschutzes die Zelle und öffnen, z. B. mit Strg+1, das Dialogfeld *Zellen formatieren* mit der Registerkarte *Zahlen*.

Bei Verwendung benutzerdefinierter Formate gilt grundsätzlich:

- Die Codierungen T für *Tag*, M für *Monat* und J für *Jahr* müssen mit Großbuchstaben eingegeben werden. Die Codierungen h für Stunde und m für Minute hingegen – hh:mm z. B. – werden kleingeschrieben und im Standard mit einem Doppelpunkt getrennt.

- Die Codierungen T, M und J können in einem einzigen Format mehrfach und dabei durchaus sinnvoll benutzt werden. Zum Beispiel würde für den 06.07.2009 der Code TT.MM.JJJJ, TTTT in *06.07.2009, Montag* umgesetzt.

- Wenn Sie in Ihre Codierung beliebige Zeichenfolgen einfügen wollen, die von Excel nicht als Codierung erkannt werden bzw. die im Format nicht als Code, sondern als Ergänzung benutzt werden sollen, sind diese Zeichenfolgen in Anführungszeichen einzuschließen.

- Vergessen Sie bei den benutzerdefinierten Codierungen nicht, an entsprechenden Stellen die erforderlichen Leerzeichen zu setzen.

Einige Informationen und Anmerkungen im Zusammenhang mit der Nummerierung in Tabelle 2.1:

Nr.	Zelle	Wert	Anzeige	Format
1	F10	40.000	06.07.2009	TT.MM.JJJJ
2	G10	40.000	06.07.09	TT.MM.JJ
3	H10	40.000	6. Jul. 09	T. MMM. JJ
4	I10	40.000	06. Juli 2009	TT. MMMM JJJJ
5	J10	40.000	09-06-07	JJ-TT-MM
6	K10	40.000	090706	JJMMTT
7	F11	40.000	Mo	TTT
8	G11	40.000	Montag	TTTT
9	H11	40.000	Mo, 06.07.09	TTT, TT.MM.JJ
10	I11	40.000	Montag, der 06. Juli 2009	TTTT, "der "TT. MMMM JJJJ
11	F12	2	2	T oder Standard
12	G12	2	02	TT
13	H12	2	Mo	TTT
14	I12	2	Montag	TTTT

Tabelle 2.1 Datums und Wochentagsformate – einige wenige von sehr vielen möglichen

1. Im Standard TT.MM.JJJJ ist das vierstellige Jahr zur ausreichenden Information meistens überflüssig und zu sperrig.

2. Die Verwendung von TT.MM.JJ bei zentrierter Ausrichtung sollte für komplexe Listen die Datumsformatierung der ersten Wahl sein.

3. Unordentlich »flatternd« erscheinende Kolonnen entstehen durch Verwendung von T. MMM. JJ.

4. Dasselbe gilt für eine Verwendung der mit MMMM vollständig ausgeschriebenen Monatsnamen.

5. In anderen Ländern durchaus üblich: erst Jahr, dann Tag, dann Monat, der Bindestrich oder ein Schrägstrich als Trennzeichen.

6. Schwer zu interpretieren, weil ungewohnt, für tagesgenaue Sortierungen jeder Art aber ideal. So etwas benutze ich sehr häufig auch als Präfix für Dateinamen, wie z. B. *090706_AnalyseV01*, bei denen ich im Explorer eine perfekt zeitorientierte Übersicht haben möchte.

7. Wenn Sie einem Datum nur die T-Codierungen zuweisen, wird es nicht als Datum, sondern als Wochentag angezeigt. Die serielle Zahl »dahinter«, im Beispielfall 40.000, bleibt natürlich dieselbe. Für eine abkürzende Anzeige mit zwei Buchstaben wird dennoch TTT gebraucht (vgl. mit 11 und 12).

8. Mit TTTT wird der Wochentag immer ausgeschrieben.

9. Das ist ein typisches Beispiel für die oben angesprochene Mehrfachverwendung von Codierungszeichen. Der eingefügte Text steht in Anführungszeichen.

10. Wenn noch mehr Ausführlichkeit gewünscht ist und ausreichend Platz zur Verfügung steht, darf es z. B. auch die Version TTTT, "der "TT. MMMM JJJJ sein. Ähnlich komplex, vielleicht im Deckblatt eines mit Excel erstellten Angebots, ginge es mit "Berlin, " T. MMMM JJJJ oder, etwas ausufernd, gar mit "Berlin, am" T. MMMM "des Jahres " JJJJ oder Ähnlichem.

In den Zellen F12 bis I12 kam die Formel =WOCHENTAG(Bezug) zum Einsatz. Die Formatierungscodes und -ergebnisse sind in den Zeilen 11 bis 14 der Tabelle 2.1 zu sehen. Die Formel gibt als Wert eine Zahl zwischen 1 und 7 aus. Die Anzahl der T-Zeichen im Format bestimmt also auch hier die Ausprägung der Zahl bzw. einer Zeichenfolge. Bei der Weiterverarbeitung einer aus WOCHENTAG resultierenden Zahl ist zu beachten, dass für diese Funktion drei verschiedene Typvarianten existieren.

> **HINWEIS** Die Funktion WOCHENTAG wird in diesem Buch in ihrer unflexiblen Grundform belassen (der Sonntag ist also Tag 1 der Woche). Dies geschieht vorwiegend aus Gründen der Abwärtskompatibilität zu früheren Excel Versionen. Mehr Informationen dazu in Kapitel 11, Teil B.

Wie Sie in den Zeilen 7 und 8 der Tabelle gesehen haben, ist auch das Datum selbst als Wochentag formatierbar. Wenn Sie also z. B. einen zweispaltigen Bereich mit Datum und zugehörigem Wochentag benötigen, können Sie auch in beiden Spalten das Datum (entweder als Konstanten oder, bei dynamischen Kalendern, mit Formelbezügen auf die Nachbarspalte) erzeugen. Dann weisen Sie der einen Spalte ein Datumsformat zu und der Nachbarspalte ein Wochentagsformat.

Datum und Uhrzeit einfügen

Dieser Abschnitt beschäftigt sich mit den Einträgen im Zellbereich E18:G29 der Beispieldatei *0201_DatumUhrzeit*, zu sehen in der Abbildung 2.4, Teil A, mit zusätzlichen Informationen ergänzt in Tabelle 2.2.

Sie können Datum oder Uhrzeit, bei Bedarf auch beides gemeinsam, als alleinigen Zellinhalt anlegen oder auch in einen laufenden Text einfügen. Dies gelingt entweder mit Formeln oder mit Tastenkombinationen. Den hierbei bestehenden Unterschied zu beachten ist zur Fehlervermeidung sehr wichtig:

- Die mit Formeln erzeugten Werte bilden ab, was »Systemdatum« und »Systemzeit« genannt wird, reagieren also auf Kalender und Uhr Ihres Betriebssystems. Das bedeutet also, dass die Formelergebnisse bei jedem Öffnen oder Neuberechnen der Datei aktualisiert werden. Nicht schlecht – allerdings aber ganz schlecht, wenn Sie das irrtümlich so eingerichtet und es dann vergessen haben, deshalb also z. B. in der Folge Dokumente mit falschen Daten verschicken.

- Die mit den Tastenkombinationen erzeugten Werte sind Konstanten, entsprechen also einer manuellen Eingabe. Die Nutzung der Tastenkombinationen ist aber um vieles komfortabler, besonders weil das Schreiben solcher Werte den meisten Anwendern nicht gerade flüssig von der Hand geht.

Einige Informationen und Anmerkungen im Zusammenhang mit der Nummerierung der Tabelle 2.2:

Nr.	Zelle	Formel	Eingabe	Format
1	F18	=HEUTE()		TT.MM.JJJJ
2	F19		`Strg`+`.` Punkt	TT.MM.JJ
3	F21	=JETZT()		hh:mm
4	F22		`Strg`+`⇧`+`:` Doppelpunkt	hh:mm
5	F23	=JETZT()		T.M.JJ h:mm

6	F24		`Strg`+`.`
			`Leertaste`
			`Strg`+`⇧`+`:`
				T.M.JJ h:mm

Tabelle 2.2　Datum und Uhrzeit schnell und bequem per Formel oder per Tastenkombination

1. Die Formel =HEUTE() kann, wie Sie in Kapitel 3 sehen werden, auch in Texte eingebunden werden, die dann automatisch, also beispielsweise beim Öffnen der Datei, das aktuelle Datum beinhalten. Dasselbe gelingt natürlich auch in Verbindung mit Rechenoperationen, also z. B. der Verwendung von =HEUTE()+21 für die Anzeige des Schlussdatums einer dreiwöchigen Frist. Mehr dazu in Kapitel 3.

2. Die sehr hilfreiche Tastenkombination `Strg`+`.` (Punkt) – warum bloß gibt es die nicht in Word? – können Sie auch während des Schreibens von Text verwenden: »*Heute am* `Strg`+`.` *ist die Produktivitätskennzahl also erstmals wieder ?*« usw.

3. Die Formel =JETZT() erzeugt das Systemdatum *und* die Systemzeit. Je nach Formatierung wird nur das eine oder das andere oder eben beides ausgewiesen.

4. Die Tastenkombination ⎡Strg⎤+⎡:⎤ (Doppelpunkt) erzeugt, im Gegensatz zur äquivalenten Formel =JETZT(), nur die Systemzeit und zwar im Format hh:mm. Sie kann ebenfalls, wie unter 2 beschrieben, in einem laufenden Text benutzt werden.

5. Wie bei 3, also auch hier das Ergebnis von =JETZT(), nur anders formatiert.

6. Wenn Sie, entsprechend der Verwendung der Formel =JETZT(), Systemdatum *und* Systemzeit in einem Zug als Konstanten erzeugen möchten, führen Sie einfach die beiden Tastenkombinationen, getrennt von einem Leerzeichen, hintereinander aus.

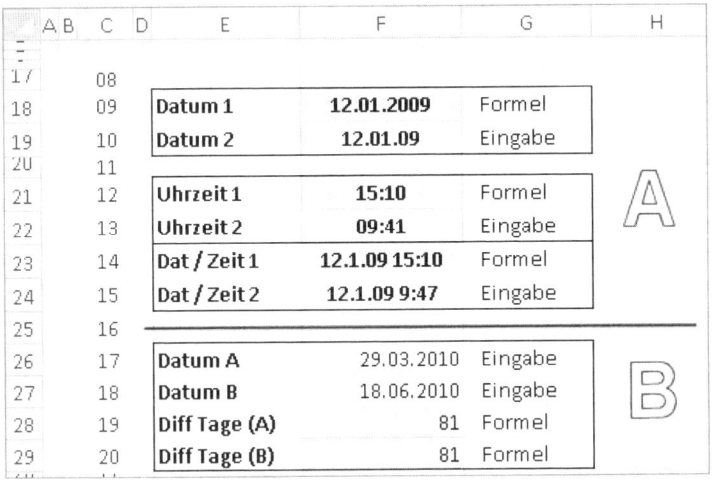

	A B	C	D	E	F	G	H
17		08					
18		09		Datum 1	12.01.2009	Formel	
19		10		Datum 2	12.01.09	Eingabe	
20		11					
21		12		Uhrzeit 1	15:10	Formel	Ⓐ
22		13		Uhrzeit 2	09:41	Eingabe	
23		14		Dat / Zeit 1	12.1.09 15:10	Formel	
24		15		Dat / Zeit 2	12.1.09 9:47	Eingabe	
25		16					
26		17		Datum A	29.03.2010	Eingabe	Ⓑ
27		18		Datum B	18.06.2010	Eingabe	
28		19		Diff Tage (A)	81	Formel	
29		20		Diff Tage (B)	81	Formel	

Abbildung 2.4 Solche Daten müssen Sie nur dann ggf. manuell eingeben, wenn sie nicht aktuell sind

Auch die Zellen F26 und F27 sind Eingabezellen. Mehr dazu im folgenden Abschnitt.

Wie viele Tage von – bis?

Die Informationen in diesem Abschnitt beziehen sich auf Abbildung 2.4, Abschnitt B.

Nicht selten soll ermittelt werden, wie viele Tage zwischen zwei Kalenderdaten verstrichen sind. Dazu können Sie verschiedene Methoden einsetzen. Die zwei wichtigsten davon sind hier kurz und am gezeigten Beispiel orientiert erläutert:

In Zelle F28 steht die einfache Subtraktionsformel =$F$27-$F$26. Das Ergebnis ist die Differenz zweier serieller Zahlen. Die von Excel ausgeführte Rechnung lautet 40.347 minus 40.266. Wenn Sie das Ergebnis nicht als Datum, sondern z. B. als Standard oder mit 0 bzw. #.##0 formatieren, erhalten Sie die gewünschte Information. Wenn Sie die Formel umkehren, also *früheres Datum minus späteres Datum*, erhalten Sie folglich eine negative Differenz. Das sollten Sie, auch wenn es in manchen Fällen für spezifische Weiterverarbeitungen nützlich sein kann, im Regelfall vermeiden oder durch die Einbindung in eine ABS-Formel korrigieren, im Beispiel entspräche das also =ABS($F$26-$F$27).

Die Formel =DATEDIF($F$26;$F$27;"d") in Zelle F29 ist in dieser Hinsicht weniger flexibel. Diese in Excel nicht dokumentierte Funktion, die Sie hier mit Verwendung des Parameters "d" (für Differenz in Tagen) sehen, erwartet als erstes Argument das frühere Datum und als zweites das späte-re. Wenn Sie das umkehren, erhalten Sie den Fehlerwert #ZAHL! als Ergebnis. Ansonsten aber können Sie diese Formel deutlich variabler einsetzen als die zuvor erwähnte Subtraktion.

HINWEIS   Zu Zahlenformaten allgemein und auch zur Funktion DATEDIF mit ihren sonstigen Parametern fin-den Sie weitere Informationen im Teil B, Kapitel 11.

Statische und flexible Kalender

Es gibt unter Windows massenhaft Kalender unterschiedlichster Art, die entweder bereits instal-liert sind oder die Sie sich aus verschiedenen Quellen und meistens kostenlos besorgen können. Das gilt teilweise auch für Excel selbst. Dennoch wird es häufig so sein, dass Sie für spezielle Auf-gaben individuell ausgearbeitete Excel-Kalender benötigen, so etwa für Zwecke des Projektma-nagements. In jedem Fall also sollten Sie mit wenigstens einigen der zahlreichen Funktionen ver-traut sein, die Excel in diesem Zusammenhang zur Verfügung stellt.

Die hauptsächlichen Gründe aber für diesen Teil des Seminars sind ganz andere: Ich möchte etli-ches aus Kapitel 1 vertiefen, vor allem aber einige der Funktionalitäten und Funktionen (bzw. Formeln) einführen, die in den Analyse- und Berichtsmodellen späterer Kapitel eine bedeut-same Rolle spielen. Das alles betrifft also vorwiegend allgemeingültige Verfahrensweisen, die hier lediglich an dem relativ einfachen Beispiel von Kalendern abgehandelt werden.

CD-ROM   Bitte öffnen Sie von der CD-ROM aus dem zu Ihrer Excel-Version passenden Ordner die Datei *0202_EinJahr*.

Aufbau der Arbeitsmappe

Was Sie als Struktur und Inhalte der Arbeitsmappe *0202_EinJahr* sehen, zeigt schon einen Hauch von methodischer Strukturierung. Es gibt Blattnamen, Blatteinrichtungen, Formeln und Elemente, die für die rS1.Methode typisch sind.

Einige Anmerkungen zu den drei Arbeitsblättern – dies, wie demnächst in diesem Buch üblich, von rechts nach links bzw., sinngemäß, von hinten nach vorn:

■ Im Arbeitsblatt *Namensliste* sind jene Bereichsnamen (samt ihren Bezügen) verzeichnet, die in der Arbeitsmappe Verwendung finden. Dies hat zwar nur dokumentarischen Charakter und dient Prüfzwecken, spielt jedoch in großen Modellen eine wichtige Rolle und leistet dort wichtige Beiträge zum Verständnis der Konstruktion eines Modells.

		00	01	02	03	04	05	06	07
11	00		Deutsch	English	Français	Nederlands	Italiano		MonDEUkurz
12	01		Januar	January	Janvier	Januari	Gennaio		Jan
13	02		Februar	February	Février	Februari	Febbraio		Feb
14	03		März	March	Mars	Maart	Marzo		Mrz
15	04		April	April	Avril	April	Aprile		Apr
16	05		Mai	May	Mai	Mei	Maggio		Mai
17	06		Juni	June	Juin	Juni	Giugno		Jun
18	07		Juli	July	Juillet	Juli	Luglio		Jul
19	08		August	August	Août	Augustus	Agosto		Aug
20	09		September	September	Septembre	September	Settembre		Sep
21	10		Oktober	October	Octobre	Oktober	Ottobre		Okt
22	11		November	November	Novembre	November	Novembre		Nov
23	12		Dezember	December	Décembre	December	Dicembre		Dez

Abbildung 2.5 Welche Sprache darf's denn sein? Das entscheiden Sie per Mausklick

- Ein Arbeitsblatt mit dem Namen *Parameter 1* (vgl. Abbildung 2.5) enthält in der Regel Stammdaten, die hier vorgehalten und gepflegt, dem Nutzer aber an anderer Stelle gezeigt werden. Achten Sie hier besonders auf die gelb gefärbte Zelle J11. Sie hat den Namen *rP1.Knoten* und wird später helfen, den Kalender per Mausklick mit Monatsnamen in einer beliebigen von fünf vorgehaltenen Sprachen auszustatten.

- Im Arbeitsblatt *Jahr 1* ist alles versammelt, was gleich seine wichtige Rolle spielen wird. Das Blatt beinhaltet, wie Sie natürlich auf den ersten Blick sehen, keinen »richtigen« Kalender, sondern in erster Linie eine Informations- und Übungsstruktur.

Das Arbeitsblatt *Jahr 1* in der Übersicht

Wenn Sie das Arbeitsblatt *Jahr 1* der Datei *0202_EinJahr* aktivieren, erscheint eine etwas andere Ansicht, als die mit der Abbildung 2.6 gezeigte. Das hat jedoch keinerlei einschränkende Bedeutung, wie sich aus den weiteren Informationen erschließen wird.

HINWEIS   In diesem Arbeitsblatt gibt es, wie es sich für eine ordentliche Excel-Liste gehört, Spalten, die mit Überschriften versehen sind. Hier und an etlichen weiteren Stellen in diesem Buch werde ich bei entsprechenden Strukturen für orientierende Beschreibungen häufig nicht mehr die Excel-Koordinaten angeben, sondern die Textüberschriften der jeweiligen Spalten.

Zunächst einige allgemeine Angaben:

- Das Blatt beinhaltet die Daten des vollständigen Kalenderjahres 2009. Es ist zwischen den Zeilen 14 und 15 fixiert und wird in der Abbildung im gefilterten Zustand gezeigt.

- Die Spaltenüberschriften der relativ hohen Zeile 14 sind *vertikal oben* ausgerichtet, damit sie von den Schaltflächen des Filters nicht überdeckt werden.

- Wie fast immer bei meinen Modellen, jedenfalls dann, wenn es sich um Listen handelt, existiert eine Zeilennummerierung, die sich hier in der Spalte mit der Überschrift *ZNR* befindet. Die benutzerdefiniert eingerichtete Spaltenummerierung wurde, mit ihrer für solche Hilfseinrichtungen üblichen Formatierung, in Zeile 5 hinterlegt.

- Die Tagesdaten des Kalenders stehen als Konstanten in der Spalte *Datum*. Natürlich ist es in der Praxis nicht notwendig, hier 365 oder mehr Daten einzugeben. Es gibt mehrere Verfahren, mit denen Sie eine derartige Auflistung in Sekundenschnelle erstellen können. Dazu finden Sie weiter unten praktische Anleitungen.

- Die hellblau gefärbten Zellen beinhalten Formeln.

- Die hellgelb gefärbte Zelle L12 ist eine Eingabezelle

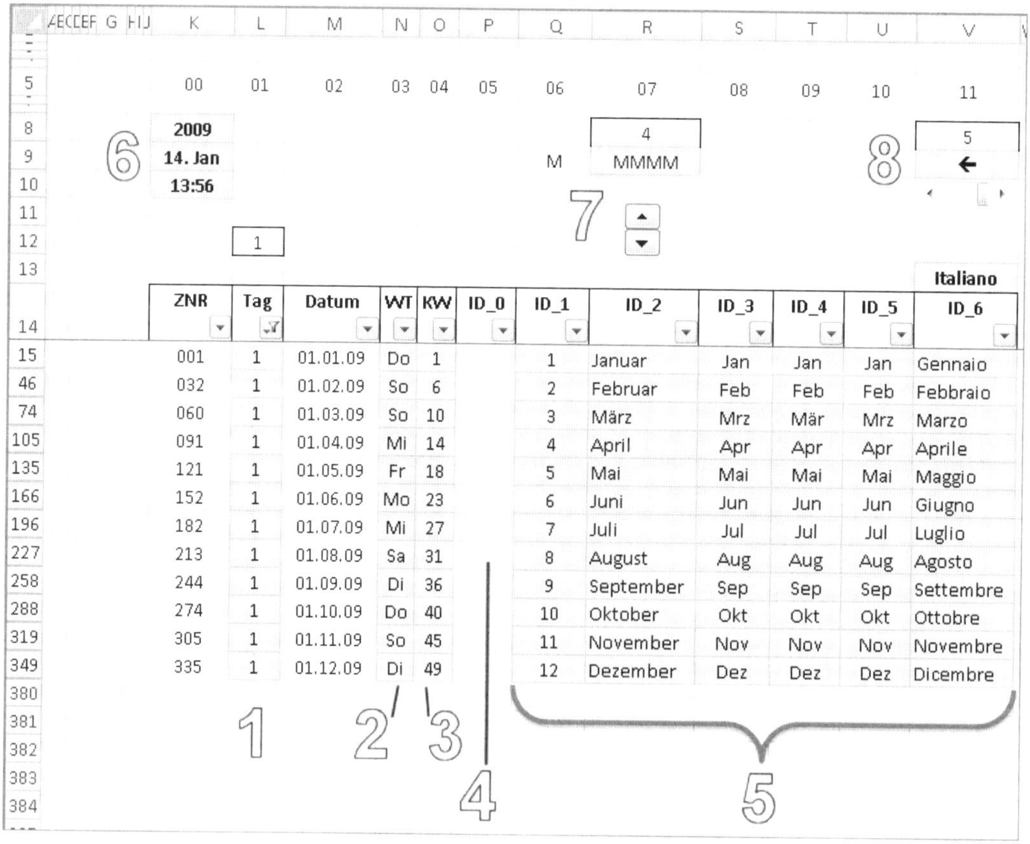

Abbildung 2.6 Hier gibt es viel zu sehen, manches zu tun und einiges zu beachten

Jetzt zu den Inhalten des Arbeitsblatts gemäß der Nummerierung in Abbildung 2.6. Es sollen vorläufig nur die einzelnen Komponenten beschrieben werden, danach erst erhalten Sie ausführlichere Informationen zu deren Inhalten.

1. Das in der Abbildung gezeigte Blatt ist gefiltert. Der aktuelle Filter wurde in der Spalte mit der Überschrift *Tag* gesetzt. In dieser Hilfsspalte wird, auf Basis Ihrer Eingabe in Zelle L12, mit Formeln jeweils dieser spezifische Kalendertag eines jeden Monats ermittelt, damit beim Filtern aus 365 Zeilen eine zwölfzeilige Monatsübersicht erzeugt werden kann, wie sie der Abbildung entspricht.

2. Hier werden mittels Formeln die zu den Kalendertagen gehörenden Wochentage ermittelt.

3. Die Darstellung der Kalenderwoche gelingt ebenfalls mit der Verwendung von Formeln.

4. Die Spalte mit der Überschrift *ID_0* ist vollkommen leer. Ich verwende in fast allen Listen, die gefiltert werden sollen, eine oder mehrere Leerspalten. Dies deswegen, weil es so sehr leicht möglich ist (wie übrigens auch häufig erforderlich), in der Liste nach benutzerdefinierten Kriterien zu filtern, die bei der Erstellung des Modells nicht bekannt waren, nicht berücksichtigt wurden oder die von so untergeordneter Bedeutung sind, dass sie vielleicht nur ein einziges Mal benötigt werden. In solchen Fällen genügt dann der Eintrag von beispielsweise dem Buchstaben *X* in ausgewählten Zellen der ansonsten leeren Spalte, damit Sie anschließend hier eben nach *X* filtern können.

WICHTIG　　　Eine Liste darf keine leeren Spalten oder Zeilen enthalten. Anderenfalls wird sie von Excel nicht als solche erkannt, was bei verschiedenen Operationen von entscheidendem Nachteil sein kann. Dennoch ist es leicht möglich, entsprechende Strukturen vorzuhalten: Es genügt dazu nämlich, die betreffende Spalte oder Zeile mit einer führenden Beschriftung zu versehen.

---

5. Hier finden Sie sechs verschiedene Formelvarianten, mit denen Bezeichnungen der zu den Kalendertagen gehörenden Monate ermittelt werden. Die Spalte mit der Überschrift *ID_6* ist zusätzlich noch dynamisiert: Dort kommen die oben bereits erwähnten unterschiedlichen Sprachen zum Einsatz (vgl. auch mit Ziffer 8).

6. Im linken Kopfbereich des Blattes kommen die mit Formeln ermittelten aktuellen Zeitdaten zur Anzeige.

7. Mit einem Steuerelement (es handelt sich um ein sog. *Drehfeld*) können Sie festlegen, welches von vier Formaten den Monatsbezeichnungen in der Spalte *ID_2* zugewiesen werden soll.

8. Mit einem weiteren Steuerelement (einer *Bildlaufleiste*) legen Sie fest, in welcher Sprachvariante die Monatsnamen der Spalte *ID_6* dargestellt werden sollen. Im abgebildeten Zustand erscheint über dem Steuerelement ein Pfeil, der nach links weist, um darauf hinzuweisen, dass im Moment die maximale rechte Position in der Bildlaufleiste erreicht wurde und deswegen jetzt nur eine Bewegung nach links möglich ist. Wenn die Bildlaufleiste hingegen auf Position 1 steht, weist der Pfeil nach rechts, bei den übrigen Einstellungen des Steuerelements ist er nicht zu sehen.

9. Achten Sie bitte darauf, dass sich die Formeleinträge unterhalb von Zeile 14 jeweils bis Zeile 379 erstrecken, hierzu also exemplarische Beschreibungen und Abbildungen benutzt werden, während die Formeln oberhalb von Zeile 14 »Einzelstücke« sind.

Für die folgenden Informationen soll ganz allgemein gesagt werden – und das gilt auch für viele andere Stellen in diesem Buch –, dass es in Excel sehr häufig mehrere Wege gibt, um ein bestimmtes Ziel oder Ergebnis zu erreichen. In aller Regel stelle ich hier nur einen davon vor. Das ist bisweilen nicht der einfachste und oft auch nicht der, den ich für den besten halte, sondern der, mit dem ich Gelegenheit habe, die Vielfalt von Excel zu verdeutlichen und eine variationsreiche Methodenwahl anzuregen (schließlich ist das ja ein »Seminarbuch«). Verfahren und Verwendungen, die ich als günstig oder optimiert ansehe, kommentiere ich überwiegend erst in späteren Kapiteln.

Noch ein weiterer, allgemeiner Hinweis, der Ihnen möglicherweise das eine oder andere Mal helfen mag, die Inhalte oder die Konstruktion einer Formel leichter zu verstehen, als es bei der bloßen optischen Kenntnisnahme möglich ist: Wenn Sie sich verdeutlichen wollen, was eine Formel leistet, versuchen Sie bitte, sich Excel als einen etwas begriffsstutzigen Partner vorzustellen, dem Sie ziemlich genau und unter Verwendung einfacher, umgangssprachlicher Formulierungen erläutern müssten, was jetzt bitte schön zu tun ist. Diese Art von Information werde ich häufig zur Erklärung von Formeln benutzen und das gelegentlich als »umgangssprachliche Anweisung« oder nur als »Anweisung« bezeichnen. Die dazu benutzten Texte werden vorläufig relativ ausführlich sein, im weiteren Verlauf des Seminars dann aber natürlich gestrafft.

Ermittlung von tagesspezifischen Informationen

Bevor ich zu den vertiefenden und vorwiegend theoretischen Erläuterungen komme: Ich werde Ihnen weiter unten vorschlagen, einen eigenen Kalender anzulegen, bei dem Sie dann einige der nachstehenden Inhalte in die Praxis umsetzen können.

Damit nun zu den Formeln, zuerst die aus den Spalten *Tag*, *WT* und *KW*. Die Abbildungen und Schilderungen beziehen sich in der Folge auf das Arbeitsblatt im ungefilterten Zustand.

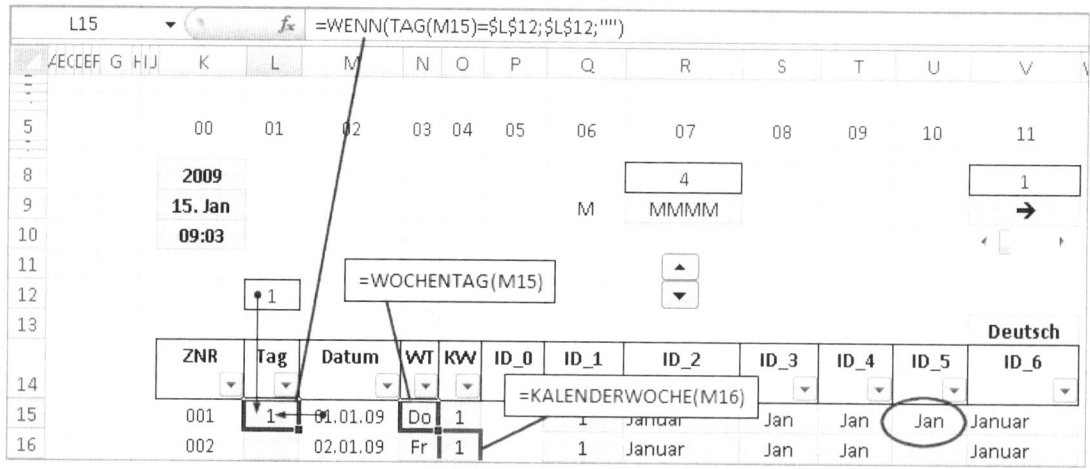

Abbildung 2.7   So erwischen Sie beim Filtern ein bestimmtes Datum jedes Monats

In Zusammenhang mit Abbildung 2.7:

Die Formel =WENN(TAG(M15)=$L$12;$L$12;"") in Zelle L15 als umgangssprachliche Anweisung: »Ermittle den Kalendertag des Wertes, der in M15 steht. Wenn dieser Wert der benutzerdefinierten Vorgabe in L12 entspricht, dann zeige diese Vorgabe als Ergebnis, ansonsten zeige nichts.«

In der Abbildung ist auch die Zelle U15 mit einer Markierung hervorgehoben. Ihre Besonderheit: Wenn in Zelle M15 nichts steht, steht hier auch nichts. Anders gesagt: In Spalte *ID_5* erscheint nur dort eine Monatsbezeichnung, wo es in Spalte *Tag* eine Kalendertagsinformation gibt. Mehr dazu weiter unten. Probieren Sie es aber jetzt schon aus: Geben Sie in Zelle L12 einen anderen Tageswert ein und achten Sie auf die Folgen in den genannten Spalten.

HINWEIS   Das oben erwähnte, durch zwei aufeinanderfolgende Anführungszeichen erzeugte »Nichts« wird in Excel als »leerer Text« bezeichnet und kann in bestimmten Fällen Probleme erzeugen. Was es in dieser Hinsicht zu beachten gibt, ist in Teil B, Kapitel 11 erläutert.

Die Formel =WOCHENTAG(M15) in Zelle N15 kennen Sie schon. Formatiert wurde hier mit TTT.

Die Funktion KALENDERWOCHE steht Ihnen unter Excel 2003 erst dann zur Verfügung, wenn Sie, wie bei »Grundeinstellungen« in Kapitel 9 empfohlen, das *Add-In Analyse-Funktionen* aktiviert bzw. nachinstalliert haben. Die Formel =KALENDERWOCHE(M16) ermittelt aus der seriellen Zahl in Zelle M16 die zugehörige Wochennummer. Sehr nützlich, leider aber mit dem Mangel behaftet, dass hierbei nur die US-amerikanische Zählweise benutzt werden kann, die in manchen Jahren nicht mit der europäischen übereinstimmt. Mehr dazu in Kapitel 11.

Die Formeln im Bereich K8:K10 erzeugen dynamische Informationen, aktualisieren also die angezeigten Werte auf Basis von Systemdatum und Systemzeit. Die Formeln =HEUTE() in den Zellen K8 und K9 und =JETZT() in Zelle K10 wurden schon vorgestellt. Das Ergebnis ist bedarfsgerecht zu formatieren.

ACHTUNG   Beachten Sie immer, dass die Formelergebnisse andere Zahlen bzw. Werte ein können als die sichtbaren Zellinhalte. Sollten Sie also beispielsweise die Jahreszahl aus K8 »als solche« in anderen Formeln benutzen wollen, dürften Sie hier nicht =HEUTE() verwenden, sondern z. B. =JAHR(HEUTE()).

Ermittlung von monatsspezifischen Informationen

Die Spalten *ID_1* bis *ID_6* enthalten Formeln, die der Ermittlung von Monatsbezeichnungen dienen. In der Praxis würden Sie solche Mehrfachdarstellungen natürlich nicht benötigen. Hier soll es dazu nützen, verschiedene Methoden vorzustellen, die bei unterschiedlichen Praxisanforderungen (Weiterverarbeitungsbedürfnissen) zum Einsatz kommen können.

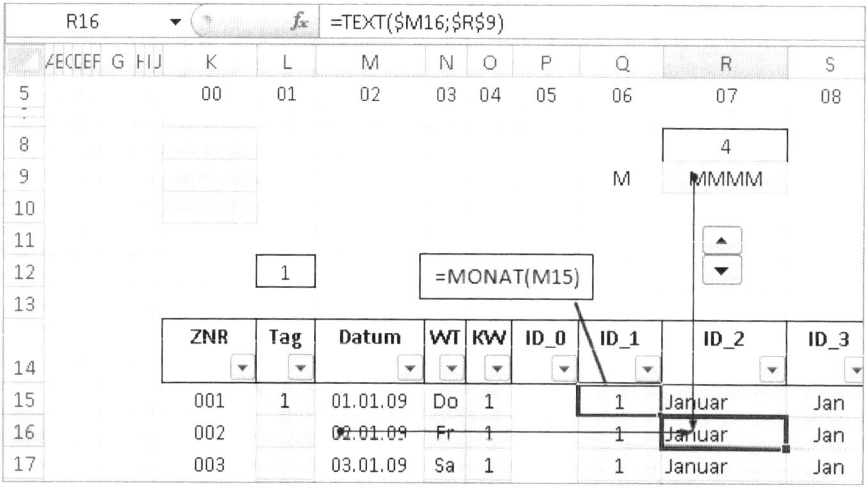

| R16 | ▼ | f_x | =TEXT($M16;$R$9) |

⁄ECCEF G HIJ	K	L	M	N	O	P	Q	R	S
5	00	01	02	03	04	05	06	07	08
8								4	
9							M	MMMM	
10									
11								▲	
12		1		=MONAT(M15)				▼	
13									

	ZNR	Tag	Datum	WT	KW	ID_0	ID_1	ID_2	ID_3
14	▼	▼		▼	▼	▼			▼
15	001	1	01.01.09	Do	1		1	Januar	Jan
16	002		02.01.09	Fr	1		1	Januar	Jan
17	003		03.01.09	Sa	1		1	Januar	Jan

Abbildung 2.8   Die Textformel benutzt ein variables, steuerbares Zahlenformat

Im Zusammenhang mit Abbildung 2.8:

Die Formel =MONAT(M15) in Zelle Q15 erzeugt die Monatsnummer, die zur seriellen Zahl (dem Datum) in Zelle M15 gehört. Was dabei als besonders wichtig zu beachten ist: Das Ergebnis ist eine Zahl zwischen 1 und 12 und somit als Zuordnungsinformation brauchbar, wenn sich der Anwender selbst die zugehörigen Monate denkt. Das Ergebnis ist von größerem Nutzen, wenn Sie es in weiteren Formeln verarbeiten, die einen Monatsindex benötigen. Es ist jedoch keinesfalls zur direkten Textanzeige des Monatsnamens verwendbar. Der Grund dafür ist schnell erklärt: Das Formelergebnis 11 z. B. formatiert mit MMMM erzeugt nicht etwa die Anzeige *November*, sondern *Januar*, weil die Zahl 11 für Excel nun mal der 11.01.1900 ist. Wer also die Monate als Textinformation braucht, muss andere Wege gehen, wie sie nachfolgend an einigen Beispielen beschrieben sind.

Zur Formel =TEXT($M16;$R$9) in Zelle R16 als umgangssprachliche Anweisung: »Wandle die serielle Zahl aus M16 in einen Text um und weise diesem das Monatsformat zu, das in Zelle R9 vorgegeben ist.« Sie werden später, im Zusammenhang mit Abbildung 2.13 sehen, dass Sie diese Vorgabe (und damit die Formatierung in Spalte *ID_2*) mit einem Steuerelement, also per Mausklick variieren können. Beachten Sie bitte, dass hier das Ergebnis keine Zahl mehr, sondern Text ist, für bestimmte Weiterverarbeitungen in anderen Formeln also nicht zur Verfügung stehen kann.

| | T15 | ▼ | ƒx | =WAHL(Q15;"Jan";"Feb";"Mär";"Apr";"Mai";"Jun";"Jul";"Aug";"Sep";"Okt";"Nov";"Dez") |

⁄ECCEF G HIJ	K	L	M	N	O	P	Q	R	S	T	U	V	W
13												Deutsch	
	ZNR	Tag	Datum	WT	KW	ID_0	ID_1	ID_2	ID_3	ID_4	ID_5	ID_6	
14	▼	▼	▼	▼	▼	▼	▼	▼	▼	▼	▼	▼	
15	001	1	01.01.09	Do	1		1	Januar	Jan	Jan	Jan	Januar	
16	002		02.01.09	Fr	1		1	Januar	Jan	Jan		Januar	
17	003		03.01.09	Sa	1		1	Januar	Jan	Jan		Januar	
18	004		04.01.09	So		=DATUM(JAHR(M17);Q17;1)				Jan	Jan		Januar	
19	005		05.01.09	Mo						Jan	Jan		Januar	
20	006		06.01.09	Di	2		1	Januar	Jan	Jan		Januar	
21	007		07.01.09	Mi	2		1	Januar	Jan	Jan		Januar	

Abbildung 2.9   Nicht das, was man »elegant« nennen würde, bisweilen aber ganz nützlich

Im Zusammenhang mit Abbildung 2.9:

Zur Formel =DATUM(JAHR(M17);Q17;1) in Zelle S17 als Anweisung: »Erzeuge einen seriellen Datumswert. Als Jahr benutze dafür den Jahreswert der Zahl in M17, als Monat den Wert aus Zelle Q17, als Tag den Wert 1 (also den Monatsersten).« Das Ergebnis ist also wiederum eine Datumszahl und zwar immer die des ersten Tages des Monats im ermittelten Jahr. Überprüfen Sie das, indem Sie in Spalte S einen Bereich markieren, der mehr als einen Monat übergreift, und diesen dann mit *Standard* formatieren (dann sehen Sie die serielle Zahl) oder, alternativ, mit einem kompletten Datumsformat.

Zur Formel in Zelle T15:

```
=WAHL(Q15;
"Jan";"Feb";"Mär";"Apr";"Mai";"Jun";"Jul";"Aug";"Sep";"Okt";"Nov";"Dez")
```

benutzt ein bereits vorhandenes, anderes Formelergebnis als variables Argument: »Zeige aus den hier hinterlegten Texten denjenigen, dessen Position der Zahl entspricht, die aktuell in Zelle Q15 steht.« Eine solch sperrige Verwendung der Funktion WAHL ist nur in Ausnahmefällen eine gute Lösung für einen Kalendereintrag und ist besser für andere Aufgaben geeignet. Auch hier wieder wichtig: Die Ergebnisse sind keine Zahlen, sondern Texte. Dasselbe gilt auch in den gleich anzusprechenden Spalten *ID_5* und *ID_6*, wo ebenfalls die Vorgaben aus Spalte *ID_1* benutzt werden.

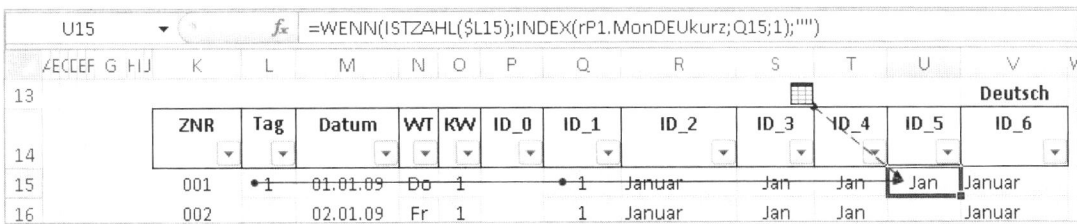

| | U15 | ▼ | ƒx | =WENN(ISTZAHL($L15);INDEX(rP1.MonDEUkurz;Q15;1);"") |

⁄ECCEF G HIJ	K	L	M	N	O	P	Q	R	S	T	U	V
13												Deutsch
	ZNR	Tag	Datum	WT	KW	ID_0	ID_1	ID_2	ID_3	ID_4	ID_5	ID_6
14	▼	▼	▼	▼	▼	▼	▼	▼	▼	▼	▼	▼
15	001	• 1	01.01.09	Do	1		• 1	Januar	Jan	Jan	▶ Jan	Januar
16	002		02.01.09	Fr	1		1	Januar	Jan	Jan		Januar

Abbildung 2.10   Diese Monatsinformation erscheint nur am Monatsersten

Im Zusammenhang mit Abbildung 2.10:

Die hier hinterlegten Formeln wurden oben schon einmal, bei Erläuterungen zur Spalte *Tag* (vgl. Abbildung 2.7), indirekt angesprochen. Ihre Ergebnisse sind mit denen der Spalte *Tag* synchronisiert. Nur wenn dort ein Kalendertag ausgewiesen wird, erscheint hier in derselben Zeile ein Monatsname. Die dabei zu verwendenden Texte sind im Arbeitsblatt *Parameter 1* hinterlegt. Der entsprechende Zellbereich, Q12:Q23, hat dort den Bereichsnamen *rP1.MonDEUkurz* erhalten.

Damit zur Formel =WENN(ISTZAHL($L15);INDEX(rP1.MonDEUkurz;Q15;1);"") in Zelle U15. Als Anweisung: »Wenn der Wert in L15 eine Zahl ist, dann ermittle innerhalb einer Matrix, die den Namen *rP1.MonDEUkurz* hat, einen Wert. Benutze dabei jene Zeile, deren Position in Q15 vorgegeben ist, und die erste (sowie in diesem Fall einzige) Spalte. Ansonsten, wenn also der Wert in L15 keine Zahl ist, reagiere mit leerem Text.«

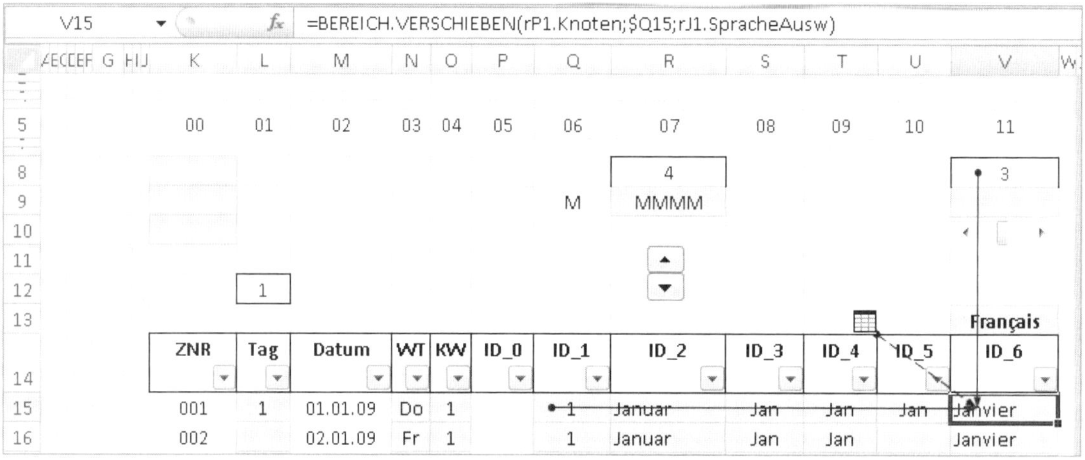

Abbildung 2.11 Diese Formel reagiert indirekt auf die Benutzung des Steuerelements *Bildlaufleiste*

In Zusammenhang mit Abbildung 2.11 eine später zu vertiefende Vorabinformation: Die dort gezeigte Formel greift ebenfalls auf Quelldaten zu, die im Arbeitsblatt *Parameter 1* hinterlegt sind (vgl. Abbildung 2.5). Dort gibt es Monatsnamen in sechs Sprachen und den Bereichsnamen *rP1.Knoten* für die Zelle J11. Hier, im Arbeitsblatt *Jahr 1*, spricht die Formel ebenfalls eine benannte Zelle an, nämlich die Zelle V8 mit dem Namen *rJ1.SpracheAusw*. Es werden zur Ermittlung des Formelresultats also Informationen aus zwei verschiedenen Arbeitsblättern benutzt.

Zur Formel =BEREICH.VERSCHIEBEN(rP1.Knoten;$Q15;rJ1.SpracheAusw) in Zelle V15: »Ermittle einen Wert, dessen Position wie folgt zu identifizieren ist: Gehe von einer Zelle, die den Namen *rP1.Knoten* hat, so viele Zeilen nach unten, wie es der Vorgabe in Zelle Q15 entspricht und so viele Spalten nach rechts, wie es der Vorgabe in der Zelle mit dem Namen *rJ1.SpracheAusw* entspricht.« Diese Vorgabe, ein variabler Wert zwischen 1 und 6, wird von einem Steuerelement erzeugt. Genaueres dazu dann in Verbindung mit Abbildung 2.13.

Steuerung von Formaten und Inhalten

Die Erläuterungen in diesem Abschnitt beziehen sich auf Strukturen im Zeilenbereich 1:13 des Arbeitsblatts *Jahr 1*.

Wie schon erwähnt können Sie die Zelle L12 als Eingabezelle benutzen, deren Wert sich direkt auf Spalte L und indirekt auf Spalte U auswirkt. Sinn des Ganzen ist es, eine Filterung zu ermöglichen, die pro Monat einen einzigen, bestimmbaren Kalendertag ausgibt. Das kann z. B. in einer Lösung von Interesse sein, in der mit spezifischen, von Monat zu Monat unveränderlichen Messtagen oder Stichtagen zu arbeiten ist.

> **HINWEIS**   In den nachstehenden Ausführungen ist von sog. ANSI-Zeichen aus dem Zeichensatz der Schriftart *Wingdings* die Rede. Wenn Ihnen diese Begriffe nicht vertraut sind bzw. wenn Sie nicht wissen, wie Sie Zeichen, die auf Ihrer Tastatur nicht zu sehen sind, erzeugen können, orientieren Sie sich bitte in Teil B in Kapitel 16 unter dem Stichwort *Zeichensätze*.

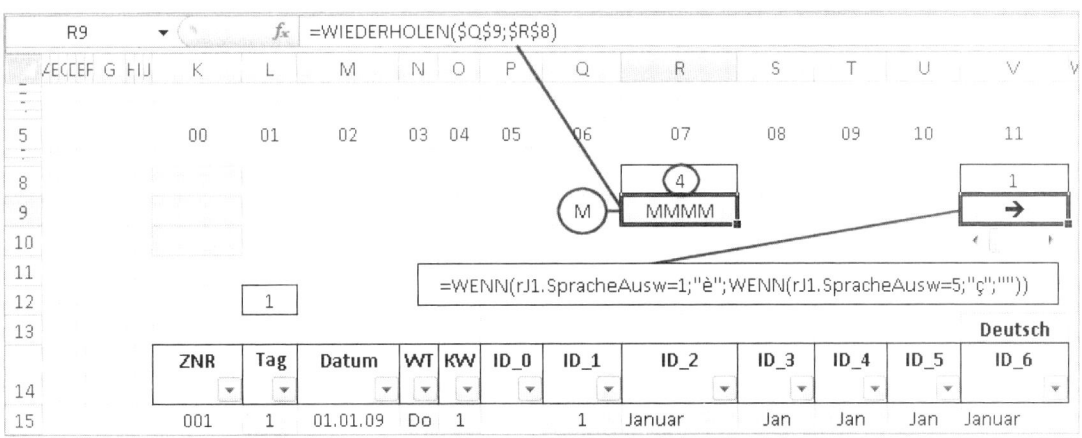

Abbildung 2.12   Formatsteuerung und Benutzerinformation mit einfachen Mitteln

Im Zusammenhang mit Abbildung 2.12:

Zur Formel =WIEDERHOLEN($Q$9;$R$8) in Zelle R9: »Wiederhole das Zeichen, das sich in Zelle Q9 befindet, so oft, wie es der Vorgabe in Zelle R8 entspricht.« R8 ist mit einem Steuerelement *Drehfeld* verknüpft, das sich (vgl. Abbildung 2.11) im Zellbereich R11:R12 befindet.

Da die Formeln in R15 und abwärts ihre in Text umzuwandelnden Werte aus Spalte M ermitteln, können Sie in der Spalte *ID_2* auch Wochentage in verschiedenen Formaten erzeugen: Geben Sie in Q9 eine großes T ein und variieren Sie die indirekt daraus resultierenden Formatierungen mit dem *Drehfeld*.

Die Zelle V9 ist mit der Schriftart *Wingdings* formatiert. Deswegen werden statt der Buchstaben, die Sie in der Formel sehen, dort jene Zeichen gezeigt, die im Zeichensatz *Wingdings* den Codes dieser Buchstaben entsprechen.

- Das Zeichen *è* ist das ANSI-Zeichen 232 einer Standardschriftart. In der Schriftart *Wingdings* ist es ein nach rechts weisender Pfeil.

- Das Zeichen *ç* ist das ANSI-Zeichen 231 einer Standardschriftart. In der Schriftart *Wingdings* ist es ein nach links weisender Pfeil.

Die Formel =WENN(rJ1.SpracheAusw=1;"è";WENN(rJ1.SpracheAusw=5;"ç";"")) in V9 erzeugt also zwei verschiedene Pfeile. Als Anweisung: »Wenn der Wert in der Zelle mit dem Namen *rJ1.SpracheAusw* = 1 ist, schreibe das Zeichen *è*; wenn der Wert in der bezogenen Zelle = 6 ist, schreibe das Zeichen *ç*. Ansonsten, in allen anderen Fällen also, erzeuge leeren Text. «

Eine Formel, die diese Konstruktion deutlicher macht und die ich in der Praxis eindeutig bevorzugen würde, sähe so aus:

```
=WENN(rJ1.SpracheAusw=1;ZEICHEN(232);
WENN(rJ1.SpracheAusw=5;ZEICHEN(231);
""))
```

HINWEIS   Eine Formelschreibweise wie vorstehend, also mit Zeilenumbrüchen, werden Sie in diesem Buch immer dann sehen, wenn sich eine Formel nicht in einer einzigen Zeile unterbringen lässt und/oder wenn eine mehrzeilige Darstellung die zur Formel ergehenden Erläuterungen besser unterstützt.

Bleibt noch zu erläutern, welche Eigenschaften die beiden Steuerelemente des Blattes besitzen. Das ist, da es sich um einfache *Formular*steuerelemente handelt, mithilfe der Abbildung 2.13 schnell erklärt.

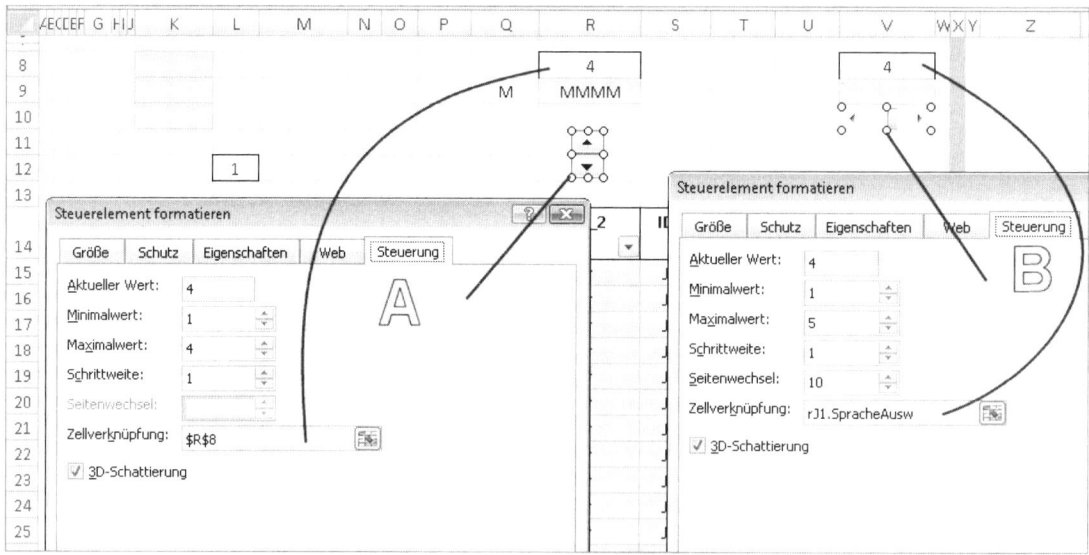

Abbildung 2.13   Die beiden Steuerelemente sind rasch funktionalisiert

Im Zusammenhang mit Abbildung 2.13:

■ Teil A: Für das *Drehfeld* ist eine Wertespanne – der »Bewegungsspielraum« – von 1 bis 4 und, zur Ausgabe des »Klickwerts«, die Zellverknüpfung $R$8 festgelegt.

■ Teil B: Für die *Bildlaufleiste* ist eine Wertespanne von 1 bis 6 und zur Ausgabe des Positionswerts die Zellverknüpfung *rJ1.SpracheAusw* (Zelle V8) festgelegt.

HINWEIS   Die hier gezeigte unterschiedliche Art der Zellverknüpfung, einmal Zellbezug, einmal Namensbezug wurde nur für Demonstrationszwecke gewählt. In der Praxis sind bei Lösungen, die nach den Regeln der rS1.Methode erstellt werden, alle Verknüpfungen von Steuerelementen Namensbezüge.

Filtern des Kalenders

Das Filtern komplexer Listen spielt später in diesem Seminar, wenn es um analytische Aufgaben geht (Kapitel 7), eine relativ große Rolle. Deswegen sind bereits hier ein paar allgemeine Angaben zu den prinzipiellen und speziellen Unterschieden zwischen den Excel-Versionen 2003 und 2007 angebracht:

In Abbildung 2.14 sehen Sie den Standard der Version 2003:

■ Die Daten sind nach den in der Spalte *Tag* vorhandenen Werten gefiltert. Kenntlich wird das, wenn die Zeilen- und Spaltenköpfe ausgeblendet sind, lediglich an der sehr unscheinbar erscheinenden Blaufärbung des Pfeils der Filter-Schaltfläche. Nach *was* dort gefiltert wurde, sehen Sie nicht.

■ Wenn Sie auf eine Filter-Schaltfläche klicken, erscheint eine Auswahlliste, in der Excel neben einigen anderen Optionen die erkannten Spalteninhalte anbietet. Die hierbei benutzte alphanumerische Ordnung ist generell nützlich, im Fall von Monatsnamen hingegen verwirrend.

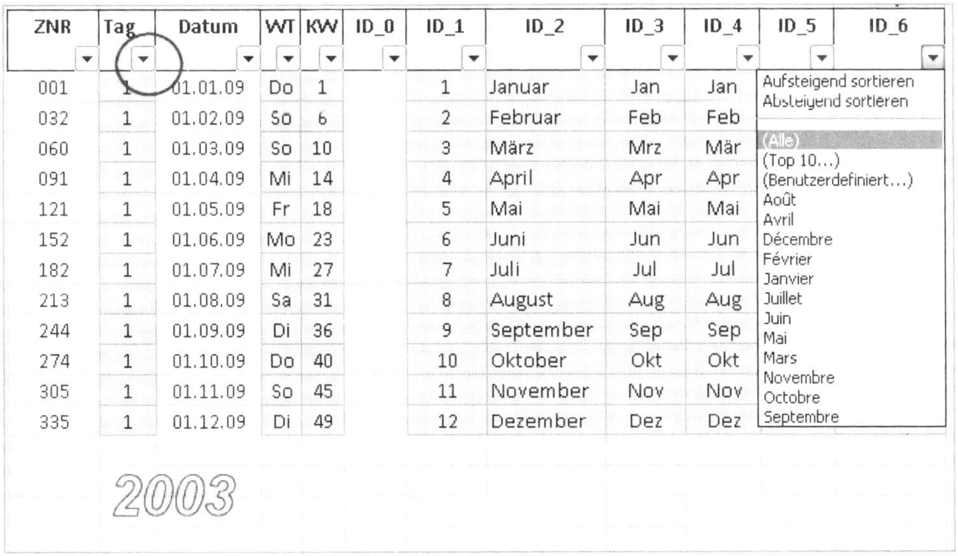

ZNR	Tag	Datum	WT	KW	ID_0	ID_1	ID_2	ID_3	ID_4	ID_5	ID_6
001	1	01.01.09	Do	1		1	Januar	Jan	Jan	Aufsteigend sortieren	
032	1	01.02.09	So	6		2	Februar	Feb	Feb	Absteigend sortieren	
060	1	01.03.09	So	10		3	März	Mrz	Mär	(Alle)	
091	1	01.04.09	Mi	14		4	April	Apr	Apr	(Top 10...) (Benutzerdefiniert...)	
121	1	01.05.09	Fr	18		5	Mai	Mai	Mai	Août Avril	
152	1	01.06.09	Mo	23		6	Juni	Jun	Jun	Décembre	
182	1	01.07.09	Mi	27		7	Juli	Jul	Jul	Février Janvier	
213	1	01.08.09	Sa	31		8	August	Aug	Aug	Juillet	
244	1	01.09.09	Di	36		9	September	Sep	Sep	Juin Mai	
274	1	01.10.09	Do	40		10	Oktober	Okt	Okt	Mars	
305	1	01.11.09	So	45		11	November	Nov	Nov	Novembre Octobre	
335	1	01.12.09	Di	49		12	Dezember	Dez	Dez	Septembre	

2003

Abbildung 2.14 Die Auswahl an Filtermöglichkeiten ist relativ schmal

- Die Anwendung des in der Dropdownliste angebotenen Befehls *Benutzerdefiniert* ermöglicht Ihnen nach dem Und-Oder-Prinzip eine Filterung nach zwei Kriterien. Wer mehr will, muss den ungeliebten und unhandlichen *Spezialfilter* benutzen.

Der Versionswechsel hat hier ganz erhebliche Verbesserungen gebracht. Im Zusammenhang mit Abbildung 2.15:

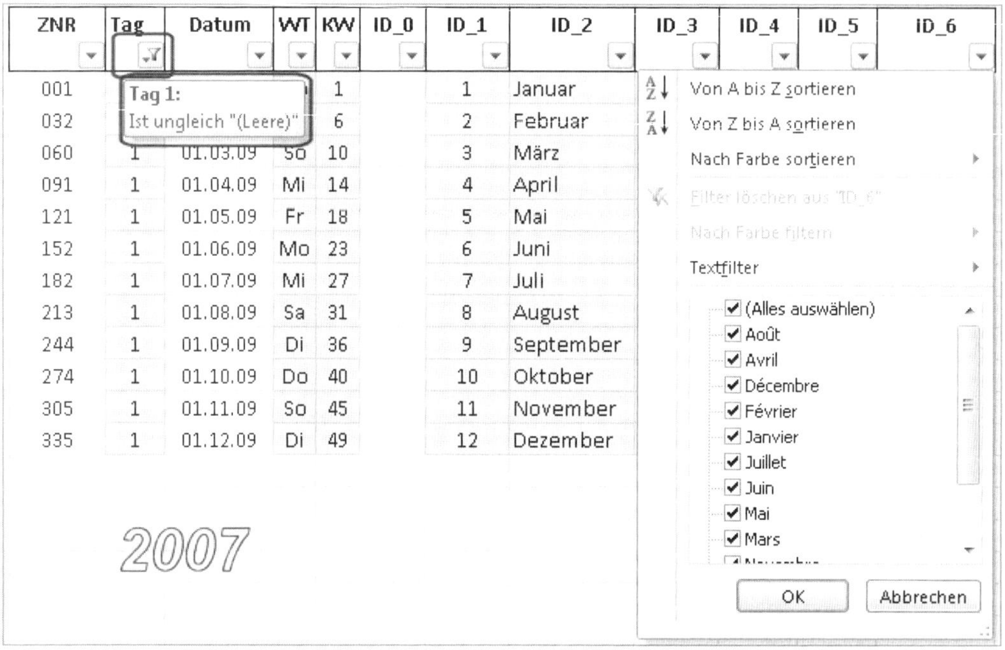

ZNR	Tag	Datum	WT	KW	ID_0	ID_1	ID_2	ID_3	ID_4	ID_5	ID_6
001	Tag 1:			1	1	Januar	A bis Z sortieren				
032	Ist ungleich "(Leere)"		6	2	Februar	Von Z bis A sortieren					
060	1	01.03.09	So	10	3	März	Nach Farbe sortieren				
091	1	01.04.09	Mi	14	4	April	Filter löschen aus "ID_6"				
121	1	01.05.09	Fr	18	5	Mai	Nach Farbe filtern				
152	1	01.06.09	Mo	23	6	Juni	Textfilter				
182	1	01.07.09	Mi	27	7	Juli					
213	1	01.08.09	Sa	31	8	August	☑ (Alles auswählen)				
244	1	01.09.09	Di	36	9	September	☑ Août				
274	1	01.10.09	Do	40	10	Oktober	☑ Avril				
305	1	01.11.09	So	45	11	November	☑ Décembre				
335	1	01.12.09	Di	49	12	Dezember	☑ Février				
							☑ Janvier				
							☑ Juillet				
							☑ Juin				
							☑ Mai				
2007							☑ Mars				
							OK Abbrechen				

Abbildung 2.15 Die Auswahl an Möglichkeiten ist ab Version 2007 enorm ausgeweitet worden

- Die Daten sind ebenfalls nach den in der Spalte *Tag* vorhandenen Werten gefiltert. Die optische Information zu diesem Sachverhalt ist deutlich besser als ehedem. Wenn Sie mit der Maus auf die so gekennzeichnete Filter-Schaltfläche zeigen, sehen Sie auch, nach *was* dort gefiltert wurde. Noch nicht der benutzerfreundlichen Weisheit letzter Schluss – wünschenswert wäre mindestens ein frei verschiebbares Textfeld, in dem alle aktuellen Filtereinstellungen des Blattes als Klartextinformation erscheinen –, aber immerhin ein Fortschritt.

- Die Dropdown-Auswahlliste bietet gleich mehrere, sehr wesentliche Neuerungen an:

  - Sie können jetzt nach Farben sortieren und filtern. Das ist, besonders im Zusammenhang mit den erheblich ausgeweiteten Möglichkeiten der *bedingten Formatierung* eine äußerst nützliche Option, zu deren Vorzügen ich Sie in späteren Kapiteln noch informieren will.

  - Die von Excel erkannten Inhalte erscheinen nach wie vor in alphanumerischer Ordnung (zur Ausnahme gleich weiter unten). Es gibt jedoch eine enorme Ausweitung der Analysemöglichkeiten: Sie können nun mittels Kontrollkästchen zahlreiche, spaltenspezifisch beliebige Kombinationen von Filterinhalten einrichten.

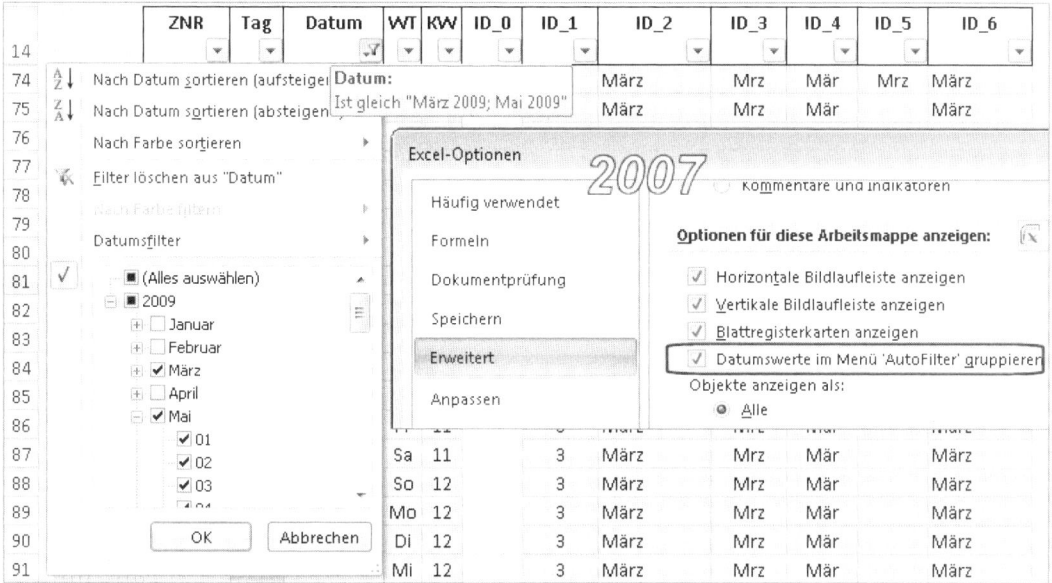

Abbildung 2.16 Besonders nützlich für Datumsfilterungen: Die Gruppierung der Monate und Tage

- Im Zusammenhang mit Abbildung 2.16: Als sehr hilfreiche Neuerung wurde die Gruppierung von Datumswerten eingeführt. Wenn Sie in der Spalte *Datum*, die im hier benutzten Beispiel alle Tage eines Jahres enthält, filtern, erscheinen die Monatsnamen als in der Kalenderreihenfolge platzierte Ordner, deren jeder wiederum jeden Tag dieses Monats ausweist. Ganz ausgezeichnet, was sich hier jetzt an multivariablen Filtervarianten anbietet. (Diese Option ist mit dem Installationsstandard eingerichtet. Der Zugang, wie in der Abbildung vorgestellt: *Excel-Optionen/Erweitert.*)

HINWEIS Die neu verfügbare und dabei einfach zu handhabende Filter-Vielfalt begeistert mich deswegen so sehr, weil bislang schon ein Großteil aller analytischen Aufgaben in einem Unternehmen mit geschickt aufgebauten Filtermodellen lösbar war und die damit verbundenen Gestaltungschancen nun vervielfacht sind. Zum analytischen Filtern gehört natürlich, dass Sie die aktuell im Filter gezeigte Auswahl auch kalkulatorisch verarbeiten, also z. B. in eine absolute und relative Beziehung zur Gesamtheit setzen. Um solche Aufgaben geht es in Kapitel 7.

Damit kann die Datei *0202_EinJahr* verlassen und geschlossen werden. Im nächsten Abschnitt geht es dann um die praktische Umsetzung einiger der bislang vermittelten Inhalte.

Statische und flexible Kalender

In diesem Abschnitt erhalten Sie Informationen zum Anfertigen statischer und flexibler Vertikalkalender. Es gibt mehrere Verfahren, mit denen eine solche Aufgabe in wenigen Minuten erledigt ist. Einige davon werden hier mit praktischen Anleitungen vorgestellt.

Kurz noch zum Praxisbezug der benutzten Beispiele: In einem Unternehmen werden Maschinenzeiten, die mit Kundenaufträgen verbunden sind, in Tagesminuten erfasst und den Kunden in Rechnung gestellt. Die hier behandelten Listen sind kalendarische Zusammenstellungen dieser Maschinenzeiten. In einer weiteren Ausbaustufe, die hier keine Rolle spielt, wären solche Modelle dann natürlich mit der Kalkulation von Kosten und Erträgen usw. zu verbinden.

Statischer Tageskalender

Im ersten Durchgang entsteht ein statischer Tageskalender, der sich später ohne Mühe in einen flexiblen Kalender mit wählbaren Zeittakten und dieser wiederum in einen »Ereigniskalender« verwandeln lässt.

CD-ROM   Bitte öffnen Sie von der CD-ROM aus dem zu Ihrer Excel-Version passenden Ordner die Datei *0203_Kalender01_ÜBUNG*.

Wenn Sie die nachstehenden Übungen nicht selbst durchführen, sondern sich lediglich die beschriebenen Ergebnisse verdeutlichen möchten, können Sie auch die Datei *0204_Kalender01_FERTIG_1* öffnen.

Ersteinrichtung des Kalenders

In der als Datei *0203_Kalender01_ÜBUNG* geöffneten Grundausstattung wurden die zeitlich anspruchsvollsten Aufgaben schon erledigt. Der Kopfbereich und die erste Datenzeile sind fertig. Die Erweiterung auf ein ganzes Jahr wird dann nur noch wenige Sekunden in Anspruch nehmen. Die danach wiederum anstehenden Ergänzungsarbeiten sind dann nochmals ein wenig aufwendiger.

Zunächst einige allgemeine Angaben in Zusammenhang mit Abbildung 2.17:

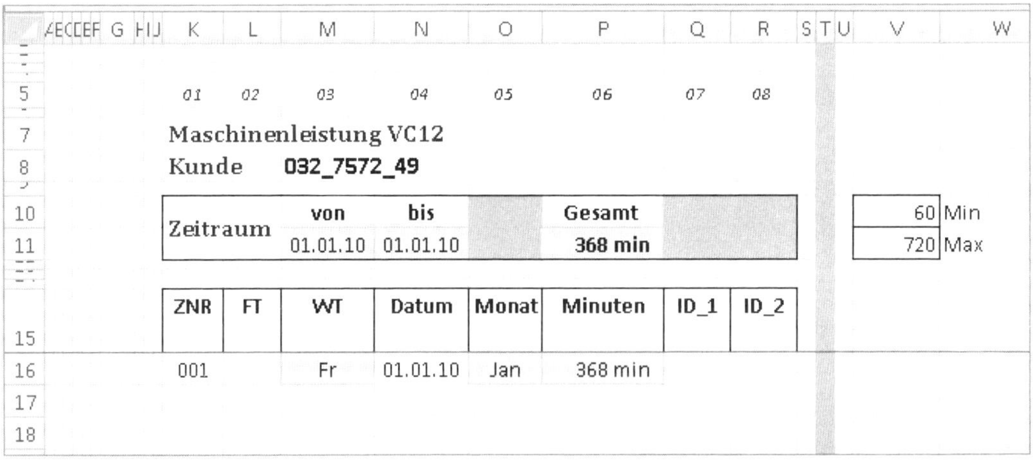

Abbildung 2.17 Diesen Kopfbereich zu erstellen ist die zeitlich anspruchsvollste Aufgabe

- Das Blatt wird die Daten des vollständigen Kalenderjahres 2010 beinhalten. Es ist zwischen den Zeilen 15 und 16 fixiert.

- Die Spaltenüberschriften der Zeile 15 sind *vertikal oben* ausgerichtet, damit sie vollständig sichtbar bleiben, falls die Daten gefiltert werden sollen und in der Zeile die Filterschaltflächen auftauchen.

- Die blau gefärbten Zellen enthalten Formeln, die hellgelb gefärbten Zellen V10 und V11 sind Eingabezellen, mit denen Sie eine variierbare Spanne von Zufallszahlen festlegen können.

Im Kopfbereich des Blattes gibt es drei Zellen, die Formeln enthalten, über die ich mit Tabelle 2.3 informiere.

Nr.	Zelle	Eintrag	Format
1	M11	=MIN($N$16:$N$1000)	TT.MM.JJ
2	N11	=MAX($N$16:$N$1000)	TT.MM.JJ
3	P11	=SUMME($P$16:$P$1000)	#.##0" min "

Tabelle 2.3 Formeln und Formate im Kopfbereich

Vier Anmerkungen dazu:

- Die Formelbezüge wurden bis auf Zeile 1.000 ausgedehnt, damit bei einer späteren Erweiterung des Kalenderumfangs keine Formeländerungen erforderlich sind.

- Die MAX- und MIN-Ergebnisse mit Bezug auf die Datumsspalte informieren über die aktuelle Spanne des Kalenders. Dies ist besonders bei den weiter unten noch anzusprechenden flexiblen Kalendern bzw. bei den Ereigniskalendern von Bedeutung.

- Bei der Einrichtung der Formate wurden nach dem Prinzip der »Kreuzformatierung« zunächst die gesamten Spalten eingerichtet. Erst danach wurden einzelnen Zellen (und der gesamten Zeile 5) ihre separaten Formatierungen zugewiesen.

- Das Format #.##0" min " in Zelle P11 versieht eine Zahl mit dem 1000er-Trennzeichen und ergänzt mit der Einheitenbezeichnung *min*, der noch ein Leerzeichen folgt, um den Eintrag etwas vom rechten Spaltenrand abzurücken.

Einiges mehr ist über die Ausstattung der Zellen in Zeile 16 zu berichten, deren Inhalte und Formate in Kürze auf den gesamten Kalender übertragen werden sollen. Details entnehmen Sie bitte der Tabelle 2.4. Die dort zu entdeckenden Formeln und Formate sind bei diesem Stand des Seminars nicht mehr erklärungsbedürftig.

Nr.	Spaltenüberschrift	Inhalte bzw. Eingabemöglichkeiten	Format
1	*ZNR*	Zahl	000
2	*FT*	Text	Standard
3	*WT*	=WOCHENTAG($N16)	TTT
4	*Datum*	Datum	TT.MM.JJ

Tabelle 2.4 Inhalte und Formate in Zeile 16

Nr.	Spaltenüberschrift	Inhalte bzw. Eingabemöglichkeiten	Format
5	*Monat*	=$N16	MMM
6	*Minuten*	=ZUFALLSBEREICH($V$10;$V$11)	#.##0" min "
7	*ID_1*	beliebig	Standard
8	*ID_2*	beliebig	Standard

Tabelle 2.4   Inhalte und Formate in Zeile 16 *(Fortsetzung)*

Hinweisen möchte ich jedoch nochmals auf die nicht notwendige, in meinen Modellen aber übliche Zeilennummerierung und auf die oben schon begründete Einrichtung von (diesmal zwei) Leerspalten.

Die Zufallszahlen in der Spalte *Minuten* werden erzeugt, um in der Entwicklungsphase des Modells dessen Gesamtaussehen und den Bedarf an Spaltenbreiten richtig beurteilen zu können.

Jetzt kann es losgehen mit der Erweiterung, die Sie, wenn Sie so vielleicht noch nicht gearbeitet haben, mit ihrer Geschwindigkeit durchaus verblüffen kann.

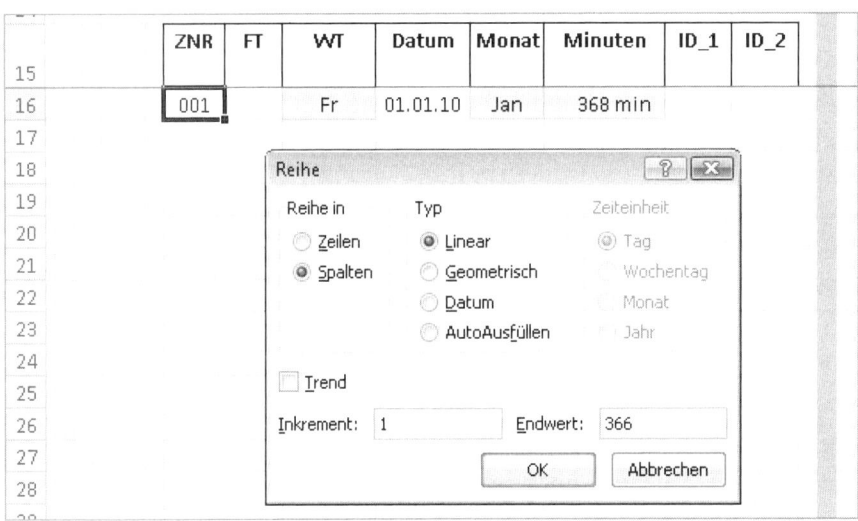

Abbildung 2.18   So entsteht die Zeilennummerierung

1. Markieren Sie die Zelle K16 wählen Sie in Excel 2003 den Befehl *Bearbeiten/Ausfüllen/Reihe*, in Excel 2007 den Weg *Start/Bearbeiten/Füllbereich/Reihe*. Im dann erscheinenden Dialogfeld bestimmen Sie gemäß Abbildung 2.18 *Reihe in Spalten, Typ Linear, Inkrement 1, Endwert 366*. Nach dem *OK* ist die Zeilennummerierung sofort fertig.

2. Schreiben Sie in Zelle L16, in die mit *FT* beschriftete Spalte also, ein beliebiges Zeichen und doppelklicken Sie anschließend auf das Ausfüllkästchen dieser Zelle. Sofort wird dieses Zeichen bis zur laufenden Nummer 366 (bis zur Excel-Zeile 381) übernommen. Der temporäre Zweck: Wenn Sie die Nachbarspalte(n) nun ebenso schnell und elegant ausfüllen möchten,

brauchen Sie hier eine »Führungsspalte«, die Excel darüber informiert, wie weit sich das *AutoAusfüllen* per Doppelklick erstrecken soll.

3. Markieren Sie in Zeile 16 alle vier Zellen der Spalten *WT* bis *Minuten*. Das Ausfüllkästchen befindet sich also bei Zelle P16. Ein Doppelklick genügt, um die Inhalte und Formeln der vier Spalten unter richtiger Fortsetzung bzw. Anpassung für das gesamte Jahr einzurichten.

4. Markieren Sie nun wieder die Zelle L16 und dann mit ⎡Strg⎤+⎡⇧⎤+⎡↓⎤ alle Inhalte, die Sie nun mit ⎡Entf⎤ wieder löschen können.

Bis dahin also schon fertig.

Jetzt geht es darum, die Spalte *FT* korrekt einzurichten. Das muss manuell geschehen und wird von Land zu Land und auch von Betrieb zu Betrieb unterschiedlich sein. Hier werden nämlich Feiertage und andere arbeitsfreie Tage definiert. Sie können dabei beliebige Zeichen und sollten unterschiedliche Zeichen verwenden. Beliebige Zeichen, weil später von Excel lediglich geprüft wird, ob die Zelle leer ist oder nicht, unterschiedliche Zeichen, um die Variationsbreite des Filterns zu unterstützen.

HINWEIS   In der auf der CD-ROM verfügbaren Datei *0204_Kalender01_FERTIG_1* sind in der Spalte *FT* nur die bundesweit gültigen deutschen Feiertage des Jahres 2010 markiert (mit *F*) und im Dezember einige Tage mit Betriebsferien (*BF*).

Der erste der folgenden Arbeitsschritte ist potenziell überflüssig, soll Ihnen aber dennoch zugemutet werden, um eine neue Formelvariante einzuführen und die daraus zu ziehenden Erkenntnisse auf eine weitere Ausstattung des Kalenders übertragen zu können:

- Die temporäre Werteanzeige in der Spalte *Minuten* soll nur dort Zahlen erzeugen, wo ihr in Spalte *FT* kein Eintrag gegenübersteht.

- Danach sollen auch alle Zeilen, die gemäß Eintrag in Spalte *FT* kein Arbeitstag sind, eine andere Farbformatierung erhalten.

5. Markieren Sie sämtliche Inhalte in der Spalte *Minuten*. Aktive Zelle ist P16. Überschreiben Sie die dort enthaltene Formel =ZUFALLSBEREICH($V$10;$V$11) mit der nachstehend gezeigten und geben Sie sie dann mit ⎡Strg⎤+⎡↵⎤ für den gesamten Spaltenbereich ein. Im Ergebnis werden nur jene Zeilen Werte anzeigen, die in Spalte *FT* nicht als arbeitsfrei gekennzeichnet sind.

```
=WENN(ODER(NICHT(ISTLEER($L16));$M16=1;$M16=7);
"";
ZUFALLSBEREICH($V$10;$V$11))
```

Als umgangssprachliche Anweisung: »Prüfe, ob die Zelle L16 nicht leer ist oder ob in M16 der Wert 1 steht (für den Sonntag) oder ob in M16 der Wert 7 steht (für den Samstag). Wenn auch nur eine dieser Vorgaben zutrifft, dann erzeuge leeren Text. Ansonsten, wenn also keine der Vorgaben zutrifft, dann erzeuge eine zufällige Ganzzahl im Bereich der in V10 und V11 definierten Spanne.«

Sie sollten das Ergebnis testen. Geben Sie in Spalte *FT* an beliebiger Stelle beliebige Zeichen ein. Der zeilengleiche Wert in der Spalte *Minuten* verschwindet. Entfernen Sie die Zeichen, um wieder einen Wert errechnen und anzeigen zu lassen. Wie schon gesagt: Das war eher überflüssig, führt aber nach Prinzip und Inhalt zum Arbeitsschritt 6, dem ich, weil er ein neues Thema beinhaltet, einen eigenen kleinen Abschnitt widme.

Bedingte Formatierung

Er soll nun eine *bedingte Formatierung* eingerichtet werden, die für den gesamten Kalenderdatenbereich gilt und die jeder Zeile eines arbeitsfreien Tages eine spezielle Formatierung zuweist. Das soll hier mittels einer Formel eingerichtet werden. Im Zusammenhang mit Abbildung 2.19 und Abbildung 2.20:

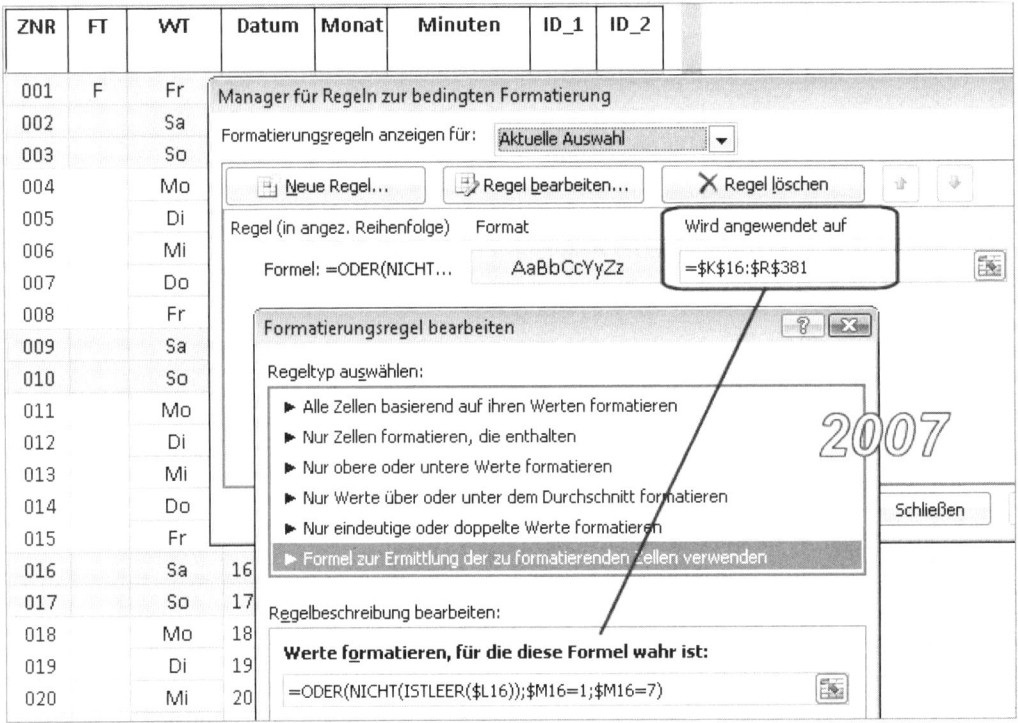

Abbildung 2.19 Hier sehen Sie die Formel der *bedingten Formatierung* und den Bezug, für den sie gilt

Was Sie dazu brauchen, können Sie als Segment einer bereits existierenden Formel entnehmen.

1. Markieren Sie die Zelle P16, die die im vorigen Abschnitt zuletzt erläuterte Formel enthält. Deren Teilstück ODER(NICHT(ISTLEER($L16));$M16=1;$M16=7) kopieren Sie bitte in die Zwischenablage.

2. Markieren Sie den gesamten Kalender ohne seine Spaltenbeschriftungen, also den Zellbereich K16:R381. Hier soll die neue Formatierung zeilenorientiert wirken.

3. Öffnen Sie das Dialogfeld zur *bedingten Formatierung* und wählen Sie die Option zur Einrichtung einer Formatierung auf Formelbasis.

4. Schreiben Sie in die entsprechende Eingabezeile ein Gleichheitszeichen und fügen Sie dann den Inhalt der Zwischenablage ein. Mit einer solchen Formel stellen Sie de facto eine Behauptung auf, die Excel auf ihren Wahrheitsgehalt überprüft.

5. Richten Sie nach Klick auf die Formatierungsschaltfläche das Format ein (eine dezente Farbänderung der Zellen am besten), das bei arbeitsfreien Tagen in der gesamten Zelle erscheinen soll.

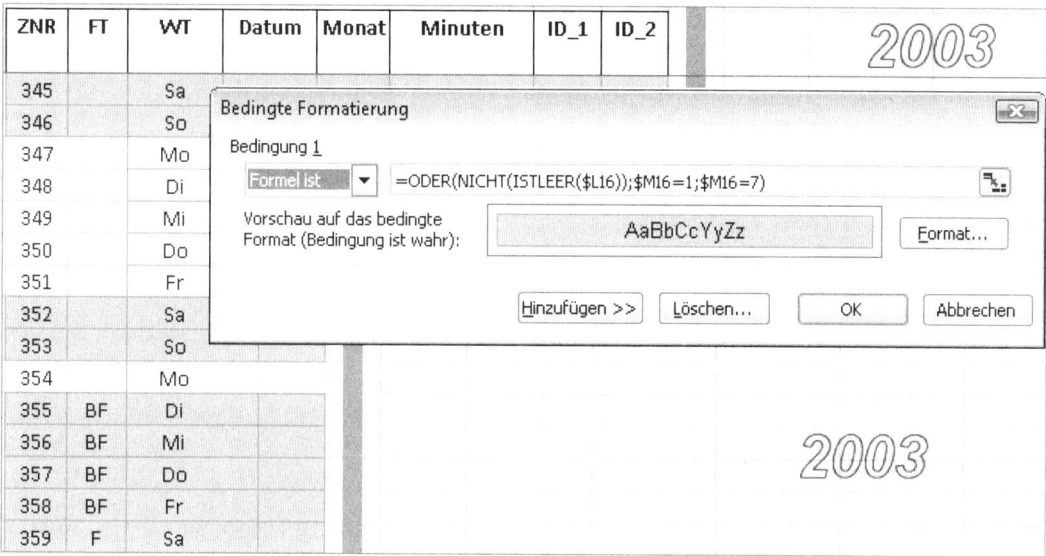

Abbildung 2.20 Dasselbe unter Excel 2003 – der Gültigkeitsbereich wird leider nicht angezeigt

Die Formel =ODER(NICHT(ISTLEER($L16));$M16=1;$M16=7) als umgangssprachlich ausgedrücktes Element einer Formatierungsregel: »Ich behaupte, dass aktuell entweder die Zelle L16 nicht leer ist oder dass in M16 die Zahl 1 steht oder dass in M16 die Zahl 7 steht. Das bitte prüf mal. Wenn nur eines davon WAHR ist, dann richte hier die hinterlegte Formatierung ein.« Das Ganze funktioniert also wie bei einer WENN-Formel, in der die Sonst-Alternative nicht definiert ist, sondern dem Ausgangszustand entspricht.

Weil Sie zuvor den gesamten Bereich K16:R381 markiert hatten und die Formel spaltenabsolut eingerichtet ist, passt sich die Formatierung nach dem *OK* Zelle für Zelle richtig an. Im Effekt gilt dann also: Jeder Tag, der in den Spalten *FT* oder/und *WT* als arbeitsfrei deklariert ist, erhält in seiner gesamten Zeile die von Ihnen festgelegte Formatierung.

Das sollten Sie natürlich auch wieder prüfen, indem Sie in Spalte *FT* an beliebiger Stelle beliebige Zeichen eingeben und wieder entfernen. Noch eindrucksvoller werden die beobachtbaren Formatwechsel, wenn Sie, wie weiter unten beschrieben, mit flexiblen Kalendern arbeiten.

HINWEIS   Im bis hierher beschriebenen Zustand sollte Ihre Datei in etwa dem auf der CD-ROM hinterlegten Beispiel *0204_Kalender01_FERTIG_1* entsprechen.

Schlussarbeiten

Zur Fertigstellung sind nur noch einige kleine Schritte erforderlich:

Sie wollen das Ergebnis als wiederverwendbares Beispiel benutzen? Dann sollten Sie die Formelergebnisse in der Spalte *Minuten* durch deren Inhalte ersetzen.

Sie wollen das Ergebnis als tatsächlich nutzbaren Kalender für das Jahr 2010 oder ein anderes Jahr benutzen?

- Sie sollten die Formeln bzw. Inhalte der Spalte *Minute* leeren, das Modell ggf. mit weiteren Wertespalten ergänzen sowie deren Inhalte und Formate bestimmen.

- Legen Sie die abschließenden Formatierungen fest. Dazu kann beispielsweise auch gehören, die temporäre Signalfärbung der Formeln enthaltenden Zellen aufzuheben.

- Bestimmen Sie Eingabemöglichkeiten und den dazugehörigen Zell- und Blattschutz.

- Speichern Sie die Datei.

Flexible Kalender

Die jetzt vorzustellenden Beispiele sind Varianten des vorstehend entwickelten Modells, die sich dadurch von der Basisversion unterscheiden, dass der Zeitraum bzw. die Abfolge der Kalenderdaten nicht festgelegt ist.

Flexibler Kalender mit beliebigem Startdatum

CD-ROM   Den nachstehend beschriebenen und nicht abgebildeten Kalender können Sie von der CD-ROM als Datei *0205_Kalender01_FERTIG_2* öffnen. Er wurde auf Basis des oben beschriebenen und fertiggestellten Beispiels *0204_Kalender01_FERTIG_1* erzeugt.

Der einzige, jedoch wichtige Unterschied zur gerade ausführlich erläuterten Variante ist das Startdatum.

1. Entfernen Sie alle Einträge in der Spalte *FT*.
2. Machen Sie die erste Zelle der Datumsspalte, also N16, zur Eingabezelle.
3. Markieren Sie die zweite Zelle der Datumsspalte, also N17, geben Sie die Formel =N16+1 ein.
4. Doppelklicken Sie auf das Ausfüllkästchen der Zelle, um die Formel auf den Rest der Datumsspalte zu übertragen und dabei gleichzeitig als fortzählendes Element anzupassen.
5. Tragen Sie in die Eingabezelle N16 ein beliebiges anderes Startdatum ein, um zu sehen, wie sich der neue Kalender aufbaut, die hier schon existierende Wochenendformatierung aktualisiert und in Zeile 11 die neu definierte Periode ausweist.
6. Würden Sie einen so erstellten Kalender benutzen wollen, müssten Sie anschließend wieder die zusätzlich arbeitsfreien Tage in der Spalte *FT* bezeichnen.

Flexibler Kalender mit beliebigem Startdatum und wählbaren Zeittakten

In einem anderen Beispielunternehmen gibt es keine arbeitsfreien Zeiten. Die den Kunden in Rechnung zu stellenden Maschinenleistungen werden im 7/24-Betrieb erbracht, also täglich und rund um die Uhr. Die Daten werden auch nicht als tägliche Leistung ausgewiesen, sondern in kumulierter Form. Die dabei zu wählenden Zeittakte können von Kunde zu Kunde wechseln. Deswegen sind die im Kalender gezeigten Tagesabstände frei festlegbar.

CD-ROM   Bitte öffnen Sie von der CD-ROM aus dem zu Ihrer Excel-Version passenden Ordner die Datei *0206_Kalender02*.

Informationen zu diesem Modell in Zusammenhang mit Abbildung 2.21:

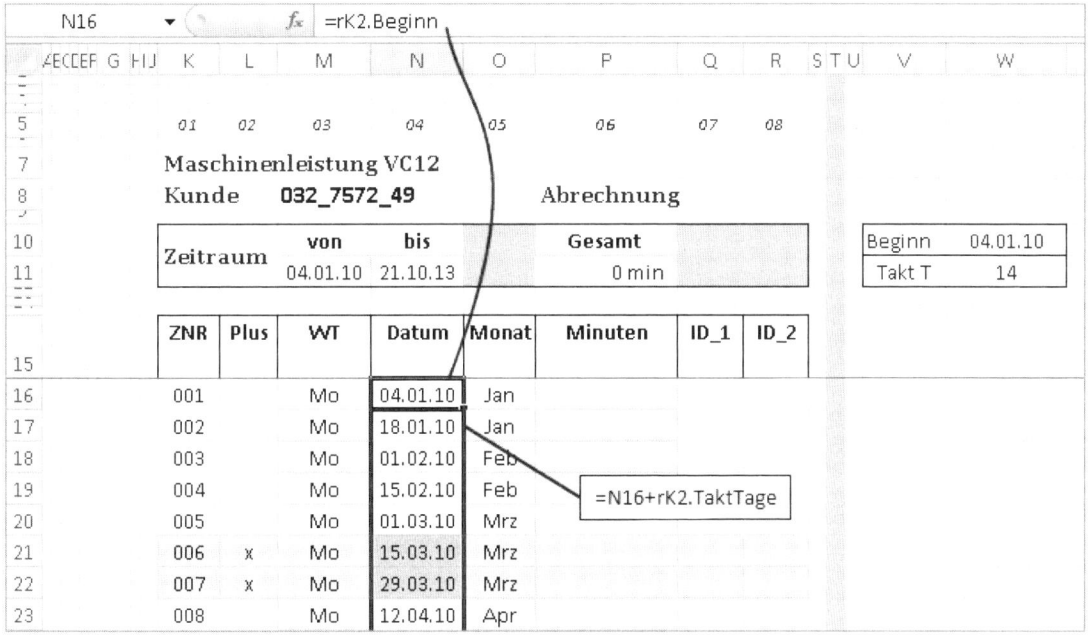

Abbildung 2.21 Dieser Kalender kann beliebige Zeittakte darstellen

- Die Eingabezelle W10 hat den Bereichsnamen *rK2.Beginn*. Hier tragen Sie das Startdatum des Kalenders ein. Dieses Datum wird von Zelle N16 direkt mit der Formel =rK2.Beginn übernommen.

- Die Eingabezelle W11 hat den Bereichsnamen *rK2.TaktTage*. Hier tragen Sie ein, wie viele Tage zwischen den einzelnen, vom Kalender ausgewiesenen Daten liegen sollen. Das muss natürlich keinesfalls ein »reiner« Wochen- oder Mehrwochenrhythmus sein, wie ihn die Abbildung zeigt.

- Die Zellen von N17 abwärts verwenden Formeln nach dem Muster =N16+rK2.TaktTage. Sie schreiben also den Kalender im regelmäßigen, benutzerdefinierten Zeittakt fort.

- Die schon bekannte bedingte Formatierung wurde beibehalten. In der Spalte mit der Beschriftung *Plus* können beliebige Parameter gesetzt werden, die eine Filterung unterstützen und z. B. auch zur Differenzierung von terminabhängigen Maschinenkosten nutzbar wären (Zuschläge, Rabatte).

- Achten Sie auch hier wieder auf die Ausweisung der Gesamtperiode in Zeile 11.

Ereigniskalender

Eine weitere Variante besteht darin, dass Leistungen zwar fortlaufend in kalendarischer Form aufgelistet werden, diese Liste aber unterschiedlich große Zeittakte aufweist und dabei nur jene Tage angibt, an denen Leistungen erbracht wurden. Diese Variante ist besonders interessant für ihre Umsetzung in Diagrammen mit Zeitachsen, wie sie im letzten Abschnitt dieses Kapitels eine Rolle spielen. Deswegen wird hier mit einem variablen Beispiel eine solche Aufstellung simuliert.

CD-ROM   Wenn Sie die nachstehenden Übungen nicht selbst durchführen, sondern lediglich das fertige Ergebnis begutachten möchten, können Sie die Datei *0207_Kalender03* öffnen.

Zu den Besonderheiten in Zusammenhang mit Abbildung 2.22:

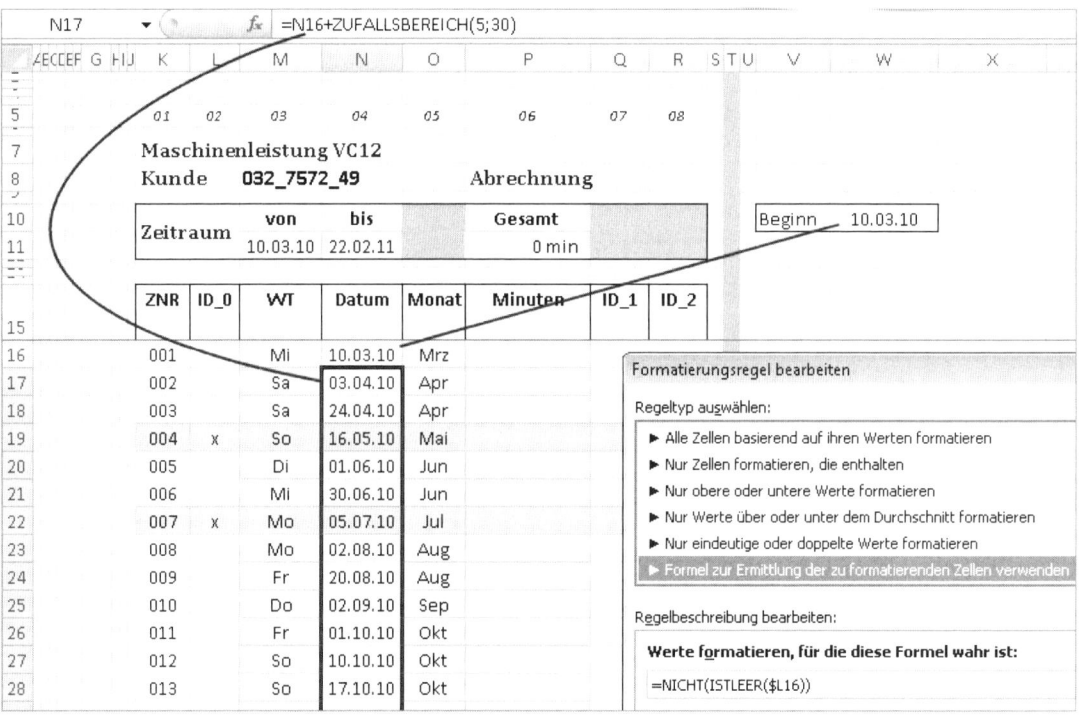

Abbildung 2.22 Die Simulation einer Leistungsdaten-Liste

- Auch hier gibt es wieder, wie im vorigen Beispiel, die Eingabezelle W10 für das Startdatum und dessen Übernahme in Zelle N16.

- Ab Zelle N17 bestimmen hier nun Formeln des Musters =N16+ZUFALLSBEREICH(5;30) ungleichmäßige Zeittakte und simulieren damit eine entsprechende Liste, wie sie durch fortlaufende Eingaben oder durch Übernahmen aus Vorsystemen entstehen kann.

- Die bedingte Formatierung wurde mit =NICHT(ISTLEER($L16)) auf die Prüfung der Spalte L reduziert.

Alle bisher beschriebenen Kalender verlaufen vertikal. Das ist für manche Zwecke günstig, für manche gleichgültig, für andere schlicht unakzeptabel.

Natürlich ist es mit den in Kapitel 1 schon gezeigten oder den hier vorgestellten und ähnlichen Methoden nahezu ebenso leicht, auch Horizontalkalender anzufertigen. Das ist aber, wenn Sie auf Tagesdarstellungen angewiesen sind (wie beispielsweise im Projektmanagement, vgl. Einführung zu Kapitel 17) erst ab Excel 2007 eine sinnvolle Option, weil die früheren Programmfassungen der Begrenzung auf 256 Spalten unterliegen. In den neueren Versionen hingegen können Sie gleich mehrere Jahre in Tagen nebeneinander abbilden. Und selbst wenn Sie einen Jahres-Stundenkalender (im 7/24-Modus) anlegen würden, bliebe in der Horizontalen fast immer noch das halbe Arbeitsblatt frei.

Bevor am Ende des Kapitels die Visualisierung von kalendarisch bestimmten Daten skizziert werden soll, wird noch ein kleiner Ausflug zum Thema »Uhrzeiten« eingefügt, weil es bei deren Darstellung und Kalkulation offenbar vielerorts einige Unsicherheiten und Unstimmigkeiten gibt.

Errechnen von Arbeitszeiten aus Uhrzeiten

In vielen Unternehmen werden Arbeitszeiten oder andere tagesspezifische Zeitspannen mit Excel-Tabellen erfasst. Daraus resultieren zahlreiche Anforderungen, deren wichtigste das Summieren von Zeiten und das Umwandeln in Dezimalwerte sind. Zu diesen beiden Themen hier ein paar exemplarische Informationen.

CD-ROM   Bitte öffnen Sie von der CD-ROM aus dem zu Ihrer Excel-Version passenden Ordner die Datei *0208_Arbeitszeiten*.

Zuerst einige Informationen zum Aufbau der Datei:

- Die hellgelb gefärbten Zellen sind Eingabezellen, die blau gefärbten Zellen enthalten Formeln. Auch die anders gefärbten Zellen mit der Beschriftung *Gesamt* enthalten Formeln.

- Die Uhrzeiten in den Spalten L und M sind mit dem Zeitformat hh:mm versehen. Für die Ergebnisse in der Spalte N wurden unterschiedliche Formate zugewiesen. Welche, das ist jeweils rechts daneben in Spalte O dokumentiert.

- Die Datenblöcke in den Spalten T:V sind durch Formeln erzeugte, direkte Übernahmen aus den Spalten L:N. Hier jedoch wurden die Werte nicht als Uhrzeiten, sondern als Zahlen mit vier Nachkommastellen formatiert. (Sie erinnern sich: Eine Uhrzeit ist für Excel ein Bruchteil von 1. Sie erhalten in diesem Teil der Tabelle also Einblick in das, was Excel benutzt, um es Ihnen als Uhrzeit zu zeigen. Achten Sie auf die Veränderungen, wenn Sie links, in den Spalten L oder M, andere Zeiten eingeben.)

Weiter in Zusammenhang mit Abbildung 2.23:

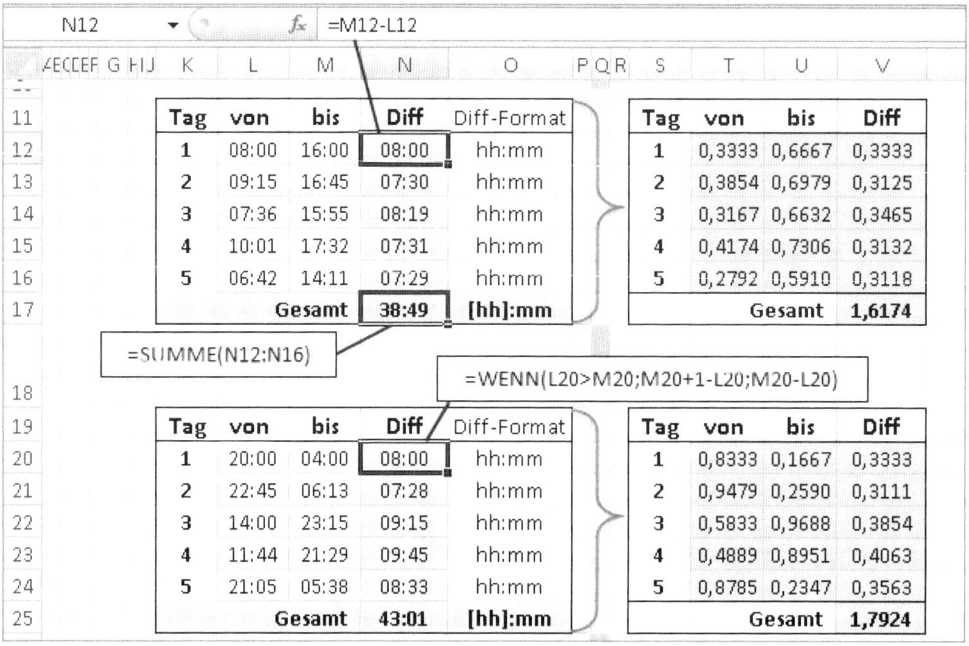

N12	▼		f_x	=M12-L12						

✓ECCEF G HIJ	K	L	M	N	O	P Q R	S	T	U	V
11		**Tag**	**von**	**bis**	**Diff**	Diff-Format	**Tag**	**von**	**bis**	**Diff**
12		1	08:00	16:00	08:00	hh:mm	1	0,3333	0,6667	0,3333
13		2	09:15	16:45	07:30	hh:mm	2	0,3854	0,6979	0,3125
14		3	07:36	15:55	08:19	hh:mm	3	0,3167	0,6632	0,3465
15		4	10:01	17:32	07:31	hh:mm	4	0,4174	0,7306	0,3132
16		5	06:42	14:11	07:29	hh:mm	5	0,2792	0,5910	0,3118
17			**Gesamt**		**38:49**	**[hh]:mm**		**Gesamt**		**1,6174**

=SUMME(N12:N16)

=WENN(L20>M20;M20+1-L20;M20-L20)

	K	L	M	N	O	P Q R	S	T	U	V
19		**Tag**	**von**	**bis**	**Diff**	Diff-Format	**Tag**	**von**	**bis**	**Diff**
20		1	20:00	04:00	08:00	hh:mm	1	0,8333	0,1667	0,3333
21		2	22:45	06:13	07:28	hh:mm	2	0,9479	0,2590	0,3111
22		3	14:00	23:15	09:15	hh:mm	3	0,5833	0,9688	0,3854
23		4	11:44	21:29	09:45	hh:mm	4	0,4889	0,8951	0,4063
24		5	21:05	05:38	08:33	hh:mm	5	0,8785	0,2347	0,3563
25			**Gesamt**		**43:01**	**[hh]:mm**		**Gesamt**		**1,7924**

Abbildung 2.23 So können Sie Zeitspannen berechnen und Zeitsummen bilden

Beim ersten 5-Tage-Block wird davon ausgegangen, dass keine Zeitspannen über Mitternacht entstehen. Insofern ist das Errechnen der Differenzen sehr einfach: *Bis-Zeit* minus *Von-Zeit* formatiert mit hh:mm bringt das gewünschte Ergebnis. Dessen Summierung ist mit dieser Standardformatierung allerdings nicht darstellbar, weil sie nur für Zeiten bis 24 Stunden gilt. Wenn Sie Stundenwerte über 24 Stunden anzeigen wollen, müssen Sie beim Stundenformat eckige Klammern verwenden, also [h]:mm oder [hh:mm]. (Dasselbe Prinzip gilt für Sekundensummen, die die Minutengrenze überschreiten: [mm]:ss.)

Etwas komplizierter wird die Aufgabe bei gemischten Systemen, wenn sich die Zeitspanne auch über Mitternacht erstrecken kann. In solchen Fällen würde die Rechnung *Bis-Zeit* minus *Von-Zeit* also einen nicht darstellbaren Minuswert ergeben. Dafür gibt es natürlich Korrekturmöglichkeiten. Eine davon wurde den Zeilen 20 bis 24 benutzt. Am Beispiel der Zelle N20:

Die Formel =WENN(L20>M20;M20+1-L20;M20-L20) löst das Problem: Wenn der *Von-Wert* größer ist als der *Bis-Wert*, wird der *Bis-Wert* um 1 erhöht (er erhält einen Zuschlag von einem Tag), bevor die Subtraktion stattfindet.

Weiter in Zusammenhang mit Abbildung 2.24:

HINWEIS   Die im Bereich L28:M32 eingegebenen Uhrzeiten werden mit Formeln direkt in den Bereich L36:M40 übertragen, um eine leichte Vergleichbarkeit zwischen inhaltlich identischen, aber unterschiedlich formatierten Datenblöcken zu ermöglichen.

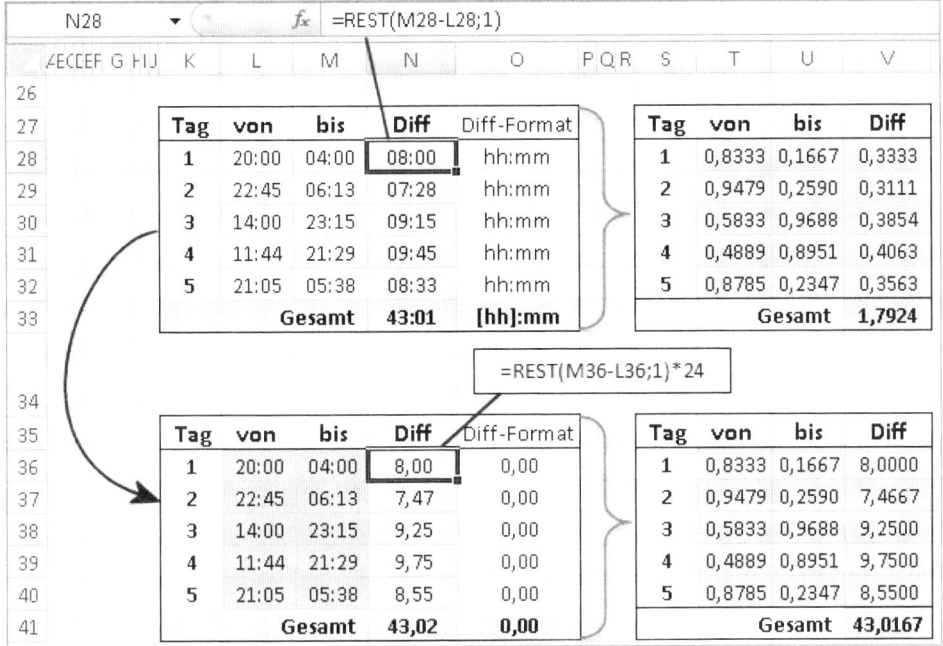

Abbildung 2.24 Eine variablere Lösung ist mit der Funktion *REST* realisierbar

Etwas eleganter funktioniert das alles mit der hier universal einsetzbaren Funktion REST, weil sie neben der Rechnung über Mitternacht und der Darstellung der Zeitspannen in Stunden und Minuten auch ohne Aufwand die Anzeige in Dezimalzahlen erlaubt.

Eine Formel wie =REST(M28-L28;1) kann sowohl die Spannen innerhalb des Tages wie auch die über Mitternacht laufenden Zeiten abbilden. Bei einer Darstellung der Ergebnisse mit hh:mm ist deren Summierung – hier in Zelle N33 – wieder mit [hh]:mm zu formatieren.

HINWEIS   Bei Verwendung der Funktion =REST(Zahl;Divisor) hat das Ergebnis immer dasselbe Vorzeichen wie Divisor. Somit ist hier das Mitternachtsproblem leicht zu umgehen. Mehr Informationen zu dieser Funktion erhalten Sie in Kapitel 11, Teil B.

Eine Formel wie =REST(M36-L36;1)*24 in Zelle N36 leistet die Anzeige der Zeitspanne in »Industriestunden«, also in Form einer Dezimalzahl. Deshalb müssen Sie den entsprechenden Zellen ein Zahlenformat mit *n* Dezimalstellen geben. Das gilt dann natürlich auch – und macht die ganze Sache nochmals einfacher – für die Summierung solcher Werte.

Die »Denke« dahinter: Excel komprimiert einen Tag mit 24 Stunden auf 1. Innerhalb dieser 1 ist jede Uhrzeit als Bruchteil von 1 darstellbar. Morgens um 6 ist 0,25, mittags ist 0,5 usw. Wenn Sie nun einen auf dieser Basis 1 wie auch immer entstandenen Wert mit 24 multiplizieren, kehren Sie zum »24-Einheiten-hat-der-Tag-System« zurück.

Diagramme mit Zeitachsen

In einem Kapitel, das sich mit Zeitdaten unter Excel beschäftigt, darf natürlich die Umsetzung von Zeitinformationen und -takten in Diagramme nicht fehlen. Deswegen hier noch einige Beispiele. Alle drei sind auch auf der CD-ROM vorhanden und könnten Anlass für allerlei Experimente sein. Es geht hier im Wesentlichen nur um Varianten der sog. *Zeitachsen*. Grundsätzlich wichtige Basisinformationen zur Bearbeitung von Diagrammen werden in Kapitel 15 des Teils B angeboten.

> **HINWEIS**   Die *Zeitachse* wird ab Excel 2007 *Datumsachse* oder auch *Zeitskalenachse* genannt. Ich bleibe hier aus Gründen der Vereinfachung des Textes bei dem vorher gültigen Begriff.

Besonderheiten der Zeitachsen

Normalerweise hat ein Standarddiagramm statische Rubriken, bei denen zwischen den Textbezeichnungen und den Werten der Daten eine feste Beziehung besteht. Jeder Wert erzeugt einen *Datenpunkt* und jeder dieser *Datenpunkte* zeigt – wenn Sie das nicht unterdrücken bzw. wenn es nicht durch eine zu hohe Datendichte verhindert wird – seine Bezeichnung in der *Rubrikenachse* des Diagramms. Zehn Produkterlöse als Säulen stehen in zehn beschrifteten Rubriken, 30 Befragungsergebniswerte als Balken werden neben 30 Rubrikenbeschriftungen angezeigt usw.

Grundsätzlich also gilt für den »Normalfall«:

- Das Diagramm hat in seiner *Rubrikenachse* so viele Beschriftungen (maximal), wie es der Anzahl von *Datenpunkten* in seiner längsten *Datenreihe* entspricht.
- Wenn Sie in einer *Rubrikenachse* mehr Rubriken anzeigen möchten, als es *Datenpunkte* gibt, müssen Sie im Diagramm den Bezug zur Quelle der Achsenbeschriftung ändern.
- Wenn Sie weniger *Datenpunkte* visualisieren wollen, als im Quelldatenbezug des Diagramms enthalten sind, müssen Sie den Quelldatenbezug der Datenreihe(n) ändern.
- Jeder *Datenpunkt* steht über oder neben »seiner« Beschriftung.

Anders bei der *Zeitachse*. Hier ist, wie Sie auch mittels der vorgestellten Beispiele nachvollziehen können, die Abhängigkeit zwischen Wert und Rubrik nicht mehr so starr. Vereinfacht und kurz gesagt gilt für die Verwendung einer *Zeitachse* als *Rubrikenachse*:

- Das Diagramm hat in seiner Zeit-Rubrikenachse so viele Beschriftungen, wie es der automatischen oder – sehr viel wichtiger – der benutzerdefinierten Skalierung dieser Achse entspricht. Sie können dabei auch verschiedene, nach Kalenderzeiten definierte *Intervalle* bestimmen.
- Wenn Sie in einer *Zeitachse* mehr Rubriken anzeigen möchten, als es *Datenpunkte* gibt, müssen Sie nicht den Quelldatenbezug, sondern lediglich die Gesamt-Zeitspanne erweitern. Die Achse wird jetzt länger als die Gesamtdarstellung der *Datenpunkte*. Indirekt wird dabei die Anzeige der Datenpunkte komprimiert.
- Wenn Sie weniger *Datenpunkte* visualisieren wollen, als im Quelldatenbezug des Diagramms enthalten sind, müssen Sie nicht den Bezug, sondern die Gesamt-Zeitspanne verkürzen. Das Diagramm zeigt dann nur noch einen Ausschnitt seiner *Datenpunkte*, nämlich jenen Teil, der zur Gesamtspanne der aktuell definierten *Zeitachse* gehört.

■ Jeder *Datenpunkt* steht kalendarisch in Bezug zur aktuellen *Zeitachse*. Wenn es unterschiedlich große Zeitabstände zwischen den *Datenpunkten* gibt, sind diese *Datenpunkte* auch unterschiedlich weit voneinander entfernt (vgl. dazu Abbildung 2.27, Abbildung 2.28 und Abbildung 2.29). Davon gibt es Ausnahmen, die hier nicht weiter von Bedeutung sind.

Messreihe mit Tageswerten eines gesamten Jahres

CD-ROM   Bitte öffnen Sie von der CD-ROM aus dem zu Ihrer Excel-Version passenden Ordner die Datei
0209_Zeitachsen01.

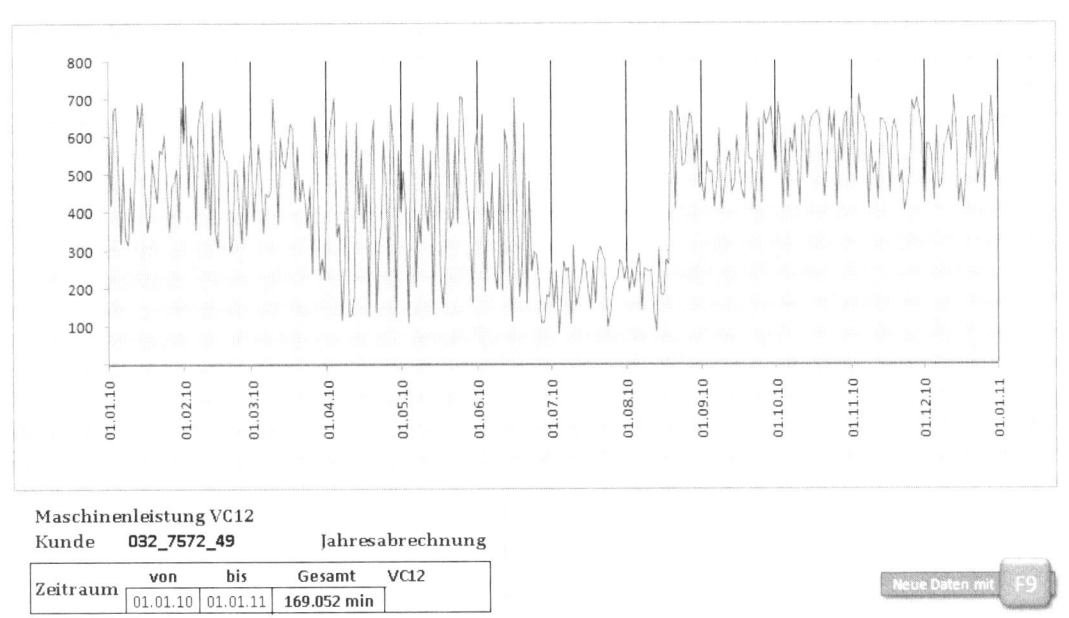

Abbildung 2.25 Das Diagramm ist nach Monaten getaktet – was sich aber sehr leicht ändern lässt

In der Datei *0209_Zeitachsen01* werden Daten visualisiert, wie sie schon weiter oben in diesem
Kapitel eine Rolle spielten. Das Flächendiagramm erstreckt sich über ein gesamtes Jahr und zeigt
kostenpflichtige Maschinenleistungen für einen bestimmten Kunden.

Bevor ich auf die Zeitachse des Diagramms eingehen will, ein paar grundsätzliche Anmerkungen zu den beiden Arbeitsblättern der Datei und ihren Inhalten:

■ Die Quelldaten des Diagramms befinden sich im Zellbereich N16:O381 des Arbeitsblatts *Erfassung 1*. Die Kalenderdaten in Spalte N veranlassen Excel bei der Erstellung des Diagramms, die
Rubrikenachse automatisch als Zeitachse einzurichten. Die Minutenwerte in Spalte O basieren
auf (oben schon behandelten) Formeln und lassen sich deshalb mit der Taste F9 variieren, um
neue Ansichten des Diagramms zu erzeugen. Dies simuliert das Einlesen unterschiedlicher
Quelldaten – ein Thema, das später in diesem Buch noch eine wichtige Rolle spielen wird.

- Wenn Sie in den Textblock unterhalb des Diagramms klicken, markieren Sie keine Zellen, sondern es erscheint eine Grafikmarkierung und in der Bearbeitungsleiste erkennen Sie eine Verknüpfungsinformation, nämlich der Zellbezug ='Erfassung 1'!$I$7:$R$12. Dies macht deutlich, dass es sich hier also nicht um einen Zellbereich handelt, sondern um ein Grafikobjekt. Es ist in der Tat ein dynamisch verknüpftes »Foto« des genannten Zellbereichs. Jedes Mal, wenn Sie F9 drücken, wird die in *Erfassung 1* veränderte Gesamtsumme der Minuten deshalb auch hier aktualisiert.

HINWEIS   Das Objekt wurde mit der Excel-*Kamera* erzeugt. Mehr zu diesem interessant einsetzbaren Werkzeug erfahren Sie in Kapitel 16, Teil B.

Die Zeitachse des Diagramms wird im Zusammenhang mit Abbildung 2.26 behandelt:

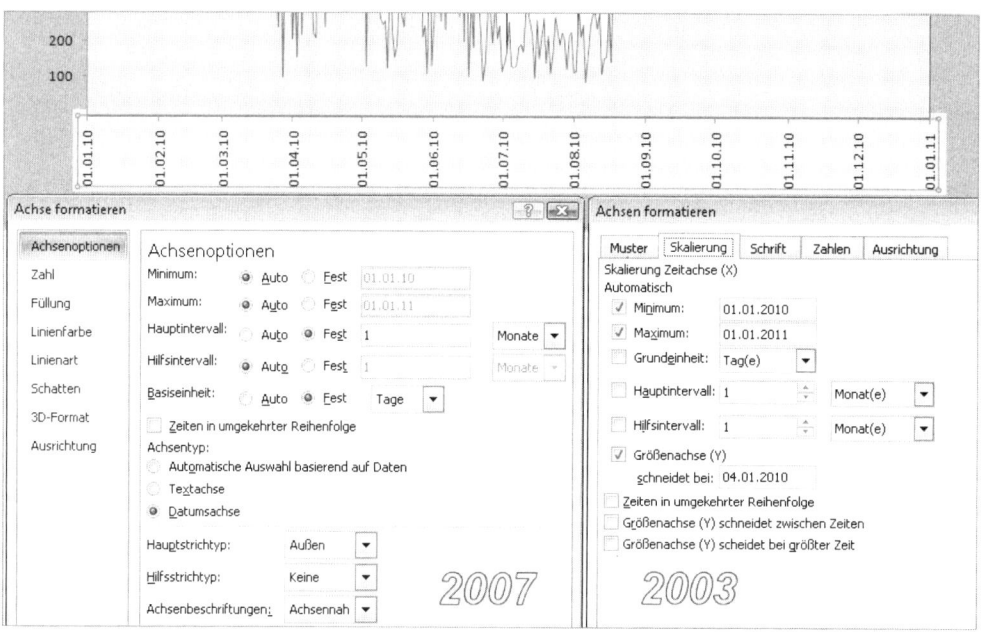

Abbildung 2.26 Eine Zeitachse ist vielfach veränderbar

Bei der Erstellung des Diagramms hat Excel in der ersten Spalte des Diagrammbezugs Kalenderdaten entdeckt und deswegen die *Rubrikenachse* (die *horizontale Primärachse* wie sie ab Excel 2007 heißt) als *Zeitachse* mit automatisch definierten Intervallen angelegt. Das vertikale Hauptgitternetz (zu sehen in Abbildung 2.25) visualisiert die aktuell vorhandenen Intervalle – und wird sich deren Veränderung anpassen.

In Abbildung 2.26 sehen Sie Dialogfelder der Excel-Versionen 2007 und 2003, mit denen Sie Anpassungen der *Zeitachse* steuern können. Machen Sie einige Experimente mit der *Skalierung*. Dazu müssen Sie in Excel 2007 statt der Optionen *Auto* die Optionen *Fest* einstellen und anschließend die zugehörigen Werte verändern. In Excel 2003 müssen Sie vor der Änderung der Werte die als *Automatisch* angezeigten Kontrollkästchen deaktivieren. Beachten Sie nach jeder Neufestlegung, wie sich die Gesamtdarstellung des Diagramms verändert.

- Erweitern oder verringern Sie die Gesamt-Zeitspanne durch Eingabe anderer Kalenderdaten bei *Minimum* und *Maximum*. Die hierbei interessanteste Variante ist wohl die auf diese Weise leicht herstellbare Anzeige eines zeitlich befristeten Ausschnitts.

- Variieren Sie die *Hauptintervalle* und *Hilfsintervalle*, indem Sie dort die Werte und/oder deren Einheiten ändern.

- Legen Sie wechselnde *Basiseinheiten* bzw. *Grundeinheiten* fest und beachten Sie die interessanten Auswirkungen – bisweilen sind sie unsinnig, bisweilen und bei gezieltem Einsatz sind sie sehr gut verwendbar.

Jahresreihe mit ungetakteten Werten

CD-ROM   Bitte öffnen Sie von der CD-ROM aus dem zu Ihrer Excel-Version passenden Ordner die Datei *0210_Zeitachsen02*.

Im Blatt *Focus 1* der Datei *0210_Zeitachsen02* entstehen durch Drücken der Taste [F9] unterschiedlich getaktete Zeitreihen und wechselnde Stundenwerte mit Dezimalstellenanzeige. Hier wird von kumulierten Maschinenzeiten ausgegangen, die zwischen den dargestellten Kalendertagen angefallen und in Rechnung gestellt wurden.

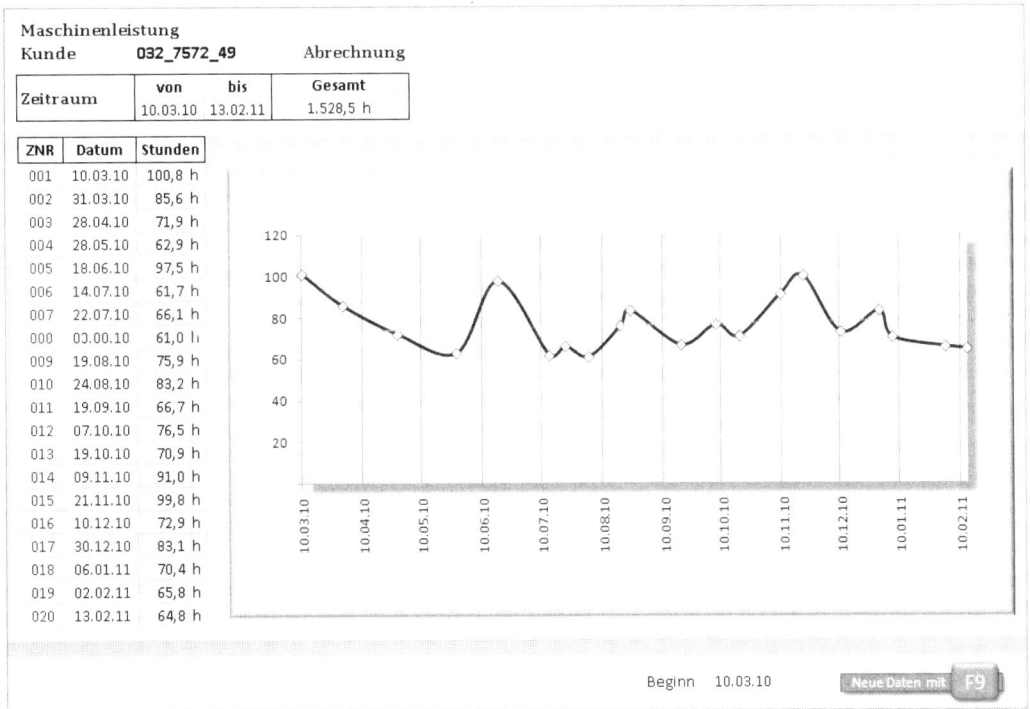

Abbildung 2.27   Unterschiedlich viele Datenpunkte pro Zeitintervall

Beachten Sie, auch in Abbildung 2.27, dass die Abstände zwischen den auf der Linie angezeigten Datenpunkten sehr unterschiedlich sein können und deren Anzahl pro Monat (pro durch vertikale Trennung angezeigtem Zeitintervall) wechselt. Wenn Sie genauer hinschauen, erkennen Sie, dass die horizontale Positionierung des Datenpunkts vom tatsächlichen Datum abhängt, also innerhalb der Gesamtheit und innerhalb des Teilintervalls seine exakte Kalenderposition einnimmt.

Die mithilfe von F9 erzeugte Dynamik des Beispiels simuliert das Einlesen verschiedener Wertereihen aus einer komplexen Datenquelle. Sie wird in den Spalten *Datum* und *Stunden* mit Formeln erzeugt:

- Unterhalb des Diagramms können Sie in die gelbe, mit *Beginn* beschriftete Zelle ein beliebiges Startdatum eingeben. Es wird von einer Formel in der ersten Zelle der Datumsreihe übernommen.

Dann weiter am Beispiel der Zeile 12 (in der Abbildung mit der laufenden Nummer 002):

- Die Formel =E11+ZUFALLSBEREICH(5;30) in Zelle E12 und folgende bildet beliebige Zeitabstände zwischen fünf und 30 Tagen.

- Die Formel =RUNDEN(ZUFALLSBEREICH(60;100)+ZUFALLSZAHL();1) in Zelle F12 bildet zufällige Ganzzahlen zwischen 60 und 100, addiert diesen eine Zahl zwischen 0 und 1 hinzu und rundet das Ergebnis auf eine Zahl mit einer Nachkommastelle. Das hier zum Einsatz kommende benutzerdefinierte Zahlenformat ist #.##0,0" h ".

Wiederholen Sie auch für dieses Diagramm die im vorigen Abschnitt empfohlenen Experimente mit Veränderungen der Zeitachse.

Messreihen mit unterschiedlicher Datendichte

CD-ROM Bitte öffnen Sie von der CD-ROM aus dem zu Ihrer Excel-Version passenden Ordner die Datei *0211_Zeitachsen03*.

Die Datei *0211_Zeitachsen03* hat zwei Arbeitsblätter mit sich ähnelnden Datenquellen, aber recht unterschiedlichen Darstellungsformen.

Daten und Diagramm im Arbeitsblatt *Monate*

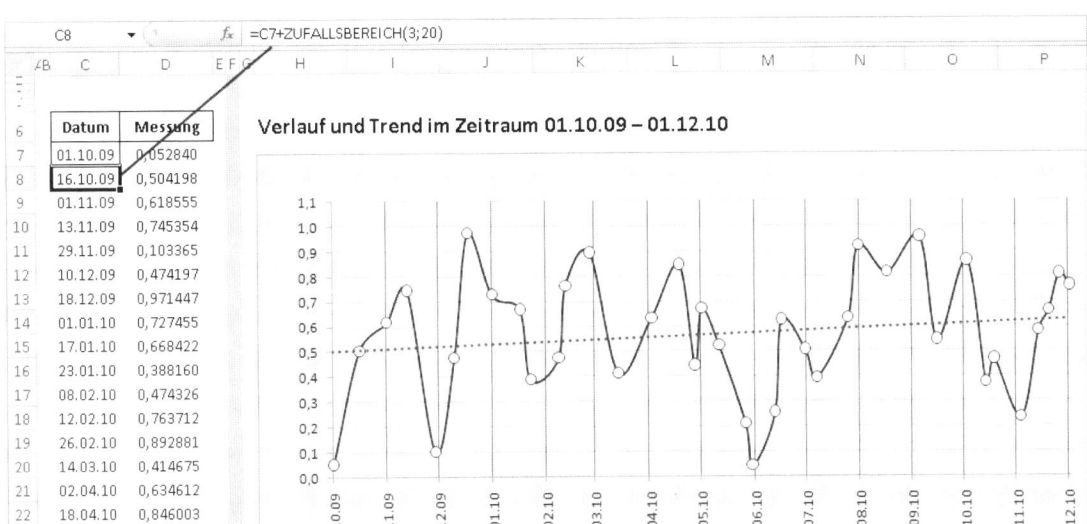

Abbildung 2.28 Ein Liniendiagramm mit Monatsunterteilung und Trendlinie

Hier wird noch besser deutlich, was im vorigen Abschnitt erwähnt wurde: Die in unregelmäßigen Abständen über ein Jahr verteilten Messdaten nehmen ihre exakte kalendarische Position ein, während die *Rubrikenachse* nach Monaten segmentiert ist (vgl. Abbildung 2.28).

Die wichtigsten Basisinformationen:

- Auch hier erzeugen Sie mit F9 beliebige Variationen.

- Die gepunktete rote Linie im Diagramm kennzeichnet den linearen Trend der aktuell angezeigten Messwerte, die zwischen 0 und 1 variieren können.

- Die Zelle C7 ist Eingabezelle für ein Startdatum.

- Mit C7+ZUFALLSBEREICH(3;20) wird dann ab Zelle C8 die Messreihe in variablen Takten fortgesetzt.

- In Spalte D (*Messung*) werden mit =ZUFALLSZAHL(), formatiert mit sechs Nachkommastellen, die Werte der Datenreihe hergestellt.

- Die Überschrift in Zelle H6 wird mit einer Formel erzeugt, deren Teile Sie nachstehend sehen. Sie verkettet mehrere Textteile und wandelt gleichzeitig zwei ermittelte Zahlen in formatierte Texte um, die in den Gesamttext eingebunden sind. Eine Erläuterung zu solchen und anderen Textformeln wird erst in Kapitel 3 erfolgen.

```
="Verlauf und Trend im Zeitraum "
&TEXT(MIN($C$7:$C$44);"TT.MM.JJ")
&" – "
&TEXT(MAX($C$7:$C$44);"TT.MM.JJ")
```

Daten und Diagramm im Arbeitsblatt *Tage*

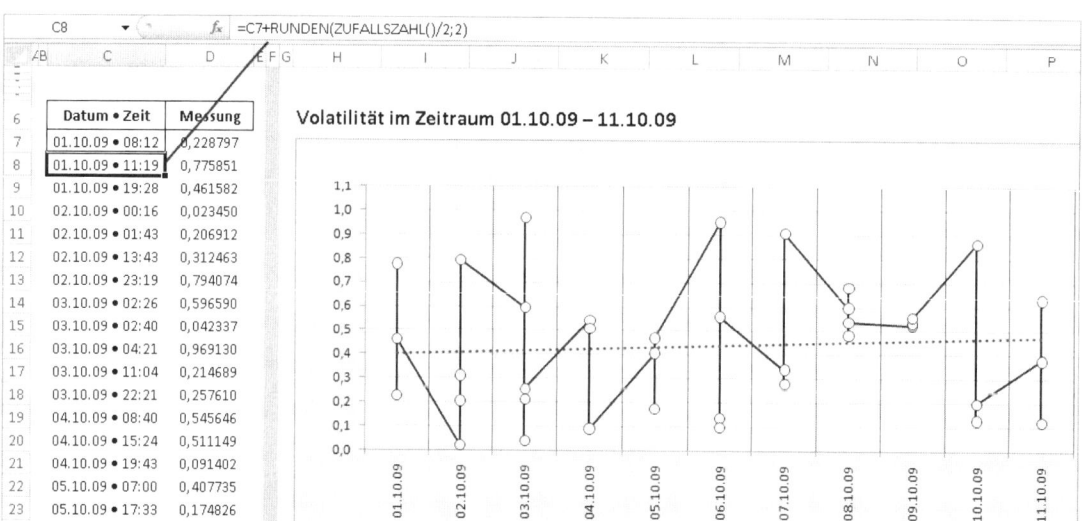

Abbildung 2.29 Doch ja – das ist ein »normales« Liniendiagramm

Das in Abbildung 2.29 gezeigte und auf den ersten Blick recht sonderbar erscheinende Diagramm ist eine Spezialität aus einem wissenschaftlichen Fachgebiet, die unter spezifischen Vorgaben entstanden ist. Ihre Eigenarten – also das, worauf es bei diesem Praxisbeispiel besonders ankommt:

- Auch hier zeigt die rote, gestrichelte Linie den linearen Trend.

- Das Liniendiagramm mit *Zeitachse* ist nach Tagen segmentiert. An jedem Tag werden, zu unterschiedlichen Uhrzeiten, mehrere, jedoch unterschiedlich viele Messungen durchgeführt. Deren Ergebnisse (sie sind auch hier mit [F9] variierbar) bilden die *Datenreihe*.

- Die tagesspezifische Vertikallinie zeigt mit ihren Datenpunkten die Anzahl der Messungen und ihre Ergebnisse. Die hier sehr bedeutsamen Längen der täglichen Vertikalen informieren über die Volatilität der Messungen, lässt also die Schwankungsbreite pro Tag erkennen und vergleichen (in der Abbildung z. B. extrem unterschiedlich zwischen dem 03.10. und dem 09.10.).

- Die horizontalen Verbindungen weisen vom letztgemessenen Wert des Tages zum erstgemessenen Wert des Folgetages, zeigen also indirekt an, ob die Tagesentwicklung nur in einer Richtung oder in beiden Richtungen verlaufen ist. (Beispiele der Abbildung: am 02.10. nur aufwärts, am 04.10. nur abwärts, am 6.10. mit großer Schwankungsbreite in beiden Richtungen.)

- Die tatsächliche Abfolge der Messergebnisse innerhalb ihres Tages ist hier nicht von Interesse, kann aber leicht zur Anzeige gebracht werden, wenn Sie aus der *Zeitachse* vorübergehend eine *Textachse* machen.

HINWEIS Es gibt mehrere direkte und indirekte Möglichkeiten, aus einer von Excel automatisch als *Zeitachse* generierten *Rubrikenachse* eine *Textachse* zu machen. Die einfachsten:

Excel 2007: Wählen Sie im Dialogfeld *Achse formatieren/Achsenoptionen*, das in Abbildung 2.26 vorgestellt wurde, bei *Achsentyp* die Option *Textachse*.

Excel 2003: Wählen Sie nach dem Befehlsweg *Diagramm/Diagrammoptionen/Achsen* die Option *Kategorie*.

Beides gilt natürlich auch sinngemäß umgekehrt: aus *Textachse* wird *Zeitachse* (wenn die Daten der *Achsenbeschriftung* das zulassen).

Der bei der hier vorgestellten Konstruktion des Liniendiagramms wichtigste Effekt: Bei der Skalierung der Rubrikenachse wurde das *Hauptintervall* auf einen Tag festgesetzt, obwohl es mehrere Messungen pro Tag und zu unterschiedlichen Zeitpunkten dieses Tages gibt. Indirekt wird dabei also die Anzeige aller *Datenpunkte* eines Tages auf eine einzige Rubrik komprimiert und deshalb wird die Linie dieses einen Tages als Vertikale angezeigt.

Abschließend noch zu den Formeln und Formaten:

- Unterhalb der Eingabezelle C7 werden mit =C7+RUNDEN(ZUFALLSZAHL()/2;2) zufällige Zeitabstände von maximal einem halben Tag erzeugt, es können nach Drücken von F9 also zwei oder mehr Werte pro Tag entstehen.

- Als Format für Spalte C wurde TT.MM.JJ • hh:mm gewählt. Der hier als Trennzeichen benutzte vertikal mittige Punkt ist das ANSI-Zeichen 149.

- Die Messwerte werden in Spalte D per =ZUFALLSZAHL() mit sechs Nachkommastellen variabel erzeugt.

- Die Überschriftenformel in Zelle H6 entspricht nach Art und Struktur der oben bereits vorgestellten, gleichartigen und gleich positionierten Formel im Blatt *Monate*, die wie schon gesagt erst im nächsten Kapitel erläutert wird.

Bevor es allerdings weitergeht, wäre doch mal wieder eine Pause fällig. Wie lange? Mein Vorschlag: Mindestens =ZUFALLSZAHL()*(0,04166667-0,02083333)+0,02083333 im Format hh:mm.

Kapitel 3

Weiter im Text

»Weiter im Text« – das soll ja meistens so etwas wie »Dann lassen Sie uns jetzt mal weitermachen« bedeuten. Lassen Sie uns also bitte weitermachen, und zwar »Weiter *mit* Text«. Denn in diesem Kapitel geht es schwerpunktmäßig um das mit Formeln gesteuerte Ermitteln, Erzeugen und Verändern von Texten. Die mit diesem Thema zu verbindenden Anwendungsmöglichkeiten sind von großer Vielfalt – einige davon werden hier vorgestellt. Ich finde es immer wieder schade zu sehen, wie wenig Resonanz die oft so hilfreichen Textfunktionen in der alltäglichen Praxis finden. Vielleicht kann dieses Kapitel dazu beitragen, diesen Mangel ein wenig zu beheben.

LINKS & RECHTS & so weiter

»Das kann man alles auch ganz anders machen« werden einige nach dem Durcharbeiten dieses Hauptabschnitts vielleicht sagen. Die haben durchaus recht. Denn das trifft ohnehin, wie an anderer Stelle schon erwähnt, in Excel sehr häufig zu. Und außerdem sind die Beispiele in diesem Abschnitt stark reduziert und verdichtet. Sie beschreiben keine kompletten Arbeitsgänge, sondern den Einsatz von Formeln, die in solchen Arbeitsgängen zum Einsatz kommen könnten. Die zentrale Absicht ist hier also eine andere als die Erarbeitung optimaler Verfahren zur Lösung spezifischer Aufgaben. Was vordringlich beantwortet werden soll, ist dies:

- Welche Textfunktionen können prinzipiell für welchen Zweck benutzt werden?

- Was ist beim Verketten und Verschachteln von Formeln zu beachten und welches Verfahren zu deren Aufbau ist empfehlenswert?

- Wie können verkettete und verschachtelte Formeln geprüft werden?

Um das relativ kompakt erläutern zu können, kommen nachstehend auch Mischlösungen zur Vorstellung, die in der Realität wenig sinnvoll wären – es ist in der Praxis kaum akzeptabel, wenn für eine einzige Arbeitsaufgabe mehrere Lösungsvarianten zum Einsatz kommen oder gar innerhalb einer Formel zwei verschiedene Schreibweisen benutzt werden. Hier aber, im theoretischen Umfeld, geschieht so etwas, um Unterschiedlichkeiten kompakt darstellen zu können.

Texte variieren und verändern

Es kommt häufig vor, dass in Excel Textdaten verändert oder angepasst werden müssen, die aus Vorsystemen stammen oder die z. B. aus dem Internet kopiert wurden. Immer wieder tauchen dann verschiedenartige Probleme auf:

- Die Texte haben Fehler in der Orthografie, der Schreibweise, der Syntax oder der Verwendung bestimmter Zeichen.

- Daten, die in einer Spalte erscheinen sollen, sind über mehrere Spalten verteilt oder umgekehrt.

- Strukturen und Formen einer einzigen Liste sind unterschiedlich fehlerhaft. Ein daraus häufig resultierendes Problem: Einheitliche Fehler von Listeneinträgen wären ggf. schnell beseitigt. Fehler oder Mängel, die schlimmstenfalls von Zeile zu Zeile wechseln, erfordern hingegen einen erheblichen Bearbeitungsaufwand.

Bei solchen Voraussetzungen gelten folgende allgemeinen Ratschläge:

- Analysieren Sie vor einer Anpassung, welche Fehler Sie aus der Datenquelle übernommen haben und ob diese einheitlich vorkommen.

- Probieren Sie, ob Sie mit *Suchen und Ersetzen* die Fehler beseitigen oder auch – im Sinne einer optimierten Weiterbehandlung – vereinheitlichen können.

- Wenn es nur um die Verteilung von einspaltigen Texten auf mehrere Spalten geht, bringen Sie das Werkzeug *Text in Spalten* (Menü bzw. Registerkarte *Daten*) zum Einsatz.

- Korrigieren oder verändern Sie die Texte mit dem Einsatz von Formeln, indem Sie aus einer fehlerhaften oder so nicht brauchbaren Auflistung eine korrekte erzeugen, diese dann mit *Kopieren/Inhalte einfügen/Werte* zu Konstanten umwandeln und für Ihre weitere Arbeit benutzen.

Um den letzten der vorstehenden Punkte geht es hier. Um Formeln, die Texte verändern, anpassen und korrigieren können. Deren Erstellung kann bei fehlender Übung manchmal recht aufwendig sein. Gelegentlich gilt also abzuwägen, ob bei einer Liste mit 100 Einträgen, von denen nur zehn fehlerhaft oder sonst korrekturbedürftig sind, eine manuelle Anpassung nicht genauso schnell zum Erfolg führt wie der Einsatz von Formeln. Aus diesem Gedanken erschließt sich ein weiterer Vorschlag: Aus einer großen Liste mittels Formeln die wesentlichen Fehler beseitigen und bei den verbleibenden Einträgen, auf die Ihre Formeln nicht anwendbar waren, eine nachträgliche, manuelle Bearbeitung durchführen.

Hier aber nun geht es generell um die Verwendung von Formeln. Dabei werden keine Listen bearbeitet, sondern in exemplarischer Form einzelne Zeilen, deren jede für eine entsprechend fehlerhafte bzw. anpassungsbedürftige Liste steht.

CD-ROM Bitte öffnen Sie von der CD-ROM aus dem zu Ihrer Excel-Version passenden Ordner die Datei *0301_TexteFormeln*.

Die Standards der beiden Arbeitsblätter *Texte ändern* und *Zahlen in Texten*:

- Die hellgelben Zellen sind Eingabezellen, in die Sie zum Testen und Prüfen eigene Werte eingeben können und die Sie, im zweiten Arbeitsblatt, auch probeweise mit anderen Formaten versehen sollten, um diese dann in den korrespondierenden Formeln eins zu eins oder variiert zu übernehmen.

- Die blauen Zellen enthalten Formeln, mit denen bestimmte Aufgaben erledigt oder Probleme beseitigt werden können.

Zunächst zum Arbeitsblatt *Texte ändern*, das mit Abbildung 3.1 in zwei Fassungen vorgestellt wird: oben die Ergebnisansicht, unten die Formelansicht (zu wechseln, Sie erinnern sich, mit ⌊Strg⌋+⌊#⌋).

HINWEIS Sie sehen in allen Beispielen, dass ich beim Zusammenfügen von Textelementen nicht die dazu geeignete Funktion VERKETTEN, sondern den Textoperator & verwende. Dies hat mehrere Gründe, die aus diversen praktischen Anforderungen resultieren, bei denen die Verwendung des Textoperators ein einfacheres und vor allem flexibleres Arbeiten ermöglicht.

Aktivieren Sie bitte das Arbeitsblatt *Texte ändern*. Schreiben Sie einen Vornamen in die Zellen der Spalte C und einen Nachnamen in die Zellen der Spalte D. Achten Sie in der Zeile 6 darauf, dass Sie absichtlich mehrere Leerzeichen vor und hinter die Namen setzen und die beiden Namen (oder auch nur einen davon) mit Kleinbuchstaben beginnen.

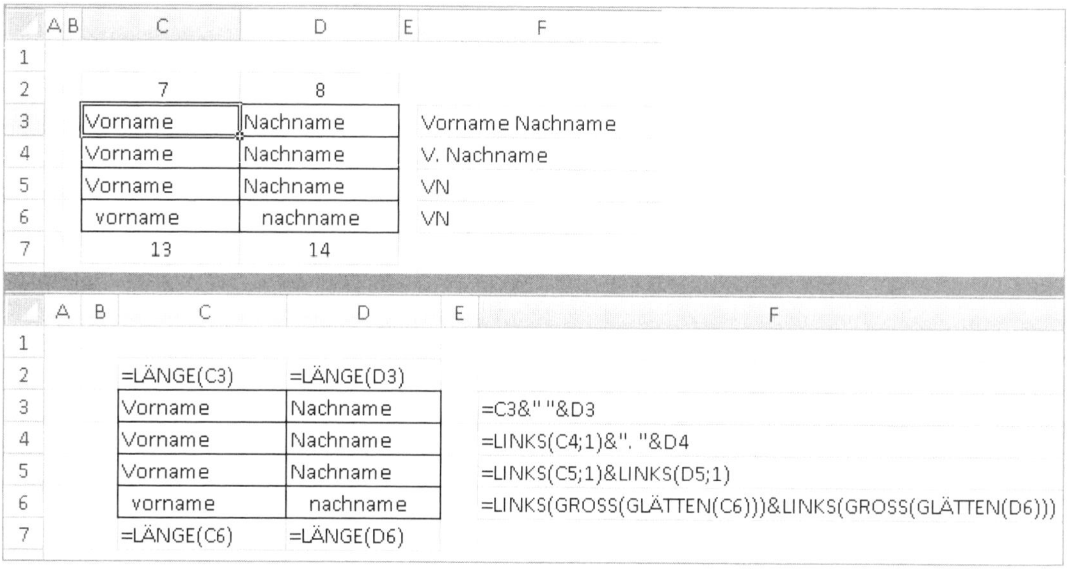

	A	B	C	D	E	F
1						
2			7	8		
3			Vorname	Nachname		Vorname Nachname
4			Vorname	Nachname		V. Nachname
5			Vorname	Nachname		VN
6			vorname	nachname		VN
7			13	14		

	A	B	C	D	E	F
1						
2			=LÄNGE(C3)	=LÄNGE(D3)		
3			Vorname	Nachname		=C3&" "&D3
4			Vorname	Nachname		=LINKS(C4;1)&". "&D4
5			Vorname	Nachname		=LINKS(C5;1)&LINKS(D5;1)
6			vorname	nachname		=LINKS(GROSS(GLÄTTEN(C6)))&LINKS(GROSS(GLÄTTEN(D6)))
7			=LÄNGE(C6)	=LÄNGE(D6)		

Abbildung 3.1 Solche Aufgaben sind schnell erledigt

Beispiel der Zeile 3, Spalten C, D und F:

Aus den Inhalten zweier Spalten soll der Inhalt einer Spalte werden. Die Formel =C3&" "&D3 in Zelle F3 verkettet die Inhalte und setzt ein Leerzeichen dazwischen. Das Leerzeichen ist das ANSI-Zeichen 32. Die Formel könnte also auch =C3&ZEICHEN(32)&D3 lauten und wäre in dieser Hinsicht eine prinzipiell bessere Variante, weil sie klar erkennbar macht, was hier geschieht, während es bei der hier und auch an anderen Stellen vorgestellten Fassung unklar bleiben kann (zumindest auf den ersten Blick), ob es sich zwischen den Anführungszeichen um leeren Text handelt oder um ein Leerzeichen oder um (ggf. versehentlich) zwei oder gar mehr Leerzeichen.

Beispiel der Zeile 4, Spalten C, D und F:

Der Vorname soll nach dem ersten Buchstaben mit einem Punkt abgekürzt werden, der Nachname soll vollständig erscheinen. Die Formel =LINKS(C4;1)&". "&D4 in Zelle F4 als umgangssprachliche Anweisung: »Entnimm dem Inhalt der Zelle C4 von links aus ein Zeichen, dem füge das an, was zwischen den Anführungszeichen steht (nämlich einen Punkt und ein Leerzeichen), dem füge den Inhalt von Zelle D4 an.«

Beispiel der Zeile 5, Spalten C, D und F:

Aus den Anfangsbuchstaben sollen Initialen gebildet werden. Das ist mit der Formel in Zelle F5 schnell geleistet: =LINKS(C5;1)&LINKS(D5;1) ist nach dem vorherigen Beispiel nicht mehr erläuterungsbedürftig.

Beispiel der Zeile 6, Spalten C, D und F:

Aus den Anfangsbuchstaben sollen Initialen gebildet werden. Hier allerdings ist ein größerer Aufwand erforderlich, weil es eine schon recht diffizile Problemstellung gibt: Sie sehen im Arbeitsblatt und in Abbildung 3.1, dass in Zeile 2 mit Einsatz der Funktion LÄNGE die Buchstabenzahlen aus Zeile 3 und in Zeile 7 die Buchstabenzahlen aus Zeile 6 ermittelt werden. Die Ergebnisse sind, bei scheinbar identischen Texten, sehr unterschiedlich. Dies liegt daran, dass die Inhalte der Zellen C6 und D6 vom Vorsystem mit – es sei unterstellt einer unbekannten und wechselnden Anzahl – überflüssiger Leerzeichen geliefert wurden. Zudem erscheinen die Namen auch noch fehlerhaft in Kleinbuchstaben.

Daraus nun Initialen herzustellen, die in Großbuchstaben erscheinen, ist nicht schwierig. Die Formel

```
=LINKS(GROSS(GLÄTTEN(C6)))&LINKS(GROSS(GLÄTTEN(D6)))
```

in Zelle F6 sieht nur auf den ersten Blick etwas unübersichtlich aus. Sie gibt Gelegenheit, eine Vorgehensweise zu erläutern, die denjenigen Lesern anzuraten ist, die mit dem Einsatz verschachtelter Funktionen noch nicht so sehr vertraut sind. Löschen Sie die Formel und bauen Sie sie neu und in kleinen Schritten auf. Verwenden Sie dabei – ich bezeichne das gerne als »Matrjoschka-Prinzip« (Puppen in der Puppe) – einen Kern, der ein Ergebnis erzeugt, das Sie mit einer Hülle weiterverarbeiten, die ein neues Ergebnis erzeugt, das Sie mit einer weiteren Hülle weiterverarbeiten, die abermals ein neues Ergebnis erzeugt. Hier sind es nur drei Funktionen. Es können auch fünf oder acht sein, wenn es denn sein muss. (Das allerdings muss es höchst selten!)

1. Schreiben Sie =GLÄTTEN(C6). Nach dem Drücken von ⏎ ist das Ergebnis *vorname* ohne die überflüssigen Leerzeichen.

2. Aktivieren Sie wieder die Bearbeitungsleiste (z. B. mit F2 oder – hier besser – gleich mit Klick hinter dem Gleichheitszeichen) und umhüllen Sie diesen innersten Teil Ihrer Formel mit der Funktion GROSS, also =GROSS(GLÄTTEN(C6)). Aus *vorname* ohne die überflüssigen Leerzeichen wird jetzt *VORNAME*.

3. Die nächste Hülle heißt LINKS, also =LINKS(GROSS(GLÄTTEN(C6))). Das Ergebnis ist *V*. Der erste Teil der Formel ist fertig. (Hier wurde aus Gründen der Darstellungsvereinfachung auf das Argument Anzahl_Zeichen der Funktion LINKS verzichtet, das bei seinem Fehlen von Excel als 1 interpretiert wird.)

4. Markieren Sie die gesamte Formel ohne das Gleichheitszeichen und kopieren Sie sie in die Zwischenablage. Setzen Sie den Cursor dann hinter die Formel und schreiben Sie den Textoperator &. Fügen Sie dann den Inhalt der Zwischenablage wieder ein und ersetzen Sie im zweiten Teil der Formel den Zellbezug mit D6. Das Ergebnis *VN* sind also jene Initialen, die dem von Ihnen eingetragenen Namen entsprechen.

Wenn Sie eine solche Formel schrittweise prüfen möchten, können Sie ebenfalls nach dem »Matrjoschka-Prinzip« vorgehen und – am besten entsprechend der Arbeitsfolge, die Excel praktiziert, nämlich von innen nach außen – dabei die Ergebnisse der einzelnen Formelteile kontrollieren. Am Beispiel des zweiten Abschnitts der Formel, der nun sequenziell in der Bearbeitungsleiste zu markieren wäre:

1. Markieren Sie in der Formel den Teil GLÄTTEN(C6) und drücken Sie ⸢F9⸣. Sie sehen an der markierten Stelle in Anführungszeichen den Text *nachname*. Drücken Sie ⸢Esc⸣, um den Modus aufzuheben.

2. Markieren Sie in der Formel den Teil GROSS(GLÄTTEN(D6)) und drücken Sie ⸢F9⸣. Sie sehen an der markierten Stelle in Anführungszeichen den Text *NACHNAME*. Drücken Sie ⸢Esc⸣.

3. Markieren Sie in der Formel den Teil LINKS(GROSS(GLÄTTEN(D6))) und drücken Sie ⸢F9⸣. Sie sehen an der markierten Stelle in Anführungszeichen den Text *N*. Drücken Sie ⸢Esc⸣.

Nun zu den etwas schwierigeren Fällen in den Spalten K, M und N des Arbeitsblatts *Texte ändern*. In Abbildung 3.2 wieder eine zweigeteilte Vorstellung der Inhalte mit Ergebnisansicht und Formelansicht.

Stellen Sie sich bitte in den folgenden Beispielen eine vielzeilige Struktur mit identischen Problemstellungen vor, also z. B. 100 Badestädte, mit deren Namen jeweils dasselbe zu geschehen hat. Das erste Beispiel könnten Sie, sollte es Korrekturzwecken dienen, schneller als mit Formeln auch mit *Ersetzen X* durch *nichts* lösen. Die Aufgabe soll dennoch aber auch dort, um langsam einsteigen zu können, mittels Formeln erfüllt werden.

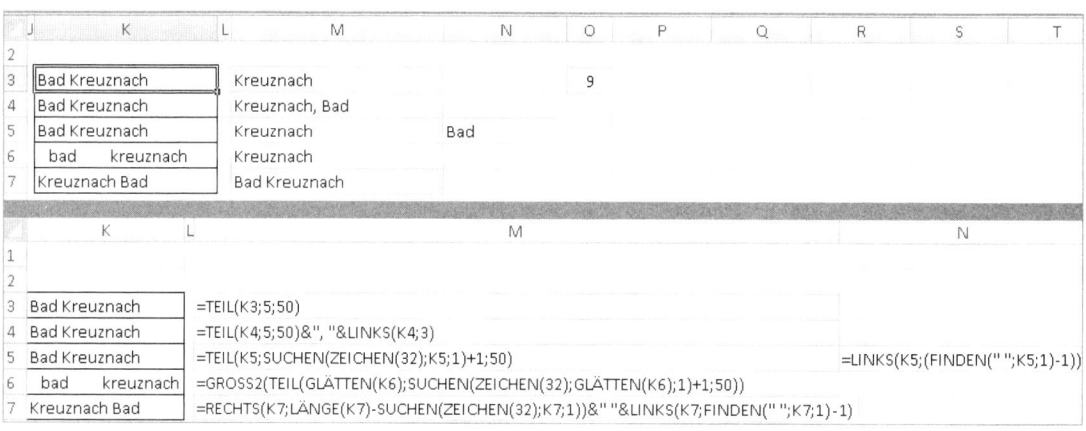

Abbildung 3.2 Solche Aufgaben sind schon etwas schwieriger

Beispiel der Zeile 3, Spalten K und M:

Der Name der Stadt *Bad Kreuznach* soll ohne die Bezeichnung *Bad* erscheinen. Sie wollen einem Text einen Teil entnehmen. Wenn dies nicht nur zur Korrektur, sondern zur Weiterverarbeitung geschähe, könnten Sie natürlich nicht mit dem vorstehend angesprochenen *Ersetzen »Bad«* durch *nichts* arbeiten. Also: Die Formel =TEIL(K3;5;50) in Zelle M3 als umgangssprachliche Anweisung: »Entnimm dem Inhalt von Zelle K3 einen Teil. Beginne mit Zeichen 5 und entnimm von da ab 50 Zeichen.« Das mit den übertrieben wirkenden 50 Zeichen ist auf Vorrat angelegt. Dabei wird unterstellt, dass keiner der zu entnehmenden Texte tatsächlich so lang ist. Excel entnimmt bei dieser Anweisung tatsächlich nur so viele Zeichen, wie vorhanden sind. Dies ist mit der (nicht abgebildeten) Formel =LÄNGE(M3) zu beweisen, die in O3 die Anzahl der Zeichen aus M3 ermittelt.

Beispiel der Zeile 4, Spalten K und M:

Die Bezeichnung *Bad* soll, nach einem Komma und einem Leerzeichen, dem Hauptnamen der Stadt nachgestellt werden. Es wird davon ausgegangen, dass eine gleichartige Struktur vorliegt, also alle Einträge in einer so zu bearbeitenden Liste mit der vierstelligen Zeichenfolge »*Bad* « beginnen. Wenn das gewährleistet ist, genügt in Zelle M4 die Formel =TEIL(K4;5;50)&", "&LINKS(K4;3). Den ersten Teil kennen Sie schon aus dem vorherigen Beispiel, das dem Folgende aus den Beispielen in Zusammenhang mit Abbildung 3.1.

Beispiel der Zeile 5, Spalten K, M und N:

Eine Zeichenfolge aus zwei Wörtern soll getrennt und in verschiedene Zielzellen aufgeteilt werden. Hier nun wird eine etwas anspruchsvollere Ausgangslage angenommen: In der bezogenen Zelle kann sich das trennende Leerzeichen an unterschiedlichen Stellen befinden, etwa wie bei einfachen Namen und Vornamen. Deswegen muss die Position des Leerzeichens ermittelt werden, damit in allen Fällen eine saubere Trennung funktionieren kann. Geben Sie zum Testen einen Vor- und Zunamen in Zelle K5 ein, auch er muss nach dem Muster *Zeichenfolge Teil 2* in Zelle M5, *Zeichenfolge Teil 1* in Zelle N5 zerlegt werden. Die beiden nachstehenden Formeln erledigen das:

Zelle M5: =TEIL(K5;SUCHEN(ZEICHEN(32);K5;1)+1;50)

Zelle N5: =LINKS(K5;(FINDEN(" ";K5;1)-1))

HINWEIS   Um an dieser Stelle ein vielleicht erforderliches Nachblättern in Teil B zu vermeiden, die Syntaxen der Funktionen, die hier eine Rolle spielen:

=TEIL(Text;Erstes_Zeichen;Anzahl_Zeichen)

=SUCHEN(Suchtext;Text;Erstes_Zeichen)

=FINDEN(Suchtext;Text;Erstes_Zeichen)

Und nochmals: Dass hier mit SUCHEN und FINDEN für ein und denselben Zweck zwei gleichartige Funktionen und zwei unterschiedliche Arten von Suchtext zum Einsatz kommen, entspricht als eine Dokumentation der Möglichkeiten zwar den Seminarzielen, sollte in der Praxis aber vermieden werden. Also entweder SUCHEN *oder* FINDEN sowie als Suchtext entweder ZEICHEN(32) *oder* " ".

Am Beispiel der Zelle M5: Die Funktion TEIL benötigt für ihr zweites Argument Erstes_Zeichen eine Zahl. Deshalb wird in der TEIL-Formel an der Stelle dieses Arguments eine weitere Formel eingesetzt. Dieser Formelteil SUCHEN(ZEICHEN(32);K5;1) sucht in Zelle K5, beginnend an Position 1, das Zeichen 32 (das Leerzeichen also) und liefert dessen Platzierung als Zahl. Zu dieser wird in der Formel dann noch der Wert 1 addiert, weil das Resultat ohne ein führendes Leerzeichen geliefert werden soll. Den Rest kennen Sie von oben.

Am Beispiel der Zelle N5: Die Funktion LINKS benötigt für ihr zweites Argument Anzahl_Zeichen eine Zahl. Deshalb wird in der LINKS-Formel an der Stelle dieses Arguments eine weitere Formel eingesetzt. Der Formelteil FINDEN(" ";K5;1) findet in Zelle K5, beginnend an Position 1, das Leerzeichen und liefert dessen Platzierung als Zahl. Von dieser wird in der Formel dann noch der Wert 1 subtrahiert, weil das Resultat ohne ein abschließendes Leerzeichen geliefert werden soll.

Beispiel der Zeile 6, Spalten K und M:

Der Städtename ist von einem Vorsystem in Kleinbuchstaben und mit einer unbekannten Anzahl überflüssiger Leerzeichen geliefert wurden, die vor und/oder nach dem sichtbaren Text stehen können. Die Aufgabenstellung: Der Name der Stadt soll in richtiger Groß-/Kleinschreibweise, aber ohne die Bezeichnung *Bad* erscheinen. Die Formel

```
=GROSS2(TEIL(GLÄTTEN(K6);SUCHEN(ZEICHEN(32);GLÄTTEN(K6);1)+1;50))
```

ist der Aufgabe gewachsen. Sie erscheint etwas ungewöhnlich, als würde sie überflüssigerweise zweimal »glätten« (die überflüssigen Leerzeichen entfernen). Beachten Sie jedoch, dass das erste GLÄTTEN zum Formelsegment TEIL gehört und das zweite GLÄTTEN zum Formelsegment SUCHEN. Probieren Sie hier nochmals mit [F9] und [Esc] aus, was die einzelnen Teile der Formel an Teil- oder Vorergebnissen liefern, um daraus das Gesamtergebnis zu konstruieren. Die äußere Hülle GROSS2 erzeugt im Gegensatz zu GROSS eine Groß-/Kleinschreibweise.

Beispiel der Zeile 7, Spalten K und M:

In dem vom Vorsystem umgekehrt gelieferten Städtenamen sollen die Teile zurückgetauscht werden. Die Formel in Zelle M7, die ich an dieser Stelle gerne Ihrer weiteren Untersuchung überlassen möchte, liefert die von RECHTS benötigte Zeichenzahl, indem sie von der Gesamtzahl der Zeichen die Position des Leerzeichens subtrahiert. Für den Formelteil LINKS hingegen genügt die Positionsbestimmung des Leerzeichens, subtrahiert mit 1.

```
=RECHTS(K7;LÄNGE(K7)-SUCHEN(ZEICHEN(32);K7;1))
&" "&LINKS(K7;FINDEN(" ";K7;1)-1)
```

Also, das muss jetzt nochmals gerügt werden: Zwei Methoden und zwei Arten, einen Suchbegriff zu bezeichnen, in einer einzigen Formel! Bitte so nicht! Machen Sie es, mit demselben Ergebnis, besser, z. B. so:

```
=RECHTS(K7;LÄNGE(K7)-SUCHEN(ZEICHEN(32);K7;1))
&ZEICHEN(32)&LINKS(K7;SUCHEN(ZEICHEN(32);K7;1)-1)
```

Zahlen in Texte einbinden und formatieren

Sie werden sich hier und an anderen Stellen dieses Buches mit einem Gebrauch von Excel beschäftigen, der manchem ungewöhnlich erscheinen mag, der aber bei vielen Anwendern eine wichtige Rolle spielt (oder spielen könnte): Die Einbindung von Kalkulationsergebnissen und anderen Zahlen in Texte. Da muss es nicht nur um solche einfachen Beispiele gehen, wie sie weiter unten im Abschnitt »Ein Beispiel aus der Praxis« vorgestellt werden. Ich kenne etliche Praxismodelle, in denen z. B. unter Excel periodische Kalkulationen erfolgen, deren Ergebnisse dann in variable Textbausteine eingebunden werden, die ihrerseits wiederum, ob automatisch, halbautomatisch oder per Kopie, in narrative Word-Berichte einfließen. Wer will oder muss kann dabei dann auch noch per Mausklick zwischen verschiedenen Sprachen und Formaten wechseln. Um die Grundlagen solcher Möglichkeiten – in späteren Kapiteln dann vertieft – geht es in den folgenden Zeilen.

Aktivieren Sie bitte das Arbeitsblatt *Zahlen in Texten* der Datei *0301_TexteFormeln*. Belassen Sie vorläufig die Inhalte der hellgelben Eingabezellen und machen Sie nach dem Durcharbeiten dieses Abschnitts ggf. eigene Experimente mit anderen Zahlen, Texten und Formatierungen.

Sie sehen in Abbildung 3.3 die Formelergebnisse und in Abbildung 3.4 die zugehörigen Formeln. Gleich in Zeile 3 der Abbildung 3.3 fällt ein unsinniges – es ist kein »falsches« – Ergebnis auf. Warum wird die Lieferung bis zum *40198* erwartet?

Eine der in Kapitel 2 besonders stark betonten Aussagen war diese: *Was Sie in einer Zelle sehen, muss keinesfalls das sein, was sich tatsächlich als Wert in dieser Zelle befindet.* Genau das spielt z. B. auch dann eine Rolle, wenn Sie eine Zahl in einen Text einfügen wollen. Wenn Sie in Zelle C2 das Wort Excel schreiben und in Zelle E2 die Formel ="Ich arbeite mit "&$C$2&".", dann ist das Ergebnis fehlerfrei. Anders in Zelle E3 der Abbildung: Die Lieferung wird bis zum *40198* erwartet, weil genau diese Zahl (und nicht etwa ein Datum) in Zelle C3 steht und sich die Formel in Zelle E3 auf diese Quelle bezieht. Das in C2 vorhandene Format wird also nicht mit übertragen.

B	C	D	E	F	G
2					
3	20.01.10		Wir erwarten Ihre Lieferung bis zum 40198.		
4	20.01.10		Wir erwarten Ihre Lieferung bis zum 20.01.10.		
5	20.01.10		Wir erwarten Ihre Lieferung bis zum 20. Januar 2010.		
6	21.01.10		Noch vor dem 21.01.10 erwarten wir Ihre Lieferung.		
7					
8	34.534,15 €		Bitte zahlen Sie den Betrag von 34534,15 auf mein Konto …		
9	34.534,15 €		Bitte zahlen Sie den Betrag von 34.534,15 € auf mein Konto …		
10					
11	123 h		Der Messwert betrug 123,0 h		Der Messwert betrug
12	106 min		Der Messwert betrug 106,0 min und war damit im Normbereich		100
13	82 min		Der Messwert betrug 82,0 min und war damit zu niedrig		und war damit im Normbereich
14					und war damit zu niedrig

Abbildung 3.3 Misslungene Texte – gebrauchsfähige Texte, den Unterschied macht die Funktion *TEXT*

Natürlich ist es so, dass solche Probleme hier keine Erwähnung fänden, wären sie nicht lösbar. Das hervorragend nutzbare Mittel der Wahl ist, wie Sie in den wenigen Formeln des Arbeitsblatts sehen, die Funktion =TEXT(Bezug;Textformat), die einen in Bezug vorhandenen Wert in jenem Erscheinungsbild liefert, das Sie mit dem Argument Textformat definieren. Dabei ist gleichgültig, ob Textformat ein in Excel integriertes oder ein benutzerdefiniertes ist. Wichtig ist aber immer, dass Sie Ihre Vorgabe zu Textformat in Anführungszeichen setzen.

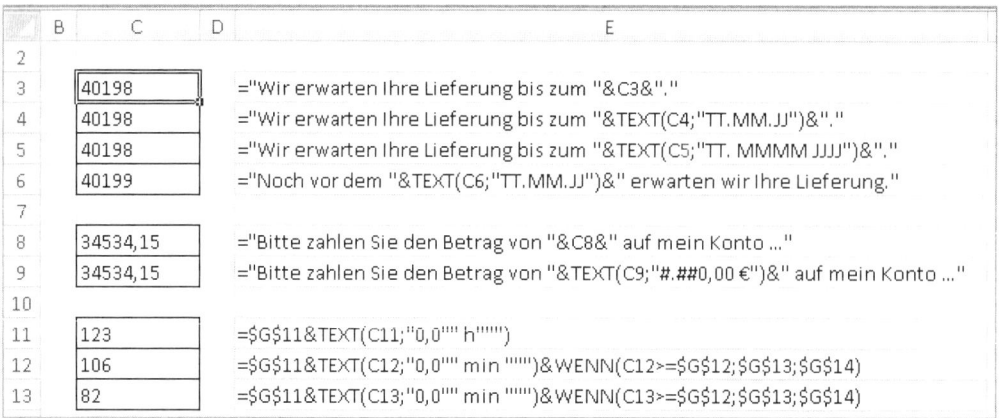

Abbildung 3.4 Mit der Verwendung von *TEXT* können Sie beliebige Formate erzeugen

Die Formel ="Wir erwarten Ihre Lieferung bis zum "&C3&"." in Zelle E3 liefert durchaus ein korrektes Ergebnis, soweit es Excel betrifft, nichts aber, was für unsere Interpretationsgewohnheiten geeignet wäre. Die nachstehende Variante in Zelle E4 löst das Problem:

```
="Wir erwarten Ihre Lieferung bis zum "&TEXT(C4;"TT.MM.JJ")&"."
```

Die Formel in Zelle E5 erzeugt eine andere Formatierung als die in der Quelle vorhandene TT.MM.JJ.

```
="Wir erwarten Ihre Lieferung bis zum "&TEXT(C5;"TT. MMMM JJJJ")&"."
```

Die Formel in Zelle E6 zeigt, dass Sie einen Text nach der Übernahme formatierter Zahlen natürlich auch fortsetzen können.

```
="Noch vor dem "&TEXT(C6;"TT.MM.JJ")&" erwarten wir Ihre Lieferung."
```

In C8 und C9 steht ein Eurobetrag, der mit dem Format #.##0,00 € versehen wurde. Die Formel ="Bitte zahlen Sie den Betrag von "&C8&" auf mein Konto ..." in Zelle E8 kann das gewünschte Ergebnis nicht liefern, weil sie aus der Quelle nur die nicht formatierte Zahl übernimmt.

In Zelle E9 hingegen ist das Problem wiederum in der schon vorgestellten Art gelöst:

```
="Bitte zahlen Sie den Betrag von "&TEXT(C9;"#.##0,00 €")
&" auf mein Konto ..."
```

In Zelle C11 steht der Wert 123 mit dem benutzerdefinierten Format #.##0 h". Wenn Sie in einem benutzerdefinierten Format Textzeichen in Anführungszeichen einschließen müssen, dann gilt für die Verwendung in einer Formel des Typs TEXT als Regel: Was im Formatcode zwischen Anführungszeichen steht, muss, samt diesen Anführungszeichen, in der Formel ebenfalls in

Anführungszeichen stehen. Daraus ergeben sich bisweilen etwas kurios aussehende, aber durchaus perfekt funktionierende Formeln. Die Formel =$G$11&TEXT(C11;"0,0"" h""") in Zelle E11 z. B. leistet das Beschriebene, benutzt dabei aber das abgewandelte Format 0,0" h", weil die zu berichtenden Werte mit Sicherheit kleiner als 1.000 sein werden und mit einer Dezimalstelle auszuweisen sind. Der Text, der vor dem Wert erscheinen soll, ist diesmal nicht wie bisher in die Formel selbst eingebunden, sondern wird – variabel, pflegeleicht und somit sehr viel effizienter – per Bezug einer anderen Zelle entnommen.

Die in den Zellen E12 und E13 anstehende Aufgabe ist noch etwas anspruchsvoller als das bisher Verlangte. Es sollen wie bisher Zahlen und Texte zusammenfließen, ein Teil des Textes soll aber vom aktuellen Wert der Zahl abhängig gemacht werden.

Im Zusammenhang mit Abbildung 3.5:

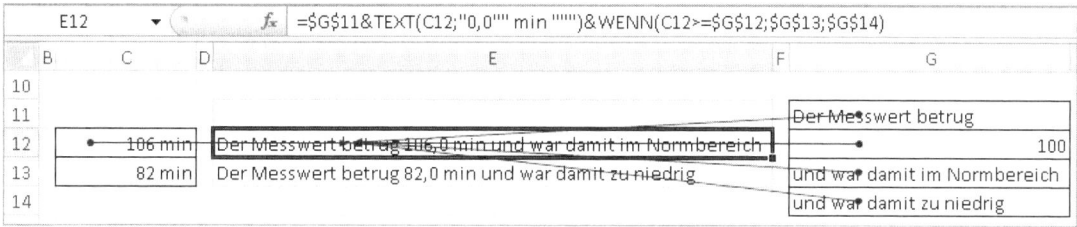

Abbildung 3.5 Diese Textformel arbeitet mit fünf Bezügen

- Die Werte in den Zellen C12 und C13 sind mit dem benutzerdefinierten Format 0,0" min " versehen.

- In Spalte G sind mehrere Textbausteine hinterlegt.

- In Zelle G12 ist ein Sollwert definiert, der erreicht oder überschritten werden soll. Wird dieses Ziel erreicht, kommt die Formulierung aus Zelle G13 zur Anwendung, ansonsten die aus Zelle G14.

Die Formeln in den Zellen E12 und E13 sind inhaltlich gleichlautend. Am Beispiel der Zelle E12 und in Zusammenhang mit Abbildung 3.5:

```
=$G$11&TEXT(C12;"0,0"" min """)&WENN(C12>=$G$12;$G$13;$G$14)
```

Mit solchen WENN-Konstrukten können Sie natürlich nicht nur werteabhängig formulieren, sondern bei Bedarf gleichzeitig auch zwischen mehreren Sprachen wechseln. Das ist letztlich sehr einfach, denn es kommt ja nur darauf an, welcher Text in welcher Zelle steht.

Zum Abschluss des Themas die Wiederholung eines in Kapitel 2 eingeführten, mit Formeln gebildeten Diagrammtitels (Zelle H6 in beiden Arbeitsblättern der Datei *0211_Zeitachsen03*):

```
="Verlauf und Trend im Zeitraum "
&TEXT(MIN($C$7:$C$44);"TT.MM.JJ")
&" – "
&TEXT(MAX($C$7:$C$44);"TT.MM.JJ")
```

Das dürfte jetzt keine Geheimnisse mehr enthalten. Vielleicht doch ein kleines: Der verbindende Strich ist nicht der auf der Tastatur vorhandene Bindestrich, sondern der sog. Halbgeviertstrich, das ANSI-Zeichen 150, der Standardschriftarten. Er wurde in diesem Fall manuell (so wie es in Teil B, Kapitel 16 beschrieben ist) eingegeben. Ersatzweise könnte es in der Formel also auch &ZEICHEN(150) heißen.

Teile von Texten als Suchbegriffe

Wenn Sie in Deutschland einen Pkw mit dem Nummernschild 0 120–1 sehen, haben Sie höchstwahrscheinlich den Dienstwagen des Schweizer Botschafters vor sich. Wenn Ihnen ein Fahrzeug mit dem Nummernschild 0 34–18B begegnet, wissen Sie, dass es sich um ein Fahrzeug der dänischen Botschaft handelt, dessen Nummernschild schon zweimal abhanden gekommen ist und deswegen ersetzt werden musste. Wissen Sie nicht? Und schon gar nicht, woran Sie das erkennen sollen? Dann finden Sie hier mit dem Einsatz von Excel einige Hilfestellungen.

Natürlich ist das nicht der Zweck dieses Abschnitts. Vielmehr soll erläutert werden, wie Sie aus einem Text einen Teil herauslesen, diesen als Suchbegriff benutzen und aus dem Ergebnis der Suche weitere Schlussfolgerungen ziehen können.

Strukturen und Elemente der Arbeitsmappe

Als Beispiel kommt eine stark vereinfachte und inhaltlich abstrahierte Praxisanwendung zur Vorstellung. Die nähert sich von Aufbau und Inhalten wiederum ein Stück mehr jenen komplexen Modellen, die in späteren Kapiteln zu behandeln sind.

CD-ROM   Bitte öffnen Sie von der CD-ROM aus dem zu Ihrer Excel-Version passenden Ordner die Datei *0302_Kennzeichen*.

Zuerst wieder zur Struktur der Arbeitsmappe, von hinten nach vorn:

- Im Arbeitsblatt *Namensliste* finden Sie die nach den Konventionen der rS1.Methode definierten Bereichsnamen samt ihren Bezügen, so wie sie in diesem Modell benutzt werden.

- Im Arbeitsblatt *Parameter 1* sind die Zifferncodes aufgelistet, die in Deutschland bei der Kennzeichnung von Kraftfahrzeugen den diplomatischen Vertretungen zugeordnet sind. Die dort zu findende Liste ist eine reduzierte Auswahl.

- Im Arbeitsblatt *Daten 1* ist eine Liste mit Kennzeichen von Fahrzeugen der diplomatischen Korps verschiedener Nationen hinterlegt. Die letzten sieben Positionen der Liste zeigen den Eintrag *NN* als Platzhalter. Sie sollten sich bitte vorstellen, dass diese Aufstellung laufend geändert und aktualisiert würde und dass es Ihre Aufgabe wäre, aus hier nicht näher zu erläuternden Gründen in einem ersten Arbeitsgang zu identifizieren, welche Nation aus welchem Kennzeichen erkennbar wird und um die wievielte Ausgabe dieses spezifischen Kennzeichens es sich handelt.

Genau das, was vorstehend verlangt war, wird im Blatt *Focus 1* geleistet.

Zuerst ein paar Beschreibungen zum praktischen Umgang mit diesem Arbeitsblatt und zu seinen Inhalten. Im Zusammenhang mit Abbildung 3.6 und der dortigen Nummerierung:

Abbildung 3.6 Die Elemente im Blatt *Focus 1* sind zwar schlicht, durchaus aber effektiv

1. In die gelb gefärbte Zelle C4 können Sie Ganzzahlen zwischen 1 und 100 eingeben. Wenn Sie eine andere Zahlenart oder einen Text eingeben, wird dieser Versuch von Excel abgewiesen.

2. Als Alternative haben Sie die Möglichkeit, die Werte der Zelle C4 in der erwähnten Spanne mit einer Bildlaufleiste zu erzeugen und auf diese Weise quasi durch die in der Datenquelle vorhandenen Kennzeichen zu »blättern«.

3. Diesen so oder so erzeugten Zahlen ist im Arbeitsblatt *Daten 1* jeweils ein Kennzeichen zugeordnet, dessen Zeichenfolge in Zelle E4 erscheint. Bis hierhin entsprechen Ihre Aktionen also den manuellen Eingaben bestimmter Zeichenfolgen in die Zelle E4.

4. In Zelle G4 wird automatisch ausgewiesen, zu welcher Nation das ausgewählte Kennzeichen gehört.

5. In Zelle I4 erscheint eine Ziffer, die höher ist als 1, wenn die Zeichenfolge des Kennzeichens nicht mit einer Zahl, sondern mit einem Buchstaben abschließt. In einem solchen Fall wechselt auch die Färbung der Zelle.

6. Die beiden Zellen K4:L4 sind nur hier in der Abbildung kenntlich gemacht, um darauf hinzuweisen, dass sich hier Formeln verbergen, die als Hilfskonstruktionen benutzt werden. Im Original wurde die Ansicht dieser Zellen per Formatierung unterdrückt (keine Rahmen, Schrift- und Zellfarbe = Umgebungsfarbe).

Damit sich Sinn und Konstruktion der gleich zu erläuternden Formel leichter erschließen, sind noch ein paar Informationen zur Syntax der im Beispiel verwendeten Diplomatenkennzeichen erforderlich.

- Die Zeichenfolge beginnt mit der Ziffer Null, gefolgt von einer Leerstelle (hier einem Leerzeichen), die in der Regel mit den Plaketten des Nummernschilds belegt ist. Statt der führenden Null kann auch das Zeichen des Zulassungsbezirks (z. B. *B* oder *BN*) stehen – einige dieser Art sind ab laufender Nummer 86 in der Liste enthalten.

- Rechts neben dem Leerzeichen, dessen Position also variabel ist, befindet sich der numerische Ländercode, der entweder zwei oder drei Stellen hat.

- Dem Ländercode folgt ein Querstrich, der im Beispiel mit dem ANSI-Zeichen 150 (Halbge-viertstrich) erzeugt wurde und dessen Position in der Gesamtzeichenfolge ebenfalls variiert.

HINWEIS   Was für den weiter unten zu erläuternden Formelaufbau wichtig ist: Der zwei- oder dreistellige Ländercode steht also zwischen einem Leerzeichen und einem Halbgeviertstrich. Die Positionen dieser beiden Trennzeichen sind allerdings variabel. Sie müssen zum Auslesen des Ländercodes identifizierbar sein.

- Nach dem Querstrich steht eine bis zu dreistellige Zahl, die (meistens) den Dienstgrad des Fahrzeugnutzers ausdrückt. Die Ziffer 1 ist also in der Regel dem Fahrzeug des Botschafters zugeordnet. Im einführenden Beispiel habe ich 0 120–1 für den Dienstwagen des Schweizer Botschafters erwähnt.

- Kommt ein solches Kennzeichen aus welchem Grund auch immer abhanden, wird die bishe-rige Zeichenfolge weiterbenutzt und bis zum Abschluss einer Sperrfrist mit dem Buchstaben *A* ergänzt. Kommt dann auch dieses Kennzeichen abhanden, wird mit *B* fortgesetzt usw.

Bevor die Verwendung der Bereichsnamen und die Konstruktion der Formeln erläutert werden, noch einige kurze Hinweise zu jenen Einrichtungen im Arbeitsblatt *Focus 1*, die dem Anwender helfen, etwas komfortabler und sicherer zu arbeiten, als es ohne solche Assistenz möglich wäre.

Im Zusammenhang mit Abbildung 3.7:

Mit der *Datenüberprüfung* (in Excel 2003 heißt sie *Gültigkeitsprüfung*) wurde für Zelle C4, die den Bereichsnamen *rF1.NummerAusw* hat, festgelegt, welche Eingabewerte dort zulässig sind und welche abgewiesen werden. Wie Sie der Abbildung entnehmen oder im Arbeitsblatt auspro-bieren können, sind nur Ganzzahlen zwischen 1 und 100 erlaubt. Da auf der Registerkarte *Feh-lermeldung* bei *Typ* die Option *Stopp* gewählt wurde, beschränkt sich Excel hier nicht nur auf einen Hinweis, sondern lässt eine andere Eingabe als die definierte nicht zu.

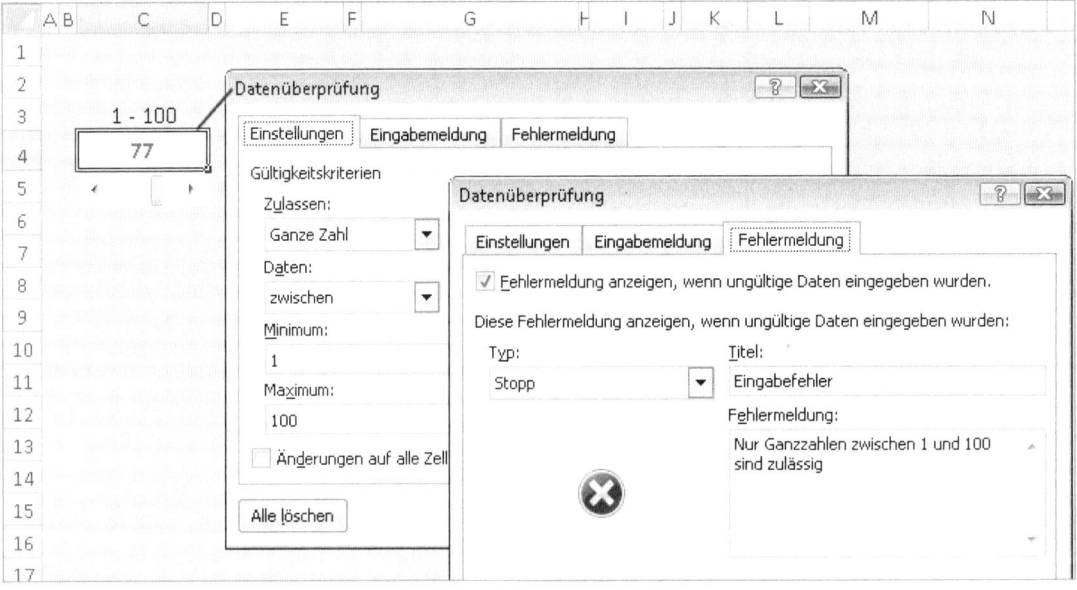

Abbildung 3.7   So verhindern Sie Eingabefehler

Im Zusammenhang mit Abbildung 3.8:

Der Anwender kann entscheiden, ob er in der Zelle *rF1.NummerAusw* eine manuelle Eingabe macht oder ob er seine Auswahl mittels der unter der Zelle befindlichen *Bildlaufleiste* trifft. Dieses Steuerelement ist mit der genannten Zelle verknüpft und erlaubt, bei der definierten Spanne seiner Ausgabewerte von 1 bis 100, das Einlesen der gewünschten Zahl oder aber ein Blättern durch die verfügbaren Zahlen.

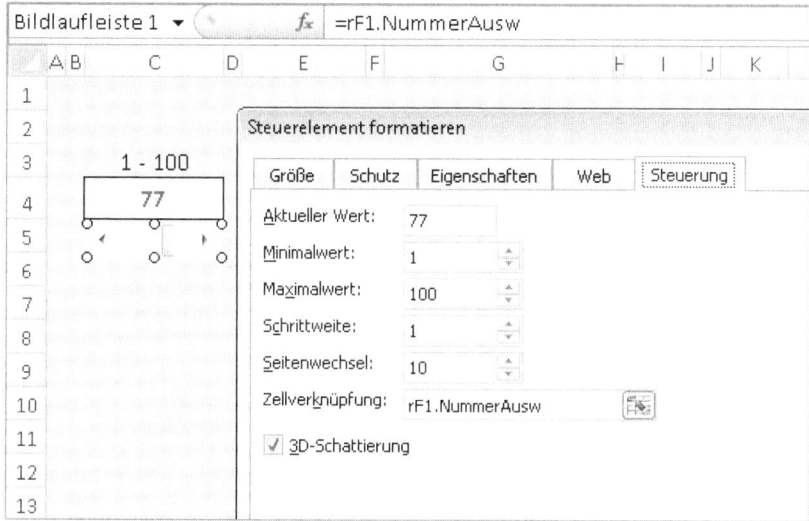

Abbildung 3.8   Die Bildlaufleiste ist mit einer benannten Zelle verknüpft

Schließlich existiert auch noch eine bedingte Formatierung, die in Zelle I4 eine Umfärbung erzeugt, wenn der dort angezeigte Wert größer als 1 ist.

Bereichsnamen und Formeln

In diesem Modell kommt es nun erstmals mit größerer Konsequenz als bisher zur Verwendung von Bereichsnamen, die den Konventionen der rS1.Methode entsprechen und die in verschiedenen Formeln des Blattes *Focus 1* eine wichtige Rolle spielen.

Wenn Sie selbst eine derartige Lösung geschaffen haben und kontrollieren möchten oder aber Ähnliches als Arbeitsergebnis eines anderen erhalten, sollte sich Ihre erste Überprüfung immer auf das Vorhandensein von Bereichsnamen, deren Bezüge und deren Verwendung konzentrieren. Das gilt selbstverständlich auch dann, wenn Sie ein eigenes Modell nach längerer Zeit erstmals wieder anfassen, um es beispielsweise zu erweitern oder zu reparieren. Dieselbe Empfehlung will ich grundsätzlich auch für Ihre Arbeit in diesem Buch abgeben. Gehen Sie bei der Überprüfung einer Arbeitsmappe, die nach den Regeln der rS1.Methode erstellt wurde, bei den ersten Schritten wie nachstehend aufgelistet vor. Im Zusammenhang mit Abbildung 3.9:

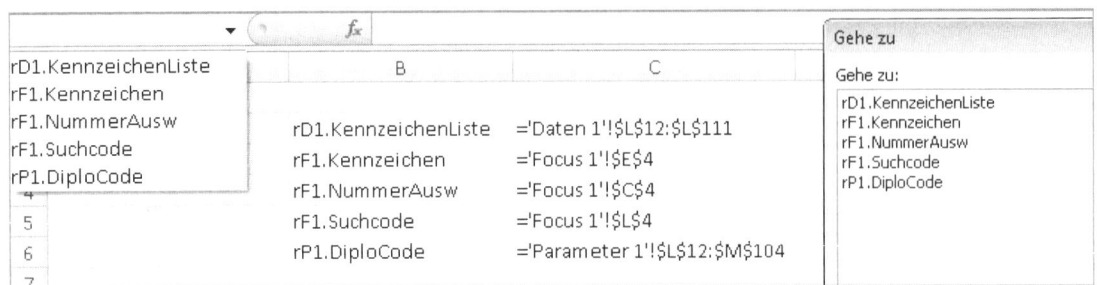

Abbildung 3.9 Diese Namen werden in den Formeln benutzt

- Schauen Sie nach, ob es in der Arbeitsmappe ein Arbeitsblatt mit dem Namen *Namensliste* gibt und aktivieren Sie dieses Arbeitsblatt. (Denken Sie daran, dass es auch ausgeblendet sein könnte.)

- Verschaffen Sie sich mithilfe der Namensauflistung als Erstes einen mehr »theoretischen« Überblick dazu, welche Namen existieren und wo sie sich befinden. Bereits das kann oft schon für eine Einschätzung der hier vorhandenen Aufgabenstellung und der benutzten Lösungswege nützlich sein.

- Steuern Sie benannte Bereiche an, um ein wenig genauer zur Kenntnis zu nehmen, wo und in welchem Umfang die Namen gelten. Sie haben dazu zwei einfache Möglichkeiten:

  - Klicken Sie auf den Dropdownpfeil des *Namenfelds* im linken Teil der *Bearbeitungsleiste*, um eine Liste der vorhandenen Namen anzuzeigen, und klicken Sie dann auf den Namen Ihrer Wahl, um den so benannten Bereich anzusteuern (sowie gleichzeitig zu markieren).

  - Drücken Sie die Taste F5 zum Öffnen des Dialogfelds *Gehe zu*, wählen Sie einen der dort gezeigten Bereichsnamen aus und steuern Sie ihn mit Doppelklick an.

Die Tabelle 3.1 zeigt die im Arbeitsblatt *Focus 1* vorhandenen Formeln in ihrer funktionalen Abfolge, also in der Wirkungskette, die zum gewünschten und oben beschriebenen Ergebnis führt.

Abfolge	Zelle	Name der Zelle	Formel
1	E4	*rF1.Kennzeichen*	=INDEX(rD1.KennzeichenListe;rF1.NummerAusw;1)
2	K4	ohne	=TEIL(rF1.Kennzeichen;SUCHEN(ZEICHEN(32); rF1.Kennzeichen;1)+1;10)
3	L4	*rF1.Suchcode*	=LINKS($K$4;SUCHEN(ZEICHEN(150);$K$4;1)-1)
4	G4	ohne	=SVERWEIS(WERT(rF1.Suchcode); rP1.DiploCode;2;FALSCH)
5	I4	ohne	=WENN(CODE(RECHTS(rF1.Kennzeichen))>64; CODE(RECHTS(rF1.Kennzeichen))-63;1)

Tabelle 3.1 Statt der üblichen Zellbezüge kommen hier jetzt mehrere Namensbezüge zum Einsatz

Diese Abfolge soll zunächst abstrakt beschrieben werden, bevor es um die Erläuterung ihrer einzelnen Formelbestandteile geht.

1. Der Anwender hat in Zelle C4 eine Zahl eingegeben bzw. mittels der *Bildlaufleiste* erzeugt. Unter Verwendung dieser Zahl ermittelt Excel aus einer Liste (*rD1.KennzeichenListe* im Blatt *Daten 1*), welches der dort hinterlegten Kennzeichen dieser Zahl zugeordnet ist. Das Ergebnis wird in der Zelle *rF1.Kennzeichen* angezeigt.

2. In Zelle K4 wird der erste Schritt geleistet, der zur Ermittlung des Ländercodes führt, der im aktuell angezeigten Kennzeichen vorhanden ist. Es entsteht ein Zwischenergebnis, das jene Zeichenfolge enthält, die dem Leerzeichen des Kennzeichens folgt.

3. In Zelle L4, die den Namen *rF1.Suchcode* hat, wird aus dem im vorherigen Schritt erzeugten Ergebnis der Ländercode, also jener Teil ermittelt, der aktuell in K4 vor dem *Halbgeviertstrich* steht.

HINWEIS   Diese zweistufige Vorgehensweise ist nicht zwingend erforderlich. Der Suchcode könnte auch mit einer einzigen Formel ermittelt werden (vielleicht haben Sie Lust, es auszuprobieren?). Derartige Formeln können aber rasch zu unübersichtlich werden. Es spricht (auch in Excel) ohnehin wenig dagegen, einen komplexen Vorgang in mehrere kleine, besser überschaubare Schritte zu zerlegen. Nicht zuletzt deshalb, weil es oft vorkommen kann, dass sich eines der so erzeugten Vor- oder Zwischenergebnisse ganz nebenbei auch noch für andere Zwecke verwenden lässt.

---

4. Unter Verwendung des so erzeugten Suchcodes ermittelt Excel aus einer weiteren Liste (*rP1.DiploCode* im Blatt *Parameter 1*), welcher Nation diese zwei- oder dreistellige Zahl zugeordnet ist. (Beachten Sie bitte, dass die so abgefragten Codes in der Datenquelle nicht als fortlaufende Nummern vorhanden sind.) Das Ergebnis wird in Zelle G4 ausgewiesen. (Diese Zelle hat hier keinen Bereichsnamen erhalten, weil ihr Inhalt an keiner anderen Stelle benötigt wird, also kein Formelzugriff auf die Zelle einzurichten war.)

5. In Zelle I4 wird untersucht, ob das letzte Zeichen des Kennzeichens ein Großbuchstabe des Alphabets ist. Wenn das zutrifft, wird dieser Buchstabe ermittelt und als fortlaufende Zahl ausgewiesen (A=2, also zweite Ausgabe dieses Kennzeichens, B=3 usw.).

Damit nun zu den Formeln, mit denen die so beschriebene Arbeit zu leisten ist.

Die Formel in Zelle E4 mit dem Namen *rF1.Kennzeichen*:

```
=INDEX(rD1.KennzeichenListe;rF1.NummerAusw;1)
```

als umgangssprachliche Anweisung: »Ermittle in der Matrix *rD1.KennzeichenListe* einen Wert. Benutze dafür die Zeilenposition, die dem Vorgabewert in der Zelle *rF1.NummerAusw* entspricht, und die erste (hier einzige) Spalte der Matrix.«

Im Effekt erscheint hier also die Zeichenfolge eines Kennzeichens, das durch eine numerische Vorgabe ausgewählt wurde.

Die Formel in Zelle K4 verarbeitet nun diese Zeichenfolge:

```
=TEIL(rF1.Kennzeichen;SUCHEN(ZEICHEN(32);rF1.Kennzeichen;1)+1;10)
```

Sie liefert aus dem aktuell angezeigten Kennzeichen jene Zeichen, die dem Leerzeichen folgen. Die Arbeitsweise derartiger Formeln wurde weiter oben bereits vorgestellt.

Das Ergebnis aus K4 wird von der Formel in Zelle L4 mit dem Namen *rF1.Suchcode* benutzt:

```
=LINKS($K$4;SUCHEN(ZEICHEN(150);$K$4;1)-1)
```

Sie liefert aus der Vorgabe jene Zeichen, die sich vor dem Halbgeviertstrich (dem Zeichen 150) befinden. Damit nun ist die Ermittlung des aktuell zu benutzenden Ländercodes abgeschlossen. Er wird, weil mit dem Einsatz von Textformeln ermittelt, als Text geliefert. Die Codes im zweispaltigen Quelldatenbereich *rP1.DiploCode* hingegen sind dort als Zahlen deponiert. Dies ist bei der Nutzung der Funktion SVERWEIS zu berücksichtigen, die jetzt zum Einsatz kommt, weil sie den Suchbegriff ansonsten nicht finden und mit dem Fehlerwert #NV reagieren würde.

Die Formel in Zelle G4 benutzt jetzt den ermittelten Suchbegriff, um ihm die richtige Nation zuzuordnen:

```
=SVERWEIS(WERT(rF1.Suchcode);rP1.DiploCode;2;FALSCH)
```

Als umgangssprachliche Anweisung: »Wandle den als Text vorhandenen Wert aus der Zelle mit dem Namen *rF1.Suchcode* in eine Zahl um. Benutze diese Zahl als Suchbegriff in der ersten Spalte der Matrix mit dem Namen *rP1.DiploCode*. Liefere aus der Zeile mit der Fundstelle den Wert der zweiten Spalte der Matrix. Gehe davon aus (das Argument FALSCH in der Formel), dass nur eine genaue Entsprechung des Fundes mit dem Suchbegriff gewünscht ist.«

Schließlich gilt es noch festzustellen, welche Ausgabe dieses Kennzeichens vorliegt. Wie oben erläutert: Die Erstausgabe zeigt am Ende keinen Buchstaben, die zweite den Buchstaben *A*, die dritte den Buchstaben *B* usw. Es können dabei nur Großbuchstaben aus dem ersten Teil des Alphabets vorkommen. Dies wird mit der nachstehenden Formel aufgegriffen. In den Zeichensätzen der Standardschriftarten sind Großbuchstaben des Alphabets mit den laufenden Nummern 65 bis 90 codiert, die Zahlen 0 bis 9 mit den laufenden Nummern 48 bis 57. Es lässt sich hier also leicht feststellen, ob das letzte Zeichen des Kennzeichens eine Zahl oder ein Buchstabe ist. Wenn Letzteres zutrifft, dann gelingt nach dem gleichen Denkmuster auch die Ermittlung dieses Buchstabens und seine Darstellung als laufende Zahl.

Die Formel in Zelle I4:

```
=WENN(CODE(RECHTS(rF1.Kennzeichen))>64;CODE(RECHTS(rF1.Kennzeichen))-63;1)
```

als umgangssprachliche Anweisung: »Wenn der Zeichencode des rechten Zeichens in der Zelle mit dem Namen *rF1.Kennzeichen* größer als 64 ist, dann ermittle diesen Code und subtrahiere 63. Ansonsten schreibe die Ziffer 1.«

Die so aufgemachte Rechnung: $A = 65$ minus $63 = 2$, $B = 66$ minus $63 = 3$ usw. Wenn es sich nicht um die Erstausgabe, sondern um eine Folgeausgabe (Formelergebnis > 1) handelt, errötet die Zelle auf Basis der oben schon erwähnten bedingten Formatierung.

Zum Abschluss dieses Themas noch dies: Wenn Sie in der Eingabezelle Werte ab 94 erzeugen, liefert Excel die zugehörigen Platzhalter *NN* und reagiert darauf wiederum in den Spalten G und I mit einer Fehlermeldung bzw. mit Unsinn. Das könnte man in einer Lösung, die nur eigenen Informationszwecken dient, hinnehmen. Sollte ein derartiges Modell jedoch auch von anderen Personen benutzt werden oder gar in Präsentationen Verwendung finden, wäre ein solcher Mangel keinesfalls akzeptabel. Es fehlt also noch eine ordentliche Fehlerpufferung. Die allerdings soll jetzt nicht mehr geleistet werden und wird hiermit vertagt (siehe Informationen im Zusammenhang mit Abbildung 3.19).

Ein Beispiel aus der Praxis

Es gibt in Excel auch ohne Programmierung mehrere Möglichkeiten, spezifische Inhalte von Arbeitsblättern gezielt aufzufinden und sie in der Folge an anderer Stelle zu zeigen bzw. weiterzuverarbeiten. Ein kleines Beispiel dieser Art war Gegenstand des vorigen Abschnitts. Einige weitere werden Sie im weiteren Verlauf dieses und anderer Kapitel noch kennenlernen.

Hier in diesem Abschnitt will ich wieder ein paar praktische Übungen anbieten und empfehlen, dabei mitzumachen. Wenn Sie das nicht möchten, können Sie natürlich auch das fertige Ergebnis ausforschen und mit den Informationen dieses Abschnitts vergleichen. Es gibt also zwei verschiedene Fassungen desselben Modells, eine fertige und eine halbfertige. Ich werde an den entsprechenden Stellen darauf hinweisen, welche wann zum Einsatz kommen soll oder kann.

CD-ROM Bitte öffnen Sie von der CD-ROM aus dem zu Ihrer Excel-Version passenden Ordner zunächst die Datei *0303_Projektabrechnung_FERTIG*.

Thema des Modells und Struktur der Arbeitsmappe

Sie sehen vor sich die inhaltlich stark reduzierte, abstrahierte und anonymisierte Version einer Praxislösung, deren hier vorgestellte Fassung wie folgt beschreibbar ist: In einem Unternehmen, das verschiedenartige Projekte entwickelt, plant und managt, erbringen aktuell 95 Personen Projektleistungen unterschiedlichen Inhalts und Anspruchs. Den Kunden werden periodische, projektspezifische Rechnungen gestellt. Zu deren Vorbereitung füllen Sachbearbeiter intern genutzte Formulare aus. Die mit Excel erstellten Dokumente listen auf, welche Personen aus welchem Unternehmensbereich in welchem Projekt und welcher Periode wie viele Leistungseinheiten welchen Vergütungssatzes erbracht haben und welcher Rechnungsbetrag sich daraus ergibt. Die Dokumente werden auch ausgedruckt und zusammen mit den daraus resultierenden Rechnungen archiviert.

Die Arbeitsmappe enthält vier Arbeitsblätter. Von hinten nach vorn:

- Im Blatt *Namensliste* sind, wie üblich, die Bereichsnamen dokumentiert und kontrollierbar.
- Im Blatt *Parameter 1* finden Sie eine umfangreiche Liste, die nicht nur die hier vorgestellte Aufgabe unterstützt, sondern auch noch anderen unternehmensinternen Zwecken dient. Die filterbare Zusammenstellung enthält Stammdaten der Projektmitarbeiter. Die Daten sind

nach Nachnamen alphabetisch geordnet. Die numerische Reihenfolge der Personalnummern ist eine andere. Dieser Unterschied ist für die Konstruktion der Lösung von Bedeutung.

- Im Blatt *Listen 1* finden Sie die Personalnummern in numerisch fortlaufender Ordnung, daneben eine kleine Liste mit Fristen (in Tagen) und drei Textbausteine.

- Im Blatt *Focus 1* werden Eingaben gemacht (zum Teil per Mausklick, zum Teil manuell als Übernahmen aus Stundenzetteln), die unter Verwendung verschiedener Einrichtungen und Formeln das Dokument relativ fehlergepuffert herstellen lassen.

Funktionalitäten des Modells

Was ist möglich und wie funktioniert das? Dazu soll das Blatt *Focus 1* näher betrachtet werden. Auf den ersten Blick fällt auf, dass hier nun schon ein wenig mehr Wert als bisher auf Aussehen und formale Gestaltung gelegt wurde. Oben habe ich erwähnt, dass die hier entstehenden Dokumente in gedruckter Form archiviert werden. Sie könnten aber auch externen Prüfungen unterzogen werden. Das sollte Grund genug sein, auch einer »nur« internen Lösung ein klares, übersichtliches und ansehnliches Layout zu geben.

Das Blatt ist ohne Kennwort geschützt und sein Formular ist in der Auslieferungsfassung bereits zur Hälfte gefüllt. Sie können die hellgelben Eingabezellen mithilfe der Taste ⇥ nacheinander und in der dem »natürlichen« Arbeitsablauf entsprechenden Reihenfolge ansteuern.

Die Zellen mit Formeln sind hier nun nicht mehr mit einer hinweisenden Farbe versehen. Eine besondere Kennzeichnung ist ja, wenn das Blatt geschützt bleibt, nicht mehr erforderlich.

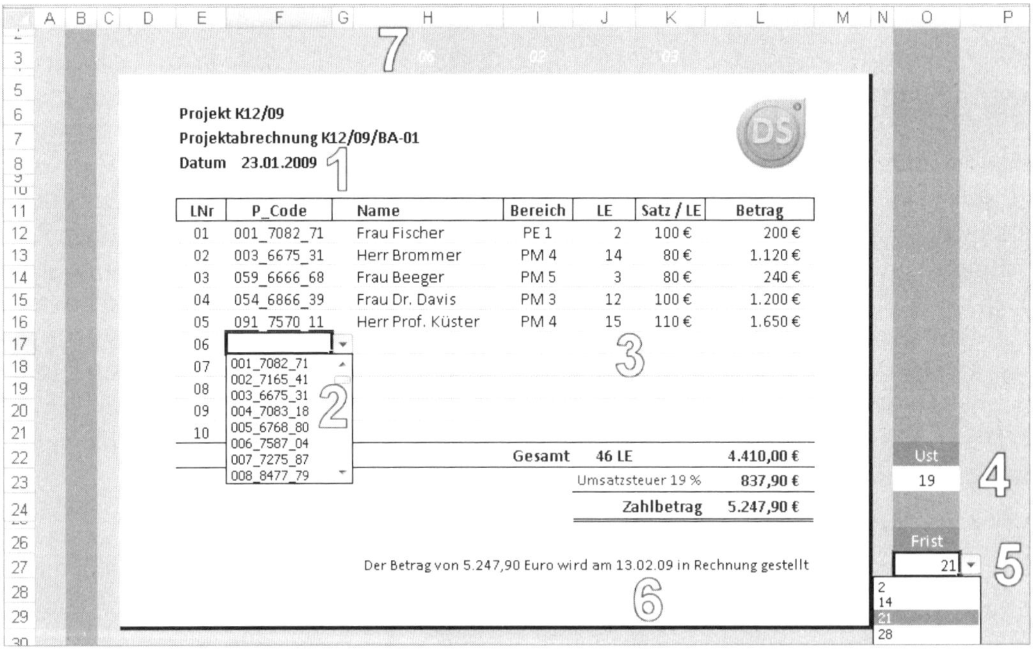

Abbildung 3.10 Ein einfacher Abrechnungsschein – aber keine simple Konstruktion

Damit zu den funktionalen Aspekten dieses Arbeitsblatts, in Zusammenhang mit Abbildung 3.10 und der dort eingefügten Nummerierung.

1. Im Kopfbereich sind die Projekt-Kenndaten zu sehen. (Der Abrechnungszeitraum wird hier nicht mit Kalenderdaten ausgedrückt, sondern ergibt sich aus einem Kürzel wie beispielsweise das in der Abbildung zu sehende *BA-01*.) Die hellgelbe Eingabezelle für das Datum ist mit einer *Datenüberprüfung* und einer *bedingten Formatierung* ausgestattet. Wenn die Zelle leer ist, zeigt sie eine Warnfarbe, die auch unten in der letzten Textzeile des Dokuments übernommen wird. Es sind nur Datumsangaben zwischen dem 01.01.2009 und dem 01.01.2013 zulässig. Die hier gewollte Arbeitsweise ist, dass dieses Formular das Datum seiner Ausfertigung bzw. seiner letzten Bearbeitung zeigen und damit gedruckt werden soll. (Nicht zuletzt deswegen hat die Zelle den Namen *rF1.TageHeute*.) Somit ist es hier natürlich das häufigste und einfachste Verfahren, das aktuelle Systemdatum mit `Strg`+`.` einzutragen. Eine Verwendung von =HEUTE() an dieser Stelle wäre untauglich, weil es Möglichkeiten geben muss, das Dokument zurückdatiert auszufertigen.

2. Die zehn Eingabezellen in der Spalte *P_Code* sind per Gültigkeitsdefinition mit der Liste der Personalnummern im Arbeitsblatt *Listen 1* verbunden (mehr dazu weiter unten). Sie können hier als Eingabe nichts anderes als die vorgegebenen Personalnummern verwenden. Da in der Praxis diese erstens zusammen mit den Namen der Mitarbeiter auf den Stundenzetteln stehen, zweitens in ihren ersten drei Stellen eine fortlaufende Nummer benutzen und drittens die Auswahlliste nach diesen Nummern sortiert vorliegt, sind die Eingaben nicht besonders schwierig. Erst recht nicht deswegen, weil nach dem Markieren einer dieser Zellen die gesamte Personalnummernliste mit Klick auf einen Dropdownpfeil geöffnet wird. Der Benutzer könnte hier zwar eine falsche Nummer auswählen, aber keine ungültige eingeben. Wenn er eine Nummer ausgewählt hat, werden einige der ihr zugeordneten Personaldaten eingelesen: *Name*, *Bereich* und *Satz/LE* (das ist der Preis einer von dieser Person erbrachten Leistungseinheit).

3. Sobald Sie gemäß Schritt 2 einen Mitarbeitereintrag gemacht haben, färbt sich die zeilenspezifische Zelle in Spalte *LE* (Leistungseinheiten) kräftig gelb und zeigt einen Rahmen, weil sie nun eine Eingabe erwartet. Diese kann nur eine Ganzzahl zwischen 1 und 300 sein. Andere Eingaben werden abgewiesen. (Bruchteile von Leistungseinheiten werden in diesem Unternehmen ab- oder aufgerundet.) Wenn Sie in einer Zelle dieser Spalte eine Zahl eintragen, obwohl Sie in der relevanten Spalte *P_Code* noch keine Personalnummer ausgewählt haben, färbt sich die Zelle signalrot, um auf dieses Problem (sollte es denn eines sein) hinzuweisen. Wenn Sie jedoch nachträglich eine Person zuordnen, verschwindet das Rot wieder. Nach Eingabe der Leistungseinheiten werden in der Spalte *Betrag* die entsprechenden Multiplikationen ausgeführt und die Summenzeilen aktualisiert.

4. In Zelle O23 mit dem Namen *rF1.UStProzent* wird der aktuell zu nutzende Umsatzsteuersatz hinterlegt und in die links benachbarte Zeile übernommen – sowohl in der Kalkulation wie auch in der Textbezeichnung.

5. Nach Klick auf die Zelle O27 mit dem Namen *rF1.Frist* öffnet sich eine Liste, aus der Sie eine Frist in Tagen auswählen und somit in die Zelle eingeben können. Sie können in die Zelle auch eine Zahl eingeben, die nicht zur Auswahl angeboten wurde, werden dann jedoch mittels eines Dialogfelds gebeten, eine entsprechende Überprüfung vorzunehmen.

6. Der hier erzeugte Text ist in zweifacher Hinsicht variabel: Er übernimmt den Zahlbetrag und weist ein Datumsziel aus, nämlich den Tag der Ausfertigung in Zelle *rF1.TageHeute* plus die in Schritt 5 ausgewählte Anzahl von Tagen aus der Zelle *rF1.Frist*.

Wie das alles im Detail eingerichtet ist und in seinen Zusammenhängen funktioniert, wird sich weiter unten erschließen, wo ich anbiete, dieses Arbeitsblatt entweder in seinen Einzelheiten zu kontrollieren oder aber, was natürlich sehr viel besser wäre, auf Grundlage einer vorbereiteten »Hülse« nachzubauen.

Einrichtungen und Formeln im Arbeitsblatt *Parameter 1*

Die Einrichtung des Arbeitsblatts *Parameter 1* geht weit über das hinaus, was sich in einem Standard-rS1-Modell in diesem Blatt befindet (bzw. befinden sollte). Das liegt daran, ich habe es schon erwähnt, dass diese Liste auch noch anderen Zwecken dient als den im Beispiel benutzten. Vor allem die Filtermöglichkeiten bleiben hier unberücksichtigt, sind aber durchaus in Zusammenhängen interessant, die bei später in diesem Buch erscheinenden Filtermodellen (Kapitel 7) eine wichtige Rolle spielen.

Es gibt in diesem Arbeitsblatt drei Bereichsnamen (die also das Präfix *rP1* benutzen). Steuern Sie die so benannten Bereiche an, um sich deutlich zu machen, wo sie sich befinden und welchen Umfang sie haben. Wie Sie dabei erkennen, sind die Bereichsnamen sehr auf Zuwachs angelegt – sie erstrecken sich bis Zeile 1.000. Besonders wichtig: Der Name *rP1.Stammdaten* bezieht sich nicht auf den gesamten Listeninhalt, sondern beginnt erst in Spalte P. Ein indirekter Hinweis darauf, dass die Daten dieser Spalte als Suchbegriffe für SVERWEIS-Formeln benutzt werden, die ja (leider) auf eine Durchsuchung der ersten Spalte einer Matrix angewiesen sind.

Damit dann zu einigen Erläuterungen. Im Zusammenhang mit Abbildung 3.11 und der dort eingefügten Nummerierung:

Abbildung 3.11 Eine filterbare Stammdatenliste mit Konstanten und Formeln

1. Zu den Spalten mit den Überschriften *LNr*, *Name*, *Vorname*, *Titel* und *wm* gibt es nichts Besonderes zu berichten. Von Bedeutung ist lediglich, dass Sie nach aller Möglichkeit immer darauf achten sollten, jedem Datentyp eine eigene Spalte zu gönnen. Es wäre hier für manche Verarbeitungszwecke – einige davon lernen Sie gleich kennen – äußerst ungünstig, wenn z. B. Vorname und Nachname in einer einzigen Zelle stünden oder ein Titel beim Nachnamen.

2. Die Personalnummern haben erfreulicherweise eine vollkommen einheitliche Syntax: dreistellige Führungsnummer (fortlaufend, hier aber nicht danach sortiert) – Trennzeichen – vierstellige Zwischennummer – Trennzeichen – zweistellige Endnummer. Genau so also, wie es für die Arbeit in Excel Sicherheit und Eindeutigkeit schafft, damit also Fehler vermeiden hilft.

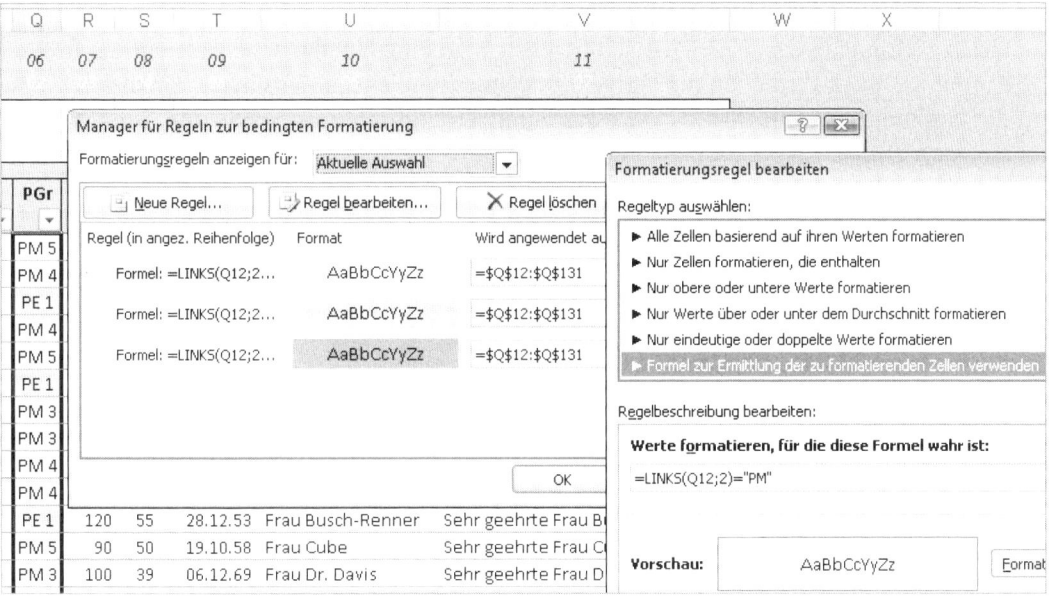

Abbildung 3.12 Die bedingten Formate signalisieren die Gruppenzugehörigkeit der Personen

3. In der Spalte *PGr* wird die Gruppenzugehörigkeit der Mitarbeiter ausgewiesen. Es gibt im Unternehmen drei Bereiche mit insgesamt fünf Gruppen: *PE 1* für die Projektentwicklung, *PP 2* für die Projektplanung und *PM 3* bis *PM 5* für das Projektmanagement. Die Gruppenzugehörigkeit ist mit einer bedingten Formatierung gekennzeichnet, die sich jedoch nicht für die numerischen Suffixe interessiert, sondern in ihren Formeln lediglich die ersten beiden Zeichen des Listeneintrags abfragt (vgl. Abbildung 3.12).

4. In der Spalte *€/LE* sind die personenspezifisch bestimmten Tarife in Euro pro Leistungseinheit als Konstanten zu finden.

5. In der Spalte *Alter* wird mit Formeln der Art =DATEDIF($T12;HEUTE();"y") das aktuelle Lebensalter der Person errechnet. Das Ergebnis ändert sich am Geburtstag. Die Geburtsdaten der Mitarbeiter sind rechts benachbart im Format TT.MM.JJ aufgelistet.

6. In der Spalte *Name (wm)* wird mit Formeln eine geschlechtsspezifische Nachnamenbezeichnung generiert. Die Formel dazu, beispielhaft aus Zeile 12:

> =WENN($O12="w";"Frau";"Herr")&WENN(ISTLEER($N12);"";" "&$N12)&" "&$L12

Als Anweisung in Kurzform: »Auf Basis des Eintrags in Spalte O schreibe *Frau* oder *Herr*, wenn in Spalte N nichts vorhanden (kein Titel), dann leerer Text, ansonsten Leerzeichen und dann Inhalt aus Spalte N. Das Ganze abschließend gefolgt von einem Leerzeichen und dann dem Nachnamen aus Spalte L.«

7. Das unter 6 genannte Formelergebnis wird in der Spalte *Anrede* aufgenommen und zum Bestandteil einer formalen Anrede: =WENN($O12="w";"Sehr geehrte ";"Sehr geehrter ")&$U12.

8. Im Kopfbereich des Blattes sind mehrere Formeln vorhanden, die einige Informationen der Liste zusammenfassen. Zur Übersicht nachstehend eine tabellarische Aufstellung. Besondere Aufmerksamkeit verdienen die Verwendung eines Bereichsnamens in der Formel der Zelle L7, die Nutzung von ZÄHLENWENN und die benutzerdefinierten Formate mit ihren Textergänzungen. (Das Zeichen Ø ist das ANSI-Zeichen 216 der Standardschriftarten.)

Zelle	Formel	Format	Zweck
L7	=ANZAHL2(rP1.NamenListe)	#.##0" Einträge"	Zählung Mitarbeiter gesamt
N7	=ANZAHL2(N$12:N$1000)	Standard	Zählung Mitarbeiter mit Titel
O7	=ZÄHLENWENN(O$12:O$1000;"w")	0" w"	Zählung Mitarbeiter weiblich
O8	=ZÄHLENWENN(O$12:O$1000;"m")	0" m"	Zählung Mitarbeiter männlich
R7	=MITTELWERT(R$12:R$1000)	"Ø "0	Durchschnittswert €/LE
S7	=MITTELWERT(S$12:S$1000)	"Ø "0,0	Durchschnittsalter Mitarbeiter
T7	=HEUTE()	TT.MM.JJ	Systemdatum

Noch zwei Hinweise, die im Zusammenhang mit der Konstruktion dieses Modells bedeutsam sind:

- Die unterschiedlichen Nummerierungen in den Hilfszeilen 3 und 4 haben folgenden Sinn: Die Reihe in Zeile 3 nummeriert die gesamten Inhalte der Liste nach Spalten. Sie beginnt mit 0, weil die laufende Nummer der Liste nicht zu den Inhalten gehört – wobei hier mit »Inhalten« jene Daten bezeichnet sind, die an anderer Stelle benötigt und deswegen von hier ermittelt werden. Die Reihe in Zeile 4 bezeichnet die Spaltennummern jener Matrix, die den Namen *rP1.Stammdaten* hat und von den SVERWEIS-Formeln des Blattes *Focus 1* angesprochen wird.

- Die Nachnamen von Mitarbeitern sollten generell niemals als Suchbegriff benutzt werden, weil es dabei Doppel geben kann (und hier auch gibt). Die benutzten Personalnummern hingegen sind ein-eindeutig und deswegen perfekte Suchbegriffe. Sie zeigen mit ihren ersten drei Stellen fortlaufende Nummern und wären deshalb auch für den schnellen Zugriff durch den Benutzer geeignet. Da die Liste aber nicht nach diesen Nummern geordnet ist, sondern alphabetisch nach Nachnamen (was hier auch aus bestimmten Gründen so bleiben soll), ist eine andere Zugriffsmethodik zu wählen, die gleich vorgestellt wird.

Einrichtungen im Arbeitsblatt *Listen 1*

Die Inhalte des Arbeitsblatts *Listen 1* unterstützen die Funktionalität des Modells. Im Zusammenhang mit Abbildung 3.13:

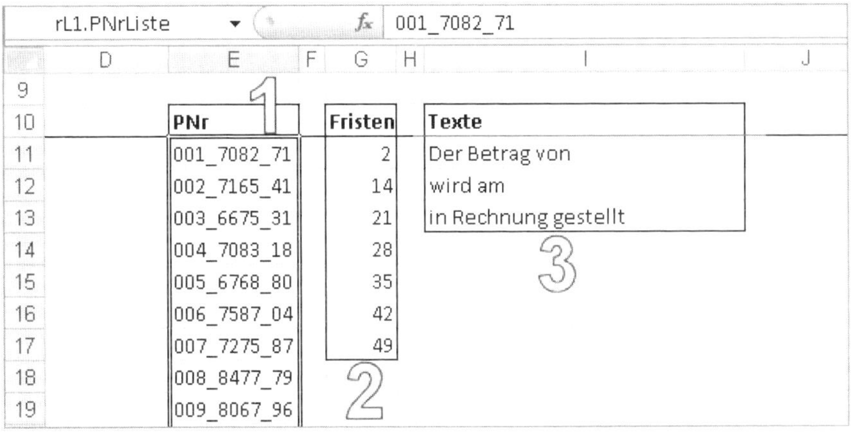

Abbildung 3.13 Diese Inhalte bringen Ordnung und Arbeitserleichterung in die Lösung

1. In Spalte E sind die Personalnummern in der Reihenfolge ihrer dreistelligen Führungsnummern hinterlegt, also völlig unabhängig von der aktuellen und variablen Sortierung im Nachbarblatt *Parameter 1*. Der Sachbearbeiter braucht, wie Sie bald sehen werden, auf dem Stundenzettel, dessen Daten er in das Formular im Blatt *Focus 1* übernehmen soll, nur die ersten drei Stellen der Personalnummer zu identifizieren, um dann rasch die gewünschte Eingabe machen zu können. Der Bereich E11:E130, ohne die Überschrift also, hat den Namen *rL1.PNrListe*.

2. In Spalte G wurden die zu verwendenden Tagesfristen eingetragen. Diese Liste könnte beliebige andere ganzzahlige Inhalte haben. Die hier jeweils hinterlegte Fassung wird dem Nutzer im Blatt *Focus 1* zur Auswahl angeboten. Der Bereich G11:G17 hat den Namen *rL1.FristenListe*.

3. Nur drei kurze Vorgaben zeigt der Bereich I11:I13 mit dem Namen *rL1.TexteListe*. Dennoch sind diese und ggf. weitere Einträge ähnlicher Art von hohem Nutzen, weil sie als Textbausteine gebraucht werden. Deshalb führt jede hier vollzogene Änderung an der Verwendungsstelle des Textes zu Anpassungen. So etwas ist besonders effizient, wenn derartige Textbausteine Lieferanten für mehrere Verwendungsstellen sind und/oder zudem in verschiedenen Sprachen benötigt werden. Beachten Sie bitte, dass hier die erforderlichen Leerzeichen am Ende der Texte schon enthalten sind, also nicht von der übernehmenden Formel erzeugt werden müssen.

Einrichtungen und Formeln im Arbeitsblatt *Focus 1*

Sie müssen sich jetzt bitte entscheiden: Mitmachen oder zuschauen?

Wenn Sie das Mitmachen wählen – wir sind in einem Seminar; klar also, was ich Ihnen vorschlage –, dann sollten Sie jetzt die Datei *0303_Projektabrechnung_FERTIG* entweder schließen oder aber im Hintergrund bereithalten, um bei Bedarf prüfen zu können, ob Sie die Vorgaben der folgenden Schritt-für-Schritt-Anleitungen richtig umgesetzt haben.

CD-ROM   Bitte öffnen Sie von der CD-ROM aus dem zu Ihrer Excel-Version passenden Ordner die Datei *0304_Projektabrechnung_ÜBUNG* und speichern Sie diese am besten auf Ihrer Festplatte unter einem anderen Namen.

Aspekte der Planung

Wenn Sie ein derartiges Modell in Eigenregie entwickeln, werden Sie erfahren, dass auch eine eher unscheinbar wirkende Lösung nicht »so mal eben nebenher« zu erstellen ist. Schon gar nicht, wenn die Vorgehensweise unkoordiniert und ungeplant ein sollte. Hier allerdings sind die wichtigsten Überlegungen schon erfolgt und die wesentlichen Strukturen des Modells bereits eingerichtet. (Was es bei solchen Vorbereitungen alles zu bedenken und abzuwägen gilt, wird in späteren Kapiteln seine Rolle spielen.)

Die Fragen des »Wer soll das wie in welcher Weise und für welchen Zweck benutzen?« sind bereits geklärt und wurden weiter oben schon beantwortet – entweder direkt oder indirekt. Auch die Basisstrukturen der Arbeitsmappe sind festgelegt und die Arbeitsblätter *Parameter 1* sowie *Listen 1* sind mit all ihren Bestandteilen fertig, entsprechen also den obigen Beschreibungen.

Die in den nächsten Abschnitten folgenden Anleitungen beziehen sich also, mit einer kleinen Ausnahme, ausschließlich auf das Arbeitsblatt *Focus 1*. Dort wurden ebenfalls schon etliche Vorbereitungsaufgaben erledigt. Konzentrieren Sie sich also bei Ihrer Arbeit an diesem Modell ganz auf die funktionalen Aspekte. Auch das allerdings bedarf eines planvollen Ablaufs. Die folgenden Punkte sind als Reihenfolge dargestellt. Sie ist bei diesem Beispiel und den bereits geleisteten Vorarbeiten zu empfehlen, sollte aber nicht als zwingend allgemeingültig betrachtet werden. Je nach Komplexität der Aufgaben kann es vorkommen, dass solche Schritte anders zu reihen sind oder dass sie – teilweise oder alle – ggf. mehrfach zu durchlaufen sind.

Was häufig erst abschließend geschieht, nämlich das Festlegen von Zellformaten, ist hier ebenfalls schon vorhanden. Wenn Sie bei Ihrer Arbeit so vorgehen, wie es in den Schritt-für-Schritt-Anleitungen beschrieben ist, werden alle bereits eingerichteten Formate erhalten bleiben, also nicht durch unnötige Kopier- oder Ausfüllvorgänge verletzt bzw. überschrieben.

Hier nun also eine ratsame, zusammengefasst formulierte Abfolge der Arbeitsschritte:

1. Definieren Sie die noch fehlenden Bereichsnamen, prüfen Sie die Richtigkeit deren Positionen und legen Sie dann eine neue, komplette Liste der Bereichsnamen an. Es ist sehr einfach und komfortabel, Bereichsnamen in Formeln einzufügen. Deswegen sollten diese möglichst komplett und vor allem richtig vorliegen, bevor Sie mit dem Aufbau eines Formelwerks beginnen.

2. Richten Sie die *Datenüberprüfungen* (*Gültigkeit*) ein und testen Sie die Wirkung, indem Sie absichtlich die definierten Gültigkeitskriterien verletzen (so weit das möglich ist).

3. Erzeugen Sie die Formeln und prüfen Sie die Korrektheit der Ergebnisse.

4. Legen Sie *bedingte Formatierungen* fest und testen Sie jede der gewünschten Wirkungen.

5. Richten Sie den Zellschutz und anschließend den Blattschutz ein und testen Sie, ob alle Zellen, die zugänglich und/oder eingabefähig sein sollten, auch entsprechend ausgestattet sind. Führen Sie abschließende Arbeiten aus (für die Sie ggf. den Blattschutz temporär nochmals aufheben müssen).

Genau in dieser Reihenfolge nun soll es an die Arbeit gehen:

Bereichsnamen definieren

Im ersten Arbeitsgang legen Sie die Bereichsnamen fest, die im Arbeitsblatt *Focus 1* das Entwickeln »sprechender Formeln« ermöglichen sollen.

Versuchen Sie, nach Möglichkeit keine Fehler zu machen, weder bei den Zellbezügen der Namen noch bei den Namenstexten. Besonders auch die änderungspflichtigen Textfehler können zur Plage werden. Jedenfalls dann, wenn Sie mit einer früheren Version als Excel 2007 arbeiten. Dann ist die hier geforderte Aufmerksamkeit besonders zweckdienlich, wie Sie aus den Informationen im Kasten entnehmen können.

Die Verwaltung der Bereichsnamen hat in Excel 2007 etliche Veränderungen erfahren. Handhabung und Management scheinen auf den ersten Blick etwas komplizierter geworden zu sein, in der praktischen Anwendung allerdings werden Sie etliche Vorteile entdecken. Die mit dem *Namens-Manager* geschaffene Übersicht ist aussagekräftiger als bisher und die Arbeitsmöglichkeiten sind – teilweise – einfacher und sicherer geworden. Ganz besonders aber begrüße ich die Beseitigung eines seit Jahren bestehenden und auch in der Version 2003 noch vorhandenen Ärgernisses. Am positiven Beispiel der Version 2007: Sie haben sich beim Schreiben eines Bereichsnamens vertan oder eine Konvention missachtet und wollen aus diesem Grund den Namenstext ändern. Sie klicken im *Namens-Manager* auf den betreffenden Eintrag, dann auf die Schaltfläche *Bearbeiten* und führen die Korrektur aus. Danach werden alle Formeln, die den bisherigen Namen benutzt haben, nicht etwa wie bisher mit der Fehlermeldung #BEZUG! versehen, sondern automatisch mit der Neufassung des Namens ausgestattet. Es entfällt also in solchen Fällen die bisweilen sehr mühselige Suche nach Gründen für durch Namensprobleme auftretende Bezugsfehler sowie deren mitunter aufwendige Beseitigung.

Sämtliche Namen dieses Blattes gelten für nur jeweils eine einzige Zelle. Da sie im Blatt *Focus 1* platziert sind, müssen sie nach den Regeln der rS1.Methode mit dem Präfix *rF1* versehen sein. Achten Sie bitte darauf, das Trennzeichen Punkt nicht zu vergessen.

Gehen Sie systematisch vor – entweder nach einem festen Zeilen-Spalten-Muster oder in einer funktional orientierten Reihenfolge. Bei einfachen Modellen wie diesem hier fällt häufig beides zusammen. So auch zu erkennen in der nachstehenden Tabelle, die Ihnen zeigt, für welche Zellen welche Namen festzulegen sind.

Zelle	Name
F8	rF1.TagHeute
L22	rF1.SummeNetto
L23	rF1.UstBetrag
L24	rF1.Zahlbetrag
O23	rF1.UStProzent
O27	rF1.Frist

Prüfen Sie die Richtigkeit Ihrer Zuweisungen, indem Sie die benannten Zellen entweder mithilfe des *Namenfelds* in der *Bearbeitungsleiste* oder mit F5 (*Gehe zu*) ansteuern (vgl. dazu die Informationen im Zusammenhang mit Abbildung 3.9).

TIPP   Es mag sein, dass manchem Leser solche Kontrollen als zu aufwendig oder zu pingelig erscheinen. Ich will dennoch raten, nicht darauf zu verzichten. So immens vorteilhaft das Arbeiten mit Bereichsnamen in vielerlei Hinsicht ist, so immens problematisch kann es sein, Fehler aufzuspüren, die durch falsche Namensbezüge entstanden sind. Deren größte Tücke: Sie fallen in vielen Fällen zunächst gar nicht als Fehler auf, sondern erst dann, wenn jemand merkt, dass Kalkulationsergebnisse nicht stimmen.

Erzeugen Sie abschließend im Arbeitsblatt *Namensliste* eine neue Liste. Gehen Sie dabei grundsätzlich und immer wie folgt vor. Im Zusammenhang mit Abbildung 3.14:

- Wenn noch keine Liste vorhanden ist, markieren Sie eine einzige Zelle und drücken dann die Taste F3. Es erscheint das Dialogfeld *Namen einfügen*. Klicken Sie auf die Schaltfläche *Liste einfügen*, um die zweispaltige Aufstellung zu erzeugen.

- Wenn bereits eine Liste vorhanden ist, entfernen Sie diese vollständig(!) und verfahren dann so, wie vorstehend beschrieben. Also: Nur eine einzige Zelle markieren, dann F3 und weiter. Das zu beachten ist sehr wichtig, weil es bei komplexen Modellen mit zahlreichen Namen häufig vorkommt, dass Sie die Namensliste aktualisieren und deshalb die bestehenden Namen und deren Bezüge ersetzen müssen. Das kann fehlerhaft werden, wenn Sie die Liste in eine mehrzellige Markierung einfügen (nur diese wird dann von Excel gefüllt, die Liste kann also unvollständig sein) oder wenn – Sie haben Namen gelöscht – Ihre neue Liste weniger Namen hat als die vorherige (die überständigen Zeilen bleiben stehen).

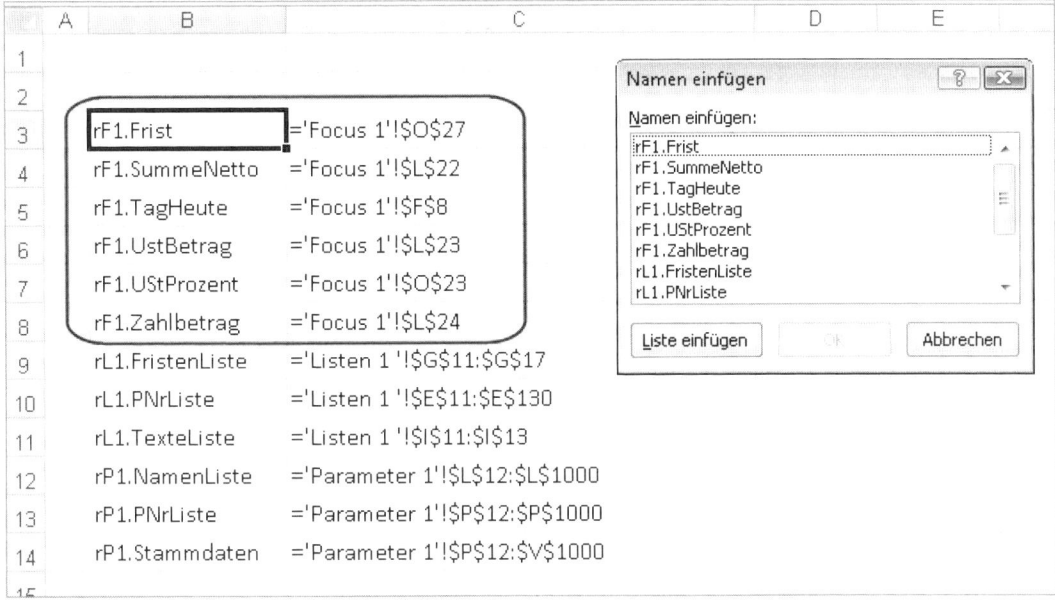

Abbildung 3.14 Erzeugen Sie mit ⌈F3⌉ eine Liste der Bereichsnamen

Ihre Namensliste sollte jetzt der Aufstellung in Abbildung 3.14 entsprechen. Die dort mit einem Rahmen hervorgehobenen Einträge zeigen die neu hinzugekommenen Namen. Durch die Verwendung der Präfixe ist eine sinnvolle und in weiteren Arbeitsgängen ausgesprochen nützliche Ordnung entstanden: Alle Namen, die im Arbeitsblatt *Focus 1* vergeben wurden, stehen beieinander. Um den Unterschied zum konventionellen Vorgehen zu illustrieren, habe ich bei dem mit Abbildung 3.15 vorgestellten Listenpaar auf der rechten Seite eine Vergleichsversion benutzt, in der die Bereichsnamen keine Präfixe und die Arbeitsblätter keine spezifischen Blattnamen haben.

rF1.Frist	–'Focus 1'!$O$27	Frist	='Tabelle1'!$O$27
rF1.SummeNetto	='Focus 1'!$L$22	FristenListe	='Tabelle2'!$G$11:$G$17
rF1.TagHeute	='Focus 1'!$F$8	NamenListe	='Tabelle3'!$L$12:$L$1000
rF1.UstBetrag	='Focus 1'!$L$23	PNrListe	='Tabelle2 '!$E$11:$E$130
rF1.UStProzent	='Focus 1'!$O$23	PNrListe	='Tabelle3'!$P$12:$P$1000
rF1.Zahlbetrag	='Focus 1'!$L$24	Stammdaten	='Tabelle3'!$P$12:$V$1000
rL1.FristenListe	='Listen 1 '!$G$11:$G$17	SummeNetto	='Tabelle1'!$L$22
rL1.PNrListe	='Listen 1 '!$E$11:$E$130	TagHeute	='Tabelle1'!$F$8
rL1.TexteListe	='Listen 1 '!$I$11:$I$13	TexteListe	='Tabelle2 '!$I$11:$I$13
rP1.NamenListe	='Parameter 1'!$L$12:$L$1000	UstBetrag	='Tabelle1'!$L$23
rP1.PNrListe	='Parameter 1'!$P$12:$P$1000	UStProzent	='Tabelle1'!$O$23
rP1.Stammdaten	='Parameter 1'!$P$12:$V$1000	Zahlbetrag	='Tabelle1'!$L$24

Abbildung 3.15 Standardisierte Namen schaffen Ordnung und Übersichtlichkeit

Das also wird schon bei diesem kleinen Modell sehr unübersichtlich – aber stellen Sie sich Arbeitsmappen vor, in denen es 100 oder mehr Namen gibt (was in der Praxis durchaus vorkommt). Die Namensliste hat in diesem Arbeitsblatt zwar nur eine Kontrollfunktion, eine fehlende Namensgruppierung und -sortierung wäre jedoch z. B. dann besonders lästig, wenn Sie, wie weiter unten beschrieben, die Namen direkt in Formeln einfügen wollen.

Datenüberprüfung einrichten

Die Ergebnisse des zweiten Arbeitsgangs werden einen schon recht ansehnlichen Komfort in das kleine Modell bringen:

- Die Eingabe des Datums wird kontrolliert.

- Sie können in jeder Zelle der Spalte *P_Code* eine von 95 Personalnummern per Listenwahl und Mausklick zur Eingabe bestimmen.

- Die Eingabe der Anzahl von Leistungseinheiten (*LE*) wird kontrolliert.

- Sie können aus sieben Vorgaben eine Frist in Tagen auswählen.

Als Erstes soll die Eingabezelle *rF1.TagHeute* (F8) behandelt werden.

1. Markieren Sie die Zelle und öffnen Sie das Dialogfeld zur Definition der *Datenüberprüfung* (*Datengültigkeit* heißt es in Excel 2003).

2. Wählen Sie bei *Zulassen* die Option *Datum*.

3. Wählen Sie bei *Daten* die Option *zwischen*.

4. Geben Sie ein: Als *Anfangsdatum* den *01.01.2009* und als *Enddatum* den *01.01.2013*.

5. Wechseln Sie zur Registerkarte *Fehlermeldung*.

6. Bestimmen Sie *Stopp* als *Typ*. Eine Fehleingabe wird also definitiv verhindert.

7. Tragen Sie bei *Titel* und bei *Fehlermeldung* die Texte ein, die bei Eingabe eines unzulässigen Datums in einem Dialogfeld erscheinen sollen. Vorschlag: *Eingabefehler* als Überschrift und *Nur Kalenderdaten zwischen dem 01.01.2009 und dem 01.01.2013* als Meldung.

8. Testen Sie das Ergebnis, indem Sie in die Zelle etwas anderes als ein Datum oder aber ein Datum außerhalb der definierten Spanne eingeben.

Nun geht es darum, eine ausgesprochen bequeme Eingabe von Personalnummern zu ermöglichen.

Im Zusammenhang mit Abbildung 3.16:

1. Markieren Sie den Bereich F12:F21 und öffnen Sie das Dialogfeld *Datenüberprüfung*.

2. Wählen Sie unter *Zulassen* die Option *Liste*.

3. Setzen Sie den Cursor in die Eingabezelle *Quelle* und drücken Sie die Taste F3 . Es erscheint das Dialogfeld *Namen einfügen* mit der Liste der in dieser Arbeitsmappe definierten Namen. Bestimmen Sie als Bezug den Namen *rL1.PNrListe* (also die numerisch sortierte Liste der Personalnummern im Arbeitsblatt *Listen 1*), der daraufhin mit führenden Gleichheitszeichen als Formel eingetragen wird.

4. Wechseln Sie zur Registerkarte *Fehlermeldung* und bestimmen Sie *Stopp* als *Typ*, um eine Fehleingabe definitiv auszuschließen.

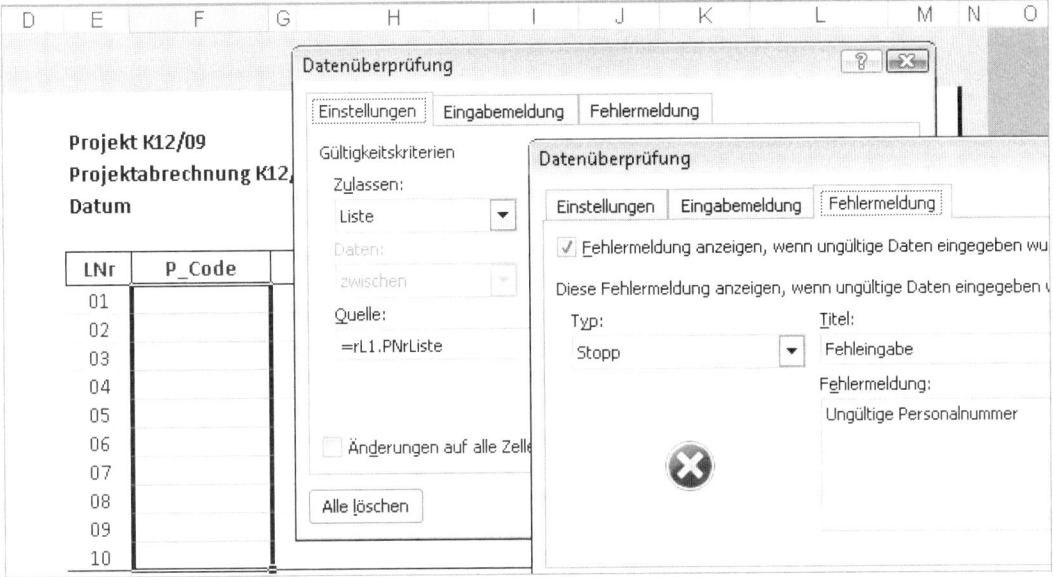

Abbildung 3.16 So wird die Eingabe der Personalnummern zum Kinderspiel

5. Tragen Sie bei *Titel* und bei *Fehlermeldung* die Texte ein, die bei Eingabe einer falschen Personalnummer in einem Dialogfeld erscheinen sollen (Vorschlag in der Abbildung).

Nach Abschluss der Aktion haben Sie bereits den Zustand erreicht, wie er in Zusammenhang
mit Abbildung 3.10 beschrieben wurde: Wenn Sie eine der zehn Zellen markieren, erscheint
neben ihr ein Dropdownpfeil, mit dem Sie die Liste der Personalnummern zur Ansicht bringen.
Ein Klick auf eine dieser Nummern trägt diese in die Zelle ein.

6. Testen Sie die Fehlermeldung, indem Sie z. B. eine beliebige manuelle Eingabe in eine dieser
Zellen tätigen oder indem Sie bei einer richtigen Personalnummer ein Zeichen ändern. Achten Sie darauf, dass Sie tatsächlich alle Zellen des Bereichs F12:F21 so behandelt haben.

HINWEIS Hier ist eine Fehleingabe relativ unwahrscheinlich, weil der Benutzer die Personalnummern aus
einer Listenvorgabe auswählen kann. Theoretisch könnte er die elfstellige Zeichenfolge auch manuell in der Zelle
eingeben – aber warum sollte er?

Eine andere Fehlermöglichkeit ist hier schwerwiegender und als prinzipielle Schwäche des Modells einzuordnen:
Es gibt zwei voneinander unabhängige Personalnummernlisten, eine im Blatt *Parameter 1*, eine anders sortierte
Kopie davon im Blatt *Listen 1*. Wenn nun in *Parameter 1* eine Nummer gelöscht oder geändert wird oder eine
neue Nummer hinzukommt und dies nicht nach *Listen 1* übertragen wird, kann der Benutzer eine nunmehr
falsche Nummer auswählen (die folglich nicht zum Einlesen von Personaldaten führt, sondern den Fehlerwert
#NV als Formelergebnis anzeigt) oder er findet die neue Nummer nicht in seinen Auswahlvorgaben. Es spricht
also einiges dafür, solche Listen mit Formelbezügen dynamisch zu gestalten, damit sich die Datenpflege auf ein
einziges Arbeitsblatt beschränken kann. Diese Variante wird in Kapitel 8 vorgestellt.

In der Spalte *LE* sollen nur Eingaben von Ganzzahlen zwischen 1 und 300 zulässig sein.

1. Markieren Sie den Bereich J12:J21 und öffnen Sie das Dialogfeld zur Definition der *Datenüber-prüfung*.

2. Wählen Sie unter *Zulassen* die Option *Ganze Zahl* und bestimmen Sie *Minimum* und *Maximum*.

3. Wechseln Sie zur Registerkarte *Fehlermeldung* und definieren Sie *Stopp* als *Typ* sowie die Texte *Fehleingabe* und *Nur ganze Zahlen zwischen 1 und 300 sind zulässig* für das bei Fehlern erscheinende Dialogfeld.

4. Prüfen Sie das Ergebnis, indem Sie unzulässige Eingaben machen. Achten Sie darauf, dass Ihre Festlegung tatsächlich alle Zellen des Bereichs J12:J21 betrifft.

In Zelle O27 soll die Auswahl von Fristen in Tagen möglich sein, die als Standardvorgaben hinterlegt sind. Der Benutzer soll jedoch auch andere Werte als die ihm angebotenen verwenden können.

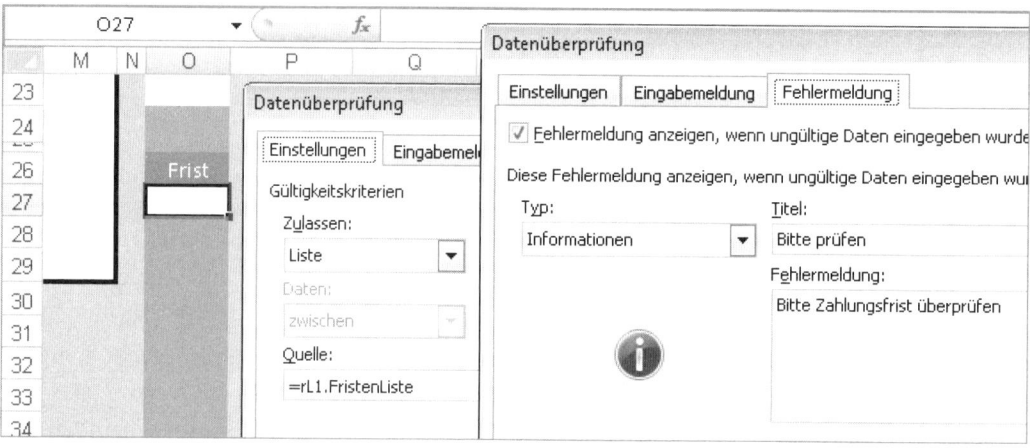

Abbildung 3.17 Nicht ganz so abweisend: Die Fehlermeldung als Information

Im Zusammenhang mit Abbildung 3.17:

1. Markieren Sie die Zelle O27 und öffnen Sie das Dialogfeld zur Definition der *Datenüberprüfung*.

2. Wählen Sie unter *Zulassen* die Option *Liste*, setzen Sie den Cursor in die Eingabezelle *Quelle* und drücken Sie die Taste ⌨F3. Bestimmen Sie als Bezug im Dialogfeld *Namen einfügen* den Namen *rL1.FristenListe* (die Vorgaben aus dem Arbeitsblatt *Listen 1* also), der daraufhin als Formel eingetragen wird.

3. Wechseln Sie zur Registerkarte *Fehlermeldung* und bestimmen Sie *Informationen* als *Typ*. Eine Eingabe, die keiner der Listenvorgaben entspricht, wird also nicht verhindert, sondern das Dialogfelde erscheint in diesem Fall mit der im nächsten Schritt zu definierenden Information.

4. Tragen Sie bei *Titel* und bei *Fehlermeldung* die Texte *Bitte prüfen* und *Bitte Zahlungsfrist überprüfen* ein.

5. Testen Sie das Ergebnis, indem Sie in die Zelle eine Zahl eingeben, die nicht den Vorgaben entspricht.

Die Auswirkungen Ihrer Festlegungen werden erst dann korrekt zu überprüfen sein, wenn Sie den nächsten Arbeitsgang erledigt haben.

Formeln erzeugen und prüfen

Im dritten Arbeitsgang wird das Formular mit seinen Formeln ausgestattet. Wenn Sie noch nicht gewohnt sind, so etwas routiniert abzuarbeiten, gehen Sie bitte langsam und mit großer Sorgfalt vor und versäumen Sie keinesfalls, Ihre Arbeitsergebnisse genau auf Richtigkeit zu kontrollieren.

Die hier benötigten personenspezifischen Daten werden mittels SVERWEIS aus dem Blatt *Parameter 1* ermittelt. Dazu gilt Folgendes (vgl. dazu auch die Spuren in Abbildung 3.18):

- Als Suchkriterium der Formeln kommen die Personalnummern in Spalte F zum Einsatz.

- Die Matrix der Formeln ist der benannte Bereich *rP1.Stammdaten*, in dessen erster Spalte sich die Personalnummern der Mitarbeiter befinden.

- Der Spaltenindex der Formeln wird den numerischen Vorgaben in Zeile 3 des Arbeitsblatts entnommen. Dies ist bei Anwendung der rS1.Methode eine sehr häufige Variante: Zahleneinträge in Hilfsspalten oder Hilfszeilen werden benutzt, um die Spalten- oder Zeilenargumente von Formeln zu steuern. Es genügt also in vielen Fällen, eine solche Zahl zu ändern (ob manuell oder mittels Steuerelement), um einen Formelzugriff anzupassen. In Zelle H3 steht die Zahl 6, in I3 die Zahl 2, in K3 die Zahl 3. Deren Formatierungen mit 00 spielen für die Verwertung in Formeln keine Rolle.

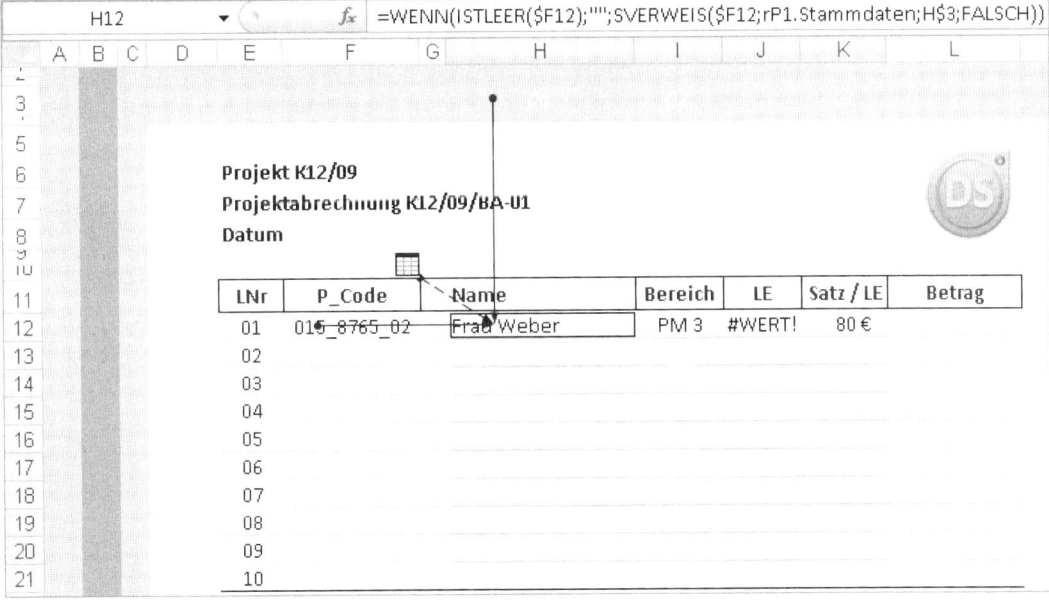

Abbildung 3.18 Die Formeln der Spalten H, I und K werden in einem einzigen Arbeitsgang erstellt

Im Zusammenhang mit Abbildung 3.18:

1. Lesen Sie in Spalte F eine beliebige Personalnummer ein.

2. Markieren Sie den gesamten Bereich H12:K21. Sie werden deshalb Ihre Formeln gleich auch in Spalte J eingeben, wo sie nichts zu suchen haben. Das ist jedoch unerheblich. Die pauschale Markierung macht den Vorgang einfacher, das Zuviel ist im Anschluss schnell beseitigt.

3. Aktive Zelle ist H12. Geben Sie in der Bearbeitungsleiste als ersten Teil der Formel bis zur öffnenden Klammer =WENN(ISTLEER($F12);"";SVERWEIS(ein und drücken Sie dann ⌨Strg⌨+⌨⇧⌨+⌨A⌨, um die Syntax der Funktion SVERWEIS einzulesen.

4. Doppelklicken Sie auf das Argument Suchkriterium, um es zu markieren, klicken Sie auf die Zelle F12, um diese zum Bezug zu machen, und verwandeln Sie ihn sofort danach mit ⌨F4⌨ zum spaltenabsoluten, also zu $F12.

5. Doppelklicken Sie auf das Argument Matrix, um es zu markieren, und drücken Sie ⌨F3⌨. Wählen Sie im Dialogfeld *Namen einfügen* den Bereichsnamen *rP1.Stammdaten*, um diesen zum Bezug zu machen.

6. Doppelklicken Sie auf das Argument Spaltenindex, um es zu markieren, klicken Sie auf die Zelle H3, um diese zum Bezug zu machen, und verwandeln Sie ihn sofort danach mit ⌨F4⌨ zum zeilenabsoluten, also zu H$3.

7. Doppelklicken Sie auf das Argument Bereich_Verweis, um es zu markieren, und überschreiben Sie die Markierung mit dem Wert FALSCH, um Excel anzuweisen, nur auf genaue Übereinstimmungen mit den Suchkriterien zu reagieren.

8. Sie haben nun mit dem SVERWEIS-Teil eine WENN-Formel vollendet, es fehlt jetzt noch deren schließende Klammer (also zwei schließende Klammern am Ende der Formel).

9. Geben Sie die Formel mit ⌨Strg⌨+⌨↵⌨ in den gesamten markierten Bereich H12:K21 ein.

10. In Spalte J mit der Überschrift *LE* werden die Formeln nicht gebraucht. Sie erzeugen hier im Moment den Fehlerwert #WERT!, weil in Zeile 3 dieser Spalte keine Information für den Spaltenindex der SVERWEIS-Formelteile zu finden ist. Markieren Sie die Zellen J12:J21 und entfernen Sie deren Inhalte.

11. Testen Sie die Richtigkeit der Formelzugriffe, indem Sie in der Spalte *P_Code* verschiedene Personalnummern eingeben und dann überprüfen, ob die richtigen Mitarbeiternamen mit ihren richtigen Daten geliefert werden. Nur wenn in Spalte *P_Code* eine Personalnummer zu sehen ist, dürfen in der gleichen Zeile auch Formelergebnisse erscheinen. Zwischen leeren Zellen und Zellen, für die keine Suchvorgaben existieren, besteht also optisch kein Unterschied. Deshalb sollten Sie hier besonders gut darauf achten, ob Sie die Formel tatsächlich in alle relevanten Zellen eingegeben haben.

Stellvertretend für alle die Formel in Zelle H12

```
=WENN(ISTLEER($F12);"";SVERWEIS($F12;rP1.Stammdaten;H$3;FALSCH))
```

als Anweisung: »Wenn die Zelle F12 leer ist, dann erzeuge leeren Text. Ansonsten führe eine SVERWEIS-Formel aus, deren Suchkriterium in Zelle F12 steht, deren Matrix der Bereich *rP1.Stammdaten* ist, deren Spaltenindex als Vorgabe in Zelle H3 steht und bei der auf genaue Übereinstimmungen zu achten ist.«

Damit sind nun die benötigten Stammdaten der Mitarbeiter ermittelbar. Jetzt geht es darum, nach der Eingabe von Leistungseinheiten einen mitarbeiterspezifischen Rechnungsbetrag auszuweisen. Dafür würde eine einfache Multiplikation genügen. Es soll hier jedoch eine zusätzliche Fehlerpufferung eingebaut werden.

Im Zusammenhang mit Abbildung 3.19:

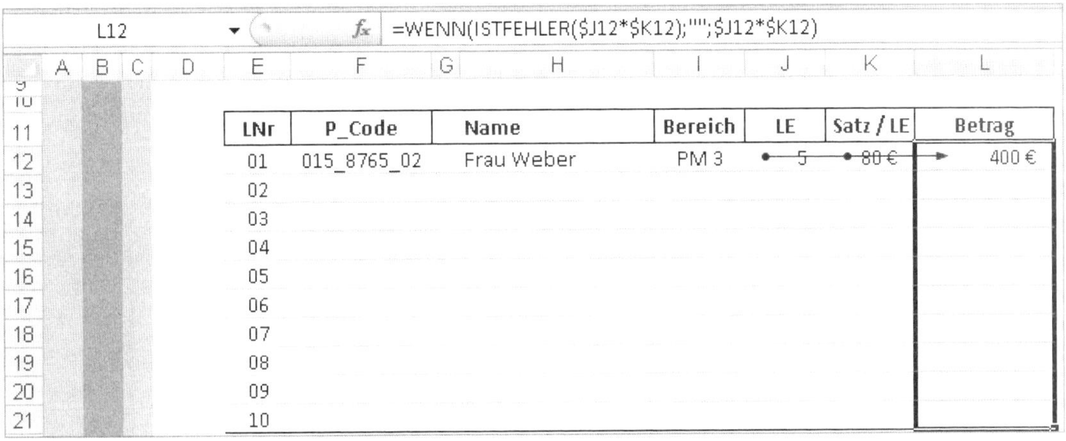

Abbildung 3.19 Eine Formel mit konservativer Fehlerpufferung

1. Wählen Sie einen oder mehrere Mitarbeiter aus und tragen Sie für jeden in der Spalte *LE* beliebige Leistungswerte (zwischen 1 und 300) ein.

2. Markieren Sie die Zellen L12:L21 in der Spalte *Betrag*.

3. Schreiben Sie die Formel =WENN(ISTFEHLER($J12*$K12);"";$J12*$K12) in die aktive Zelle L12 und geben Sie diese Formel dann mit [Strg]+[↵] in den markierten Bereich ein.

4. Prüfen Sie die Richtigkeit der Ergebnisse.

Die Formel als Anweisung: »Wenn die Kalkulation J12 multipliziert mit K12 einen (beliebigen) Fehler ergibt, dann erzeuge leeren Text, ansonsten multipliziere J12 mit K12.«

Die Fehlerpufferung ist in diesem Fall redundant und obendrein ist sie konservativ.

- Redundant ist sie, weil der Kalkulation eine bereits eingerichtete *Gültigkeitsprüfung* in Spalte J vorgeschaltet ist. Ich benutze sie hier trotzdem, eher prophylaktisch, weil es später eventuell Gründe geben könnte, eine so eng gefasste *Gültigkeitsprüfung* aufzuheben oder offener zu gestalten.

- Konservativ ist sie, weil sie den Ansprüchen der Versionen bis Excel 2003 genügen soll, wo zunächst eine Art »Vorkalkulation« notwendig wird, die dann, bei zu erwartender Fehlerfreiheit, wiederholt und somit tatsächlich mit ihrem dann sichtbaren Ergebnis durchgeführt wird. Diese Dopplung ist im Beispielfall kein Problem und auch kein besonderer Aufwand, in sehr großen und komplizierten Formeln allerdings kann so etwas sehr lästig sein. Sehr viel einfacher und eleganter ist das ab Excel 2007 gelöst, wie Sie dem nachstehenden Vergleich entnehmen können.

| Excel 2003 | =WENN(ISTFEHLER($J12*$K12);"";$J12*$K12) |
| Excel 2007 | =WENNFEHLER($J12*$K12;"") |

Die Formeln im Bereich der Zeilen 22 bis 24 sind weniger anspruchsvoll und rasch zu erstellen.

Im Zusammenhang mit Abbildung 3.20:

1. Füllen Sie einige oder alle Eingabezeilen mit Mitarbeiterdaten.

2. Geben Sie in die Zelle O23 mit dem Namen *rF1.UStProzent* die Zahl 19 bzw. einen anderen, gültigen Umsatzsteuerwert ein. Es wird hier eine absolute Zahl im Standardformat benutzt.

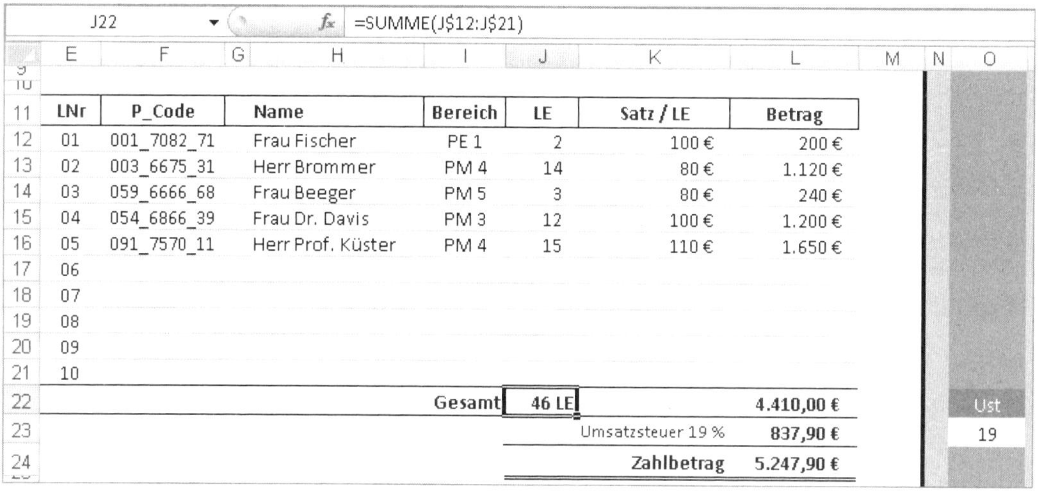

Abbildung 3.20 Die abschließenden Formeln sind rasch erstellt

3. Geben Sie die Formeln ein, die in der nachstehenden Tabelle aufgelistet sind. Denken Sie daran, dass Sie bei der Verwendung von Bereichsnamen als Bezug sehr bequem, wie oben schon praktiziert, mit der Taste [F3], also mit dem Dialogfeld *Namen einfügen* arbeiten können.

4. Weisen Sie den Zellen die in der Tabelle angegebenen, benutzerdefinierten Formate zu.

Zelle	Name	Formel	Format
J22	ohne	=SUMME(J$12:J$21)	#.##0" LE"
L22	ohne	=SUMME(L$12:L$21)	#.##0,00 €" "
K23	ohne	="Umsatzsteuer "&rF1.UStProzent&" %"	Standard
L23	*rF1.UstBetrag*	=rF1.SummeNetto*rF1.UStProzent%	#.##0,00 €" "
L24	*rF1.Zahlbetrag*	=rF1.SummeNetto+rF1.UstBetrag	#.##0,00 €" "

Als beachtenswerte Besonderheiten:

- Die Textformel in K23 übernimmt den Absolutwert aus O23 und fügt ihm, nach einem Leerzeichen, ein Prozentzeichen an (gemäß Regel aus DIN 5008 – Leerzeichen vor Prozentzeichen).

- Die Formel in L23 übernimmt den Absolutwert aus O23. Das ihm in der Formel folgende Prozentzeichen ist eine Rechenanweisung. Sie führt die Division durch 100 aus und sorgt damit für das korrekte Ergebnis.

- Die Formate in L22:L24 enden mit zwei Leerzeichen, um den Zellinhalt vom rechten Rand abzurücken. Die Leerzeichen stehen in Anführungszeichen, damit im Dialogfeld der Zahlenformatierung in der Auflistung der benutzerdefinierten Formate erkennbar ist, dass sich hier Leerzeichen befinden.

Was jetzt noch bleibt, ist die Anfertigung der rechtsbündig ausgerichteten, dreiteiligen Textformel in Zelle L27. Sie sieht komplizierter aus, als sie ist. Zunächst sollten Sie drei Vorbereitungsschritte erledigen, damit das Formelergebnis deutlich und besser verständlich wird.

Im Zusammenhang mit Abbildung 3.21:

1. Geben Sie in die Zelle *rF1.TagHeute* (F8) mit $\boxed{\text{Strg}}$+$\boxed{\text{.}}$ das Systemdatum ein.
2. Tragen Sie einige Mitarbeiter und deren Leistungseinheiten ein.
3. Wählen Sie in der Zelle *rF1.Frist* (O27) aus den Listenvorgaben eine Frist in Tagen aus.
4. Schreiben Sie unter Verwendung der jetzt schon mehrfach beschriebenen Techniken den ersten Teil der Formel und schließen Sie mit $\boxed{\leftarrow}$ ab, um das Ergebnis zu beurteilen.

```
=INDEX(rL1.TexteListe;1;1)&TEXT(rF1.Zahlbetrag;"#.##0,00 ""Euro """)
```

5. Kopieren Sie diese Formel in die Zwischenablage, setzen Sie den Cursor hinter die Formel, fügen Sie den Textoperator & an und dann den Inhalt der Zwischenablage ein.
6. Ändern Sie im jetzt eingefügten zweiten INDEX-Teil der Formel:
   - den Zeilenbezug bei INDEX von 1 auf 2,
   - den Bezug bei TEXT auf rF1.TagHeute+rF1.Frist ($\boxed{\text{F3}}$ nicht vergessen)
   - das Format bei TEXT auf "TT.MM.JJ "
   und schließen Sie mit $\boxed{\leftarrow}$ ab. Bis dahin sollte es so aussehen:

```
=INDEX(rL1.TexteListe;1;1)&TEXT(rF1.Zahlbetrag;"#.##0,00 ""Euro """)
&INDEX(rL1.TexteListe;2;1)&TEXT(rF1.TagHeute+rF1.Frist;"TT.MM.JJ ")
```

7. Kopieren Sie den Formelteil &INDEX(rL1.TexteListe;2;1) in die Zwischenablage, setzen Sie den Cursor hinter die Formel und fügen Sie den Inhalt der Zwischenablage ein.
8. Ändern Sie im eingefügten und letzten Teil der Formel den Zeilenbezug bei INDEX von 2 auf 3.

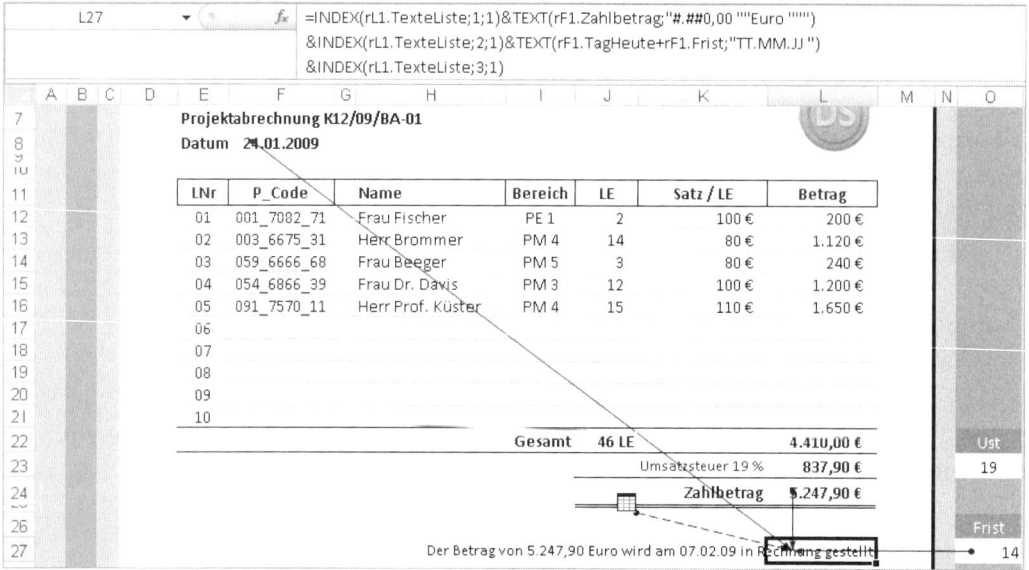

Abbildung 3.21 Diese Formel erzeugt einen Text, der mehrere Vorgaben berücksichtigt

Die gesamte Formel sieht jetzt so aus:

```
=INDEX(rL1.TexteListe;1;1)&TEXT(rF1.Zahlbetrag;"#.##0,00 ""Euro """)
&INDEX(rL1.TexteListe;2;1)&TEXT(rF1.TagHeute+rF1.Frist;"TT.MM.JJ ")
&INDEX(rL1.TexteListe;3;1)
```

Als Anweisung: »Entnehme dem Bereich *rL1.TexteListe* den Inhalt der ersten Zeile und der ersten (einzigen) Spalte. Füge dann den Inhalt der Zelle *rF1.Zahlbetrag* an und formatiere ihn mit dem Zahlenformat #.##0,00 "Euro ". Füge dann den Inhalt der zweiten Zeile des Bereichs *rL1.Texte-Liste* an. Füge dann die Addition aus den Zellen *rF1.TagHeute* und *rF1.Frist* an und formatiere mit dem angegebenen Datumsformat (beachten Sie, dass hier das letzte Zeichen im Format ein Leerzeichen ist). Füge dann den Inhalt der dritten Zeile des Bereichs *rL1.TexteListe* an.«

Es kann bei dieser Formelentwicklung zu einigen Ungenauigkeiten kommen und deshalb sein, dass in Ihrem Ergebnis vielleicht das eine oder andere Leerzeichen zu viel oder zu wenig erscheint. Das lässt sich leicht korrigieren, indem Sie entweder in der dreizeiligen Textquelle *rL1.TexteListe* Leerzeichen setzen bzw. entfernen oder die Formatangaben in der Formel abändern.

Testen Sie abschließend die Formel auch in der Weise, dass Sie in der Textquelle *rL1.TexteListe* andere Formulierungen eingeben, um deren Übernahme in das Formelergebnis zu beurteilen.

Bedingte Formatierungen festlegen

Mit den Ergebnissen des vierten Arbeitsgangs soll die Aufmerksamkeit des Nutzers gefördert werden. Zu diesem Zweck werden unter Verwendung *bedingter Formatierungen* Farbsignale gesetzt, die wieder verschwinden, wenn die erwarteten oder geforderten Aktionen durchgeführt wurden.

Im Zusammenhang mit Abbildung 3.22: In der Zelle *rF1.TagHeute* haben Sie mit der *Gültigkeits-prüfung* bereits definiert, dass nur ein Datum und dieses wiederum nur in der Spanne *01.01.2009* bis *01.01.2013* akzeptiert wird. Zusätzlich soll jetzt eine Warnfarbe erscheinen, wenn diese Zelle leer ist. Da ein Datumseintrag erzwungen wird und dieser für Excel nur eine serielle Zahl sein kann, genügt es zu überprüfen, ob der Zellwert 0 (null) ist (eine leere Zelle hat in Excel den Wert 0). Verwenden Sie zur Formatierung eine stark auffallende Farbe.

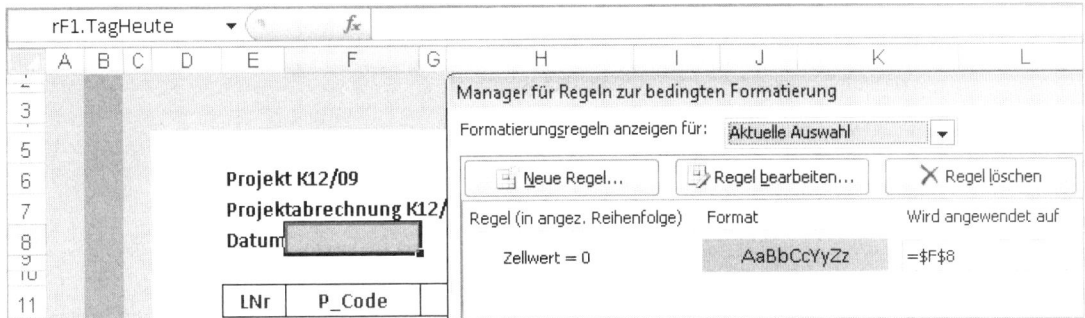

Abbildung 3.22 Wenn die Zelle leer ist, zeigt sie ihre Warnfarbe

Testen Sie das Ergebnis, indem Sie den Inhalt der Zelle entfernen und dann wieder ein Datum eingeben.

Das nächste solcher Formate ist in Zeile 27 einzurichten. Wenn oben kein Datum eingegeben ist oder das Datum in der Zukunft liegt, soll die unten im Formular befindliche und per Formel variabel erzeugte Textzeile mit der Zahlbetrags- und Fristenangabe in einer Warnfarbe erscheinen.

Im Zusammenhang mit Abbildung 3.23:

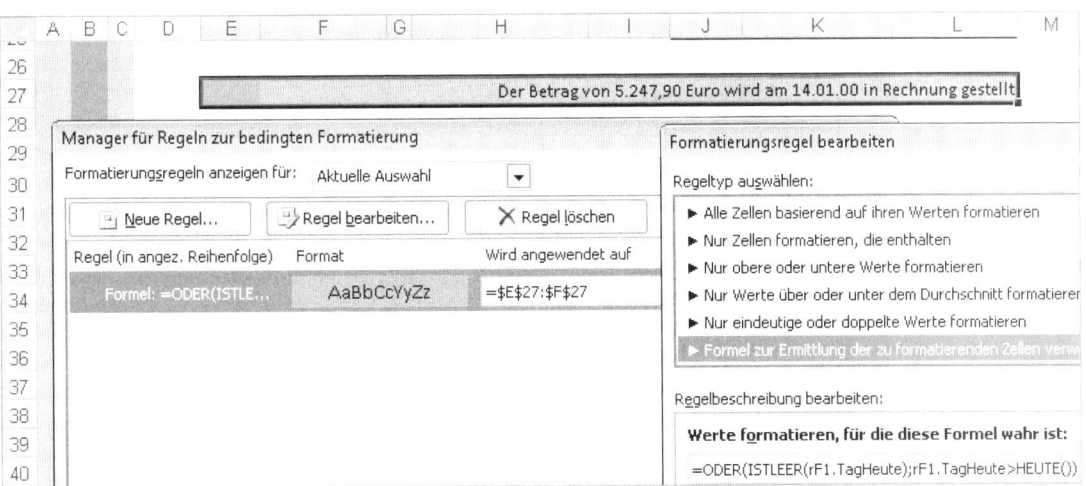

Abbildung 3.23 Auch in Zeile 27 sind datumsrelevante Signale vorgesehen

Die Formel =ODER(ISTLEER(rF1.TagHeute);rF1.TagHeute>HEUTE()) als Regel der bedingten Formatierung für den Bereich E27:L27 löst die Aufgabe. Die Information an Excel: »Ich behaupte, dass aktuell die Zelle mit dem Namen *rF1.TagHeute* leer ist *oder* dass der Zahlenwert des dort befindlichen Datums größer ist als der Zahlenwert des Systemdatums.« Wenn eines davon also WAHR ist, reagiert Excel mit der Umfärbung.

Testen Sie bitte beide Varianten: Zelle *rF1.TagHeute* entleeren bzw. dort ein in der Zukunft liegendes Datum eingeben.

HINWEIS Hier wurde als Alternative zum zuvor eingerichteten Format, das keine Formelregel benötigte, mit der Prüffunktion ISTLEER gearbeitet.

Zusammenfassend am Beispiel:

Die Zelle A1 ist leer.

- Die Formel =A1 liefert das Ergebnis 0.
- Die Formel =ISTLEER(A1) liefert das Ergebnis WAHR.
- Die Formel =NICHT(ISTLEER(A1)) kehrt das Ganze um und liefert das Ergebnis FALSCH.

Jetzt fehlen noch die Farbinformationen in der Spalte J (*LE*). Die zweiteilige Aufgabe:

- Der Anwender hat in einer noch leeren Zeile des Formulars eine Personalnummer ausgewählt. Dann soll sich die zugehörige Zelle in der mit *LE* beschrifteten Spalte kräftig gelb färben und einen Rahmen erhalten. Das Signal: Hier wird jetzt eine Eingabe erwartet.

- Der Anwender hat in der Spalte *LE* eine Zahl eingegeben, obwohl er für die entsprechende Zeile noch keine Personalnummer ausgewählt hat. Dann soll sich die betreffende Zelle mit einem kräftigen Rot färben. Das Signal: Hier ist ein Wert vorhanden, der noch keiner Person zugeordnet ist.

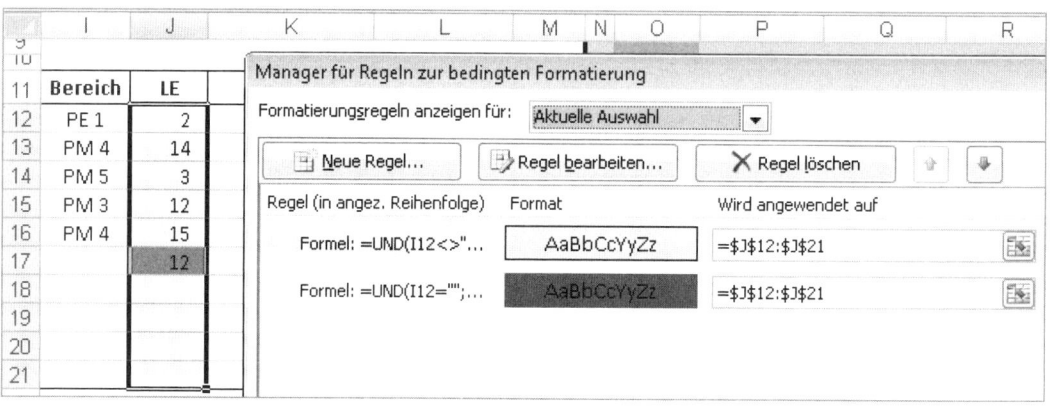

Abbildung 3.24 Zwei bedingte Formate bei der Eingabe von Leistungseinheiten

Folgendes ist für den Zellbereich J12:J21 einzurichten (vgl. Abbildung 3.24):

Die Formel =UND(I12<>"";ISTLEER(J12)) sowie als Format die Farbe Gelb und ein schwarzer Rahmen definieren die Eingabeaufforderung. Die Formelinformation an Excel: »Ich behaupte, dass aktuell die Zelle I12 keinen leeren Text enthält *und* dass die Zelle J12 leer ist.« Wenn also beides zutrifft, ist das Ergebnis der Formel WAHR und das Format wird erzeugt.

Die Formel =UND(I12="";NICHT(ISTLEER(J12))) sowie als Format die Farbe Rot definieren das Signal zur noch fehlenden Mitarbeitereingabe. Die Formelinformation an Excel: »Ich behaupte, dass aktuell die Zelle I12 leeren Text enthält *und* dass die Zelle J12 nicht leer ist.«

Testen Sie beide Varianten und achten Sie wieder darauf, dass sie für alle Zellen des Bereichs J12:J21 festgelegt sind.

Zell- und Blattschutz anpassen, Schlussarbeiten

Im fünften und letzten Arbeitsgang wird der Inhalt des Arbeitsblatts gegen versehentliche Eingaben oder Veränderungen in nicht dafür vorgesehenen Zellen geschützt.

1. Wählen Sie per Mehrfachmarkierung alle hellgelb gefärbten Eingabezellen des Formulars und die beiden ebenfalls gelben Zellen in Spalte O aus.
2. Heben Sie für diese Zellen im Dialogfeld *Zellen formatieren*, Registerkarte *Schutz*, die Option *Gesperrt* auf.
3. Richten Sie für das Arbeitsblatt den Blattschutz so ein, wie es in Abbildung 3.25 gezeigt ist: Nur die nicht gesperrten Zellen dürfen ausgewählt werden.

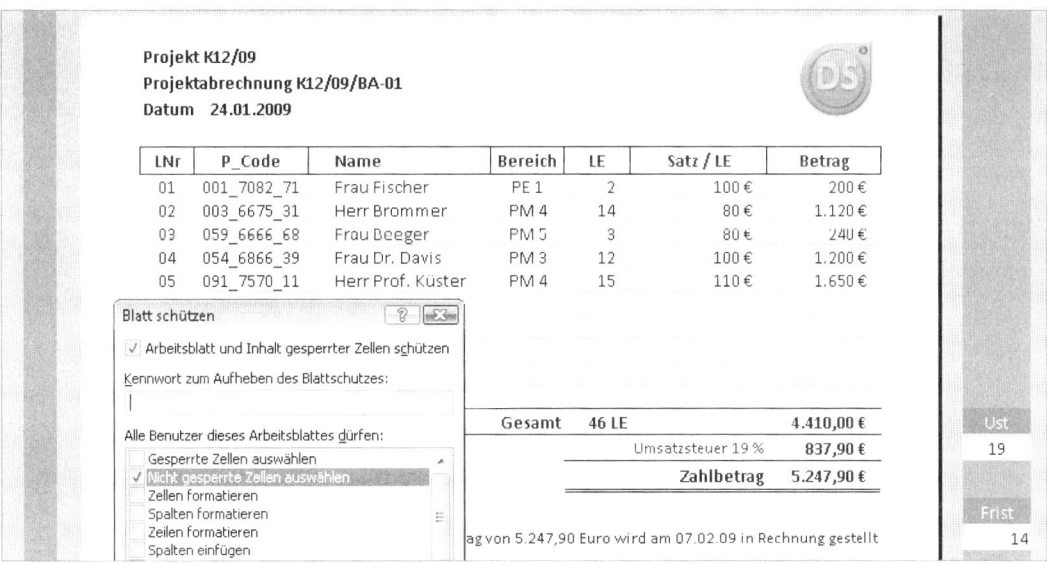

Abbildung 3.25 Bei dieser Einstellung sind nur noch die Eingabezellen zugänglich

Das jetzt erforderliche Prüfen dieser Einrichtungen demonstriert gleichzeitig auch ein sinnvolles Vorgehen in diesem Formular bei Verwendung der Tastatur. Sie springen mit der Taste ⇆ von Eingabezelle zu Eingabezelle. Dies in einer Reihenfolge, die der Logik des Ausfüllvorgangs entspricht.

Wer auf die Maus verzichten will, kann das Formular bequem per Tastatur ausfüllen:

- ⇆ wechselt die Zelle und bestätigt dabei die Eingaben.
- ⇆ gedrückt lässt Sie durch die Eingabezellen wandern.
- Alt + ↓ öffnet in markierten Zellen mit entsprechenden Ausstattungen die Dropdownlisten mit den Vorgaben der *Datenüberprüfung*.
- Mit Esc schließen Sie diese Dropdownlisten.
- Mit den Pfeiltasten wählen Sie Einträge in den Dropdownlisten.
- Mit ↵ tragen Sie Ihre Listenauswahl in die Zelle ein.

Wie funktioniert das?

In Präsenzseminaren lerne ich immer wieder neben vielen anderen netten Menschen auch solche kennen, die sich gerne als »Tüftler« bezeichnen lassen und die Freude daran haben, irgendwelchen kleinen oder auch größeren Excel-Rätseln auf die Spur zu kommen. Da es unter den Lesern ganz sicher auch einige solcher Tüftler gibt, will ich an verschiedenen Stellen dieses Buches einige Spielereien vorstellen und Ihnen anbieten, selbst zu entdecken, was dahintersteckt und wie es funktioniert.

Wenn Sie es als Herausforderung verstehen wollen: Versuchen Sie zunächst, eine Theorie zu entwickeln. Wie *könnte* es funktionieren. Erst dann sollten Sie den Blattschutz aufheben und auf Spurensuche gehen. Wenn Sie dabei etwas entdecken sollten, zu dem Sie sagen: »Blödsinn, das hätte ich ganz anders und viel einfacher gemacht« – Prima!

Hier also, wenn Sie Lust haben, die erste Tüftleraufgabe:

CD-ROM   Bitte öffnen Sie von der CD-ROM aus dem zu Ihrer Excel-Version passenden Ordner die Datei *0305_Pause*.

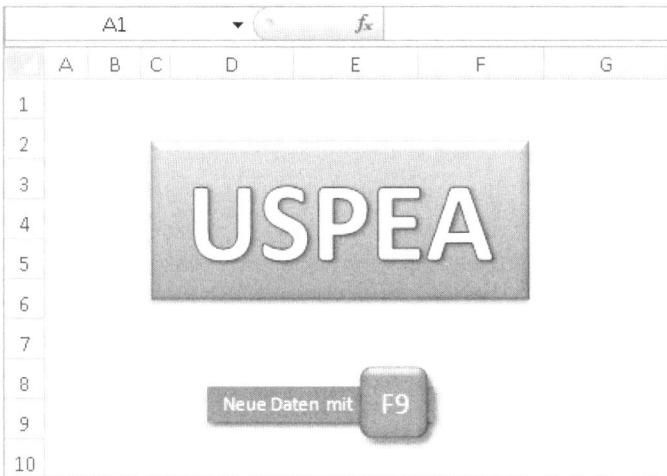

Abbildung 3.26 Übrigens ist mal wieder eine EPUSA fällig

Sie sehen in dem ohne Kennwort geschützten Arbeitsblatt ein *WordArt*-Element, in dem sich beim Drücken von F9 jedes Mal eine andere Buchstabenfolge des Wortes *PAUSE* entwickelt.

Natürlich könnten Sie mit Excel auch ausrechnen, wie hoch die Wahrscheinlichkeit ist, dass beim Drücken von F9 das Wort *PAUSE* in der richtigen Buchstabenfolge erscheint.

Natürlich könnten Sie jetzt aber auch Pause machen.

Sie müssen das anders sehen

Nun ja – müssen müssen Sie nicht unbedingt, aber können können, das sollten Sie schon. Denn eine bestimmte Sichtweise auf beliebige Daten ist ja niemals die einzig mögliche, sondern eben nur eine bestimmte, also eine von *vielen* möglichen. Das betrifft inhaltliche Betrachtungen, analytische Bewertungen und vor allem grafische Visualisierungen. In welcher Form soll ich über die Daten berichten, in welcher Weise soll ich sie zeigen? Ein weites, ein sehr weites Feld. Und hierzulande auch weiterhin ein mehr schlecht als recht bestelltes. Schade, denn gerade in Excel schlummern zahlreiche, von vielen Anwendern noch kaum entdeckte Möglichkeiten zur Herstellung hoch dynamischer und vielfältig gestaltbarer Visualisierungslösungen – im Einführungskapitel habe ich schon davon gesprochen. Dort haben Sie auch Hinweise auf einige andere meiner Bücher gefunden, die sich sehr ausführlich und tief gehend mit diesem Thema beschäftigen. Hier, in diesem relativ kurzen Seminar, ist dafür nur wenig Raum. Der soll vorwiegend genutzt werden, um exemplarisch deutlich zu machen, welche Sichtweisen existieren können und wie deren Bedürfnissen mit Excel-Lösungen zu entsprechen ist. »Sie müssen das anders sehen« heißt die Überschrift. Das will hier auch heißen: Nicht der eigene und übliche, sondern der tatsächliche, der mögliche und der gewünschte Blickwinkel der Zielgruppe Ihrer Arbeiten bestimmt, wie eine Excel-Lösung zur Visualisierung von Daten auszusehen und zu funktionieren hat.

Varianten der visuellen Information

Bevor es wieder zur praktischen Arbeit geht, eine kurze Zusammenstellung jener Darstellungsvarianten, deren unterschiedliche Anforderungen Einfluss auf die Konstruktion Ihrer Excel-Modelle nehmen. In der Reihenfolge des technischen Anspruchsniveaus:

- Visuelle Selbstinformation und interne (innerbetriebliche) Information von Mitarbeitern mit guten Excel-Kenntnissen
- Publikationslösungen
- Präsentationslösungen für interne und externe Zwecke, bei denen Sie selbst Präsentator sind
- Präsentationslösungen zur Nutzung durch andere Präsentatoren
- Präsentationslösungen zur Nutzung durch Excel-Laien oder durch Ihnen unbekannte Personen

Als Präsentationslösung bezeichne ich in diesem Zusammenhang jedes Modell, das geeignet ist, verschiedene Sichten auf Daten herzustellen. Dazu zählt alles zwischen multivariablen und grafisch aufwendigen Diagrammen und einfachen, adressatenorientierten Berichten, die durch Anwenderaktionen ihre Inhalte wechseln.

Wenn es »nur« um die visuelle Selbstinformation oder die innerbetriebliche Information von Mitarbeitern mit guten Excel-Kenntnissen geht, sind keine allzu hohen Anforderungen an die Gestaltungsart Ihrer Lösungen zu richten. Wenn entsprechend organisierte Datenquellen vorhanden sind, genügt häufig der Einsatz des Pivot-Systems (das in diesem Buch keine Rolle spielt), um zahlreiche und vielfältige Ansprüche zu befriedigen. In allen anderen Fällen aber ist mehr verlangt – und das in gleich mehrfacher Hinsicht. Konzeptionelle und benutzerorientierte

Überlegungen sind hier nicht nur wichtig, sondern die zentrale Bestimmungskraft für den Erfolg Ihrer Arbeit.

Dabei sind mehrere hohe Ansprüche gleichermaßen gut und integriert zu erfüllen – die Ausrichtung am eigenen Ziel (was will ich erreichen) und an den vorhandenen bzw. noch zu weckenden Bedürfnissen der Adressaten (was wollen – oder sollen – die Betrachter sehen und erfahren). Nach Maßgabe der Adressatenorientierung sind zwei Hauptgruppen von Visualisierungen zu unterscheiden: Publikation und Präsentation.

Den Begriff *Publikationslösung* benutze ich vorwiegend für solche Darstellungsvarianten, die in einer bestimmten, selbst gewählten oder vorgegebenen Form für einen eher unbestimmten oder einen durch die Publikationsart definierten Personenkreis gedruckt werden. Ein derartiges Publikum ist häufig eng fachlich orientiert. Für Auswahl und Gestaltung spielen auch die Druckart und das Druckmedium eine bedeutsame Rolle. Hauptvertreter dieser Art sind Diagramme und Tabellen in wissenschaftlichen Veröffentlichungen aller Art und aller Anspruchsstufen. Auch sie müssen natürlich »präsentabel« sein, schließlich soll genau das gesehen werden, was der Autor zeigen möchte oder verständlich machen will. Ihre Entwicklung und Ausstattung ist meistens mit weniger Aufwand verbunden, als er für die Erstellung einer Präsentation einzusetzen ist.

Die *Präsentationslösung* wird nach den bekannten oder den voraussichtlichen Bedürfnissen eines bestimmten Publikums geplant und gestaltet. Dabei sind zwei Arten von Präsentationen zu unterschieden, die unterschiedliche Anforderungen stellen:

- Die Live-Präsentation findet vor Zuschauern und Zuhörern statt. Diese schauen auf einen Monitor oder auf eine Projektionsfläche. Die überwiegend bildhaften Informationen werden durch gezielten Vortrag erläutert und ggf. vertieft. Die Darstellung ist in der Regel dynamisch (per Mausklick veränderbar) sowie grafisch aufwendig gestaltet.

- Die anonyme Präsentation muss auf den direkten Kontakt zwischen Präsentator und Publikum verzichten. Die Wirkung kann also nicht vom ergänzenden Vortrag gestützt werden – umso höher sind oft die Ansprüche an die Gestaltung. Hier spielt nicht nur der Inhalt eine große Rolle, sondern auch das Präsentationsmedium. Medien in diesem Sinne sind z. B. Monitore auf Messen und Ähnliches sowie das Internet.

Eine ausgesprochen wichtige Sonderform der anonymen Präsentationslösungen sind Modelle zur Nutzung durch Excel-Laien oder durch Ihnen unbekannte Personen sowie Berichtslösungen jeglicher Art für die Schreibtische von Geschäftsführern oder Vorständen. Hier sollten Sie generell auf maximalen Anwendungskomfort und eine ausgereifte Fehlerpufferung achten. Des Weiteren ist es generell ratsam vorauszusetzen, dass der Benutzer keine besonderen Excel-Kenntnisse hat bzw. einsetzen möchte. Sie dürfen niemals erwarten, dass ein Anwender, dessen Fähigkeiten Sie nicht kennen oder den Sie beim Gebrauch der Lösung nicht unmittelbar unterstützen können, in der Lage oder bereit ist, Arbeitstechniken anzuwenden, die über den simplen Gebrauch der Maus oder über einfache Tastaturnutzungen hinausgehen. Fast alle der in diesem Buch angesprochenen Lösungen versuchen, solchen Überlegungen zu entsprechen.

Lernen, Behalten, Vergessen

Mit diesem Kapitel wird ein Thema eingeführt, das neben der praktischen Bedeutung für Ihren persönlichen Lernfortschritt auch gleich noch ein paar dazu passende theoretische Aussagen macht: Welche Entwicklungen von Lernen, Behalten und Vergessen lassen sich unter welchen Bedingungen beobachten? Was und wie viel können Sie als Lernerfolg in welchem zeitlichen Verlauf verbuchen? Ein großes und teilweise sehr kompliziertes Thema, das viele Bücher füllt. Dennoch sind dazu auch hier ein paar kurze Informationen notwendig, geht es doch schließlich u. a. darum, was Sie von der Arbeit mit diesem Buch erwarten können – und was unter Umständen nicht.

Theoretische Aspekte

Die in Abbildung 4.1 gezeigte Kurve zeigt die Relation zwischen der Veränderung reproduzierbaren Wissens im Ablauf von Zeit. Sie beschreibt einen typischen Verlauf, wie er ein Durchschnittsergebnis Tausender von Messungen sein könnte, die sich auf das Lernen, Behalten und Vergessen eines gleichartigen Lehrstoffs unter relativ gleichartigen Bedingungen bei einer relativ homogenen Gruppe von Testpersonen bezieht. Bei einer Bewertung solcher Darstellungen ist der Begriff »Durchschnitt« als besonders wichtig zu betrachten: Es gibt natürlich eine sehr große Fülle der unterschiedlichsten externen und internen Einflüsse, die im Individualfall eine solche Kurve völlig anders erscheinen lassen. Unabhängig davon lassen sich verallgemeinernd aber sehr typische Abschnitte und Entwicklungen beschreiben.

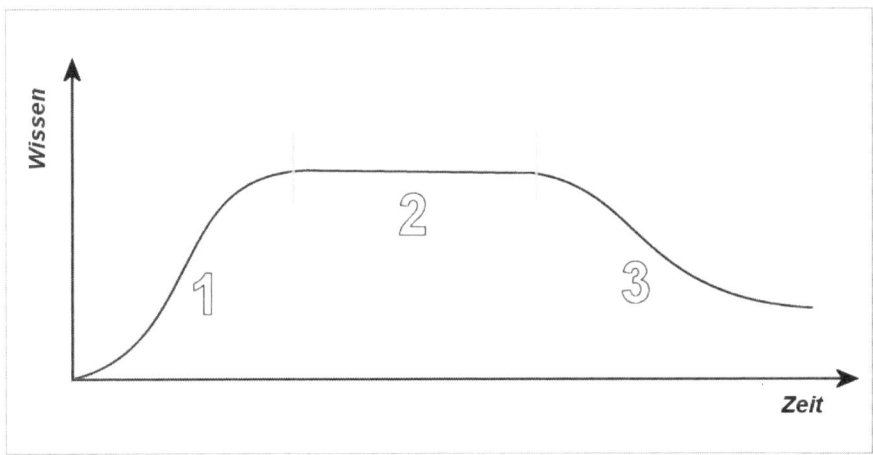

Abbildung 4.1   Ein typischer Durchschnittsverlauf

Im Zusammenhang mit der Nummerierung in Abbildung 4.1:

1. Das Lernen: Der Erwerb eines fremden Wissensstoffs stößt zunächst auf einige Schwierigkeiten. Nach deren Überwindung zeigt sich eine zügig fortschreitende Entwicklung. Die Geschwindigkeit dieses Fortschritts wird nach und nach gebremst, weil der Schwierigkeitsgrad zu hoch wird, weil die Wissensvermittlung ausläuft, weil der gewünschte Endstand nahe ist, weil die Motivation nachlässt, vieles mehr. Ein spezifisches, individuelles Plateau wird erreicht.

2. Das Wissensplateau bleibt eine mehr oder weniger lange Zeit stabil, meist mit leichten, aber nicht sonderlich bemerkenswerten (und bemerkbaren) Verlusten. Was sich in dieser Zeit tut (oder auch nicht), ist sehr entscheidend für die langfristige Verfügbarkeit des neu erworbenen Wissens, also für den Fortbestand des Plateaus in dieser Höhe.

3. Das Vergessen: Wird das erworbene Wissen nicht benutzt, gefördert oder gefordert, kommt es nach einiger Zeit zu einem langsamen, dann rascher fortschreitenden Vergessen. Auch diese Kurve wird schließlich wieder flacher und es bleibt, unter physiologischen Bedingungen, ein Restbestand zurück, der sich dann nur noch langsam verringert oder auch auf seinem mehr oder weniger hohen bzw. niedrigen Level bleibt.

So weit in aller hier notwendigen Kürze zu den allgemeintheoretischen Betrachtungen. Die sollen nun Grundlage für die Betrachtung typischer Varianten sein, die als Excel-Diagramm zur Vorstellung kommen.

Vier Verlaufsformen zur Auswahl

CD-ROM   Bitte öffnen Sie von der CD-ROM aus dem zu Ihrer Excel-Version passenden Ordner die Datei *0401_Lernkurven01*.

Im Arbeitsblatt *Focus 1* der Datei *0401_Lernkurven01* können Sie vier verschiedene *Datenreihen* per Mausklick einlesen. Das ist nicht sonderlich aufregend, weil sich dasselbe ja auch ohne erheblich größeren oder mit gar geringerem Aufwand mit statischen Modellen realisieren ließe: Vier Excel-Arbeitsblätter oder vier PowerPoint-Folien wären durchaus gleichartig und gleichwertig einsetzbar. Aber bitte Geduld, es wird in diesem Kapitel bald mehr daraus werden.

Im Zusammenhang mit Abbildung 4.2: Sie finden unten rechts eine kleines Listen-Steuerelement. Wenn Sie dort einen der Einträge anklicken, erscheint die zugehörige Linie im Diagramm. Gleichzeitig aktualisiert sich die Überschrift und unter der *Diagrammfläche* wird ein dreizeiliger Text eingelesen, der Kernaussagen zur jeweiligen Kurve beinhaltet. Schauen Sie sich zunächst die vier Verläufe an und lesen Sie dann nachstehend, was dazu gesagt werden kann.

Verstehen Sic bitte die vier Verlaufe als Durchschnittsergebnisse aus Untersuchungen mit einer großen Anzahl von Testpersonen. Die grafische Umsetzung ist in eine identische Strecke von 100 Messpunkten mit einem jeweiligen Abstand von drei Kalendertagen eingebunden (die hier fiktiv sind und Gleichzeitigkeit unterstellen).

Stellen Sie sich vor, dass die Zuwächse und Verluste von Wissen bei Personen gemessen wurden, die auf verschiedene Weise genau solche Informationen erworben und benutzt haben, wie sie Gegenstand dieses Buches sind: Excel-Kenntnisse für Anspruchsvolle.

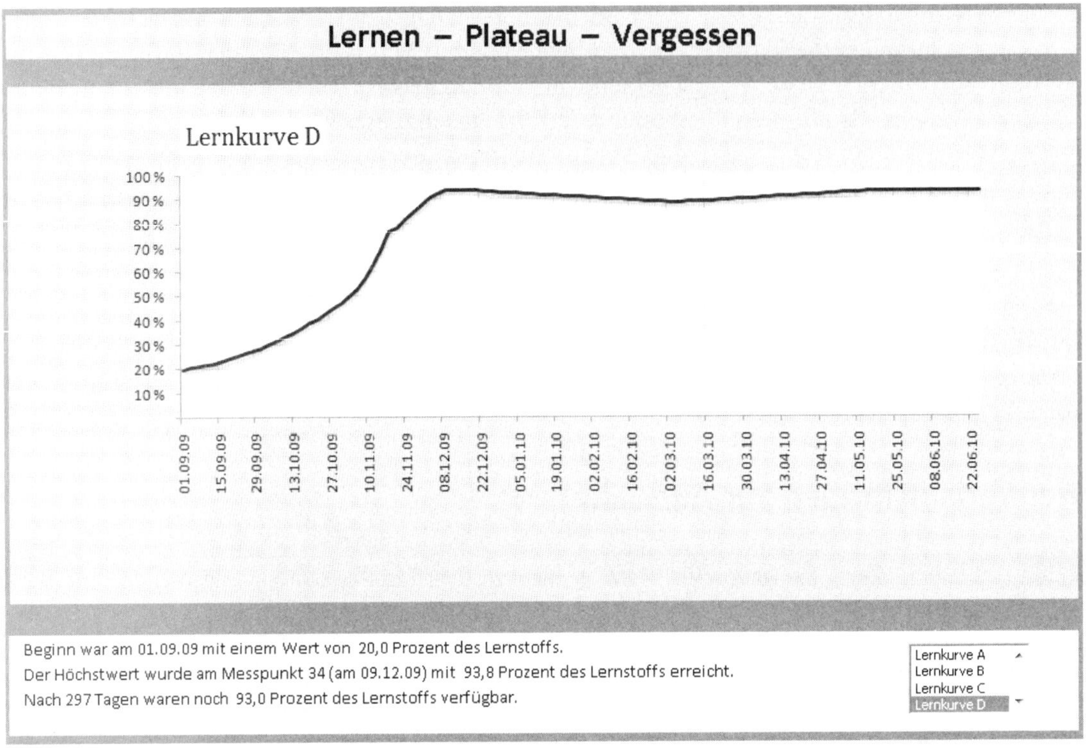

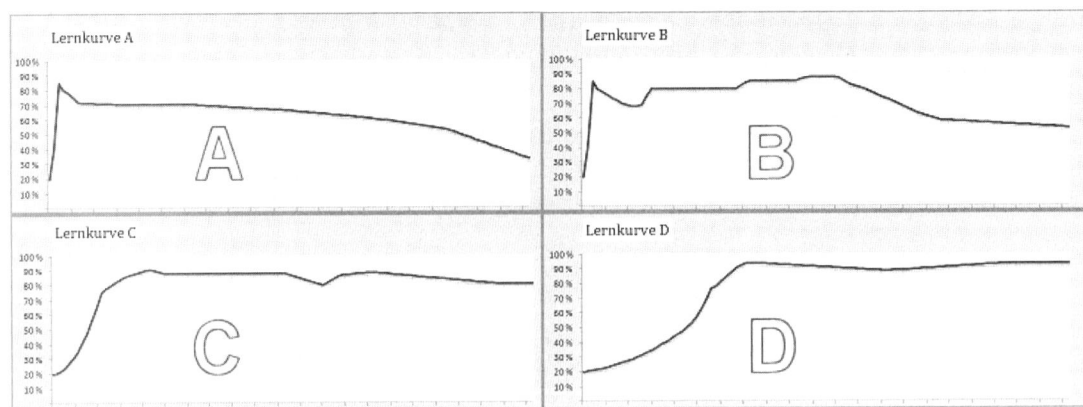

Abbildung 4.2   Das Arbeitsblatt erlaubt die Betrachtung verschiedener Entwicklungen

Das Gesamtvolumen des so beschriebenen Wissens wird in der Größenachse des Diagramms mit 100 % angesetzt. Des Weiteren wird unterstellt, dass alle Personen beim Eintritt in die Lernphase mit dem allgemeinen Thema – Anwendung von Excel – bereits vertraut waren und gleichartig über einen Wissensstand von etwa 20 % verfügten. Die folgenden Texte stehen im Zusammenhang mit Abbildung 4.3 und sind so formuliert, als würde jede der Datenreihen keine Durchschnittswerte, sondern den Verlauf bei einer einzigen Person zeigen.

Abbildung 4.3   Alles ist möglich, positiv wie negativ

Lernkurve A

Die Person nimmt hoch motiviert an einem gut gemachten Präsenzseminar teil. Deswegen kommt es zu einem steilen Anstieg der Lernkurve, die sehr früh ihren Höhepunkt erreichte. Danach gibt es jedoch nur noch wenige Gelegenheiten, das Erlernte in der Praxis anzuwenden. Deshalb entwickelt sich nach der relativ kurzen Plateauphase ein kontinuierlich fortschreitender Verlust. Nach rund 300 Tagen liegt der Unterschied zwischen Einstiegs- und Endmessung bei nur 13 Prozentpunkten. Sollte das Seminar teuer gewesen sein, ist sein Wert in diesem Fall äußerst fragwürdig – zumindest aus wirtschaftlicher Sicht.

Lernkurve B

Ein gleichartiges Präsenzseminar mit ähnlich gutem Kurzzeiterfolg. Nach dem ersten Knick – eine typische »Abschlaffphase« nach so viel Neuem in so kurzer Zeit – kann und muss sich die Person mit dem neu erworbenen Wissen in der täglichen Praxis beschäftigen und es sogar (auch durch Wiederholungen mit Einsatz von Seminarmaterialien) vertiefen und ausbauen. Das Maximum wird erst in dieser Phase, also lange nach dem Seminar, erreicht. Danach allerdings werden der Person völlig andere Aufgaben zugewiesen. Die nun gänzlich fehlende Praxisrelevanz des Wissens führt zu einem raschen Verlust, der sich nach einiger Zeit zwar verlangsamt, dennoch aber deutlich fortsetzt. Der Unterschied zwischen Einstiegs- und Endmessung beträgt immerhin 33 Prozentpunkte. Negativ formuliert: *Noch* sind es 33.

Lernkurve C

Die Person besucht kein Präsenzseminar, sondern erwirbt mit starker, primärer Motivation ihr Wissen in Eigenregie. Dazu setzt sie in organisierter Form Bücher und andere Materialien ein und führt mit selbst gestellten Aufgaben Übungen durch. Es kommt zu einem Anstieg, der keinesfalls dem schnellen Erfolg des Präsenzseminars gleichkommt, letztlich aber nach rund zwei Monaten zu einem hohen Gipfel führt, der in ein solides Plateau übergeht, gefördert auch hier durch eine kontinuierlich geforderte Umsetzung in die Praxis. Als die aber unterbrochen wird, zeigt sich sofort und »natürlich« eine Abnahme des Wissens. Die Person merkt das früh genug und sorgt mit Wiederholungen und Übungen für den Fortbestand des hohen Niveaus, das sich nur sehr langsam vermindert. Gesamtbilanz nach Ablauf der Messzeit: Stolze 60 Prozentpunkte an Wissenszuwachs sind zu vermelden.

Lernkurve D

Auch hier hat ein Eigenstudium zum sehr guten Erfolg geführt. Nicht ganz so schnell wie im Verlauf C – das Maximum wurde erst nach rund drei Monaten erreicht. Die Person nimmt sich Zeit und es wird ihr Zeit gelassen. Weil sie diese Chance zum kontinuierlichen, ständig vertiefenden Ausbau des Wissens nutzt, das auch noch glücklicherweise verbunden mit passenden, nach und nach anspruchsvoller werdenden Praxisanforderungen, resultiert ein sehr hohes, stabiles Plateau. Da das Erlernte auch weiterhin im Arbeitsalltag zum unmittelbaren Einsatz kommt und die Person sich obendrein bemüht, es an andere weiterzugeben, ist ein Vergessen derzeit nicht beobachtbar. Ein Glücksfall? Das muss wohl mit Ja beantwortet werden. Ein Vergleichsbild wäre z. B. das Erlernen einer Fremdsprache, die anschließend im Alltag kontinuierlich und sehr häufig zum Einsatz kommt bzw. kommen muss.

Vier Datenreihen – drei Diagrammfassungen

Sie haben die Datei *0401_Lernkurven01* schon geöffnet. Diese und zwei weitere sehr ähnliche sollen jetzt nach Strukturen und Funktionalitäten betrachtet werden. Es sind in allen drei Fällen dieselben Daten, nämlich die Messwerte der oben vorgestellten Lernkurven. Was allerdings damit geschehen soll, gehorcht unterschiedlichen Anforderungen der Publikation und Präsentation.

HINWEIS   Bei diesen Beispielen werden ganz überwiegend die fertigen Modelle vorgestellt und ihre bereits erfolgte Entwicklung beschrieben. Sie finden hier Basisinformationen, die für den Fortgang des Seminars sehr wichtig sind, aber nur wenige Schritt-für-Schritt-Anleitungen. Im nächsten Kapitel dann gibt es wieder mehr Gelegenheiten zum Mitmachen.

Eine andere Form der Mitarbeit wäre allerdings auch hier (und später bei etlichen anderen Beispielen des Buches) möglich:

- Kopieren Sie die Dateien von der CD-ROM auf Ihre Festplatte und geben Sie ihnen andere Namen.

- Entfernen Sie wesentliche Inhalte (Datenreihen, Formeln, Steuerelemente, Textobjekte, Namen) und versuchen Sie dann, im Buch den Beschreibungen des Endzustands folgend, eine Restaurierung.

- Probieren Sie ggf. auch eine Fassung herzustellen, die funktional und formal anderen Ansprüchen als den hier beschriebenen genügt.

Die oben beschriebenen Lernkurven machen deutlich, welche Vorteile daraus resultieren könnten.

Gemeinsame Strukturen der drei Beispielarbeitsmappen

Die Strukturen der drei hier behandelten Arbeitsmappen sind identisch oder sehr ähnlich, die Ausgestaltung einzelner Arbeitsblätter hingegen wurde den wechselnden Bedürfnissen angepasst. Die Namen, Elemente und Inhalte der Arbeitsblätter, von hinten nach vorn:

- Das Blatt *Namensliste* bedarf wohl hier und auch zukünftig keiner Begründung und Beschreibung mehr.

- Ein Blatt *Parameter*, wie es zum Standard einer rS1-Arbeitsmappe gehört, war hier überflüssig.

- Das Blatt *Daten 1* enthält die Messtage und Messdaten der vier Lernkurven.

- Im Blatt *Listen 1* sind die (hier noch sehr spärlichen) Strukturen angelegt, die der Funktionalisierung der Steuerelemente dienen.

- Im Blatt *Basis 1* werden die Daten in einer Weise zusammengestellt, wie sie den Visualisierungsanforderungen des jeweiligen Modells dienen. Dies ist in den drei Beispielen unterschiedlich.

- Auch das Blatt *Focus 1* zeigt in jedem der Modelle ein zwar prinzipiell ähnliches Gesicht, unterscheidet sich aber in wichtigen Einzelheiten deutlich von den anderen.

Beispiel 1 – Die Publikationslösung

Die Ausführungen zum Beispiel 1 beziehen sich auf die Datei *0401_Lernkurven01*, deren »Gesicht« hier schon vorgestellt wurde.

Anforderung

Es liegen mit Kalenderdaten versehene Messreihen vor – hier sind es vier, es könnten auch 100 oder mehr sein –, von denen jeweils eine aus einer Liste auszuwählen ist. Das Ergebnis dieser Auswahl soll in einem Liniendiagramm gezeigt werden, dessen Größenachse zum Zweck der unmittelbaren Vergleichbarkeit der Daten eine feste Spanne von 0 bis 100 aufweisen muss. Nach Auswahl einer Datenreihe sollen die zugehörige Diagrammüberschrift und ein dreizeiliger, dynamisierter Begleittext erscheinen, der bestimmte Eigenschaften der ausgewählten Datenreihe beschreibt. Das Ergebnis der Benutzerwahl ist in einer Form auszuweisen, die unmittelbar gedruckt werden oder in ein anderes Programm (Word, PowerPoint) übertragen werden könnte (auch die Abbildung 4.3 ist auf diesem Weg entstanden).

Entwicklungsschritte

Wenn Sie sich bei der Anfertigung solcher Modelle frei von Umwegen und anderen Problemen halten wollen, ist es sehr nützlich, eine bestimmte Reihenfolge der Entwicklungsschritte einzuhalten. Die nachstehend aufgelistete Vorgehensweise beschreibt, wie die Lösung, die Sie vor sich sehen, entstanden ist. Sie ist nicht generalisierbar, gilt jedoch (bei Anwendung der rS1.Methode) für das hier beschriebene Beispiel und sinngemäß für viele andere, vergleichbare Lösungen dieser noch relativ einfachen Art.

Es wird unterstellt, dass die Arbeitsmappe bereits über alle Arbeitsblätter verfügt und im Blatt *Daten 1* die Werte in der richtigen Formatierung vorhanden sind. Aktivieren Sie bitte die nachstehend angesprochenen Arbeitsblätter, um die gemachten Angaben zuordnen zu können. Vergewissern Sie sich vorher im Blatt *Namensliste*, welche Bereichsnamen existieren. So also ist die Entwicklung in Kürze beschreibbar:

1. Im Blatt *Daten 1* Hilfsnummerierungen in Spalte G und in Zeile 5 anlegen sowie die beiden Bereichsnamen definieren.

2. Im Blatt *Listen 1* die Zellbereiche für Inhalt und Verknüpfung des Steuerelements *Listenfeld* erstellen und mit Bereichsnamen versehen. Das Steuerelement in diesem Blatt erzeugen, funktionalisieren und testen. Das Steuerelement ausschneiden und in das Blatt *Basis 1* einfügen.

3. Im Blatt *Basis 1* die Hilfsnummerierungen in Spalte I anlegen. Die Bereichsnamen *rB1.Messtage* und *rB1.Messwerte* festlegen. Die Formeln im Bereich J10:K110 erzeugen und ihre Ergebnisse mithilfe des Steuerelements testen (wechselnde Daten aus *Daten 1* einlesen). Auf Basis des genannten Bereichs ein Liniendiagramm erzeugen, dieses oberflächlich formatieren und seine Dynamik mithilfe des Steuerelements testen. Diagramm ausschneiden und in das Blatt *Focus 1* einfügen.

4. Im Blatt *Basis 1* im Bereich J2:M6 Beschriftungen und Formeln erzeugen, die Grundlage der dynamisierten Textinformationen zur jeweils angezeigten Datenreihe sind. Variationen der

Formelergebnisse mithilfe des Steuerelements testen. Prüfen, ob die Formeln die richtigen Ergebnisse liefern.

5. Im Blatt *Basis 1* den Namen *rB1.Texte* festlegen und dann die drei Formeln entwickeln, die die dynamischen Textinformationen liefern. Ergebnisse mithilfe des Steuerelements testen. Steuerelement ausschneiden und in das Blatt *Focus 1* einfügen.
6. Im Blatt *Focus 1* Hilfsstrukturen und Formeln erzeugen, mit denen die variablen Textinformationen aus *Basis 1* übernommen werden. Diagramm positionieren und alle seine Elemente formatieren. Steuerelement positionieren. Schlussformatierungen der Arbeitsblattflächen durchführen.

Die Ergebnisse solcher Bemühungen sind in den folgenden Abschnitten beschrieben.

Namen und Inhalte in *Daten 1*, *Listen 1* und *Basis 1*

Zum Arbeitsblatt *Daten 1* im Zusammenhang mit Abbildung 4.4:

Der Name *rD1.Messtage* gilt für die Kalenderdaten in Spalte K. Der Name *rD1.KurvenWerte* gilt für Daten in vier Spalten. Hier wurde also eine Matrix definiert, aus der benutzerdefiniert eine vertikale Reihe ausgewählt und im Diagramm angezeigt wird. Die Spaltennummern dieser Matrix sind in Zeile 5 hinterlegt und haben in diesem Fall nur Informationswert (in anderen Fällen werden sie oft als Vorgaben für Formelargumente benutzt).

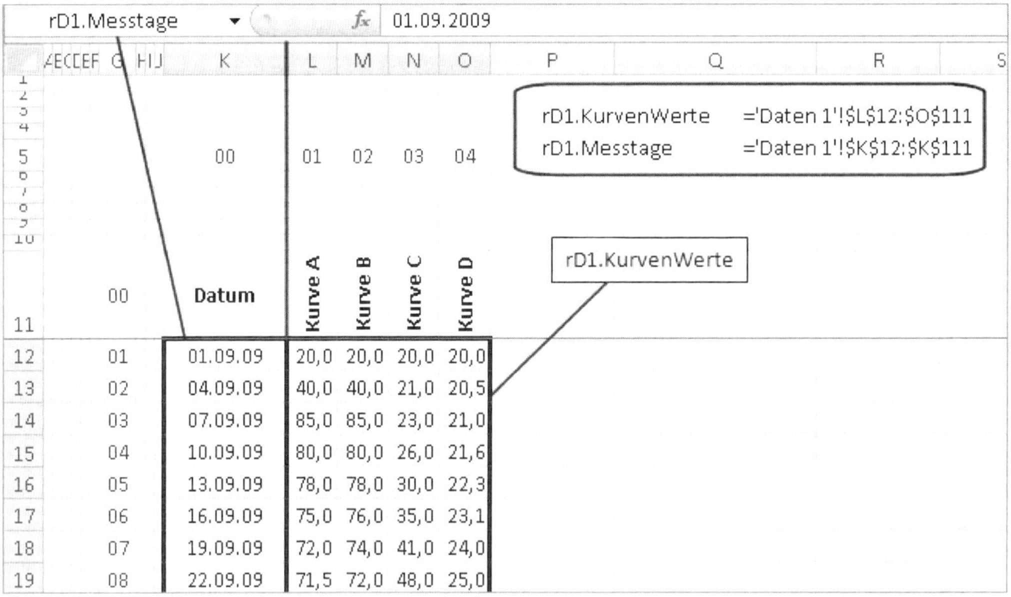

		K	L	M	N	O
5		00	01	02	03	04
11	00	Datum	Kurve A	Kurve B	Kurve C	Kurve D
12	01	01.09.09	20,0	20,0	20,0	20,0
13	02	04.09.09	40,0	40,0	21,0	20,5
14	03	07.09.09	85,0	85,0	23,0	21,0
15	04	10.09.09	80,0	80,0	26,0	21,6
16	05	13.09.09	78,0	78,0	30,0	22,3
17	06	16.09.09	75,0	76,0	35,0	23,1
18	07	19.09.09	72,0	74,0	41,0	24,0
19	08	22.09.09	71,5	72,0	48,0	25,0

Abbildung 4.4 Die Bereichsnamen im Arbeitsblatt *Daten 1*

Die Auswahlmöglichkeiten in dieser Lösung sind bei vier Datenspalten sehr gering. Die Matrix kann jedoch so viele Spalten breit sein, wie Daten vorhanden sind bzw. im Arbeitsblatt Platz ist, ohne dass am Konzept der Konstruktion etwas zu ändern wäre.

HINWEIS Bei diesem Datenmaterial eher unsinnig, bei anderen Wertearten aber sehr bedeutsam: Grundsätzlich kann die dynamische Auswahl der Daten in zwei Achsen erfolgen. Sie könnten hier also die Werte nicht nur spaltenorientiert im Diagramm zur Anzeige bringen (also Verlauf von Werten auf einer Zeitachse), sondern ohne erheblichen Mehraufwand auch zeilenorientierte *Datenreihen* in einem weiteren Diagramm (alle Werte eines bestimmten Tages oder einer Gruppe von Tagen im Vergleich).

Zum Arbeitsblatt *Listen 1* im Zusammenhang mit Abbildung 4.5:

Es mag albern erscheinen, für eine Aufgabe, die sechs Zellen belegt, ein ganzes Arbeitsblatt in Anspruch zu nehmen. Es spricht jedoch kaum etwas dagegen und vieles dafür. Das Wichtigste: Wer sich konsequent an Strukturregeln und Konventionen hält, hat bei späteren Überarbeitungen oder Reparaturen kaum mit Problemen und Überraschungen zu rechnen, die sich aus Nachlässigkeiten und fehlender Ordnung ergeben. Was bei aufwendigen Programmierungen nahezu Gesetz ist, kann bei schlichten Tabellenlösungen ebenso hilfreich wirken.

Die in der rS1.Methode so wichtigen Namensvergaben in Blättern des Typs *Listen* sind auch an diesem kleinen Beispiel sichtbar:

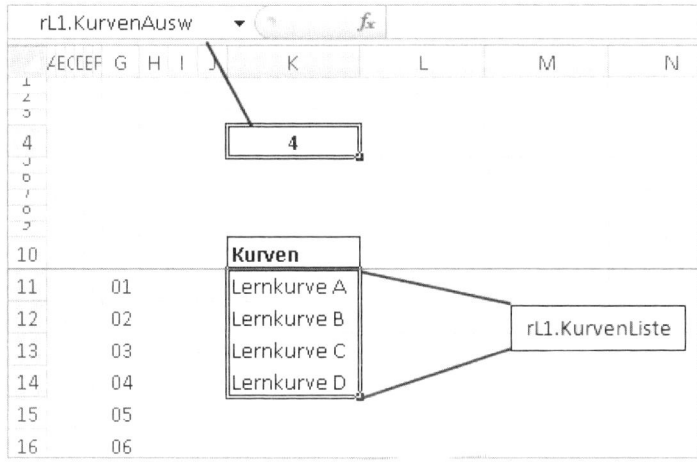

Abbildung 4.5 Die Bereichsnamen im Arbeitsblatt *Listen 1*

- Die Daten, die im Steuerelement zur Auswahl erscheinen, befinden sich in einem Bereich, dessen Name *rL1.KurvenListe* die Überschrift der Liste enthält und der mit dem Text *Liste* als Suffix endet.

- Die Zelle, mit der das Steuerelement verknüpft wird (die den Ausgabewert des Steuerelements aufnimmt, der also der vom Benutzer getroffenen Auswahl entspricht), befindet sich oberhalb des zugehörigen Listenbereichs. Ihr Name *rL1.KurvenAusw* enthält die Überschrift der Liste und zeigt die Suffixendung *Ausw*, weil hier die *Auswahl* des Benutzers registriert wird.

Beachten Sie, dass in diesem Beispiel die Diagrammtitel direkt der hier vorhandenen Liste entnommen werden. Was Sie hier also als Texte hinterlegen und dem Benutzer zur Klick-Auswahl anbieten, erscheint auch in der jeweiligen Variante im Diagramm.

Schon etwas komplizierter geht es im Blatt *Basis 1* zu, in dem jene Inhalte zu generieren sind, nämlich Datenreihe und zugehörige Texte, die im Blatt *Focus 1* erscheinen. Im Zusammenhang mit Abbildung 4.6:

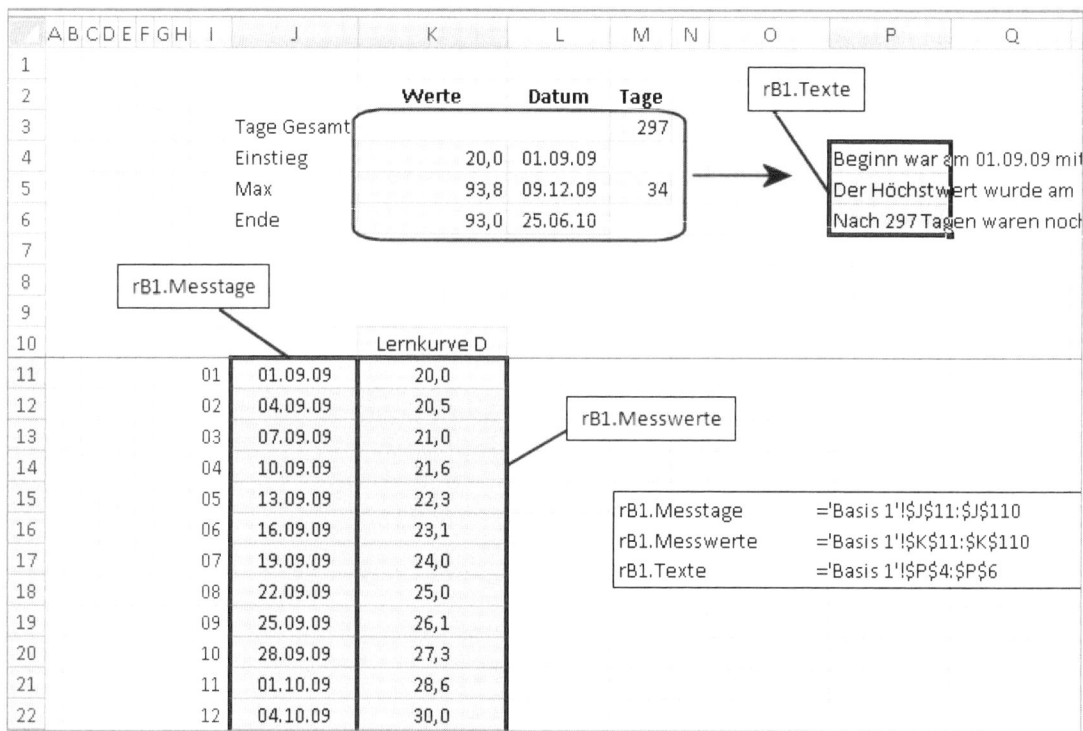

Abbildung 4.6   Die Bereichsnamen im Arbeitsblatt *Basis 1*

Der Name *rB1.Messtage* gilt für die Kalenderdaten in Spalte J. Diese werden mit Formeln (dazu später) aus *Daten 1* übernommen. Es handelt sich hier um eine überflüssig erscheinende Konstruktion, weil alle Datenreihen in der Datenquelle dieselbe Rubrikenunterteilung – feste Kalenderdaten – besitzen. Das muss aber nicht so sein und bleiben. Wenn also in der Quelle eine andere Achsenbeschriftung hinterlegt würde oder es dort variierende Unterteilungen gibt, soll das im Diagramm (und deswegen in seiner hier erzeugten Basis) sofort sichtbar sein. (Vermeiden Sie so gut es geht eine redundante Datenpflege.)

Der Name *rB1.Messwerte* gilt für die Daten abwärts von Zelle K11. Die Überschrift der Spalte ist also nicht in den Namen eingeschlossen. Die hier hinterlegten Formeln ermitteln auf Basis der vom Benutzer mittels Steuerelement getroffenen Auswahl, welche der Datenreihen aus *Daten 1* hier erscheinen soll.

Der in der Abbildung durch Rahmung hervorgehobene Bereich enthält Formeln, deren Ergebnisse in eine dreizeilige Erläuterung eingebunden werden, die mittels variabler Textformeln zu jeder Datenreihe gebildet wird. Die drei entsprechenden Zellen haben den Bereichsnamen *rB1.Texte* erhalten, bilden also eine kleine Matrix, die (u. a.) als Argument einer INDEX-Formel benutzt werden kann.

Formeln im Blatt *Basis 1*

Das Blatt *Basis 1* ist, auch was den Konstruktionsaufwand betrifft, das Kernstück dieser Lösung. Seine Formeln bestimmen die für den Benutzer in *Focus 1* sichtbaren Inhalte.

Zunächst gilt es die Formeln zu betrachten, mit denen die variablen Datenreihen erzeugt werden. Erst dann, nämlich in Abhängigkeit von den eingelesenen Werten, haben die Formeln zur Ermittlung der relevanten Begleittexte ihren Einsatz.

Im Zusammenhang mit Abbildung 4.7:

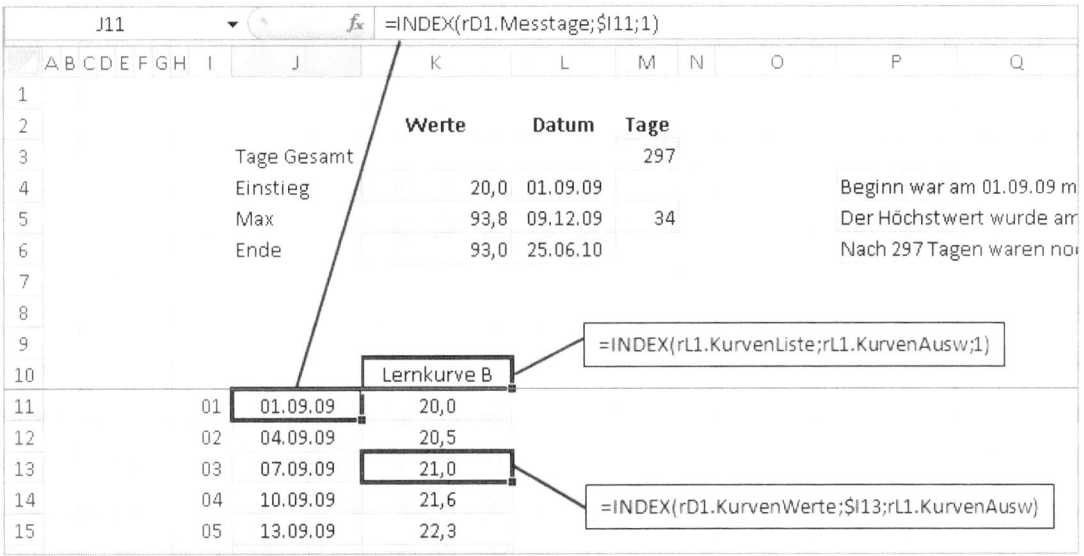

Abbildung 4.7 Formeln aus der Datenquelle des Diagramms

Für Spalte J am Beispiel der Zelle J11: Die Formel =INDEX(rD1.Messtage;$I11;1) ermittelt aus der ersten und einzigen Spalte der Matrix mit dem Namen *rD1.Messtage* jenen Wert, dessen Zeilenposition in der Nachbarzelle I11 vorgegeben ist.

Für Spalte K am Beispiel der Zelle K13: Die Formeln in diesem Bereich reagieren auf den Ausgabewert des Steuerelements. Mit =INDEX(rD1.KurvenWerte;$I13;rL1.KurvenAusw) wird aus der Matrix mit dem Namen *rD1.KurvenWerte* jener Wert ermittelt, dessen Zeilenposition in der Nachbarzelle I13 vorgegeben ist und dessen Spaltenposition durch den aktuellen (und per Steuerelement veränderbaren) Wert in der Zelle *rL1.KurvenAusw* bestimmt wird. Die Formel verwendet also Namen und Inhalte aus zwei verschiedenen Arbeitsblättern.

Die Formel in Zelle K10 erzeugt den variablen Diagrammtitel und reagiert ebenfalls auf das Steuerelement. Mit =INDEX(rL1.KurvenListe;rL1.KurvenAusw;1) wird aus der ersten und einzigen Spalte einer Matrix mit dem Namen *rL1.KurvenListe* jener Wert entnommen, dessen Zeilenposition aktuell in der Zelle mit dem Namen *rL1.KurvenAusw* steht.

Wenn auf diese Weise jene Daten ermittelt wurden, aus denen das Diagramm entsteht, können nun weitere Formeln in zwei Schritten die zugehörigen Begleittexte generieren. Im ersten Schritt werden Werte vorbereitet (vgl. Abbildung 4.8 und Tabelle 4.1), im zweiten werden diese Werte dann in Texte eingebunden (vgl. Tabelle 4.2).

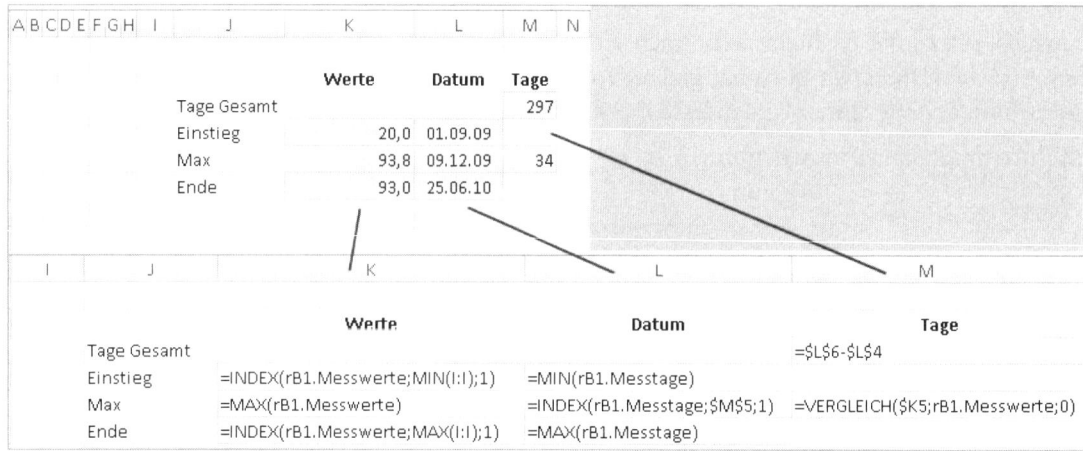

Abbildung 4.8   Diese Formeln im Kopfbereich liefern Werte für die variablen Informationstexte

In der oberen Hälfte der Abbildung 4.8 sehen Sie Formelergebnisse, in der unteren Hälfte die entsprechenden Formeln. Zur besseren Übersicht sind diese nachstehend auch nochmals tabellarisch dargestellt. Die zugehörigen Beschriftungen (aus Zeile 2 und Spalte J) sind in der Tabelle als Koordinaten aus Spalten- und Zeilenbeschriftungen angegeben.

Nr.	Zelle	zugehörige Beschriftung	Formel
1	K4	*Werte / Einstieg*	=INDEX(rB1.Messwerte;MIN(I:I);1)
2	K5	*Werte / Max*	=MAX(rB1.Messwerte)
3	K6	*Werte / Ende*	=INDEX(rB1.Messwerte;MAX(I:I);1)
4	L4	*Datum / Einstieg*	=MIN(rB1.Messtage)
5	L6	*Datum / Ende*	=MAX(rB1.Messtage)
6	M5	*Tage / Max*	=VERGLEICH($K5;rB1.Messwerte;0)
7	L5	*Datum / Max*	=INDEX(rB1.Messtage;$M$5;1)
8	M3	*Tage / Tage Gesamt*	=$L$6-$L$4

Tabelle 4.1   Mit diesen Formeln werden die Variablen der Informationstexte vorbereitet

Die Reihenfolge der Auflistung in Tabelle 4.1 folgt mehr der Logik der Berechnungen und deren Ergebnisverwendung als dem Zeilen-Spalten-Raster. Unter Nutzung der Zeilennummerierung dieser Tabelle einige Anmerkungen zu den Formeln:

1. In der Hilfsspalte I stehen nur die laufenden Nummern jener Zeilen, in denen die Daten ermittelt werden. Deswegen ist das die gesamte Spalte abgreifende Zeilenargument MIN(I:I) sehr gut verwendbar, weil es zuverlässig die Zeile mit der Nummer 1 identifiziert, egal wo sie sich befindet.

2. Auf einfache Weise das Maximum der Messwerte zu ermitteln ist hier ausreichend, weil es für die Weiterverarbeitung zunächst keine Rolle spielt (später hingegen ja, vgl. bei Ziffer 6), *wo* sich dieser Wert befindet.

3. Wie unter 1. Der Vorteil hier: Solange die Zeilennummerierung mit der Anzahl der Formeln enthaltenden Zellen synchronisiert ist (also auch nicht mehr oder weniger Zeilen hoch), ermittelt diese Formel immer den Wert des letzten Eintrags der Spalte, ohne dass zu prüfen wäre, wie viele Einträge tatsächlich vorhanden sind.

4. Bei fortlaufenden Kalenderdaten und aufsteigend sortierten Kalenderdaten liefert MIN natürlich das früheste Datum.

5. Dasselbe gilt für das mit MAX zu findende Enddatum.

6. In Zelle K5 wurde der größte vorkommende Messwert ermittelt (vgl. Ziffer 2). Für das Resultat einer MAX-Formel ist es unerheblich, ob dieser Höchstwert nur einmal vorhanden ist oder mehrfach vorkommt. Anders hingegen sieht es bei der Verwendung der Funktion VERGLEICH aus, die hier als Ergebnis die Zeilenposition des *ersten* Vorkommens von Suchkriterium in der Suchmatrix liefert. Die Formel =VERGLEICH($K5;rB1.Messwerte;0) als Anweisung: »Suche in der Matrix mit dem Namen *rB1.Messwerte* nach dem in Zelle K5 aktuell vorhandenen Suchbegriff (nämlich den Maximalwert von *rB1.Messwerte*) und zeige an, in welcher Zeile der Matrix er sich erstmals befindet.« (Ist das Argument Vergleichstyp gleich 0, dürfen die Werte der Matrix in beliebiger Reihenfolge angeordnet sein.)

HINWEIS   Die Funktion VERGLEICH ist also in vielen Fällen außerordentlich hilfreich, nämlich immer dann, wenn eine andere Formel (wie z. B. INDEX oder BEREICH.VERSCHIEBEN) ein Zeilenargument benötigt, das der Anwender nicht selbst definieren oder vorgeben kann, weil ihm die entsprechende Position unbekannt ist oder weil sie ständig wechselt.

Im vorgestellten Beispiel die Formel =VERGLEICH(MAX(rB1.Messwerte);rB1.Messwerte;0) zu benutzen scheint hier naheliegend und eleganter, wäre jedoch kein Vorteil, weil in diesem Fall beide Werte, nämlich der Maximalwert selbst *und* seine erste Position, an die Textformeln (vgl. Tabelle 4.2) zu übergeben sind.

---

7. Die Formel =INDEX(rB1.Messtage;$M$5;1) übernimmt die zuvor ermittelte Zeilenposition zur Ermittlung des Datums, an dem der Maximalwert erstmals aufgetreten ist.

Machen Sie sich mit einem Rückblick auf Abbildung 4.7 nochmals die Zusammenhänge deutlich. Die vorstehend beschriebenen Formeln ermitteln Werte, die ihrerseits dann in jene drei Textformeln eingebunden werden, die sich in der Matrix *rB1.Texte* (in den Zellen P4:P6) befinden. In Kapitel 3 wurden Formeln des Typs TEXT recht ausführlich behandelt. Deswegen will ich hier auf eine Erläuterung der in Tabelle 4.2 gezeigten Formeln verzichten. Sie mögen auf den ersten Blick etwas verwirrend aussehen, dies aber nur, weil sie aus mehreren Teilen zusammengesetzt sind und jede von ihnen mehr als nur einen Wert von anderer Stelle zu übernehmen hat.

Nr.	Zelle	Formel
1	P4	="Beginn war am "&TEXT(L4;"TT.MM.JJ")&" mit einem Wert von " &TEXT($K$4;" 0,0 ""Prozent""")&" des Lernstoffs."
2	P5	="Der Höchstwert wurde am Messpunkt "&$M$5&" (am " &TEXT(L5;"TT.MM.JJ")&") mit "&TEXT($K$5;" 0,0 ""Prozent""") &" des Lernstoffs erreicht."
3	P6	="Nach "&$M$3&" Tagen waren noch "&TEXT($K$6;" 0,0 ""Prozent""") &" des Lernstoffs verfügbar."

Tabelle 4.2   Mit diesen Formeln werden die Informationstexte generiert

Formeln und Elemente im Blatt *Focus 1*

Die vorstehend erwähnten Texte werden mit INDEX-Formeln in das Blatt *Focus 1* übernommen. Deren Zeilenargumente sind unsichtbar formatiert (Schriftfarbe = Zellfarbe) in Spalte C hinterlegt und hier lediglich für die Abbildung 4.9 sichtbar gemacht.

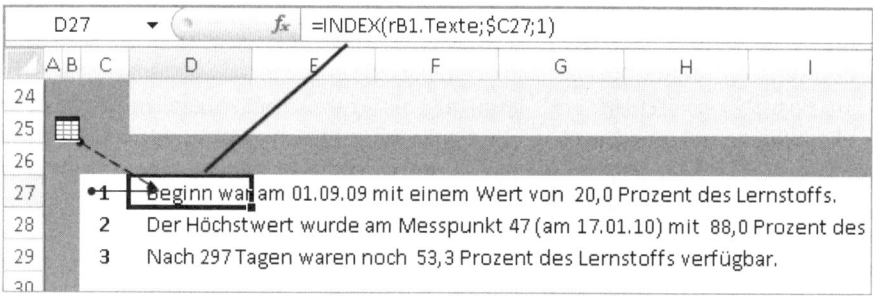

Abbildung 4.9   So werden die Texte aus dem Blatt *Basis 1* übernommen

Warum steht auch bei einem solch schlichten Konstrukt das Zeilenargument nicht in der Formel, sondern in einer Hilfsspalte? Das hat drei einfache, aber wichtige Gründe:

- Die Formeln sind, bis auf ihre sich bei der Eingabe automatisch anpassenden Spaltenbezüge, identisch.

- Sie können durch einen Wechsel der Vorgaben in Spalte C die Textpositionen auf einfache Weise austauschen (hier nicht besonders sinnvoll, in anderen Fällen von großer Bedeutung).

- Sie könnten die Vorgaben in Spalte C mit Steuerelementen variieren und dabei auch, sollte das sinnvoll sein, die Anzeige von Texten ganz oder teilweise unterdrücken. Noch wichtiger in diesem Zusammenhang: Sie könnten in komplexeren Lösungen bei einem Reservoir von z. B. zehn Textzeilen mittels WENN-Formeln auf sehr einfache Weise bestimmen, wie viele und welche dieser Zeilen an welcher Position zur Anzeige kommen.

Weiter zum (bisher) einzigen Steuerelement des Modells. Im Zusammenhang mit Abbildung 4.10. Die beiden Bezüge des *Listenfelds* sind in der Abbildung erkennbar. Sie sind – ein sehr angenehmer Arbeitsvorteil, wie Sie noch sehen werden – bis auf ihre Suffixendungen identisch.

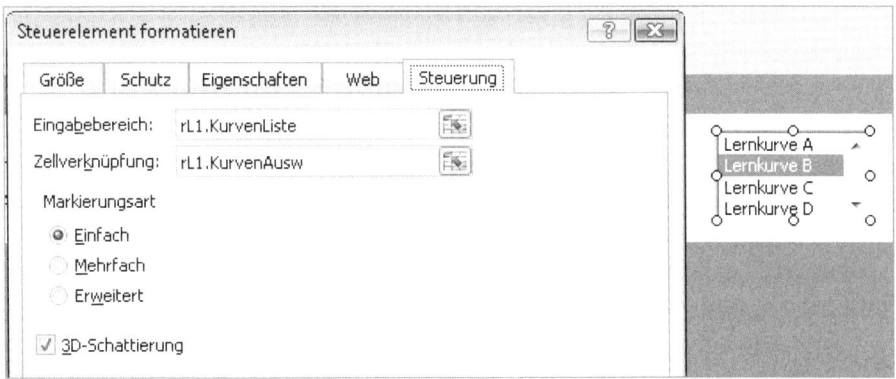

Abbildung 4.10   Das Listenfeld wurde mit Namen aus dem Blatt *Listen 1* funktionalisiert

Als Eigenschaft dieses Formularsteuerelements wurde festgelegt, dass es nicht mit gedruckt wird. Deshalb ist seine Position keinen Zwängen unterworfen – jedenfalls was das Drucken betrifft.

HINWEIS   Ein Druckbereich ist in der Beispieldatei nicht eingerichtet.

Das einfache Liniendiagramm weist nur wenige Besonderheiten auf, die hier der Erwähnung bedürfen.

- Die *Datenreihe* wird ohne Datenpunktmarkierungen gezeigt und ist geglättet.

- Die *Legende* wurde entfernt. Der aus Zelle K10 im Blatt *Basis 1* stammende Diagrammtitel wurde verschoben und vom Standard abweichend formatiert.

- In der *Zeichnungsfläche* wurden vertikale *Gitternetzlinien* eingerichtet.

Dann im Zusammenhang mit Abbildung 4.11:

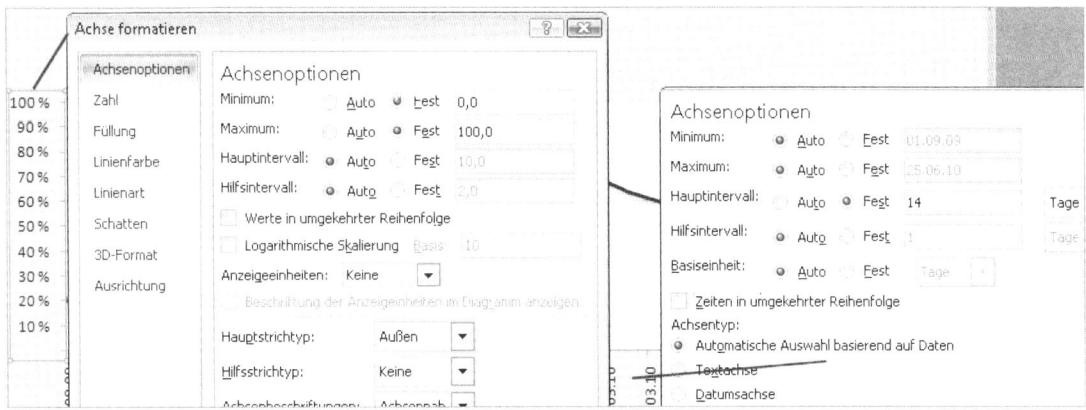

Abbildung 4.11   Die Werte für die beiden Achsen sind teilweise fixiert, passen sich also nicht automatisch an

- Die Skalierung der *Größenachse* (*vertikale Primärachse*) wurde auf eine Spanne von 0 bis 100 fixiert, weil alle Kurven, unabhängig von ihren Tiefst- oder Höchstwerten, optisch auf diesen Wertebereich zu beziehen sind und nicht ihrerseits die Skalierung beeinflussen sollen.

- Das Zahlenformat der *Größenachse* ist benutzerdefiniert 0" %";; und bedingt mit seinen beiden Semikola, dass nur positive Werte, gefolgt von Leerzeichen und Prozentzeichen, zur Anzeige kommen. Negative Werte kann es in diesem Modell und bei dieser Skalierung nicht geben. Auf die Anzeige der Null kann bei Beschriftungen der *Größenachse* nicht nur hier, sondern auch in vielen anderen Fällen getrost verzichtet werden. (Ich mache das sehr häufig, weil es dann am Schnittpunkt von *Größen-* und *Rubrikenachse* kein optisches »Gedränge« gibt.)

- Die Werte der *Rubrikenachse* (*horizontale Primärachse*) wurden von Excel als Kalenderdaten identifiziert. Deswegen erscheint dieses Element automatisch als *Zeitachse* (*Datumsachse*). Das Hauptintervall wurde fest mit 14 Tagen skaliert, sodass in der *Zeichnungsfläche* des Diagramms ein relativ gleichmäßig aussehendes Gitter entsteht, das mit seiner blassgrauen Färbung dezent in den Hintergrund tritt.

Nachteile und Schwächen des Modells

Die Nachteile des Modells sind relativ. Relativ deswegen, weil es seiner Zwecksetzung nach lediglich eine Publikationsgrundlage sein soll. In dieser Hinsicht erfüllt es seine Aufgabe. Würde auch eine Präsentationsfähigkeit erwartet, wäre, gerade auch bei diesem Thema, die Beschränkung auf die Anzeige nur jeweils einer einzigen Linie ein deutlicher Mangel, eher sogar ein Fehler – es fehlt der Vergleich. Das wird in den nächsten Abschnitten zu beheben sein.

Der Höchstwert der Kurven hat hier offenbar eine große Bedeutung, deswegen wird er ja auch im Begleittext erwähnt. Deswegen sollte seine Position auch im Diagramm auf den ersten Blick zu erkennen sein. Dies ist hier bei den Kurven B, C und D jedoch nicht der Fall. Auch das also gilt es, zumindest für eine Präsentationsvariante, zu korrigieren.

Als Schwäche ist die Beschriftung der *Rubrikenachse* einzuordnen. Eine Angabe von Kalendertagen ist für den Betrachter nur dann interessant, wenn Datenreihen eine wie auch immer geartete Beziehung zu einem kalendarischen Verlauf haben. Dies ist bei Lernkurven nur dann der Fall, wenn sie – bisweilen durchaus interessant und aufschlussreich – in jahreszeitliche und/oder klimatische Beziehungen gesetzt werden. Da dies hier nicht der Fall ist, wäre eine reine Tageszählung viel besser und eindrucksvoller. Für den interpretierenden Betrachter sind Erkenntnisse wie »Schon nach drei Tagen wird …« oder »Erst nach 100 Tagen war …« sehr viel aufschlussreicher als ein Kalenderbezug.

Beispiel 2 – Die Lösung zur anonymen Präsentation

Hier nun geht es um eine Abwandlung des vorstehend eingeführten Beispiels. Die Daten sind dieselben, ihre Darstellung gehorcht jedoch anderen Bedürfnissen und ist deshalb in mancherlei Hinsicht anders. Anders, das soll nicht heißen »besser«. Die Variante 2 wird lediglich einen anderen Zweck erfüllen, nämlich der eingangs des Kapitels erläuterten »anonymen Präsentation« dienen: Ein Excel-Laie soll ohne Zutun eines Präsentators oder einer anderen fremden

Hilfe in der Lage sein, die verschiedenen Lernkurven per Mausklick am Bildschirm anzuzeigen und sich dabei auf Vorabinformationen stützen können.

CD-ROM   Bitte öffnen Sie von der CD-ROM aus dem zu Ihrer Excel-Version passenden Ordner die Datei *0402_Lernkurven02*.

Um das vorherige Beispiel mit der Neufassung vergleichen zu können, lassen Sie bitte auch die Datei *0401_Lernkurven01* noch geöffnet. Das kann auch deswegen nützlich sein, weil ich für das Beispiel 2 im Wesentlichen nur das erläutern werde, was von Beispiel 1 abweicht.

Anforderung

Es liegen vier mit einer Tageszählung versehene Messreihen vor, von denen jeweils eine auszuwählen ist. Das Ergebnis dieser Auswahl soll in einem Liniendiagramm gezeigt werden. Es ist eine bildhafte Vorschau anzubieten, die dem Benutzer Miniaturen der einzelnen Kurvenverläufe zeigt. Ein Klick auf ein solches Miniaturbild oder ein Klick auf eine äquivalente Text-Auswahlliste soll die Großfassung des zugehörigen Diagramms zur Anzeige bringen. Gleichzeitig ist in einem mit *WordArt* erstellten Objekt die Diagrammüberschrift anzupassen und unterhalb des Diagramms ein zur *Datenreihe* gehörender Textkommentar einzufügen. Der erste Tag, an dem das Maximum der jeweiligen Kurve erreicht wurde, ist im Diagramm besonders kenntlich zu machen.

Wie diesen Anforderungen entsprochen wurde, ergibt sich aus den nachfolgenden Texten, Abbildungen und Tabellen.

Was ist im Arbeitsblatt *Focus 1* möglich?

Im Zusammenhang mit Abbildung 4.12: Das Blatt *Focus 1* ist ohne Kennwort geschützt. Sie sehen auf der rechten Seite kleine Vorschaubilder der einzulesenden Lernkurven. Es handelt sich hier jedoch nicht um »Bilder«, sondern um echte Diagrammdatenreihen, die miniaturisiert und von allen Zusatzelementen befreit wurden. Wenn Sie mit der Maus auf eines dieser Minidiagramme oder auf sein links benachbartes *Optionsfeld* zeigen, wird der Mauszeiger zum Hand-Symbol. Dann genügt ein Klick, um die Großfassung dieses Diagramms auf den Bildschirm zu bringen.

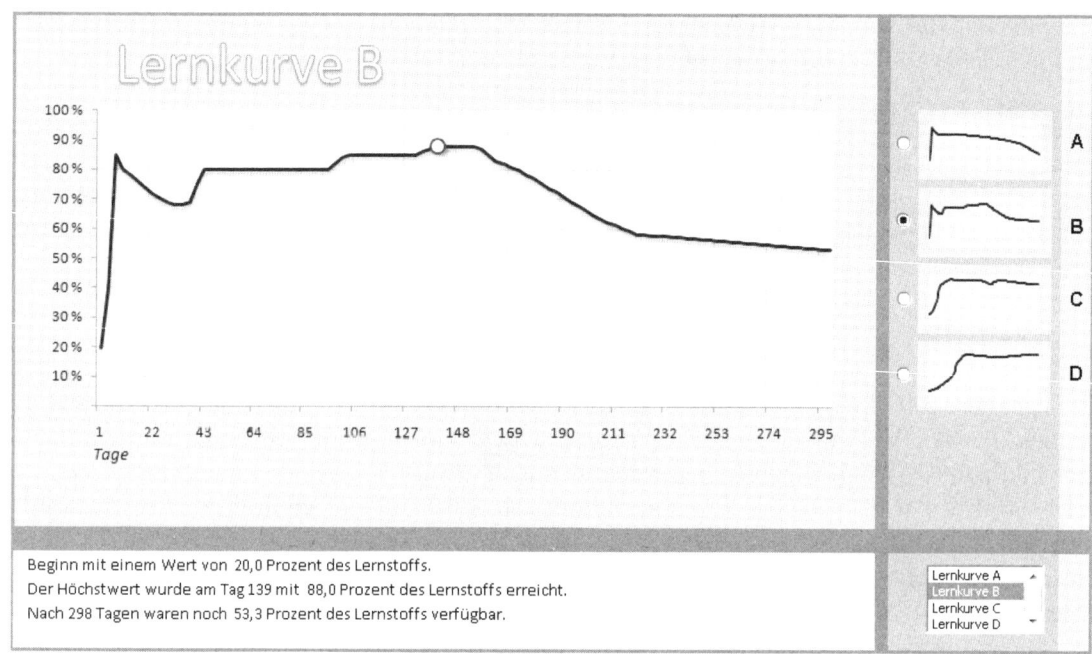

Beginn mit einem Wert von 20,0 Prozent des Lernstoffs.
Der Höchstwert wurde am Tag 139 mit 88,0 Prozent des Lernstoffs erreicht.
Nach 298 Tagen waren noch 53,3 Prozent des Lernstoffs verfügbar.

Abbildung 4.12 Ein Diagramm mit anwählbaren Vorschaubildern

Die Überschrift passt sich an und das *Optionsfeld* zeigt sich als »ausgewählt«. Gleichzeitig wird rechts unten im *Listenfeld* der Eintrag des ausgewählten Diagramms durch Markierung hervorgehoben. Umgekehrt funktioniert es auch: Wenn Sie einen Eintrag im *Listenfeld* anklicken, wird das entsprechende Diagramm angezeigt und gleichzeitig oben das entsprechende *Optionsfeld* markiert. Die Steuerelemente sind also synchronisiert.

In jeder der in der Großfassung angezeigten *Datenreihen* erscheint an der Stelle, wo erstmals der Höchstwert erreicht wurde, eine rote Kreismarkierung mit weißer Füllung.

WICHTIG   Die nachfolgenden Informationen gehen davon aus, dass es sich bei Beispiel 2 nicht um eine Neufassung handelt, sondern um gezielte Anpassungen – eher ergänzend als verändernd – des als Beispiel 1 vorgestellten Produkts.

Dies entspräche auch einer in der Praxis sehr sinnvollen Vorgehensweise, da es sich hier um identische Daten und auch formal sehr ähnliche Modelle handelt. Sollten solche günstigen Voraussetzungen jedoch nicht existieren, ist von einer »Aus-A-mach-B-Strategie« meistens abzuraten. Häufig ist es so, dass ein Neubau wesentlich leichter und angenehmer von der Hand geht als ein Umbau, zumal es bei Letzterem, sollten komplizierte Zusammenhänge existieren, sehr schnell zu zahlreichen und schwer auffindbaren Fehlern kommen kann.

Namen und Inhalte in *Namensliste, Daten 1, Listen 1* und *Basis 1*

Zum Blatt *Namensliste* im Zusammenhang mit Abbildung 4.13:

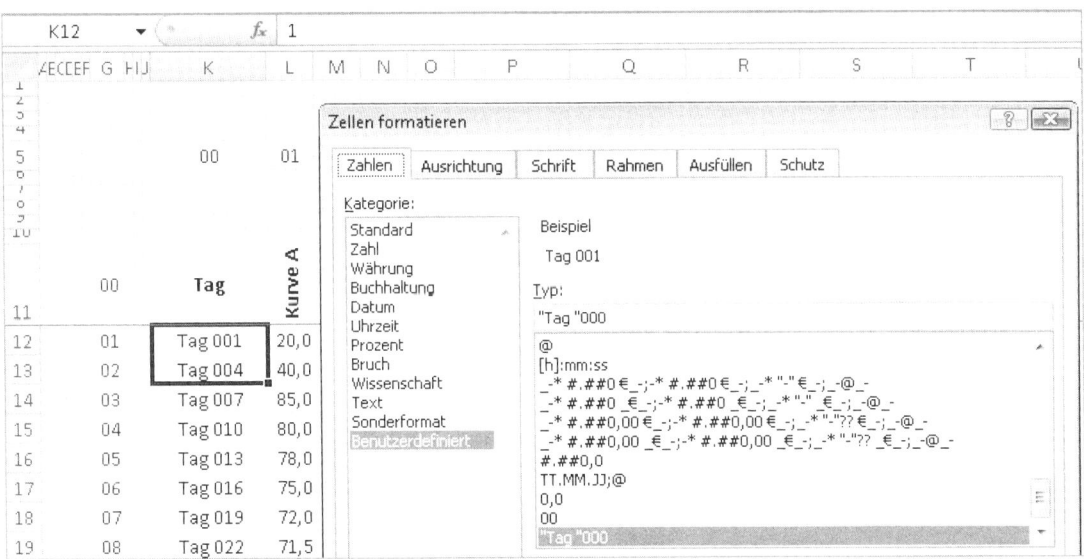

	Beispiel 1				Beispiel 2	
	A	B	C		A	B	C
1				1			
2	rB1.Messtage	='Basis 1'!$J$11:$J$110		2	rB1.MaxPos	='Basis 1'!$M$4
3	rB1.Messwerte	='Basis 1'!$K$11:$K$110		3	rB1.Messtage	='Basis 1'!$J$10:$J$109
4	rB1.Texte	='Basis 1'!$P$4:$P$6		4	rB1.Messwerte	='Basis 1'!$K$10:$K$109
5	rD1.KurvenWerte	='Daten 1'!$L$12:$O$111		5	rB1.Texte	='Basis 1'!$P$3:$P$5
6	rD1.Messtage	='Daten 1'!$K$12:$K$111		6	rB1.Titel	='Basis 1'!$K$9
7	rL1.KurvenAusw	='Listen 1'!$K$4		7	rD1.KurvenWerte	='Daten 1'!$L$12:$O$111
8	rL1.KurvenListe	='Listen 1'!$K$11:$K$14		8	rD1.Messtage	='Daten 1'!$K$12:$K$111
9				9	rL1.KurvenAusw	='Listen 1'!$K$4
10				10	rL1.KurvenListe	='Listen 1'!$K$11:$K$14

Abbildung 4.13 Zwei Bereichsnamen sind hinzugekommen

Beim Vergleich der Auflistungen im Blatt *Namensliste* der jeweiligen Arbeitsmappe sehen Sie, dass zwei Namen mit dem Präfix *rB1* hinzugekommen sind: *rB1.MaxPos* und *rB1.Titel*. Das weist bereits darauf hin, dass es im Modell offenbar funktionale Änderungen oder Ergänzungen gegeben hat.

Zunächst aber im Zusammenhang mit Abbildung 4.14 zum Blatt *Daten 1*:

Abbildung 4.14 Die Kalenderdaten wurden durch eine Tageszählung ersetzt

Oben habe ich die Beschriftung der *Rubrikenachse* mit Kalenderdaten kritisiert. In dieser Variante erfolgte nun die Umstellung auf eine Tageszählung. Was ab Zelle K12 abwärts enthalten ist, sind keine Texte, sondern formatierte Zahlen von 1 bis 298 als Reihe mit dem Inkrement 3 und mit der benutzerdefinierten Zahlenformatierung "Tag "000.

Auch eine solche Reihe können Sie nach dem in Kapitel 1 beschriebenen Arbeitsmuster mit Doppelklick erzeugen: Sie geben in die Zellen K12 und K13 die Zahlen 1 und 4 ein, markieren beide Zellen und doppelklicken dann auf das bei der unteren Zelle angezeigte *Ausfüllkästchen*. Voraussetzung: Die Nachbarspalte enthält lückenlos Daten in der Anzahl, die der Länge der zu erzeugenden Zahlenreihe entspricht.

TIPP   Wenn das Datenmaterial es zulässt, sollten Sie Beschriftungsdaten für die Diagrammrubriken nicht als Texte, sondern als formatierte Zahlen vorhalten. Dies vergrößert Ihre Spielräume bei der Diagrammgestaltung, weil Sie der Achsenbeschriftung dann ein anderes Zahlenformat zuweisen können, als es in der Datenquelle enthalten ist.

Im Blatt *Listen 1* hat es keine Änderungen gegeben, deswegen können Sie sich nach kurzer Erinnerung zur Position und Verwendung der beiden Namen *rL1.KurvenListe* und *rL1.KurvenAusw* gleich dem Blatt *Basis 1* zuwenden.

Was ist gegenüber Beispiel 1 anders oder neu? Im Zusammenhang mit Abbildung 4.15:

- Die Formeln im Bereich J2:M5 wurden teilweise geändert und teilweise anders platziert.

- Die Zelle M4 hat den Namen *rB1.MaxPos* erhalten. Er steht für die Zeilenposition des ersten Vorkommens des Maximalwerts innerhalb der Messwerte.

- Die Texte in der Matrix *rB1.Texte* (Zellen P3:P5) konnten vereinfacht werden, weil sie keine Kalenderdaten mehr verarbeiten müssen.

- In Spalte L ist ein Formeln enthaltender Bereich mit der Überschrift *Maximum* hinzugekommen. Hier wird die Datenreihe erzeugt, die im Diagramm den Signalpunkt für den Höchstwert setzt.

I	J	K	L	M	N O	P	Q	R	S
		Tag	Werte	Pos					
	Einstieg	1	20,0			Beginn mit einem Wert von 20,0 Prozent des Lernstoffs.			
	Max	7	85,0	3		Der Höchstwert wurde am Tag 7 mit 85,0 Prozent des Lern			
	Ende	298	32,9			Nach 298 Tagen waren noch 32,9 Prozent des Lernstoffs v			
		Lernkurve A	Maximum						
01	Tag 001	20,0	#NV						
02	Tag 004	40,0	#NV						
03	Tag 007	85,0	85,0						
04	Tag 010	80,0	#NV						

Abbildung 4.15 Die Strukturen und Inhalte wurden teilweise vereinfacht, teilweise ergänzt

Formeln im Blatt *Basis 1*

Sie sehen in Abbildung 4.16 die Betextungen und die Formelansicht des Bereichs J2:M5. Die dort eingerichteten Formeln sind zusätzlich auch in der Tabelle 4.3 aufgelistet.

	J	K	L	M
1				
2		**Tag**	**Werte**	**Pos**
3	Einstieg	=MIN(rB1.Messtage)	=INDEX(rB1.Messwerte;$K3;1)	
4	Max	=INDEX(rB1.Messtage;rB1.MaxPos;1)	=MAX(rB1.Messwerte)	=VERGLEICH($L4;rB1.Messwerte;0)
5	Ende	=MAX(rB1.Messtage)	=INDEX(rB1.Messwerte;ANZAHL2(rB1.Messwerte);1)	
6				

Abbildung 4.16 Die Formeln im Kopfbereich wurden umgestellt und teilweise geändert

Einen Teil der Formeln kennen Sie schon aus dem Beispiel 1. Dort wurde der gesamte Komplex ausführlich beschrieben. Hier nun sind nur noch zu einigen der Zellinhalte Erläuterungen nötig.

Zelle	Formel
L4	=MAX(rB1.Messwerte)
M4	=VERGLEICH($L4;rB1.Messwerte;0)
K3	=MIN(rB1.Messtage)
K4	=INDEX(rB1.Messtage;rB1.MaxPos;1)
K5	=MAX(rB1.Messtage)
L3	=INDEX(rB1.Messwerte;$K3;1)
L5	=INDEX(rB1.Messwerte;ANZAHL2(rB1.Messwerte);1)

Tabelle 4.3 So entstehen die Variablen für Informationstexte und Formelargumente

Im Zusammenhang mit Tabelle 4.3 :

- Die Formel in Zelle L4 ermittelt das Maximum der Messwerte.

- Das Ergebnis aus L4 wird in Zelle M4 von der Formel =VERGLEICH($L4;rB1.Messwerte;0), die den Namen *rB1.MaxPos* hat, als Suchkriterium benutzt. Das Ergebnis in M4 ist also eine Zeilenposition.

- Die Formel in K4 wiederum arbeitet mit dem Ergebnis aus *rB1.MaxPos*, um den zum höchsten Messwert gehörenden Tageszählungswert zu ermitteln.

- In Zelle L5 finden Sie eine neue Variante zur Bestimmung des Zeilenarguments einer INDEX-Formel: Die eingebundene Formel ANZAHL2(rB1.Messwerte) liefert die Anzahl der Messwerte und damit den Höchstwert einer jeweils aktuellen (und möglicherweise wechselnden) Zeilenzahl. Das funktioniert natürlich nur dann, wenn Sie voraussetzen können, dass der so geprüfte Bereich vollständig mit Werten oder mit Formeln gefüllt ist.

Jetzt weiter mit den Strukturen und Formeln, die der Entwicklung des Diagramms dienen. Im Zusammenhang mit Abbildung 4.17:

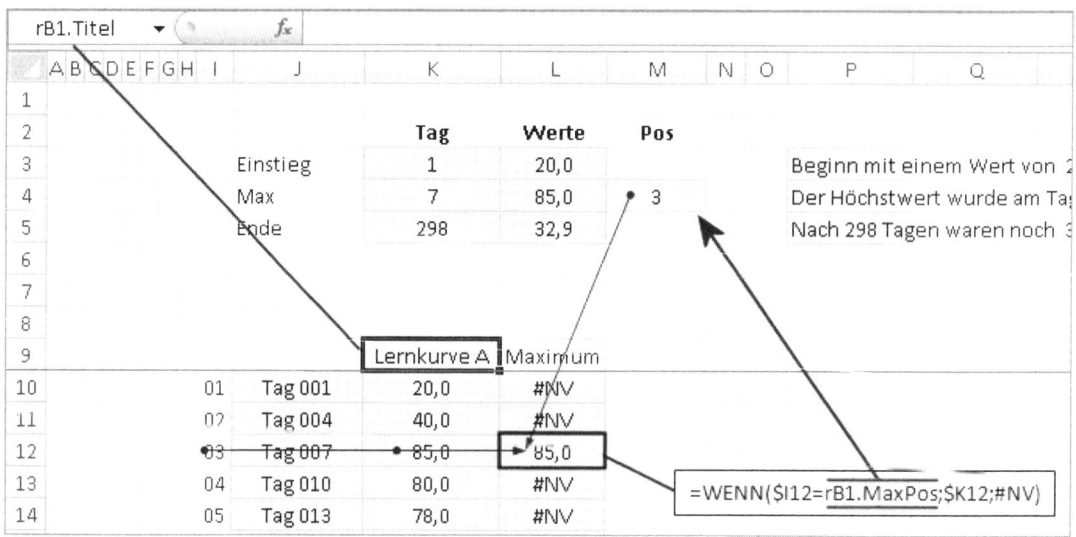

Abbildung 4.17 Die Formeln unterhalb von L9 erzeugen die zweite Datenreihe

Wie der variable Diagrammtitel entsteht, haben Sie schon im Beispiel 1 gesehen. Hier nun hat die entsprechende Zelle K9 zusätzlich den Namen *rB1.Titel* erhalten. Dies deswegen, weil, wie später erläutert wird, ein grafisches Objekt mit dieser Zelle zu verknüpfen ist.

Recht interessant für vielerlei Einsatzmöglichkeiten in dynamischen Diagrammen sind Formeln der Art, wie sie im Bereich L10:L109 angelegt wurden. Hier entsteht eine komplette Datenreihe mit 100 Datenpunkten, von denen letztlich aber nur ein einziger im Diagramm sichtbar sein wird – der Signalpunkt für den Höchstwert nämlich. Alle anderen kommen nicht zur Anzeige, weil ihr Wert automatisch auf #NV gesetzt wird. (Zur gezielten Verwendung des Fehlerwerts #NV finden Sie Informationen und Begründungen in Teil B, Kapitel 11.)

Am Beispiel der Zelle L12: Die Formel =WENN($I12=rB1.MaxPos;$K12;#NV) als Anweisung: »Wenn der Wert in Zelle I12 (die fortlaufende Zeilennummer also) gleich dem Wert in der Zelle *rB1.MaxPos* ist (gleich der ermittelten Zeilenposition des ersten Maximalwerts also), dann übernimm den Wert aus K12 (den dort stehenden Maximalwert also), ansonsten schreibe den Fehlerwert #NV.«

Anpassungen und Änderungen im Blatt *Focus 1*

Wie oben schon erwähnt handelt es sich bei diesem Modell nicht um eine Neufassung, sondern um eine angepasste Variante. Es wird also unterstellt, dass im Arbeitsblatt *Focus 1* jene Strukturen vorhanden sind, die im Beispiel 1 bereits fertig waren: ein Diagramm mit Titel und mit einer *Datenreihe*, das Steuerelement *Listenfeld* und die unter dem Diagramm befindlichen, datenreihenspezifischen Informationstexte. Was ist nun in welcher Reihenfolge zu tun?

- Änderungen der Flächen und Spaltenbreiten

- Änderung der Skalierung in der *Rubrikenachse* und Textergänzung

- Einrichtung des Diagrammtitels

- Einrichtung der zweiten Datenreihe

- Einrichtung der Miniaturdiagramme

- Beschriftungen in Spalte O und Einrichtung der Steuerelemente

Änderungen der Flächen und Spaltenbreiten

- Die Zeile 3 mit ihrer Hauptüberschrift wird vollständig gelöscht. Dann wird der Diagramm-bereich verkleinert, sodass er nur noch die Fläche C3:L23 bedeckt.

HINWEIS   Die genaue Anpassung eines grafischen Objekts an die Zellgrenzen gelingt, wenn Sie das Objekt (hier also das Diagramm) markieren und dann seine Außenkanten bei gedrückter Taste Alt mit der Maus so ziehen, dass sie an den gewünschten Zellrändern quasi einrasten. Es kann bei diesen Aktionen manchmal notwendig sein, über den gewünschten Zellrand hinaus zu ziehen und dann wieder zurück, damit das Einrasten funktioniert.

- Die Spaltenbreiten rechts vom Diagramm werden verändert: M = 1, N = 21, O = 3.

- Unterhalb des Diagramms wird eine freie Zeile eingefügt.

- Die Flächen werden so gefärbt (vgl. auch Abbildung 4.12), dass ein Vier-Flächen-Raster mit Kreuztrennung entsteht.

- Das Steuerelement *Listenfeld* wird in die rechte untere dieser Flächen verschoben.

Somit also insgesamt: Oben links: Diagramm. Rechts davon: Fläche zur Aufnahme von Minia-turdiagrammen und *Optionsfeldern*. Unten links: Variable Texte als Kommentare zu den Daten-reihen. Unten rechts: *Listenfeld*. (Ein Bereich, in denen Steuerelemente deponiert sind, bezeichne ich gelegentlich als »Steuerkonsole«.)

Allgemeine formale Anpassungen im Diagramm

Zur Anpassung der *Rubrikenachse* wird als *Skalierung* eingestellt: *Intervall zwischen Teilstri-chen* = 7 und *Intervalleinheit* ebenfalls 7 (in Excel 2003 heißt es *Rubrikenanzahl zwischen Teilstri-chen* und *Rubrikenanzahl zwischen Teilstrichbeschriftungen*). Dadurch entsteht eine Rubriken-achsenbeschriftung und ein vertikales Gitternetz mit Abständen von 21 Tagen und mit einem Überstand von drei Tagen am Ende der Achse.

Zur Klassifizierung der Werte in der Rubrikenachse wird ein kleines, transparentes Textfeld erzeugt, mit dem Text *Tage* versehen und unter dem Anfang der Achse deponiert.

Im Zusammenhang mit Abbildung 4.18:

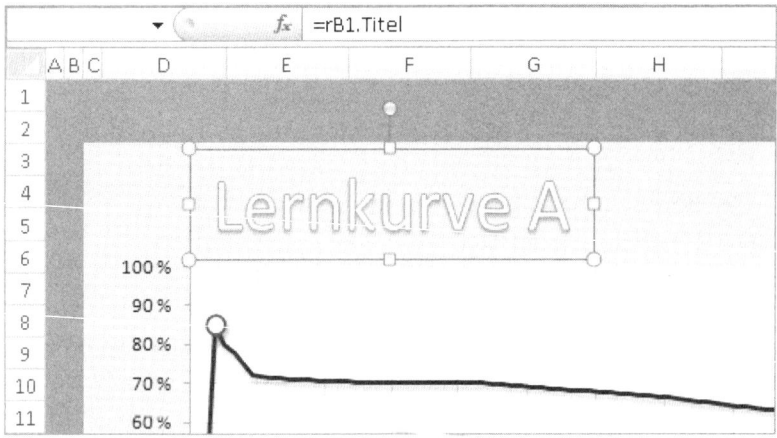

Abbildung 4.18 Das *WordArt*-Objekt ist mit einer benannten Zelle verknüpft

Der Diagrammtitel wird entfernt und durch ein dynamisiertes *WordArt*-Objekt ersetzt. Das Verfahren ist einfach:

1. Erzeugen Sie das Objekt mit einem beliebigen Text.

2. Markieren Sie das Objekt (nicht den Text *im* Objekt).

3. Geben Sie in die Bearbeitungsleiste mit führendem Gleichheitszeichen den Zellbezug auf eine einzige Zelle ein, die natürlich einen Namen haben sollte. Die Verwendung von ⏎F3⏎ funktioniert in diesem Fall nicht. Wenn Sie also den Namensbezug verwenden, müssen Sie den Namen manuell eingeben oder ihn vorher in die Zwischenablage kopiert haben, um ihn nach dem Gleichheitszeichen einfügen zu können.

4. Drücken Sie ⏎↵⏎, um das Objekt mit der Zelle zu verknüpfen. Werden nun in dieser Quelle wechselnde Texte erzeugt, kommen diese jeweils im Grafikobjekt zur Anzeige.

5. Formatieren Sie das Objekt nach Belieben.

HINWEIS   Diese Einrichtung von variablen Inhalten gilt für alle grafischen Objekte, die Text enthalten können, also auch für alle flächigen Zeichnungsobjekte (*AutoFormen*), die sich in Excel erstellen lassen.

Wichtig ist, dass sich die Verknüpfungsformel nur auf eine einzige Zelle beziehen darf!

Einrichtung der zweiten Datenreihe

Dem Titel des Buches soll treu geblieben werden. Der weiter unten beschriebene Weg zum Einfügen einer zweiten Datenreihe ist ein wenig anspruchsvoller, als er unter Umgehung von Fehlerquellen sein könnte. Wie es leichter, dann aber umständlicher ginge, das ist im Kasten beschrieben.

Die sicherste Variante wäre die aufwendigste (und im Beispiel auch überflüssige): Sie erstellen ein neues Diagramm. Dabei gilt es das Problem zu umgehen, dass die *Datenquelle* der zweiten *Datenreihe* nur einen einzigen Wert enthält, der im Diagramm als *Datenpunkt* sichtbar wird und der zudem identisch mit einem Wert der ersten *Datenreihe* ist. Die empfohlenen Schritte:

1. Überschreiben Sie temporär im Blatt *Basis 1* in Spalte L an beliebiger Stelle einige (vielleicht fünf oder zehn) jener Formeln, die die zweite Datenreihe zu erzeugen haben. Verwenden Sie als Konstanten einen einheitlichen Wert, der innerhalb der erlaubten Spanne (von 1 bis 100) liegt, aber deutlich nach oben oder nach unten von den Werten in der Nachbarspalte abweicht.

2. Erzeugen Sie aus dem Bereich J9:L109 das Diagramm, in dem Sie nun deutlich zwei *Datenreihen* erkennen: eine lange mit Schwankungen und eine kurze als horizontale Linie. Letztgenannte ist es also, die später den Signalpunkt liefern soll.

3. Formatieren Sie beide *Datenreihen* nach Ihren Wünschen.

4. Ersetzen Sie in der Datenquelle die eingegebenen Konstanten wieder durch die Formeln. Im Diagramm bleibt dann ein einziger *Datenpunkt* zurück, der nun in die Linie der ersten *Datenreihe* fällt.

Wenn Sie alternativ den nachstehend beschriebenen Weg des Kopierens und Einfügens der zweiten *Datenreihe* in ein fertiges Diagramm gehen, können Sie natürlich ebenso diese absichernde Hilfe einer temporären Verwendung von Konstanten für die Einrichtung und Formatierung der zweiten *Datenreihe* benutzen.

Sie kopieren den Datenbereich, der die relevanten Werte enthält, in die Zwischenablage (einschließlich der Überschrift, im Beispielfall also L9:L109), markieren dann das Diagramm und fügen den Inhalt der Zwischenablage ein. Was gibt es nach dem Einfügen einer solchen Ein-Punkt-*Datenreihe* in ein fertiges Diagramm zu beachten?

- Es kann sein, dass Sie nichts von der eingefügten Datenreihe sehen.

- Es kann sein, dass Sie nur den einen Datenpunkt sehen, ihn anklicken und formatieren, dabei aber übersehen, dass Sie möglicherweise nur diesen einen Punkt markiert haben und formatieren, nicht aber die gesamte Reihe. Dies hat den Effekt, dass bei der Auswahl der nächsten Kurve deren Höchstpunkt *nicht* sichtbar wird, weil sich an dieser Stelle keine entsprechende Formatierung befindet.

In beiden Fällen gilt also, dass Sie vor dem Formatieren der eingefügten Datenreihe sicherstellen müssen, dass die gesamte Reihe markiert ist.

Der entsprechende Zugang und die sichtbaren Informationen sind in den beiden hier behandelten Programmversionen recht unterschiedlich, deshalb will ich den Vorgang in zwei Sequenzen schildern.

Für die **Version 2007** gilt (im Zusammenhang mit Abbildung 4.19) das Nachstehende als sicheres Verfahren. Das auch dann, wenn Sie vorläufig im Diagramm keine zweite Datenreihe oder aber keinen Datenpunkt, der zu ihr gehören könnte, sehen sollten:

1. Klicken Sie das Diagramm an und wählen Sie dann in der *Multifunktionsleiste* unter *Diagrammtools* die Registerkarte *Layout* oder *Format*.

2. In der *Multifunktionsleiste* wird jetzt ganz links die Gruppe *Aktuelle Auswahl* angeboten. Wenn Sie oben auf den Dropdownpfeil klicken, öffnet sich die Liste jener Diagrammelemente, die Excel erkennt (auch dann – in der Praxis sehr wichtig –, wenn sie unsichtbar formatiert sind). Im Beispielfall geht es um den Eintrag *Reihen "Maximum"*. Ist er nicht mit aufgelistet, ist diese *Datenreihe* nicht vorhanden, z. B. wenn aus irgendeinem Grund das Kopieren oder das Einfügen aus der Zwischenablage misslungen wäre.

3. Klicken Sie den Eintrag an, um die Reihe auszuwählen.

4. Öffnen Sie dann das Dialogfeld zur Formatierung. Achten Sie bei derartigen Dialogfeldern immer besonders sorgfältig darauf, was in ihrer Titelleiste steht. In diesem Fall muss es dort *Datenreihen formatieren* heißen. Wäre aktuell nur ein Punkt der Reihe ausgewählt, würde diese Angabe *Datenpunkt formatieren* lauten.

5. Legen Sie alle Formatierungen fest, die für die gesamte Datenreihe (bzw. für den am Schluss nur noch sichtbaren einzigen Datenpunkt) gelten sollen. Achten Sie darauf, bei *Linienfarbe* die Option *Keine Linie* zu wählen.

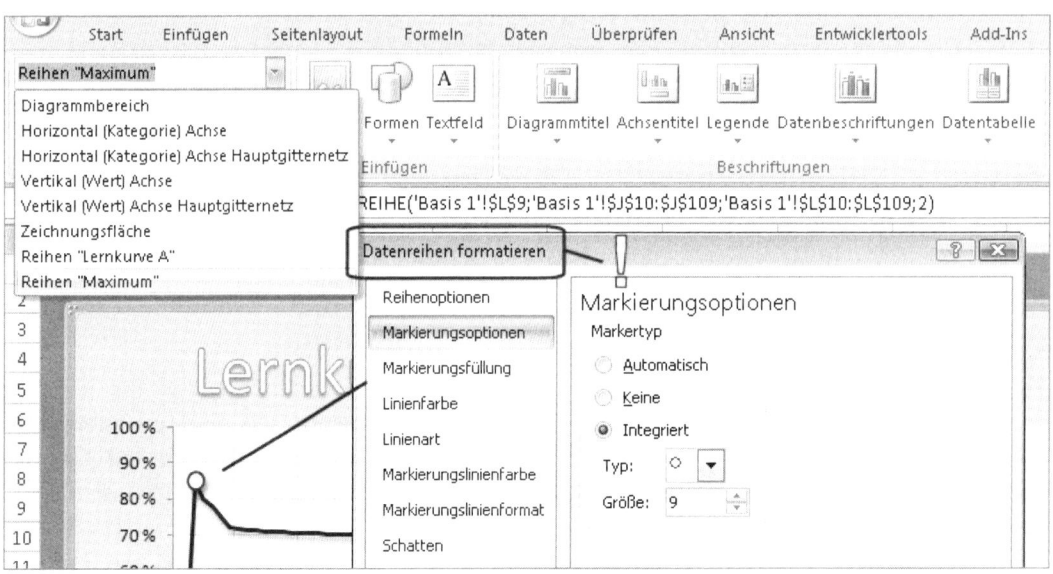

Abbildung 4.19   Der Zugriff auf die gesamte Datenreihe in der Version 2007

Für die **Version 2003** gilt (im Zusammenhang mit Abbildung 4.20) das Nachstehende als sicheres Verfahren. Das auch dann, wenn Sie vorläufig im Diagramm keine zweite Datenreihe oder keinen Datenpunkt, der zu ihr gehören könnte, sehen sollten:

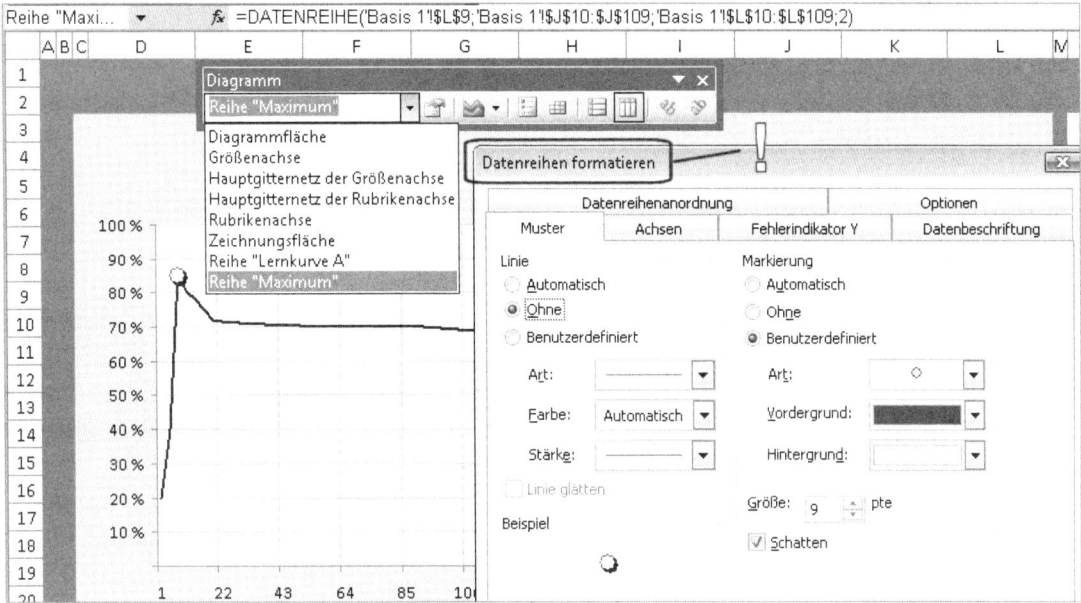

Abbildung 4.20 Der Zugriff auf die gesamte Datenreihe in der Version 2003

1. Klicken Sie das Diagramm an und aktivieren Sie, falls nicht ohnehin bereits sichtbar, die Symbolleiste *Diagramm*.

2. Links in dieser Symbolleiste finden Sie eine Dropdownliste jener Diagrammelemente, die Excel erkennt (auch wenn sie unsichtbar formatiert sind). Im Beispielfall geht es um den Eintrag *Reihe "Maximum"*.

3. Klicken Sie den Eintrag an, um die Reihe auszuwählen.

4. Öffnen Sie dann das Dialogfeld zur Formatierung. Achten Sie darauf, dass es in der Titelleiste *Datenreihen formatieren* heißt. Wäre aktuell nur ein Punkt der Reihe markiert, würde die Angabe *Datenpunkt formatieren* lauten.

5. Legen Sie alle Formatierungen fest, die für die Datenreihe (bzw. für den am Schluss nur noch sichtbaren einzigen Datenpunkt) gelten sollen. Achten Sie darauf, auf der Registerkarte *Muster* bei *Linie* die Option *Ohne* zu wählen.

Das Wichtigste zusammenfassend. Sie formatieren die aus 100 *Datenpunkten* bestehende *Datenreihe* eines Liniendiagramms. Danach ist die Linie selbst nicht mehr sichtbar, aber jeder ihrer 100 *Datenpunkte* kann die festgelegte Formatierung annehmen – wenn er denn sichtbar wird. Da sein Wert immer mit einem Wert der anderen Datenreihe übereinstimmt, entsteht der Eindruck, als würde er, einem »wandernden Signal« gleich, zu dieser anderen Datenreihe gehören.

Einrichtung der Miniaturdiagramme

Die Anfertigung und Formatierung der Miniaturdiagramme ist ein wenig kniffelig, dennoch aber, wenn Sie dabei eine bestimmte Arbeitsreihenfolge beachten, bald erledigt.

Alle vier dieser Diagramme sind statisch. Sie können (bzw. müssen) hier also die im Arbeitsblatt *Daten 1* hinterlegten Konstanten als Datenquelle benutzen. Besonders wichtig ist es bei diesem Arbeitsgang, das erste Objekt vollständig formatiert herzustellen und erst dann Kopien davon anzufertigen, bei denen dann lediglich noch die Datenquelle zu ändern ist.

Als Schritt-für-Schritt-Anleitung:

1. Markieren Sie im Blatt *Daten 1* den Bereich L12:L111 (also ohne Überschrift) und erstellen Sie daraus ein Liniendiagramm ohne sichtbare Datenpunkte.

2. Entfernen Sie in diesem Diagramm alle Elemente, außer den Trägerelementen und der Linie selbst. Als formatierbar bleiben also nur noch zurück: *Diagrammbereich* (*Diagrammfläche* heißt es in Excel 2003), *Zeichnungsfläche* und *Datenreihe*.

3. Verkleinern Sie den *Diagrammbereich* mit der Maus (wie klein spielt zunächst keine Rolle) und machen Sie dann die *Zeichnungsfläche* so groß, dass rundum nur noch ein relativ schmaler, vom *Diagrammbereich* gebildeter Rand sichtbar bleibt.

4. Schneiden Sie das Diagramm aus und fügen Sie es in das Arbeitsblatt *Focus 1* ein. Platzieren Sie es in der Nähe der Position, die es später einnehmen soll.

5. Entfernen Sie bei *Diagrammbereich* und *Zeichnungsfläche* die Rahmen und weisen Sie diesen Elementen, wie auch der Linie, ihre endgültige Färbung und Formung zu.

Dann sollten Sie die endgültige Größe des Diagramms festlegen. Hier und in ähnlichen Fällen empfehle ich eine Verwendung metrischer Größen. Dazu weiter im Zusammenhang mit Abbildung 4.21:

Sie können entweder das Dialogfeld *Größe und Eigenschaften* (Version 2007) bzw. *Objekt formatieren* (Version 2003) öffnen oder, in Excel 2007, als Teilalternative die Größe direkt in der *Multifunktionsleiste* eingeben, nachdem Sie zuvor in der Multifunktionsleiste *Diagrammtools* und *Format* ausgewählt haben. Die Zugangswege für das Dialogfeld:

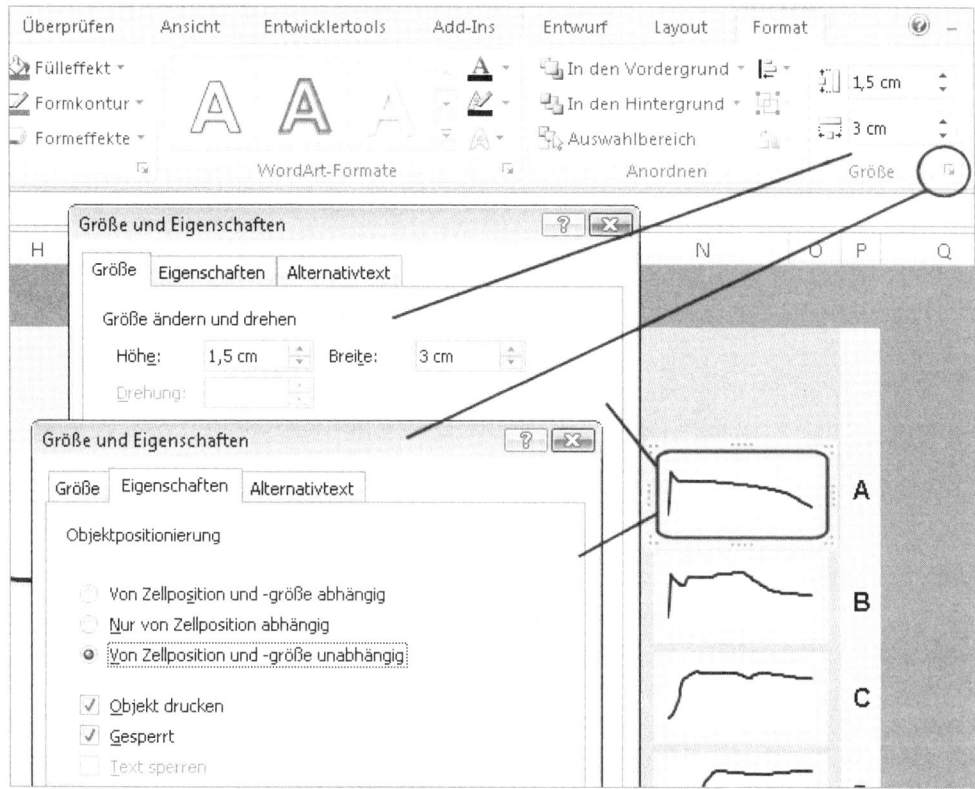

Abbildung 4.21 Legen Sie Größe und Eigenschaften mit dem Dialogfeld fest

■ Excel 2007: Benutzen Sie, bei markiertem Diagramm, den »Launcher« unten rechts in der Gruppe *Format/Größe*. Es öffnet sich das Dialogfeld *Größe und Eigenschaften*.

■ Excel 2003: Klicken Sie das Diagramm bei gedrückter Taste ⎡Strg⎤ an, um es als Objekt zu markieren – es wird jetzt mit Ziehpunkten an seinen Ecken und Kanten markiert. Drücken Sie ⎡Strg⎤+⎡1⎤, um das Formatierungsdialogfeld mit der Überschrift *Objekt formatieren* zu öffnen (alternativer Zugang: Kontextmenü nach Rechtsklick).

Die Dialogfelder sind in den Programmversionen unterschiedlich ausgestattet, verfügen aber beide über jene Registerkarten, auf die es hier ankommt. Somit also weiter im Zusammenhang mit Abbildung 4.21:

6. Legen Sie auf der Registerkarte *Größe* als *Höhe* 1,5 cm und als *Breite* 3 cm fest.

7. Wählen Sie auf der Registerkarte *Eigenschaften* die Option *Von Zellposition und -größe unabhängig*. Dies verhindert, dass sich Ihre Minidiagramme später noch verformen könnten oder verschieben würden, wenn Sie Änderungen an den hinter oder neben ihnen liegenden Spalten und Zeilen vornehmen.

8. Positionieren Sie dieses erste Minidiagramm genau an der Stelle, die es abschließend beset-
    zen soll. (Wenn Sie ein Diagramm mit gedrückter Taste `Strg` anklicken, um es als Grafikob-
    jekt zu markieren, können Sie es anschließend mithilfe der Pfeiltasten auf dem Bildschirm in
    kleinen oder kleinsten Schritten bewegen.)

9. Stellen Sie drei Kopien her, fügen Sie diese an den entsprechenden Stellen ein und weisen Sie
    ihnen, bei vertikaler Anordnung und in Abstimmung mit den Nachbardiagrammen, ihre
    exakte Position zu.

Sie haben jetzt vier identische Diagramme, die alle die Lernkurve A zeigen. Somit sind im letzten
Schritt noch, Diagramm für Diagramm, die Datenquellen zu ändern:

-   Excel 2007: Rechtsklick in das Diagramm, Befehl *Daten auswählen*, im dann erscheinenden
    Dialogfeld den *Diagrammdatenbereich* ändern. Es genügt hier, mittels Eingaben die Spalten-
    bezeichnungen der Bezüge anzupassen.

-   Excel 2003: Dasselbe auf dem Weg: Rechtsklick, Befehl *Datenquelle*, Änderungen auf der
    Registerkarte *Datenbereich*.

Einrichtung der Steuerelemente

Im Vergleich mit den Minidiagrammen ist die Einrichtung der vier *Optionsfelder* geradezu
lächerlich einfach und deswegen rasch erledigt. Vorher sollten Sie noch die kennzeichnenden
Buchstaben *A* bis *D* in Spalte O platzieren, weil diese später von den Steuerelementen überdeckt
werden. Benutzen Sie entweder volltransparente Textfelder oder bringen Sie die Buchstaben in
verbundenen Zellen unter, damit sie ordentlich und einheitlich zu den benachbarten Diagrammen ausgerichtet werden können.

Als Schritt-für-Schritt-Anleitung im Zusammenhang mit Abbildung 4.22 und Abbildung 4.23:

1. Erzeugen Sie ein Formularsteuerelement der Art *Optionsfeld* und platzieren Sie es auf dem
    Minidiagramm A.

2. Bestimmen Sie als *Zellverknüpfung* die Zelle mit dem Namen *rL1.KurvenAusw*, also dieselbe,
    die für das Steuerelement *Listenfeld* benutzt wurde. Das genügt schon, um die beiden Steuer-
    elemente zu synchronisieren. Sie sind jetzt alternativ benutzbar und eine Auswahl in dem
    einen beeinflusst die Aktivitätsanzeige in dem anderen.

HINWEIS   *Listenfeld* und *Optionsfeld* geben beide jeweils eine Zahl in ihre verknüpfte Zelle aus. Das *Listenfeld* die Zahlen 1 bis 4, je nach Klick in der Liste. Das erste *Optionsfeld* die Zahl 1, das zweite *Optionsfeld*, als Kopie
aus dem ersten erzeugt, die Zahl 2, das dritte die 3, das vierte die 4.

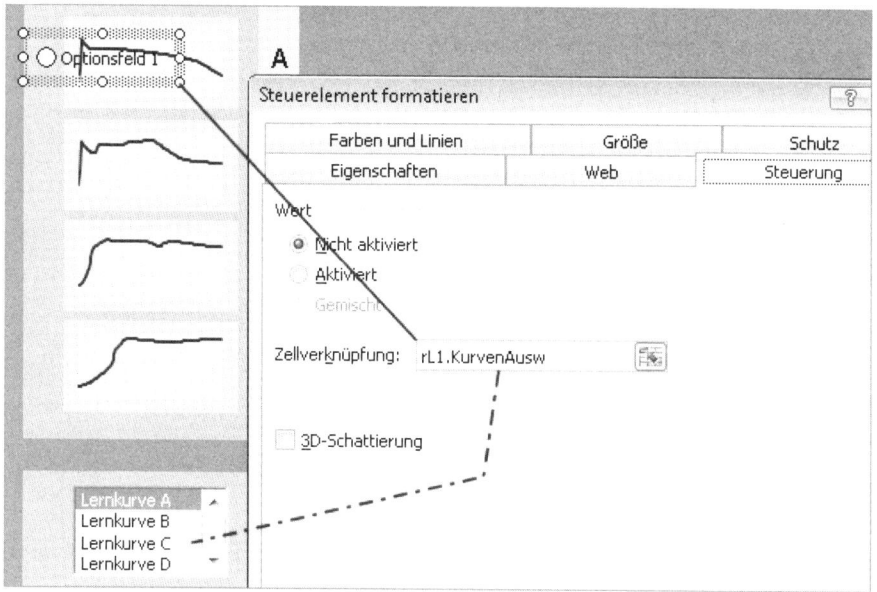

Abbildung 4.22 Eine gemeinsame Verknüpfung sorgt für die Synchronisation von Steuerelementen

Eine wenig genutzte Eigenschaft der Steuerelemente *Optionsfeld* und *Kontrollkästchen* bringt hier nun einen sehr angenehmen Effekt: Bei beiden sind nicht etwa nur die Signalelemente anklickbar, sondern mit demselben Effekt das gesamte Objekt. Wenn Sie also das Element größer machen, seinen Text entfernen und es rahmenlos sowie volltransparent formatieren, können Sie es über eine beliebige andere Struktur (z. B. über ein Minidiagramm) legen, um den Eindruck zu erwecken, es wäre nicht das Steuerelement, sondern die von ihm überlagerte Struktur, die hier angeklickt wird.

In diesem Sinne also weiter:

3. Entfernen Sie im *Optionsfeld* den automatisch generierten Texteintrag.

4. Geben Sie dem Objekt mit Ziehen der Maus eine vorläufig ungefähre Größe, die in etwa den in Abbildung 4.23 zu scheiden Relationen entspricht. Legen Sie, ebenfalls dem Vorschlag der Abbildung folgend, die linke Kante des Steuerelements an die linke Kante der farbigen Hintergrund-Trägerfläche (oben als »Steuerkonsole« eingeführt).

5. Klicken Sie den Rand des *Optionsfelds* mit der rechten Maustaste an und öffnen Sie mittels Kontextmenü das Dialogfeld *Steuerelement formatieren*.

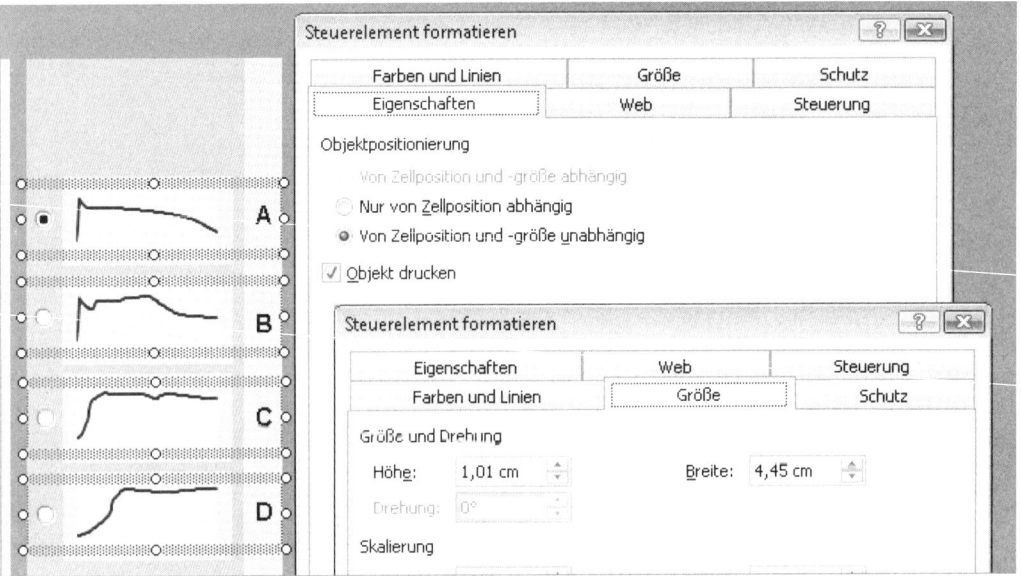

Abbildung 4.23 Auch hier werden Größe und Eigenschaften mittels Dialogfeld festgelegt

6. Bestimmen Sie auf der Registerkarte *Größe* nun die exakten Abmessungen und positionieren Sie das Element mithilfe der Pfeiltasten so, dass es, wie in der Abbildung zu sehen, horizontal die gesamte Fläche der Spalten N und O bedeckt, in der Vertikalen aber oben und/oder unten einen schmalen Rand des dahinter liegenden Diagramms frei lässt. Dies macht es bei Bedarf möglich, das Diagramm zu markieren, ohne das *Optionsfeld* verschieben zu müssen.

7. Wählen Sie auf der Registerkarte *Eigenschaften* die Option *Von Zellposition und -größe unabhängig*.

8. Stellen Sie eine Kopie des ersten *Optionsfelds* her und positionieren Sie es, achsengenau in Relation zum ersten, über dem Minidiagramm B. Dann nur noch davon eine Kopie auf C, davon wiederum eine auf D – fertig.

9. Prüfen Sie die korrekte Funktion aller vier *Optionsfelder*. Sie können an jeder Stelle klicken, die von einer der unsichtbar formatierten Steuerelementflächen überdeckt ist. Da alle vier Elemente auf dieselbe Verknüpfung referenzieren, kann nur eines davon jeweils aktiv sein.

Sicherungen und Bildschirmansicht

Bei der einleitenden Beschreibung der Anforderungen an Beispiel 2 wurde gesagt: »Ein Excel-Laie als Betrachter soll ohne Zutun eines Präsentators oder einer anderen fremden Hilfe in der Lage sein, die hinterlegten Daten am Bildschirm anzuzeigen.« Das ist jetzt erfüllt, soweit es die technischen Einrichtungen betrifft. Allerdings fehlt noch die Absicherung gegen Fehlbedienungen bzw. gegen eine unbeabsichtigte Beschädigung oder Veränderung von einzelnen Elementen. Auch die Bildschirmansicht des Arbeitsblatts lässt noch sehr zu wünschen übrig. Ich will das Beispiel hier dennoch verlassen und die in diesem Zusammenhang notwendigen Schritte erst schildern, wenn das nächste und letzte Beispiel des Kapitels zu seinem Abschluss kommt.

Vor- und Nachteile des Modells

Lohnt sich der Aufwand? Nach meiner Praxiserfahrung eindeutig Ja! Solche Modelle – das noch folgende Beispiel 3 zählt dazu – können auf die Betrachter außerordentlich attraktiv wirken. Das gilt allerdings nur unter spezifischen, eingrenzenden Voraussetzungen:

- Es werden in der Regel nicht mehr als acht, allerhöchstens aber zwölf Vorschaudiagramme benutzt. Diese müssen sich auch noch signifikant unterscheiden, damit eine Vorschau überhaupt sinnvoll ist.

- Die Vorschaudiagramme zeigen eindeutige, einfache und klare Strukturen. Dies betrifft erstens die Auswahl der Diagrammart (Säulen, Balken, Linien, Kreis – anderes eher nicht), zweitens die Darstellung eines schon in der Miniatur gut erkennbaren »Typs« und drittens – das Liniendiagramm ausgenommen – die Anzeige nur weniger Datenpunkte.

Das Beispiel wurde als »anonyme Präsentation« eingeführt. Für diesen Einsatz ist das Darstellungsprinzip gut geeignet, wenn beispielsweise repräsentative Verläufe von Leistungsdaten oder Kennzahlen eines Unternehmens zu visualisieren und vergleichend zu analysieren sind. Optimal ist ein Einsatz bei Beachtung der oben genannten Punkte vor allem dann, wenn er bei Präsentationen erfolgt, die sich mit der Vorstellung von im weitesten Sinne Theorien oder von Praxisergebnissen mit Lehrcharakter beschäftigen. Neben der Eleganz der Datenauswahl ist hier als größter Vorteil zu nennen, dass ein Präsentator eine bestimmte Darstellung erläutern und gleichzeitig auf eine vorhergehende und/oder noch kommende Bezug nehmen kann, ohne das aktuelle Bild verlassen zu müssen. Deshalb ist wichtig, dass die Minidiagramme nicht allzu »mini« sind – die Daten sollten ihre typische Eigenart auch in der Kleinfassung erkennen lassen.

Aus den genannten Vorteilen ergeben sich indirekt die relativen Nachteile, insbesondere eine deutliche Beschränkung von Einsatzmöglichkeiten. Das andere derzeit noch existierende Manko: Ein beim Theoriethema »Lernkurven« sehr interessanter, unmittelbarer Größen-Zeit-Verlaufsvergleich von zwei oder mehr Lernkurven ist nicht möglich, weil immer nur eine der Datenreihen zur Anzeige kommt. Dem aber soll nun gleich mit Beispiel 3 abgeholfen werden.

Beispiel 3 – Die Lösung zur Live-Präsentation

Beispiel 2 war eine erweiternde Abwandlung von Beispiel 1. Beispiel 3 ist eine funktionale Erweiterung von Beispiel 2, in technischer Hinsicht aber eine Reduktion. Das ist, wie gleich zu belegen sein wird, keinesfalls ein Widerspruch.

CD-ROM   Bitte öffnen Sie von der CD-ROM aus dem zu Ihrer Excel-Version passenden Ordner die Datei *0403_Lernkurven03*. Das Blatt *Focus 1* dieser Datei ist ohne Kennwort geschützt.

Um das Beispiel 2 mit dem recht ähnlichen Beispiel 3 vergleichen zu können, lassen Sie bitte auch die Datei *0402_Lernkurven02* noch geöffnet. Das wird auch deswegen nützlich sein, weil für Beispiel 3 im Wesentlichen nur noch das zu erläutern ist, was von Beispiel 2 abweicht.

Anforderung

Es liegen vier mit einer Tageszählung versehene Messreihen vor, aus denen für eine vergleichende Betrachtung beliebige Kombinationen auszuwählen sind. Das Ergebnis dieser Auswahl soll in einem Liniendiagramm gezeigt werden. Es ist eine bildhafte Vorschau anzubieten, die dem Benutzer Miniaturen der einzelnen Kurvenverläufe zeigt. Ein Klick auf ein solches Miniaturbild soll die Großfassung der zugehörigen Linie in das Diagramm einlesen.

Wie diesen Anforderungen entsprochen wurde, ergibt sich aus den nachfolgenden Informationen. Dabei wird deutlich, dass eine primär für die Live-Präsentation geschaffene Lösung anderen Ausstattungsregeln zu gehorchen hat als eine Variante für die anonyme Präsentation. Was hier gebraucht wird: sehr schnelle, multivariable Zugriffsmöglichkeiten, ausreichend dichter Informationsgehalt bei sparsamem Einsatz bildhafter Elemente, keine überflüssige Betextung. (Jede Textinformation, die ein fachkompetenter Präsentator mündlich darbieten und ggf. vertiefen kann, hat auf einer Präsentationsgrafik nichts zu suchen. Ihren wichtigen Platz sollte sie in einem zur Präsentation gehörenden, gut gemachten »Handout« finden.)

Ein Vergleich zu PowerPoint oder zu einer statischen Excel-Variante: Wie viele Folien oder Arbeitsblätter würden benötigt, um bei vier Datenreihen alle der möglichen Linienkombinationen darzustellen? Das geht ja noch? Stimmt. Wie viele aber werden es, wenn Sie, wie im nächsten Kapitel – dann aber ohne Vorschaudiagramme – eine dreidimensionale Datensammlung (Unterteilung nach Monaten, Jahren und Datenarten) in jeder Kombinationsvariante zugriffssicher zu präsentieren haben. (Übrigens ist auch das dreidimensionale Präsentationsmodell ganz ohne *Pivot* und ohne Programmierung noch keinesfalls das Ende der Fahnenstange.)

Was ist im Arbeitsblatt *Focus 1* möglich?

Klicken Sie auf ein beliebiges Minidiagramm, um seine Datenreihe in das große Diagramm zu übertragen oder sie wieder von dort zu entfernen.

Die Dynamisierung des Diagrammtitels wurde entfernt. Was in der *Zeichnungsfläche* jeweils zu sehen oder zu beachten ist, ergibt sich aus der »Pseudolegende«, nämlich den Hakenmarkierungen in den *Kontrollkästchen* sowie den Erläuterungen des Präsentators.

Bei gruppierten *Optionsfeldern*, wie sie in Beispiel 2 zum Einsatz kamen, kann nur eines aktiv sein. Bei der Verwendung von mehreren *Kontrollkästchen* hingegen können eines, einige, alle oder auch keines aktiviert sein. Aus diesem einfachen Umstand ergibt sich die sehr schöne Möglichkeit, in einem Diagramm beliebige und wahlfreie Kombinationen von Datenreihen anzuzeigen – eine für viele Einsatzzwecke ganz hervorragend geeignete Präsentationsart.

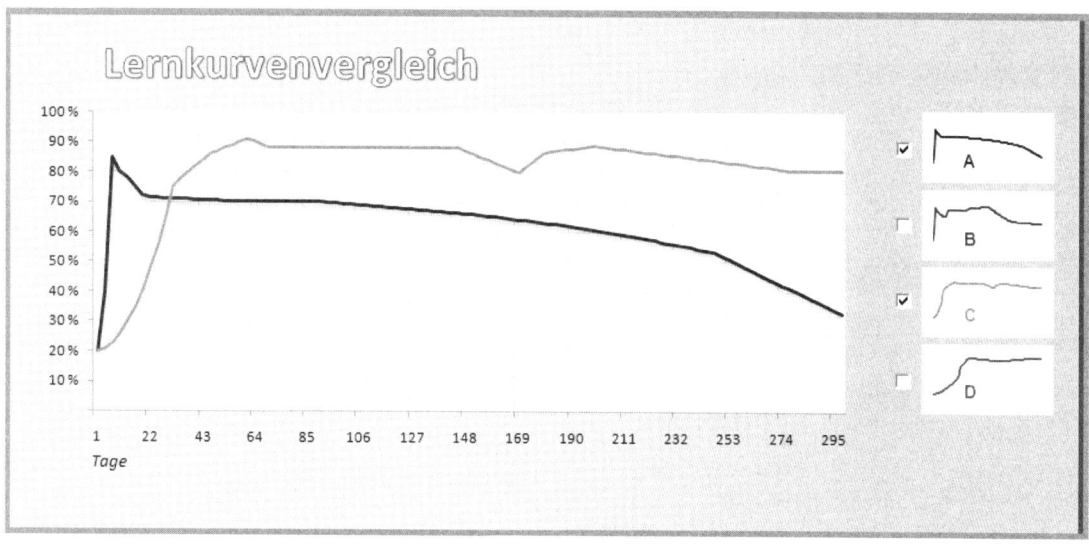

Abbildung 4.24   Kombinieren Sie, was Ihnen beliebt

Namen und Inhalte in *Namensliste*, *Daten 1*, *Listen 1* und *Basis 1*

Im Blatt *Namensliste* sind jetzt, wie auch der nachstehenden Auflistung zu entnehmen, nur noch fünf Namen zu sehen.

rD1.Knoten	='Daten 1'!$K$11
rL1.CheckKurveA	='Listen 1'!$I$11
rL1.CheckKurveB	='Listen 1'!$I$12
rL1.CheckKurveC	='Listen 1'!$I$13
rL1.CheckKurveD	='Listen 1'!$I$14

Sie erkennen bereits an den Präfixen, dass es in *Basis 1* keine Namen mehr gibt. Dies ist vorwiegend dem Umstand geschuldet, dass in der aktuellen Lösung keine Kommentartexte mehr zu generieren sind. Aber auch sonst ist das Ganze deutlich schlanker und in seinen Konstruktionsanforderungen weniger anspruchsvoll geworden.

Im Zusammenhang mit Abbildung 4.25: Worauf Sie im Blatt *Daten 1* besonders achten sollten, ist der hier eingerichtete *rD1.Knoten*.

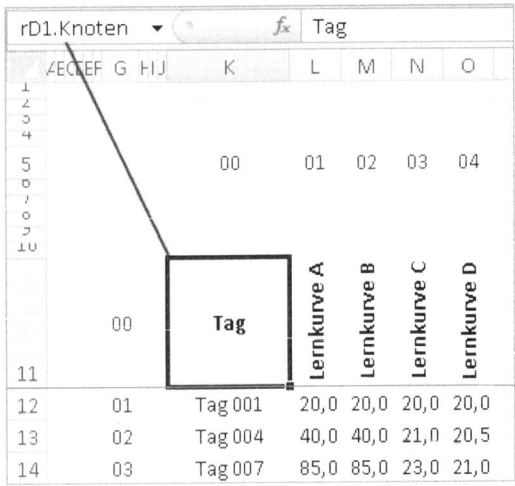

Abbildung 4.25   Der »Knoten« ist es, der so manche Verknotung vermeiden hilft

Diese in der rS1.Methode so wichtige Zelle befindet sich an ihrer optimalen Position: linke obere Ecke der beidachsig beschrifteten Matrix, also in der Koordinate der Zeilen- und Spaltenbeschriftungen. Die auszulesenden Daten stehen rechts und unterhalb vom Knoten. Die Nummerierungen in Hilfsspalte G und Hilfszeile 5 verdeutlichen, was hier für die Argumente der auf dieses Blatt zugreifenden Formeln bedeutsam ist. Am Beispiel: Der Knoten befindet sich an der Position 0 (null). Der Wert der *Lernkurve C* am *Tag 004* ist vom Knoten zwei Zeilen und drei Spalten entfernt.

Die Definitionsbereiche für Steuerelemente gehören in das Blatt *Listen 1*. Auch dort sind deutliche Änderungen zu verzeichnen. Im Zusammenhang mit Abbildung 4.26: Die zuvor benötigte Auswahlliste ist verschwunden, weil es in diesem Modell kein *Listenfeld* und keine *Optionsfelder* mehr gibt. Die vier *Kontrollkästchen* in *Focus 1* geben bei ihrer Aktivierung bzw. Deaktivierung keine Zahlen aus, sondern die logischen Werte WAHR oder FALSCH. Diese Werte erscheinen in den hier eingerichteten, mit den Kontrollkästchen verknüpften Zellen. Zur Vereinfachung der Namensentwicklung und der späteren Prüfmöglichkeiten wurden die Bereichsnamen der Zellen in ihrer links benachbarten Spalte eingetragen.

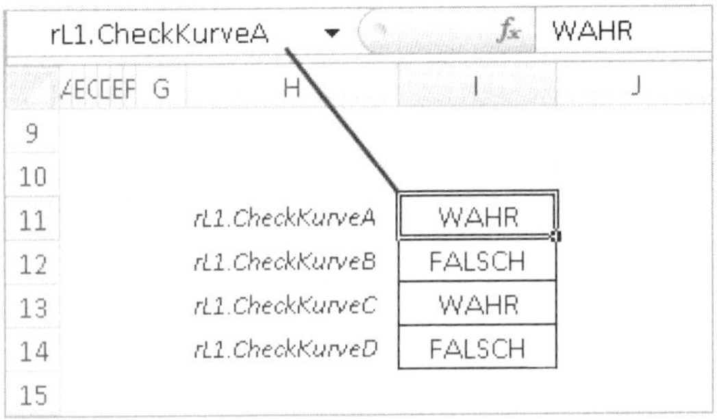

Abbildung 4.26   Was *WAHR* ist oder *FALSCH*, wird hier registriert

TIPP   Die Entwicklung der vier sich nur in ihrem Endbuchstaben unterscheidenden Bereichsnamen ist in diesem Fall erfreulich unkompliziert. Wenn Sie Lust haben, es auszuprobieren, löschen Sie zunächst die betreffenden Namen. Dann:

1. Markieren Sie den Bereich H11:H14 und geben Sie den Text *rL1.CheckKurveA* mit ⌨Strg⌨+⌨↵⌨ in alle vier Zellen gleichzeitig ein.

2. Korrigieren Sie die letzten Buchstaben – B bis D.

3. Markieren Sie jetzt zweispaltig, also den Bereich H11:I14.

4. Übernehmen Sie für die vier Zellen in Spalte I als Bereichsnamen jene Texte, die Sie in Spalte H eingetragen haben:

   In Excel 2007: *Formeln/Definierte Namen/Aus Auswahl erstellen* und im dann erscheinenden Dialogfeld die Option ... *aus den Werten in – Linker Spalte.*

   In Excel 2003: *Einfügen/Namen/Erstellen* und im dann erscheinenden Dialogfeld die Option ... *aus –Linker Spalte.*

Wunderbar. So etwas sollte viel öfter möglich sein: ein technischer Arbeitsgang und seine Dokumentation in wenigen und kurzen Schritten.

Im Zusammenhang mit Abbildung 4.27: Die soeben beschriebenen Namen finden Sie auch im Arbeitsblatt *Basis 1* wieder. Dort sind es merkwürdigerweise Spaltenbeschriftungen?

	A B C D E F	G H I J	K	L	M	N	O
1							
2							
3							
4							
5				00	01	02	03	04
6							
7							
8							
9							
10		00		rL1.CheckKurveA	rL1.CheckKurveB	rL1.CheckKurveC	rL1.CheckKurveD
11		01	Tag 001	20,0	#NV	20,0	#NV
12		02	Tag 004	40,0	#NV	21,0	#NV
13		03	Tag 007	85,0	#NV	23,0	#NV
14		04	Tag 010	80,0	#NV	26,0	#NV

Abbildung 4.27 Die vier Bereichsnamen aus *Listen 1* stehen über den Datenspalten

Nein – Spaltenbeschriftungen sind es nicht, sondern Texte, die von Excel als Formelbezüge interpretiert werden. Wie das gelingt, wird im nächsten Abschnitt beschrieben.

Im Gegensatz zu den vorigen Beispielen werden hier in den fünf Formelspalten scheinbar alle Inhalte der Datenquelle *Daten 1* gleichzeitig übernommen. Werden sie nicht. Denn die Formeln in den Spalten L bis O arbeiten alternativ – sie ermitteln entweder einen Wert aus *Daten 1* oder sie reagieren mit #NV.

Formeln im Blatt *Basis 1*

Mit den Formeln des Blattes *Basis 1* kann ich nun endlich meine Lieblingsfunktion, den zwar nicht Alles-, aber Vielkönner BEREICH.VERSCHIEBEN, zum Gegenstand des Seminars machen. In diesem Beispiel lassen sich alle anstehenden Aufgaben mit der »Offset-Funktion« – so nenne ich sie in diesem Buch gelegentlich auch – erledigen. Im Zusammenhang mit Abbildung 4.28:

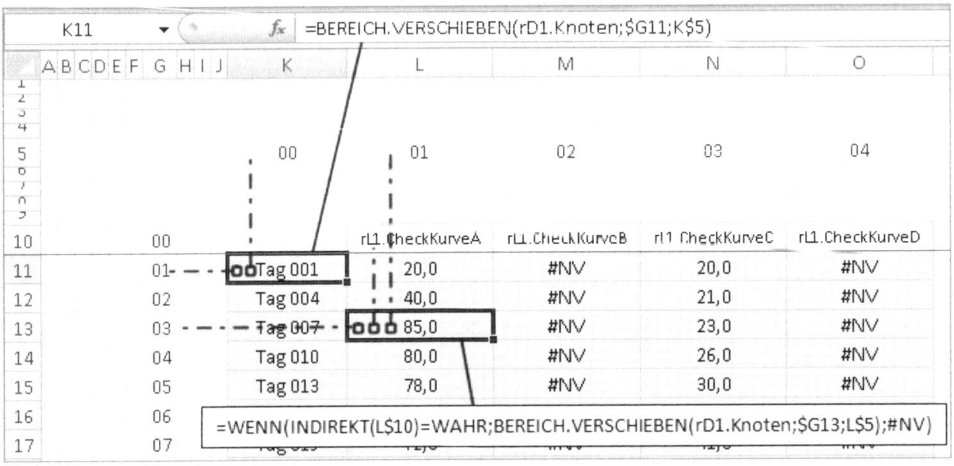

Abbildung 4.28 Wenn es direkt nicht geht, dann eben indirekt

Die Formel =BEREICH.VERSCHIEBEN(rD1.Knoten;$G11;K$5) in Zelle K11 als Anweisung: »Ermittle einen Wert. Gehe zu diesem Zweck von einer Zelle, die den Namen *rD1.Knoten* hat, so viele Zeilen nach unten, wie es der Zahlenvorgabe in Zelle G11 entspricht, und so viele Spalten nach rechts, wie es der Zahlenvorgabe in Zelle K5 entspricht.« Hier kommen also erstmals beide Hilfszahlenreihen gleichzeitig zum Einsatz.

Die Formeln im Bereich L11:O110 funktionieren ganz ähnlich, sind jedoch in WENN-Formeln eingebunden und reagieren auf die Ausgabewerte der Steuerelemente. Zu Letzterem wird also ein Name der mit dem jeweiligen Steuerelement verknüpften Zelle benötigt. Diese Namen stehen in Zeile 10. Da Excel einen Text in einer Zelle nicht direkt als Bezug interpretieren kann – das hat seine guten Gründe –, muss es indirekt geschehen: Die Funktion INDIREKT sagt Excel, dass die Textvorgaben in Zeile 10 als Bezug zu verwenden sind.

Am Beispiel der Zelle L13:

```
=WENN(INDIREKT(L$10)=WAHR;
BEREICH.VERSCHIEBEN(rD1.Knoten;$G13;L$5);
#NV)
```

Die Formel greift, wie auch in Abbildung 4.28 mit den gestrichelten Linien gekennzeichnet, auf drei verschiedene Zellen zu. Als Anweisung: »Wenn sich in der Zelle, deren Name in Zelle L10 steht und den du als Bezug interpretieren sollst, aktuell der Wert WAHR befindet, dann ermittle einen Wert. Gehe zu diesem Zweck … (weiter wie oben), ansonsten schreibe den Fehlerwert #NV.«

Strategie und Ergebnis kennen Sie sinngemäß schon aus Beispiel 2: Entweder das spaltenspezi-fisch wirkende *Kontrollkästchen* war aktiviert, dann besteht im Ergebnis die Quelle der Daten-reihe aus Zahlen, die im Diagramm als Linie gezeigt werden. Oder das *Kontrollkästchen* war deaktiviert, dann besteht die Quelle der Datenreihe aus #NV-Werten, die Anzeige im Diagramm wird vollständig unterdrückt.

»Warum der Umstand?«, mögen Sie fragen; warum wurde der Name *rL1.CheckKurveA* nicht direkt in der Formel benutzt: =WENN(rL1.CheckKurveA=WAHR … usw.? Dafür gibt es drei gute Gründe:

- Sie können im gesamten Bereich L11:O110 ein und dieselbe Formel verwenden. Die spaltenspe-zifischen Unterschiede werden in Zeile 10 vorgegeben.

- Sie könnten die Vorgaben in Zeile 10 anpassen, ohne Formeln verändern zu müssen.

- Der wichtigste der guten Gründe wird in Kapitel 5 seine hohe Bedeutsamkeit zeigen: Sie kön-nen solche Vorgabetexte aus Formeln generieren und sie dabei mit Steuerelementen variie-ren. Im Resultat – Sie werden das sehen – entscheiden Sie per Mausklick, welches von mehre-ren (oder vielen) Arbeitsblättern aktuell als Datenquelle zu benutzen ist.

Anpassungen und Änderungen im Blatt *Focus 1*

Da es sich beim *Focus 1* eher um eine Reduktion als um eine komplexe Änderung des Beispiels 2 handelt, ist hier nicht allzu viel zu berichten.

Was ist anders, was ist neu? Dazu im Zusammenhang mit Abbildung 4.29:

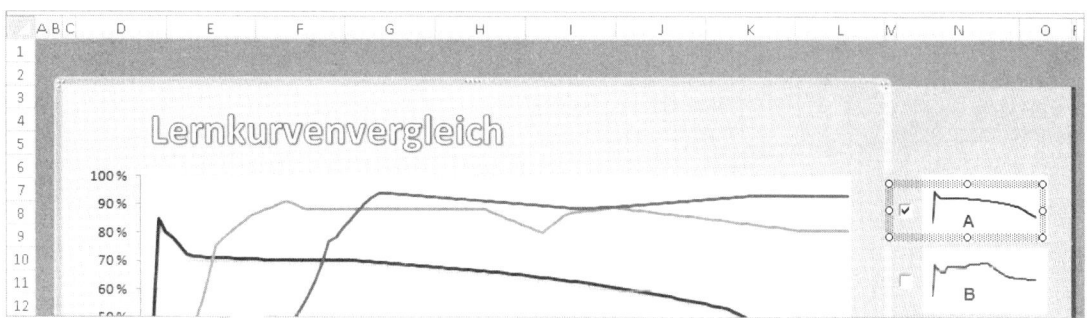

Abbildung 4.29 Die reduzierte Fassung visualisiert mehr als das Vorgängermodell

- Die Aufteilung in vier Farbflächen wurde aufgehoben. Stattdessen wurde eine optische Ver-bindung zwischen Diagramm und Steuerkonsole eingerichtet. Wie Sie auch in der Abbildung erkennen, reicht das Diagramm nur bis Spalte M. Seine Fläche ist mit einem linearen Farb-verlauf versehen, der rechts die Farbe der Spalten M bis O übernimmt und dann nach links heller wird.

- Die jetzt sehr schmale Spalte P wird als nach rechts abschließender »Schattengeber« benutzt.

- Dem Diagrammtitel (es ist weiterhin ein WordArt-Objekt) wurde seine Verknüpfung entzo-gen, er ist also statisch geworden.

- Die Datenquelle des Diagramms wurde auf den Bereich K10:O110 im Blatt *Basis 1* erweitert.

- Die variablen Textkommentare unterhalb des Diagramms sind ebenso verschwunden wie die Punktsignale für die Linienhöchstwerte. Es soll Aufgabe des Präsentators sein zu erläutern – zu erläutern, nicht zu beschreiben! –, was es zu sehen gibt und wie es aus seiner Sicht zu interpretieren ist.

- Das Steuerelement *Listenfeld* wurde entfernt. Es ist für diese sehr variable Darstellungsart untauglich (es müsste, um Ähnliches auch nur halbwegs zu erreichen, vierfach angelegt werden).

- Die Minidiagramme sind anders formatiert: Die Farbe des *Diagrammbereichs* und der *Zeichnungsfläche* sind jetzt identisch. Die Farben der *Datenreihen* wurden unterschiedlich eingerichtet.

- Auf den Minidiagrammen wurden kleine, volltransparente *Textfelder* mit den Buchstaben *A* bis *D* deponiert. Erst darüber liegen dann, als oberste von drei Objektschichten also, die *Kontrollkästchen*.

Des Weiteren gilt im Zusammenhang mit Abbildung 4.30:

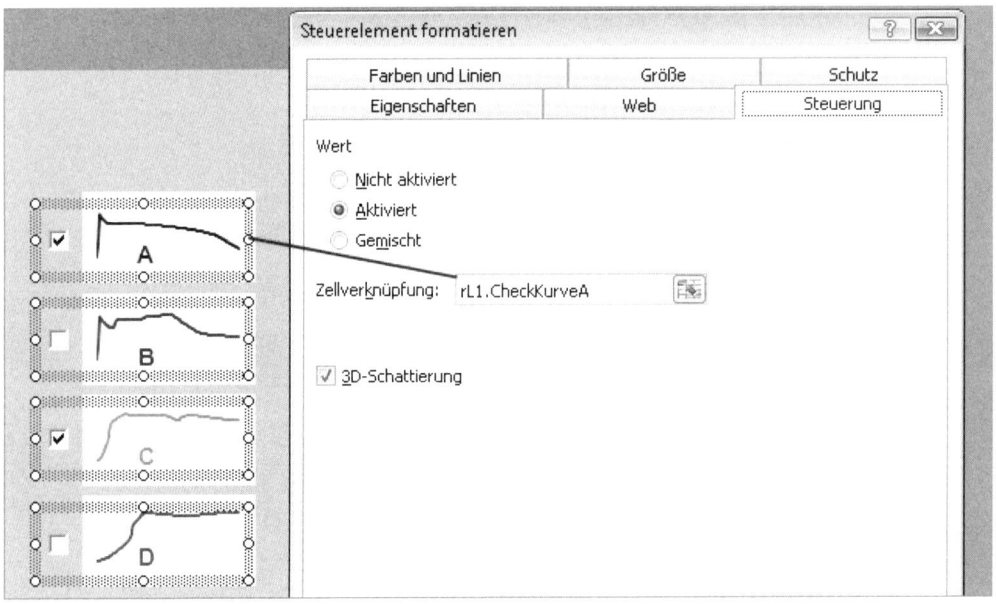

Abbildung 4.30 Jedes Kontrollkästchen hat eine andere Verknüpfung

Für die *Kontrollkästchen* und deren Einrichtung trifft sinngemäß nahezu alles zu, was oben für die *Optionsfelder* gesagt wurde. Lediglich bei der *Zellverknüpfung* ist zu beachten, dass hier nun nicht alle Elemente auf dieselbe Zelle referenzieren, sondern jedes seine eigene Verknüpfung hat. Das bedeutet jedoch, jedenfalls bei Beachtung der hier geltenden Namenskonventionen, einen nur sehr geringen Mehraufwand:

1. Richten Sie das erste *Kontrollkästchen* mit allen seinen Attributen ein und platzieren Sie es.
2. Stellen Sie drei Kopien her und platzieren Sie diese.
3. Öffnen Sie für jede der Kopien das Dialogfeld *Steuerelement formatieren* und ändern Sie bei der *Zellverknüpfung* jeweils den letzten Buchstaben.

Relative Schwächen des Modells

Hier gilt im Wesentlichen das, was auch bei Beispiel 2 eine Rolle spielte. Nur für maximal 12 Vorschaubilder geeignet, die sich dazu auch noch signifikant unterscheiden müssen, damit die Vorschau sinnvoll ist. Dann allerdings eine sehr attraktive Lösung für Präsentationen, weil der Präsentator erklärend beim großen Bild verweilen und auf andere Bilder hinweisend Bezug nehmen kann, ohne großes »Gehopse« also, ohne in jedem Fall die Ansicht wechseln zu müssen. Ich kenne etliche auf dieser Technik basierende Varianten, besonders auch aus dem Unternehmensbereich, die bei wichtigen Präsentationen einen guten, manchmal auch großen Eindruck machten.

Abschließende Arbeiten

Wie einführend schon erwähnt. Das Blatt *Focus 1* der Beispieldatei *0403_Lernkurven03* ist in der Auslieferungsfassung ohne Kennwort geschützt. Es ist in diesem Fall auch keine Zelle oder irgendein Objekt markierbar, der Benutzer kann lediglich das tun, was hier gewollt ist, nämlich auf die entsprechenden Stellen klicken, um Linien des Diagramms an- oder auszuschalten. Das allerdings reicht noch nicht, um eine Excel-Präsentationslösung gleichermaßen sicher wie attraktiv zu machen.

Die wichtigsten Schritte dazu:

- Blenden Sie alle Arbeitsblätter außer *Focus 1* aus.

- Richten Sie den Arbeitsmappenschutz ein (mit der Option *Struktur*), ggf. mit einem Kennwort. Der Benutzer kann dann die ausgeblendeten Blätter nicht mehr sichtbar machen. (Für Excel selbst ist es unerheblich, ob sich aktuell zu verwendende Daten in eingeblendeten oder ausgeblendeten Blättern bzw. Bereichen befinden.)

- Entfernen Sie im Arbeitsblatt *Focus 1* die Excel-*Zeilen- und Spaltenüberschriften*, die *Bildlaufleisten* und die *Blattregisterkarten*.

- Richten Sie den Blattschutz ein, ggf. mit einem Kennwort, und schalten Sie dabei alle von Excel angebotenen Optionen aus. Der Benutzer kann folglich nur noch die *Kontrollkästchen* aktivieren bzw. deaktivieren.

- Verwenden Sie in einer Präsentation vor Publikum die Ansicht *Ganzer Bildschirm*, um alle weiteren Excel-Elemente auszublenden (außer der Titelleiste bzw. in Excel 2003 der Arbeitsblatt-Menüleiste).

HINWEIS In Excel 2007 verlassen Sie die Ansicht *Ganzer Bildschirm* mit der Taste ⌐Esc⌐, in Excel 2003 durch erneutes Wählen des Befehls im Menü *Ansicht*.

Verbesserung gefällig?

Was Sie zum Abschluss des Kapitels hier noch finden, will wieder ein Vorschlag oder eine kleine Herausforderung für die »Tüftler« unter Ihnen sein.

Ihnen gefallen diese unscheinbaren und farblosen Häkchen-Anzeigen der *Kontrollkästchen* nicht? Sie möchten deutlicher sehen oder anzeigen, welche der Linien eingeschaltet ist oder nicht?

Dann machen Sie es doch so, wie mit Abbildung 4.31 vorgestellt.

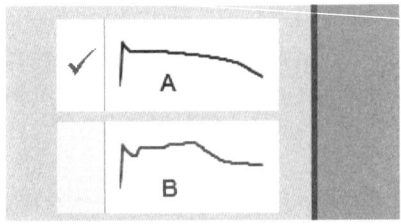

Abbildung 4.31 Auch eine Variante – mit denselben Kontrollkästchen

Die beiden Bedingungen:

- An den Kontrollkästchen wird nichts verändert, weder deren Funktion noch Position.
- Das Ergebnis ist natürlich ohne Programmierung zu erreichen.

Das Ziel:

- Die kleinen Anzeigeelemente der *Kontrollkästchen* sind nicht mehr zu sehen.
- Wenn Sie auf ein Minidiagramm (tatsächlich also weiterhin auf das Steuerelement *Kontrollkästchen*) klicken, um diese Datenreihe anzuzeigen, wird der Bereich links daneben hell und mit einem Haken oder einem anderen bildhaften Symbol Ihrer Wahl versehen. Dieses Symbol ist farbig (und kann, wenn Sie wollen, von A nach D auch wechselnde Farben haben).
- Wenn Sie abermals auf das Minidiagramm klicken, um diese Datenreihe aus dem Diagramm auszublenden, wird der Bereich links daneben abgedunkelt oder, wenn Ihnen das mehr zusagt, vollständig unsichtbar, und das Symbol verschwindet.

Das funktioniert in Excel 2003 genauso wie in Excel 2007. Aber wie?

Kapitel 5

Zeigen Sie doch mal – mehr Einsicht

In diesem Kapitel:

»Einsicht ist der erste Weg zur Besserung« sagt der Volksmund. Lassen Sie mich das Wort Einsicht mit »Einblick« assoziieren und dann die Aussage des Sprichworts ein wenig abwandeln: »Wer sich gute Einblicke verschafft, ist auf dem besseren Weg.« Zum Beispiel auch unterwegs zu neuen Einsichten. Auf dem besseren Weg als wer? Im Sinne dieses Excel-Seminars: Als diejenigen, die entweder darauf verzichten, die enormen Fähigkeiten von Excel effizient zu nutzen, oder als diejenigen, die sich mit funktional und inhaltlich überfrachteten »Tools« jeglicher Art ihre klare Sicht eher verstellen. (Und die im schlimmsten Fall dabei auch noch von kostenpflichtigen Leistungen Dritter abhängig sind, ob freiwillig oder gezwungen.)

Was ich bei Excel-Lösungen unter »klarer Sicht« verstehe, will ich in diesem Kapitel mit einigen Beispielen vorstellen. Dabei geht es um eine spezifische Aufgabenstellung und um einige Varianten zu ihrer Lösung. Im ersten Hauptabschnitt, der übrigens wieder zum Mitmachen auffordert, wird das Grundmodell entwickelt, danach werden Verbesserungsvorschläge dazu geliefert und begründet. Es handelt sich um Präsentationslösungen – das »Zeigen Sie doch mal« aus der Kapitelüberschrift weist darauf hin. Zur Vorstellung kommen Visualisierungen von Daten einer hohen Verdichtungsstufe. Das in einer Form, die auch von Excel-Laien mühelos anzuwenden ist – darauf legt dieses Seminar ja besonderen Wert.

Ein multivariabler Vergleich über drei Jahre

Im vorigen Kapitel konnten Sie mit der Verwendung von Formularsteuerelementen des Typs *Listenfeld*, *Optionsfeld* und *Kontrollkästchen* vier unterschiedliche Datenreihen in ein Diagramm einlesen und die Darstellungen variieren. Die Datenquellen waren zweidimensionale Matrizen aus Tagen und Messwerten. Was Sie nun hier kennenlernen ist mit dem Schritt in die dritte Dimension eine erhebliche Erweiterung. Auch was den Einsatz von Steuerelementen betrifft.

CD-ROM   Bitte öffnen Sie von der CD-ROM aus dem zu Ihrer Excel-Version passenden Ordner die Datei *0501_Vergleich3Jahre01_FERTIG*. Das Arbeitsblatt ist ohne Kennwort geschützt.

Was ist gewollt, was ist möglich?

Zunächst die wesentlichen Informationen zum Auftragshintergrund dieser Lösung: Ein Unternehmen vermietet verschiedenartige Maschinen bzw. Maschinenzeiten. Deren Einsätze werden in Stunden abgerechnet und monatlich in Zusammenfassungen an die Geschäftsleitung berichtet. Die Maschinen sind nach Art und Leistungsmöglichkeiten in sieben Gruppen gegliedert. Für jede dieser Gruppen gelten jährlich angepasste Basistarife (Euro pro Stunde). Die Gruppen, sie sind hier vereinfachend nach A bis G unterteilt, stehen in einem technisch-funktionalen Zusammenhang, der hier nicht weiter erläutert werden soll, der im Unternehmen aber eine wichtige Rolle spielt, sowohl operativ als auch strategisch. Dazu in aller Kürze: Wer hier als Kunde A sagt, muss meistens auch B oder C oder D usw. sagen.

Für die »Einblicke und Einsichten« der Geschäftsleitung stehen (vorläufig) zur Verfügung:

- Nach Kalendermonaten aufsummierte Erlöszeiten in Stunden einer Gruppe von Maschinen. Das ist also eine zweidimensionale Matrix bereits verdichteter Daten: Stunden pro Monat und Gruppe.

- Die nächste Dimension: Es sind gleich strukturierte Daten aus drei Jahren enthalten.

HINWEIS   Das Modell enthält noch mehr Daten und wird darüber hinaus noch zusätzliche aufnehmen. Deren Präsentation kommt aber erst im nächsten Kapitel zum Zuge.

Im bislang einzigen Focusblatt des Modells (vgl. Abbildung 5.1) befinden sich ein Liniendiagramm und vier Formularsteuerelemente des Typs *Kombinationsfeld* (Dropdownlisten). Der Betrachter kann auswählen:

- zweimal dasselbe Jahr oder zwei unterschiedliche Jahre (von drei Jahren)

- zweimal dieselbe Gruppe oder zwei unterschiedliche Gruppen (von sieben Gruppen) oder nur eine Gruppe (also nur eine von zwei möglichen Diagrammlinien)

Aus dieser Kombinatorik ergibt sich bereits eine verblüffend hohe Zahl von möglichen Anzeigen und Gegenüberstellungen. Nicht alle davon sind oder erscheinen sinnvoll. Dennoch aber sind oft viele der aus einer externen, also »theoretischen« Betrachtung fragwürdig erscheinenden Vergleichsvarianten (Gruppe A in 2009 mit Gruppe F in 2007 etwa) in der Unternehmenspraxis durchaus von Bedeutung.

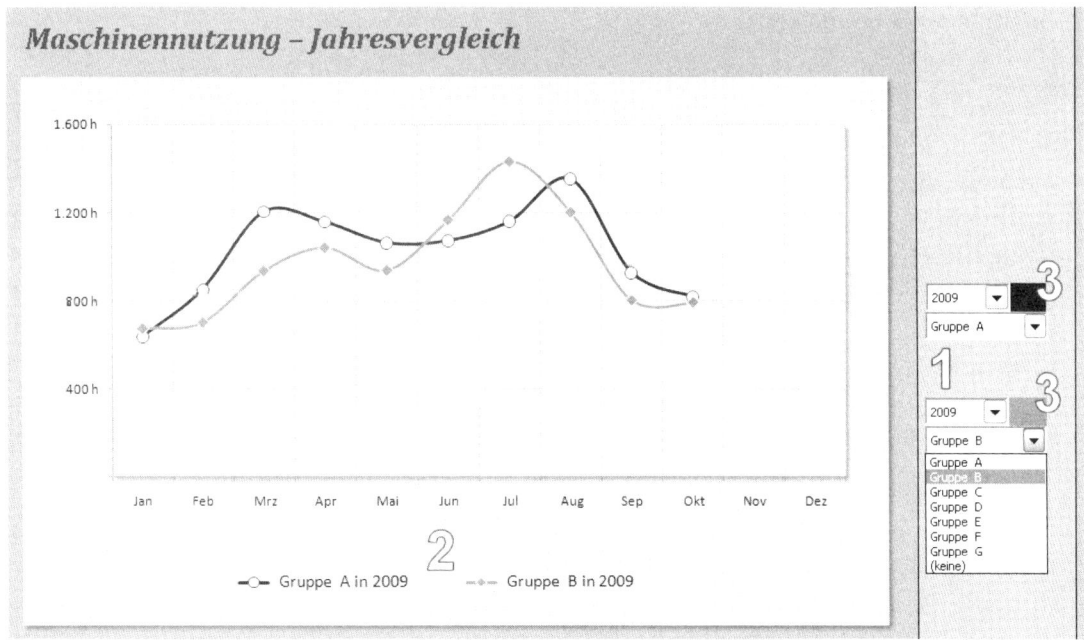

Abbildung 5.1 Die Informations- und Steuerelemente im Blatt *Focus 1*

Das Blatt *Focus 1* der Datei *0501_Vergleich3Jahre01_FERTIG* ist ohne Kennwort geschützt. Sie können in diesem Zustand des Blattes nur die vier Steuerelemente benutzen. Die wesentlichen Elemente im Zusammenhang mit Abbildung 5.1:

Das Blatt ist optisch in Diagramm und Steuerkonsole unterteilt. Das Liniendiagramm zeigt zwei *Datenreihen* oder nur eine (bzw., sollten Sie das wünschen, auch gar keine). Es ist in seiner *Rubrikenachse* nach Monaten und in seiner *Größenachse* nach Stunden skaliert. Die Skalierung der *Größenachse* ist fest. Dann weiter gemäß der Nummerierung in der Abbildung:

1. Mit den vier Steuerelementen bestimmen Sie, welche Daten welcher Jahre und welcher Gruppen im Diagramm zur Anzeige kommen.

2. Die unter 1 vorgenommenen Einstellungen werden in der Legende als kombinierte Textinformationen ausgewiesen.

3. Die kleinen Farbflächen in unmittelbarer Nähe der Steuerelemente zeigen die Farben der zugehörigen Diagrammlinien.

Strukturen und Inhalte der Arbeitsmappe

Die Struktur der Arbeitsmappe und die Konstruktionsart des gesamten Modells folgen den Regeln der rS1.Methode. Verschaffen Sie sich einen ersten Überblick bei der Betrachtung der Arbeitsblätter in der Reihenfolge von rechts nach links bzw. von hinten nach vorn.

Im Blatt *Namensliste* sind wie üblich die Bereichsnamen der Lösung dokumentiert. Sie sehen, dass es vier »Knoten« gibt und acht Namen, die offenbar – Präfix *rL1* – mit Definitionen für Steuerelemente zu tun haben.

Parameter

Zum Blatt *Parameter 1* im Zusammenhang mit Abbildung 5.2:

- Die Hilfszeilen und -spalten sowie die dafür benutzten Formatierungen darf ich als bekannt voraussetzen.

- In Kapitel 4 habe ich erstmals eine als »Knoten« definierte Zelle als typisches Merkmal der rS1.Methode vorgestellt und beschrieben, wie sie von Offset-Formeln (BEREICH.VERSCHIEBEN) als Bezug benutzt wird. Auch in diesem Parameterblatt gibt es – Zelle L11 – einen solchen Knoten, also wird es offenkundig auch entsprechende Formeln geben, die auf dieses Blatt zugreifen. Es ist meine Angewohnheit, diese Knotenzellen fast immer mit einem kräftigen Gelb zu färben, damit mir bei Überprüfungen sofort ihre Existenz und Position auffällt.

rP1.Knoten	▼	f_x	Gruppen

	E F	G H I J K	L	M	N	O	P	Q	R	S
5 4			00	01	02	03	04	05	06	07
5 6 7 8 9										
10			**Basistarife** (€/h ohne Rabatte oder Zuschläge)							
11	00		**Gruppen**	T 09	T 08	T 07	S1	S2	S3	
12	01		Gruppe A	552	504	492				
13	02		Gruppe B	420	420	400				
14	03		Gruppe C	812	780	755				
15	04		Gruppe D	1.222	1.342	1.005				
16	05		Gruppe E	419	455	516				
17	06		Gruppe F	287	312	300				
18	07		Gruppe G	1.345	1.256					
19	08									

Abbildung 5.2 Die Tarifparameter sind auf Zuwachs angelegt

In diesem Blatt sind die an Gruppen und Jahren orientierten Basistarife (Nutzung pro Stunde) hinterlegt, die in der Praxis dann in einem recht komplizierten System noch mit Zu- oder Abschlägen versehen werden. In den hier vorgestellten Modellen stehen jedoch die Leistungs- und – Thema im nächsten Kapitel – Auslastungsbetrachtungen im Vordergrund.

Es gibt im Unternehmen Tendenzen, das äußerst verzwickte, Arbeitszeit bindende und Kunden gelegentlich irritierende Aufpreis- und Rabattsystem aufzulösen. Dazu sollen Unterschiede zwischen den tatsächlichen Erlösdaten (sind hier im Modell nicht vorhanden) und den »reinen« Tariferlösen (werden hier im Modell kalkuliert) aktuell und historisch betrachtet werden können. Die damit verbundene Strategiefrage: Wäre eine konsequente Durchsetzung von differenziert berechneten Tarifen günstiger (gewesen) als das bisherige System oder nicht? Besteht also Anlass, ein neues System einzuführen? Wenn ja, wie ist es aufzubauen? Das alles soll hier nicht weiter vertieft werden, war mir aber wichtig zu erwähnen, weil gerade solche Fragestellungen es äußerst reizvoll machen, die Leistungskraft von Excel ein wenig mehr zu strapazieren, als es allgemein üblich ist. Stichwort: Optimierungsmodelle im strategischen Controlling. Eine kleine Rolle dabei spielen die hier kalkulierten hypothetischen Erlöse unter Verrechnung von Leistungsdaten mit tatsächlichen oder Basistarifen. Für die szenarischen Tarife werden hier die Spalten mit den Überschriften S1 bis S3 vorgehalten. Sie werden jedoch erst in Kapitel 6 zum Einsatz kommen.

Quelldaten in Stunden und in Euro

Es gibt die drei Datenblätter *Daten 1, Daten 2 und Daten 3*, die strukturell identisch sind und jeweils dieselben Formeln enthalten. Ihre Inhalte sind Istdaten aus den Jahren 2009, 2008 und 2007 – in dieser Reihenfolge. So wie ich in Kapitel 1 empfohlen habe, die Summen und Teilsummen von Tabellendaten nach Möglichkeit immer oberhalb der Konstanten anzulegen, so will ich hier darauf hinweisen, dass es sinnvoll ist, Quelldatenblätter nach ihrer Aktualität von links nach rechts zu ordnen, das aktuellste also immer am weitesten links.

TIPP   In diesem Beispiel werden die Daten nach Kalenderjahren vorgehalten. Sollten Sie bei der Konstruktion eigener Modelle ähnlicher Art wissen oder vermuten, dass Ihre Lösung auch im kommenden Jahr (oder in mehreren in der Zukunft liegenden Jahren) Bestand haben wird, ist es nützlich, auch diese Blätter bereits mit anzulegen und ggf. auszublenden, bis sie benötigt werden. Das erspart Ihnen, weil Sie bei der ersten Ausstattung gleichartige Blätter gruppieren und dann gleichzeitig bearbeiten können (Beispielbeschreibung weiter unten), einige überflüssige Arbeiten, die ansonsten ggf. nach dem Jahreswechsel anstünden.

Zu den Blattstrukturen, stellvertretend für die drei Quelldatenblätter zum Blatt *Daten 1*, Spalten A bis R, im Zusammenhang mit Abbildung 5.3:

- Zelle K7 mit ihren kräftigen Farbsignalen bezeichnet, welche Datenart in der Matrix aus Monaten und Gruppen vorhanden ist.

- Es fehlen noch die Stundenwerte für November und Dezember. Deswegen sind die entsprechenden Zellen mit dem Fehlerwert #NV als Platzhalter belegt. Es wird in diesem Modell zwingend davon ausgegangen, dass monatlich zum Stichtag alle Gruppenwerte des Vormonats gleichzeitig hier einfließen (eingetragen werden) und deshalb eine kontinuierliche, zeilenweise Füllung von oben nach unten sichergestellt ist. Anders gesagt: Es gibt #NV-Werte immer nur im aktuellen Monat bzw. in Monaten, die in der Zukunft liegen. Dies ist hier für solche Kalkulationen wichtig, die darauf basieren, dass vertikal ein unterbrechungsfreier, additiver Zuwachs stattfindet und dass in einer Datenzeile keine Lücke enthalten ist.

- In der Zelle G8 wird per Formelergebnis ausgewiesen, wie viele Monate mit Zahlen belegt sind. Dafür werden die Werte der Spalte *Gruppe A* als Grundlage benutzt. (Es ist in diesem Unternehmen übrigens äußerst unwahrscheinlich – für die Gruppe A sogar ausgeschlossen –, dass es in einem Monat keine Vermietungen innerhalb einer spezifischen Gruppe gäbe. Sollte das dennoch einmal geschehen, wäre der entsprechende Werteeintrag jedoch nicht #NV, sondern 0 (null)!

HINWEIS   Beachten Sie, dass im Blatt *Daten 3* alle zur Spalte *Gruppe G* gehörenden Zellen mit #NV belegt sind, weil es in jenem Jahr diese Gruppe noch nicht gegeben hat. Mehr dazu weiter unten bei der Beschreibung der Formelkonstruktionen.

- In Zelle K8 wird als Text ausgewiesen, welcher der Monate der letzte ist, für den Zahlen vorliegen.

- Die gelb gefärbte Zelle K11 ist der *rD1.Knoten*.

WICHTIG   Gäbe es in diesem Blatt mehr als einen solchen den Offset-Formeln dienenden Knoten, müsste er als oberster und erster dieses Typs *rD1.Knoten01* heißen, gefolgt von *rD1.Knoten02, rD1.Knoten03* usw. Gäbe es in der Arbeitsmappe mehr als zehn Quelldatenblätter müsste er *rD01.Knoten* heißen. (Warum es wichtig sein kann, dass die Namen aller Knoten dieselbe Anzahl von Zeichen haben, wird weiter unten bei der Beschreibung der Formeln im Blatt *Basis 1* in einem Exkurs kommentiert.)

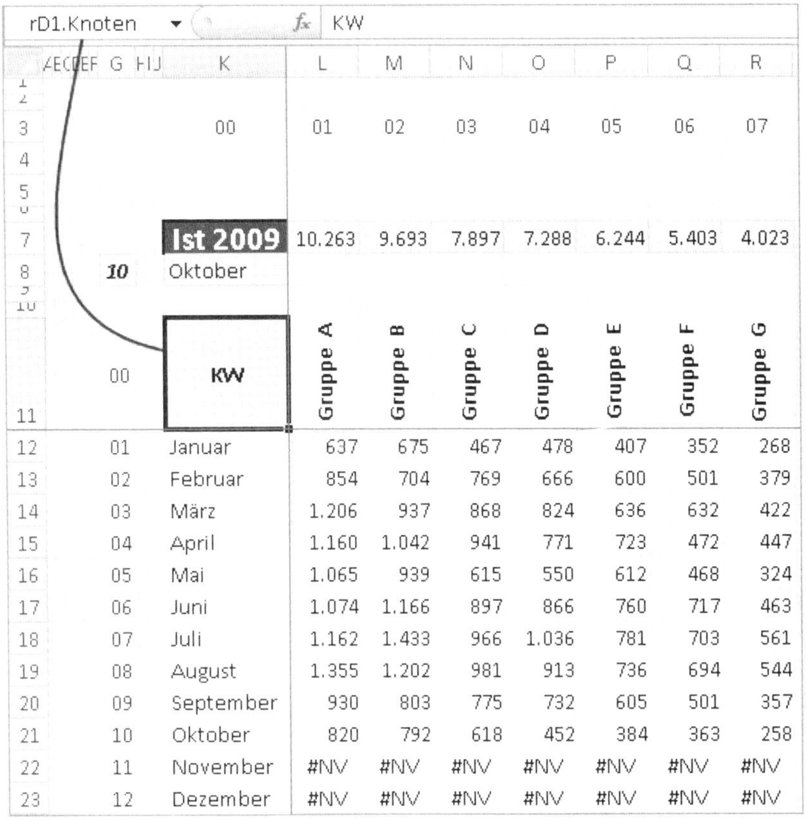

rD1.Knoten ▾				f_x	KW				

	⅄ΞCΞEF G HIJ	K	L	M	N	O	P	Q	R
1									
2									
3		00	01	02	03	04	05	06	07
4									
5									
6									
7		**Ist 2009**	10.263	9.693	7.897	7.288	6.244	5.403	4.023
8	*10*	Oktober							
9									
10			Gruppe A	Gruppe B	Gruppe C	Gruppe D	Gruppe E	Gruppe F	Gruppe G
	00	KW							
11									
12	01	Januar	637	675	467	478	407	352	268
13	02	Februar	854	704	769	666	600	501	379
14	03	März	1.206	937	868	824	636	632	422
15	04	April	1.160	1.042	941	771	723	472	447
16	05	Mai	1.065	939	615	550	612	468	324
17	06	Juni	1.074	1.166	897	866	760	717	463
18	07	Juli	1.162	1.433	966	1.036	781	703	561
19	08	August	1.355	1.202	981	913	736	694	544
20	09	September	930	803	775	732	605	501	357
21	10	Oktober	820	792	618	452	384	363	258
22	11	November	#NV	#NV	#NV	#NV	#NV	#NV	#NV
23	12	Dezember	#NV	#NV	#NV	#NV	#NV	#NV	#NV

Abbildung 5.3 Noch fehlen einige Daten – deshalb *#NV* als Platzhalter

- In den Zellen L7:R7 werden die Summen der Gruppen gebildet. Solange die Jahresdaten nicht vollständig sind, handelt es sich also um Kumulationen von Januar bis zu dem Monat einschließlich, der in Zelle K8 bezeichnet ist.

Zum Blatt *Daten 1*, Spalten S bis AC, im Zusammenhang mit Abbildung 5.4. Achten Sie bitte darauf, dass in der Abbildung das Blatt geteilt gezeigt wird: nach Spalte K kommt dort Spalte S.

Dieser Teil des Blattes besteht hauptsächlich aus Formeln. Ihre Ergebnisse, die Erlöse pro Gruppe und Monat, werden in diesem Kapitel noch nicht, sondern erst in Kapitel 6 visualisiert.

- Es gibt in Zeile 4 eine weitere Reihe von Hilfszahlen. Sie wird gebraucht, um Formeln in Zeile 5 mit Zeilenargumenten zu versorgen.

- In Zelle S5 ist eine Zahl hinterlegt (hier als Konstante, demnächst als variables Formelergebnis). Sie bezeichnet, welcher der Tarife aus *Parameter 1* zur Kalkulation herangezogen wird, und ist das Spaltenargument für die Formeln im Bereich U5:AA5.

ÆCDEF G HIJ	K	S	T	U	V	W	X	Y	Z	AA	AB	AC
	00	08	09	10	11	12	13	14	15	16	17	18
			Z	01	02	03	04	05	06	07		
	01	Tarif		552	420	812	1.222	419	287	1.345		
Ist 2009	Σ			5.665.176	4.071.060	6.412.364	8.905.936	2.616.236	1.550.661	5.410.935	34.632.368	
10	Oktober											
00	KW			Gruppe A	Gruppe B	Gruppe C	Gruppe D	Gruppe E	Gruppe F	Gruppe G	Gesamt	Rang
01	Januar			351.624	283.500	379.204	584.116	170.533	101.024	360.460	2.230.461	10
02	Februar			471.408	295.680	624.428	813.852	251.400	143.787	509.755	3.110.310	7
03	März			665.712	393.540	704.816	1.006.928	266.484	181.384	567.590	3.786.454	5
04	April			640.320	437.640	764.092	942.162	302.937	135.464	601.215	3.823.830	4
05	Mai			587.880	394.380	499.380	672.100	256.428	134.316	435.780	2.980.264	8
06	Juni			592.848	489.720	728.364	1.058.252	318.440	205.779	622.735	4.016.138	3
07	Juli			641.424	601.860	784.392	1.265.992	327.239	201.761	754.545	4.577.213	1
08	August			747.960	504.840	796.572	1.115.686	308.384	199.178	731.680	4.404.300	2
09	September			513.360	337.260	629.300	894.504	253.495	143.787	480.165	3.251.871	6
10	Oktober			452.640	332.640	501.816	552.344	160.896	104.181	347.010	2.451.527	9
11	November			#NV	#NV	#NV	#NV	#NV	#NV	#NV	#NV	#NV
12	Dezember			#NV	#NV	#NV	#NV	#NV	#NV	#NV	#NV	#NV

Abbildung 5.4 Hier werden unter Nutzung der Tarifparameter die Stundenwerte zu Umsätzen

- Die Offset-Formeln im Bereich U5:AA5 ermitteln die gruppenspezifischen Tarife aus *Parameter 1*.

- Die Formeln im Bereich U12:AA23 errechnen aus den Stundenwerten in L12:R23 unter Anwendung der Tarifvorgaben aus Zeile 5 die Tariferlöse in Euro. (Weiter oben habe ich erläutert, warum in diesem Modell nicht mit den tatsächlichen, sondern mit den »reinen« und deshalb hypothetischen Tariferlösen gearbeitet wird.)

- Die Formeln in Zeile 7 sind auch hier Summenformeln für die Zusammenfassungen der Gruppen.

- Die Formeln in Spalte AB bilden die jahres- und monatsspezifischen Summen.

- Die Formeln in Spalte AC weisen den Rangplatz des Monatserlöses in Bezug zum Jahr bzw. zum aufgelaufenen Jahr aus. Es ist in diesem Unternehmen aus Gründen der Kapazitätsplanung und der Logistik des Maschinen- und Personaleinsatzes außerordentlich wichtig zu wissen, was die »guten« und die »schlechten Monate« sind bzw. werden könnten. Bei Betrachtung der Diagramme in *Focus 1* werden Sie entdecken, dass es offenbar sehr typische saisonale Schwankungen gibt. Besonders deutlich wird das dann in einem Langzeitdiagramm werden, das ich ebenfalls in Kapitel 6 vorstelle.

Definitionsbereiche der Steuerelemente

In Kapitel 4 reichte ein einzelnes Steuerelement des Typs *Listenfeld* zur Auswahl einer Kurve. Deswegen wurde auch nur ein einziger entsprechender Definitionsbereich (mit zwei Bereichsnamen: ...*Liste* und ...*Ausw*) gebraucht.

Wenn Sie das Blatt *Listen 1* aktivieren oder die Abbildung 5.5 anschauen, mag es im ersten Moment irritierend sein, warum hier nun vier solcher Bereiche mit folglich acht Bereichsnamen benötig werden und die Listen doppelt angelegt sind. Der Grund jedoch: Es soll mit dem Auswahlsystem in Blatt *Focus 1* möglich sein, jeden beliebigen Vergleich – jedes Jahr mit jedem Jahr, jede Gruppe mit jeder Gruppe – anzustellen. Also auch z. B. *Gruppe A in 2008* mit *Gruppe B in 2009* oder *Gruppe C in 2008* mit *Gruppe C in 2007*. Das bedeutet zwangsläufig, dass hier im Blatt *Listen 1* die Strukturen doppelt anzulegen sind.

Wirklich zwangsläufig? Nicht ganz. Da die Text-Listeninhalte der jeweils doppelt vorkommenden Steuerelemente *Jahr* und *Gruppen* identisch sind, würde es ausreichen, hier nur jeweils eine Vorgabe einzurichten. Dann würden jeweils zwei Steuerelemente auf eine Listendefinition zugreifen, müssten dann aber dennoch jedes seine eigene Zellverknüpfung für die Aufnahme der Benutzerauswahl haben. Das so zu machen ist jedoch weder eine Arbeitserleichterung noch ist es systematisch (also bei Entwicklungen, Prüfungen und Reparaturen schwerer nachzuvollziehen). Hinzu kommt, dass es Fälle gibt, bei denen inhaltlich parallele Listen dennoch mit unterschiedlichen Texten auszustatten sind. Also, es bleibt dabei: Jedes Steuerelement hat seine eigenen Definitionsbereiche – und das komplett.

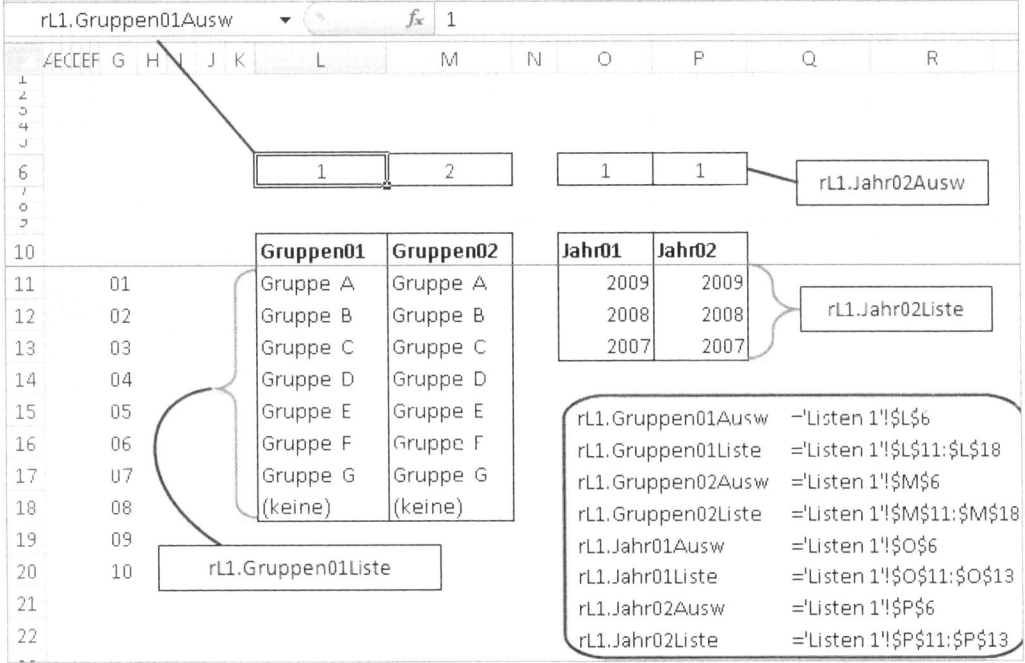

Abbildung 5.5 Die Namen in *Listen 1* gehören zu den wichtigsten Einrichtungen der Lösung

Näheres ist aus der Abbildung zu erkennen – zum einen exemplarisch mit Linien- und Klammerhinweisen, zum anderen unten rechts als vollständige Zusammenstellung der hier definierten Namen.

Diagrammbasis

Im Arbeitsblatt *Basis 1* werden die Daten generiert, die nach Bestimmung des Benutzers im Diagramm des Focusblatts erscheinen. Dazu werden Formeln benötigt, die hier natürlich nur angesprochen und erst weiter unten, im »Mitmach-Abschnitt«, erläutert werden.

Im Zusammenhang mit der Nummerierung in Abbildung 5.6, in die ich zum besseren Verständnis ein unformatiertes Diagramm eingefügt habe, das mit seinen Inhalten der Schlussversion in *Focus 1* entspricht.

1. Hier sind die Stundenwerte zusammengestellt, die nach den Steuerelementvorgaben des Benutzers den drei Quelldatenblättern entnommen werden.

2. Welche der Quelldatenblätter dabei angesprochen werden, entscheidet sich durch die beiden Formeln in den Zellen L7:M7.

3. Die Formeln in den Zellen L11:M11 liefern die Texte für die *Legende* und führen dabei die Auswahl einer Gruppe mit der eines Jahres zusammen.

4. Die Formeln in den Zellen L2:M2 sorgen indirekt dafür, dass eine Linie aus dem Diagramm verschwindet, wenn der Anwender im entsprechenden Steuerelement den Eintrag *(keine)* gewählt hat.

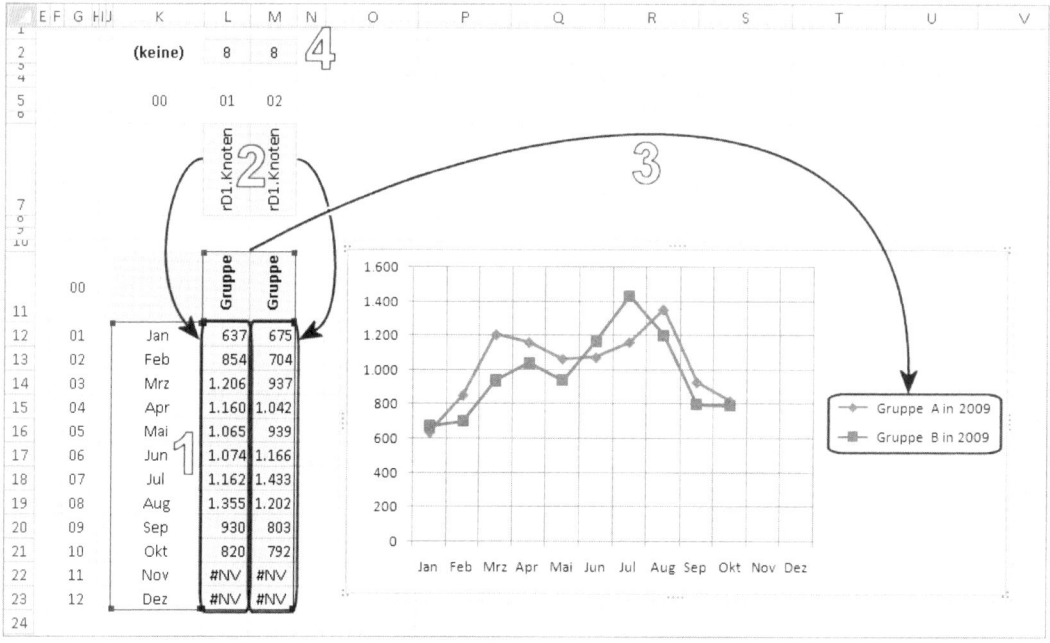

Abbildung 5.6 Die Grundlagen des variablen Diagramms werden in *Basis 1* zusammengestellt

Zum Mitmachen: Entwicklung des Basismodells

Sie haben gesehen, was gegenwärtig in der Datei *0501_Vergleich3Jahre01_FERTIG* möglich und strukturell angelegt ist. In diesem Hauptabschnitt nun wird beschrieben, wie diese Version – sie ist eine vorläufige, verbesserungswürdige – entsteht. Dazu können Sie eine bereits vorbereitete Fassung öffnen und mit deren Verwendung den Anleitungen folgen.

Die Übungsversion mit dem Namen *0502_Vergleich3Jahre01_ÜBUNG* enthält keine Bereichsnamen, Formeln oder Steuerelemente, auch das Diagramm existiert noch nicht. Quelldaten, Strukturen und Formate sind jedoch weitestgehend vorhanden, derlei Einrichtungsarbeiten sollen den Fortgang des Seminars nicht bremsen.

Wenn Sie die nachstehenden Übungen nicht selbst durchführen, sondern sich lediglich die beschriebenen Ergebnisse verdeutlichen möchten, können Sie die Datei *0501_Vergleich3Jahre01_FERTIG* als Referenz benutzen. Diese fertige Datei sollten auch die »Mitmacher« geöffnet halten, um ggf. schnell nachsehen zu können, ob das eigene Ergebnis der Vorlage entspricht oder wo sich möglicherweise ein Fehler eingeschlichen hat.

CD-ROM   Bitte öffnen Sie von der CD-ROM aus dem zu Ihrer Excel-Version passenden Ordner die Datei *0502_Vergleich3Jahre01_ÜBUNG*.

Speichern Sie die Datei unter einem anderen Namen auf Ihrer Festplatte und beginnen Sie dann mit der Entwicklung des vorbereiteten Modells.

Zur Sicherung erfolgreicher Zwischenschritte sollten Sie Versionsspeicherungen anlegen. Empfehlungen dazu finden Sie im Teil B, Kapitel 10.

Die hier gewählte Arbeitsreihenfolge ist keinesfalls zufällig, sondern entspricht einer erprobten Vorgehensweise, die ohne überflüssiges Hin und Her das gewünschte Ziel erreichen lässt.

Bereichsnamen definieren

Nach dem Abschluss strukturierender Vorarbeiten sollten Sie immer zuerst die Bereichsnamen festlegen, weil Sie häufig diese Namen in weiteren Arbeitsschritten – bei der Entwicklung von Formeln und bei der Einrichtung von Steuerelementen – benötigen.

Achten Sie sehr sorgfältig darauf, bei den Namensdefinitionen keine Fehler zu machen. Das betrifft besonders auch die Schreibweise der Namen, die immer einheitlich sein sollte und in einigen Fällen auch einheitlich sein *muss*. Sie werden weiter unten, bei der Formelentwicklung im Blatt *Basis 1*, erkennen, dass es z. B. ein schwerer Fehler wäre, den ersten Quelldatenknoten *rD1.Knoten* zu nennen und den zweiten *rD2Knoten* (ohne den Punkt als Trennzeichen).

Die in der Arbeitsmappe benötigten »Knoten« zum Auslesen von Quelldaten und Parametern mittels Offset-Formeln sind in vier verschiedenen Blättern anzulegen. Bitte benutzen Sie die Texte und Lokalisierungsangaben der Tabelle 5.1.

Name	Blatt	Zelle	Farbe
rD1.Knoten	Daten 1	K11	Gelb
rD2.Knoten	Daten 2	K11	Gelb
rD3.Knoten	Daten 3	K11	Gelb
rP1.Knoten	Parameter 1	L11	Gelb

Tabelle 5.1   Die Namen der Knoten sind von großer Bedeutung für die Funktionalität des Modells

Prüfen Sie, ob die richtigen Zellen im richtigen Arbeitsblatt die richtigen Namen haben. Schnell passieren kann es z. B., dass versehentlich der *rD2.Knoten* im Blatt *Daten 3* angelegt wird oder Ähnliches. Deshalb ist es bereits in dieser frühen Entwicklungsphase nützlich, im Blatt *Namensliste* mittels F3 eine entsprechende Aufstellung zu erzeugen, die eine leichte und übersichtliche Kontrolle ermöglicht. Eine solche Prüfliste (vgl. Tabelle 5.2) lässt fehlerhafte Zuordnungen der erwähnten Art schnell erkennen.

rD1.Knoten	='Daten 1 Ist09'!$K$11
rD2.Knoten	='Daten 2 Ist08'!$K$11
rD3.Knoten	='Daten 3 Ist07'!$K$11
rP1.Knoten	='Parameter 1'!$L$11

Tabelle 5.2   Prüfen Sie das Ergebnis der Namensvergabe mit dem Erzeugen einer Namensliste

Die weiteren Bereichsnamen sind sämtlich im Blatt *Listen 1* zu definieren und in Tabelle 5.3 zu sehen. Die Namen ähneln sich sehr stark und unterscheiden sich teilweise nur in einer Ziffer. Das ist durchaus gewollt und, wie Sie im weiteren Fortgang der Entwicklung sehen werden, eine große Arbeitserleichterung. Der Nachteil ist natürlich, dass Sie hier leicht einiges verwechseln könnten. Auch hier also ist langsames und konzentriertes Vorgehen die beste Fehlerprophylaxe und die anschließende Kontrolle der Texte und Lokalisierungen ist unverzichtbar. Bei solchen Arbeiten benutze ich neben der Überprüfung mittels Namensliste immer auch die Möglichkeit des Ansteuerns der benannten Bereiche – entweder mit Klick auf einen Namen im *Namenfeld* (links in der Bearbeitungsleiste) oder mit *Gehe zu* (F5).

Name	Bereich
rL1.Gruppen01Ausw	L6
rL1.Gruppen01Liste	L11:L18
rL1.Gruppen02Ausw	M6
rL1.Gruppen02Liste	M11:M18
rL1.Jahr01Ausw	O6

Tabelle 5.3   Die Bereichsnamen im Blatt *Listen 1* zur Einrichtung der Steuerelemente

Name	Bereich
rL1.Jahr01Liste	O11:O13
rL1.Jahr02Ausw	P6
rL1.Jahr02Liste	P11:P13

Tabelle 5.3 Die Bereichsnamen im Blatt *Listen 1* zur Einrichtung der Steuerelemente *(Fortsetzung)*

Weil es so elementar wichtig ist, an dieser Stelle nochmals die Angabe der hier greifenden und wichtigen Grundregeln:

- Ein Definitionsbereich eines Listen-Steuerelements besteht aus zwei Teilen, den mit einer Überschrift versehenen Textinhalten und einer Verknüpfungszelle.

- Wenn ein Listendoppel vorliegt, werden identische Überschriftentexte benutzt und in ihrer Endung durch Ziffern unterschieden: *Jahr01* und *Jahr02*, *Gruppen01* und *Gruppen02*.

- Alle Bereichsnamen im Arbeitsblatt *Listen 1* beginnen mit dem Präfix *rL1* gefolgt von einem Punkt als Trennzeichen.

- Der Bereichsname für eine Auflistung von Textinhalten beinhaltet deren Überschrift und endet mit *Liste*. Eine Auflistung von Gruppenbezeichnungen mit der Überschrift *Gruppen02* erhält also den Namen *rL1.Gruppen02Liste*.

- Der Name für die Verknüpfungszelle beinhaltet die Überschrift der relevanten Auflistung und endet mit *Ausw*. Die Verknüpfungszelle der *rL1.Gruppen01Liste* erhält den Namen *rL1.Gruppen01Ausw*.

Wenn Sie alle Namen erstellt, überprüft und ggf. korrigiert haben, erzeugen Sie bitte im Blatt *Namensliste* erneut und abschließend eine neue Aufstellung mit Bereichsnamen und deren Bezügen. (Nicht vergessen: Eine bereits existierende Auflistung löschen, dann eine einzige Zelle markieren, dann weiter mit F3 und Klick auf *Liste einfügen* im Dialogfeld.)

Formeln in den Datenblättern eingeben

Sie werden gleich Formeln in Arbeitsblätter eingeben, die bereits formatiert sind. Wenn Sie Verletzungen von Formaten und Anpassungsfehler vermeiden möchten, sollten Sie die entsprechenden Empfehlungen aus den vorigen Kapiteln beachten:

- Erst den kompletten Bereich markieren, dann die Formel in aktiver Zelle entwickeln, dann Mehrfacheingabe mit Strg+↵.

- Nach Eingabe eines Zellbezugs (Cursor blinkt hinter dem Bezug) sofort mit F4 die richtige Bezugsart einrichten. Bei nachträglich erforderlichen Korrekturen der Bezugsart den Bezug innerhalb der Formel komplett markieren und dann F4 benutzen.

Wie schon erwähnt: Die drei Quelldatenblätter sind strukturgleich. Dies ist in mehrerlei Hinsicht ein Vorteil, u. a. auch für die jetzt anstehenden Tätigkeiten. Excel gibt Ihnen die Möglichkeit, in mehreren Arbeitsblättern gleichzeitig zu arbeiten. Dazu müssen Sie eine *Gruppe* einrichten. Das ist denkbar einfach:

1. Aktivieren Sie das erste Arbeitsblatt, das zur Gruppe gehören soll, im Beispiel also *Daten 1*.

2. Halten Sie die Taste ⌂ gedrückt und klicken Sie im Arbeitsblattregister auf die *Blattregister-karte* des letzten Arbeitsblatts, das zur Gruppe gehören soll, im Beispiel also *Daten 3*.

3. Kontrollieren Sie den Erfolg dieser Aktion: Die *Blattregisterkarten* der gruppierten Blätter wurden einheitlich umgefärbt und oben, in der Excel-Titelleiste, erscheint hinter dem Datei-namen in eckigen Klammern der Zusatz *[Gruppe]*.

HINWEIS   Beim Umgang mit Arbeitsblattgruppen gibt es Verschiedenes zu beachten:

- Wenn Sie eine Gruppe selektiv aus nicht nebeneinander liegenden Arbeitsblättern bilden möchten, verwen-den Sie beim Zusammenstellen statt der Taste ⌂ die Taste Strg.

- Einige Befehle funktionieren nicht, wenn sie in einer Gruppe benutzt werden sollen. Dazu gehört, dass Sie nicht mit F3 einen Bereichsnamen in eine Formel einfügen können.

- Wenn Sie eine Gruppe auflösen möchten, klicken Sie entweder auf eine *Blattregisterkarte* eines nicht zur Gruppe gehörenden Blattes oder aber mit der rechten Maustaste auf einen zur Gruppe gehörenden Blattna-men und dann im Kontextmenü auf den Befehl *Gruppierung aufheben*.

- ACHTUNG, SEHR WICHTIG! Vergessen Sie nicht, eine Gruppe rechtzeitig wieder aufzulösen. Wenn Sie ver-meintlich in nur einem Arbeitsblatt arbeiten, sich tatsächlich aber weiterhin im Gruppenmodus befinden, kön-nen Sie schwerwiegende Fehler machen, bis hin zur kaum noch korrigierbaren Zerstörung Ihrer bisherigen Arbeit. Da helfen manchmal (ich erinnere mich äußerst ungern) nur noch Papierkorb und Neuanfang.

Als Erstes geht es um die Formeln im oberen linken Viertel des Arbeitsblatts (bzw. der drei grup-pierten Arbeitsblätter). Vorab sind aber noch zwei Anmerkungen zu machen:

- Weiter oben wurde schon berichtet, dass die für zukünftige Werte reservierten Zellen mit dem Platzhalter #NV belegt sind (vgl. die Zeilen für *November* und *Dezember* in Abbildung 5.7). So etwas macht in einem sich darauf beziehenden Formelwerk stets einige Schwierig-keiten, weil eine Berechnung, die #NV-Werte einschließt, ebenfalls #NV zum Ergebnis hat. Was in manchen Fällen durchaus willkommen ist und Fehlinterpretationen vermeiden hilft, ist in anderen eher hinderlich. Deshalb, und das ist in Excel meistens so, gibt es natürlich auch einen Weg, diese Schwierigkeit zu umgehen.

- Die Konstruktion für die Zellen G8 und K8 wirkt redundant: Die eine Formel liefert eine Zahl, die andere verwendet diese Zahl, um mit ihrer Hilfe einen Text zu ermitteln. Das müsste so nicht sein, weil die beiden hier benutzten, unkomplizierten Funktionen auch ineinander geschachtelt werden könnten. Da hier aber die Zahl an anderer Stelle benötigt wird (vgl. Abbildung 5.9) und der Text als klarer Informationsträger dienen soll, ist die getrennte Anlage zu bevorzugen. So etwas mache ich häufig auch dann, wenn es aktuell keinen Grund dafür gibt. Erfahrungsgemäß ist es oft so, dass bei einer Überarbeitung oder Erweiterung ein solcher Grund plötzlich auftaucht. Dann wird aus der Redundanz eine Nützlichkeit. Und solange es keinen Anlass gibt, auf potenzielle Nützlichkeiten zu verzichten, ist eine solche Einrichtung eher vorteilhaft als ungünstig.

Damit aber nun zu den Formeln selbst. Im Zusammenhang mit Abbildung 5.7:

Geben Sie in Zelle G8 die Formel =ANZAHL($L$12:$L$23) ein. Hier wird im Bezug die Anzahl von *Zahlen* ermittelt. Das Ergebnis ist *10*, denn zwei der 12 Inhalte im Bezug sind keine Zahlen. Die Verwendung von ANZAHL2 würde das Ergebnis 12 erzeugen, weil diese Funktion die Anzahl von Zellinhalten, gleich welcher Art zählt, also auch #NV-Werte.

Das Ergebnis aus G8 wird von der Formel =INDEX($K$12:$K$23;$G$8;1) verwertet, die Sie jetzt bitte in Zelle K8 eingeben. Die Vorgabe für deren Zeilenargument ist die 10 aus G8, ermittelt wird also der Inhalt der zehnten Zelle im Bezug (in der Matrix $K$12:$K$23. Ersetzen Sie die Zahl 820 in Zelle L21 vorübergehend durch #NV. Das Ergebnis in G8 wird 9 und das in K8 wird *September*. Machen Sie den Schritt rückgängig, um die überschriebene Zahl 820 wieder in Zelle L21 einzusetzen. Dort wird sie gebraucht, damit im nächsten Arbeitsgang keine Irritation entsteht.

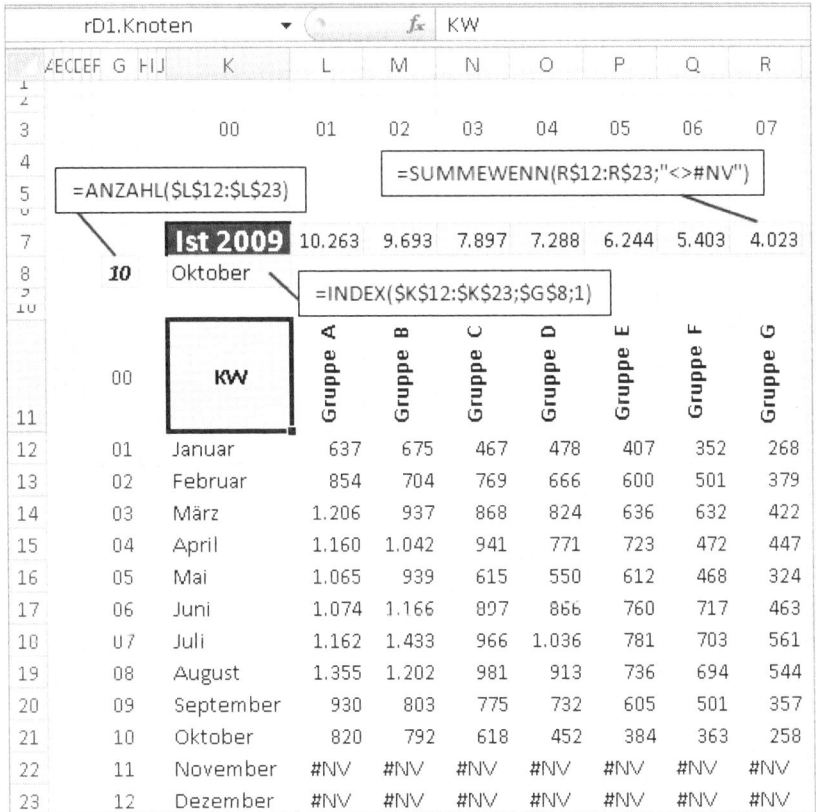

Abbildung 5.7 Die Formeln sind in allen drei Datenblättern identisch – der Name des Knotens nicht

Markieren Sie den Bereich L7:R7, geben Sie =SUMMEWENN(L$12:L$23;"<>#NV") ein und erzeugen Sie die sieben Formeln mit ⌈Strg⌉+⌈↵⌉. Sie haben damit Excel angewiesen, in den Bezügen jene Werte zu addieren, die ungleich #NV sind.

HINWEIS   Bitte beachten: Es kommt in diesem Abschnitt und auch an anderen Stellen des Buches vor, dass die in den Abbildungen gezeigten Formeln aus Gründen der Übersicht und der variantenreicheren Information nicht aus den Zellen stammen, die bei der Formeleingabe aktive Zelle sein sollten. Gemäß vorstehender Anleitung haben Sie die Formel bei aktiver Zelle L7 eingegeben. Die Abbildung 5.7 zeigt jedoch das Resultat Ihrer Aktion in Zelle R7.

Die Funktion =SUMMEWENN(Bereich;Suchkriterien;Summe_Bereich) benötigt in diesem Fall ihr drittes Argument nicht, weil Summe_Bereich identisch mit dem ersten Argument Bereich ist (es wird also dort summiert, wo es auch die Suchkriterien zu finden gibt).

Das Suchkriterium <>#NV ist ein Text und muss deshalb innerhalb der Formel in Anführungszeichen stehen. Befände es sich außerhalb, in einer bezogenen Zelle (etwa in L8), dürften dort keine Anführungszeichen benutzt werden, weil es diese in Bereich ja nicht zu finden gibt. In diesem Fall würde die Formel dann einfach =SUMME-WENN(L$12:L$23;L$8) lauten.

Überprüfen Sie die Richtigkeit der Berechnung, indem Sie z. B. alle Zellen im Bereich L7:R7 markieren und die dann in der *Statusleiste* angezeigte Summe mit jener vergleichen, die sich aus einer Markierung der »Nicht-NV-Zellen«, also aus L12:R21 ergibt.

Nun können Sie sich den Formeln zuwenden, die sich im Spaltenbereich U:AC des Arbeitsblatts befinden. Denken Sie daran, dass Sie weiterhin in einer Gruppe arbeiten und Ihre Eingaben in drei Arbeitsblätter gleichzeitig machen. Sehen können Sie dabei allerdings zunächst nur die Resultate im aktiven Blatt. Der Rest ist also vorläufig Vertrauenssache. So müssen Sie z. B. glauben oder wissen, dass in Zelle S5 des Blattes *Daten 1* die Ziffer 1 als Konstante steht, in *Daten 2* an gleicher Stelle die 2, in *Daten 3* die 3. Wenn dem nicht so ist, haben Sie zwei Möglichkeiten:

- Sie heben die Gruppe auf, korrigieren oder ergänzen ggf. und richten dann die Gruppe wieder ein.

- Sie ignorieren es, weil es für die Formeleingaben selbst keine Rolle spielt, ob eine bezogene Konstante vorhanden oder richtig ist. In diesem Fall sollten Sie sich aber eine Notiz machen, damit Sie nach Abschluss der Formelentwicklungen (es dauert noch eine kleine Weile) nicht vergessen, den Sachverhalt zu prüfen und, sollte das erforderlich sein, in Ordnung zu bringen.

Im Arbeitsblatt oder in Abbildung 5.8 fallen im Kopfbereich, unterhalb der Hilfszeile 3 mit ihren vom Knoten aus durchlaufenden, blau gefärbten Nummern, zusätzliche Zeilenstrukturen auf: Hilfszahlen in Zeile 4, Formeln in Zeile 5. Beide sind mit roter Schrift formatiert, damit auf den ersten Blick klar wird, dass diese Werte etwas miteinander zu tun haben und auch eine andere »Art« von Daten in diesem Blatt repräsentieren. Es handelt sich um variable Kalkulationsvorgaben, denn hier werden die Tarifinformationen aus *Parameter 1* eingelesen. Dabei mag als Schwierigkeit erscheinen – ist aber natürlich keine –, dass Werte, die hier in horizontaler Reihe benötigt werden, in der bezogenen Quelle vertikal angeordnet stehen (vgl. Abbildung 5.2). Die erforderliche Drehung ist jedoch mit Formeln, die Zeilen- und Spaltenargumente verwenden, ein Leichtes.

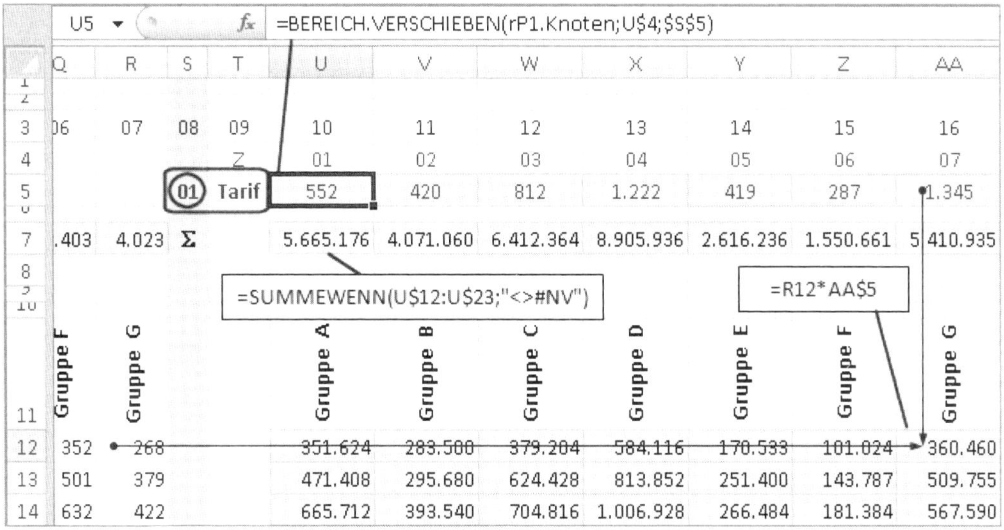

Abbildung 5.8 So wird mit den Tarifvorgaben kalkuliert

Markieren Sie den Bereich U5:AA5. Sie wissen, dass die hier zu ermittelnden Daten im Blatt *Parameter 1* stehen und dass es dort nur einen einzigen Namen gibt, nämlich den des Knotens. Wenn Sie die Konventionen beachtet haben, kann dieser Name nur *rP1.Knoten* lauten. Gut, dass Sie es wissen, denn Excel lässt Sie jetzt ein wenig im Stich – das Programm wird Ihnen bei der Formeleingabe im Gruppenmodus nicht erlauben, einen Bereichsnamen mit F3 in die Formel aufzunehmen.

HINWEIS   Was in Excel 2003 hinderlich sein kann, ist in Excel 2007 kein Problem: Hier können Sie, auch bei der »Gruppenarbeit«, statt F3 das Feature *AutoVervollständigen Formel* einsetzen:

Sie haben =BEREICH.VERSCHIEBEN(bis zur öffnenden Klammer eingegeben und dann mit der Tastenkombination Strg + ⇧ + A die komplette Syntax der Formel eingelesen, um deren Editieren zu vereinfachen. Das erste Argument der Formel, Bezug, war dadurch bereits automatisch markiert und deshalb überschreibbar. Sie wollen einen definierten Bereichsnamen als Bezug verwenden. Da Sie die rS1.Methode benutzen, wissen Sie, dass dort alle Bereichsnamen mit *r* beginnen. Die Eingabe des *r* anstelle des Arguments Bezug bewirkt nun, dass in der Vorschauliste unterhalb der Bearbeitungsleiste außer den mit *r* beginnenden Formeln auch alle Bereichsnamen der Arbeitsmappe gezeigt werden und auswählbar sind. Hätten Sie alternativ *rd* eingegeben, würden jetzt nur die drei Knotennamen der Datenblätter (*rD1...* bis *rD3...*) zur Verwendung als Bezugsargument aufgelistet. Hätten Sie *rp* eingegeben (eine in diesem Fall sehr naheliegende Aktion), würde in der Liste nur der Bereichsname *rP1.Knoten* angeboten (es gibt keine Formeln – im Beispiel auch keine anderen Namen –, die mit *rp* beginnen) und wäre sofort mittels ⇥ in die Formel einfügbar.

Geben Sie =BEREICH.VERSCHIEBEN(rP1.Knoten;U$4;$S$5) in die aktive Zelle ein und schließen Sie mit Strg + ↵ ab. Als Anweisung: »Ermittle einen Wert. Gehe dazu von einer Zelle mit dem Namen *rP1.Knoten* so viele Zeilen nach unten, wie es der Vorgabe in Zelle U4 entspricht, und so viele Spalten nach rechts, wie es der Vorgabe in Zelle S5 entspricht.« Damit ist die Verwandlung von Spalteninhalten in Zeileninhalte geschehen. Geben Sie probeweise in Zelle S5 die Zahl 2 oder 3 ein. Sie verändern damit die Spaltenzugriffe der Formeln und lesen deshalb die Werte der anderen in *Parameter 1* hinterlegten Tarife ein. ACHTUNG: Sie sind noch in der Gruppe. Machen Sie also nach diesem Test Ihre Eingabe(n) sofort wieder rückgängig.

Es wäre natürlich möglich und im wahrsten Sinne des Wortes naheliegend, jetzt die SUMMEWENN-Formeln, die Sie ja schon von gerade eben kennen, in Zeile 7 einzugeben. Ich würde es so nicht machen, weil im bezogenen Bereich noch keine Werte vorhanden sind und ich deshalb die Richtigkeit meiner Summierungen nicht prüfen kann. Deshalb sollen also zunächst die Stundenwerte aus dem linken Teil des Blattes unter Verwendung der gerade erzeugten Tarifvorgaben in Eurowerte umgerechnet werden.

Markieren Sie den Bereich U12:AA23, geben Sie die Formel =L12*U$5 in die aktive Zelle ein und schließen Sie mit ⌈Strg⌉+⌈↵⌉ ab. Schon fertig – in allen drei Arbeitsblättern der Gruppe. Und variabel auch, das sollten Sie gleich testen: Geben Sie abermals probeweise in Zelle S5 die Zahl 2 oder 3 ein: Andere Tarife für die Leistungsstunden, deshalb andere Erlöse in Euro. Machen Sie nach diesem Test Ihre Eingabe(n) sofort wieder rückgängig.

Das gilt es jetzt noch spaltenweise zu summieren =SUMMEWENN(U$12:U$23;"<>#NV") in Zelle U7 bei markiertem Bereich U7:AA7, das muss nicht erneut im Detail beschrieben werden.

Etwas komplizierter geht es jetzt noch in den Spalten AB und AC zu. Im Zusammenhang mit Abbildung 5.9:

In Spalte AB sind die Zeilensummen der Eurowerte zu ermitteln. Vorläufig geschieht das mit einfachen Formeln der Art =SUMME($U12:$AA12), wie es in der Abbildung zu sehen ist. Die Einschränkung »vorläufig« ist nötig, weil im Blatt *Daten 3* ein Problem auftauchen wird. Dort, ich hatte oben darauf hingewiesen, sind bei den Stundenwerten alle zur Spalte *Gruppe G* gehörenden Zellen mit #NV belegt, weil es im Jahr 2007 diese Gruppe noch nicht gegeben hat. Deshalb wird bei *Daten 3* in Spalte AA ebenfalls #NV als Multiplikationsergebnis auftauchen und deswegen wird auch die Summierung in Spalte AB nichts anderes als #NV sein. Wie damit umgehen? Ich komme darauf zurück, nachdem die weiterhin existierende Gruppe der drei Quelldatenblätter aufgelöst wurde.

Noch ist es nicht so weit, weil abschließend die Rangplätze der Monatsergebnisse festzustellen sind.

Sehr interessant für allerlei Zwecke ist die Konstruktionsart der Formeln in AC12:AC23. Hier sollen die monatlichen Erlöse in wertender Reihenfolge ausgewiesen werden. Eine klassische Aufgabe für die Funktion RANG. Diese braucht als *Bezug* jenen Bereich, in dem sich die auszuwertenden Daten befinden. Dieser Bereich wiederum kann im vorgestellten Beispiel an seinem unteren Ende (wegen noch nicht vorhandener Monatsdaten) eine für die Formel nicht bekannte Anzahl von #NV-Werten enthalten. Die RANG-Formel darf jedoch keine #NV-Werte in ihre Kalkulation einbeziehen, der von ihr zu verwendende Bezug muss also in seiner Höhe variabel sein.

	ECCEF	G	H·J	K	U	V	W	X	Y	Z	AA	AB	AC
1													
2													
3			00		10	11	12	13	14	15	16	17	18
4					01	02	03	04	05	06	07		
5					552	420	812	1.222	419	287	1.345		
6													
7		**Ist 2009**			5.665.176	4.071.060	6.412.364	8.905.936	2.616.236	1.550.661	5.410.935	34.632.368	
8		**10**	Oktober										
9									=RANG($AB12;BEREICH.VERSCHIEBEN($AB$12:$AB$23;0;0;$G$8;1);0)				
10													
11			00	KW	Gruppe A	Gruppe B	Gruppe C	Gruppe D	Gruppe E	Gruppe F	Gruppe G	Gesamt	Rang
12			01	Januar	351.624	283.500	379.204	584.116	170.533	101.024	360.460	2.230.461	10
13			02	Februar	471.408	295.680	624.428	813.852	251.400	143.787	509.755	3.110.310	7
14			03	März	665.712	393.540	704.816	1.006.928	=SUMME($U12:$AA12)		90	3.786.454	5
15			04	April	640.320	437.640	764.092	942.162			15	3.823.830	4
16			05	Mai	587.880	394.380	499.380	672.100	256.428	134.316	435.780	2.980.264	8
17			06	Juni	592.848	489.720	728.364	1.058.252	318.440	205.779	622.735	4.016.138	3
18			07	Juli	641.424	601.860	784.392	1.265.992	327.239	201.761	754.545	4.577.213	1
19			08	August	747.960	504.840	796.572	1.115.686	308.384	199.178	731.680	4.404.300	2
20			09	September	513.360	337.260	629.300	894.504	253.495	143.787	480.165	3.251.871	6
21			10	Oktober	452.640	332.640	501.816	552.344	160.896	104.181	347.010	2.451.527	9
22			11	November	#NV	#NV	#NV	#NV	#NV	#NV	#NV	#NV	#NV
23			12	Dezember	#NV	#NV	#NV	#NV	#NV	#NV	#NV	#NV	#NV

Abbildung 5.9 Welche Monate sind die »guten«, welche haben welchen Rang?

Damit kommt wieder einmal die Funktion BEREICH.VERSCHIEBEN zum Einsatz, diesmal mit all ihren fünf Argumenten. Eines davon ist Höhe und dafür gibt es im aktuellen Fall eine variable Vorgabe, nämlich die Zahl in G8. Die Offset-Formel wird nicht, wie bisher, einen einzelnen Wert ermitteln, sondern ein Array aus mehreren Werten definieren und dieses dann der RANG-Formel als Bezug anbieten.

Am Beispiel der Zelle AC12: Die Formel

```
=RANG($AB12;BEREICH.VERSCHIEBEN($AB$12:$AB$23;0;0;$G$8;1);0)
```

benutzt also die Offset-Formel als Bezugsargument. Nur dieser Formelteil zunächst als Anweisung: »Definiere ein Array (ein eindimensionales Feld mit mehreren Daten). Gehe dazu vom genannten Bezug AB12:AB23 null Zeilen nach unten oder oben und null Spalten nach links oder rechts, benutze also den gesamten Bereich (einschließlich seiner dort am unteren Ende ggf. vorhandenen #NV-Werte). Bilde aus diesem Bereich einen Teilbereich, der so viele Zeilen hoch ist, wie es als Vorgabe in Zelle G8 steht, und der eine Spalte breit ist.« In G8 steht als Vorgabewert die Zahl des letzten Monats, der nicht #NV ist! Das so ermittelte Array soll jetzt auch so genannt werden. Dann ermittelt die oben zu sehende RANG-Formel also den Rangplatz des Wertes aus AB12 im Array.

Sie haben die Formel in den Bereich AC12:AC23 eingegeben. Markieren Sie jetzt in einer davon nur den BEREICH.VERSCHIEBEN-Teil einschließlich seiner schließenden Klammer. Drücken Sie dann F9. Sie sehen in geschweiften Klammern die zehn Zahlen des aktuell benutzten Arrays. Die #NV-Werte aus dem referenzierten Gesamtbereich AB12:AB23 sind per Höhendefinition (bitte nur die ersten zehn von den zwölf) ausgeschlossen. Deshalb kann also die RANG-Formel richtig arbeiten, unabhängig davon, wie viele #NV-Werte es am unteren Ende ihres Bezugs aktuell gibt. Drücken Sie Esc, um den Prüfmodus zu verlassen.

HINWEIS Die Funktion BEREICH.VERSCHIEBEN verfügt neben dem hier benutzten Argument Höhe auch über das Argument Breite. Deshalb kann sie auch Matrizen erzeugen und mit diesen nach Belieben kalkulieren, wie z. B. in =SUMME(BEREICH.VERSCHIEBEN(Bezug;Zeilen;Spalten;Höhe;Breite)).

Damit ist die Formeleingabe in die drei gruppierten Quelldatenblätter abgeschlossen.

- Heben Sie die Gruppierung auf und kontrollieren Sie, ob alle Formeln in allen drei Blättern an der richtigen Stelle angekommen sind.

- Prüfen Sie, ob in Zelle S5 jeweils die richtige Ziffer (1, 2, 3) für die Tarifermittlung steht.

- Aktivieren Sie *Daten 3* und löschen Sie die Formeln im Bereich der Eurowerte der *Gruppe G*, also in AA12:AA23. Dadurch werden die Berechnungen in den Spalten AB und AC wieder von #NV befreit. Befriedigend ist das so nicht. Aber es soll auch nicht weiter stören. Jedenfalls jetzt noch nicht. In Kapitel 6 allerdings wird dazu eine bessere Lösung zu suchen sein.

Steuerelemente erzeugen und funktionalisieren

Für die Auswahl der Jahre und Gruppen werden auch in diesem Modell die schlichten, kaum formatierbaren, dafür aber leicht zu handhabenden und überwiegend mackenfreien *Formularsteuerelemente* benutzt. Weiter unten, bei der Beschreibung der Lösungsvariante 2, kommen dann auch *ActiveX-Steuerelemente* zum Einsatz.

Sie haben im Blatt *Listen 1* bereits acht Bereichsnamen definiert. Diese werden jetzt benutzt, um den in dieser Anwendung benötigten vier Steuerelementen ihr »Leben einzuhauchen«. Es werden nur Steuerelemente der gleichen Art benötigt. Deswegen kann die Konstruktion sehr systematisch ablaufen.

Im Zusammenhang mit Abbildung 5.10:

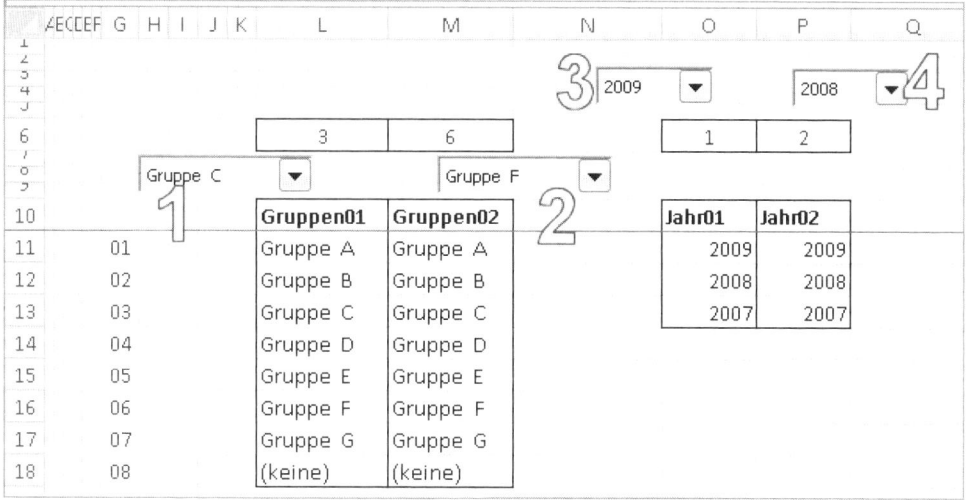

Abbildung 5.10   Die vier Steuerelemente in der Nähe ihrer Definitionsbereiche

- Erzeugen Sie die Steuerelemente vorläufig in jenem Blatt, in dem sich die Definitionsbereiche befinden, also in *Listen 1*. Das macht es einfacher, die Zuweisungen der Eigenschaften zu kontrollieren und zu testen. Erst später werden die Objekte dann nach *Basis 1* übertragen, zum Schluss der Entwicklungsarbeiten gelangen sie dann nach *Focus 1*.

- Erzeugen Sie die Steuerelemente in einer bestimmten Reihenfolge, z. B. in jener, die der Nummerierung in der Abbildung 5.10 entspricht. Das erlaubt Ihnen, auf sehr einfache Art mit Kopien bereits fertig definierter Objekte zu arbeiten und in diesen Duplikaten zur Anpassung der Funktionalität nur noch kleine Änderungen vorzunehmen.

- Positionieren Sie die Steuerelemente bei ihrer Entwicklung im Blatt *Listen 1* so, dass, wie in der Abbildung zu sehen, eine räumlich enge bzw. deutliche Beziehung zu den relevanten Tabellenbereichen besteht. Das erleichtert Ihnen die Übersicht – Sie arbeiten hier schließlich mit identisch aussehenden Doppeln. Welchem Element sind welche Bereiche zugeordnet? Das zu wissen ist bei der weiteren Gestaltung Ihrer Lösung sehr wichtig.

Welche Festlegungen für welches Element zu treffen sind, ergibt sich aus der kombinierten Betrachtung von Abbildung 5.10 und der Nummerierung in Tabelle 5.4. Ich kann mich also auf die Beschreibung der Vorgehensweise beschränken.

Element	Verwendung	Eingabebereich	Zellverknüpfung	Dropdownzeilen	3D-Schattierung
1	Gruppenwahl 1	*rL1.Gruppen01Liste*	*rL1.Gruppen01Ausw*	8	aktiviert
2	Gruppenwahl 2	*rL1.Gruppen02Liste*	*rL1.Gruppen02Ausw*	8	aktiviert
3	Jahreswahl 1	*rL1.Jahr01Liste*	*rL1.Jahr01Ausw*	3	aktiviert
4	Jahreswahl 1	*rL1.Jahr02Liste*	*rL1.Jahr02Ausw*	3	aktiviert

Tabelle 5.4   Das ist für die vier Formularsteuerelemente festzulegen

TIPP   Sie können in den Funktionalisierungsdialogfeldern nicht $\boxed{\text{F3}}$ benutzen, um die benötigten Bereichsnamen an den betreffenden Stellen einzugeben. Es kann deshalb sinnvoll sein, jedenfalls für die Erstausstattung, einen Bereichsnamen in die Zwischenablage zu kopieren und ihn später im Dialogfeld *Steuerelement formatieren*, Registerkarte *Steuerung*, wieder einzufügen.

Beim Kopieren des Namens in die Zwischenablage sollten Sie zur Vermeidung von Problemchen eine der beiden nachstehenden Möglichkeiten benutzen:

- Sie markieren im Blatt *Namensliste* die Zelle, die den Namen enthält, markieren dann in der *Bearbeitungsleiste* den Namenstext und kopieren ihn mit $\boxed{\text{Strg}}+\boxed{\text{C}}$ in die Zwischenablage.

- Sie wählen den Namen im *Namenfeld* aus und klicken dann im *Namenfeld* einmal auf den Text, um ihn zu markieren. Dann mit $\boxed{\text{Strg}}+\boxed{\text{C}}$ kopieren.

Die oben gemachte Einschränkung »jedenfalls für die Erstausstattung« will darauf hinweisen, dass es bei Anwendung der rS1.Methode häufig reicht, nur für das erste von mehreren gleichartigen Steuerelementen so zu verfahren, weil danach, wie Sie gleich sehen werden, sehr einfach und effizient mit Duplikaten fertiger Elemente gearbeitet werden kann.

Die Entwicklung der Steuerelemente als Schritt-für-Schritt-Anleitung:

1. Erzeugen Sie ein Steuerelement des Typs *Kombinationsfeld*, positionieren Sie es in der Nähe der zu ihm gehörenden Zellbereiche (entsprechend Ziffer 1 in Abbildung 5.10) und weisen Sie ihm Eigenschaften zu, wie sie in Zeile 1 der Tabelle 5.4 verzeichnet sind. Das also ist das erste Objekt zur Gruppenwahl, es bezieht sich auf die beiden *Gruppen01*-Bereichsnamen.

2. Weisen Sie dem Steuerelement seine Höhe und Breite zu. Es sollte in der Regel nicht höher und breiter sein, als es der längste Texteintrag für seine vollständige und gute Lesbarkeit benötigt.

3. Prüfen Sie die Funktion. In der verknüpften Zelle *rL1.Gruppen01Ausw* muss nach Auswahl von *Gruppe A* der Wert 1 erscheinen, nach Auswahl von *(keine)* der Wert 8.

4. Stellen Sie eine Kopie des fertigen und geprüften Steuerelements her und positionieren Sie diese in der Nähe der zu ihm gehörenden Zellbereiche (entsprechend Ziffer 2 in Abbildung 5.10).

5. Zur Änderung der Funktionalität müssen Sie jetzt auf der Registerkarte *Steuerung* des Dialogfelds *Steuerelement formatieren* nur noch zwei Zahlen ändern: Machen Sie aus *rL1.Gruppen01Liste* den Eintrag *rL1.Gruppen02Liste* und *rL1.Gruppen01Ausw* zu *rL1.Gruppen02Ausw*. Aus 1 mach 2, so einfach und schnell kann es gehen. Prüfen Sie die Funktion. Dieses Objekt muss jetzt seine »Klickwerte« in die Zelle *rL1.Gruppen02Ausw* ausgeben. Sie haben damit also die Voraussetzungen geschaffen, um Gruppen mit Gruppen vergleichen zu können.

Es fehlen noch die zwei Steuerelemente zur Auswahl der Kalenderjahre. Auch die lassen sich nun auf Basis von Kopien wesentlich schneller erzeugen, als es eine Neuanfertigung verlangen würde.

6. Stellen Sie eine Kopie des in Schritt 1 erzeugten Objekts her und positionieren Sie es etwa so, wie es in Abbildung 5.10 bei Ziffer 3 zu sehen ist.

7. Weisen Sie dem Steuerelement seine Höhe und Breite zu. Die Höhe sollte in der Regel nicht anders sein als die Höhe ähnlicher Elemente in dieser Lösung, sie wird also beibehalten. Die

Einträge der Kalenderjahre hingegen sind wesentlich kürzer als die der Gruppennamen. Deshalb sollte dieses Steuerelement entsprechend schmaler werden.

8. Zur Änderung der Funktionalität müssen Sie jetzt im Dialogfeld Folgendes ändern:

   ■ Machen Sie aus *rL1.Gruppen01Liste* den Eintrag *rL1.Jahr01Liste*.

   ■ Machen Sie aus *rL1.Gruppen01Ausw* den Eintrag *rL1.Jahr01Ausw*

   ■ Verändern Sie den Eintrag 8 bei *Dropdownzeilen* in *3*. (Das ist bei derartigen Formularsteuerelementen nicht zwingend erforderlich, wohl aber eine gute Angewohnheit, weil ihre Unterlassung bei anderen Steuerelementtypen bzw. bei anderen Verwendungen Probleme bereiten könnte.)

9. Prüfen Sie die Funktion: In der verknüpften Zelle *rL1.Jahr01Ausw* muss nach Auswahl von *2009* der Wert 1 erscheinen, nach Auswahl von *2007* der Wert 3.

10. Stellen Sie eine Kopie des fertigen und geprüften Steuerelements her und positionieren Sie diese in der Nähe der zu ihm gehörenden Zellbereiche (entsprechend Ziffer 4 in Abbildung 5.10).

11. Zur Änderung der Funktionalität müssen Sie jetzt im Dialogfeld abermals nur noch zwei Zahlen ändern: *rL1.Jahr01Liste* zu *rL1.Jahr02Liste* und *rL1.Jahr01Ausw* zu *rL1.Jahr02Ausw*. Sie haben damit also die Voraussetzungen geschaffen, um Jahre mit Jahren vergleichen zu können.

Das war's. Wenn Sie die vier Steuerelemente erzeugt und getestet haben, werden sie im Blatt *Listen 1* nicht mehr gebraucht.

12. Markieren Sie alle vier Steuerelemente gemeinsam (z. B. mit Anklicken bei gedrückter Taste `Strg`), wählen Sie einen Ausschneidebefehl (z. B. `Strg`+`X`), aktivieren Sie das Blatt *Basis 1* und fügen Sie die Objekte dort ein. Sie werden vorübergehend hier benötigt, um die gleich zu erstellenden Formeln der Diagrammbasis testen zu können.

13. Platzieren Sie die Steuerelemente im Blatt *Basis 1* so, dass Sie eindeutig erkennen können, welche beiden zu 1 gehören und welche beiden zu 2. Einen Vorschlag dazu sehen Sie in Abbildung 5.11. Dort erkennen Sie auch, wie Sie schnell ermitteln können – Sie haben die Verknüpfung vergessen und möchten das Dialogfeld *Steuerelement formatieren* nicht öffnen –, welches Steuerelement wozu gehört: Wenn Sie ein Steuerelement markieren, erscheint der Name seiner Zellverknüpfung als Formeleintrag in der *Bearbeitungsleiste* (und ist dort auch ggf. änderbar). Weil es ein rS1-Name ist, reicht ein Blick, um die Zuordnung richtig zu interpretieren.

Formeln in der Diagrammbasis

Sie haben in der Arbeitsmappe alle Namen vergeben und alle benötigten Steuerelemente eingerichtet. Damit kann der letzte der technischen Schritte – oft auch der schwierigste – in Angriff genommen werden. Alles, was danach kommt, ist »nur noch« Kosmetik.

Im Blatt *Basis 1* wird das zusammengestellt, was im *Focus 1* gezeigt wird, egal ob dort ein Diagramm oder eine Berichtstabelle oder beides zu sehen sein soll. Wenn eine Lösung mehrere Focusblätter hat, gibt es in *Basis 1* entsprechend viele, unterteilte Bereiche oder aber es werden, bei sehr großen Modellen, weitere solcher Arbeitsblätter angelegt: *Basis 2, Basis 3* usw.

TIPP   In den meisten Modellen benutze ich das Blatt *Basis...* auch dann als »Zwischenstation«, wenn im Focusblatt Tabellendaten in einer Form zu zeigen sind, die theoretisch auch eine direkte Übernahme aus Quelldatenblättern eins zu eins erlauben würde. Der praktische Grund für den Umweg: Es erschließen sich dadurch nahezu unbegrenzte Möglichkeiten, einen formalen Änderungsbedarf, der sich später einmal ergeben könnte (es sollen nun doch Verdichtungen, Ausschnitte, andere Reihenfolgen angezeigt werden), mühelos zu befriedigen.

Das Grundprinzip der hier einzurichtenden Formeln und ihrer Wirkung ist schnell erklärt:

- Der Benutzer trifft in *Focus 1* mit Steuerelementen eine kombinierte Auswahl, mit der er in verknüpften Zellen des Blattes *Listen 1* Zahlen und/oder logische Werte (WAHR oder FALSCH) erzeugt.

- Diese Werte werden von Formeln des Blattes *Basis 1* als Argumente oder als Prüfkriterien benutzt, um aus Quelldatenblättern und/oder Parameterblättern dort hinterlegte Werte gezielt auszulesen – in der Regel nur wenige von vielen.

- Aus dieser variablen Zusammenstellung resultieren die grafischen und/oder tabellarischen Informationen im Focusblatt.

Im Beispiel ist das Ganze relativ einfach (auch wenn es ein erster Blick auf Abbildung 5.11 vielleicht nicht vermuten lässt), weil für den Aufbau von zwei *Datenreihen* in einem Diagramm kein aufwendiges Formelwerk benötigt wird.

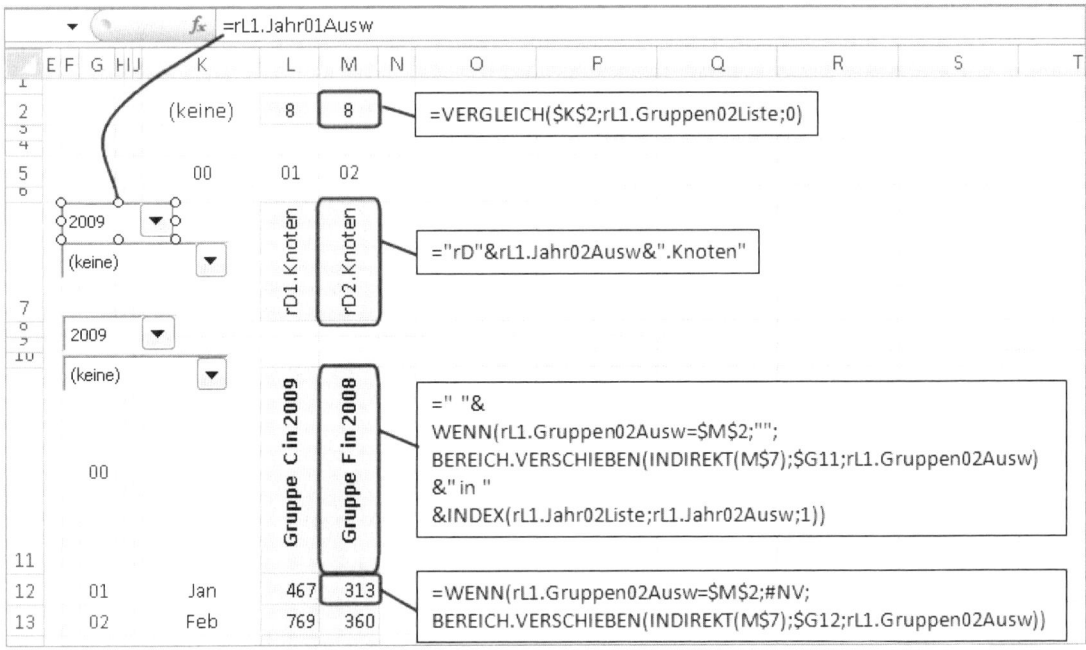

Abbildung 5.11 Die Formelergebnisse werden durch Steuerelemente beeinflusst

Zu den in Abbildung 5.11 zu sehenden Formeln: Im nachfolgenden Text werden die Einrichtungen für Spalte M beschrieben, das ist die Basis der zweiten *Datenreihe* des Diagramms. Die Formeln in Spalte L sind nahezu identisch, mit der Ausnahme, dass in den dort benutzten Bereichsnamen statt der Ziffer 2 die Ziffer 1 zur Verwendung kommt. Deshalb also können Sie in jeweils beiden Spalten identische Formeln eingeben und dann in der Nachbarspalte entsprechend korrigieren. Wenn Sie hier mit *Suchen und Ersetzen* korrigieren wollen, hilft Ihnen die Zweistelligkeit der in den Bereichsnamen enthaltenen Ziffern. Aus *Ersetze 01 durch 02* z. B. werden nur selten fehlerhafte Ergebnisse resultieren, aus *Ersetze 1 durch 2* fast immer.

Die Formel =VERGLEICH($K$2;rL1.Gruppen02Liste;0) in Zelle M2 ermittelt, welche Position der Eintrag *(keine)* in der referenzierten Liste hat (er wird gebraucht, um eine der beiden Linien aus dem Diagramm zu entfernen). Natürlich könnten Sie hier auch mit festen »Verdrahtungen« arbeiten, Sie wissen ja, dass es der achte Eintrag ist. Es dennoch auf diese Art zu machen hat zwei Gründe:

- Normalerweise ist in meinen Modellen der Eintrag *(keine)* immer der letzte einer Liste. Es mag aber sein, dass der Anwender Gründe dafür hat, diese Vorgabe an anderer Stelle in seinen Steuerelementen finden zu wollen. Kein Problem. Die Formel registriert die Umstellung, ich muss keine der davon abhängigen Formeln ändern.

- Es ist leicht möglich und kommt relativ häufig vor, dass sich die Einträge einer Auswahlliste vermehren oder vermindern. Wenn *(keine)* weiterhin an letzter Stelle stehen soll, verschiebt sich folglich seine Zählposition. Kein Problem …

HINWEIS   Die Formel in der Nachbarzelle L2 heißt also =VERGLEICH($K$2;rL1.Gruppen01Liste;0). Dies soll bei diesem fortgeschrittenen Stand des Seminars als exemplarischer Hinweis genügen, ich werde diese Parallelen bei den nächsten Formelbeschreibungen nicht mehr erwähnen.

Als ich erstmals entdeckte, wie einfach es sein kann, per Mausklick und ohne Programmierung zu entscheiden, welches von beliebig vielen Quelldatenblättern ich aktuell zum Auslesen von Werten benutze, war ich begeistert, weil sich dadurch plötzlich sehr viele und elegante Möglichkeiten anboten, die zuvor nur mit Krampf oder gar nicht zu lösen waren. Gut – mit WENN-Formeln geht es auch ganz ordentlich, aber das stößt bald an Grenzen, vor allem auch in der Übersichtlichkeit und bei dem Wunsch nach einer über die bloßen Basisvarianten hinausgehenden Variabilität.

Wie funktioniert das? Sie erzeugen mit einer Textformel den Namen eines Knotens, *rD1.Knoten* etwa, und variieren mithilfe von Steuerelementen einfach die Zahl in diesem Namen: Per Mausklick wird aus dem Formelergebnis *rD1.Knoten* das Ergebnis *rD2.Knoten* oder *rD3.Knoten* usw. Dann verwenden Sie den so steuerbaren Namen als Bezug für weitere Formeln, Sie werden gleich sehen wie.

Die Formel ="rD"&rL1.Jahr02Ausw&".Knoten" in Zelle M7 erzeugt als Text den Namen von drei verschiedenen Knotenzellen aus drei verschiedenen, an Kalenderjahren orientierten Arbeitsblättern, je nachdem, welche Jahreszahl in dem mit *rL1.Jahr02Ausw* verknüpften Steuerelement angeklickt wurde. Prüfen Sie das, indem Sie die Formel eingeben und dann im entsprechenden Steuerelement verschiedene Jahreszahlen auswählen.

Wer vorhat, demnächst in Eigenregie größere Modelle der hier beschriebenen Art zu entwickeln, wird vielleicht den nachstehenden, kleinen Exkurs wichtig und interessant finden. Wer vorläufig bei den kleineren Lösungen bleiben will, wie sie in diesem Seminar beschrieben sind, kann den Inhalt des Kastens erst einmal getrost ignorieren.

Ich habe oben sinngemäß erwähnt: Gäbe es in einem Arbeitsblatt *Daten 1* mehr als einen Knoten, müsste er als oberster und erster dieses Typs *rD1.Knoten01* heißen, gefolgt von *rD1.Knoten02* usw. Gäbe es in der Arbeitsmappe mehr als zehn Datenblätter müsste der Knoten in *Daten 1* den Namen *rD01.Knoten* erhalten. Das *Muss* mag manchem übertrieben erscheinen, ein *Soll* lässt sich wie folgt begründen:

Sie haben gerade gesehen, dass es möglich ist, mit dem Einsatz von Formeln und Steuerelementen Namenstexte von Knoten zu erzeugen und zu variieren, um dann mit anderen Formeln darauf Bezug nehmen zu können. Das betrifft natürlich auch die zusätzlichen Variationen von Suffixendungen. Unterstellt, es gibt mehrere Datenblätter nach Jahren und in jedem davon wiederum mehrere Matrizen nach Monaten und nach betriebswirtschaftlichen Daten (vier Datendimensionen also). Dann gäbe es im Blatt *Daten 1* (für das Jahr X) mehrere Knoten (pro Kostenstelle einen), also *rD1.Knoten01*, *rD1.Knoten02* usw., im nächsten Blatt, *Daten 2*, entsprechend. Mit einem Steuerelement würden Sie, wie hier im aktuellen Modell, das Jahr bestimmen, mit einem weiteren dann innerhalb des Jahres die Kostenstelle.

Um nun die Benutzerauswahl auf die gleiche Weise wie oben erwähnt zu lokalisieren, wäre hier z. B. eine Formel wie ="rD"&rL1.Jahr01Ausw&".Knoten"&rL1.Kst01Ausw geeignet und eines ihrer nach Jahren und Kostenstellen bestimmten Ergebnisse könnte etwa *rD4.Knoten3* heißen. Besser wäre jedoch im großen Modell die Verwendung einer zweistelligen Suffixendung, wie z. B. *rD4.Knoten03* – vor allem dann, wenn es pro Blatt mehr als neun mit Knoten versehene Matrizen gäbe. Dann wäre ="rD"&rL1.Jahr01Ausw&".Knoten"&TEXT(rL1.Kst01Ausw;"00") die geeignete Formel zur Ermittlung des vom Benutzer gewählten Knotens. Der Hauptgrund für die Zweistelligkeit am Suffixende: Das System ist von 1 bis 99 brauchbar und konsistent und lässt Sie, wofür es manche guten Gründe gibt, dann wiederum mit einfachen Formeln die Zahl der Suffixendung auslesen. Angenommen, ein Formelergebnis wie *rD4.Knoten03* stünde in Zelle C5. Bei dieser Vorgabe liefert dann =WERT(RECHTS($C$5;2)) zuverlässig alle Werte von 1 bis 99 als weiterverarbeitbare Zahlen.

Der Grund für die Verwendung von *rD01.Knoten* statt *rD1.Knoten* in Modellen mit mehr als neun Datenblättern ist derselbe. Die Formel ="rD"&TEXT(rL1.Jahr01Ausw;"00")&".Knoten" würde die konsequent zweistellige Präfixzahl zwischen 1 und 99 auslesen und das Ermitteln der Zahl im Präfix von z. B. *rD03.Knoten* wäre mit einer Formel wie =WERT(TEIL($C$5;3;2)) in einem Modell mit bis zu 99 Datenblättern zuverlässig zu leisten.

Die nächste Stufe ergibt sich aus beidem: Bei einer Lösung aus 99 Datenblättern mit jeweils 99 Matrizen pro Blatt gäbe es Knotennamen von *rD01.Knoten01* bis *rD99.Knoten99*. Alle 9.801 Datenquellen wären mit zwei Mausklicks ansprechbar und auszulesen. So große Modelle sind nicht gerade häufig, durchaus aber machbar – solange Ihr Arbeitsspeicher sie ebenfalls für machbar hält.

Sie haben also mit einer Formel einen Knotennamen erzeugt, der mit einem Steuerelement variierbar ist. Dieser Name wird nun von weiteren Formeln benutzt, um die angeforderten Quelldaten und die korrekte Legendenbeschriftung zu liefern. Zuerst die einfachere bzw. kürzere Variante im Bereich M12:M23 (gilt in Spalte L entsprechend).

In Kapitel 4 habe ich die Verwendung von INDIREKT eingeführt. Dort wurden Konstanten als Vorgaben benutzt. Hier nun wird mit demselben Effekt auf Formelergebnisse zugegriffen.

Stellvertretend die Formel in Zelle M12

```
=WENN(rL1.Gruppen02Ausw=$M$2;#NV;
BEREICH.VERSCHIEBEN(INDIREKT(M$7);$G12;rL1.Gruppen02Ausw))
```

als Anweisung: »Wenn der Wert in der Zelle *rL1.Gruppen02Ausw* dem Wert in der Zelle M2 entspricht – der Benutzer hat bei der Auswahl einer Gruppe auf *(keine)* geklickt –, dann schreibe #NV. Ansonsten ermittle einen Wert. Dazu gehe von einer Zelle, deren Bereichsname in M7 steht und als Bezug zu interpretieren ist, so viele Zeilen nach unten, wie es in Zelle G12 steht, und so viele Spalten nach rechts, wie es der Vorgabe in der Zelle *rL1.Gruppen02Ausw* entspricht.« Die ermittelte Zahl ist also der zur gewünschten Gruppe gehörende Wert eines spezifischen Monats aus einem gewünschten Jahr.

Die Formel in Zelle M11 erzeugt den Legendentext. Da dieser aus zwei verschiedenen Quellen zusammengesetzt zu generieren ist (Gruppe und Jahr), wird die Formel etwas länger. Wenn aber klar ist, wie die zuvor beschriebene Formel funktioniert, ist auch hier nicht mehr allzu viel Erläuterung erforderlich.

Die Formel in Zelle M11

```
=" "&
WENN(rL1.Gruppen02Ausw=$M$2;"";
BEREICH.VERSCHIEBEN(INDIREKT(M$7);$G11;rL1.Gruppen02Ausw)
&" in "
&INDEX(rL1.Jahr02Liste;rL1.Jahr02Ausw;1))
```

unterteilt beschrieben – entsprechend den benutzten Zeilenumbrüchen,

- erzeugt als Erstes zwei Leerzeichen, um den Legendentext ein wenig vom Legendensymbol abzurücken,

- kontrolliert dann, wie in der vorstehend besprochenen Formel, ob der Anwender als Gruppe *(keine)* gewählt hat, und erzeugt, falls zutreffend, leeren Text,

- ermittelt exakt nach dem Muster der vorstehend besprochenen Formel den Namen der gewählten Gruppe (null Zeilen vom Knoten entfernt),

- fügt das zwischen Anführungsstrichen stehende Wort *in* an und

- übernimmt abschließend mit einer INDEX-Formel aus *rL1.Jahr02Liste* jene Jahreszahl, die dem »Zeilenwert« in *rL1.Jahr02Ausw* entspricht, dem aktuellen Wert also, der durch die Auswahl des Benutzers dort entstanden ist.

TIPP   Die Gruppenbezeichnung der Legende wird also den Überschriftentexten im Quelldatenblatt entnommen, die Jahreszahl hingegen einer Liste im Blatt *Listen 1*. Warum kommen in einer einzigen Formel zwei
Zugriffsarten zum Einsatz? Warum wird hier nicht auch die Gruppenbezeichnung mit INDEX aus
rL1.Gruppen02Liste entnommen?

Es kommt häufig vor, dass Einträge in einer Steuerelement-Auswahlliste anders (z. B. kürzer und prägnanter) sein
sollen als der ihnen entsprechende Text, wie er dann in der Bildschirmpräsentation oder im Ausdruck erscheinen
soll. Am Beispiel: Der mit dem Betriebsjargon vertraute Anwender wählt im Steuerelement *Gruppe A*. Im Focusblatt oder im Ausdruck könnte dann aber, für Betriebsfremde nachvollziehbar, der Text *Gruppe A: Hydraulikbag-
ger mittelgroß* erscheinen.

Wenn Sie die Formeln in *Basis 1* entwickelt und mit Nutzung der Steuerelemente auf ordnungs-
gemäßes Funktionieren geprüft haben, können Sie darangehen, das Diagramm zu erstellen und
anschließend das Blatt *Focus 1* zu gestalten.

Diagramm erzeugen und formatieren

Alles, was an dieser Lösung schwierig war, ist nun erledigt. Was noch bleibt, ist die Einrichtung
der »Fassade« im Blatt *Focus 1*. Bevor Sie mit dessen Ausstattung beginnen, schauen Sie sich kurz
die dort bereits erledigten Formatierungen an:

- Das gesamte Arbeitsblatt hat eine Grundfarbe erhalten.

- Für alle Spalten wurde die einheitliche Breite 3 festgelegt. (Bei Focusformatierungen mit
  ihren ggf. differenzierenden Farbfestlegungen liefern primär geringe Spaltenbreiten und Zeilenhöhen fast immer gute Arbeitsvorteile.)

- Die Größenverhältnisse sind unter Berücksichtigung einer konfliktfreien Präsentation per
  Beamer für eine Bildschirmauflösung von 1024×768 Pixel auszulegen. Die als Steuerkonsole
  gedachten und deswegen dunkel gefärbten Spalten AG bis AK liegen bei diesen Größenverhältnissen am rechten Bildschirmrand. (Eine solche Konsolenfärbung sollte immer mindestens fünf Spalten breit sein. Dann stehen für formatierende Arbeiten jeglicher Art drei mit
  Objekten usw. belegbare Mittelspalten und zwei frei bleibende Randspalten zur Verfügung.)

- In der Steuerkonsole sind zwei Farbflächen vorbereitet. Sie zeigen die Farben, die zur Formatierung der Diagrammlinien benutzt werden sollen (was sich später natürlich leicht ändern
  lässt), und geben die Positionierung der Steuerelemente vor.

- Die Überschrift ist in den verbundenen Zellen B2:AE3 linksbündig ausgerichtet. Stellen Sie
  nach Möglichkeit immer viel Platz für Überschriften zur Verfügung, es kommt häufig vor,
  dass sie höher oder breiter werden müssen, als anfangs vermutet.

Nun ist das Diagramm anzufertigen. Seine Grundform entsteht noch im Blatt *Basis 1*, zu dem Sie jetzt wechseln sollten.

1. Stellen Sie mit den Steuerelementen zwei unterschiedliche Zahlenreihen in den Spalten L und M ein.

2. Markieren Sie die Datenquelle des Diagramms, den Bereich K11:M23 und erzeugen Sie daraus ein Diagramm des Typs *Linie mit Datenpunkten*. Das Ergebnis sollte jetzt der Abbildung 5.6 entsprechen.

3. Machen Sie sich die Freude, in diesem Diagramm nun mit Nutzung der Steuerelemente die Linien tanzen zu lassen. Probieren Sie auch aus, wie sich mit der Auswahl *(keine)* eine der Linien ausblenden lässt.

4. Schneiden Sie das Diagramm aus. Aktivieren Sie das Blatt *Focus 1*, markieren Sie die Zelle B5 und fügen Sie das Diagramm aus der Zwischenablage wieder ein.

5. Aktivieren Sie wieder *Basis 1*, markieren Sie die vier dort noch »zwischengeparkten« Steuerelemente, schneiden Sie sie aus und deponieren Sie sie in *Focus 1* – auf oder rechts neben der Steuerkonsole. Dort können sie vorerst und ohne weitere Behandlung bleiben, weil jetzt zuerst das Diagramm formatiert werden soll.

6. Stellen Sie, falls erforderlich, wieder zwei sichtbare, unterschiedliche *Datenreihen* ein.

7. Geben Sie dem Diagramm eine Größe und Position, die ungefähr die Fläche B5:AE28 abdeckt. (Die Spalten sind hier sehr schmal eingestellt.)

Für den weiteren Vorgang gibt es zwei Verfahrensweisen: Sie formatieren das Diagramm entweder vollständig nach Ihren eigenen Vorstellungen und Wünschen oder Sie gehen so vor, wie nachstehend beschrieben. Was ich dabei auf jeden Fall empfehlen will: Beachten Sie eine bestimmte Reihenfolge. Es muss nicht die vorgeschlagene sein (obgleich ich die nach mittlerweile Tausenden von Diagrammarbeiten für die günstigste halte). Wichtig ist, dass Sie, sollten Sie viel mit Diagrammentwicklungen zu tun haben, auf jeden Fall eine bestimmte und immer wiederkehrende Abfolge von Arbeitsschritten benutzen. Das hat zwei Vorteile: Es entsteht so etwas wie eine Routine und die wiederum hilft Ihnen, nichts Wichtiges zu vergessen. Deshalb nun in Zusammenhang mit Abbildung 5.12 eine Schritt-für-Schritt-Anleitung. Orientieren Sie sich, was Formatierungsdetails angeht, an der Fassung in der Datei *0501_Vergleich3Jahre01_FERTIG*.

1. Legen Sie die Größe des gesamten Diagramms und die Formatierung des *Diagrammbereichs* (*Diagrammfläche*) fest.

2. Bestimmen Sie die Größe der *Zeichnungsfläche* und ihre Formate. Bedenken Sie, dass die informationstragenden Elemente einer Visualisierung stets die hellsten sein sollten, die *Zeichnungsfläche* sollte sich also deutlich von ihrem Hintergrund abheben.

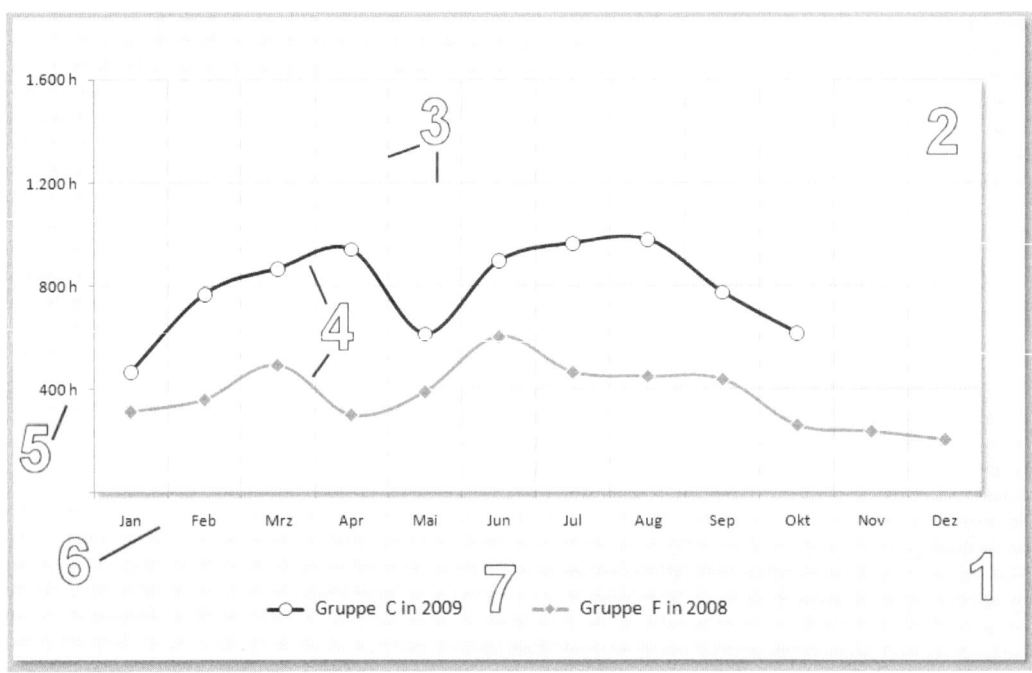

Abbildung 5.12 Empfehlung: Formatieren Sie die Diagrammelemente in festgelegter Reihenfolge

3. Es geht hier um eine monatsorientierte Verlaufsbetrachtung, also eine in Takten bewertete Entwicklung entlang einer Zeitstrecke. Deswegen sind die Rubrikenanteile (die Monate) entsprechend deutlich zu kennzeichnen. Die Beschriftung der *Rubrikenachse* reicht dazu nicht aus. Richten Sie also zur Unterteilung *vertikale Gitternetzlinien* ein. Formatieren Sie das gesamte Gitternetz (horizontale und vertikale Linien) einheitlich und zurückhaltend mit einem dezenten Grau, es sollte niemals optische Dominanz haben.

4. Formatieren Sie die beiden *Datenreihen*:

- Es handelt sich um ein Präsentationsdiagramm. Sie wissen in der Regel nicht, welche Darstellungsqualitäten ein anderer Bildschirm oder ein Beamer hat. Die Farben der Linien sollten deshalb kräftig und deutlich unterscheidbar sein.

- Das Diagramm soll die Bewertung von Verläufen, deren Unterschiedlichkeiten und deren Beziehungen ermöglichen. Verläufe der hier vorgestellten Art sind fast niemals sprunghaft, sondern kontinuierlich fließend. Deswegen sollte eine dies illustrierende Linie nicht »zackig« verlaufen, sondern eine gleitende, weiche Form haben. Verwenden Sie also die Option *Linie glätten*.

- Da, wie schon erwähnt, die Monate bei der qualitativen Bewertung der Daten eine wichtige Rolle spielen, sind sie durch Datenpunktformatierung deutlich zu kennzeichnen.

- Sie können nicht ausschließen, dass das Diagramm ggf. als Druckfassung im Graustufendruck benutzt werden soll. Deswegen sind für die Datenpunktformatierung deutlich unterschiedliche Symbole zu verwenden – es wird meistens so sein, dass sich die Linienfarben in einem solchen Ausdruck kaum unterscheiden.

5. Formatieren und skalieren Sie die *Größenachse*. Bei dieser Betrachtung steht der Vergleich im Vordergrund der Bewertungen. Deswegen ist darauf zu achten, dass die Linien stets die vertikale Position einnehmen, die (hier in Bezug zum Maximum) ihrem relativen Wert entspricht. Mit anderen Worten: Die *Größenachse* muss eine am Höchstwert der Gesamtdaten orientierte, feste Skalierung erhalten. Dazu wurden in der Beispieldatei die Einstellungen *Minimum: 0, Maximum: 1.600* und *Hauptintervall: 400* definiert. Die Werte selbst sind hier gegenüber den Verläufen von nachrangiger Bedeutung. Deswegen kann das *Hauptintervall* mit dem Wert 400 recht hoch angesetzt werden. Zur Anzeige in Stunden und zur Unterdrückung der Anzeige von 0 wurde der Achse das benutzerdefinierte Zahlenformat #.##0" h";; zugewiesen.

6. Formatieren Sie die *Rubrikenachse*. Das ist hier, bei der abkürzenden Monatsbeschriftung und genügender Breite der *Zeichnungsfläche* – also bei ausreichender Länge der Achse –, völlig unproblematisch.

7. Positionieren Sie die *Legende* unterhalb der *Zeichnungsfläche* und geben Sie ihr in der Breite ausreichend Raum, damit die Textinhalte keinesfalls automatisch umbrochen werden und auch nicht zu dicht nebeneinander stehen.

Testen Sie abschließend unter Nutzung der Steuerelemente, ob die diversen Linienkonstellationen und Diagrammtexte in einer angenehmen, präsentablen Form erscheinen und gehen Sie dann zu den abschließenden Tätigkeiten über.

Arbeitsblatt *Focus 1* fertig einrichten

Die restlichen Ausstattungen sind kaum noch anspruchsvoll. Im Zusammenhang mit Abbildung 5.13 und dessen Nummerierung:

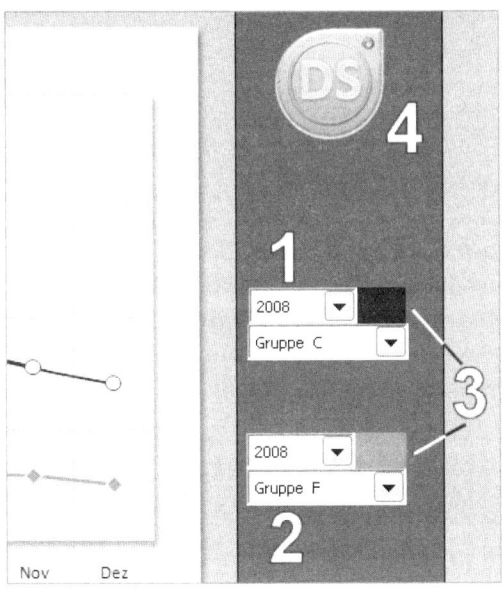

Abbildung 5.13 Die Elemente der Steuerkonsole sind schnell eingerichtet

- Positionieren Sie die Steuerelemente gemäß den Ziffern 1 und 2. Achten Sie darauf, dass die mit 3 bezeichneten Farbflächen noch gut sichtbar sind und die Steuerelemente randgleich zu ihnen ausgerichtet sind.

- Falls Sie bei der Diagrammformatierung andere Linienfarben gewählt haben, weisen Sie diese auch den mit 3 bezeichneten Farbflächen zu. (Der Benutzer muss bei seiner Auswahl zweifelsfrei erkennen, welche Linienfarbe des Diagramms zu welchen Steuerelementen gehört.)

- Positionieren Sie ein Logo an der mit Ziffer 4 bezeichneten Stelle. Das abgebildete Logo finden Sie auf der CD-ROM unter *\Materialien\Grafik\LogoDS_Neu01.tif*. Es ist nach seinem Einfügen zu verkleinern und von seiner Hintergrundfarbe zu befreien. Wie so etwas funktioniert, können Sie im Teil B, Kapitel 14 nachlesen.

Wenn Sie Ihre Übungsdatei so vollenden möchten, als wollten Sie eine gebrauchsfertige Präsentationsfassung abliefern – sich selbst oder anderen –, wären noch jene Tätigkeiten zu verrichten, die am Ende des Kapitels 4 unter »Abschließende Arbeiten« aufgelistet wurden.

Komfortvariante für den schnellen Vergleich

Nachdem das Basismodell nun fertig ist, kommen hier und im nächsten Kapitel etliche Varianten und weitere funktionale wie auch formale Ausstattungen zur Vorstellung. Dabei werde ich beschreiben, welche Arbeiten in den verschiedenen Fassungen stattgefunden haben oder zu leisten sind und wie deren Einsatz zu begründen ist. Wenn Sie dem mit praktischen Übungen folgen möchten, können Sie Ihr gerade erzeugtes Basismodell oder aber die Datei *0501_Vergleich3Jahre01_FERTIG* als Grundlage benutzen. Ansonsten, und auch zum Vergleich, öffnen Sie bitte die jeweils angegebenen Dateien von der CD-ROM.

In diesem Abschnitt wird ein Mangel angesprochen und behoben, der sich bei der Nutzung von Listenelementen aus der Gruppe *Formularsteuerelemente* ergibt (*Listenfeld* und *Kombinationsfeld*):

In vielen Fällen ist es sinnvoll, dass ein Benutzer auf der Suche nach speziellen Darstellungsbildern seiner Datenreihenkombinationen durch sein dynamisches Diagramm »blättert«. Am Beispiel: Im ersten Auswahlbereich (»Auswahlbereich« verstanden als die zwei zu einer Datenreihe gehörenden Steuerelemente) ist ein bestimmtes Jahr und die Gruppe A eingestellt. Beides soll so bleiben. Die Gruppe A möchte der Benutzer nun mit allen anderen Gruppen (B bis G) im selben Jahr vergleichen. Das soll im raschen Durchlauf geschehen, auf der Suche nach bestimmten Auffälligkeiten, seien sie nun positiv oder negativ. Dazu ist für die zweite *Datenreihe* dasselbe Jahr einzustellen – kein Problem. Dann aber wird es unkomfortabel: Für jede neue Gruppenanzeige der zweiten *Datenreihe* muss das entsprechende *Kombinationsfeld* »angefasst« und eine erneute Auswahl getroffen werden. Ein schnelles »Blättern« ist nicht möglich. Das ist im aktuellen Beispiel bei nur sieben Listeneinträgen noch halbwegs vertretbar – dennoch wirkt es bereits als Unbequemlichkeit. Wenn Sie sich aber vorstellen, dass es möglicherweise gilt, auf dieselbe Weise 30 Kostenstellen auf der Suche nach einem Kostentreiber zu durchforsten, wird schnell klar, warum so etwas in aller Regel als »nervig« empfunden wird.

Lernen Sie hier zwei Verfahren zur Beseitigung solcher Einschränkungen kennen.

Variante 1: Formularsteuerelemente

Das Synchronisieren von Steuerelementen wurde schon einmal in Kapitel 4 angesprochen. Hier nun nochmals als Lösung des oben erwähnten Problems:

CD-ROM   Bitte öffnen Sie von der CD-ROM aus dem zu Ihrer Excel-Version passenden Ordner die Datei *0503_Vergleich3Jahre02* und aktivieren Sie das Arbeitsblatt *Focus 1*.

Im Zusammenhang mit Abbildung 5.14, formuliert als Schritt-für-Schritt-Anleitung:

1. Markieren Sie das obere *Kombinationsfeld* zur Auswahl der Gruppen A bis G. Öffnen Sie das Dialogfeld *Steuerelement formatieren*, dort die Registerkarte *Steuerung*, und kopieren Sie den Verknüpfungseintrag *rL1.Gruppen01Ausw* in die Zwischenablage.

2. Aktivieren Sie die Registerkarte *Größe* und merken (oder notieren) Sie sich die festgelegte *Breite* des Objekts.

3. Erzeugen Sie ein *Formularsteuerelement* des Typs *Bildlaufleiste* und öffnen Sie für dieses Objekt das Dialogfeld *Steuerelement formatieren* mit der Registerkarte *Steuerung*.

4. Fügen Sie bei *Zellverknüpfung* den Inhalt der Zwischenablage, also *rL1.Gruppen01Ausw*, ein. Damit ist diese *Bildlaufleiste* mit dem unter 1 erwähnten *Kombinationsfeld* synchronisiert – beide benutzen dieselbe Verknüpfung.

5. Es sind für die *Bildlaufleiste* acht Schritte einzurichten: Legen Sie also fest: *Minimalwert: 1, Maximalwert: 8*.

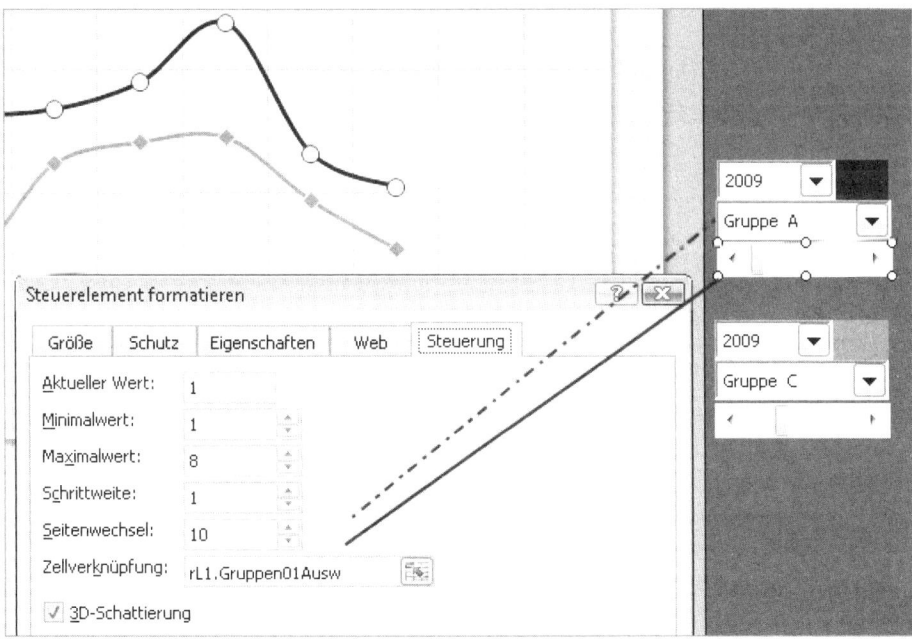

Abbildung 5.14   Die Bildlaufleisten helfen beim »Blättern« durch die Gruppen

6. Aktivieren Sie die Registerkarte *Größe* und geben Sie bei *Breite* das Maß aus Schritt 2 ein. Legen Sie eine *Höhe* fest, die etwas geringer ist als die des *Kombinationsfeld*s.

7. Deponieren Sie die *Bildlaufleiste* genau unter dem zugehörigen *Kombinationsfeld*.

8. Testen Sie das neue Hilfsmittel. Sie können nun zwei Objekte alternativ verwenden: für die gezielte Auswahl das *Kombinationsfeld* und für den Durchlauf, das »Blättern«, die *Bildlauf-leiste*.

9. Stellen Sie eine Kopie der *Bildlaufleiste* her und platzieren Sie diese genau unter dem zweiten *Kombinationsfeld*. Ändern Sie die Verknüpfung von *rL1.Gruppen01Ausw* in *rL1.Gruppen02Ausw*.

Variante 2: ActiveX-Steuerelemente

In Kapitel 13 des Teils B ist beschrieben, was für und was gegen den Einsatz von *ActiveX-Steuer-elementen* spricht. Zu den Positiva gehört eindeutig, dass Sie diese Objekte mit den Tasten ⌫, →, ↑ und ↓ bedienen können – immer dann, wenn das Steuerelement aktiv ist, zuvor also angeklickt wurde. Somit können Sie sich jederzeit auf einfache Weise durch die aufrufbaren Daten »hangeln« und benötigen solche Hilfen, wie sie oben für den Einsatz von *Formularsteuer-elementen* beschrieben wurden, nicht.

Wenn Sie diese Alternative ausprobieren möchten, entfernen Sie die vier *Formularsteuerelemente* und ersetzen sie durch vier funktionsgleiche *ActiveX-Kombinationsfelder* (*ComboBoxes*).

Die dabei von Ihnen festzulegenden Objekteigenschaften sind in der Tabelle 5.5 aufgelistet. Das Aussehen des entsprechenden Dialogfelds wird exemplarisch (und ausschnittsweise) mit Abbildung 5.15 vorgestellt. Nur die wenigen, in der Abbildung gerahmten Eigenschaften spielen eine Rolle. Die Nummern in der Tabelle entsprechen den Nummern in der Abbildung.

Nr.	ComboBox	ListFillRange	LinkedCell	BoundColumn	ListRows
1	Auswahl Jahr01	rl1.Jahr01Liste	rL1.Jahr01Ausw	0	3
2	Auswahl Jahr02	rl1.Jahr021Liste	rL1.Jahr02Ausw	0	9
3	Auswahl Gruppe01	rl1.Gruppen01Liste	rL1.Gruppen01Ausw	0	8
4	Auswahl Gruppe02	rl1.Gruppen02Liste	rL1.Gruppen02Ausw	0	8

Tabelle 5.5   Die Festlegungen für die vier *ActiveX*-Steuerelemente

HINWEIS   Das Dialogfeld *Eigenschaften* eines *ActiveX-Steuerelements* zeigt für den Ungeübten geradezu furchterregend viele Einträge. Das muss jedoch niemanden erschrecken, weil bei den in diesem Buch angeregten Vorgehensweisen nur sehr wenige der Eigenschaften von funktionaler Bedeutung sind (wohingegen viele davon, wenn Sie das mögen oder brauchen, einer nahezu beliebigen Formatierbarkeit dienen). Wer mit den *Formu-larsteuerelementen* vertraut ist, wird auch mit den *ActiveX-Steuerelementen* keine besonderen Schwierigkeiten haben – die Anwendungslogik ist gleich oder sehr ähnlich. Schon mehr gewöhnungsbedürftig hingegen ist die Arbeitsweise beim Erstellen der Objekte. Mehr dazu, und auch zu den attraktiven Formatierungsmöglichkeiten solcher Objekte, in Teil B, Kapitel 13.

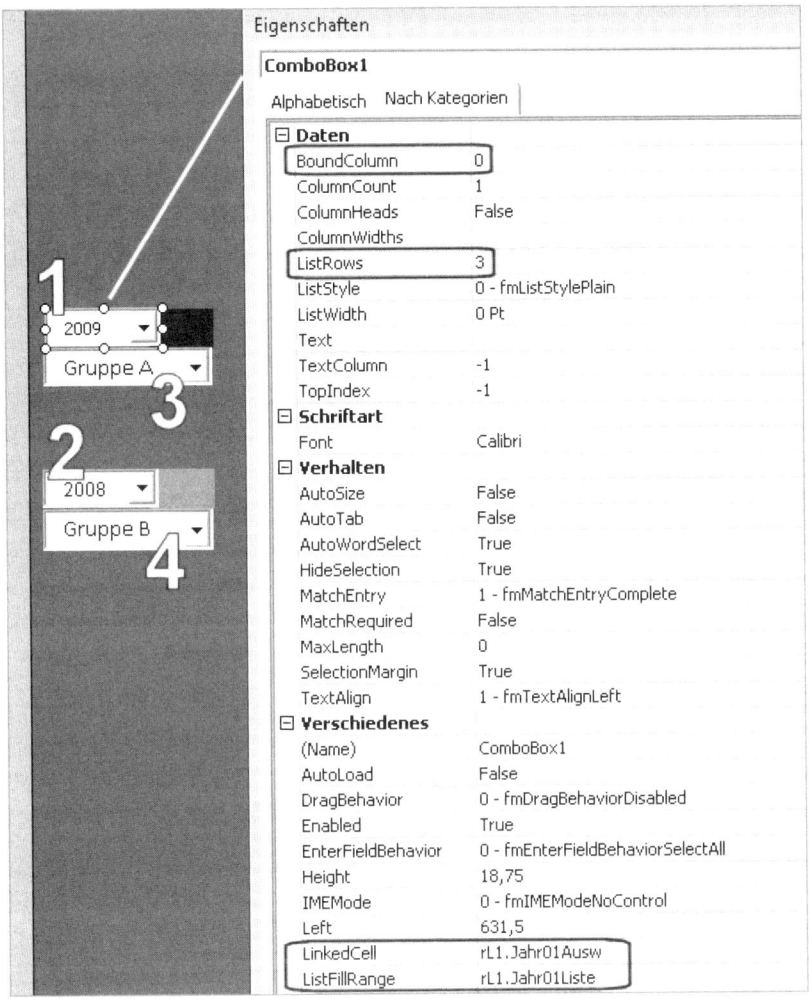

Abbildung 5.15 Von den vielen Eigenschaften müssen nur wenige definiert werden

Beachten Sie bei Listenelementen dieser Art, dass deren Eigenschaft *BoundColumn* auf 0 (null) zu setzen ist, wenn das Objekt seinen Indexwert, eine Zahl also, in die verknüpfte Zelle (die *LinkedCell*) ausgeben soll. Wenn Sie das so nicht festlegen, erscheint in der *LinkedCell* statt einer Zahl der ausgewählte Text selbst. Ideal, wenn Sie den als Suchbegriff (z. B. für SVERWEIS) einsetzen möchten, unbrauchbar aber, wenn Sie, wie hier, ein Zeilen- oder ein Spaltenargument für eine Formel benötigen.

Sie können durchaus *ActiveX-Steuerelemente* und *Formularsteuerelemente* in einer Arbeitsmappe kombiniert einsetzen. Ob Sie das allerdings machen *sollten*, jedenfalls beim Einsatz von Listenelementen, ist eine andere Frage. Was dagegen spricht? Die beiden Objektarten benutzen unterschiedliche Zählweisen:

- Wenn Sie in einem *Formularsteuerelement* des Typs *Kombinationsfeld* auf den ersten Eintrag klicken, erscheint in der verknüpften Zelle die Ziffer 1. Die Zählung beginnt mit 1.

- Wenn Sie in einem *ActiveX-Steuerelement* desselben Typs auf den ersten Eintrag klicken, erscheint in der *LinkedCell* die Ziffer 0. Die Zählung beginnt also mit 0.

Das erzeugt überhaupt kein Problem, wenn Sie in einem Modell nur Steuerelemente gleicher Art verwenden. Es würde ein unangenehmes Problem, würden Sie gemischte Varianten benutzen und dabei vergessen, dass die relevanten Formeln unterschiedlich zu gestalten sind. Am Beispiel:

- ="rD"&rL1.Jahr01Ausw&".Knoten", wenn Sie ein *Formularsteuerelement* verwenden.

- ="rD"&rL1.Jahr01Ausw+1&".Knoten", wenn Sie ein *ActiveX-Steuerelement* verwenden und deshalb dem Wert aus der *LinkedCell* den Wert 1 hinzuzählen.

Oder in einer komplizierteren Formel des hier verwendeten Modells: Statt

```
-" "&
WENN(rL1.Gruppen02Ausw=$M$2;"";
BEREICH.VERSCHIEBEN(INDIREKT(M$7);$G11;rL1.Gruppen02Ausw)
&" in "
&INDEX(rL1.Jahr02Liste;rL1.Jahr02Ausw;1))
```

muss es dann bei Verwendung von *ComboBoxes* oder *ListBoxes* heißen:

```
=" "&
WENN(rL1.Gruppen02Ausw+1=$M$2;"";
BEREICH.VERSCHIEBEN(INDIREKT(M$7);$G11;rL1.Gruppen02Ausw+1)
&" in "
&INDEX(rL1.Jahr02Liste;rL1.Jahr02Ausw+1;1))
```

Nochmals: Kein Problem wenn Sie innerhalb eines Modells bei einer der Varianten bleiben. Wenn nicht, müssen Sie halt noch besser als sonst aufpassen, ob alle Ihre Formeln die richtigen Zugriffe leisten und korrekte Ergebnisse liefern.

Wenn Sie also die Alternative *ActiveX* in Ihrer Übungsdatei ausprobieren möchten, denken Sie daran, die Formeln im Blatt *Basis 1* entsprechend anzupassen. Das geht dank der rS1-Namenskonventionen ziemlich einfach: Im ganzen Arbeitsblatt *Suchen nach: Ausw – Ersetzen durch: Ausw+1.*

Umschaltbare Kopplung von Steuerelementen

Mit der nun vorgestellten Variante wird ein weiterer Komfortmangel beseitigt. Je nach Datenart, Präsentationsziel oder Analyseaufgabe kann es lästig sein, wenn jedes Steuerelement sein »Eigenleben« führt. Am aktuellen Beispiel: Sie haben mit Datenreihen aus dem Jahr 2009 eine interessante, Ihnen vielleicht ungewöhnlich erscheinende Konstellation eingestellt und wollen schnell mal nachsehen, wie dasselbe in den beiden Vorjahren aussah oder, weil das Jahr 2009 noch nicht vollständig ist, wie es in den Vorjahren weiterging. Kurz: Sie wollen rasch zwischen den einstellbaren Jahren hin und her springen. Dann ist es recht lästig, wenn Sie für jeden Sprung zwei Mal das gewünschte Jahr auswählen müssen. Den Verbesserungsvorschlag finden Sie nachstehend: Die Steuerelemente für die Jahreseinstellung werden mit einem Schalter funktional entweder gekoppelt oder getrennt.

Änderungen bei der Benutzerführung

Bitte öffnen Sie von der CD-ROM aus dem zu Ihrer Excel-Version passenden Ordner die Datei *0504_Vergleich3Jahre03* und aktivieren Sie das Arbeitsblatt *Focus 1*.

Im Zusammenhang mit Abbildung 5.16 und der dortigen Nummerierung:

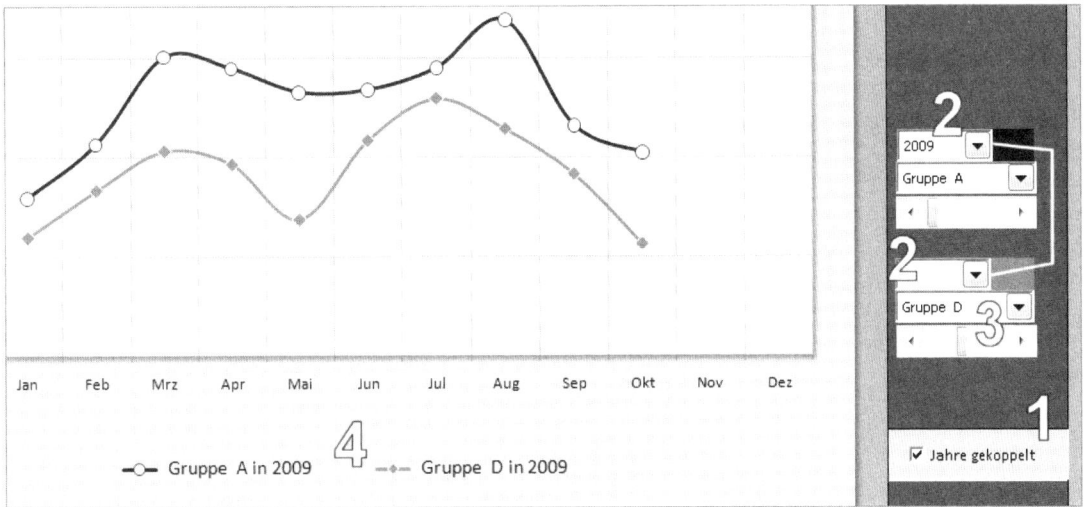

Abbildung 5.16 Benutzen Sie ein *Kontrollkästchen* als Schalter

1. Der erwähnte »Schalter« ist ein Steuerelement des Typs *Kontrollkästchen.* Sie können die gesamte, farbig abgehobene Fläche anklicken, um den Schalteffekt auszulösen. Wird das *Kontrollkästchen* aktiviert, sind die Steuerelemente zur Jahresauswahl gekoppelt. Wenn nicht, können Sie, wie gewohnt, verschiedene Jahre einstellen. Wenn gekoppelt ist, wechselt die Fläche, auf der das *Kontrollkästchen* liegt, die Farbe. Sie wird auffälliger, um zu signalisieren, dass hier nun etwas besonders zu beachten ist. Der sichtbare Text lautet dann: »Jahre gekoppelt«. Wenn nicht gekoppelt ist, wird die Farbe unauffälliger und der Text wechselt zum Angebot »Jahre koppeln«.

2. Wenn die beiden Steuerelemente zur Jahresauswahl gekoppelt sind, bleibt nur das obere nutzbar. Das untere ist leer. Sie können zwar auf seine leeren Zeilen klicken, aber das lohnt sich nicht – keine Reaktion. (Es müsste nicht leer sein, weil die Unterdrückung seiner Wirkung anders funktioniert, wie Sie gleich sehen werden. Es wäre aber hochgradig irritierend, wenn hier eine andere Zahl stünde als in der Legende; vgl. Ziffer 4.)

3. Wenn gekoppelt ist, bleiben die unteren Elemente zur Auswahl der Gruppen weiterhin nutzbar. Sie können also beliebige Datenreihenkombinationen von Gruppen einstellen, dabei aber nur jeweils eines von drei Kalenderjahren zeigen.

4. Wenn gekoppelt ist, zeigt die Legende für beide Datenreihen unterschiedlich ausgewählte Gruppen, aber stets dasselbe Jahr an. Beide Jahreszahlen der Legendentexte resultieren aus der Einstellung des oberen Steuerelements zur Jahresauswahl.

Wie funktioniert das? Zur Beantwortung sind drei Arbeitsblätter zu betrachten.

Neue Strukturen und Formeln in *Listen 1* und *Basis 1*

Im Zusammenhang mit Abbildung 5.17: Zentrale Grundlage des Schalters ist eine Zelle im Blatt *Listen 1*, die mit dem *Kontrollkästchen* verknüpft ist – so etwas kennen Sie schon aus Kapitel 4. Die Zelle hat den Namen *rL1.KoppelnJahr* und sie kann den Wert WAHR beinhalten (*Kontrollkästchen* aktiviert, Schalter ist AN) oder den Wert FALSCH (*Kontrollkästchen* nicht aktiviert, Schalter ist AUS).

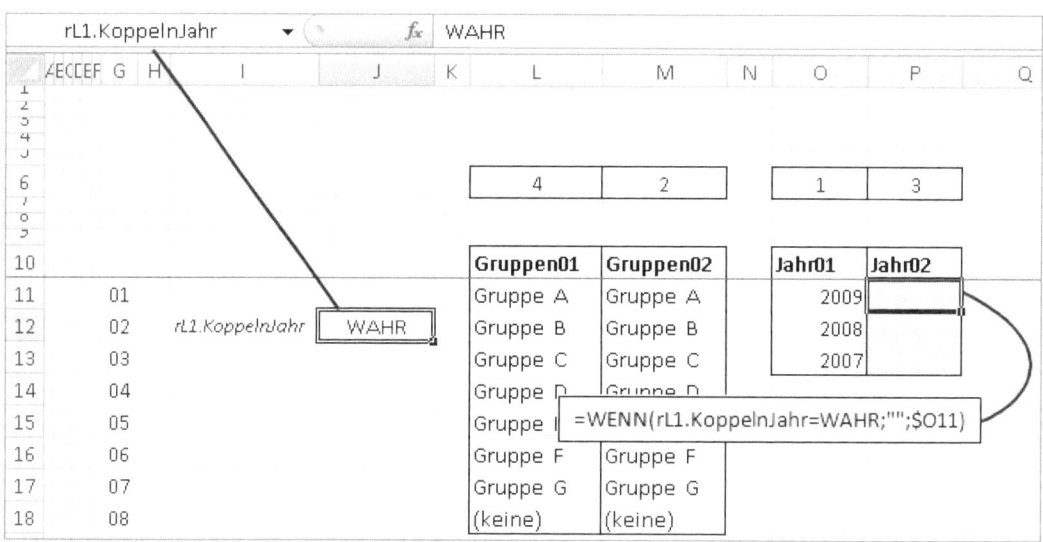

Abbildung 5.17   So werden die Inhalte aus der Liste entfernt

Auf den variablen Wert der Zelle *rL1.KoppelnJahr* reagieren etliche Formeln. So z. B. im Bereich *rL1.Jahr02Liste*. Am Beispiel der Zelle P11: =WENN(rL1.KoppelnJahr=WAHR;"";$O11). Als frei formulierte Anweisung: »Wenn der Schalter auf AN steht, zeige nichts, ansonsten zeige den Inhalt der linken Nachbarzelle.«

Deutlich mehr gab es im Blatt *Basis 1* anzupassen. Im Zusammenhang mit Abbildung 5.18:

Die Formeln in Zeile 2 – sie übergeben die Position des Listeneintrags *(keine)* bei der Auswahl der Gruppen – sind unverändert. Sie haben mit der Einstellung des Kalenderjahrs nichts zu tun.

Nun zu den beiden Formeln in Zeile 7 – da sitzt der Kern des Tricks: Diese Formeln erzeugen den Namen des Knotens, auf den zugegriffen werden soll. Wenn nun der Schalter auf AN steht (Jahre gekoppelt), werden beide Knotennamen identisch (M7 wird Inhalt von L7), die ihrerseits davon abhängigen Formeln greifen also auf dasselbe Quelldatenblatt zu. Steht der Schalter hingegen auf AUS, wird M9 wieder selbstständig.

Die Formel ="rD"&rL1.Jahr01Ausw&".Knoten" in Zelle L7 ist so geblieben, wie in der Ursprungsfassung angelegt.

Die Formel in Zelle M7 aber ist jetzt »anpassungsfähig« geworden:

```
="rD"&WENN(rL1.KoppelnJahr=WAHR;rL1.Jahr01Ausw;
rL1.Jahr02Ausw)&".Knoten"
```

In der Ursprungsfassung des Modells (vgl. Abbildung 5.11) wurden in *Basis 1* keine Jahreszahlen in eigenen Zellen gebildet, sie wurden innerhalb der Legendentext-Formeln generiert. Das hätte im Prinzip auch so bleiben können, hätte aber die beiden ohnehin schon recht komplexen »Legendenformeln« für meinen Geschmack zu unübersichtlich gemacht. Deshalb also der zweistufige Aufbau: Erst die Entwicklung der Jahreszahlen, dann deren Übernahme in die Legendentexte.

Die Formel =INDEX(rL1.Jahr01Liste;rL1.Jahr01Ausw;1) in Zelle L9 liefert die Jahreszahl der ersten *Datenreihe*. Die der zweiten ist entweder damit zwangsweise identisch (Jahre gekoppelt) oder unabhängig. Die Formel in Zelle M9 macht das deutlich:

```
=WENN(rL1.KoppelnJahr=WAHR;$L$9;
INDEX(rL1.Jahr02Liste;rL1.Jahr02Ausw;1))
```

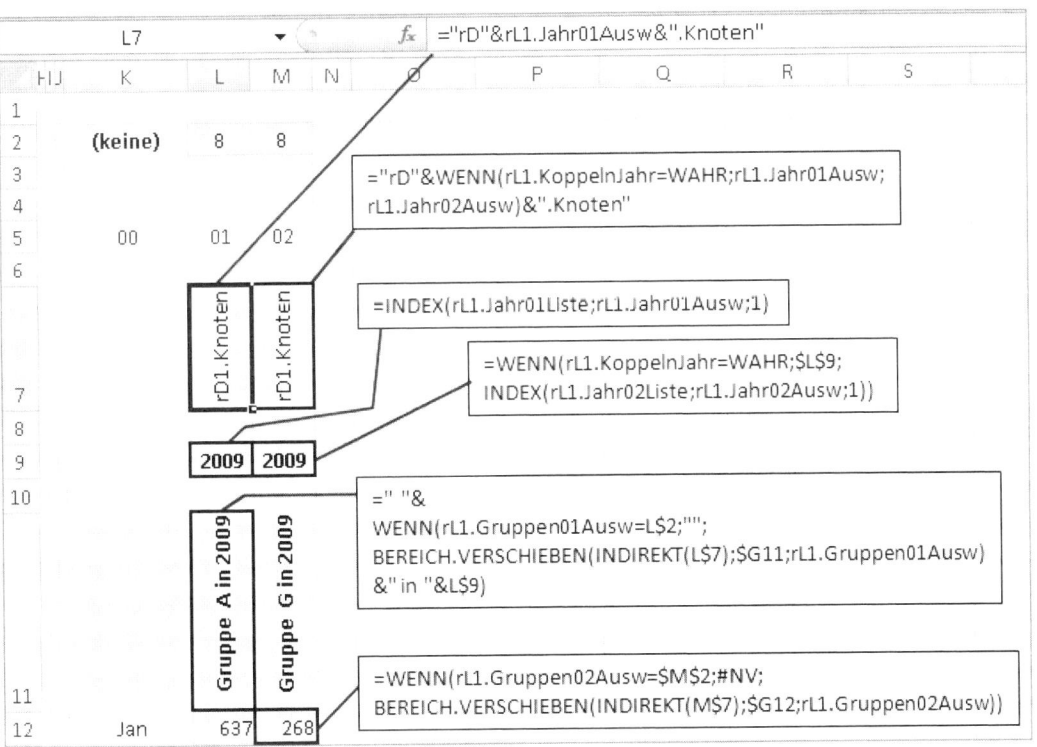

Abbildung 5.18 Die Formeln in *Basis 1* sind mehr, aber einfacher geworden

Die Formel in Zelle L11 erzeugt wie in der Ursprungsfassung den ersten Legendentext, übernimmt aber die dazugehörige Jahreszahl aus der Zelle L9:

```
=" "&
WENN(rL1.Gruppen01Ausw=L$2;"";
BEREICH.VERSCHIEBEN(INDIREKT(L$7);$G11;rL1.Gruppen01Ausw)
&" in "&L$9)
```

Die Formel in Zelle M11 (in Abbildung 5.18 nicht enthalten) ist lediglich entsprechend angepasst:

```
=" "&
WENN(rL1.Gruppen02Ausw=L$2;"";
BEREICH.VERSCHIEBEN(INDIREKT(L$7);$G11;rL1.Gruppen02Ausw)
&" in "&M$9)
```

Dann noch – exemplarisch aus dem Bereich L12:M23 – die Formel in Zelle M12:

```
=WENN(rL1.Gruppen02Ausw=$M$2;#NV;
BEREICH.VERSCHIEBEN(INDIREKT(M$7);$G12;rL1.Gruppen02Ausw))
```

Das konnte so bleiben wie in der Ursprungsfassung angelegt, weil ihr Zugriff auf das Quelldatenblatt (das jahresspezifische Blatt) durch die Vorgabe in M7 stattfindet, wo schon die Koppe-
lung (oder die Entkoppelung) geleistet wird. Ansonsten beschäftigen sich die Formeln in diesem
Bereich mit der Ermittlung von gruppenspezifischen Werten und die werden ja nach wie vor
unterschiedlich ausgewählt – nur die Jahre sind gekoppelt.

Bleibt noch zu untersuchen, wie die Änderungen im Focusblatt eingerichtet wurden.

Neue Strukturen in *Focus 1*

Bei der Betrachtung der Eigenschaften des Schalters werden Sie einiges wiedererkennen, was in
Kapitel 4 eine wichtige Rolle spielte. Im Zusammenhang mit Abbildung 5.19:

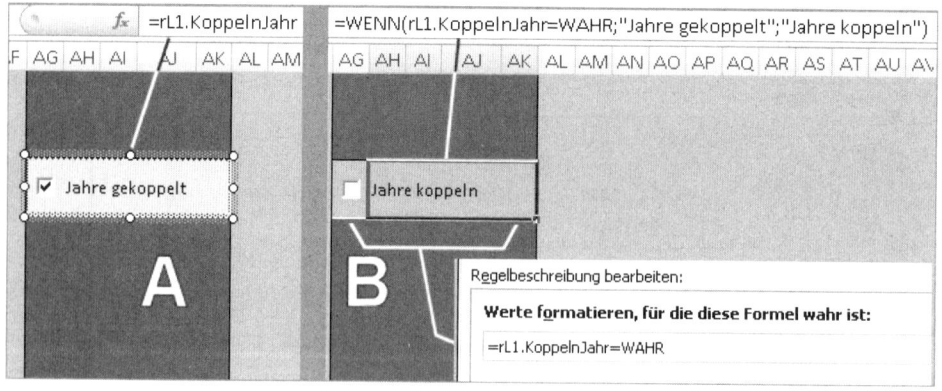

Abbildung 5.19 Was wie der Textinhalt des *Kontrollkästchens* aussieht, ist ein Formelergebnis

Abschnitt A:

- Das Steuerelement *Kontrollkästchen* bedeckt den Zellbereich AG26:AK27. So groß ist also die Fläche, auf die Sie klicken können, um die Schalterstellung zu ändern.

- Die *Verknüpfungszelle* des Steuerelements ist *rL1.KoppelnJahr*.

- Das Objekt ist voll transparent und hat keinen eigenen Texteintrag. Der sichtbare Text ist das Ergebnis einer Formel.

Abschnitt B: Auch bei der formalen Einrichtung der Schalterelemente zeigen sich nun die Vorzüge der oben angesprochenen, kleinteiligen Zellstrukturen im Blatt *Focus 1*.

- Der Bereich AG26:AK27 wurde dreiteilig definiert. Die Zellen AH26:AK27 sind verbunden, die beiden Zellen in Spalte AG nicht. Die Box des *Kontrollkästchens* liegt im Bereich AG, die den Text erzeugende Formel befindet sich daneben, in dem verbundenen Zellbereich.

- Mit =WENN(rL1.KoppelnJahr=WAHR;"Jahre gekoppelt";"Jahre koppeln") wird ein Text erzeugt, der vom Ausgabewert des *Kontrollkästchens* abhängig ist.

- Der Text ist in der verbundenen Zelle linksbündig und vertikal zentriert ausgerichtet. Dadurch steht er unmittelbar neben der Box des *Kontrollkästchens*.

- Alle Zellen des Bereichs sind unter Nutzung der Regel =rL1.KoppelnJahr=WAHR mit einer bedingten Formatierung ausgestattet.

Vielseitige Einsatzmöglichkeiten

Die bisher geschaffene Lösung soll im nächsten Kapitel weiter ausgebaut und variiert werden. Dabei geht es dann exemplarisch um die Befriedigung spezieller Bedürfnisse, die sich aus den hier vorliegenden Datenarten und ihren analytischen bzw. strategischen Betrachtungen im Unternehmen ergeben. Sie werden dabei weitere Verfahrensweisen und Gestaltungsideen kennenlernen.

In seiner einfachen Form, wie das Modell nun hier verlassen wird (schließlich ist ja wieder mal eine Pause fällig), ist es bereits äußerst vielseitig einsetzbar. Multivariable Vergleichsanforderungen von zwei oder mehr Datenreihen gibt es in sehr großer Zahl. Nicht nur für Controller, sondern auch für die Schreibtische von Geschäftsführern und Vorständen usw. Nur ein paar wenige Beispiele im Zusammenhang mit Abbildung 5.20. Sie sehen dort die symbolische Zusammenstellung von vier Arbeitsmappen unterschiedlicher Art, in denen sich die Inhalte und Strategien der in diesem Kapitel vorgestellten Lösungsart leicht realisieren ließen. Im Bild angezeigt werden nur die Quelldatenblätter und deren Inhalte bzw. Anordnungen. Die großen Pfeile rechts wollen symbolisieren, dass Sie diese Aufstellungen so lange fortsetzen könnten, bis die Beschränkung durch den verfügbaren Arbeitsspeicher greift.

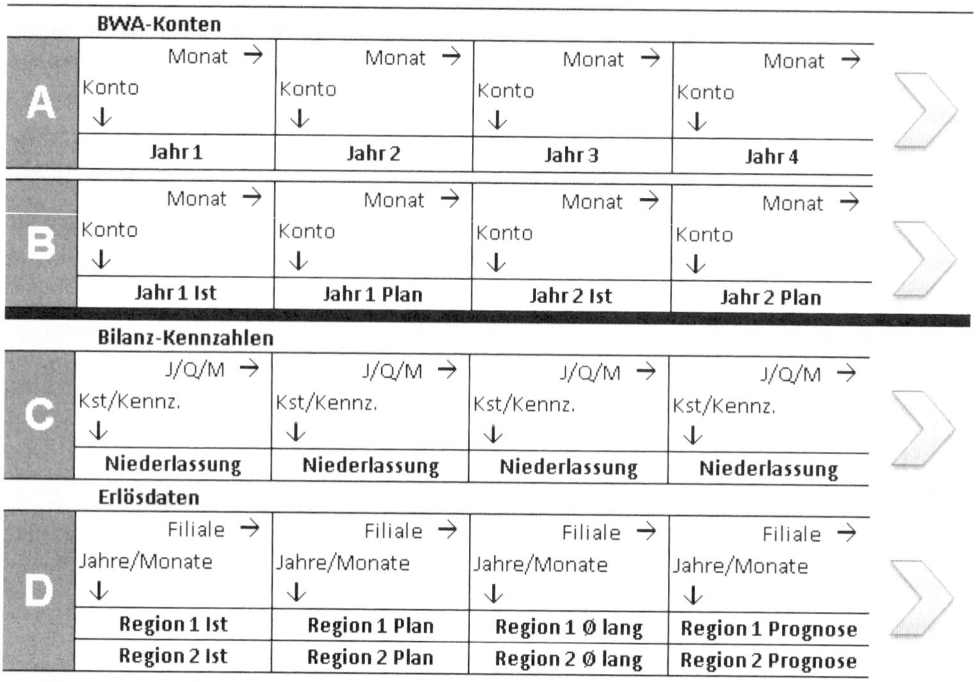

BWA-Konten				
A	Monat → Konto ↓ **Jahr 1**	Monat → Konto ↓ **Jahr 2**	Monat → Konto ↓ **Jahr 3**	Monat → Konto ↓ **Jahr 4**
B	Monat → Konto ↓ **Jahr 1 Ist**	Monat → Konto ↓ **Jahr 1 Plan**	Monat → Konto ↓ **Jahr 2 Ist**	Monat → Konto ↓ **Jahr 2 Plan**

Bilanz-Kennzahlen				
C	J/Q/M → Kst/Kennz. ↓ **Niederlassung**	J/Q/M → Kst/Kennz. ↓ **Niederlassung**	J/Q/M → Kst/Kennz. ↓ **Niederlassung**	J/Q/M → Kst/Kennz. ↓ **Niederlassung**

Erlösdaten				
D	Filiale → Jahre/Monate ↓ **Region 1 Ist** **Region 2 Ist**	Filiale → Jahre/Monate ↓ **Region 1 Plan** **Region 2 Plan**	Filiale → Jahre/Monate ↓ **Region 1 Ø lang** **Region 2 Ø lang**	Filiale → Jahre/Monate ↓ **Region 1 Prognose** **Region 2 Prognose**

Abbildung 5.20 Was immer Sie vergleichen wollen …

- Arbeitsmappe A: Vergleich von BWA-Konten (betriebswirtschaftliche Auswertung) untereinander und nach Jahren (vier Blätter mit jeweils einer Matrix).

- Arbeitsmappe B: Vergleich von BWA-Konten untereinander und nach Jahren und nach Plan und Ist (vier Blätter mit jeweils einer Matrix).

- Arbeitsmappe C: Vergleich von Kennzahlen untereinander und nach Jahren, Quartalen und Monaten und nach Kostenstellen und nach Niederlassungen (vier Blätter mit jeweils mehreren Matrizen).

- Arbeitsmappe D: Vergleich von Erlösdaten untereinander und nach Filialen und nach Jahren und nach Monaten und nach Regionen und nach Plan, Ist, Durchschnitt und Prognose (acht Blätter mit jeweils mehreren Matrizen).

Was sonst noch? Lassen Sie Ihrer Fantasie freien Lauf. Sie werden in Ihrem Tätigkeitsfeld mit Sicherheit Aufgabenstellungen finden, die Sie veranlassen könnten, attraktive sowie einfach zu handhabende Publikations- und/oder Präsentationsmodelle unter Excel anzufertigen. Ganz ohne Programmierung und auch für die Verwendung durch Excel-Laien geeignet. Und, wem das nicht genügen mag, mit höchst interessanten Herausforderungen für Tüftler!

Die weiteren Aussichten: Wechselhaft

Im letzten Kapitel wurden einige Varianten eines Berichts- und Analysemodells erläutert. Dabei wurde ein Zwischenstand erreicht, den ich nach Inhalten und Art als vielseitig verwendbar bezeichnet habe. Das Thema findet nun hier seine Fortsetzung, das Modell wird aufwendiger, spezieller und, damit zur Kapitelüberschrift, »wechselhaft« – das im wahrsten Sinne des Wortes.

Nicht nur der das gesamte Excel-Arsenal beherrschende Analyst oder Controller, auch ein Geschäftsführer oder ein Vorstand mit vielleicht sehr viel weniger Excel-Erfahrung soll in der Lage sein, unterschiedliche, wechselnde Sichtweisen auf die ihn interessierenden Unternehmensdaten zu entwickeln, sie selbst zu bewerten und sie anderen vorzustellen. Das muss, besonders wenn es um eine Publikumspräsentation geht, mit wenigen Handgriffen zu machen sein und Bedienungsfehler sind dabei nach Möglichkeit auszuschließen. Man stelle sich vor: Da geht einer mit halbwegs ordentlichen Zahlen, mit überlegten Zielvorstellungen und mit Hoffnung auf bessere Zeiten in ein Gespräch, z. B. mit einer Bank oder mit Investoren. Die Aussichten sind gut. Dann aber passieren bei der Präsentation von Vergangenem, Gegenwärtigem oder zukünftig Gewünschtem allerlei Fehler: Die »Fassade« ist unattraktiv, die richtigen Zahlen und Folien werden im wichtigsten Moment nicht gefunden, Nachfragen finden keine leicht fasslichen, keine bildhaften Antworten. Die Aussichten werden schlechter, trübe oder schwarz. Wer sich derartige Missgeschicke – es können auch Katastrophen sein – nicht leisten will, sollte sich vorher klargemacht haben, was seine Daten aussagen (interne Analysen) und wem sie auf welche Weise zu zeigen sind (externe Berichte und Präsentationen). »Adressatenorientierung« heißt das eine Stichwort, »zielorientierte Visualisierung« das andere. Ansätze zu beidem finden Sie in diesem Kapitel: Wechselhaftes für gute Aussichten – das in mehrerlei Hinsicht.

Zeit ist Geld. Aber wie viel?

CD-ROM   Bitte öffnen Sie von der CD-ROM aus dem zu Ihrer Excel-Version passenden Ordner die Datei *0601_Vergleich01*.

Die Datei ist auf der CD-ROM nicht als Präsentationsfassung gespeichert. Die auszublendenden Blätter und Excel-Elemente sind noch sichtbar. Lediglich für die beiden Focusblätter wurden der Blattschutz eingerichtet und die Zeilen- und Spaltenüberschriften entfernt.

Die Fassade im neuen Gewand

Was ist in dieser Vorstufe eines komplexen Präsentationsmodells besonders zu beachten? Es gibt einige Übereinstimmungen und etliche Abweichungen von dem bisherigen Entwicklungsstand. Die Daten sind dieselben, das Design der Focusblätter wurde umgestaltet, es sind weitere Betrachtungsmöglichkeiten hinzugekommen. Im Zusammenhang mit Abbildung 6.1 (*Focus 1*) und Abbildung 6.2 (*Focus 2*) sowie der Nummerierung in Abbildung 6.1:

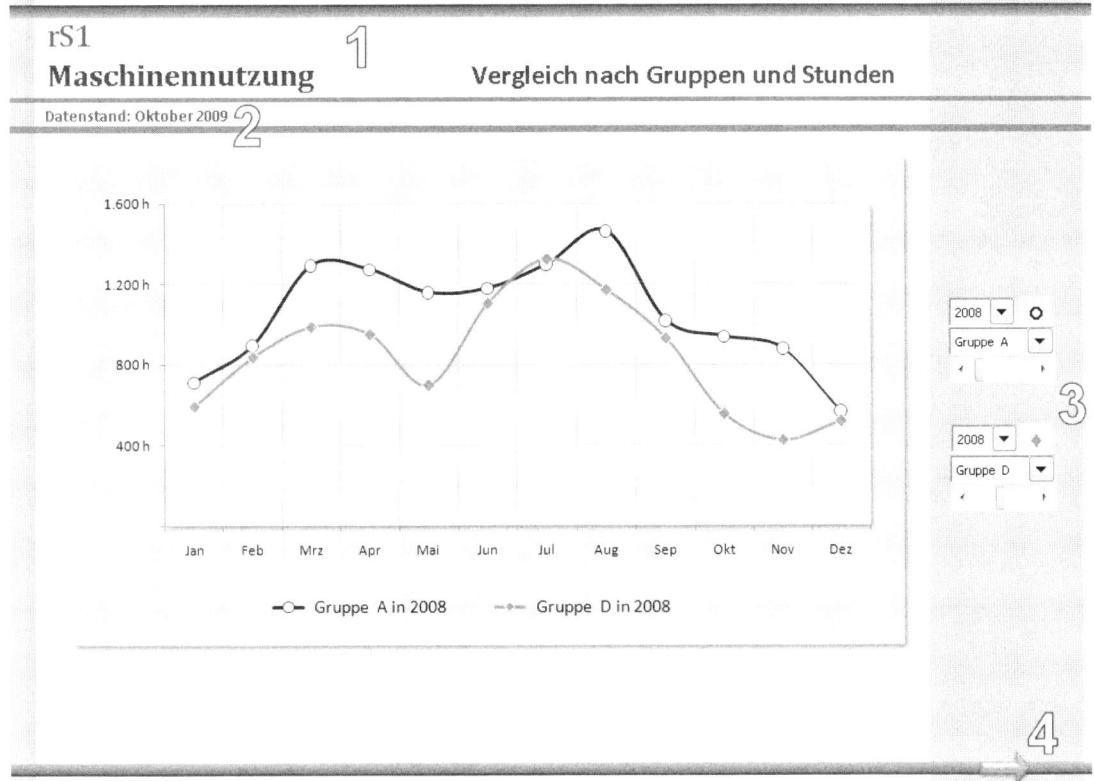

Abbildung 6.1 Das Blatt *Focus 1* im neuen Gewand

1. Der vom Rest des Blattes klar abgehobene Überschriftenbereich ist zweizeilig und, mittels Zellverbindungen, in drei Segmente aufgeteilt. Die oberste Zeile ist für Angaben zum Unternehmen (Firmenname, Ort, Niederlassung etc.) vorgesehen. Das ist wichtig, wenn nicht auszuschließen ist, dass ggf. auch Ausdrucke erfolgen sollen. In der zweiten Zeile steht im linken Segment der den allgemeinen Inhalt des Blattes bezeichnende Haupttitel und rechts (dort auch rechtsbündig ausgerichtet) der präziser werdende Untertitel.

2. In einer weiteren, wiederum optisch abgesetzten Überschriftzeile wird automatisch der jeweilige Datenstand angezeigt. Wenn in den Datenquellen neue Monatsdaten hinzukommen, passt sich diese Information entsprechend an. In dieser Zeile könnten auch noch weitere, sich selbst aktualisierende Hinweise deponiert werden.

3. Die beiden Elementgruppen in der Steuerkonsole kennen Sie schon aus dem vorigen Kapitel. Neu ist die Verwendung von Symbolen, mit denen die Zuordnung zwischen Datenreihen und Steuerelementen etwas dezenter gezeigt wird als mit den bisher verwendeten Farbflächensignalen. (Beide Zellen sind mit der Schriftart *Wingdings* formatiert. Bei dieser Schriftart ist das ANSI-Zeichen 161 ein Kreis, das Zeichen 116 eine Raute.)

4. In der unteren rechten Ecke des auf eine Projektionsgröße von 1024 x 768 Pixeln ausgelegten Bereichs befindet sich ein nach rechts weisender Pfeil. Wenn Sie diesen anklicken, wechseln Sie in das rechts benachbarte Blatt, den *Focus 2*. Dort wiederum befindet sich in der linken

unteren Ecke ein nach links weisender Pfeil, mit dessen Hilfe Sie zum *Focus 1* zurückkehren –
es wird also wechselhaft. Beide Arbeitsblätter haben ein identisches Grundlayout, sodass die
rasche Verwandlung des Bildes eher als ein Austausch von Inhalten imponiert, denn als
Wechsel in ein anderes Blatt. Die Pfeile sind mit *Hyperlinks* ausgestattete Grafikobjekte. Wie
so etwas einzurichten ist, wird weiter unten beschrieben.

TIPP   Solche Pfeile für »Springerfunktionen« sind keinesfalls eine übertriebene Spielerei, obwohl ja
hier – vorläufig – nur ein Hin und Her zwischen zwei Arbeitsblättern ansteht. Zwischen denen zu navigieren wäre
mit `Strg`+`Bild ↓` und `Strg`+`Bild ↑` genauso schnell möglich. Genauso schnell ist aber nicht immer
genauso gut. Es handelt sich um eine Präsentationslösung. Das beinhaltet auch ein »Vorführen« von Effekten.
Und ein recht starker Effekt ist es, wenn ein Klick auf ein Symbol genau das bewirkt, was im Symbol zum Ausdruck
kommt. Besonders wenn Sie darauf hinweisen – ganz nebenbei, aber deutlich genug –, dass es sich um ein Excel-
Modell ohne Programmierung handelt. Das sollten Sie jedenfalls immer dann nicht versäumen, wenn Sie wissen,
dass Ihre Zuschauer und Zuhörer eigene Erfahrungen mit Excel haben. Und vielleicht wollen die ja wissen, wie das
alles funktioniert. Wenn die Situation so ist, dass Sie von denen was haben wollen, während die von Ihnen was
wissen wollen, ist es um das Gleichgewicht der gruppendynamisch wirkenden Kräfte möglicherweise ganz gut
bestellt. Das hilft!

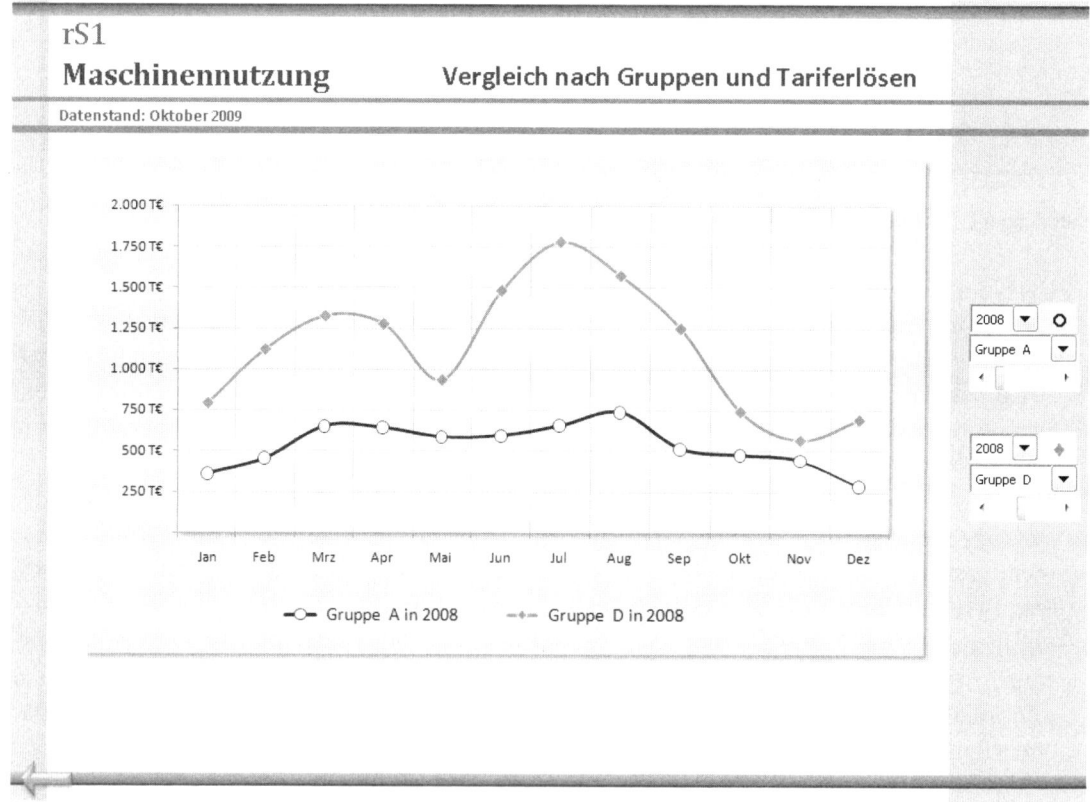

Abbildung 6.2 Die Erlöskurven zeigen ein anderes Bild

Sie benutzen in beiden Focusblättern gleiche Steuerelemente (Duplikate mit übereinstimmenden Ausstattungen und Eigenschaften) und erzeugen damit identische Abrufe unterschiedlicher Datenarten. Das sollte bei solchen Lösungen ohnehin Standard sein, ist hier aber besonders zu betonen: Es besteht im Unternehmen ein teilweise erheblicher Unterschied zwischen »Zeit und Geld«, zwischen der erbrachten Leistung (ausgedrückt in Vermietungsstunden) und den daraus erwirtschafteten Tariferlösen. Am abgebildeten Beispiel: Der Benutzer stellt in *Focus 1* das Jahr 2008 ein und vergleicht dort die Leistungsdaten (Vermietung in Stunden) der Maschinengruppen A und D. (Dazu gibt es etliches zu diskutieren und nachzudenken, was für die Zielgruppe der Präsentation wichtig ist, hier im Seminar aber keine Rolle spielt.) Die blaue, zur Gruppe A gehörende Linie ist oben. Dann wird mit dem Springerpfeil nach *Focus 2* gewechselt. Dort sieht der Betrachter nun dieselben Gruppen- und Jahreseinstellungen, auch die Verlaufsschwingungen der *Datenreihen* sind sehr ähnlich, aber die Relation *zwischen* den beiden Linien ist völlig anders geworden: Die blaue Linie der Gruppe A liegt nun deutlich unten und die Erlösdifferenz zur Gruppe D ist sehr erheblich. Das zu zeigen und zu bewerten wäre z. B. dann besonders interessant, wenn es – interne Analyse – strategische, gruppenspezifische Entscheidungen zu diskutieren gäbe oder wenn es – externe Präsentation bzw. Berichterstattung – darum ginge, eine Änderung von Ressourcen, Leistungsarten, geschäftspolitischen Entscheidungen usw. zu begründen.

HINWEIS   In vergleichender, abstrahierender Hinsicht also gilt: Die Grundidee des Modells ist auf alle Analyse- und Darstellungszwecke übertragbar, bei denen es um differenzierte Würdigungen der Verhältnisse zwischen Investition und Erfolg, Aufwand und Ertrag, Ausgaben und Wertzuwachs und andere, ähnliche Relationen geht.

Zusätzliche Bereichsnamen

Im Blatt *Namensliste* sehen Sie, dass sich die Anzahl der festgelegten Bereichsnamen deutlich vermehrt hat. Wie Sie im Abschnitt A der vergleichenden Abbildung 6.3 erkennen, betrifft der Zuwachs das Blatt *Basis 1*, wo es bisher noch keine Bereichsnamen gab, sowie die drei Quelldatenblätter, in denen es bisher nur jeweils einen Knotennamen gab.

rB1.AuswKeine01	='Basis 1'!$L$2	
rB1.AuswKeine02	='Basis 1'!$M$2	
rB1.Datenstand	='Basis 1'!$C$4	
rB1.Knoten	='Basis 1'!$K$14	
rB1.QuelleD01	='Basis 1'!$L$9	
rB1.QuelleD02	='Basis 1'!$M$9	
rD1.InhaltD1	='Daten 1 Ist09'!$K$7	
rD1.Knoten	='Daten 1 Ist09'!$K$11	rD1.Knoten ='Daten 1 Ist09'!$K$11
rD1.MonatKum	='Daten 1 Ist09'!$K$8	
rD2.InhaltD2	='Daten 2 Ist08'!$K$7	
rD2.Knoten	='Daten 2 Ist08'!$K$11	rD2.Knoten ='Daten 2 Ist08'!$K$11
rD2.MonatKum	='Daten 2 Ist08'!$K$8	
rD3.InhaltD3	='Daten 3 Ist07'!$K$7	
rD3.Knoten	='Daten 3 Ist07'!$K$11	rD3.Knoten ='Daten 3 Ist07'!$K$11
rD3.MonatKum	='Daten 3 Ist07'!$K$8	
rL1.Gruppen01Ausw	='Listen 1'!$L$6	rL1.Gruppen01Ausw ='Listen 1'!$L$6
rL1.Gruppen01Liste	='Listen 1'!$L$11:$L$18	rL1.Gruppen01Liste ='Listen 1'!$L$11:$L$18
rL1.Gruppen02Ausw	='Listen 1'!$M$6	rL1.Gruppen02Ausw ='Listen 1'!$M$6
rL1.Gruppen02Liste	='Listen 1'!$M$11:$M$18	rL1.Gruppen02Liste ='Listen 1'!$M$11:$M$18
rL1.Jahr01Ausw	='Listen 1'!$O$6	rL1.Jahr01Ausw ='Listen 1'!$O$6
rL1.Jahr01Liste	='Listen 1'!$O$11:$O$13	rL1.Jahr01Liste ='Listen 1'!$O$11:$O$13
rL1.Jahr02Ausw	='Listen 1'!$P$6	rL1.Jahr02Ausw ='Listen 1'!$P$6
rL1.Jahr02Liste	='Listen 1'!$P$11:$P$13	rL1.Jahr02Liste ='Listen 1'!$P$11:$P$13
rP1.Knoten	='Parameter 1'!$L$11	rP1.Knoten ='Parameter 1'!$L$11

Abbildung 6.3　Es gibt deutlich mehr Bereichsnamen als bisher

WICHTIG　　　In diesem Kapitel werden Sie noch öfter lesen, dass irgendetwas neu oder anders ist bzw. hinzuge-kommen ist. Das bezieht sich natürlich auf die Ausführungen und Beispiele in Kapitel 5, in dem auf dem Weg zu den hier behandelten Fassungen die ersten Schritte getan wurden. Wenn Sie unmittelbare Vergleiche zur aktuell besprochenen Datei *0601_Vergleich01* anstellen wollen, empfehle ich Ihnen das gleichzeitige Öffnen der Basisva-riante *0503_Vergleich3Jahre02*.

Eine derartige Erweiterung ist natürlich sehr typisch, wenn eine Lösung größer wird und neue Aufgaben erhält. Das ist aber kein zwingender Zusammenhang, soweit es technische Bedin-gungen angeht. So ist beispielsweise in diesem Modell primär der Wunsch nach mehr Entwick-lungskomfort und Prüfsicherheit für die Namensvermehrung verantwortlich. Dazu ein paar Anmerkungen:

Die neuen Namen im Kopfbereich der Quelldatenblätter *Daten 1* bis *Daten 3* (mit Abbildung 6.4 exemplarisch für alle drei Blätter gezeigt) gelten für jene Zellen, die den Inhalt des Blattes und den Kumulationsstand der enthaltenen Daten bezeichnen. Beachten Sie, dass die Zelle mit dem Namen *rD1.InhaltD1* als Wert jetzt nur noch eine Zahl (die Jahreszahl) enthält, ihr sichtbarer Inhalt also durch ein Zahlenformat erzeugt wird.

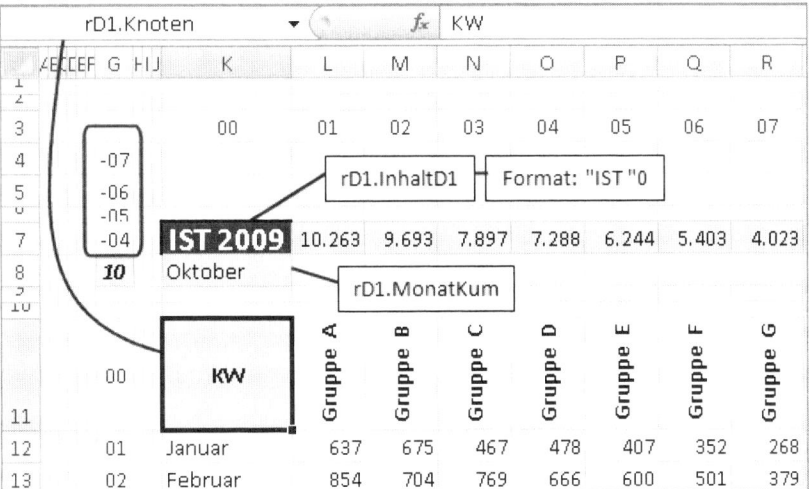

Abbildung 6.4 Zusätzliche Namen im Kopfbereich der Quelldatenblätter

Ebenfalls neu: Es gibt nun in Spalte G eine Negativzählung der Zeilenentfernung vom Knoten. Weiter unten wird für die Betrachtung neuer Formeln wichtig: Die Zeile 7 mit den Summierungen der Gruppenwerte ist minus vier Zeilen vom Knoten entfernt (vgl. Abbildung 6.4).

In den beiden Focusblättern wird der aktuelle Datenstand ausgewiesen, oben war die Rede davon. An anderer Stelle habe ich erwähnt, dass sich die neuesten Daten immer im Arbeitsblatt *Daten 1* befinden sollten. Das ist hier entsprechend realisiert. Deswegen wird im Blatt *Basis 1* der Datenstand also aus *Daten 1* übernommen und zu einer Textinformation zusammengesetzt.

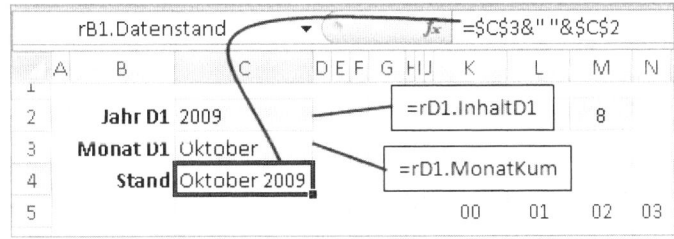

Abbildung 6.5 So wird der aktuelle Datenstand ermittelt

Im Zusammenhang mit Abbildung 6.4 und Abbildung 6.5 als Ketteninformation:

1. Im Blatt *Daten 1* steht in Zelle *rD1.InhaltD1* die Zahl 2009 und in Zelle *rD1.MonatKum* der Text *Oktober*.

2. Im Kopfbereich des Blattes *Basis 1* werden diese Werte mit den neu eingerichteten Formeln der Zellen C2 und C3 ausgelesen.

3. Die Formel =$C$3&" "&$C$2 in Zelle C4, sie hat den Namen *rB1.Datenstand*, fügt die beiden Informationen zu einem Text zusammen.

4. In jedem Focusblatt wiederum gibt es die Formel ="Datenstand: "&rB1.Datenstand in der Zelle G8. Sie liest das unter 3 erzeugte Ergebnis aus.

Warum derartige Umwege? Warum werden in *Basis 1* zunächst zwei Informationen ermittelt und dann erst zusammengesetzt? Oder einfacher: Warum werden die im Focusblatt benötigten Informationen nicht direkt aus *Daten 1* gelesen? Zwei Antworten, exemplarisch formuliert für *Basis 1* und *Focus 1*:

- Das Blatt *Basis 1* ist das zentrale Element, in dem alle wichtigen Informationen zusammengeführt werden, die für eine Visualisierung der Daten von Bedeutung sind. Das Blatt *Focus 1* soll im besten Fall gar keine Formeln enthalten. Wenn aber doch, dann sollten sich diese sämtlich auf *Basis 1* beziehen und nicht auf andere Stellen der Arbeitsmappe zugreifen. Wenn Sie das konsequent beachten und sich zum Prinzip machen (auch wenn Sie Prinzipien vielleicht nicht so sehr mögen), gewinnen Sie sehr viel mehr Übersicht und Arbeitssicherheit, wenn es nach einigen Wochen, Monaten oder auch Jahren darum gehen sollte, Ihre Lösung schnell zu verstehen und ggf. zu ändern.

- Wenn eine variable Information aus zwei Werten besteht (aktuelles Jahr, aktueller Monat), deren jeder für sich genommen wiederum eine wichtige Einzelbedeutung haben kann, dann sollen diese beiden Werte auch getrennt vorgehalten werden. Es kann in einer Anwendung immer wieder Gründe geben, die einen unkomplizierten Zugriff auf solche Detailinformationen verlangen.

Geänderte und neue Formeln im Blatt *Basis 1*

Ein im wahrsten Sinne des Wortes »zentraler« Grund für die Vermehrung von Bereichsnamen wird deutlich, wenn Sie sich die Neufassung des Blattes *Basis 1* genauer anschauen.

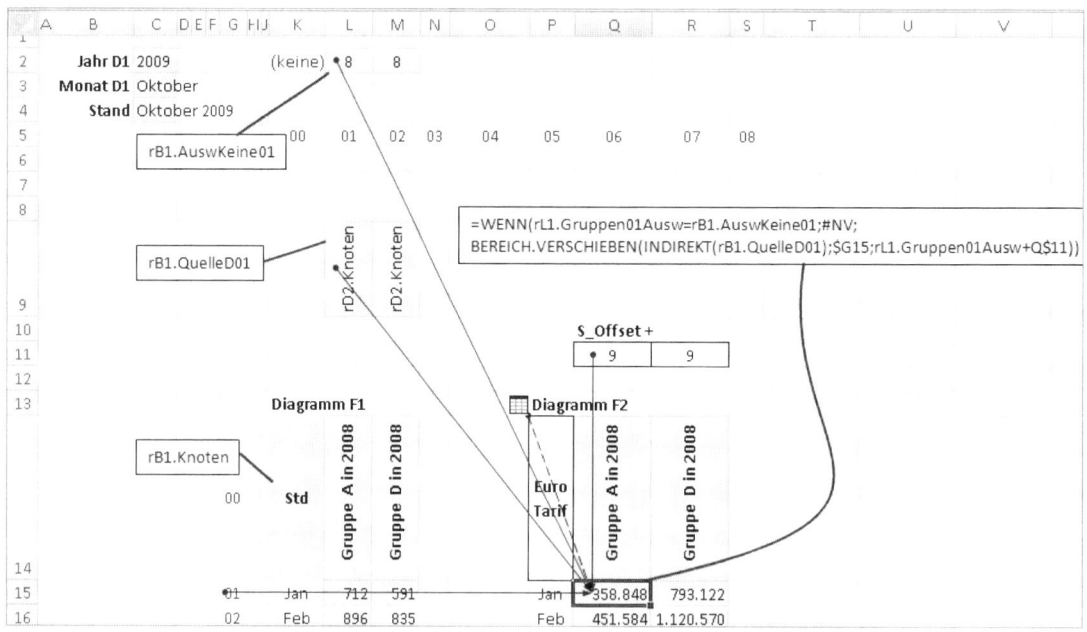

Abbildung 6.6 Die Formeln verwenden jetzt überwiegend Namensbezüge statt Zellbezüge

Bevor ein paar wichtige Details zur Sprache kommen, zunächst im Zusammenhang mit Abbildung 6.6 einige allgemeine Anmerkungen:

- Die Zellen L2 und M2 – Registrierung der Benutzerauswahl *(keine)* – haben, ebenso wie die Zellen L9 und M9 – Bezeichnung der Zugriffsknotens –, eigene Namen erhalten.

- Das Blatt hat jetzt selbst einen Knoten, den *rB1.Knoten* in Zelle K14. Wie üblich also ein Hinweis darauf, dass es offenbar auch auf dieses Blatt Zugriffe mittels BEREICH.VERSCHIEBEN gibt oder geben soll.

- In Zeile 13 stehen Überschriften, die bezeichnen, welcher Formelkomplex welches Focusblatt (*F1* und *F2*) beliefert.

- In den Spalten P bis R sind neue Formeln hinterlegt, mit deren Hilfe in *Focus 2* die gruppenspezifischen Tariferlöse zur Ansicht kommen.

- Im Bereich Q10:R11 gibt es neue Strukturen, die gemäß ihrer Beschriftung *S_Offset* + offenbar etwas mit der Verwendung von Offset-Formeln zu tun haben.

Damit zu den Details:

Frage: Warum gibt es neue Namen wie *rB1.AuswahlKeine01* und *rB1.QuelleD01*? (Die Suffixendung *D01* steht hier für »erste Datenquelle« in Abgrenzung zu *D02* für »zweite Datenquelle« oder z. B. *P01* für »erste Parameterquelle« und Ähnliches.)

Antwort: Damit die sich darauf beziehenden Formeln »sprechender«, damit leichter prüfbar und korrigierbar werden. Das ist am besten mit einem Beispiel zu verdeutlichen, der vergleichenden Betrachtung zweier funktionsgleicher Formeln.

Die Ursprungsfassung in Zelle L12 der Datei *0503_Vergleich3Jahre02*:

```
=WENN(rL1.Gruppen01Ausw=L$2;#NV;
BEREICH.VERSCHIEBEN(INDIREKT(L$7);$G12;rL1.Gruppen01Ausw))
```

Die funktionsgleiche Neufassung in Zelle L15 der Datei *0601_Vergleich01*:

```
=WENN(rL1.Gruppen01Ausw=rB1.AuswKeine01;#NV;
BEREICH.VERSCHIEBEN(INDIREKT(rB1.QuelleD01);$G15;rL1.Gruppen01Ausw))
```

Die zweite »erzählt« sehr viel deutlicher, was sie macht, und ist deshalb leichter zu verstehen, als wenn Sie bei einer Überprüfung oder einer Fehlersuche erst einmal nachschauen müssten, was in Zelle L2 oder in Zelle L9 vorhanden ist bzw. generiert wird.

Der Bereich P14:R26 bildet die Grundlage für das Diagramm im Blatt *Focus 2*. Es handelt sich dort um mit *Focus 1* identische Einstellungen, lediglich die gezeigten Werte sind andere – nicht Stunden, sondern Tariferlöse. Somit gilt: Wenn gleichartige Abrufe, dann auch gleichartige Formeln. Deswegen kann ich mich hier auf wenige Ausführungen zu Neuerungen und Unterschieden beschränken:

- Die Legendenbeschriftungen in Q14:R14 werden mit Formeln eins zu eins aus L14:M14 übernommen.

- Die Formeln in Q15:R26 benutzen dieselben Jahres- und Gruppeneinstellungen wie ihre Nachbarn in den Spalten L und M. Sie ermitteln Daten aus jeweils derselben Quelle, jedoch von anderer Stelle.

Zum besseren Verständnis des Letztgenannten ein kurzer Ausflug ins Blatt *Daten 1*:

- Dort befindet sich, wie schon bekannt, der *rD1.Knoten* in Zelle K11.

- In der Hilfszeile 3 wurde eine durchlaufende Nummerierung angelegt. Mit ihr wird gezeigt, welche Spalte wie viele Spalten vom Knoten entfernt ist (vgl. dazu auch Abbildung 6.4).

- Wenn der Anwender im Steuerelement zur Auswahl einer Gruppe auf den Eintrag *Gruppe C* klickt, auf den dritten Listeneintrag also, muss der entsprechende Formelzugriff vom Knoten aus gesehen die dritte Spalte ansprechen. So weit gilt das jedenfalls, wenn der Formelzugriff die Stundenwerte in den Spalten L:R betrifft.

- Wenn jedoch ein Formelzugriff auf Basis desselben »Klickresultats« (also Ziffer 3 in der mit dem Steuerelement verknüpften Zelle) statt der Stundenwerte in Spalte N die gruppenspezifischen Tariferlöse in Spalte W »erwischen« soll (jetzt 12 statt 3 Spalten vom Knoten entfernt), gibt es zwei Möglichkeiten:

  - Sie richten in jedem Quelldatenblatt einen zweiten Knoten ein. Damit aber machen Sie etliche Formeln des gesamten Modells komplizierter als bisher – bei diesem kleinen Datenmodell ein eher unangemessener Schritt.

  - Sie benutzen ein »Additiv«, mit dem Sie das Klickresultat den Anforderungen anpassen.

Im Beispiel wurde die zweite Variante als sehr viel einfacher und übersichtlicher gewählt. Damit nun zurück ins Blatt *Basis 1*. Im Zusammenhang mit Abbildung 6.6, am Beispiel der Formel in Zelle Q15:

```
=WENN(rL1.Gruppen01Ausw=rB1.AuswKeine01;#NV;
BEREICH.VERSCHIEBEN(INDIREKT(rB1.QuelleD01);$G15;rL1.Gruppen01Ausw+Q$11))
```

Hier wird am Schluss des BEREICH.VERSCHIEBEN-Teils der Formel, beim Spaltenargument also, dem Vorgabewert aus der Zelle *rL1.Gruppen01Ausw* (dem Klickresultat) so viel hinzugezählt, wie in der Zelle Q11 als »Zuschlag« hinterlegt ist. Um im oben erwähnten Beispiel zu bleiben: Nicht drei Spalten vom Knoten, sondern 3+9, also zwölf Spalten vom Knoten entfernt soll die Formel zugreifen.

Es handelt sich hier also um eine Veränderung einer vom Benutzer mittels Steuerelement erzeugten Vorgabe. Um diesen Ausnahmefall klar zu kennzeichnen, wurden die Zellen Q11:R11 deutlich von den anderen Hilfszellen abweichend formatiert und zusätzlich mit der Überschrift *S_Offset* + versehen, gemeint damit ist also eine Addition zum Spaltenoffset.

Formatierungen in den Focusblättern

Dem Modell wurde ein zweites Focusblatt hinzugefügt. Es ist in formaler Hinsicht mit dem ersten weitestgehend identisch. Unterschiedlich sind lediglich

- die Untertitel in der Überschriftenzeile,

- die Positionen der Navigationspfeile und

- die Formatierungen der Größenachsen der Diagramme.

Die festen Skalierungen der Größenachsen und die dort benutzten Zahlenformate in der Übersicht:

	Minimum	Maximum	Hauptintervall	Zahlenformat
Focus 1	0	1.600	400	#.##0" h";;
Focus 2	0	2.000.000	250.000	#.##0." T€";;

Beide Zahlenformate unterdrücken also die Anzeige von negativen Zahlen und von Null. Das Zahlenformat aus *Focus 1* kennen Sie schon, das aus *Focus 2* verkürzt die Zahlen auf Tausender (verantwortlich ist der Punkt hinter dem Format) und fügt zur Kennzeichnung nach einem Leerzeichen die Buchstaben *T€* an. Bei diesen großen Werten wäre auch ein Millionenformat mit Dezimalstellen gut verwendbar, wie z. B. 0,00.." Mio";; oder Ähnliches. (Auch dieses Format ist in der Datei gespeichert, probieren Sie aus, ob es Ihnen zur Größenachsenbeschriftung des Diagramms gefällt.)

Navigationselemente mit Hyperlinks

Im hier besprochenen Modell und bei seinen noch anstehenden Erweiterungen ist auch die Hyperlinknavigation von Bedeutung für einen Präsentationserfolg – oder auch einfach nur für den »Spaß an der Sache«. Deswegen einige Informationen zur Vorgehensweise bei der Einrichtung solcher Elemente. Als Schritt-für-Schritt-Anleitung im Zusammenhang mit der Nummerierung in Abbildung 6.7:

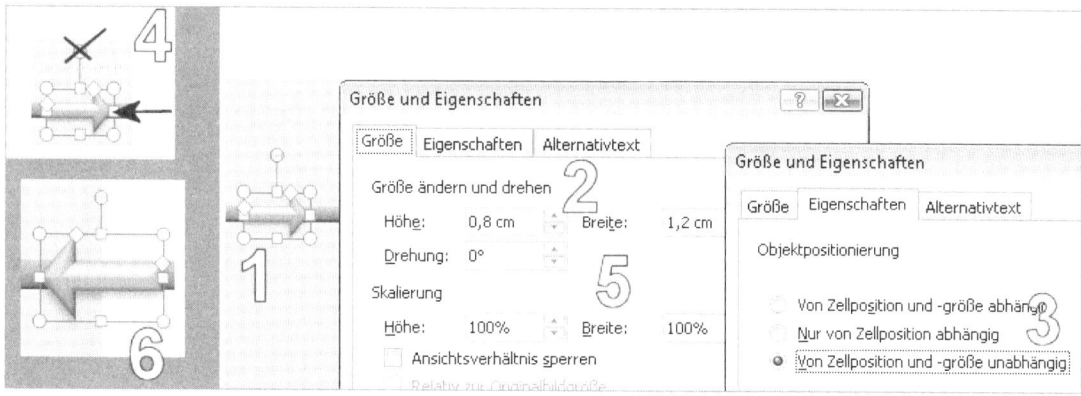

Abbildung 6.7 Statten Sie die Springerpfeile gleichartig aus

1. Erzeugen Sie ein Pfeilobjekt Ihrer Wahl. Vorlagen finden Sie in Excel 2007 unter *Einfügen/ Formen/Blockpfeile* und in Excel 2003 in der Symbolleiste *Zeichnen, AutoFormen/Blockpfeile*. Weisen Sie dem Objekt seine Formatierungen zu und bestimmen Sie mit Ziehen an den gelben Markierungspunkten die Grundform, dann mit Ziehen an den weißen Eck- und Kantenmarkierungen seine ungefähre Größe.

2. Klicken Sie das Objekt mit der rechten Maustaste an und wählen Sie im Kontextmenü den Befehl *Größe und Eigenschaften* (Excel 2007) bzw. *AutoForm formatieren* (Excel 2003). Legen Sie nun auf der Registerkarte *Größe* des dann erscheinenden Dialogfelds die Maße in exakt bemessenen Einheiten fest. Notieren Sie sich die Einstellungen.

3. Wechseln Sie zur Registerkarte *Eigenschaften* und bestimmen Sie dort als Option *Von Zellposition und -größe unabhängig*. Positionieren Sie das Objekt und begutachten Sie es (auf jeden Fall in einer Bildschirmansicht von 100 Prozent!).

4. Erstellen Sie ein Duplikat. Dieses ist um 180 Grad zu drehen. Wenn das Objekt jedoch, wie im Beispielfall, eine plastisch wirkende Formatierung mit Licht- und Schatteneffekten hat, ist die Rotation mittels des grünen Anfassers untauglich, weil im Ergebnis der Lichteinfall umgekehrt würde. Sie müssen also anders vorgehen: Greifen Sie mit der Maus den Anfasser an der rechten Kante des Objekts und ziehen Sie dann nach links, quasi durch das Objekt hindurch, bis es horizontal gekippt ist und seine Pfeilspitze nach links weist.

5. Bei der unter 4 beschriebenen Aktion werden Sie die Größeneinstellungen verändern. Wiederholen Sie also für das Duplikat den Schritt 2 unter Verwendung der zuvor notierten Größeneinstellungen.

6. Positionieren Sie das zweite Objekt und prüfen Sie sein Aussehen, auch im Vergleich und im Zusammenhang mit dem Ursprungsobjekt.

WICHTIG   Bevor Sie weiterarbeiten und die beiden Objekte mit Hyperlinks versehen: Wenn Sie wissen, dass Sie später noch mehrere Objekte derselben Art und Ausstattung brauchen – im hier behandelten Modell wird das der Fall sein –, sollten Sie sehr genau prüfen, ob Sie mit dem Resultat in jeder Hinsicht (Form, Farbe, Größe, Position) vollständig zufrieden sind. Es kann anderenfalls recht lästig werden, in einer fertigen Lösung Grafikobjekte zu verwerfen und neue zu erstellen sowie diese dann wieder Stück für Stück mit unterschiedlichen Hyperlinks auszustatten.

Was die Zuweisung von Hyperlinks betrifft, hätten Sie die entsprechende Erstausstattung bereits nach Schritt 3 der vorstehenden Abfolge vornehmen können, um dann im Duplikat nur noch eine Änderung zu setzen. Da ich jedoch die Schilderung der beiden Arbeitsgänge nicht vermengen wollte, folgt erst jetzt, im Zusammenhang mit Abbildung 6.8, die separate Darstellung. Die Ausführungen gehen davon aus, dass Sie ein Grafikobjekt bearbeiten, dem bisher noch kein Hyperlink zugewiesen ist.

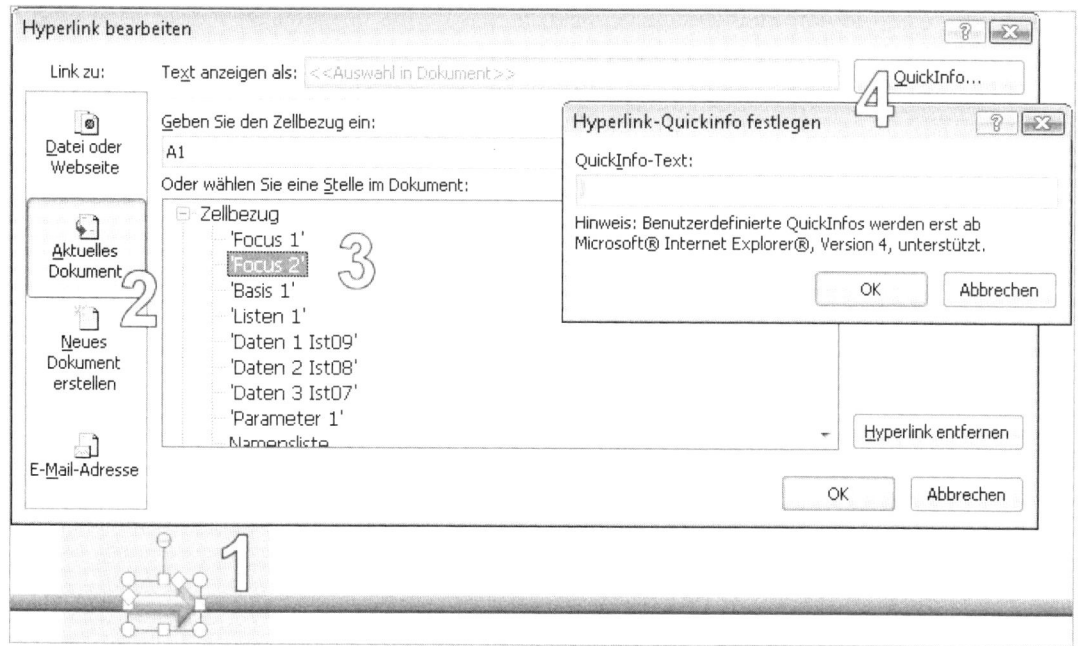

Abbildung 6.8 Der Hyperlink ist schnell definiert

1. Klicken Sie das Objekt mit der rechten Maustaste an und wählen Sie im Kontextmenü den Befehl *Hyperlink*.

2. Klicken Sie im dann erscheinenden Dialogfeld auf der linken Seite unter *Link zu* auf *Aktuelles Dokument*.

3. In der Auswahlliste erscheinen nun alle in der Arbeitsmappe vorhandenen Bereichsnamen und Namen der Arbeitsblätter. Bestimmen Sie das Arbeitsblatt, das Sprungziel werden soll. Im Standard wird dabei – siehe die Eingabezeile oberhalb der Auflistung – die Zelle A1 des angesteuerten Blattes aktiviert. Dies ist bei der hier gewollten Navigationsstruktur natürlich genau das Richtige.

4. Klicken Sie auf die Schaltfläche *QuickInfo* und geben Sie in dem kleinen Dialogfeld ein Leerzeichen ein. Damit verhindern Sie, dass automatisch ein (ggf. langer) Text mit der kompletten Pfadangabe erscheint, wenn Sie mit der Maus auf das Objekt zeigen. Hier statt des Leerzeichens einen das Sprungziel angebenden Text einzufügen, halte ich im Beispielfall für mehr als überflüssig – ein Pfeil ist ein Pfeil.

HINWEIS   Wenn Sie ein Grafikobjekt bearbeiten, dem bereits ein Hyperlink zugewiesen ist, haben Sie nach dem Anklicken mit der rechten Maustaste im Kontextmenü die Auswahl unter den folgenden Befehlen:

- *Hyperlink bearbeiten*
- *Hyperlink öffnen*
- *Hyperlink entfernen*

Es kann sein, dass Sie den Pfeil in einer eher dezenten Größe belassen wollen, er Ihnen dann aber für den schnellen Klick (z. B. in einer Präsentation) zu klein ist – Sie müssen ihn genau treffen, damit geschieht, was Sie wollen. Wie können Sie den Mangel beheben? Legen Sie über den Pfeil ein deutlich größeres Grafikobjekt, ein Rechteck beispielsweise, formatieren Sie es als völlig transparent und statten Sie dann dieses Objekt mit dem Hyperlink aus. Danach scheint es nur so, als würden Sie auf den Pfeil klicken. In Wirklichkeit klicken Sie auf das unsichtbare Rechteck, um den Sprung ins Nachbarblatt auszulösen. Eine sinngemäß ähnliche Einrichtung wird weiter unten im Abschnitt beim Thema »Zentralnavigation« eingeführt.

Jahresverlauf und Monatsanteile

Die Ansprüche wachsen: Bisher liegt der Schwerpunkt der Betrachtungen bei den Verlaufsformen gruppenspezifischer Zeiten und damit korrespondierender Tariferlöse. Es ist möglich, eine Linie allein oder zwei Linien im Vergleich zu betrachten. Als wichtig wurde in Kapitel 3 auch eine Unterscheidung nach guten und weniger guten Monaten beschrieben. Letzteres führt nun zu erweiterten Darstellungsanforderungen.

CD-ROM   Bitte öffnen Sie von der CD-ROM aus dem zu Ihrer Excel-Version passenden Ordner die Datei *0602_Vergleich02*.

Die Datei ist auf der CD-ROM nicht als Präsentationsfassung gespeichert. Die auszublendenden Blätter und Excel-Elemente sind noch sichtbar. Lediglich für die beiden Focusblätter wurden der Blattschutz eingerichtet und die Zeilen- und Spaltenüberschriften entfernt.

Tabelleninformationen in den Focusblättern

In den beiden Focusblättern finden Sie unterhalb der Diagramme neu angelegte Strukturen. Im Zusammenhang mit Abbildung 6.9:

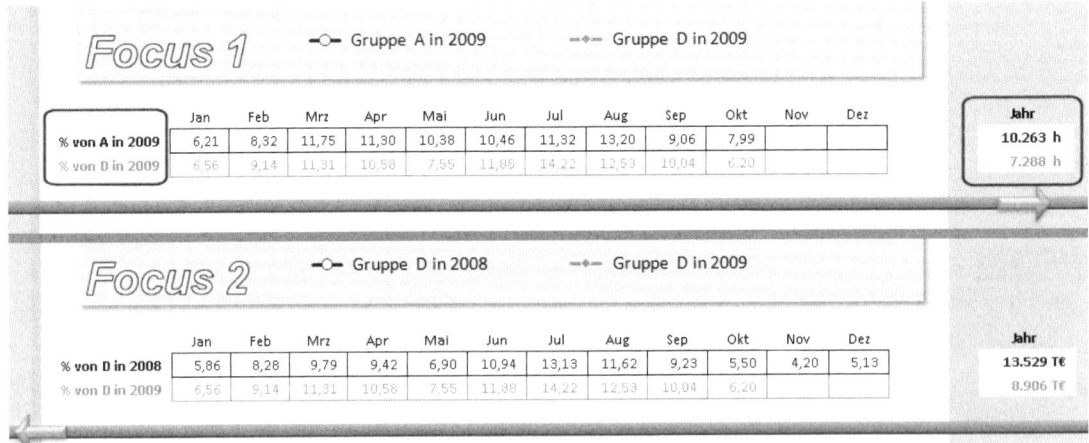

Abbildung 6.9 Die Daten werden als prozentuale Monatsanteile und als Jahressumme gezeigt

Die vom Benutzer mittels Steuerelementen vorgenommenen Einstellungen werden wie bisher in ein Liniendiagramm übertragen. Zusätzlich aber erscheint eine zweizeilige Tabelle, in der die prozentualen Anteile jedes Monats an der Jahres-Gesamtsumme (bzw. an deren Kumulationsstand) zur Anzeige kommen.

Die zuordnende Übersicht des Betrachters wird durch drei Einrichtungen gestützt:

- Farbgebung der Zeilenelemente in Übereinstimmung mit den Linienfarben des Diagramms
- Zeilenbeschriftung links mit Information zu Gruppe und Jahr
- Gesamtsummen und deren Einheitenbezeichnungen in der Steuerkonsole

---

Als Beispiel, wie eine solche Information zu lesen oder vorzutragen wäre (erste Datenzeile in *Focus 2*, Abbildung 6.9): »Die Gruppe D hatte im Jahr 2008 bezüglich der Tariferlöse ihr bestes Monatsergebnis im Juli, nämlich rund 13 Prozent von 13,5 Millionen Euro. Der traditionell schlechte November hatte hingegen in dieser Gruppe nur einen Anteil von knapp über 4 Prozent.«

Es kommen jetzt also in jedem Focusblatt mehrere, verschiedenartige Informationen zusammen:

- Linienverläufe in Relation zu Größeneinheiten (entweder Stunden oder Euro), zu Monaten und zu anderen Linien.
- Monatliche, prozentuale Anteile in Relation zu einer Gruppensumme und zu anderen prozentualen Anteilen einer anderen oder derselben Gruppe. Diese Anteile wiederum entweder bezogen auf einen Kumulationsstand (aufgelaufenes Jahr) oder auf ein volles Jahr.
- Die Summe selbst, in Stunden oder in Tausend Euro, entweder als Kumulationsstand oder als komplettes Jahresergebnis – der Unterschied zu interpretieren aus der Anzahl bzw. der Vollständigkeit der horizontalen Tabelleneinträge.

Diese Informationsgestaltung ist für eine interne Verwendung passabel und kann dort sehr wichtige Analyseansprüche befriedigen, etwa als Informationsmittel für die Geschäftsführung. Für eine externe Präsentation hingegen ist ein solcher Differenzierungsgrad deutlich zu hoch, weil nicht auf den ersten Blick – und wohl auch nicht immer nach dem ersten Satz – verständlich wird, was da gezeigt wird und wie es ohne die vielfältig vorhandenen Rand- und Begleitinformationen eines »Insiders« zu interpretieren ist. Größte Vorsicht also, wenn Sie mit ähnlichen Modellen vor Publikum auftreten sollten.

Allerdings ist Präsentationsdidaktik nicht Thema dieses Seminars. Hier soll »nur« mit möglichst vielgestaltigen Beispielen und exemplarisch gezeigt werden, wie unterschiedlichste Informationsansprüche zu erfüllen sind. Deshalb also rasch wieder zu den technischen Komponenten.

Neuheiten bei Strukturen und Formeln

Werfen Sie zuerst einen kurzen Blick auf die kleinen Änderungen in den Quelldatenblättern. Im Zusammenhang mit Abbildung 6.10:

ÆCCEF G HIJ	K	L	M	N	O	P	Q	R	S	T	U	V
	00	01	02	03	04	05	06	07	08	09	10	11
-07											Z	01
-06										01	Tarif	552
-05												
-04	**IST 2009**	10.263	9.693	7.897	7.288	6.244	5.403	4.023	50.811	Σ		5.665.176
10	Oktober											
			Gruppe A	Gruppe B	Gruppe C	Gruppe D	Gruppe E	Gruppe F	Gruppe G			Gruppe A
00	KW								Gesamt			
01	Januar	637	675	467	478	407	352	268	**3.284**			351.624
02	Februar	854	704	769	666	600	501	379	**4.473**			471.408

Abbildung 6.10   Die Stunden werden jetzt auch pro Monat addiert, nicht nur pro Gruppe

Neu hinzugekommen ist jetzt eine Summierung der Stunden pro Monat. Das geschieht in Spalte S. Dadurch wiederum ist der ganze Block rechts davon um eine Spalte nach rechts gerückt. Deswegen ist der oben erläuterte Spaltenoffset *S_Offset* + im Blatt *Basis 1* von 9 auf 10 zu erhöhen (vgl. dazu auch Abbildung 6.6 mit Abbildung 6.11).

WICHTIG   Bevor die neuen Inhalte des Blattes *Basis 1* zu erläutern sind, eine grundsätzlich wichtige Anmerkung: Sie zeigen in den Focusblättern jetzt auch Zahlen, die in den Quelldaten nicht vorhanden sind, sondern die aus Quelldaten kalkuliert werden. Wenn Sie derartige Kalkulationsergebnisse nur für den Zweck der Ad-hoc-Betrachtung benötigen, ist ihre Berechnung »zur Laufzeit«, so wie es hier geschieht, natürlich völlig ausreichend. Versuchen Sie, auch bei scheinbar üppiger Speicherausstattung und hoher Rechenleistung Ihres Computers, die Menge der Formeln in eine Excel-Arbeitsmappe nicht größer werden zu lassen, als es für den Zweck Ihrer Lösung nötig ist.

Gelegentlich habe ich erlebt, dass die Performance eines sehr großen und erstaunlich flotten Analysemodells mit vielen Tausenden von Formeln ganz plötzlich in die Knie geht, wenn eine – vorher nicht bekannte, vorher nicht eruierbare – Leistungsgrenze überschritten wurde. Deswegen ist es auch schon bei kleinen Lösungen (die hier behandelte ist weniger als »mini« im Vergleich zu denen, von denen ich gerade sprach) ein gutes Prinzip, nur so viele Formeln einzurichten, wie tatsächlich gebraucht werden. Dazu als wichtiges Tipp-Beispiel: Überprüfen Sie nach dem Wechsel eines Geschäftsjahres, ob und ggf. welche der Altdaten nun von Formelergebnisse zu Konstanten werden können.

So weit gilt das für die »Massendaten« in den Quelldatenblättern. Von der Regel ausdrücklich ausnehmen will ich solche Formeln, die z. B. in *Basis 1* durchaus redundant, so aber durchaus gezielt eingerichtet werden, wenn es der Konstruktions- und Prüfsicherheit dient.

Wieder einmal sind im Blatt *Basis 1* neue Strukturen und Formeln zu erörtern. Im Zusammenhang mit Abbildung 6.11:

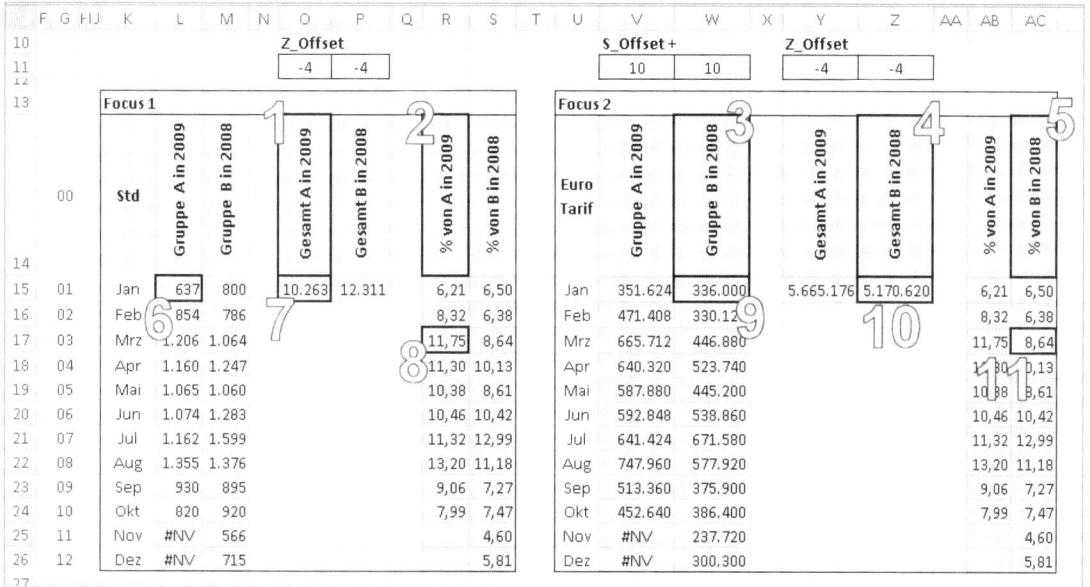

Abbildung 6.11 Die Formeln in *Basis 1* sind in zwei gleichartigen Blocks angeordnet

- Sie sehen zwei deutlich voneinander getrennte, gerahmte Bereiche, die in ihren Überschriften zeigen, welches Focusblatt jeweils von hier aus »bedient« wird.

- In der Mitte jedes Blocks ist eine nur zweizeilige Kalkulation – Überschrift und Zahl – vorhanden. Hier werden die jahresspezifischen Gesamtsummen einer aktuell ausgewählten Gruppe eingelesen, um daraus dann, in den rechts benachbarten Spalten des Blocks, die prozentualen Monatsanteile ermitteln zu können. Als Hilfskonstruktion gibt es hier die Vorgabe *Z_Offset* als minus 4, das Zeilenargument einer BEREICH.VERSCHIEBEN-Formel also, die sich den benötigten Wert aus einer Zelle vier Zeilen oberhalb des referenzierten Knotens holt.

In Tabelle 6.1 sind einige der Formeln aus *Basis 1* als Beispiele aufgelistet. Die laufenden Nummern der Tabelle entsprechen der Nummerierung der kräftig gerahmten Zellen in Abbildung 6.11.

LNr	Zelle	Formel
1	O14	=WENN(rL1.Gruppen01Ausw=rB1.AuswKeine01;""; "Gesamt "&RECHTS(L14;9))
2	R14	=WENN(rL1.Gruppen01Ausw=rB1.AuswKeine01;""; "% von "&RECHTS(L14;9)&" ")
3	W14	=M$14
4	Z14	=WENN(rL1.Gruppen02Ausw=rB1.AuswKeine02;""; "Gesamt "&RECHTS(W14;9))

Tabelle 6.1 Einige der Formeln aus *Basis 1*

LNr	Zelle	Formel
5	AC14	=WENN(rL1.Gruppen02Ausw=rB1.AuswKeine02;""; "% von "&RECHTS(W14;9)&" ")
6	L15	=WENN(rL1.Gruppen01Ausw=rB1.AuswKeine01;#NV; BEREICH.VERSCHIEBEN(INDIREKT(rB1.QuelleD01); $G15;rL1.Gruppen01Ausw))
7	O15	=WENN(rL1.Gruppen01Ausw=rB1.AuswKeine01;""; BEREICH.VERSCHIEBEN(INDIREKT(rB1.QuelleD01); O$11;rL1.Gruppen01Ausw))
8	R17	=WENN(ISTFEHLER(L17/$O$15%);"";L17/$O$15%)
9	W15	=WENN(rL1.Gruppen02Ausw=rB1.AuswKeine02;#NV; BEREICH.VERSCHIEBEN(INDIREKT(rB1.QuelleD02); $G15;rL1.Gruppen02Ausw+W$11))
10	Z15	=WENN(rL1.Gruppen02Ausw=rB1.AuswKeine02;""; BEREICH.VERSCHIEBEN(INDIREKT(rB1.QuelleD02); Z$11;rL1.Gruppen02Ausw+W11))
11	AC17	=WENN(ISTFEHLER(W17/$Z$15%);"";W17/$Z$15%)

Tabelle 6.1 Einige der Formeln aus *Basis 1 (Fortsetzung)*

Das Seminar befindet sich mittlerweile in einer schon recht fortgeschrittenen Phase. Ich will Sie deshalb jetzt nicht mehr mit Formelbeschreibungen langweilen, die an anderer Stelle schon gleichlautend oder sinngemäß erfolgt sind bzw. sich mit kleinen Varianten als »selbstredend« daraus ergeben. Deswegen zu den Inhalten der Tabelle 6.1 nur noch wenige Erläuterungen der eher allgemeinen Art.

1. Die Überschriftenformel in O14 erzeugt leeren Text oder sie schreibt das Wort *Gesamt*, ergänzt durch die letzten neun Zeichen einer bereits als Formelergebnis bestehenden anderen Überschrift.

2. Genau so arbeitet auch die Formel in Zelle R14, hier jedoch mit dem führenden Text *% von*.

3. Noch einfacher geht es in W14 zu: Eine an anderer Stelle bereits vorhandene Überschrift wird eins zu eins übernommen.

4. So wie unter Ziffer 1, hier mit Verwendung der Bereichsnamen der zweiten Datenreihenauswahl.

5. So wie unter Ziffer 2, hier mit Verwendung der Bereichsnamen der zweiten Datenreihenauswahl.

6. Die Formeln im Bereich L15:M26 zur Ermittlung der gruppenspezifischen Stundenwerte sind schon aus früheren Fassungen des Modells bekannt.

7. Die Formel in Zelle O15 liefert entweder leeren Text oder den Stunden-Gesamtwert einer aktuell eingestellten Gruppe. Dazu benutzt sie mit ihrem Zeilenargument den als *Z_Offset* gekennzeichneten Vorgabewert aus Zelle O11.

8. Die Formel =WENN(ISTFEHLER(L17/$O$15%);"";L17/$O$15%) in Zelle R17 errechnet den prozentualen Anteil eines Monatswerts am Jahreswert. Wenn ihr das mangels geeigneter bzw. mangels vorhandener Werte nicht gelingt, liefert sie leeren Text. Aus Gründen der Abwärtskompatibilität mit früheren Excel-Versionen ist die Formel hier noch mit einer Vorprüfung ausgestattet. In Excel 2007 leistet die übersichtlichere Variante =WENNFEHLER(L17/$O$15%;"") dasselbe.

9. Die Formeln im Bereich V15:W26 zur Ermittlung der Tariferlöse sind schon aus früheren Fassungen des Modells bekannt.

10. Sinngemäß wie Ziffer 7. Diese Formel benutzt jedoch nicht nur den speziellen Zeilenoffset (Vorgabe in Z11) sondern auch noch das bereits bekannte Spaltenadditiv (Vorgabe in W11).

11. Wie bei Ziffer 8.

Im aktuellen Fall ist die prozentuale Monatsverteilung der gruppenspezifischen Stunden mit der prozentualen Monatsverteilung der Tariferlöse identisch. Dies deswegen, weil die Tariferlöse aus der Multiplikation von Stunden mit Tarifvorgaben entstehen. Anders wird es jedoch aussehen, wenn keine Tariferlöse, sondern die tatsächlichen Erlöse als Kalkulationsgrundlage benutzt würden. Das wird sich weiter unten in diesem Kapitel erschließen, wo die Realerlöse mit ins Spiel kommen.

Mit dem Formelwerk in *Basis 1* sind die Voraussetzungen für die tabellarischen Informationen in den Focusblättern geschaffen. Dort gibt es Offset-Formeln, mit deren Hilfe die kalkulierten Werte aus *Basis 1* übernommen werden. Damit dies in der üblichen Art und Weise geschehen kann, wurden zwei strukturelle Grundvoraussetzungen geschaffen, wie sie typisch zur rS1.Methode gehören:

- Im Blatt *Basis 1* wurde ein Knoten definiert.

- In den beiden Focusblättern sind in den Zeilen 39 bis 41 sowie in den Zellen AE33 und AE34 Hilfsinformationen (Zahlen) hinterlegt, die den Zeilen- und Spaltenzugriff der Offset-Formeln steuern.

Wie die Letztgenannten wirken, erschließt sich aus Abbildung 6.12 in Verbindung mit Tabelle 6.2.

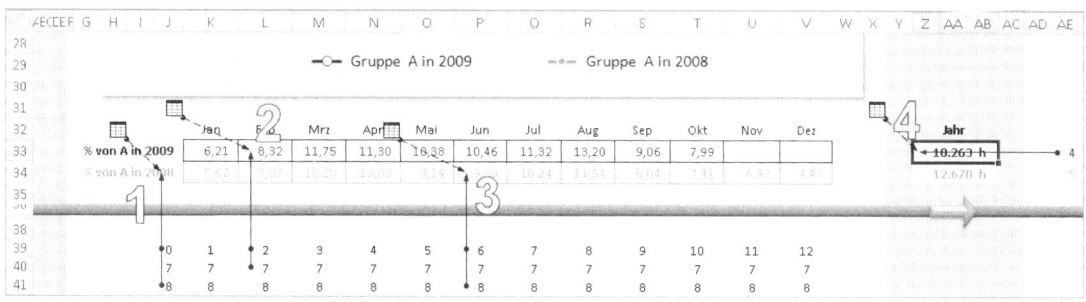

Abbildung 6.12   Hier sehen Sie, was der Benutzer nicht sieht: Formelzugriffe auf Hilfszahlen

Die laufenden Nummern der Tabelle 6.2 beziehen sich auf die Nummerierung in Abbildung 6.12.

LNr	Zelle	Formel
1	J34	=BEREICH.VERSCHIEBEN(rB1.Knoten;J$39;J41)
2	L33	=BEREICH.VERSCHIEBEN(rB1.Knoten;L$39;L40)
3	P34	=BEREICH.VERSCHIEBEN(rB1.Knoten;P$39;P41)
4	Z33	=BEREICH.VERSCHIEBEN(rB1.Knoten;1;$AE33)

Tabelle 6.2 Einfache Formeln – nicht mehr erläuterungsbedürftig

Was hier geschieht, dürfte keine Geheimnisse mehr für Sie enthalten. Und dass die oben genannten und in Abbildung 6.12 »öffentlich gemachten« Hilfsinformationen per Farbformatierung ihrer Schrift ausgeblendet wurden, ist *so* geheimnisvoll ja nun auch nicht.

Eins noch: Die Formeln in der Datenquelle, hier also in *Basis 1*, erzeugen bereits leeren Text, wenn es im betreffenden Monat nichts zu zeigen gibt oder der Anwender die Auswahl *(keine)* getroffen hat. Deshalb sind hier entsprechende Pufferkonstruktionen überflüssig, es reicht die direkte Übernahme.

Erste Schritte zur guten Show

Mit dem nun einzuführenden Beispiel öffnet sich ein Weg zur vielgestaltigen und wandelbaren Excel-Präsentationsdatei. Ein weiteres Focusblatt ist hinzugekommen, etliche mehr könnten noch folgen. Deswegen wurde auch ein erweitertes Navigationsinstrumentarium geschaffen, das ein Ansteuern der aktuell interessierenden Ansichten deutlich vereinfacht und elegant erscheinen lässt.

CD-ROM   Die zu diesem Hauptabschnitt gehörenden Dateien liegen in zwei unterschiedlichen Fassungen vor:

- Die Datei *0603_Vergleich03_SCHUTZ* ist in einer präsentationsfertigen Fassung gespeichert. Nur noch jene Blätter, die einer Vorstellung von Daten dienen, sind sichtbar. Sie können nur noch die Steuer- und Navigationselemente anklicken (mehr zu diesen finalen Einrichtungen dann am Ende dieses Hauptabschnitts). Benutzen Sie diese Fassung zum Überprüfen der Funktionalitäten.

- Die Datei *0604_Vergleich03_OFFEN* ist die bearbeitungsfähige, ungeschützte Form. Benutzen Sie diese Fassung, um die nachstehend beschriebenen Einzelheiten zu begutachten oder auch, noch viel besser(!), um bestimmte Elemente zu entfernen, um sie dann, der Übung halber, wieder neu zu entwickeln – ob so wie beschrieben oder aber abgewandelt mit Anwendung Ihrer Ideen.

Bitte öffnen Sie von der CD-ROM aus dem zu Ihrer Excel-Version passenden Ordner die beiden Dateien.

Navigation mit Zentrale

Das hier benutzte Navigationsprinzip ist genau so einfach, wie es auch einfach einzurichten ist. Ich verwende es in allen Präsentationslösungen, die mehr als zwei Focusblätter haben.

Es gibt die »Zentralnavigation«, ein Vorblatt (vgl. Abbildung 6.13), dessen Gestaltung besonderer Aufmerksamkeit bedarf. Nicht im technischen Sinne, da gibt es, wie Sie erfahren werden, nur wenige Anforderungen. Als besonders wichtig aber ist zu bedenken, dass diese »Startfolie« natürlich den ersten und deshalb bleibenden Eindruck Ihres Modells bestimmt. Grund genug also, hier das zu zeigen, was Sie bei der Vorstellung Ihres Unternehmens nach Art und Inhalten für attraktiv halten und – der Wiedererkennungswert ist sehr bedeutsam – was typisch für eine von Ihnen gestaltete Präsentationslösung ist.

Die Zentralnavigation zeigt eine (meistens nummerierte) Textliste, die Auskunft darüber gibt, welche Ansichten (welche Focusblätter) von hier aus erreichbar sind. Ein Klick auf eine beliebige Stelle eines solchen Textes genügt, um das entsprechende Arbeitsblatt zu aktivieren.

HINWEIS   Ein Ansteuern über die Blattregisterkarten ist nicht mehr möglich, sie sind im fertigen Modell nicht sichtbar. Für die direkten Nachbarschafts-Blattwechsel weiterhin nutzbar hingegen sind die Tastenkombinationen $\boxed{\text{Strg}}$ + $\boxed{\text{Bild}\downarrow}$ und $\boxed{\text{Strg}}$ + $\boxed{\text{Bild}\uparrow}$.

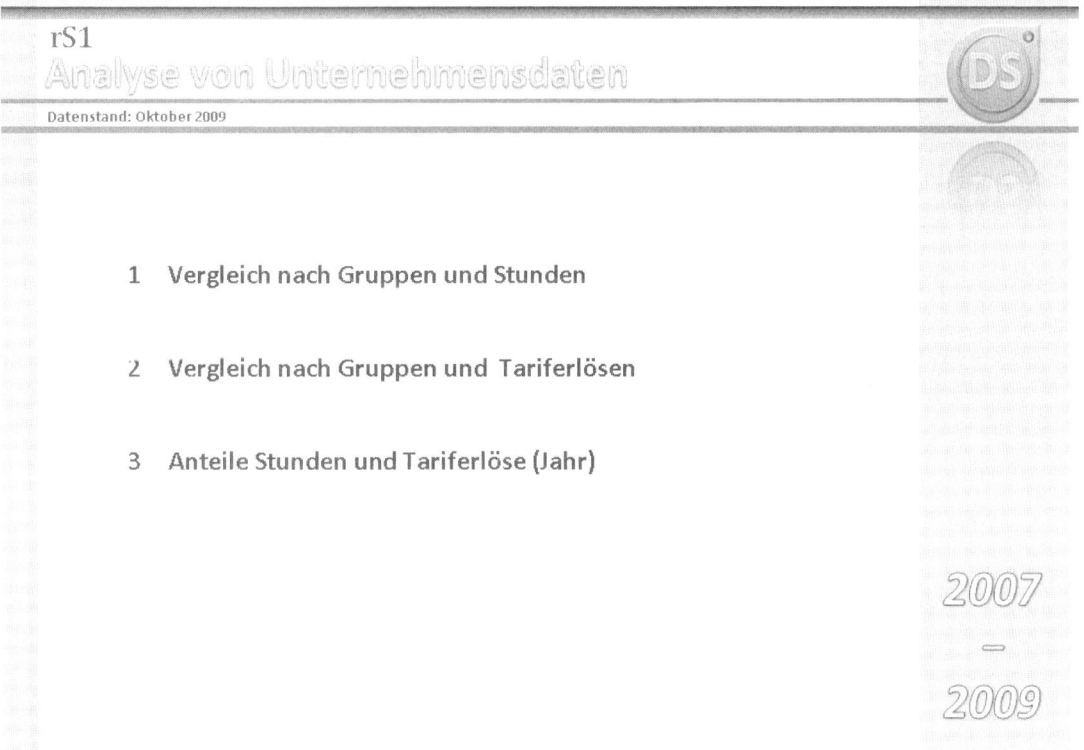

Abbildung 6.13 Die Zentralnavigation als Ausgangspunkt für wahlfreie Blattzugriffe

Die gute Begründung für eine derartige Einrichtung ist naheliegend: Wenn mehr als zwei Focus-blätter eingerichtet wurden – es gibt auch Lösungen mit acht, zehn oder noch mehr –, dann wird es nicht nur lästig, sondern es wirkt ausgesprochen ungeschickt, wenn ein Präsentator sich durch mehrere Ansichten »hangeln« muss, bis endlich die gewünschte aktiviert ist.

In jedem Focusblatt existiert ein Rücksprungelement, mit dem Sie wiederum die Zentralnaviga-tion ansteuern. Das kann ein Pfeil oder ein ähnliches Symbol sein oder auch, so wie hier, eine unsichtbar formatierte Fläche: Aus jedem der drei Focusblätter gelangen Sie mit einem Klick in die erste Überschriftenzeile, dort wo *rS1* steht, zurück zur Zentralnavigation.

In einem Focusblatt mit zwei gleichartigen Nachbarn werden, nach rechts und nach links, zwei der oben schon beschriebenen Sprungpfeile angelegt; wenn nur eine Richtung des Blätterns möglich ist, natürlich nur einer.

In der hier gezeigten Zentralnavigation verweisen die ersten beiden der drei Listeneinträge auf die Ihnen bereits bekannten Focusblätter. Der dritte Eintrag bezieht sich auf ein weiteres, neues Blatt, das ich gleich erläutern werde. Nach unten ist in der Zugriffsliste noch deutlich mehr Platz. Das Zahlenmaterial des Modells, es wird demnächst noch ergänzt, lässt sehr viel mehr Betrachtungen zu, als bisher eingerichtet wurden. Diese optionalen Erweiterungen werden nicht mehr Gegenstand des Seminars sein, ich werde Ihnen aber weiter unten noch zusätzliches Datenmaterial anbieten und Vorschläge zu seinen Verwendungsmöglichkeiten machen.

Direkter Vergleich von Stunden- und Erlösanteilen

Selbst wenn das Zahlenmaterial noch nicht vollständig ist, es fehlt auch jetzt schon noch allerlei an vergleichenden Einblicken und Ansichten. Eine hier sehr wichtige Konstellation wurde zwar schon angesprochen, konnte aber noch nicht als Gesamteindruck besichtigt werden: Weil die Tarife der einzelnen Gruppen sehr unterschiedlich sind (vgl. die Einträge im Blatt *Parameter 1*), gibt es auch erhebliche Verteilungsunterschiede bei der Vergleichsbetrachtung von Vermie-tungszeiten und daraus resultierenden Tariferlösen. Dies hat im Unternehmen zahlreiche Aus-wirkungen, so z. B. auf die Entwicklung mittelfristiger Plandaten, auf Investitionen oder auf ver-schiedenartige Strategieentscheidungen. Noch aussagekräftiger werden die Vergleiche, wenn zwei unterschiedliche Geschäftsjahre in einen zweiachsigen Komplettvergleich gesetzt werden. Genau das geschieht im Blatt *Focus 3*.

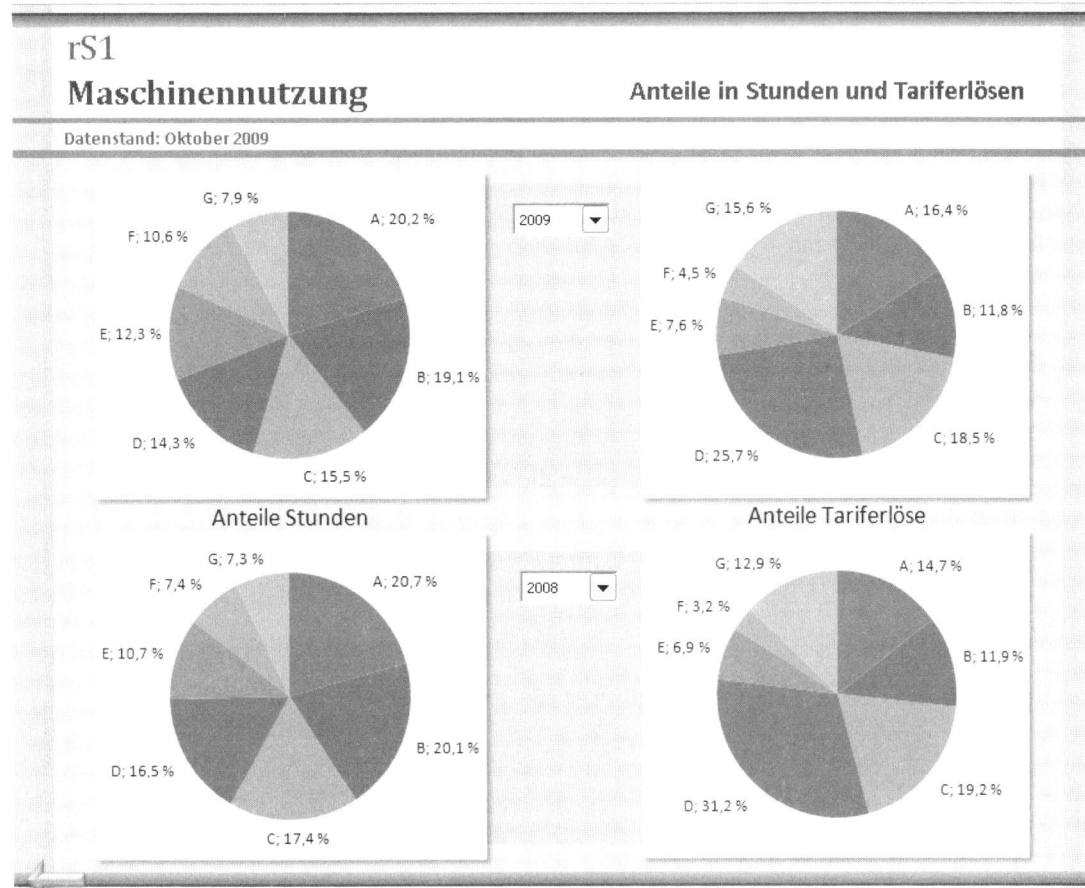

Abbildung 6.14 Viele Detailinformationen, aber dennoch ein guter Überblick

Im Zusammenhang mit Abbildung 6.14, der Vergleich zwischen den Jahren 2009 und 2008:

- Horizontale Achsen: Nebeneinander gestellt werden die relativen Unterschiede zwischen Stundenverteilung und Erlösverteilung innerhalb eines Jahres deutlich. Dies wird mit der Größe und der daraus resultierenden Stellung der »Tortenstücke« gezeigt und durch die Angabe der Prozentanteile verstärkt. Beachten Sie beispielsweise die Datenkonstellation der erlösträchtigen Gruppen D und G in der oberen Achse (2009) im Vergleich zur unteren Achse (2008). Spannende Fragen für das Unternehmenscontrolling und die Geschäftsleitung: Was hat sich da und warum verändert, was hat das mit den Tarifänderungen zu tun, was mit Kundenverhalten, was mit Konkurrenzangeboten, was mit Kapazitäten, was mit Projektakquise, was mit …?

- Vertikale Achsen: Jeweils untereinander gestellt werden die relativen Unterschiede zwischen Stundenverteilungen und Erlösverteilungen verschiedener Jahre deutlich. Auch daraus lassen sich viele Fragen und Erörterungsthemen entwickeln. Wo stecken Risiken, wo haben sich Hoffnungen erfüllt, wo wurden Planziele nicht erreicht, warum …?

Und weiter: Wie sieht das Ganze im Vergleich anderer Jahre aus? Und noch weiter, hier noch nicht mit Daten versorgt: Wie das alles unter Ansatz der realen Erlöse, der szenarischen Tarife, der Kosten usw.?

HINWEIS   Solche und ähnliche Modelle können von Focus zu Focus differenzierter werden und mit wenigen Arbeitsblättern sowie bei einfachster Handhabung Hunderte von verschiedenartigen Betrachtungen ermöglichen. Sie haben bei der unternehmensinternen Verwendung sehr häufig den Sinn, Fragen der vorstehenden Art aufzuwerfen und, daraus resultierend, Lösungswege für Probleme zu entdecken. Bei der unternehmensexternen Verwendung hingegen sind solche Modelle hervorragend geeignet, Fragen zu *beantworten*. Im Idealfall gibt es dann zu jeder Frage eine Antwort mit der sie illustrierenden Visualisierung – und zwar sofort. Kein Suchen nach Folien (»Hab ich das? Wenn ja, wo?«), sondern ad hoc das Erstellen der passenden »Folie« mit ein paar Mausklicks.

Das »Vier-Torten-Bild« benötigt keine besonders aufwendigen Formelkonstruktionen. Weil ein Kreisdiagramm eine prozentuale Verteilung darstellen kann, ohne dass ihm dazu Prozentwerte zu liefern wären, genügen hier als Datenquellen die Jahressummen als Absolutwerte – zu finden in den Quelldatenblättern *Daten 1* bis *Daten 3*.

Die unmittelbaren Datenquellen der Diagramme werden in einem Formelblock generiert, der sich jetzt als zusätzlicher Bereich im Arbeitsblatt *Basis 1* befindet und in Abbildung 6.15 zu sehen ist.

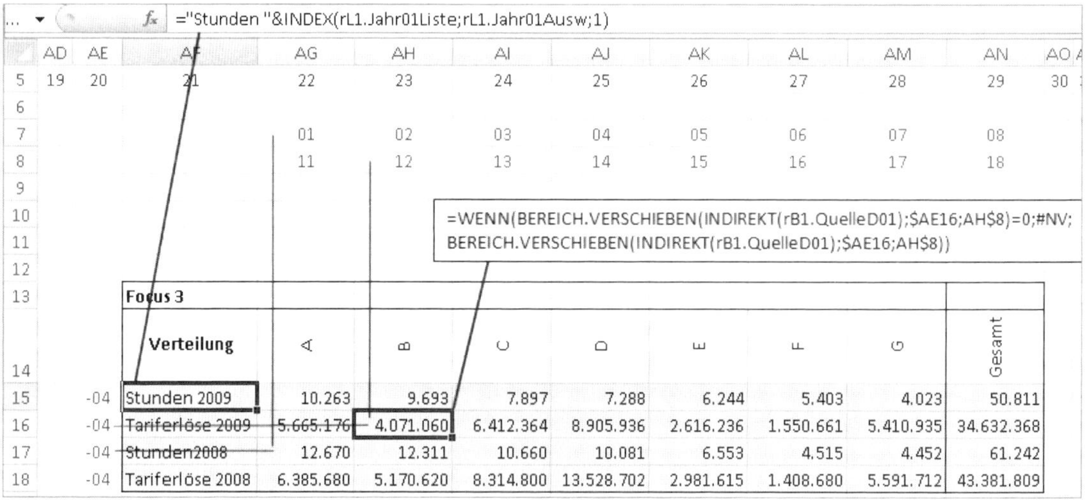

Abbildung 6.15   Die Formelgrundlage für die vier Kreisdiagramme

Jedes der vier Diagramme benötigt die Angaben in Zeile 14 für seine *Datenbeschriftungen* sowie für seine Kreissegmente eine der darunter befindlichen Datenzeilen. (Das Verfahren zur Einrichtung der Diagramme wird im nächsten Abschnitt angesprochen.)

> **HINWEIS**   Die Gruppentitel wurden auf die Buchstaben A bis G reduziert, damit sie in den *Datenbeschriftungen* des Diagramms nicht zu viel Platz in Anspruch nehmen. Jedes Kreissegment soll unmittelbar interpretierbar sein, deswegen stehen die Gruppenbezeichnungen A bis G direkt bei den Prozentzahlen. Wenn sich in anderen Beispielen ähnlicher Art solche Kurzformen nicht bilden lassen, kommen Sie um die Verwendung einer Legende nicht herum. Auf die kann hier allerdings auch nur deswegen verzichtet werden, weil die Gruppenbezeichnungen aus anderen Teilen der Präsentation schon bekannt sind und deswegen hier eine Abkürzung ausreicht. Wer das nicht ausreichend findet, kann in der Steuerkonsole, die bei diesem Arbeitsblatt leer bleibt, entsprechende Zuordnungsinformationen hinterlegen.

Die Vorgaben für den Zeilenoffset (minus 4) sind in Spalte AE hinterlegt, die für den Spaltenoffset in den Zeilen 7 und 8. Zweizeilig müssen die letztgenannten Vorgaben sein, weil ja die beiden Quelldatenarten, Stunden und Tariferlöse, unterschiedlich weit von ihrem jeweiligen Knoten entfernt sind.

Zu den beiden in Abbildung 6.15 zu sehenden Formelbeispielen:

Das Ergebnis der Formel ="Stunden "&INDEX(rL1.Jahr01Liste;rL1.Jahr01Ausw;1) in Zelle AF15, sie liefert den *Diagrammtitel*, wird in der aktuellen Fassung des Diagramms nicht gezeigt. Dennoch ist sie nützlich:

- Bei der Erstellung der Diagramme kann sie, als später wieder zu entfernender Diagrammtitel, zur besseren Unterscheidung beitragen.

- Der Text kann in einer erweiterten Beschriftung bzw. einer Blattlegende benutzt werden.

- Der Text macht bei einer Überprüfung des Formelwerks deutlich, was hier ermittelt wird und welche Quellen dabei jeweils angesprochen werden.

Die Formel in Zelle AH16

```
=WENN(BEREICH.VERSCHIEBEN(INDIREKT(rB1.QuelleD01);$AE16;AH$8)=0;#NV;
BEREICH.VERSCHIEBEN(INDIREKT(rB1.QuelleD01);$AE16;AH$8))
```

überprüft, ob die zu ermittelnde Gruppensumme null ist. Wenn ja, entsteht der Wert #NV, wenn nein, wird diese Summe angezeigt. Die Summe null gibt es im Beispiel nur für die damals noch nicht existierende Gruppe G im Jahr 2007. Sie könnte aber auch, unter Verwendung von Steuerelementen und WENN-Formeln, in den Quelldatenblättern gezielt erzeugt werden, um bestimmte Gruppen aus der Betrachtung auszuschließen. Das wäre im vorliegenden Fall nicht besonders sinnvoll, kann in anderen Modellen aber eine ausgesprochen interessante Variante sein.

Einrichtung der Kreisdiagramme

Es gibt mehrere gute Vorgehensweisen, aus der in Abbildung 6.15 gezeigten Datensammelquelle vier gleichartige Kreisdiagramme herzustellen. Die von mir favorisierte will ich kurz und als Schritt-für-Schritt-Anleitung beschreiben:

1. Erstellen Sie aus dem zweizeiligen Bereich AF14:AM15 ein Kreisdiagramm.

2. Bestimmen Sie die Größe der *Diagrammfläche* und bedenken Sie dabei, dass Ihr Ergebnis in diesem Fall vier Mal und mit akzeptablen Abständen im verfügbaren Raum unterzubringen ist (wieder orientiert unter der einschränkenden Bedingung einer Projektionsgröße von 1024 × 768 Pixeln).

3. Entfernen Sie den *Diagrammtitel* und die *Legende*.

4. Weisen Sie der *Diagrammfläche* und den Segmenten der *Datenreihe* alle ihre Formate zu.

5. Erzeugen und formatieren Sie die *Datenbeschriftungen* nach Inhalt, Ausrichtung, Schrift und Zahlen (mehr dazu weiter unten).

6. Bringen Sie die *Zeichnungsfläche* (und damit die gesamte »Torte«) auf die gewünschte Größe und innerhalb der *Diagrammfläche* in eine allseitig zentrierte Ausrichtung. Alle *Datenbeschriftungen* sollen in diesem Fall außerhalb der Segmente stehen, gut lesbar sein, nicht an den Rand gequetscht erscheinen und auf keinen Fall automatisch umbrochen werden, weil ggf. der Platz nicht ausreicht.

7. Wenn diese erste Fassung in jeder Hinsicht Ihren Vorstellungen und Wünschen entspricht, erstellen Sie drei Kopien und platzieren diese präzise (ggf. mit ⌷Strg⌷+Mausklick als Grafikobjekt markieren und mit den Pfeiltasten in kleinsten Schritten verschieben).

8. Sie sehen jetzt vier Diagramme mit identischen Daten. Wenn Ihnen das Gesamtbild aus irgendwelchen Gründen nicht gefällt (Größen, Größenrelationen, Farben, Formate usw.) korrigieren Sie die Erstfassung. Kopieren Sie dann dieses überarbeitete Diagramm in die Zwischenablage und übertragen Sie die korrigierten Ausstattungen auf die drei Kopien (*Inhalte einfügen/Formate*).

9. Verändern Sie in den Kopien die Bezüge der Datenquellen. Dazu nachstehend die Vorgehensweisen in den beiden Programmversionen.

Änderung der Datenquelle in der Version 2007

Ausgangslage: Der Diagrammbezug aller vier Diagramme ist ='Basis 1'!$AF$14:$AM$15.

1. Klicken Sie mit der rechten Maustaste in das zweite Diagramm und wählen Sie den Befehl *Daten auswählen*. Sie sehen im Dialogfeld *Datenquelle auswählen* bei *Diagrammdatenbereich* den oben angegebenen Bezugseintrag in markierter Form. Er umfasst, für Beschriftung und Werte, zwei Zeilen. Jetzt soll das Diagramm, bei gleicher Beschriftung, statt der Werte aus Zeile 15 die Werte aus Zeile 16 zeigen.

2. Löschen Sie den markierten Bezug. Das ist nicht erforderlich, aber sicherer.

3. Markieren Sie bei gedrückter Taste ⌷Strg⌷ erst den Bereich AF14:AM14 und dann den Bereich AF16:AM16. Es entsteht ='Basis 1'!$AF$14:$AM$14;'Basis 1'!$AF$16:$AM$16 als zweizeiliger Bezug auf Basis Ihrer Mehrfachmarkierung (zwei getrennte Zeilen statt eines zweizeiligen Blocks). Die erste der Zeilen enthält die Beschriftungsinformationen des Diagramms, die zweite die Werte.

4. Klicken Sie mit der rechten Maustaste in das dritte Diagramm und fahren Sie fort wie vorstehend beschrieben, dann dasselbe Vorgehen für das vierte Diagramm.

Änderung der Datenquelle in der Version 2003

Das Verfahren ist dasselbe, lediglich die Befehlsstruktur ist etwas anders: Klicken Sie mit der rechten Maustaste in das Diagramm und wählen Sie den Befehl *Datenquelle*. Sie sehen im dann erscheinenden Dialogfeld *Datenquelle*, Registerkarte *Datenbereich* in der Eingabezeile *Datenbereich* oben angegebenen Bezugseintrag in markierter Form. Verfahren Sie so, wie vorstehend für die Version 2007 beschrieben: Eintrag löschen, bei gedrückter Taste Strg Mehrfachmarkierung erstellen.

WICHTIG Ein solcher Anpassungsvorgang funktioniert in diesem einfachen Fall ohne Probleme. Bei komplexeren und komplizierter aufgebauten Diagrammen kann ein gleichartiges Vorgehen in etlichen Fällen nicht angewandt werden. Dann sind ggf. statt des Bezugs des *Datenbereichs* die Bezüge einzelner *Datenreihen* zu bearbeiten.

Sie könnten die erforderlichen Anpassungen und Änderungen solcher Bezüge natürlich auch manuell eingeben. Empfehlenswert ist das wegen der hohen Fehleranfälligkeit allerdings nur für einfache Fälle.

Auch die Einrichtung der *Datenbeschriftungen* der Kreisdiagramme (Ziffer 5 der Schritt-für-Schritt-Anleitung am Beginn dieses Abschnitts) ist in den beiden Programmversionen ähnlich. Da jedoch hier ebenfalls einige Unterschiede im Ablauf existieren, soll der Vorgang für beide Versionen getrennt dargestellt werden.

Einrichtung der Datenbeschriftungen in der Version 2007

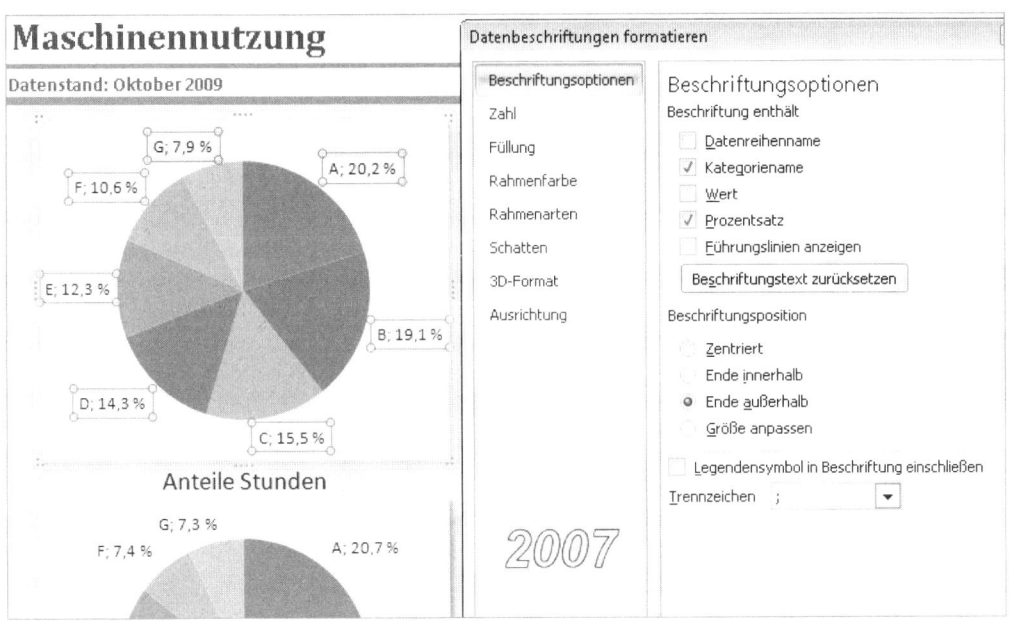

Abbildung 6.16 Die Beschriftungsoptionen in zusammengefasster Form

1. Klicken Sie mit der rechten Maustaste in ein Segment des Kreisdiagramms und wählen Sie im Kontextmenü den Befehl *Datenbeschriftungen hinzufügen*. Die Werte der Segmente werden innerhalb der Segmente angezeigt.

2. Klicken Sie eine der Beschriftungen an, um alle auszuwählen.

3. Weiter im Zusammenhang mit Abbildung 6.16: Öffnen Sie mit `Strg`+`1` das Dialogfeld *Datenbeschriftungen formatieren.*

4. Klicken Sie links auf *Beschriftungsoptionen* und definieren Sie:

- *Beschriftung enthält: Kategorienname* und *Prozentsatz*

- *Beschriftungsposition: Ende außerhalb*

- *Trennzeichen:* Wählen Sie das Semikolon aus.

5. Klicken Sie links auf *Zahl* und legen Sie für die Prozentwerte das gewünschte Format fest. Im Beispielfall wurde das Format 0,0 % (mit einem Leerzeichen vor dem Prozentzeichen) gewählt.

Einrichtung der Datenbeschriftungen in der Version 2003

1. Klicken Sie mit der rechten Maustaste in ein Segment des Kreisdiagramms und wählen Sie im Kontextmenü den Befehl *Datenreihen formatieren.*

2. Weiter im Zusammenhang mit Abbildung 6.17: Aktivieren Sie im dann erscheinenden Dialogfeld die Registerkarte *Datenbeschriftung* und bestimmen Sie *Kategorienname, Prozentsatz* sowie das Semikolon als *Trennzeichen.*

3. Schließen Sie das Dialogfeld, klicken Sie dann eine der Datenbeschriftungen mit der rechten Maustaste an und wählen Sie im Kontextmenü den Befehl *Datenbeschriftungen formatieren.*

4. Legen Sie im dann erscheinenden Dialogfeld, Registerkarte *Ausrichtung*, bei *Position* die Option *Ende außerhalb* fest.

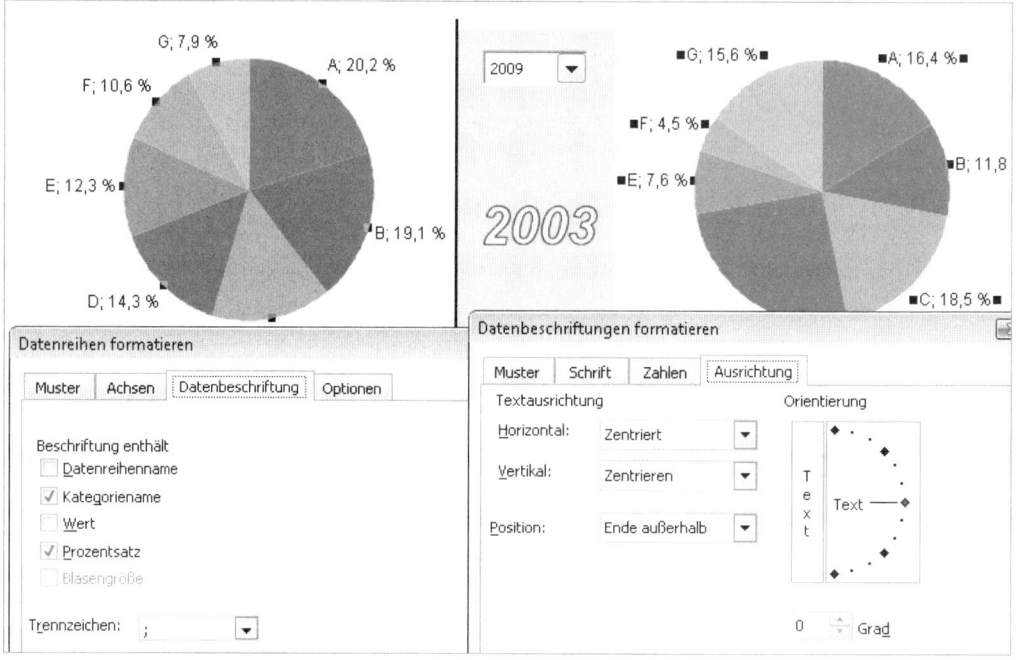

Abbildung 6.17   Die Beschriftungsoptionen in unterschiedlichen Dialogfeldern

5. Aktivieren Sie die Registerkarte *Zahlen* und bestimmen Sie das Zahlenformat für die Prozentwerte.

Diagrammtitel

Bevor das Blatt *Focus 3* nun gleich verlassen wird, noch zwei Bemerkungen zu den Diagrammtiteln:

- Die vier Diagramme haben keine eigenen Titel. Stattdessen wird ihr Inhalt – nach Werten – mit Texten ausgewiesen, die jeweils in der vertikalen Achse zwischen zwei Diagrammen stehen (vgl. Abbildung 6.14 und Abbildung 6.16). Hierbei handelt es sich um transparente Textfelder, die ich in solchen Fällen gegenüber einer Eingabe in Tabellenzellen eindeutig bevorzuge, weil sie frei beweglich und deswegen beliebig positionierbar sind.

- Der Inhalt nach Jahren wird durch die beiden Steuerelemente gekennzeichnet, die jeweils in der horizontalen Achse zwischen zwei Diagrammen stehen. Sollten Sie diese Information verdeutlichen wollen oder das Blatt für Ausdrucke einrichten müssen, wäre es sinnvoll, die Jahreszahlen zusätzlich mittels Formeln sichtbar zu machen und prägnanter zu formatieren. In einem solchen Fall würde ich die beiden Steuerelemente dann auch in die Steuerkonsole verlagern.

Einrichtung der Navigationselemente

Die Hyperlinks im Arbeitsblatt *Zentralnavigation* sind an unsichtbare Grafikobjekte gebunden.

Im Zusammenhang mit Abbildung 6.18:

- In jeder Zeile steht die führende Zahl in verbundenen Zellen, der zugehörige Text in anderen verbundenen Zellen. Diese Trennung erleichtert eine unterschiedliche und unabhängige Formatierung und vor allem (hier nicht erforderlich) eine variable Textänderung mittels Formeln, die auf aktuelle Zustände in den Focusblättern reagieren.

- Die Zahlen und Texte werden vollständig und großzügig von volltransparenten Grafikobjekten (Rechtecken) überdeckt, die ihrerseits mit Hyperlinks zu den jeweiligen Focusblättern ausgestattet werden. Der Nutzer soll auf beliebige Stellen des Textes (bzw. *scheinbar* des Textes) klicken können, um den Sprung auszulösen.

- Bei der Anfertigung sollten Sie das oberste dieser Rechtecke vollständig samt Hyperlink einrichten, dann eine Kopie herstellen, diese über den zweiten Text schieben, sie ggf. in ihrer Breite an den Text anpassen und dann den Hyperlink ändern.

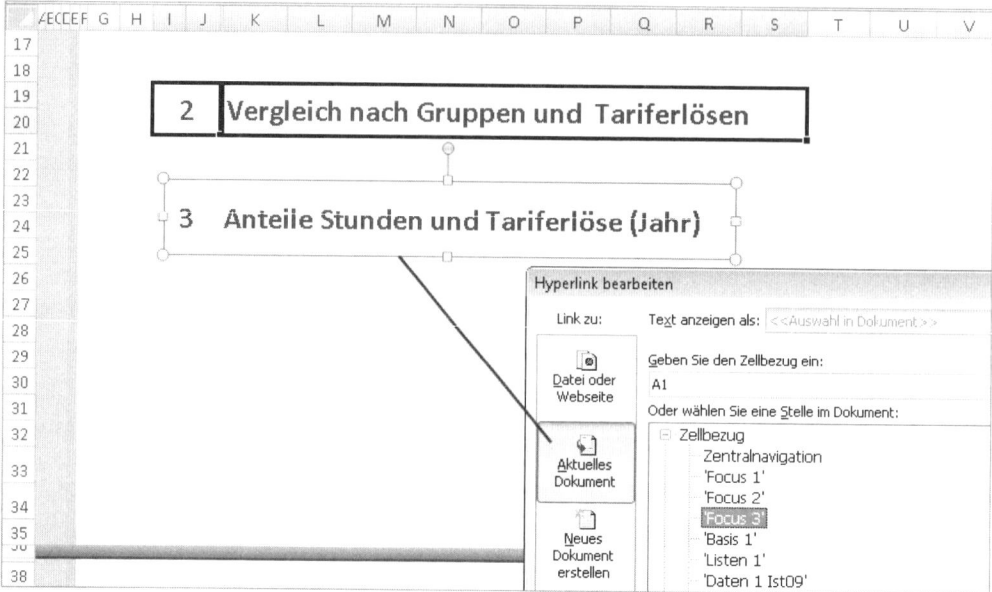

Abbildung 6.18　Der Mausklick erfolgt nicht auf den Text, sondern auf ein unsichtbares Rechteck

Die Rücksprungschaltflächen zur Zentralnavigation (vgl. Abbildung 6.19) wurden auf gleiche Art eingerichtet. Erste dieser Flächen in *Focus 1* erstellen, mit Hyperlink ausstatten, testen und dann Kopien davon in *Focus 2* und in *Focus 3* an gleicher Stelle platzieren.

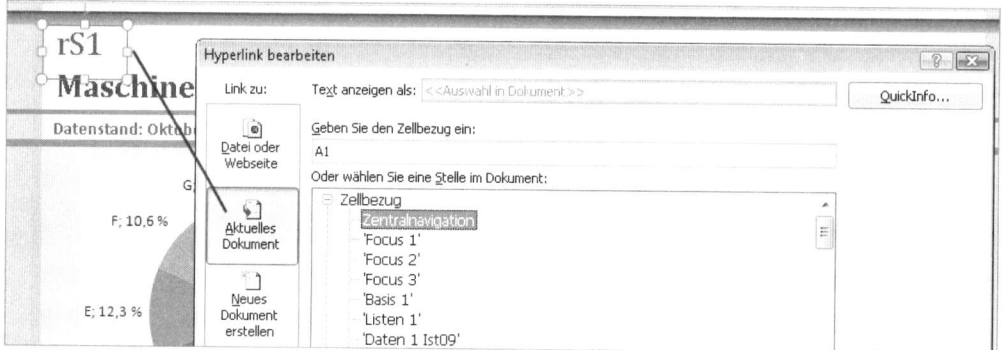

Abbildung 6.19　Auch der Rücksprung zur Zentralnavigation wird mittels Grafikobjekt geleistet

Abschließende Arbeiten

Etliche Focusblätter mehr wären jetzt noch denkbar, besonders unter Berücksichtigung des noch hinzukommenden Datenmaterials. Das alles weiter und im Detail auszubauen würde den Rahmen des Seminars jedoch sprengen. Es ist für diese Art einer Excel-Präsentationslösung ein vernünftiger Zwischenstand erreicht. Was an prinzipiellen Anforderungen und fundamentalen Techniken zu beachten ist, wurde im Wesentlichen vermittelt – Strukturen, Strategien, Formeln und Vorgehensweisen. Jede der jetzt noch möglichen Ergänzungen – Vorschläge dazu im nächsten Hauptabschnitt – betrifft Varianten davon, liefert also keine grundsätzlich neuen Informationen. Deswegen soll das Modell hier so behandelt werden, als wären nur noch die abschließenden Arbeiten zu erledigen.

HINWEIS   Wenn Sie der nachstehenden Schritt-für-Schritt-Anleitung folgen, versetzen Sie die Datei *0604_Vergleich03_OFFEN* in den Zustand der Präsentationsfassung *0603_Vergleich03_SCHUTZ*.

1. Nur die Zentralnavigation und die Focusblätter sollen sichtbar bleiben. Im Zusammenhang mit Abbildung 6.20: Markieren Sie die Blätter *Basis 1* bis *Namensliste* als Gruppe. Alle diese sieben Blätter sollen ausgeblendet werden.

- In Excel 2007 klicken Sie mit der rechten Maustaste auf einen der Namen im *Arbeitsblattregister* und wählen im Kontextmenü den Befehl *Ausblenden*.

- In Excel 2003 wählen Sie den Befehl *Format/Blatt/Ausblenden*.

HINWEIS   Sie können die Arbeitsblätter zwar als Gruppe ausblenden, jedoch nur einzeln wieder einblenden.

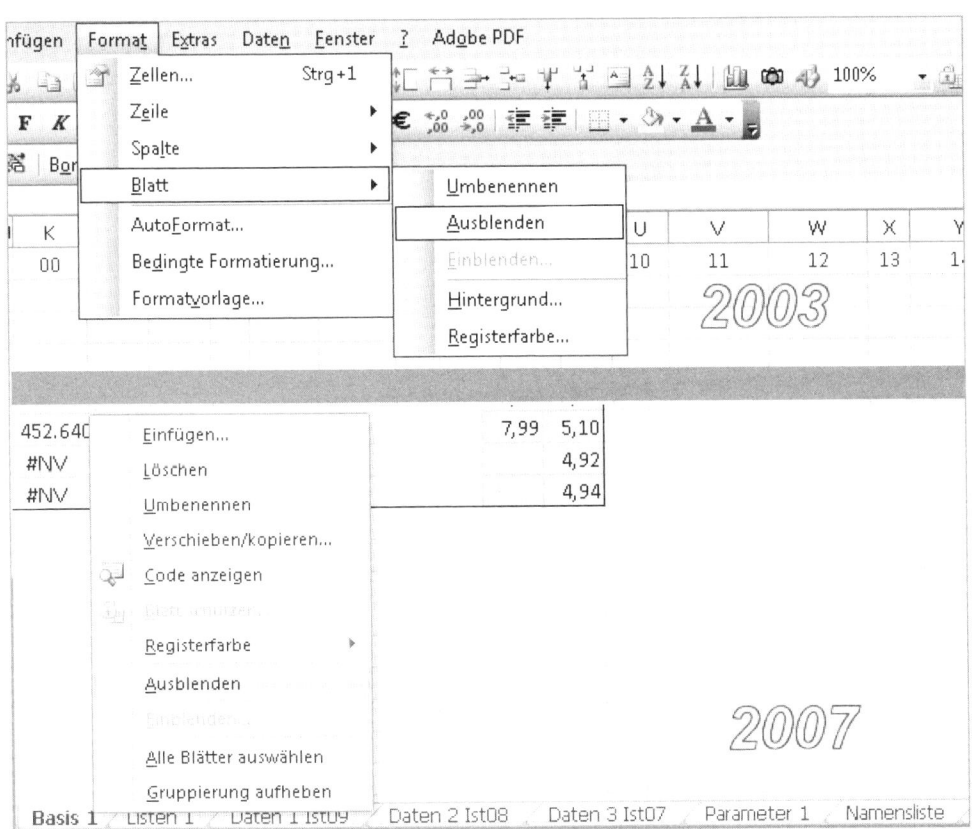

Abbildung 6.20 Die nicht zur Präsentationsansicht gehörenden Blätter werden ausgeblendet

2. Schützen Sie die *Struktur* der Arbeitsmappe und legen Sie dabei ggf. ein Kennwort fest.

   ■ In Excel 2007: *Überprüfen/Arbeitsmappe schützen*

   ■ In Excel 2003 wählen Sie den Befehl *Extras/Schutz/Arbeitsmappe schützen.*

3. Markieren Sie die verbliebenen vier Arbeitsblätter *Zentralnavigation* bis *Focus 3* als Gruppe. Jetzt soll erreicht werden, dass der Anwender nur noch unter Nutzung der Hyperlinks navigieren und nur noch mittels Steuerelementen Daten auswählen kann.

   ■ In Excel 2007, im Zusammenhang mit Abbildung 6.21: Öffnen Sie das Dialogfeld *Excel-Optionen*, schalten Sie unter *Erweitert* im Abschnitt *Optionen für diese Arbeitsmappe ?* die Anzeige der beiden *Bildlaufleisten* und der *Blattregisterkarten* aus und entfernen Sie unter *Optionen für dieses Arbeitsblatt ?* die Ansicht der *Zeilen- und Spaltenüberschriften.* (Sie treffen bei der existierenden Blattgruppierung Ihre Entscheidung natürlich für alle vier ausgewählten Blätter gleichzeitig.)

   ■ In Excel 2003 finden Sie den entsprechenden Befehl unter *Extras/Optionen/Ansicht.*

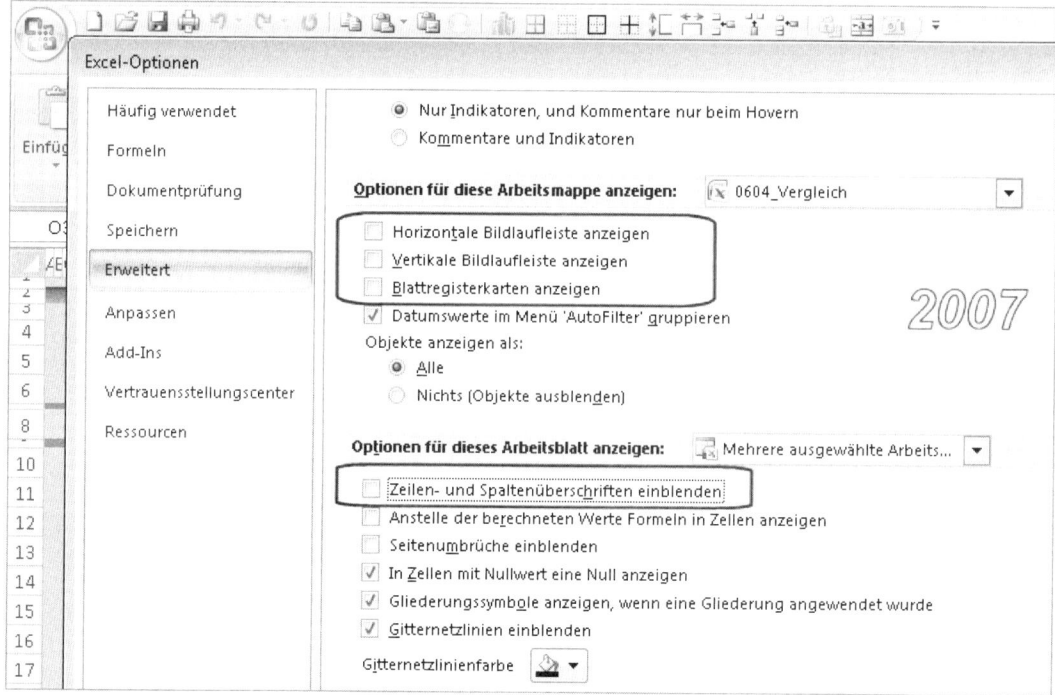

Abbildung 6.21 Treffen Sie vier Festlegungen für die verbliebenen Arbeitsblätter

4. Testen Sie, ob alle Navigationszugriffe und die Datenauswahl mit den Steuerelementen wunschgemäß funktionieren.

5. Heben Sie die Gruppierung auf, weil der jetzt vorzunehmende Blattschutz nur für einzelne Arbeitsblätter einrichtbar ist.

6. Wählen Sie für jedes der vier Arbeitsblätter den Befehl *Überprüfen/Blatt schützen* (Excel 2007) bzw. *Extras/Schutz/Blatt schützen* (Excel 2003) und deaktivieren Sie in dem dann

erscheinenden Dialogfeld alle Optionen. Der Anwender soll also auch keine Zellen mehr markieren können. Legen Sie ggf. ein Kennwort fest.

7. Wenn Sie diese Lösung mit einem Beamer präsentieren, wählen Sie, bei einer Einstellung von 1024 x 786 Pixeln, die Ansicht *Ganzer Bildschirm*.

Wie geht es weiter?

Was in diesem Teil des Seminars zur Sprache kommt, gehört in die Abteilungen Idee, Empfehlung, Vorschlag. Und es kann, wenn Sie wollen, auch mit der »Show« weitergehen. Gefragt ist jetzt allerdings Ihre Eigeninitiative. Denn ich werde hier lediglich noch Anregungen und ein paar Erläuterungen geben, möchte im Übrigen aber gerne Ihnen überlassen, ob und in welchem Umfang Sie die angebotenen Materialien für eigene Übungen und Kreationen einsetzen.

Mehr Daten – viel mehr Möglichkeiten

CD-ROM   Bitte öffnen Sie von der CD-ROM aus dem zu Ihrer Excel-Version passenden Ordner die Datei *0605_Vergleich04_DATEN*.

Die Datei *0605_Vergleich04_DATEN* entspricht mit ihrer Blattstruktur und ihrem Formelwerk der weiter oben besprochenen Datei *0602_Vergleich02* (vgl. Texte im Zusammenhang mit Abbildung 6.9 bis Abbildung 6.12). Das Datenmaterial jedoch wurde erheblich erweitert. Damit also sind zahlreiche neue Auswertungs- und Präsentationsmöglichkeiten hinzugekommen.

Was ist neu, was ist anders?

In Kapitel 5 habe ich schon darauf hingewiesen: Im Unternehmen wird über eine neue Preispolitik nachgedacht. Dazu sollen die messbaren Unterschiede zwischen realen Erlösen und Tariferlösen betrachtet werden. Die daraus gezogenen Schlussfolgerungen sind überdies mit Szenarien abzugleichen, für die hypothetische Tarife zum kalkulatorischen Ansatz kommen sollen.

		Basistarife (€/h ohne Rabatte oder Zuschläge)							Jahre	Blatt
00	Gruppen	T 09	T 08	T 07	S1	S2	S3		2009	Daten 1
01	Gruppe A	552	504	492	567	625	729		2008	Daten 2
02	Gruppe B	420	420	400	454	509	590		2007	Daten 3
03	Gruppe C	812	780	755	860	958	1114			
04	Gruppe D	1.222	1.342	1.005	1.308	1462	1635			
05	Gruppe E	419	455	516	509	592	700			
06	Gruppe F	287	312	300	329	376	435			
07	Gruppe G	1.345	1.256		1.430	1611	1976			

Abbildung 6.22 Tatsächliche Tarife und szenarische Tarife

Die szenarischen Tarife sind in den mit *S1* bis *S3* beschrifteten Spalten des Blattes *Parameter 1* hinterlegt (vgl. Abbildung 6.22) und können dort beliebig verändert werden. (Natürlich existiert hier keine Begrenzung – ob Sie drei Tarifkombinationslisten als Szenarien hinterlegen oder 30, das spielt für Excel keine Rolle, für die Übersicht des Benutzers allerdings schon.)

HINWEIS Bei der hier existierenden Datenstruktur (starke Unterschiede in der Relation zwischen Leistungszeiten und Erlösen) kann es für hypothetische Betrachtungen sehr interessant sein, unter S1 bis S3 dreimal dieselben Tariflisten zu hinterlegen und dann für nur jeweils eine der Gruppen (A bis G) Variationen einzugeben.

Komplexe Ergänzungen des bisherigen Datenmaterials sind in den Quelldatenblättern *Daten 1* bis *Daten 3* zu finden. Diese Arbeitsblätter haben jetzt auch einen analytischen Charakter erhalten, sie sind also sowohl für die Arbeit des Controllers geeignet wie auch für die in diesem Kapitel bislang beschriebenen Präsentationszwecke.

Am Beispiel des Blattes *Daten 1*, im Zusammenhang mit der Nummerierung in Abbildung 6.23:

1. Die tatsächlichen Vermietungszeiten der Maschinengruppen nach Monaten und Stunden wurden mit einer bedingten Formatierung ausgestattet. Sie signalisiert auf Basis ihrer Formelregel, in welchen Zellen eine Überschreitung der Kapazitätsgrenzen zu verzeichnen war. (Mangelnde Auslastung wie gleichermaßen die Überlast sind in einem derartigen Unternehmen immer wieder ein sehr großes Problem – entweder gibt es in Bereitschaft stehende, aber ungenutzte, teure Kapazitäten oder es müssen, bei Engpässen eigener Ressourcen, teure Fremdleistungen in Anspruch genommen werden, um Aufträge erfüllen zu können. An dieser Stelle geht es nur um die Signalisierung von Kapazitäts*über*schreitungen, weiter unten im Kapitel dann noch einige Gedanken zur Visualisierung von kritischen Kapazitäts*unter*schreitungen.)

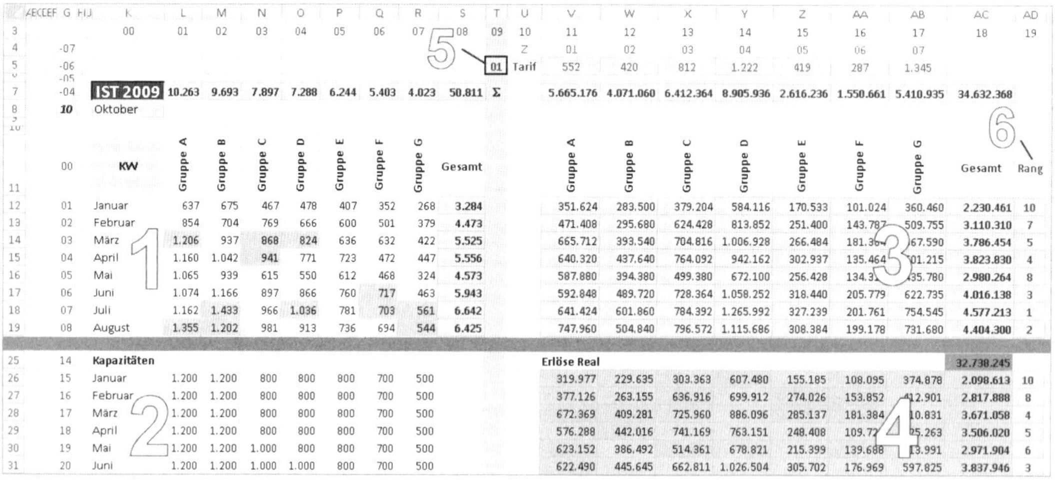

Abbildung 6.23 Kapazitätsdaten und reale Erlöse sind hinzugekommen

2. Die Kapazitätenliste zeigt die möglichen Vermietungszeiten der Maschinengruppen nach Monaten und Stunden. Die zu planen, zu organisieren und vorzuhalten ist ein äußerst diffiziler Aufgabenkomplex. (Nicht zu viel, nicht zu wenig, abhängig von der mittel- und langfristigen Auftragslage, von Art, Anzahl und Zustand der Maschinen, von Verfügbarkeit

und Qualifizierung des Personals, von logistischen Möglichkeiten, von Kundenwünschen, Terminvorgaben, Projektzyklen und vielem mehr. Ein wahres Eldorado für alle Freunde anspruchsvoller Excel-Aufgaben, seien sie operativ bestimmt oder strategisch. Was Sie hier als dürre Datentabelle sehen, wird ein Ergebnis kalkulatorischer Meisterleistungen sein.)

3. Die Zusammenstellung der Tariferlöse kennen Sie schon aus den vorigen Modellen. Diese Daten bilden ein historisches Was-wäre-Wenn ab, also ein Was-wäre-gewesen-Wenn. Welche Erlöse hätte das Unternehmen erzielt, wenn es nicht sein problematisches Aufpreis- und Rabattsystem benutzt hätte, sondern seine Tariferlöse hätte glatt realisieren können oder wollen?

4. Die realen Erlöse unterscheiden sich von den Tariferlösen. Ob positiv oder negativ, das wird hier mit einer zweiteiligen, bedingten Formatierung dargestellt – positiv als dezentes Grün, negativ mit einem Orangeton. Entscheidend ist natürlich die Zusammenfassung, also die Bedeutung des Ganzen übers Jahr gesehen. Das reale Jahresergebnis in Zelle AC25 korrespondiert mit dem Tariferlös-Ergebnis in Zelle AC7. Hier zeigt die bedingte Formatierung der Zelle AC25 deutlichere Farben, ein kräftiges Grün (reale Erlöse waren höher als die Tariferlöse) oder ein leuchtendes Rot.

5. Die Zelle T5 ist Eingabezelle für eine Zahl zwischen 1 und 6, für den Tarifindikator zur Kalkulation der Erlöse gemäß Ziffer 3. Wenn hier Werte von 1 bis 3 stehen, werden die Tarife der Jahre 2009 bis 2007 benutzt, bei Werten von 4 bis 6 die szenarischen Tarife. Die Zahl in dieser Zelle ist ein Spaltenargument, sie bestimmt für die Zellen im Bereich V5:AB5, wie viele Spalten vom *rP1.Knoten* entfernt der Zugriff erfolgen soll (vgl. dazu Abbildung 6.22). Was ich gerade als »Eingabezelle« bezeichnet habe, könnte natürlich auch Formelzelle sein, die ihrerseits auf die Verwendung von Steuerelementen reagiert – Tarifwechsel per Mausklick also. Und das nicht nur in *Daten 1*, sondern auch in den beiden anderen Quelldatenblättern.

6. Die Rangplätze werden in dieser Dateifassung sowohl für die Tariferlöse wie auch für die realen Erlöse ermittelt. Das liefert den Controllern des Unternehmens wichtige Kalkulationsvorgaben und der Geschäftsleitung Anlass für allerlei Überlegungen.

Vielfältige Gelegenheiten für bewertende Betrachtungen

Wenn Sie zusammenstellen, was sich bei diesem Datenmaterial an Betrachtungen, Vergleichen und Schlussfolgerungen anbietet, wird schnell klar, welche zusätzlichen Excel-Visualisierungen der hier behandelten Art jetzt möglich und sinnvoll wären. Nachstehend eine kleine Auflistung dazu, jede ggf. ein eigenes Focusblatt wert, wenn eine betriebliche oder externe Anforderung dafür existiert:

Nr.	Datenart	im Vergleich mit Datenart
1	Leistungen in Stunden	Kapazitäten in Stunden
2	Leistungen in Stunden	Tariferlöse
3	Leistungen in Stunden	Reale Erlöse
4	Kapazitäten in Stunden	Tariferlöse
5	Kapazitäten in Stunden	Reale Erlöse

Tabelle 6.3 Ein Dutzend Vergleichsmöglichkeiten, aber keinesfalls alle denkbaren

Nr.	Datenart	im Vergleich mit Datenart
6	Tariferlöse	Reale Erlöse
7	Tariferlöse Rang	Reale Erlöse Rang
8	Tariferlöse	Tariferlöse mit Tarifen anderer Jahre
9	Reale Erlöse	Tariferlöse mit Tarifen anderer Jahre
10	Tariferlöse	Szenarische Erlöse
11	Reale Erlöse	Szenarische Erlöse
12	Szenarische Erlöse A	Szenarische Erlöse B

Tabelle 6.3 Ein Dutzend Vergleichsmöglichkeiten, aber keinesfalls alle denkbaren *(Fortsetzung)*

Das ist natürlich nicht alles und das Material ermöglicht noch etliche, hier nicht angesprochene Varianten. Und bei solcher Vielfalt gilt es obendrein auch noch die einrichtbaren Differenzierungen nach Zeiten und Maschinengruppen zu berücksichtigen, also Visualisierungen mit den Unterteilungen

- Jahre Gesamt, Jahre Einzeln, Kumulationsstände von Monaten, Halbjahre, Quartale, Monate
- Gruppen Gesamt, Untergruppen nach Art, freie gebildete Untergruppen, Gruppen Einzeln

Zusätzlich ist zu bedenken, dass bislang ja nur ein Ausschnitt des betrieblichen Datenmaterials im Kalkulationsangebot ist: Von Kosten war noch nicht die Rede – von diversen anderen betriebswirtschaftlichen Größen auch nicht.

Kurzum: Es gibt viel zu tun, sehr viel. Und wenig davon, sehr wenig, benötigt mehr, als Excel zu leisten in der Lage ist. Aus diesem riesigen Spektrum will ich zum Abschluss des Kapitels noch zwei Beispiele vorstellen, die den Variantenreichtum des Programms illustrieren – immer unter dem in diesem Seminar so wichtigen Aspekt, dass sehr vieles, was eine hohe Dynamik zeigt, keinesfalls einer Programmierung oder komplizierter Techniken bedarf.

Leistung und Kapazität

CD-ROM   Bitte öffnen Sie von der CD-ROM aus dem zu Ihrer Excel-Version passenden Ordner die Datei *0606_LangeReihe*.

Mit der Datei *0606_LangeReihe* stelle ich eine Lösung vor, die auf Basis des Ihnen mittlerweile bekannten Datenmaterials für ein Bankgespräch entwickelt wurde. Es geht um eine Langzeit- und gleichermaßen Detailbetrachtung der Relation zwischen Leistung und im Unternehmen vorgehaltener Kapazität.

Das Modell war in der Realität ausführlicher und bestand natürlich nicht, so wie hier, aus nur einem Arbeitsblatt. Diese Verdichtungsform habe ich gewählt, um kurz und knapp erläutern zu können, welche Komponenten wie zusammenspielen. Die Strukturregeln einer rS1-Arbeitsmappe sind also vorübergehend außer Kraft gesetzt.

Die Aufgabe: Die Beziehung von Kapazität und Leistung – wie nahe war die Leistung an den Leistungsmöglichkeiten, wann wurden Kapazitäten wie tief unterschritten, wann in welchem Umfang überschritten – ist als »lange Reihe«, also in mehrjähriger Übersicht, zu visualisieren. Ein Präsentator soll in der Lage sein, aus einem in seiner Gesamtheit gezeigten Verlauf von 36 Monaten jeden vom Publikum gewünschten Dreimonatsausschnitt sofort und im übersichtlichen Detail vorzustellen.

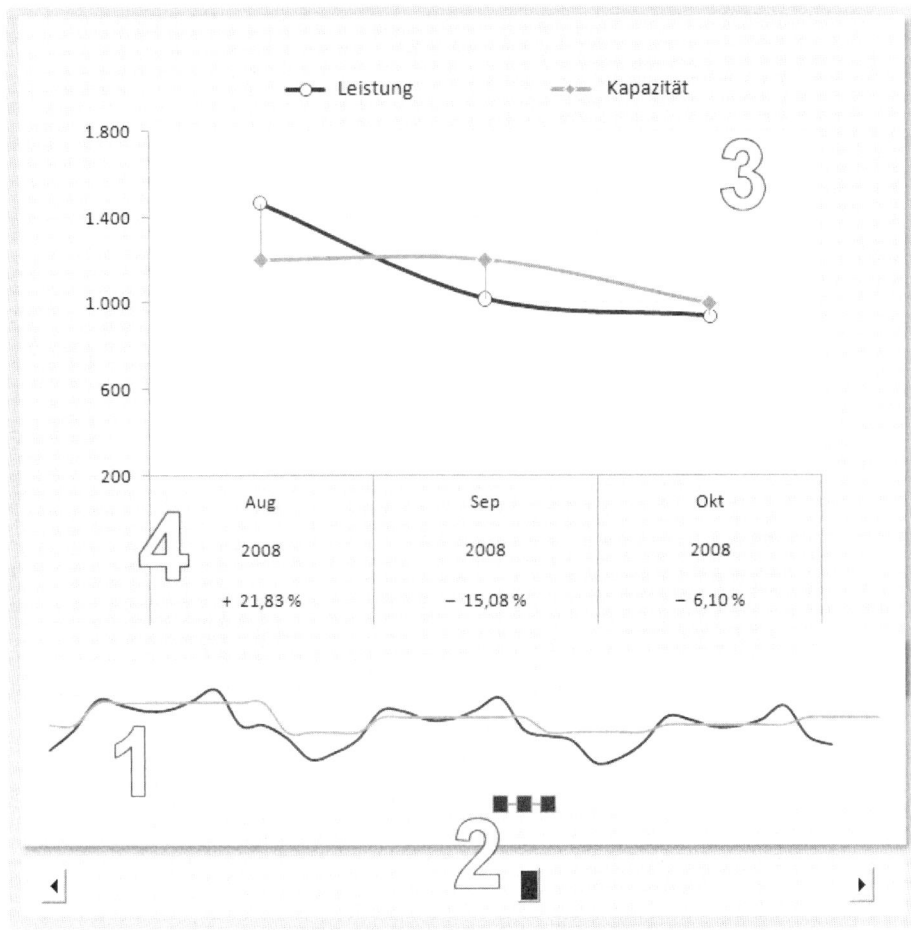

Abbildung 6.24 Fahren Sie mit dem »Dreimonatsschieber« beliebig hin und her

Im Zusammenhang mit Abbildung 6.24: Bei der Präsentation des dynamischen Diagramms auf der linken Seite des Arbeitsblatts ging es um die Bewertung der Planungssicherheit, der Lenkung geschäftlicher Prozesse und um die Auswirkungen unternehmerischer Entscheidungen der letzten drei Jahre. Die Zuschauer bzw. Zuhörer waren natürlich besonders daran interessiert, über jene »Stellen« mehr zu erfahren, an denen es beim Verlauf der beiden Linien »prima vista« zu deutlichen Abschweifungen kommt. Wann war das? In welcher Richtung gingen die Linien auf Distanz? Wie groß waren die Ausschläge? Wie lange war das so? Warum? Was hat solche Verlaufsänderungen und ihre Rückführungen bewirkt?

Zur Präsentationstechnik und zu den Inhalten gemäß der Nummerierung in Abbildung 6.24:

1. Der Zuschauer sieht in einem Liniendiagramm über 36 Monate den Verlauf von Leistung und Kapazität. Dieses Langzeitdiagramm hat keinerlei Beschriftungselemente, es macht nur deutlich, wie es »im Großen und Ganzen« war und wo die Schwachstellen sitzen (wenn es denn welche waren).

2. Der Präsentator kann mit dem »Schieber« der *Bildlaufleiste* (ein *ActiveX-Steuerelement*) einen kleinen »Zug« mit drei aneinandergekoppelten »Wagen« auf der unteren Achse des Diagramms hin und her fahren. Das vergrößernde Diagramm darüber macht mit entsprechendem Gezappel diese Bewegungen mit.

3. Wenn der kleine Zug, das dreigliedrige Symbol, stehen bleibt, wird die so markierte Stelle im großen Dreimonatsdiagramm gezeigt und vom sachkundigen Präsentator erläutert. Solange die *Bildlaufleiste* aktiv ist (der »Schieber« blinkt und wartet auf seinen nächsten Einsatz), kann der Präsentator auch mit den Tasten $\boxed{\leftarrow}$ und $\boxed{\rightarrow}$ in Monatsschritten im Diagramm spazieren fahren.

4. Die dreizeilige Rubrikenachsenbeschriftung zeigt den Monat, für jeden Monat einzeln das Jahr (das Diagramm kann über den Jahreswechsel reichen, also auch Daten aus verschiedenen Jahren enthalten) und für jeden Monat die prozentuale Abweichung zwischen den beiden Linien: Um wie viel Prozent wurde die in diesem Monat geltende Kapazitätsgrenze unter- oder überschritten? (Beides kann, ich habe es oben erwähnt, in diesem Unternehmen ungünstig oder problematisch sein.)

Bevor ich die technischen Komponenten des Modells auflíste noch ein allgemeiner Hinweis: Es ist natürlich völlig egal, ob Sie mit einem solchen Modell drei Jahre und daraus gezoomte drei Monate visualisieren oder zehn Jahre mit jeweils zwölf Monaten im Großbild oder ein Jahr mit variablen Tagesübersichten zu jeweils zwei Wochen kombinieren – was immer beliebt, die zugrunde liegende Technik bleibt dieselbe.

Die nun gilt es zu beschreiben. Dabei kann ich bei diesem Stand des Seminars auf Erklärungen zum relativ einfachen Formelwerk verzichten und will auch andere Einzelheiten Ihrer Ausforschung überlassen. Das Arbeitsblatt ist ohne Kennwort geschützt.

Im Zusammenhang mit Abbildung 6.25:

1. Der Bereich AL7:AM42 enthält die Quelldaten als Konstanten. Das könnten auch Formeln sein, mit deren Hilfe Sie, unter Einsatz weiterer Steuerelemente, verschiedene Konstellationen von Leistungs- und Kapazitätsdaten einlesen würden. Dieser Bereich ist Datenquelle der beiden Linien in dem kleinen Langzeitdiagramm.

2. Die Zelle AH4 hat den Namen *rT1.PeriodeAusw* und ist *LinkedCell* des Steuerelements *Bildlaufleiste*. Bei diesem *ActiveX*-Objekt steht die Eigenschaft *Min* auf 1 und die Eigenschaft *Max* auf 34. Es sollte in diesem Fall schon *ActiveX* sein. Den Einsatz einer *Bildlaufleiste* aus dem Angebot der *Formularsteuerelemente* kann ich nur bedingt empfehlen, weil Sie damit nicht die oben unter Ziffer 3 angesprochene Funktionsdynamik erreichen.

3. Die Formeln in den Spalten AH und AI prüfen die Relation zwischen dem Wert in *rT1.PeriodeAusw* und den Vorgabewerten in der Hilfsspalte AB. Entweder der Vorgabewert in Spalte AB ist größer als *rT1.PeriodeAusw+2* oder er ist kleiner als *rT1.PeriodeAusw*. Wenn das so zutrifft, reagieren die Formeln mit #NV, ansonsten werden die Werte aus den Datenquellen übernom-

men. Die Ziffer 2 in der Formel bestimmt also, dass ein dreizeiliger Datenblock entsteht, dessen erste Zeile von dem Wert in der Zelle *rT1.PeriodeAusw* bestimmt wird. Alles andere bleibt bzw. wird #NV. Da die erste Datenzeile des dreizeiligen Blocks von der Position des Steuerelements bestimmt wird, entsteht in den Spalten AH und AI eine »wandernde Datenquelle«, auch mit Auswirkungen auf andere Bereiche (vgl. Ziffern 4, 5 und 6).

TIPP   Wie beschrieben ist es die Ziffer 2 in den Formeln des Bereichs AH7:AI42, mit der die Zeilenhöhe der wandernden Datenquelle bestimmt wird. Nun ist ja eine der zentralen Ideen der rS1.Methode, dass sich mithilfe von Steuerelementen Ziffern erzeugen lassen, die wiederum als Formelargumente Verwendung finden. Also können Sie auch in derartigen Modellen mittels Steuerelementen bestimmen, wie viele Daten aus einer »langen Reihe« als zusammenhängender Block zum Vorschein kommen sollen – dazu braucht es ein entsprechend angepasstes Formelwerk. Sehr interessant, was sich daraus basteln lässt. Experimentieren Sie! Auch in Verbindung mit dynamischen Namen (Erläuterungen zur Verwendung dynamischer Namen in Diagrammdatenquellen finden Sie in Kapitel 8).

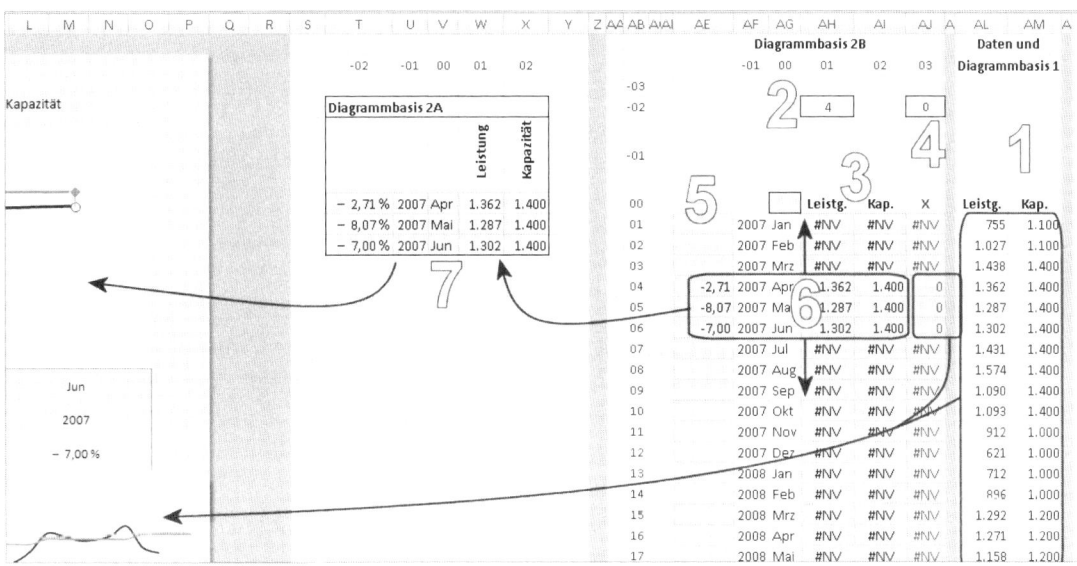

Abbildung 6.25 Die technischen Komponenten, hier ausnahmsweise alle in einem einzigen Arbeitsblatt

4. Der Wert in der Eingabezelle AJ4 mit dem Namen *rT1.SymbolPos* bestimmt die vertikale Position des synchron mit der Bildlaufleiste wandernden, dreigliedrigen Symbols, das im Langzeitdiagramm unterwegs ist. In der Auslieferungsfassung steht der Wert auf null, das Symbol befindet sich deshalb ganz unten im Diagramm. Sie können es anheben, indem Sie den Wert z. B. auf 100 oder auf 500 erhöhen. Die Formeln in Spalte AJ prüfen, ob ihr jeweiliger linker Nachbarwert #NV ist. Wenn ja, ist ihr Ergebnis ebenfalls #NV, ansonsten ist es der Wert aus der Zelle *rT1.SymbolPos*. Somit werden jeweils drei Zellen dieser Spalte ebenfalls zur – synchronisierten – wandernden Datenquelle. Sie versorgt das dreigliedrige Symbol, das natürlich nichts anderes ist als Teil einer Datenreihe, deren drei sichtbare Datenpunkte als Quadrate formatiert sind und deren andere 33 Datenpunkte auf #NV-Werten basieren, also unsichtbar bleiben.

5. Die konstanten Vorgaben in den Spalten AF und AG bilden die oberen zwei Zeilen der Rubrikenachsenbeschriftung des Vergrößerungsdiagramms (Angaben zu mehrzeiligen oder mehrspaltigen Achsenbeschriftungen finden Sie im Teil B in Kapitel 15). Die Formeln in Spalte 5 erzeugen, unter »Beobachtung« der Werte in Spalte AH, entweder leeren Text oder aber den Prozentwert der Abweichung zwischen AJ und AH.

6. Die wandernde Datenquelle des Vergrößerungsdiagramms besteht aus drei Zeilen und fünf Spalten. Sie zieht die rechts benachbarten Daten (vgl. Ziffer 4) mit sich, damit die Position des dreigliedrigen Symbols im Langzeitdiagramm mit der Vergrößerung im Einklang ist.

7. Das letzte der kleinen Kunststücke ist es, die wandernde Datenquelle aus Ziffer 6 so »einzufangen« dass sie unmittelbar für das Vergrößerungsdiagramm nutzbar wird. Es geschieht also die Umsetzung einer beweglichen Datenquelle in eine statische. Das allerdings ist denkbar einfach und Ihnen aus früheren Inhalten des Seminars geläufig: Ein *rT1.Knoten* (Zelle AG6), ein paar Hilfszahlen in Zeile 2 und in Spalte AB sowie 15 BEREICH.VERSCHIEBEN-Formeln, die als Basis-Zeilenargument die Zahl aus *rT1.PeriodeAusw* benutzen, mehr braucht es dazu nicht.

Ich habe schon etliche solcher Modelle im Präsentationseinsatz gesehen. Mit dem Sachverstand eines eloquenten Präsentators verbunden sind es, dank ihrer Dynamik und der spielerisch wirkenden Leichtigkeit der Aktionen, ausgezeichnete und sehr überzeugend wirkende Visualisierungsmittel. Ihre Anfertigung, da bin ich ganz sicher, ist der Mühe wert.

Limit und Toleranz

Im vorigen Abschnitt wurden nur noch wenige erläuternde Details angeboten. In diesem nun finden Sie gar keine mehr – er ist mal wieder den Forschern und Tüftlern gewidmet.

Die Arbeitsmappe *0607_VarioLimit* und das sichtbare Arbeitsblatt sind ohne Kennwort geschützt. Versuchen Sie bitte, bevor Sie den Schutz aufheben, herauszufinden oder Ideen zu entwickeln, wie diese Lösung funktioniert. Es gibt mehrere Möglichkeiten, eine davon verbirgt sich im ausgeblendeten Arbeitsblatt *Basis und Daten*.

CD-ROM   Bitte öffnen Sie von der CD-ROM aus dem zu Ihrer Excel-Version passenden Ordner die Datei *0607_VarioLimit*.

Die Aufgabenstellung war so definiert: Das Diagramm zeigt eine Linien-*Datenreihe* mit Werten aus 53 Kalenderwochen. Sie wird horizontal von einem linearen Limit geschnitten, das in einer Spanne zwischen 800 und 1.100 beliebig verschoben werden kann (Was-wäre-Wenn). Das Limit ist als Kapazitätsgrenze zu verstehen. Alle Datenpunkte oberhalb des Limits, egal wo es gerade steht, werden rot. Alle Datenpunkte unterhalb des Limits, deren Werte eine variabel einstellbare Toleranzgrenze unterschreiten, werden ebenfalls rot. Grün bleiben oder werden demnach nur jene *Datenpunkte*, deren Werte unterhalb des Limits *und* innerhalb der Toleranz liegen. Wird die Toleranz auf null gesetzt, müssen folglich alle *Datenpunkte* rot werden.

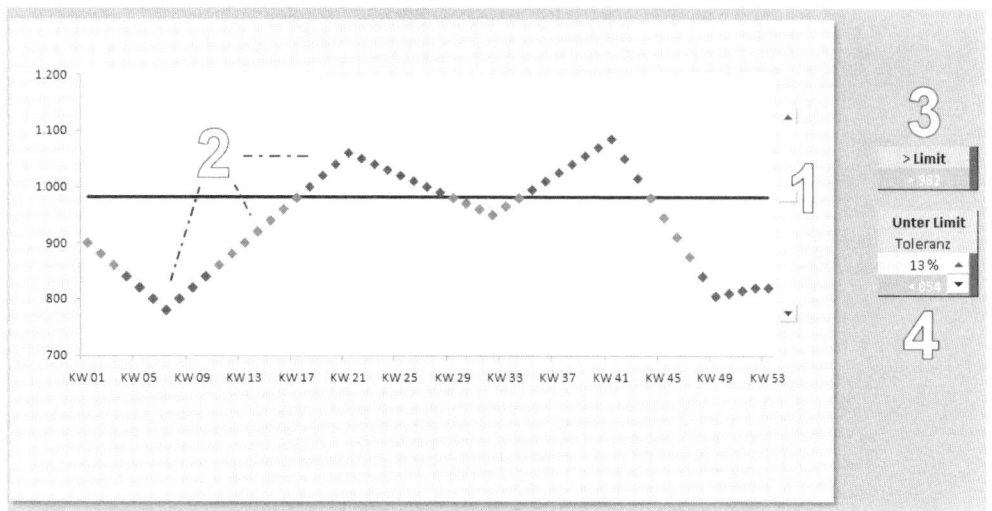

Abbildung 6.26 Was unterm Strich grün oder rot wird, das bestimmen Sie mit einem *SpinButton*

Zu den Funktionalitäten des Modells im Zusammenhang mit Abbildung 6.26:

1. Benutzen Sie die *Bildlaufleiste*, um das lineare Limit in seiner Höhe zu verschieben, und beachten Sie dabei die Farbreaktionen der Datenpunkte.

2. Die Datenpunkte werden oberhalb des Limits und unterhalb der benutzerdefinierten Toleranzgrenze (vgl. Ziffer 4) rot. Die anderen werden oder bleiben grün.

3. Hier wird angezeigt, welchen Wert das aktuell angezeigte Limit hat.

4. Mit einem *SpinButton* (*Drehfeld*) verändern Sie die Toleranzgrenze des Bereichs »Unter Limit« in Schritten von 1 bei einer Spanne zwischen 0 % und 20 %. Der aktuell eingestellte Wert wird relativ und absolut neben dem Steuerelement ausgewiesen. Wenn Sie die Toleranz erhöhen, vermehren sich, einer gedachten horizontalen Linie folgend, die grünen Punkte, wenn Sie die Toleranz vermindern, die roten.

HINWEIS   Die *Bildlaufleiste* ist ein ActiveX-Steuerelement. Sie ist hier mit einer Eigenschaft ausgestattet, die so für eine *Bildlaufleiste* aus der Gruppe der *Formularsteuerelemente* nicht festlegbar ist.

Kapitel 7

Einmal mit Filter, bitte!

In diesem Kapitel:

Wer hierzulande das Wort »Filter« hört, dem fallen meistens Zigaretten oder Kaffee ein. Das muss sich ändern, denn eine wohlorganisierte, funktional gut ausgestattete Excel-Tabelle »mit Filter« gehört ebenfalls in die Gruppe der Genussmittel. Das ist schon seit Längerem so und ab der Programmversion 2007 umso mehr – ich habe schon in Kapitel 2 darauf hingewiesen. Zitat von dort: »Die neu verfügbare und dabei einfach zu handhabende Filter-Vielfalt begeistert mich deswegen so sehr, weil bislang schon ein Großteil aller analytischen Aufgaben in einem Unternehmen mit geschickt aufgebauten Filtermodellen lösbar war und die damit verbundenen Gestaltungschancen nun vervielfacht sind.« Dem ist wenig hinzuzufügen, außer ein paar praktische Belege. Die zu liefern, will ich hier versuchen.

HINWEIS   Um Missverständnissen vorzubeugen: Die hier vorgestellten Beispiele sind so gestaltet, dass Sie in Excel 2003 und in Excel 2007 gleichartig funktionieren. Was den wesentlichen Unterschied ausmacht, sind die in der Version 2007 zu findenden Erweiterungen der Filter-Auswahlmöglichkeiten und deren vielfältige Kombinierbarkeit (vgl. dazu den Abschnitt »Filtern des Kalenders« in Kapitel 2).

Auch in diesem Teil des Seminars gilt wieder: Thema und Variationen. Ich stelle ein Standardmodell vor, das in verschiedenen Ausbaustufen Verwandlungen erfährt, mit denen wechselnden Anforderungen der verschiedenen Benutzer zu entsprechen ist.

Das Standardmodell

Ein Unternehmen hat Kunden in neun verschiedenen westeuropäischen und skandinavischen Staaten. Der mit diesen Kunden getätigte Umsatz wird monatlich in eine Excel-Tabelle eingelesen und dort dann zu Quartals- sowie Jahressummen zusammengefasst. Die Schwerpunkte der hier behandelten analytischen Jahresauswertung sind vorläufig (also im Standardmodell) Jahressummen und Quartalsdaten sowie deren Verteilung auf die in vier Gruppen (*A* bis *D*) aufgeteilten Kundenklassen.

CD-ROM   Bitte öffnen Sie von der CD-ROM aus dem zu Ihrer Excel-Version passenden Ordner die Datei *0701_Filter01_FERTIG*.

Wenn Sie die nachstehend beschriebene Grundausstattung im Rahmen eigener Übungen selbst anfertigen möchten, benutzen Sie dazu bitte die »Hülse« *0702_Filter01_ÜBUNG*.

Übersicht

Einführend eine zusammenfassende Beschreibung der Arbeitsmappe im Zusammenhang mit Abbildung 7.1. Zunächst allgemeine Informationen:

- Die auf der CD-ROM gespeicherte Fassung der Arbeitsmappe und ihre Blätter sind nicht geschützt.

- Im Arbeitsblatt *Namensliste* finden Sie, wie mittlerweile üblich, die in der Arbeitsmappe gültigen Bereichsnamen.

- Das Arbeitsblatt *Daten 1 Ist* präsentiert die tabellarische Aufstellung der Umsätze, die im Jahr 2009 bei den Kunden getätigt wurden.

  - Das Blatt ist in einen Kopfbereich mit Formeln (Kalkulationsbereich) und eine lückenlose Datenliste (Datenbereich) gegliedert. Es besitzt eine entsprechende horizontale Fixierung. Richten Sie, falls Ihre Bildschirmauflösung das erfordert, zusätzlich eine vertikale Fixierung ein. Das gilt auch für die anderen Beispieldateien, die in diesem Kapitel angeboten werden.

  - Alle Umsätze sind, mit unterschiedlichen Formatierungen, in Tausend Euro dargestellt.

  - Die Umsätze sind von Kunde zu Kunde sehr stark schwankend. Sie reichen von 1.000 Euro im Jahr bis zu über vier Millionen Euro.

  - Die Liste ist auf Zuwachs angelegt, sie ist bei aktuell 498 Kunden 800 Positionen lang.

Dann weiter gemäß der Nummerierung in Abbildung 7.1:

Æ C	D	E	F	G	H	I	J	K	L	M	N	O	P	Q	R	S	T
01	03	04	05	06	07	08	09	10	11	12	13	14	15	16	17	18	

Kundenanalyse 2009

	Anzahl			Jahr ges.	Q1	Q2	Q3	Q4	Jan	Feb	Mrz	Apr	Mai	Jun
Gesamt	498	% von Gesamt		100,0%	20,5%	23,1%	34,0%	22,4%	9,1%	6,0%	5,4%	5,3%	7,2%	10,7%
		T€		91.850	18.836	21.258	31.193	20.563	8.379	5.538	4.919	4.825	6.648	9.785
		% von Filter		100,0%	20,3%	23,1%	34,2%	22,4%	9,1%	5,9%	5,3%	5,2%	7,2%	10,7%
Filter	411	T€		76.520	15.565	17.703	26.137	17.116	6.975	4.518	4.072	3.945	5.538	8.220
	82,5%	Filter% von Gesamt		83,3%	82,6%	83,3%	83,8%	83,2%	83,2%	81,6%	82,8%	81,8%	83,3%	84,0%

LNr	Kunde Nr.	Land	ABCD	P_01	P_02	P_03	Jahr ges. T€	Q1 T€	Q2 T€	Q3 T€	Q4 T€	Jan T€	Feb T€	Mrz T€	Apr T€	Mai T€	Jun T€
001	AE_B004_90	SWE	A				2.695	457	665	931	643	254,7	113,1	89,0	195,8	132,1	336,7
002	AG_H348_99	FIN	D				55	10	17	15	13	4,1	3,0	2,4	3,8	5,5	7,8
003	AJ_K260_04	DEU	C				86	17	19	32	19	6,4	4,5	3,5	3,5	8,1	6,9
004	AJ_K364_96	GBR	D				50	10	13	16	10	3,7	2,8	3,5	3,6	3,0	6,5
005	AJ_M021_96	GBR	B				875	203	194	252	226	88,7	73,5	40,7	35,4	76,1	82,4
006	AK_B373_06	IRL	D				44	9	12	13	10	4,1	1,9	2,5	3,4	4,7	4,0
007	AK_H139_94	FIN	C				133	27	22	52	32	11,2	7,2	9,0	6,2	6,6	8,8
008	AK_H213_02	NOR	C				105	21	25	37	22	8,5	7,3	5,5	5,3	7,3	11,9
009	AL_S304_00	NOR	C				72	19	15	22	15	9,2	6,1	3,9	3,3	5,4	6,6
010	AM_M125_91	FIN	C				139	25	36	47	30	9,4	7,3	8,7	6,9	11,5	18,1
011	AQ_S015_94	GBR	A				1.191	256	281	391	263	115,1	77,4	63,6	60,9	89,8	129,9

Abbildung 7.1 Das Standardmodell in der Übersicht

1. Die Überschriftenzeile verdeutlicht die horizontale Gliederung des Modells.

   - Nach der laufenden Nummerierung folgen die standardisierten Kundennummern (vgl. Ziffer 4).

   - Die Ländercodierung folgt der Norm *ISO 3166 ALPHA-3*, ist also konsequent dreistellig. Auch das findet seine Begründung in den noch vorzustellenden Möglichkeiten der Weiterverarbeitung mit Formeln. Es wäre wenig sinnvoll, hier Abkürzungen mit unterschiedlicher Zeichenzahl zu benutzen, wie sie etwa bei Kfz-Kennzeichen Verwendung finden.

   - Die drei Parameterspalten *P_01* bis *P_03* bleiben vorläufig leer, werden jedoch demnächst eine wichtige Rolle spielen.

- Die Umsatzwerte sind in der Reihenfolge ihrer analytischen Bedeutung geordnet: Jahre, Quartale, Monate.

- Nicht in der Abbildung zu sehen: Am horizontalen Ende der Liste befinden sich zwei Spalten nachgeordneter Bedeutung: das Kalenderjahr, in dem die Kundenbeziehung entstand, und ein Typisierungsmerkmal, das die Art des Geschäftsbetriebs des Kunden bezeichnet.

2. Die monatlichen Umsätze liegen als Konstanten vor und sind mit dem Zahlenformat #.##0,0. benutzerdefiniert formatiert. Konstante Werte zeigen die Schriftfarbe Schwarz.

3. Die Jahres- und Quartalssummen liegen als Formelergebnisse vor und sind mit dem Zahlenformat #.##0. benutzerdefiniert formatiert. Formelergebnisse zeigen die Schriftfarbe Blau.

4. Die Kundennummern sind, bis auf die der Neukunden (vgl. Abbildung 7.2), alle zehn Stellen lang, mit Trennzeichen an festen Positionen – die Wichtigkeit solcher Konstruktionen für den Einsatz von Textformeln wurde in Kapitel 3 begründet.

5. Der Blatttitel enthält nur die Zahl 2009, formatiert mit "Kundenanalyse "0. Dies deswegen, weil es sein kann, dass diese Jahreszahl für Kalkulationen benötigt wird, beispielsweise um die aktuelle Dauer der Kundenbeziehung (Verrechnung mit den Basiswerten in Spalte AA) auszuweisen.

6. Im dreizeiligen Block *Gesamt* sieht der Benutzer in der untersten Zeile die vertikal berechneten Summen, darüber die prozentuale Verteilung im Jahr, darüber dann Spaltenbeschriftungen.

7. Im dreizeiligen Block *Filter* werden die Filterergebnisse kalkuliert und den Gesamtergebnissen gegenübergestellt. Mittlere Zeile: Absolutwerte der im Filter aktuell sichtbaren Daten; darüber: deren prozentuale Verteilung im Jahr. Untere Zeile: Prozentuale Anteile der Filterwerte an den Gesamtwerten.

	LNr	Kunde Nr.	Land	ABCD	P_01	P_02	P_03	Jahr ges. T€	Q1 T€	Q2 T€	Q3 T€	Q4 T€	Jan T€	Feb T€	Mrz T€
500	485	ZY_S273_90	FRA	C				82	18	19	29	16	8,1	6,1	3,5
501	486	ZZ_D109_04	DNK	C				146	25	31	54	36	9,9	9,1	5,9
502	487	Neu 0901	NOR	D			x	127	0	30	66	31	0,0	0,0	0,0
503	488	Neu 0902	DNK	D			x	65	0	0	46	19	0,0	0,0	0,0
504	489	Neu 0903	GBR	D			x	25	0	0	14	11	0,0	0,0	0,0
505	490	Neu 0904	NOR	D			x	28	0	0	19	9	0,0	0,0	0,0
506	491	Neu 0905	NOR	D			x	78	0	0	47	30	0,0	0,0	0,0
507	492	Neu 0906	GBR	D			x	70	0	0	27	43	0,0	0,0	0,0
508	493	Neu 0907	FIN	D			x	11	0	0	0	11	0,0	0,0	0,0
509	494	Neu 0908	FRA	D			x	20	0	0	0	20	0,0	0,0	0,0
510	495	Neu 0909	GBR	D			x	15	0	0	0	15	0,0	0,0	0,0
511	496	Neu 0910	DEU	D			x	16	0	0	0	16	0,0	0,0	0,0
512	497	Neu 0911	DEU	D			x	30	0	0	0	30	0,0	0,0	0,0
513	498	Neu 0912	DEU	D			x	8	0	0	0	8	0,0	0,0	0,0

Abbildung 7.2   Neue Kunden am Ende der Tabelle

Im Zusammenhang mit Abbildung 7.2: Die Neukunden des hier analysierten Geschäftsjahrs werden am Ende der Tabelle eingetragen und, jedenfalls für die in den Filterlisten benötigten Zwecke, so lange mit einer provisorischen Kundennummer bezeichnet, bis sie erstmals Daten für ein vollständiges Geschäftsjahr liefern. Die Umsätze für Monate, in denen die Kundenbeziehung noch nicht existierte, werden mit null angegeben.

Die funktionalen Möglichkeiten sind vorläufig schlicht, dennoch aber von vielfältigem Nutzen:

- Sie sehen im Kalkulationsbereich *Gesamt* die Summierungen nach Jahr, Quartalen und Monaten sowie deren prozentuale Gewichte.

- Wenn Sie eine beliebige Filterung vornehmen, erscheinen im Kalkulationsbereich *Filter* die entsprechenden Teilsummen sowie deren Verteilungen und Relationen. Es lässt sich also jede Frage der Art »Wer oder was hatte welche Anteile an der Gesamtheit?« beantworten. Verdeutlichen Sie sich die gesamten Filtermöglichkeiten des Blattes und ihre Kombinatorik: Darin stecken bereits einige Tausend sinnvolle Analysevarianten.

Namen und Formeln

Die Festlegung der zehn Bereichsnamen erfolgte im Hinblick auf zukünftige bzw. potenzielle Bedürfnisse. Im aktuellen Formelwerk des Modells wird zunächst nur einer davon benutzt.

Die Formeln sind anspruchslos, teilweise aber recht interessant. Eine Übersicht mit Beispielen aus verschiedenen Zeilen des Kopfbereichs finden Sie in Tabelle 7.1:

LNr	Zelle	Formel	Zweck
1	E6	=ANZAHL2(rD1.KundeNr)	Anzahl Kunden Gesamt
2	J7	=SUMME(J$16:J$815)	Summe Umsätze Jahr
3	J6	=RUNDEN(J$7/SUMME($O$7:$Z$7)%;2)	Prozentuale Verteilung der Gesamtsummen übers Jahr
4	E10	=TEILERGEBNIS(3;rD1.KundeNr)	Anzahl Kunden im Filter
5	E11	=E$10/E$6%	Prozentualer Anteil der Kunden im Filter an Kunden gesamt
6	J10	=TEILERGEBNIS(9;J$16:J$815)	Summe Umsätze im Filter
7	J11	=J$10/J$7%	Prozentualer Anteil der Summe im Filter an Summe gesamt
8	J9	=RUNDEN(J$10/SUMME($O$10:$Z$10)%;2)	Prozentuale Verteilung der Filtersummen übers Jahr

Tabelle 7.1 Formelbeispiele aus dem Kopfbereich des Datenblatts

Der Schlüssel zum analytischen Anfangserfolg des Modells liegt in der Verwendung des Vielkönners TEILERGEBNIS. Diese Funktion (mehr dazu in Kapitel 11) kann im Filterbereich verschiedenartige Berechnungen ausführen, wenn ihr per Funktionscode mitgeteilt wird, welche Kalkulationsart sie gerade beherrschen soll. Ihr Ergebnis bezieht sich dann auf jene Zeilen, die gerade im Filter sichtbar sind. Das wiederum lässt sich leicht – in diesem Modell geschieht es so – mit der Gesamtheit in Beziehung setzen; eine sehr effektive, leider nur wenig genutzte Möglichkeit zur analytischen Arbeit mit filterbaren Listen.

Wenn Sie mit Excel 2003 arbeiten, müssen Sie bei der Verwendung von TEILERGEBNIS die Funktionscodierung – eine bestimmte Zahl – entweder auswendig wissen oder in einer entsprechenden Dokumentation suchen. Für die Nutzer von Excel 2007 ist etwas mehr Komfort im Angebot. Das in Abbildung 7.3 gezeigte Beispiel stellt es vor. Voraussetzung: Sie haben die Option *AutoVervollständigen-Formel* eingeschaltet.

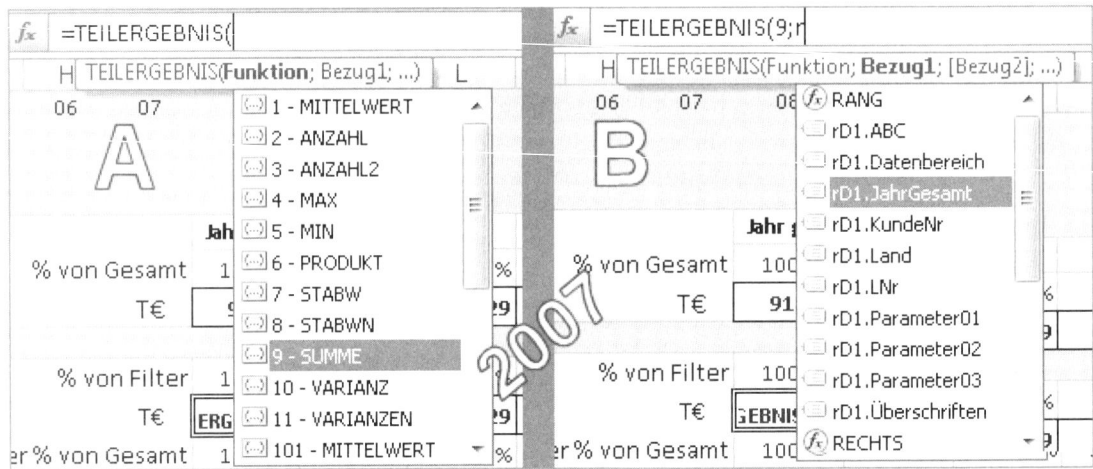

Abbildung 7.3 Excel 2007 unterstützt das Schreiben der *TEILERGEBNIS*-Formel auf perfekte Weise

Abschnitt A: Sie schreiben =TEILERGEBNIS(bis einschließlich der öffnenden Klammer. Danach erscheint unterhalb der Bearbeitungsleiste eine Liste der Funktionscodierungen und lässt Sie mit ⬇ und ⇆ oder mit Doppelklick Ihre Auswahl treffen.

Abschnitt B: Noch mehr Übersicht und Erleichterung erfahren Sie, wenn Sie obendrein mit Bereichsnamen arbeiten, die den Konventionen der rS1.Methode entsprechen. Nach dem Einfügen des Trennzeichens Semikolon schreiben Sie ein *r*, um anschließend auf eine Liste der verfügbaren Bereichsnamen zugreifen zu können. Die äquivalente Arbeitsweise, auch in der Version 2003, ist die Verwendung von F3 zum Öffnen des Dialogfelds *Namen einfügen*.

Eine der Schwächen des Modells in seiner aktuellen Fassung ist die am Jahresumsatz ausgerichtete, statische ABCD-Klassifizierung in Spalte F. Der Urheber des Modells hat sie mit Formeln ermittelt – dazu gleich mehr –, dann aber die Ergebnisse in Konstanten umgewandelt. Ein prinzipieller Fehler, der die Beweglichkeit einer Analyse beeinträchtigt: Wenn andere Ideen oder Vorgaben zur umsatzorientierten Unterteilung der Kunden auftauchen, wären die Formeln erneut zu schreiben.

Im Moment gilt das Folgende (vgl. mit Abbildung 7.4):

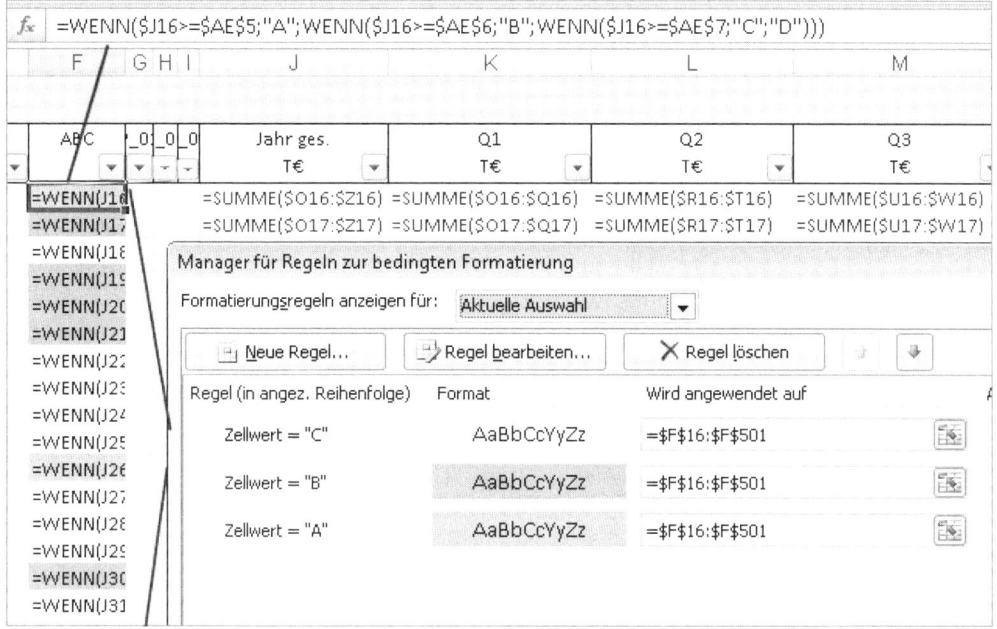

Abbildung 7.4 Die ursprünglichen Formeln und die bedingten Formatierungen für die ABCD-Unterteilung

Der Urheber hatte gemäß folgender Aufstellung Werte hinterlegt:

Wert	in Zelle	Zweck
1.000.000	AE5	Umsatz-Untergrenze für Definition der Kundenklasse A
200.000	AE6	Umsatz-Untergrenze für Definition der Kundenklasse B
60.000	AE7	Umsatz-Untergrenze für Definition der Kundenklasse C

Dann wurden in Spalte F Formeln eingerichtet, die diese Vorgaben mit den ganzjährigen Umsatzsummen abgleichen und daraus die Klassenfestlegung treffen. Eine mehrstufige WENN-Formel wie

=WENN($J16>=$AE$5;"A";WENN($J16>=$AE$6;"B";WENN($J16>=$AE$7;"C";"D")))

ist in der Hierarchie ihrer Werteprüfung absteigend zu gestalten – wenn die erste Prüfung zutrifft, kommt keine weitere mehr zum Zuge, wenn die zweite zutrifft wiederum keine weitere usw. Für die letzte Variante, hier mit *D* die vierte, ist eine Werteprüfung nicht nötig bzw. würde ggf. sogar Fehler erzeugen. Es gilt also: Wenn das Ergebnis weder *A* noch *B* noch *C* ist, dann muss es automatisch *D* sein.

Wie oben schon kritisiert, wurden die Formeln anschließend durch ihre Ergebnisse ersetzt. Ein Mangel, den es im nächsten Abschnitt wieder zu beheben gilt.

Anschließend wurden die Klassen mit einer vierteiligen, modifizierten Ampelfärbung gekennzeichnet: *A* und *B* in leicht unterschiedlichen Grüns, *C* in Gelb und *D* in Blau. Excel 2003 beherrscht – im Gegensatz zur in dieser Hinsicht geradezu ausufernden Version 2007 – nur eine dreiteilige bedingte Formatierung. Dass hier dennoch vier unterschiedliche Farbtöne zum Einsatz kommen, ist der simplen Tatsache geschuldet, dass sich die Grundfarbe des Zellbereichs, das Blau, von der nicht gefärbten Umgebung abhebt.

Nochmals im Zusammenhang mit Abbildung 7.4: Die Regeln für die bedingte Formatierung prüfen lediglich, ob der Wert in der Zelle ein bestimmter Buchstabe ist, und reagieren mit der entsprechenden Färbung. Wenn keine der Regeln passt, bei *D* eben, bleibt es bei der Grundfarbe Blau.

HINWEIS   Zu diesem Modell noch zwei abschließende, allgemeine Hinweise:

- Die *ABCD*-Klassifizierung ist rein umsatzspezifisch und bezieht sich auf nur ein Geschäftsjahr. Es gibt viele Gründe, eine solche Einteilung weniger kurzlebig zu betrachten. In vielen vergleichbaren Analysemodellen gibt es deshalb mehrere Kundenklassifizierungen, die sich an unterschiedlichsten Daten, Einschätzungen und Erfahrungen orientieren und deshalb teilweise auch nicht mittels Formeln festlegbar sind. So könnte es beispielsweise auch einen »ABC-Kunden« geben: A nach Qualität, Dauer und Wertigkeit der Geschäftsbeziehung, B nach aktuellem Umsatz, C nach Sortimentvielfalt – vieles anderes mehr; zahlreiche Kombinationen sind möglich. Das ist für komplexe Filteranalysen natürlich äußerst hilfreich.

- In sehr viel größeren Listen wäre es einer Überlegung wert, ob nach Abschluss eines Geschäftsjahres im Datenbereich des Blattes die Quartals- und Jahressummen durch Konstanten zu ersetzen sind. Das natürlich nur dann, wenn mit Sicherheit ausgeschlossen werden kann, dass sich einzelne Daten durch Nach- oder Umbuchungen nochmals ändern. Im Beispielfall wären auf diese Weise 2.500 Summenformeln einzusparen, eine unter modernen PC- und Excel-Bedingungen allerdings eher zu vernachlässigende Größe.

Mehr Variabilität und Darstellungskomfort

Während die erste Variante eher als Rohfassung zu bezeichnen ist, hat die zweite schon einiges mehr zu bieten und zeichnet sich vor allem durch eine höhere Flexibilität aus.

CD-ROM   Bitte öffnen Sie von der CD-ROM aus dem zu Ihrer Excel-Version passenden Ordner die Datei *0703_Filter02*.

Übersicht

Was ist neu, was ist anders?

- Im Blatt *Namensliste* ist die Aufstellung der Bereichsnamen um zwei Positionen länger geworden: Die Namen *rD1.FilterProzent* und *rL1.FarbenAusw* sind hinzugekommen.

- Es gibt jetzt auch das Blatt *Listen 1*, allerdings nur mit der einsamen Zelle *rL1.FarbenAusw*; sie wird also etwas mit Farben und einer Auswahl des Benutzers zu tun haben.

- Das Blatt *Daten 1 Ist* zeigt keine Zeilen und Spaltenbeschriftungen. Es ist ohne Kennwort geschützt. Drei nicht gesperrte Zellen sind auswählbar und der Filter kann benutzt werden. Der Kalkulationsbereich im oberen Teil des fixierten Fensters ist jetzt dreiteilig und umfasst mehr Zeilen als bisher; die erste Zeile des Datenbereichs ist nicht mehr Zeile 16, sondern Zeile 22.

Damit dann weiter im Zusammenhang mit Abbildung 7.5:

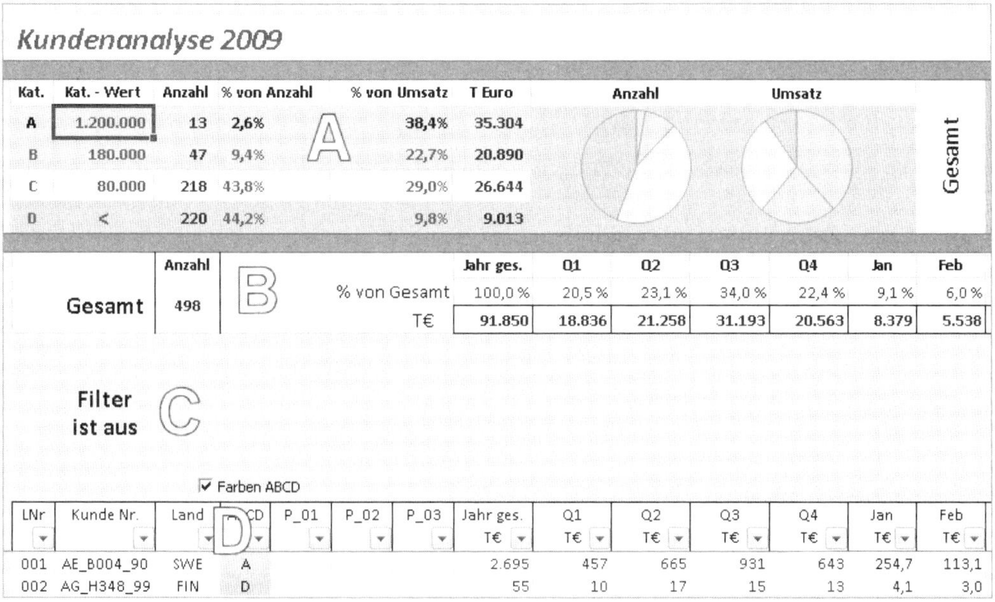

Abbildung 7.5 Neue Aufteilungen und Funktionalitäten

- Bereich A: Der oben neu hinzugekommene, fünfzeilige Teil des Kalkulationsbereichs verwaltet und visualisiert die *ABCD*-Klassifizierung. Die Werte der Untergrenzen für die der Klassen *A* bis *C* sind in drei eingabefähigen Zellen hinterlegt und können vom Benutzer im Rahmen einer Was-wäre-wenn Betrachtung beliebig verandert werden. Jede Änderung in der Spalte mit der Überschrift *Kat.-Wert* sorgt unmittelbar für eine Neuverteilung der Klassen (Kategorien). Dies wird in mehrfacher Hinsicht visualisiert. Von links nach rechts:

  - In der Spalte *Anzahl* werden die Kundenzahlen pro Klasse ausgewiesen,

  - in der Spalte *% von Anzahl* die relative Verteilung dieser Anzahlen,

  - wegen des gewollten Direktvergleichs (x Prozent der Kunden tragen y Prozent des Umsatzes) jetzt zunächst in der Spalte *% von Umsatz* die relative Verteilung der Umsatzwerte,

  - dann erst die klassenspezifischen Jahresumsatzwerte in Tausend Euro und

  - abschließend zwei Kreisdiagramme, die das Verhältnis (oder ggf. Missverhältnis) zwischen der Anzahl der Kunden und deren Umsatz zum Ausdruck bringen.

  - Es wird, auch in der Datenspalte ABCD (vgl. Buchstabe D), nur noch mit drei Signalfarben gearbeitet. Die Klassen *A* und *B* benutzen ein gleichwertiges Grün (Begründung dazu weiter unten), *C* ist gelb, *D* ist orange.

- Bereich B: Bei der kalkulatorischen Betrachtung der Gesamtsummen hat sich gegenüber der ersten Fassung des Modells nichts geändert.

- Neu hingegen ist eine Einrichtung im Bereich C: Wenn der Benutzer filtert, sieht er, wie zuvor auch, die entsprechenden Formelergebnisse und Formatierungen (vgl. auch mit Abbildung 7.6). Dies alles verschwindet aber vollständig, wenn er die Filterung aufhebt. Nur die Textinformation »Filter ist aus« bleibt dann noch im Bereich sichtbar. Der Grund: Wenn nicht gefiltert ist, sind die angezeigten Gesamtwerte mit den Filterwerten identisch. Es ist nicht schlüssig oder sogar irritierend, wenn zwei Datenblocks mit gleichen Zahlen zur Anzeige kommen und im unteren dann auch noch dokumentiert wird, dass es sich, Spalte für Spalte, um *100 %* des oberen handelt.

- Bereich D: Die Klassifikationsbuchstaben in der Spalte *ABCD* sind jetzt wieder Formelergebnisse. Die durch bedingte Formatierung entstehenden Farbsignale sind mit einem Steuerelement *Kontrollkästchen* an- und ausschaltbar. Der Grund: Einerseits natürlich eine Spielerei, die – sehr bewusst – zu den kleinen »Akzeptanzvertiefern« solcher Lösungen gehört. Andererseits kann es bei derartigen Modellen eine häufige Verwendung sein, gefilterte Zusammenstellungen von Daten zu drucken (ggf. in Graustufen) oder in andere Tabellen einzufügen. In beiden Fällen ist es stets günstig, wenn die Sonderformatierung eines Teilbereichs der Datenquelle unterdrückbar ist.

Aus- und Einblenden von Informationen

In diesem Abschnitt wird erklärt, wie es gelingt, im Kopfbereich des Blattes den gesamten Kalkulationsblock *Filter* optional verschwinden zu lassen. »Optional« heißt, wie oben angesprochen, dass der Bereich immer dann unsichtbar bleibt, wenn im Arbeitsblatt aktuell keine Filterung existiert.

Der Auslöser dieses Ein- und Ausblendens ist der Wert in der Zelle E17 mit dem Bereichsnamen *rD1.FilterProzent*. Er beträgt entweder 100 (der Datenbereich ist nicht gefiltert) oder weniger als 100 (der Datenbereich ist in beliebiger Weise gefiltert). Anders gesagt, und im Zusammenhang mit Abbildung 7.6 verdeutlicht: Der Wert in der Zelle *rD1.FilterProzent* steuert eine *bedingte Formatierung*.

Zum Abschnitt A der Abbildung:

- Wenn die Zelle *rD1.FilterProzent* den Wert 100 enthält, wird im Bereich C15:AB17 folgende *bedingte Formatierung* veranlasst: Alle Zellen nehmen die Farbe des allgemeinen Hintergrunds an, die Schrift erhält dieselbe Farbe (alles »grau in grau« sozusagen) und Rahmen werden nicht gezeichnet.

- Eine abweichende bedingte Formatierung gilt für die Zellen D16:D17. Die Schriftfarbe ist auch dann Schwarz, wenn der Wert in Zelle *rD1.FilterProzent* 100 beträgt. Anders gesagt und für Zelle D16: Der Text *Filter* erscheint immer, mal mit Rahmen, mal ohne, mal vor grauem Hintergrund, mal vor einem andersfarbigen. Für die Zelle D17 gilt dieselbe Formatierung, jedoch eine andere Inhaltsbestimmung: Die Formel =WENN(rD1.FilterProzent=100;"ist aus";"") erzeugt entweder den Text *ist aus* oder aber leeren Text.

Zum Abschnitt B der Abbildung: Es wurde gefiltert. Der Wert in Zelle *rD1.FilterProzent* ist folglich kleiner als 100, es erscheinen alle Standardformatierungen des Bereichs.

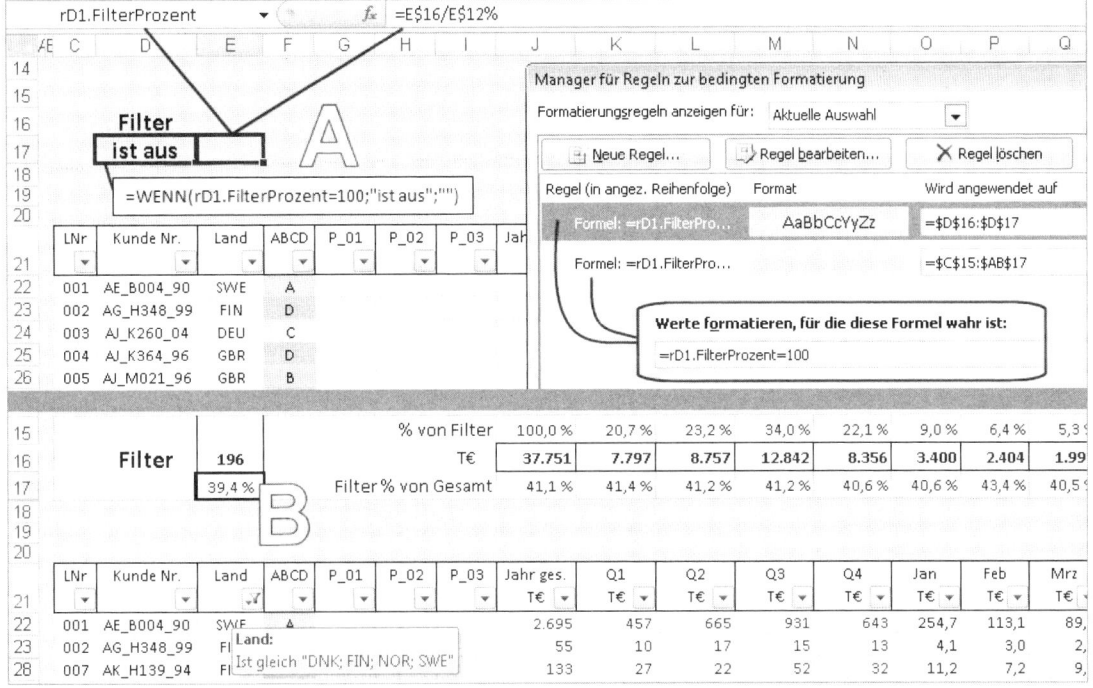

Abbildung 7.6 Entweder 100 oder weniger; entweder sichtbar oder nicht

Variable ABCD-Analyse mit schaltbarer Farbformatierung

In der Einführung dieses Abschnitts wurde es schon angesprochen: Die umsatzspezifische ABCD-Analyse ist variabel eingerichtet. Der Benutzer kann frei definieren, welche Umsätze er welchen Klassen zuordnet. Ein solches Was-wäre-Wenn geht weit über die bloße Betrachtung hinaus und kann diverse geschäftspolitische Entscheidungen bedingen oder zumindest unterstützen.

Die primären Grundfragen:

- Wie viele und ggf. welche meiner Kunden bestimmen gegenwärtig welche Anteile des Umsatzvolumens?

- Wie würden sich diese Relationen ändern, wenn ich meine Umsatz- und Klassifikations»ansprüche« reduziere oder anhebe.

- Wie »gesund« oder kritisch sind die Abstände zwischen den aktuellen und hypothetischen Klassenmerkmalen?

- Sind bzw. wären die aktuellen oder hypothetischen ABCD-Anteile ausgewogen, vernünftig, zukunftssicher?

Die sekundären Grundfragen:

- Sind die aktuellen Verteilungen gewollt oder haben sie sich »einfach so« entwickelt?

- Wenn mir eine hypothetische Neuverteilung der Anzahl-Umsatz-Relationen mehr zusagen würde und sicherer erschiene, könnte ich sie überhaupt durch eigenes Handeln oder Unterlassen erreichen? Wenn ja, wie?

- Welche strategischen Schlussfolgerungen wären also zu ziehen (Kundenpflege, Akquiseverhalten, Preispolitik usw.), wenn ich beispielsweise meine Bemühungen mehr auf A- und B-Kunden ausrichte und versuche, deren Anteil zu mehren, deswegen aber einen Teil der C-Kunden und alle D-Kunden ggf. in gewisser Weise vernachlässigen müsste oder in Konsequenz sogar auf einen Teil dieser Kunden bewusst verzichten würde?

Einige Fragen von vielen denkbaren, wichtig und interessant sind sie alle. Sie sind natürlich nicht mit einem einfachen Excel-Modul zu beantworten. Aber – eine leicht variierbare Betrachtungsmöglichkeit nach dem Muster »So ist es – so könnte es sein – so sollte es sein« hilft sehr, solche Fragen immer wieder überhaupt erst entstehen zu lassen und einer Diskussion zuzuführen.

Damit aber, im Zusammenhang mit Abbildung 7.7 und seiner Nummerierung, zu den technischen Komponenten des Modells. Heben Sie ggf. den Blattschutz auf, um sich die nachstehenden Angaben zu verdeutlichen.

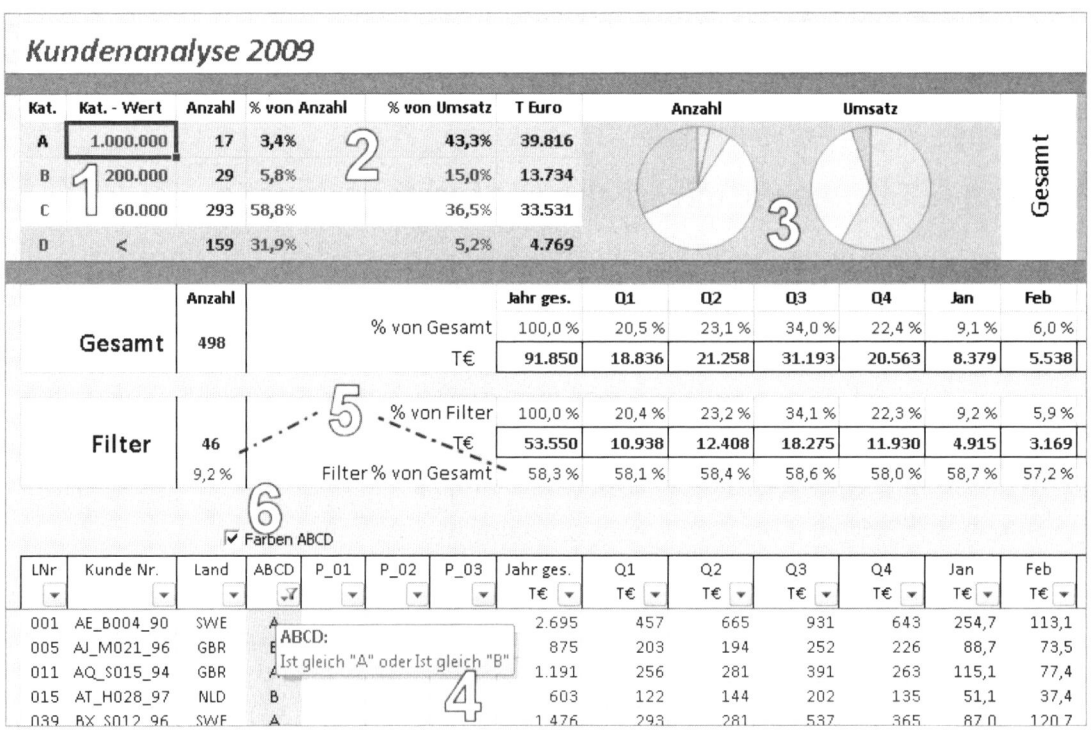

Abbildung 7.7   Die technischen Elemente der variablen ABCD-Analyse

1. In die nicht gesperrten Zellen D6:D9 geben Sie jene Werte ein, die Umsatz-Untergrenze zur Definition der jeweiligen Kundenklasse sein sollen. Per Gültigkeitsprüfung werden Eingaben, die nicht ganzzahlig sind, abgewiesen. Eine darüber hinausgehende Kontrolle findet nicht statt, es sind also durchaus auch unsinnige Verteilungsergebnisse möglich. Die Verrechnung der hier getätigten Eingaben erfolgt in der Spalte *ABCD*, vgl. Ziffer 4.

2. Der Formelblock weist aus, was aus den unter 1 getätigten Eingaben des Benutzers resultiert. Die Ergebnisse sind in einer Form nebeneinander angeordnet, die, abgelesen von links nach rechts, das Bilden sprachlich wertender Aussagen unterstützt: »Wenn ich als Untergrenze der Klasse A eine Million Euro annehme, dann habe ich 17 A-Kunden. Das sind nur 3,4 % aller Kunden, die aber 43,3 % meines Umsatzes, nämlich fast 40 Millionen Euro, bringen.« Zu den einfachen Formeln des Bereichs ein paar exemplarische Beispiele:

   ▪ Die Formel =ZÄHLENWENN(rD1.ABC;$C6) in Zelle E6 zählt im Bereich F22:F821, der den Namen *rD1.ABC* hat, die aktuelle Häufigkeit des in C6 hinterlegten Suchbegriffs *A*.

   ▪ Die Formel =$E6/$E$12% in Zelle F6 verrechnet die gerade ermittelte Anzahl mit der Gesamt-Anzahl in Zelle E12 (E12 ist ein Verbund aus den Zellen E12 und E13).

   ▪ Die Formel =$J6/$J$13% in Zelle I6 verrechnet den klassenspezifischen Wert aus ihrer rechten Nachbarzelle mit der Gesamt-Umsatzsumme in Zelle J13.

   ▪ Die Formel =SUMMEWENN(rD1.ABC;$C6;rD1.JahrGesamt) in Zelle J6 sucht im Bereich F22:F821, der den Namen *rD1.ABC* hat, den in Zelle C6 hinterlegten Suchbegriff *A* und ermittelt im Referenzbereich J22:J821, der den Namen *rD1.JahrGesamt* hat, die dem Suchbegriff *A* entsprechende Umsatzsumme.

3. Die beiden Kreisdiagramme beziehen sich auf die Prozentwerte in F6:F9 bzw. I6:I9. Sie haben außer ihren gefärbten Segmenten keine sichtbaren Elemente. Eine Legende oder eine andersartige Beschriftung ist überflüssig, weil sich der Sinn der grafischen Darstellung komplett aus den links benachbarten Tabelleneinträgen erschließt.

4. Im Bereich F22:F821, der den Namen *rD1.ABC* hat, werden die den Kundenklassen entsprechenden Buchstaben mit Formeln ermittelt. Im abgebildeten Zustand wurde nach A- und B-Kunden gefiltert. Alle sichtbaren Zellen des Bereichs sind grün. Welche Formeln und Formatierungen hier ihre Rolle spielen, beschreibe ich weiter unten in einem separaten Abschnitt.

5. Vergleichen Sie in der Abbildung 7.7 die aktuellen Ergebnisse im Kalkulationsbereich *Filter* (Ergebnis der Filterung A und B) mit den Summen der A- und B-Daten im mit Ziffer 2 gekennzeichneten Bereich. Die Aussagen sind identisch: 9,2 % der Kunden erbringen 58,3 % des Umsatzes.

6. Das Steuerelement zum An- und Ausschalten der bedingten Formatierung wird im nachstehenden Abschnitt angesprochen.

Die schaltbare und bedingte Formatierung

Der Bereich F22:F821 hat den Namen *rD1.ABC*. Er enthält Formeln, mit denen auf Basis der Jahresumsätze und der benutzerdefinierten Vorgaben in den Eingabezellen D6:D9 ein Buchstabe erzeugt wird.

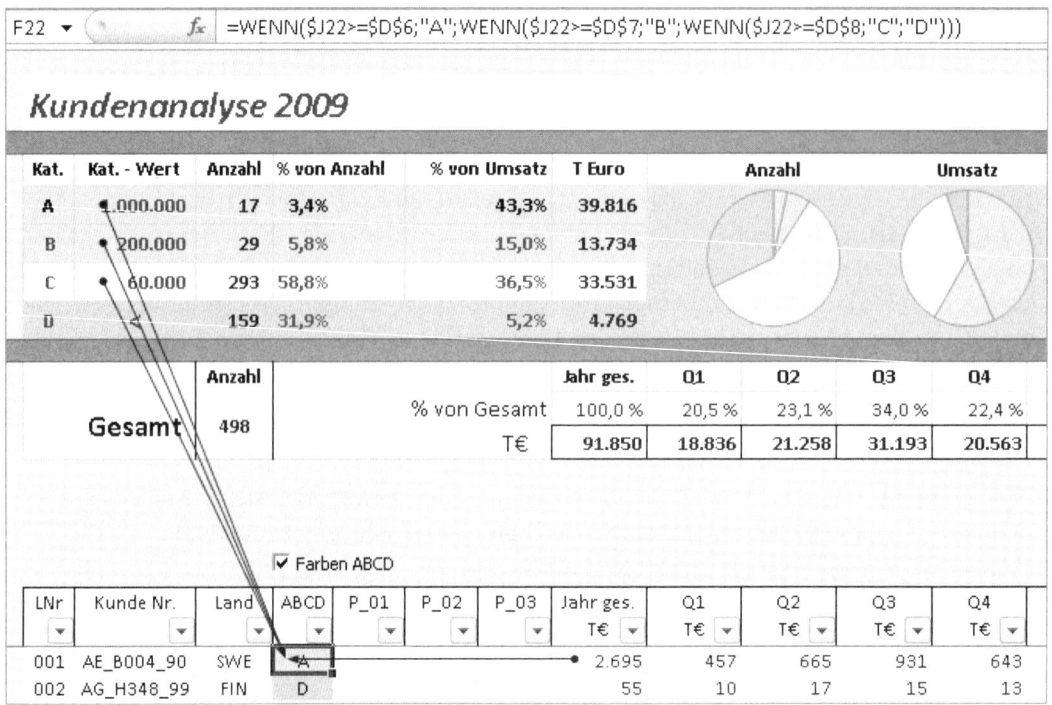

Abbildung 7.8 Die Formeln reagieren auf Umsatzsummen und Vorgaben des Benutzers

Art und Struktur solcher geschachtelten WENN-Formeln wurden oben schon, im Zusammenhang mit Abbildung 7.4 vorgestellt. Die aktualisierte und auf die variablen Bedürfnisse der neuen Modellfassung zugeschnittene Formelfassung wird, am Beispiel der Zelle F22, zusammen mit ihren Bezugslinien in Abbildung 7.8 gezeigt.

Mit den variablen Daten in den drei Eingabezellen entscheidet der Benutzer, *wie* sich die Zellen in der mit *ABCD* überschriebenen Spalte färben. *Ob* sie sich färben, das entscheidet er mit einem Steuerelement, das sich knapp oberhalb dieser Spalte befindet. Wie dieses *Kontrollkästchen* ausgestattet ist und wie die Farbformate auf seinen Ausgabewert reagieren, ergibt sich aus Abbildung 7.9 in Verbindung mit Tabelle 7.2. Das transparente Steuerelement ist mit dem Text *Farben ABCD* versehen und mit der Zelle *rL1.FarbenAusw* im Arbeitsblatt *Listen 1* verknüpft. Sein Ausgabewert, Sie kennen das, kann entweder WAHR oder FALSCH sein. Es funktioniert also wie ein einfacher Schalter.

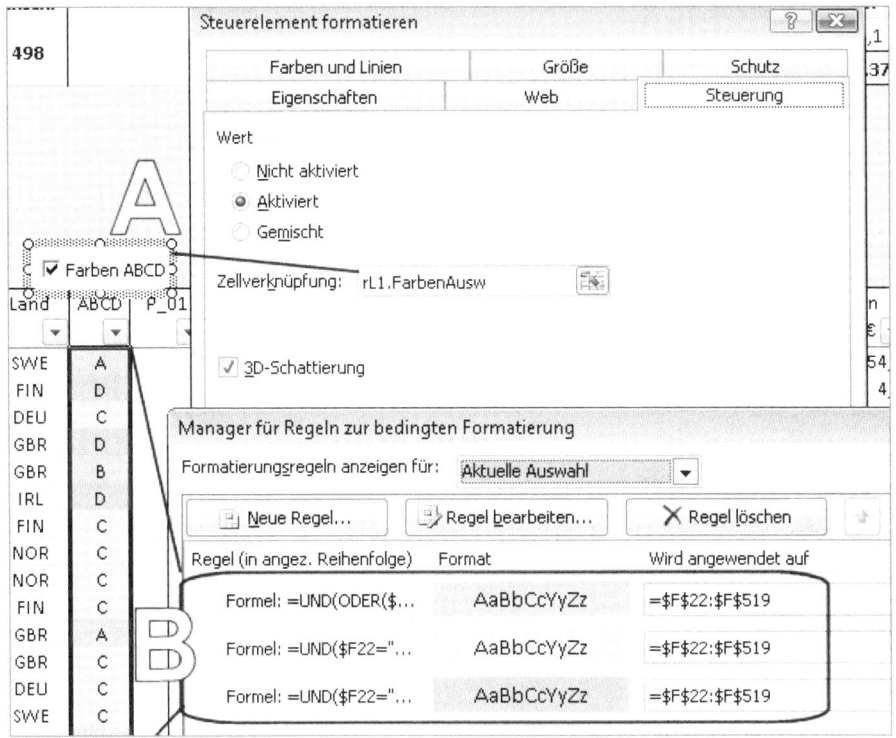

Abbildung 7.9 Formelbasierte Färbungen mit *UND* und *ODER*

Die Regeln der bedingten Formatierung haben also zweierlei zu prüfen: Welchen Inhalt hat die Zelle und wie ist der Ausgabewert des Steuerelements?

Regel und Farbe	Formel
Regel 1, GRÜN	=UND(ODER($F22="A";$F22="B");rL1.FarbenAusw=WAHR)
Regel 2, GELB	=UND($F22="C";rL1.FarbenAusw=WAHR)
Regel 3, ORANGE	=UND($F22="D";rL1.FarbenAusw=WAHR)

Tabelle 7.2 Die Regeln zur bedingten ABCD-Formatierung

Die Prüfung für Regel 1 ist ein wenig komplizierter, weil sie nach dem Muster »entweder – oder – und noch« drei Bedingungsprüfungen zu verarbeiten hat. Bei positivem Ergebnis resultiert für A und für B ein gleichartiges Grün.

HINWEIS Die Unterteilung nach A und B bei identischer Farbzuordnung wurde im Unternehmen gewählt, weil die Umsätze der Kunden-»Spitzengruppe« ganz erheblich größer sind, als die des Durchschnitts, es aber obendrein auch innerhalb dieser kleinen Anzahl von Kunden noch drastische Unterschiede gibt. Es soll also – nicht per Signalfarbe, sondern per Klassenmerkmal – differenzierbar dargestellt werden, wer unter den großen Kunden nochmals eine Sonderrolle spielt.

Variable Gruppenbildung

Die nunmehr zum Einsatz kommende Variante hat andere Ziele, deswegen also einen anderen Konstruktionsansatz. Im Vordergrund der Analysewünsche stehen jetzt Betrachtungen und Bewertungen von diversen Kunden*gruppen* bzw. von deren Stellung in übergeordneten Gruppenkomplexen.

CD-ROM   Bitte öffnen Sie von der CD-ROM aus dem zu Ihrer Excel-Version passenden Ordner die Datei *0704_Filter03*.

Die Arbeitsblätter der Datei sind nicht geschützt.

Übersicht

Zu den Arbeitsblättern der Datei, wieder einmal von hinten nach vorn:

Das Blatt *Namensliste* zeigt deutlich mehr Einträge als bisher. Dies hat hauptsächlich damit zu tun, dass in der Arbeitsmappe bereits – hier allerdings nur am Rande interessierende – technische Vorbereitungen für den Einsatz als Präsentationsmodul getroffen wurden. Deswegen gibt es jetzt etliche Namen mit dem Präfix *rL1*. Wichtiger aber für die Beschreibungen in diesem Kapitel sind zwei neue Namen im Blatt *Daten 1 Ist*, nämlich *rD1.JahrAktuell* für die Zelle C2 (bzw. den Zellverbund C2:K3) und *rD1.Typ* für den Bereich $AC$33:$AC$832.

					Gruppen01	Suche	Gruppen02	Suche	Gruppen03	Suche
						1		1		1
						21		36		16
01		rL1.FarbenAusw	WAHR		Umsatz A	A	Dänemark, Umsatz A	DNK_A	Typ 1, Umsatz A	T01_A
02					Umsatz B	B	Dänemark, Umsatz B	DNK_B	Typ 1, Umsatz B	T01_B
03					Umsatz C	C	Dänemark, Umsatz C	DNK_C	Typ 1, Umsatz C	T01_C
04					Umsatz D	D	Dänemark, Umsatz D	DNK_D	Typ 1, Umsatz D	T01_D
05					Dänemark	DNK	Deutschland, Umsatz A	DEU_A	Typ 2, Umsatz A	T02_A
06					Deutschland	DEU	Deutschland, Umsatz B	DEU_B	Typ 2, Umsatz B	T02_B
07					Finnland	FIN	Deutschland, Umsatz C	DEU_C	Typ 2, Umsatz C	T02_C
08					Frankreich	FRA	Deutschland, Umsatz D	DEU_D	Typ 2, Umsatz D	T02_D
09					Großbritannien	GBR	Finnland, Umsatz A	FIN_A	Typ 3, Umsatz A	T03_A
10					Irland	IRL	Finnland, Umsatz B	FIN_B	Typ 3, Umsatz B	T03_B
11					Niederlande	NLD	Finnland, Umsatz C	FIN_C	Typ 3, Umsatz C	T03_C
12					Norwegen	NOR	Finnland, Umsatz D	FIN_D	Typ 3, Umsatz D	T03_D
13					Schweden	SWE	Frankreich, Umsatz A	FRA_A	Typ 4, Umsatz A	T04_A
14					Kundentyp 1	T01	Frankreich, Umsatz B	FRA_B	Typ 4, Umsatz B	T04_B
15					Kundentyp 2	T02	Frankreich, Umsatz C	FRA_C	Typ 4, Umsatz C	T04_C
16					Kundentyp 3	T03	Frankreich, Umsatz D	FRA_D	Typ 4, Umsatz D	T04_D
17					Kundentyp 4	T04	Großbritannien, Umsatz A	GBR_A		
18					Altkunde	KA	Großbritannien, Umsatz B	GBR_B		
19					Mittelkunde	KM	Großbritannien, Umsatz C	GBR_C		
20					Neukunde	KN	Großbritannien, Umsatz D	GBR_D		
21					(keine)	x	Irland, Umsatz A	IRL_A		
22							Irland, Umsatz B	IRL_B		

Abbildung 7.10 Auf solche Gruppen kann der Benutzer jetzt mit einer einzigen Filteraktion zugreifen

Im Zusammenhang mit Abbildung 7.10: Das Blatt *Listen 1* enthält vorbereitete Strukturen und Namen für einen Einsatz von Steuerelementen. Im aktuellen Zusammenhang stelle ich es Ihnen aber nur als informierende Übersicht vor: Welche Direktzugriffe auf Kundengruppen sind mittlerweile möglich? Welche Zugriffskürzel werden beim Filtern benutzt? Der Begriff »Direktzugriff« bezieht sich bei meinen Filterlisten auf zweierlei Anforderungen:

- Die Umsatzdaten der 17 Primär-Kundengruppen (sie entsprechen den ersten 17 Positionen der Auflistung *Gruppen01*) sollen permanent als Vergleichstabelle sichtbar sein (vgl. Abbildung 7.11, Abschnitt A).

- Die Umsatzdaten der 55 Sekundär-Kundengruppen (sie entsprechen den Einträgen 18 bis 20 der Auflistung *Gruppen01* und den vollständigen Auflistungen *Gruppen02* und *Gruppen03*) müssen mit jeweils nur einer einzigen Filteraktion zu ermitteln sein (vgl. Abbildung 7.11, Abschnitt C).

- Das führt direkt zu einer Umsetzung, wie sie im Blatt *Daten 1 Ist* vorhanden und in den drei Abschnitten der Abbildung 7.11 zu sehen ist.

		Gruppe	Anzahl	Anz. %		Umsatz %	Jahr ges.	Q1	Q2	Q3	Q4	Jan	Feb
	01	Umsatz A	17	3,4		43,3	39.816	8.072	9.242	13.703	8.799	3.673	2.285
	02	Umsatz B	29	5,8		15,0	13.734	2.866	3.165	4.571	3.131	1.242	884
	03	Umsatz C	293	58,8		36,5	33.531	6.943	7.749	11.359	7.481	3.054	2.077
	04	Umsatz D	159	31,9		5,2	4.769	955	1.101	1.559	1.153	410	293
	05	Dänemark	50	10,0		8,0	7.305	1.523	1.580	2.542	1.660	625	486
	06	Deutschland	76	15,3		13,4	12.348	2.469	2.771	4.530	2.579	1.158	598
	07	Finnland	44	8,8		11,2	10.322	2.138	2.455	3.449	2.280	969	628
	08	Frankreich	59	11,8		13,2	12.095	2.576	2.856	3.751	2.911	1.259	708
	09	Großbritannien	86	17,3		15,7	14.442	2.898	3.231	5.066	3.248	1.281	899
	10	Irland	46	9,2		7,6	6.989	1.482	1.635	2.302	1.570	637	462
	11	Niederlande	35	7,0		9,0	8.226	1.614	2.008	2.703	1.901	643	467
	12	Norwegen	48	9,6		9,4	8.668	1.901	2.060	2.920	1.787	792	617
	13	Schweden	54	10,8		12,5	11.456	2.235	2.662	3.930	2.629	1.013	673
	14	Kundentyp 1	129	25,9		21,9	20.142	4.211	4.683	6.493	4.755	1.948	1.242
	15	Kundentyp 2	139	27,9		35,6	32.729	6.703	7.640	11.138	7.248	2.875	2.016
	16	Kundentyp 3	113	22,7		27,5	25.220	5.060	5.718	8.952	5.490	2.325	1.371
	17	Kundentyp 4	117	23,5		15,0	13.759	2.862	3.217	4.609	3.070	1.231	909

				% von Gesamt	100,0 %	20,5 %	23,1 %	34,0 %	22,4 %	9,1 %	6,0 %
Gesamt	498		T€	91.850	18.836	21.258	31.193	20.563	8.379	5.538

				% von Filter	100,0 %	20,4 %	23,2 %	34,0 %	22,4 %	9,1 %	5,9 %
Filter	205		T€	58.319	11.893	13.509	19.834	13.083	5.325	3.461
	41,2 %	Filter % von Gesamt		63,5 %	63,1 %	63,5 %	63,6 %	63,6 %	63,6 %	62,5 %

☑ Farben ABCD

LNr	Kunde Nr.	Land	ABCD	P_01	P_02	P_03	Jahr ges.	Q1	Q2	Q3	Q4	Jan	Feb
▼	▼	▼	▼	▼	▼	▼	T€ ▼	T€ ▼	T€ ▼	T€ ▼	T€ ▼	T€ ▼	T€ ▼
001	AE_B004_90	SWE	A	SWE_A	T03_A	KA	2.695	457	665	931	643	254,7	113,1
002	AG_H348_99	FIN		FIN_D	T03_D	KM	55	10	17	15	13	4,1	3,0
004	AJ_K364_96	GBR		GBR_D	T02_D	KA	50	10	13	16	10	3,7	2,8
005	AJ_M021_96	GBR		GBR_B	T01_B	KA	875	203	194	252	226	88,7	73,5
006	AK_B373_06	IRL	D	IRL_D	T04_D	KN	44	9	12	13	10	4,1	1,9

Abbildung 7.11 Das neue Gesicht des Daten- und Filterblatts *Daten 1 Ist*

Um es vorwegzusagen: Das Schwierigste an der Erstellung eines derart kompakten und »vollen« Arbeitsblatts ist seine halbwegs ordentliche Formatierung. Trotz enger Räume, trotz nur begrenzt variierbarer Spaltenbreiten und Zeilenhöhen – es ist eine ausreichende Übersicht, Unterscheidung und Hervorhebung einzelner Bereiche zu leisten. Welche Daten an welche Positionen? Welche Zahlen- und Schriftformate wo? Wo Rahmen und wo keine? Welche Rahmen kräftig, welche dezent? Welche Hintergrundfarben an welchen Stellen? Da ist nichts dem Zufall zu überlassen. Da muss einiges geplant, viel überlegt, manches ausprobiert und – oft genug – auch etliches wieder verworfen werden.

Bei den vertikalen Größenbestimmungen war zu berücksichtigen, dass der Benutzer auch bei geringen Bildschirmauflösungen (wie 1024 x 768) zumindest noch ein paar Zeilen des Filter- und Datenbereichs sehen muss. Bei den Spaltenanordnungen und -breiten ist zu berücksichtigen, dass die vertikalen Zusammenhänge erhalten bleiben und dass die Inhalte der zu filternden Spalten weiterhin vollständig sichtbar sind.

Im Zusammenhang mit Abbildung 7.11 die Abschnitte des Blattes von oben nach unten:

Unter dem Titel beginnt **Abschnitt A** mit seinen Spaltenbeschriftungen. Dem folgen in den Zeilen 5 bis 21 drei optisch gegliederte Gruppenkomplexe mit den 17 Primärgruppen, unterschieden nach Umsatzklassen, nach Nationen und nach Kundentypen. Jede der drei Abteilungen zeigt spezifische Verteilungen des Gesamtumsatzes, jede also ist isoliert zu betrachten und zu bewerten. Sie sehen die Anzahlen und deren prozentuale Verteilung (innerhalb jedes Komplexes) sowie in gleicher Art die Zusammenstellung der Umsatz-Jahressummen, horizontal dann gefolgt von den Quartals- und Monatsdaten. Die wichtigsten (weil am leichtesten fasslichen) und aussagestärksten Daten sind die Prozentwerte in den Spalten F und I, sie wurden deshalb, ebenso wie die zu ihnen gehörenden Textbezeichnungen der Gruppen, fett formatiert und in zwar räumlich getrennte, dennoch aber unmittelbare Nachbarschaft gestellt.

HINWEIS   Der im Abschnitt A frei gelassene Platz in den Spalten G und H könnte zu weiteren Einrichtungen verleiten. Im Bereich G9:H17 wäre z. B. noch Platz für interessante Rang-Formeln, die klarmachen, ob und wie der Rangplatz eines Landes nach Kundenanzahl mit dem Rangplatz nach Umsatz korreliert. Sie würden sehen, dass es hier einige Abweichungen gibt.

Für den vertikal mittlerweile etwas gestauchten **Abschnitt B** gibt es nichts Neues zu vermelden, nach wie vor erscheinen hier Gesamtwerte, die in Relation zu beliebigen Filterwerten zu setzen sind. Auch an den Formatierungen (Ein- und Ausblenden des Filterbereichs) und an der Nutzung des Schalters *Farben ABCD* hat sich nichts geändert.

Ziemlich viel getan wiederum hat sich im **Abschnitt C**: Die ABCD-Umsatzklassifizierung in Spalte F ist wieder statisch. Das Unternehmen hat nach allerlei Was-wäre-Wenn (siehe Datei *0703_Filter02*) nun seine für 2009 gültigen Festlegungen getroffen. Des Weiteren gibt es die neu eingefügte und weiter unten erläuterte Kalkulationsspalte AB mit der Überschrift *Jahre KB* (zu sehen in Abbildung 7.13) sowie die Belebung der drei Parameterspalten mit den Überschriften *P_01* bis *P_03*. Hier sind mittels Textformeln alle Gruppenmerkmale zusammengestellt, nach denen die oben erwähnten 55 Sekundär-Kundengruppen gegliedert wurden. Deshalb also ist der gewünschte und handliche Direktzugriff möglich geworden. Am Beispiel: Eine Zusammenstellung von Kunden der Umsatzgruppe B in Großbritannien braucht kein Filtern in zwei Spalten, sondern die Auswahl von *GBR_B* in der Spalte *P_01*.

WICHTIG   Zwei Aspekte sind in diesem Zusammenhang wichtig:

■   Was ich – eingestandenermaßen mit etwas Mühe – gelernt habe: Es ist für die Qualität und Akzeptanz einer Lösung wichtig, ob eine Aufgabe mit zwei oder mit drei oder gar mit vier Mausklicks zu erledigen ist (das lässt sich eindeutig messen). Es ist sogar so, dass wichtige Analysen oder Kontrollen bisweilen nur deswegen unterbleiben, weil ein mehrmaliges Klicken bis zum Erreichen der gewünschten Information als zu aufwendig empfunden wird. Das auch dann, wenn der gleiche Arbeitsgang im Jahr davor vielleicht noch einen halben oder einen ganzen Tag in Anspruch genommen hat. Kein Anlass zur Klage – wir sind halt so.

■   Es ist ebenso wichtig, stets zu bedenken, dass etwas, was *Ihnen* vollständig klar und einleuchtend erscheint, für jemand anders eher unverständlich, irritierend oder auch einfach nur »doof« erscheinen mag. In diesem Sinne hat das Modell noch etliche Schwächen (ein Lösungsansatz weiter unten im Kapitel). Es arbeitet teilweise mit Kürzeln statt mit Klartextinformationen. Das mag für den Arbeitsplatz eines Analysten oder eines Controllers völlig in Ordnung sein, wenn jedoch eine Nutzung durch andere vorgesehen ist, könnte das als erheblicher Mangel gerügt werden.

Formeln für Gruppenübersichten und zur Parametrisierung

Einen genaueren, jetzt stärker auf Einzelheiten gerichteten Blick in die Zusammenfassungen der Primärgruppen verschafft Ihnen Abbildung 7.12. Ganz wichtig für die Anlage bzw. Interpretation der Formeln und deshalb nochmals zu wiederholen: Sie wirken nicht in der gesamten Liste, sondern in jeweils »ihrem« der drei Komplexe, deren jeder die Gesamtheit aller Umsatzdaten repräsentiert. Deshalb auch in der Abbildung dieser Gruppenauflistung eine Unterteilung nach A, B und C. Es ist also bei Einsatz der flotten Arbeitsroutinen (Ausfüllen per Doppelklick, Mehrfacheingabe mit $\boxed{\text{Strg}}$ + $\boxed{\hookleftarrow}$ usw.) Vorsicht und Zurückhaltung geboten. Jeder der drei Abschnitte ist arbeitstechnisch als eigenständiger Bereich zu behandeln. Das gilt nicht nur für den in der Abbildung zu sehen Anteil, sondern auch für die gesamte horizontale Ausdehnung.

Was als Gemeinsamkeit besteht: Es kommen Formeln der Typen ZÄHLENWENN und SUMMEWENN zum Einsatz. Deren Suchkriterien sind sämtlich in der sehr schmalen Spalte B hinterlegt. Für den Anwender erkennbar sind sie dort nicht und würden es auch dann nicht sein, wenn die Spalte verbreitert und ihre Schriftfarbe verändert wird. Der Grund dafür ist der »Unsichtbarmacher« von Excel, das benutzerdefinierte Zahlenformat ;;;. Die drei Semikola hintereinander sorgen dafür, dass in den Zellen weder positive Zahlen, noch negative, noch Nullwerte, noch Texte zur Ansicht kommen.

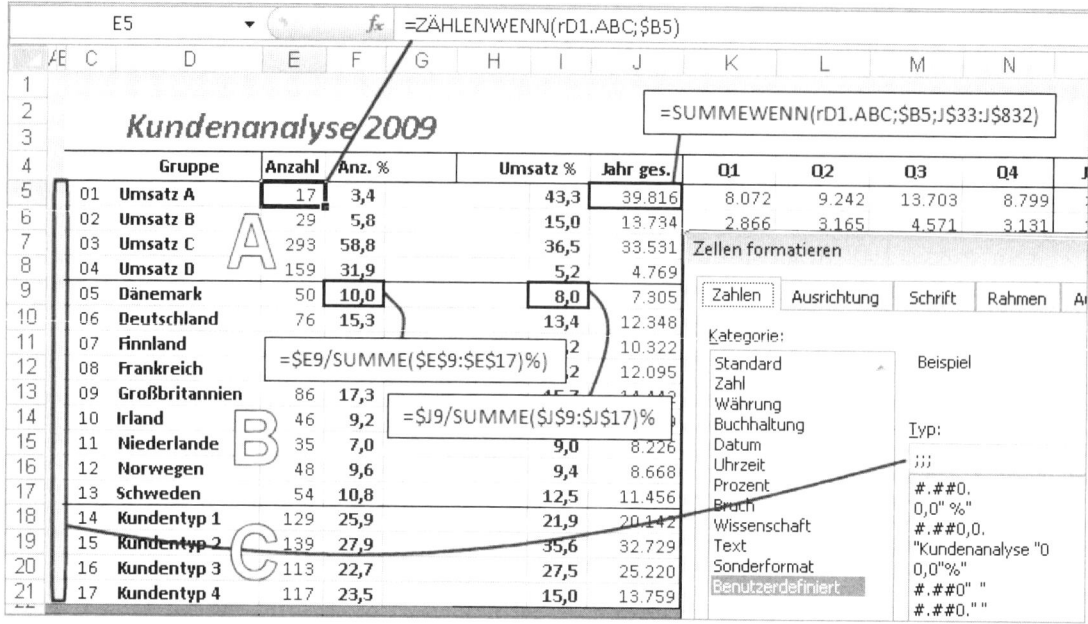

Abbildung 7.12 Die Formeln arbeiten nur in »ihrem« Gruppenkomplex

Die Formeln verwenden Bereichsnamen, in jedem der drei Abschnitte andere. An drei zeilengleichen Beispielen, jeweils die obersten ihres Abschnitts:

Zelle	Formel	Zelle	Formel
E5	=ZÄHLENWENN(rD1.ABC;$B5)	J5	=SUMMEWENN(rD1.ABC;$B5;J$33:J$832)
E9	=ZÄHLENWENN(rD1.Land;$B9)	J9	=SUMMEWENN(rD1.Land;$B9;J$33:J$832)
E18	=ZÄHLENWENN(rD1.Typ;$B18)	J18	=SUMMEWENN(rD1.Typ;$B18;J$33:J$832)

Tabelle 7.3 Die Formeln der Gruppen-Summenliste arbeiten mit unterschiedliche Bereichsnamen

HINWEIS   Diese Konstruktion ist zwar nicht besonders anspruchsvoll, dennoch ein wenig fehleranfällig und könnte auch – in Maßen jedenfalls – zu Verwirrung beitragen. Mit der Beispieldatei *0705_Filter04* lernen Sie weiter unten im Kapitel ein Verfahren kennen, das solche Klippen umschiffen hilft.

Auch bei den Prozentverteilungsformeln, in Abbildung 7.12 beispielhaft aus den Zellen F9 und I9 hervorgehoben, ist der Festlegung von Bezügen und Bezugsarten besondere Aufmerksamkeit zu widmen.

So weit zum gruppenspezifischen Kalkulationsbereich des Arbeitsblatts. Auch für den Quelldaten- und Filterbereich, also ab Zeile 32, sind oben auch Neuigkeiten vermeldet worden, die es nachstehend etwas genauer zu betrachten gilt:

Das Unternehmen wollte nicht nur dokumentieren, in welchem Kalenderjahr eine Kundenbeziehung entstanden ist, sondern auch deren Dauer in Jahren anzeigen. Daraus wiederum ergibt sich die zusätzliche und leichte Möglichkeit, eine Kundengruppierung nach Alter der Geschäftskontakte einzurichten; für so manche Bewertung und Erklärung durchaus interessant.

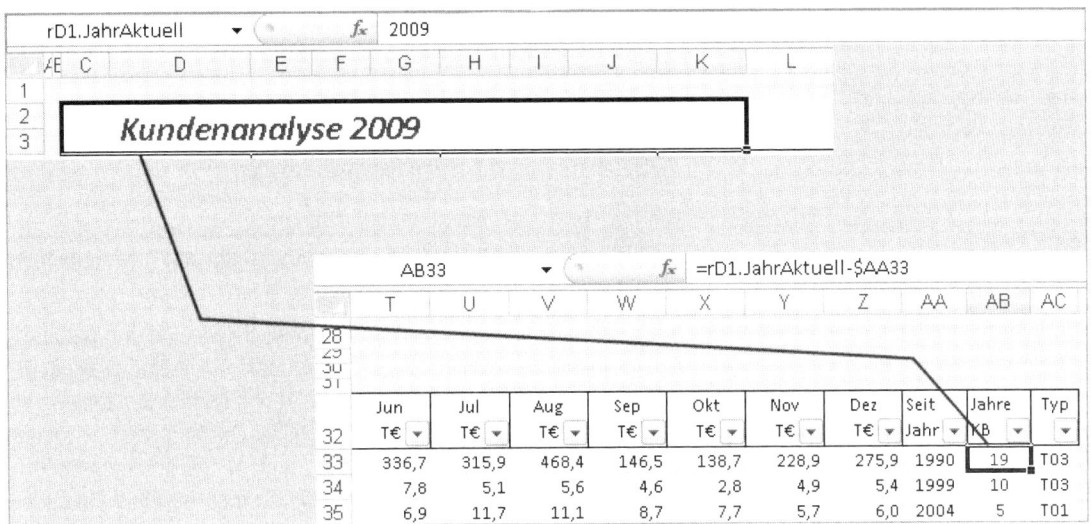

Abbildung 7.13 Neu ist die Formelspalte mit der Überschrift *Jahre KB* (steht für Kundenbeziehung)

Im Zusammenhang mit Abbildung 7.13: Die neu eingefügte Spalte mit der Überschrift *Jahre KB* enthält Formeln, die von der Jahreszahl in Zelle *rD1.JahrAktuell* die Jahreszahl aus der linken Nachbarspalte subtrahieren. (Sie erinnern sich: Die verbundene Zelle *rD1.JahrAktuell* enthält nur eine Zahl, der führende Text »Kundenanalyse« wird mit benutzerdefiniertem Zahlenformat erzeugt.)

Es stehen somit jetzt alle Daten zur Verfügung, die dem Unternehmen helfen, den schnellen Filterzugriff auf die Umsatzdaten seiner 55 Sekundär-Kundengruppen einzurichten. Die erforderlichen Bausteine werden mit Textformeln zusammengefügt und in den drei Parameterspalten (Überschriften *P_01* bis *P_03*) ausgewiesen bzw. zur Filternutzung angeboten.

Die in Abbildung 7.14 gezeigten Formeln sind in ihren Details nicht mehr erläuterungsbedürftig. Sie verbinden Textelemente aus verschiedenen Spalten und fügen einen Unterstrich als Trennzeichen ein (so in den Spalten *P_01* und *P_02*) oder sie bilden, in der oben bei der *ABCD*-Klassifizierung besprochenen Manier, ein Kürzel: =WENN($AB33>=10;"KA";WENN($AB33>=3;"KM";"KN")). Bei der Klasseneinteilung der Kundenbeziehung wird also bei zehn und mehr Jahren Dauer das Kürzel *KA* für »Altkunde«, bei drei und mehr Jahren das Kürzel *KM* für »Mittelkunde« und ansonsten das Kürzel *KN* für »Neukunde« vergeben.

| | G33 | | | f_x | =$E33&"_"&$F33 | | | | | | | |

C	D	E	F	G	H	I	J	K	L	M	N	O
LNr	Kunde Nr.	Land	ABCD	P_01	P_02	P_03	Jahr ges. T€	Q1 T€	Q2 T€	Q3 T€	Q4 T€	Jan T€
001	AE_B004_90	SWE	A	SWE_A	T03_A	KA	2.695	457	665	931	643	254,7
002	AG_H348_99	FIN	D	FIN_D	T03_D	KM	55	10	17	15	13	4,1
003	AJ_K260_04	DEU	C	DEU_C	T01_C	=$AC35&"_"&$F35	17	19	32	19	6,4	
004	AJ_K364_96	GBR	D	GBR_D	T02_D	KA	50	10	13	16	10	3,7
005	AJ_M021_96	GBR	B	GBR_B	T01_B	KA	=WENN($AB37>=10;"KA";WENN($AB37>=3;"KM";"KN"))					
006	AK_B373_06	IRL	D	IRL_D	T04_D	KN	44					4,1

Abbildung 7.14 Textverkettungen und *WENN*-Differenzierungen in den Parameterspalten

TIPP   Was hier vorgestellt wurde und weiter unten noch wird, ist eine sehr wichtige und – das jedenfalls nach meiner bisherigen Erfahrung – eine weit unterschätzte Komponente von Excel.

Ich bin ein großer Fan solcher differenzierenden und klassifizierenden Filterlisten. Je vielfältiger Sie dort parametrisieren, umso umfangreicher – das zum Teil sprunghaft – werden Ihre »Schnellzugriff-Analysemöglichkeiten«. Der rasche Zuwachs ergibt sich daraus, dass Sie zeilenspezifische Parameter nach Art von Kennzahlen generieren können und sich jeder Teilparameter mit jedem anderen verbinden lässt. Die Festlegung analytisch wichtiger Gruppen, ihre Unterteilung und ihre Begrenzung, das alles basiert natürlich auf unternehmensinternen Bedürfnissen und Vereinbarungen. Das vorgestellte System selbst wäre natürlich noch vielfältig erweiterbar. Altkunden der Umsatzklasse A (*KA_A*), nationale Verteilung der Kundentypen (*IRL_T02*) oder Neukunden nach Ländern (*DEU_KN*). Darüber hinaus: Typisierung von Kunden, die von den allgemeinen, periodischen Umsatzverteilungen abweichen, die spezifischen regionalen Konkurrenzen ausgesetzt sind, die von bestimmten Außendienstmitarbeitern betreut werden usw. – alles, was im Unternehmen wichtig ist, lässt sich entsprechend aufbereiten.

Wie wichtig es dabei sein kann, auf Reihenfolgen der Parameterbausteine und auf deren Syntaxen zu achten, wird sich im nächsten und letzten Hauptabschnitt dieses Kapitels erschließen.

Was sich aus solchen Grundmodellen machen lässt, ist auch für erfahrene Excel-Benutzer oft von überraschender Effizienz. »Großer Fan«, das bin ich geworden, nachdem mir klar wurde, welche einfachen Konstrukte ausreichen können, um komplizierteste Analyse- und Prüfaufgaben mit ein paar Mausklicks abzuarbeiten, bis hin zur Entwicklung aussagekräftiger, monatlich sich selbst anpassender Kennzahlensysteme auf der Basis solch simpler Filterlisten, wie es die hier gezeigten sind. Ganz ohne »Schnickschnack« und für jeden, der nur ein paar kleine Excel-Schritte weiter geht als üblich, ohne besondere Mühe zu erstellen.

Und damit ja noch keine Ende: Sie haben in den Kapiteln 5 und 6 Verfahren zur Entwicklung multivariabler Vergleichsmodelle kennengelernt. Was Sie in der hier besprochenen Datei an komplexen, benutzerdefiniert veränderbaren Datenquellen vorfinden (können) ist schon Futter genug für vier oder fünf Focusblätter (dafür wurden die Strukturen im Blatt *Listen 1* vorbereitet). Aber – hier ist bisher nur eine einzige Quelle mit nur einer einzigen Datenart im Spiel. Stellen Sie sich bitte vor, welche Breite und Tiefe für Analyse und Präsentation möglich wird, wenn Sie ein solches Modell beispielsweise um Kostendaten, um Plandaten und um Istdaten mehrerer Jahre und/ oder auch gänzlich andere, kundenspezifische Daten erweitern.

Variable Gruppenvergleiche

Wiederum dieselben Daten, diesmal aber ein ganz anderer Betrachtungs- und Funktionsansatz. Die Fassung *0705_Filter04* konzentriert ihre Darstellungen sehr auf die Quartalsumsätze und bietet dabei, unter Verwendung von Listen-Steuerelementen mit Klartextinformationen, frei wählbare Vergleiche bzw. Ansichten an:

- Umsätze Gesamt in Relation zu 20 verschiedenen Kundengruppen

- Umsätze einer beliebigen Kundengruppe in Relation zu einer anderen Kundengruppe

- Umsätze Gesamt oder einer beliebigen Kundengruppe ohne Vergleichsdaten

In der vorigen Fassung wurden Gruppendaten als permanente Liste mit 17 Einträgen gezeigt. In dieser Fassung werden Einträge auf Anforderung erzeugt. Jede zweizeilige Benutzerauswahl wird mit tabellarischen Daten und einem daraus generierten Diagramm beantwortet.

Die Struktur dieser Lösung macht ihre Zielsetzung deutlich: ein schnelles und einfach zu handhabendes Orientierungsmittel für die Geschäftsführung des Unternehmens. Deren Wunsch war es, die Umsätze der Quartale besser beobachten, unterscheiden und vergleichen zu können. Dies besonders deswegen, weil sich die Daten nicht gleichmäßig über das Geschäfts- und Kalenderjahr verteilen. Es gibt, wie Sie in eigenen Einzelbetrachtungen feststellen können, ein deutliches, unternehmenstypisches »Sommerhoch«, mit seinen positiven und negativen Seiten. Letztere sind es, die es unter guter Beobachtung zu halten gilt, weil sie etliche Probleme erzeugen können. Stichworte dazu: Personaldisposition, Wareneinsatz, Liquiditätsplanung usw. – alles sehr spannende Themen für Excel-Lösungen!

Auch wenn der Schwerpunkt des Informationsangebots derart eingegrenzt ist, das Filtern der Kundendaten wird weiterhin nicht unterdrückt. Ist der Benutzer mit der entsprechenden Arbeitstechnik und der Verwendung der Kurzform-Parameter vertraut, kann er alle Zusammenstellungen zur Ansicht und Kalkulation bringen.

CD-ROM   Bitte öffnen Sie von der CD-ROM aus dem zu Ihrer Excel-Version passenden Ordner die Datei *0705_Filter04*.

Das Arbeitsblatt *Daten 1 Ist*, hier schon mehr in Gestalt eines Focusblatts denn als Datensammlung, ist ohne Kennwort geschützt. In der Schlussfassung dieser Arbeitsmappe würden die Blätter *Listen 1* und *Namensliste* ausgeblendet und die Arbeitsmappe geschützt.

Übersicht

Aus dem Blatt *Namensliste* will ich besonders jene Einträge Ihrer Aufmerksamkeit empfehlen, die mit den neu geschaffenen Funktionalitäten des Modells in Zusammenhang stehen:

rD1.SuchenKombi	Zusätzliche Formelspalte mit zusammengesetzten Suchkriterien im Blatt *Daten 1 Ist*
rL1.Gruppe01Ausw	Zellverknüpfung für Steuerelement (Kombinationsfeld 1 zur Auswahl von Gruppen)
rL1.Gruppe01Kopf	Wird als Bezug für einen auswählenden Zugriff auf Suchkriterien benutzt ▶

rL1.Gruppe01Liste	Listeninhalte für Steuerelement (Kombinationsfeld 1)
rL1.Gruppe02Ausw	Zellverknüpfung für Steuerelemente (Kombinationsfeld 2 zur Auswahl von Gruppen und für eine damit synchronisierte Bildlaufleiste)
rL1.Gruppe02Kopf	Wird als Bezug für einen auswählenden Zugriff auf Suchkriterien benutzt
rL1.Gruppe02Liste	Listeninhalte für Steuerelement (Kombinationsfeld 2)

Bislang was es üblich, die Arbeitsblätter in ihrer Abfolge von hinten nach vorn zu betrachten. Hier aber ist es günstiger, einen anderen Weg zu gehen. Die Verwendung des Blattes *Listen 1* ist aus vorigen Kapiteln bekannt, seine Struktur ist jedoch etwas abgewandelt. Der Grund dafür ist leichter zu verstehen, wenn Sie sich vorher verdeutlichen, was im Blatt *Daten 1 Ist* geschieht und zu sehen ist.

Im Zusammenhang mit Abbildung 7.15 und der dortigen Nummerierung:

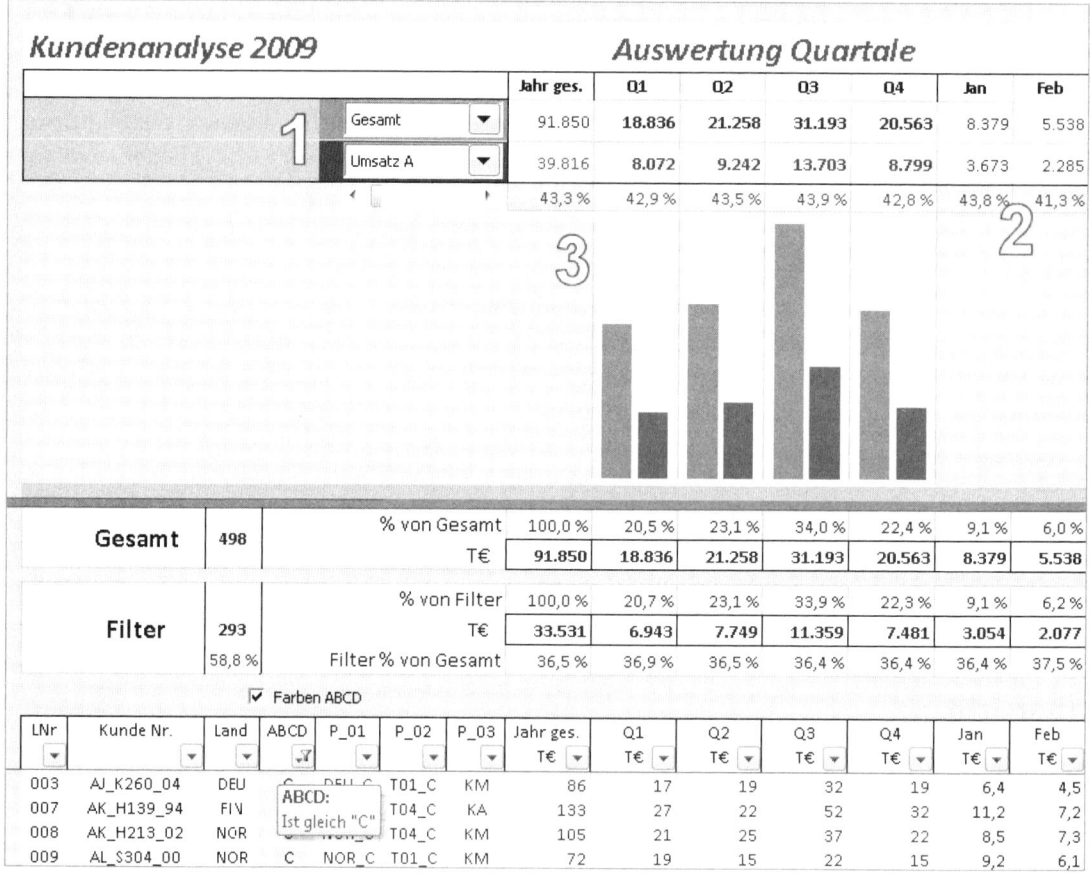

Abbildung 7.15   Diese Variante ist vorwiegend der Quartalsauswertung gewidmet

1. Bereits in der Überschriftenzeile wird mit »Auswertung Quartale« die geänderte und eingrenzende Bedeutung des Blattes verdeutlicht. Darunter ein zweizeiliger Datenbereich – die Quartalsdaten sind durch Formatierung hervorgehoben –, dessen Inhalte auf die Nutzung von Steuerelementen reagieren. Beide Kombinationsfelder stellen 22 Einträge zur Auswahl: Als ersten *Gesamt*, dann 20 verschiedene Kundengruppen, abschließend *(keine)*. Das unterste der drei Steuerelemente, eine *Bildlaufleiste*, ist mit dem zweiten *Kombinationsfeld* synchronisiert. Diese Einrichtung unterstützt eine empfohlene Arbeitsweise: Für die erste Zeile die Auswahl *Gesamt* treffen, dann in der zweiten Zeile eine spezifische Gruppe einstellen oder aber durch die Gruppen »blättern«.

2. Wenn oben *Gesamt* eingestellt ist, erscheint – *Bedingte Formatierung* mal wieder – eine sonst unsichtbare dritte Tabellenzeile. Sie enthält Prozentwerte, die den Anteil der zweiten Zeile an der ersten ausdrücken. (Das ist nur eine von etlichen sinnvollen Optionen. Es wäre z. B. auch leicht möglich, diese Prozentrechnung permanent vorzuhalten und sie, weil in etlichen Fällen unsinnig wirkend, mit einem An-und-Aus-Schalter zu versehen).

3. Das Säulendiagramm zeigt die Quartalsdaten der beiden Datenzeilen. Seine Farben entsprechen der Flächenformatierung hinter den Steuerelementen und den Schriftfarben der Datenzeilen. Die Zeichnungsfläche des Diagramms ist auf die Spaltenbreiten der von ihm referenzierten Zellen abgestimmt (mehr dazu weiter unten bei Abbildung 7.21) und zeigt als Hintergrund auch die Füllfarben dieser Zellen. Durch das alles entsteht natürlich eine sehr starke, optische Verbindung.

TIPP Wie Sie sehen, gibt es links und rechts vom Diagramm noch reichlich Platz für Erweiterungen beliebiger Art. Probieren Sie einiges aus. Wie wäre es z. B. mit einer interessanten Variante zur Vertiefung der bereits gelieferten Informationen: Rechts neben dem Quartalsdiagramm ein Monatsdiagramm mit Linien, um zusätzlich den Jahresverlauf und die Spannweitenunterschiede der aktuell ausgewählten Daten zu visualisieren.

Unterhalb des vorstehend beschriebenen Bereichs ist alles so geblieben, wie es auch in den vorigen Modellen schon war.

Strukturen zur Dynamisierung der Benutzerauswahl

Die vom Benutzer mittels Steuerelementen abgerufenen Werte sind weiterhin Resultate aus »einfach gestrickten« SUMMEWENN-Formeln (vgl. Abbildung 7.20). Bei der hier gewählten Konstruktion wurden zwei Restriktionen dieser Funktion umgangen. Warum und wie, dazu bedarf es einiger allgemeiner Erläuterungen und spezieller Beschreibungen.

- Die Funktion SUMMEWENN arbeitet extrem schnell. Ich denke hier z. B. an ein Praxismodell, das mit dem hier gezeigten etliche Ähnlichkeiten hat und – neben anderen – mit rund 26.000 SUMMEWENN-Formeln ausgestattet ist. Bei jeder Steuerelement-Benutzeraktion werden alle diese Formeln neu berechnet – in einer Zeit, die am Bildschirm nicht als Verzögerung auffällt.

- Die Funktion SUMMEWENN kann bei Standardverwendung nur mit einem einzigen Suchbegriff und einem einzigen Suchbereich arbeiten. Dies beschränkt ihre Einsatzmöglichkeiten. Das lässt sich mit einigen Kunstgriffen umgehen (z. B. Verwendung als Matrixformel, alternative

Verwendung von SUMMENPRODUKT), die jedoch ab einer vorher nicht bestimmbaren und deutlich kleineren Formelmenge zu drastischen Performanceverlusten führen können.

■ Die unter Excel 2007 neu geschaffene Alternative SUMMEWENNS kennt die Restriktionen von SUMMEWENN nicht (verarbeitet bis zu 127 Kriterien in bis zu 127 Suchbereichen; Näheres in Teil B, Kapitel 11, siehe dort auch ZÄHLENWENNS und MITTELWERTWENNS), steht aber in älteren Excel-Versionen eben nicht zur Verfügung und ist deswegen nicht abwärtskompatibel verwendbar.

Die hier vorgestellte Verwendung von SUMMEWENN schafft eine passable Problemlösung:

■ Die Formeln behalten ihre Schnelligkeit, weil sie weiterhin in ihrer einfachen Grundform benutzt werden.

■ Weil deshalb allerdings nur ein einziger Suchbegriff zulässig ist, wird dieser variabel gestaltet.

■ Weil nur ein Suchbereich zulässig ist, hier aber bereits drei verschiedene vorliegen, werden diese zu einem einzigen verbunden.

Der angewandte Trick wird bei Betrachtung von Abbildung 7.16 in Verbindung mit Abbildung 7.17 erkennbar. Zunächst zu Abbildung 7.16:

Der Filterliste wurde eine weitere Spalte mit dem Bereichsnamen *rD1.SuchenKombi* angefügt. Sie führt mit ihren Formeln drei Suchbegriffe zusammen, die ihrerseits (in den Parameterspalten G, H und I) ebenfalls schon mit Formeln generiert wurden. Dabei werden nun abermals Unterstriche als Trennzeichen eingesetzt (nicht nötig, aber die Lesbarkeit und die Verarbeitung durch weitere Formeln erleichternd). Im Ergebnis entsteht hier eine Liste von Suchbegriffen mit jeweils 14 Zeichen.

Der Suchbegriff *SWE_A_T03_A_KA* sagt (nach kurzer Gewöhnung) klar: schwedischer Altkunde der Umsatzklasse A und des Kundentyps 3. Der Kunde *IRL_D_T04_D_KN* ist eindeutig irischer Neukunde der Umsatzklasse D und Kundentyp 4. So weit, so relativ einfach.

| rD1.SuchenKombi | ▼ | | | f_x | =$G31&"_"&$H31&"_"&$I31 | | | |

Aug T€ ▼	Sep T€ ▼	Okt T€ ▼	Nov T€ ▼	Dez T€ ▼	Seit Jahr ▼	Jahre KB ▼	Typ ▼	Suchen
468,4	146,5	138,7	228,9	275,9	1990	19	T03	SWE_A_T03_A_KA
5,6	4,6	2,8	4,9	5,4	1999	10	T03	FIN_D_T03_D_KM
11,1	8,7	7,7	5,7	6,0	2004	5	T01	DEU_C_T01_C_KM
4,9	4,7	3,6	3,1	3,7	1996	13	T02	GBR_D_T02_D_KA
108,4	64,7	51,3	59,0	115,4	1996	13	T01	GBR_B_T01_B_KA
3,5	2,5	2,5	4,5	3,4	2006	3	T04	IRL_D_T04_D_KN
23,7	13,8	8,6	11,0	12,2	1994	15	T04	FIN_C_T04_C_KA
13,2	10,2	7,4	6,3	8,6	2002	7	T04	NOR_C_T04_C_KM
8,4	8,2	5,9	4,1	5,1	2000	9	T01	NOR_C_T01_C_KM

Abbildung 7.16 Aus drei Parametern wird einer

> **HINWEIS**   In diesen Kombi-Suchbegriffen kommt der Buchstabe für die Umsatzklasse zweimal vor. Diese Redundanz ist gewollt, weil sie diverse Weiterverarbeitungen unterstützen kann (z. B. mit speziellen LINKS- oder RECHTS- oder TEIL-Formeln), die in diesem Buch allerdings keine Erwähnung finden.

Was aber hilft ein Suchbegriff mit 14 Zeichen, wenn Sie in den SUMMEWENN-Formeln nur eines oder drei oder fünf davon brauchen bzw. nur brauchen *dürfen*?

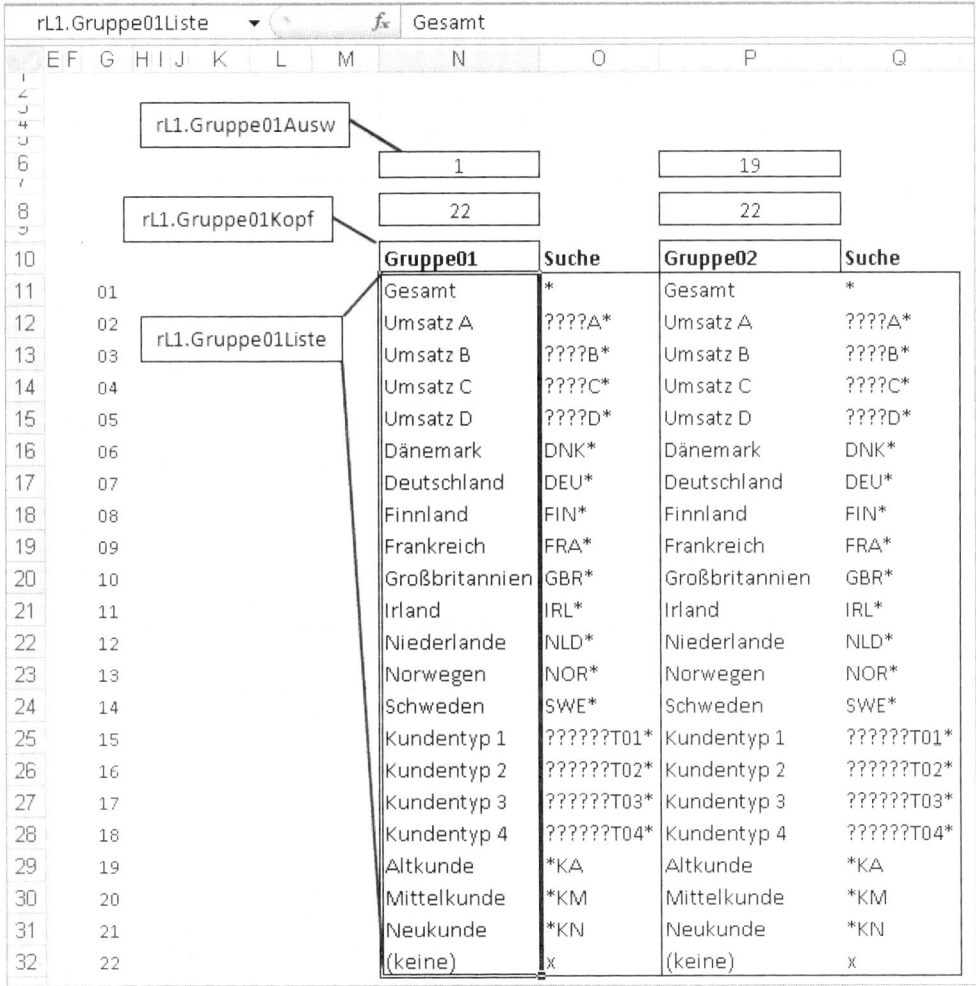

Abbildung 7.17 Die »Übersetzungsansicht«: Klartextliste und Suchkriterienliste

Die einfache Antwort ergibt sich indirekt aus den mit *Suche* überschriebenen Listen in Abbildung 7.17: Sie verwenden bei der Suche im Suchkriterienbereich von den jeweils 14 Zeichen nur ganz bestimmte, für den mehr oder weniger großen Rest kommen Stellvertreterzeichen zum Einsatz.

TIPP Sie können in Suchbegriffen Stellvertreterzeichen (Platzhalter, Wildcards) verwenden.

Dabei steht der sog. Asterisk, das Zeichen * (Stern), für eine beliebige Zeichenkette. Wenn Sie es allein verwenden, suchen Sie »alles«, im Beispielfall steht es also für die Summierung *Gesamt*. Einige Beispiele in Verbindung mit anderen Zeichen: *FRA** steht hier für *Frankreich*, könnte aber auch für *Frankfurt* oder für *Fragmentierungsverfahren* stehen (nach Groß- und Kleinschreibung wird nicht unterschieden). Der Suchbegriff **KA* steht hier für den Altkunden, könnte aber auch für jede andere Zeichenfolge beliebiger Länge stehen, die mit *KA* endet.

Das Stellvertreterzeichen *?* steht für genau ein beliebiges Zeichen. Der Suchbegriff *????A** steht hier für die Umsatzklasse *A*, könnte aber auch für *operativ* stehen. Der Suchbegriff *NO??* (den es im Beispielfall nicht gibt) könnte beispielsweise für *Nord* oder für *Note* stehen, nicht aber für *Nomenklatur* und auch nicht für *Novellierungsprozessvariantendarstellung*, das wäre dann beides eher NO*.

Die im Blatt *Listen 1* eingetragenen und mit Abbildung 7.17 gezeigten Suchbegriffe erfüllen hier ihren Zweck, sind aber unsystematisch aufgebaut. Ich habe sie dennoch hier so benutzt, um einige Variationen vorstellen zu können. Sehr viel besser wäre im vorliegenden Fall die ausschließliche Verwendung von Fragezeichen, also z. B. statt *DEU** die Verwendung von *DEU???????????* oder ein *????C?????????* statt *????C**. Der Grund: Das Lösungsbeispiel benutzt ein einheitliches System, in dem jeder Suchbegriff 14 Zeichen hat, von denen beliebige an beliebigen Stellen durch Stellvertreterzeichen ersetzt werden können. Das schafft bei komplizierteren und vielfältigeren als den hier vorgestellten Aufgaben die Möglichkeit, benötigte Suchbegriffe variabel mit Formeln zu erzeugen, die ihrerseits von Steuerelementen »betreut« werden. Dann ist es ideal, wenn Sie mit einer festen Zeichenzahl – wie hier mit 14 – arbeiten können. Eine der zum Erstellen von Suchbegriffen zu verwendenden Funktionen wäre WIEDERHOLEN. Als fiktives Beispiel: Per Mausklick auf ein *ActiveX*-Listen-Steuerelement ist in seiner *LinkedCell* mit dem Namen *rL1.SuchenAusw* der Text *FIN* entstanden. Mit der Formel

```
=rL1.SuchenAusw&WIEDERHOLEN("?";14-LÄNGE(rL1.SuchenAusw))
```

würde daraus der Suchbegriff *FIN???????????*.

(Das vorstehend angesprochene *ActiveX*-Listen-Steuerelement kann einen Text statt seinen Indexwert ausgeben, weil seine Eigenschaft *BoundColumn* auf *1* gesetzt wurde – Näheres dazu in Teil B, Kapitel 13.)

Zusammenfassend der Funktionsablauf:

1. Der Benutzer möchte die Daten einer bestimmten Kundengruppe einlesen. Dazu klickt er in der Auswahlliste eines Steuerelements auf einen Klartexteintrag, z. B. auf *Umsatz C*. Damit erzeugt er in der mit dem Steuerelement verknüpften Zelle die Zahl 4.

2. Eine Formel ermittelt nun in einer Liste (vgl. Abbildung 7.17) mithilfe der Vorgabe *4*, welcher Suchbegriff dem Klartext *Umsatz C* zugeordnet ist, nämlich *????C**, und liest diesen Suchbegriff ein (vgl. Abbildung 7.19).

3. Der so übernommene Suchbegriff wird nun von SUMMEWENN-Formeln benutzt, die ihn im Bereich *rD1.SuchenKombi* verwenden, um die gewünschten Daten zusammenzustellen (vgl. Abbildung 7.16 und Abbildung 7.20).

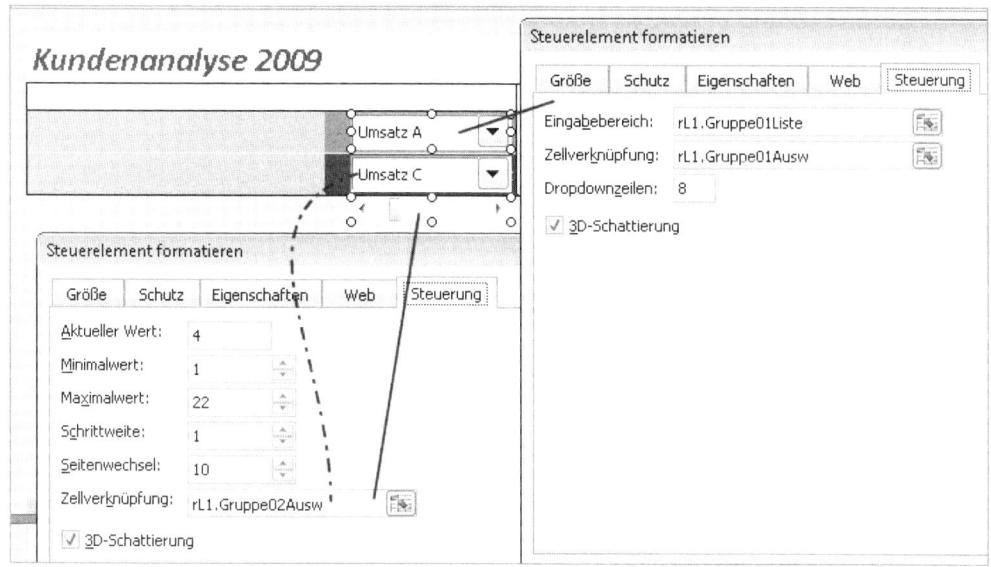

Abbildung 7.18 Die Eigenschaften der drei Steuerelemente – wie üblich sind das sehr einfache Konstruktionen

Die Elemente und Formeln, die im Arbeitsblatt *Daten 1 Ist* zur Verrichtung solcher Arbeiten gebraucht werden, sind schnell erklärt:

Die Einrichtung der drei *Formularsteuerelemente* ergibt sich aus Abbildung 7.18. (Sie erinnern sich: Würden Sie hier statt mit *Formularsteuerelementen* mit *ActiveX-Steuerelementen* arbeiten, wäre die *Bildlaufleiste* verzichtbar, weil Sie den gewünschten »Blättern-Effekt« im jeweils aktiven Listenelement auch mit den Pfeiltasten der Tastatur erreichen.)

Die benötigten Suchbegriffe werden mit zwei Formeln in den Zellen D5 und D6 ermittelt. Die Ergebnisse sind in Abbildung 7.19 erkennbar, in der Lösung selbst aber unsichtbar formatiert.

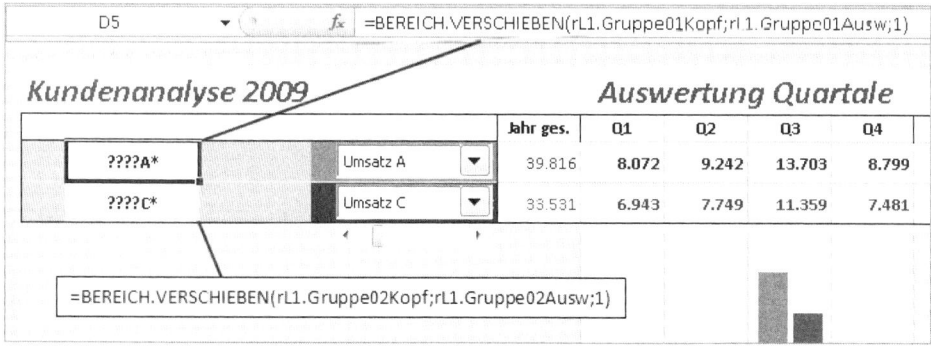

Abbildung 7.19 Der Benutzer wählt Klartext, Excel ermittelt das dazu passende Suchkriterium

Die Formel =BEREICH.VERSCHIEBEN(rL1.Gruppe01Kopf;rL1.Gruppe01Ausw;1) geht von der Zelle *rL1.Gruppe01Kopf* (der Überschriftzelle der referenzierten Liste) so viele Zeilen nach unten, wie es dem aktuellen Wert in der Zelle *L1.Gruppe01Ausw* (die Verknüpfungszelle des Steuerelements) entspricht, dann eine Spalte nach rechts. Auf diese Weise kommt also die »Übersetzung« einer Klartextauswahl in einen eher kryptischen Suchbegriff zustande. Vergleichen Sie diese Beschreibung ggf. auch nochmals mit Abbildung 7.17.

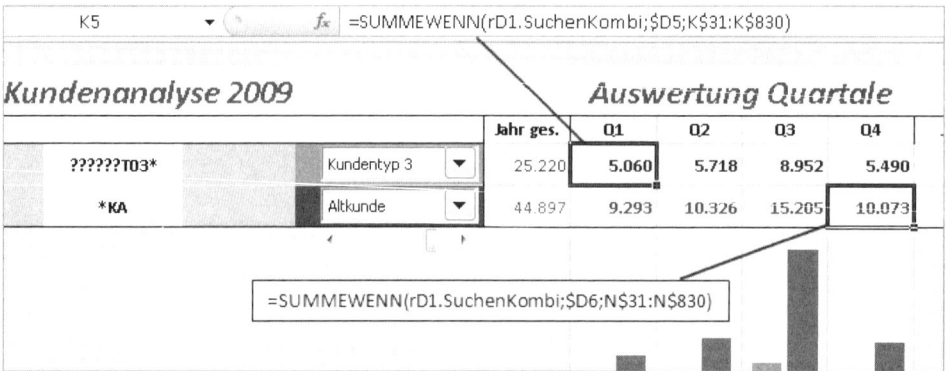

Abbildung 7.20 *SUMMEWENN* mit variablen Suchkriterien

Die SUMMEWENN-Formeln schließlich – zwei Beispiele sind in Abbildung 7.20 sichtbar gemacht – können nach solcherlei Vorbereitungen in ihrer einfachen und sehr schnell reagierenden Standardvariante benutzt werden.

Einrichtung des Diagramms

Das Säulendiagramm zur Darstellung der Quartalswerte ist ein einfacher Standard, lediglich seine Positionierung kann ein wenig knifflig sein. Dazu gleich mehr. Zunächst aber, im Zusammenhang mit Abbildung 7.21 und der dortigen Nummerierung, ein paar Einzelheiten:

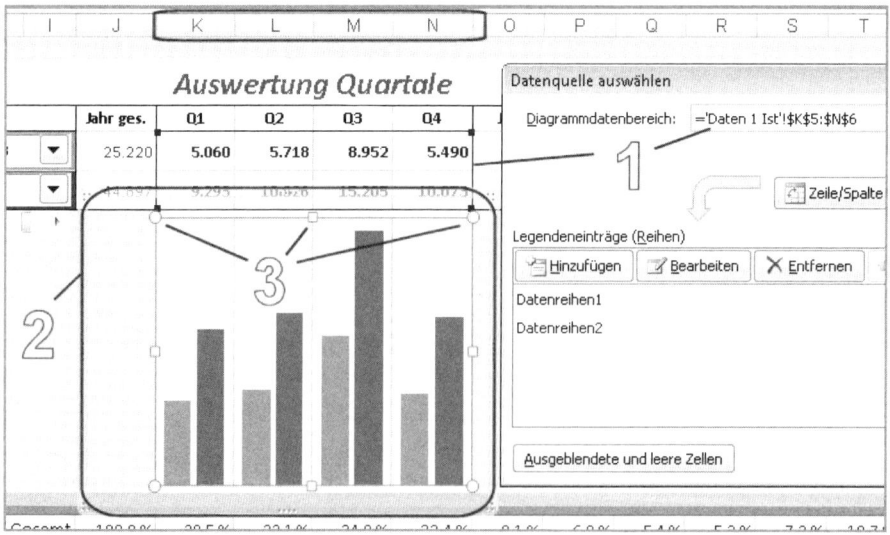

Abbildung 7.21 Die Größe der *Zeichnungsfläche* ist genau auf die Spaltengrenzen abgestimmt

1. Die *Datenquelle* des Diagramms beschränkt sich auf die acht zu visualisierenden Zahlen. Titel oder Legende sind nicht erforderlich; diese Angaben werden bereits von den Tabellenstrukturen gezeigt.

2. Das Diagramm ist voll transparent. Die Größe seiner Gesamtfläche ist in der Abbildung mit einem Rahmen gekennzeichnet. Es verzichtet auf fast alle Elemente, nur seine Säulen (die beiden *Datenreihen*) und seine vertikalen *Gitternetzlinien* sind sichtbar geblieben.

3. Die Abmessungen der transparenten *Zeichnungsfläche* sind präzise mit dem Tabellenhintergrund abzustimmen. Die differenzierenden Farben hinter den Säulen sind Flächenfärbungen der Tabelle. Wie Sie in der Abbildung erkennen, gibt es eine präzise Übereinstimmung zwischen den Grenzen der Spalten K bis N und den vertikalen *Gitternetzlinien* in der *Zeichnungsfläche* des Diagramms.

Eine derartige Anfertigung braucht einige Voraussetzungen und ein wenig Übung.

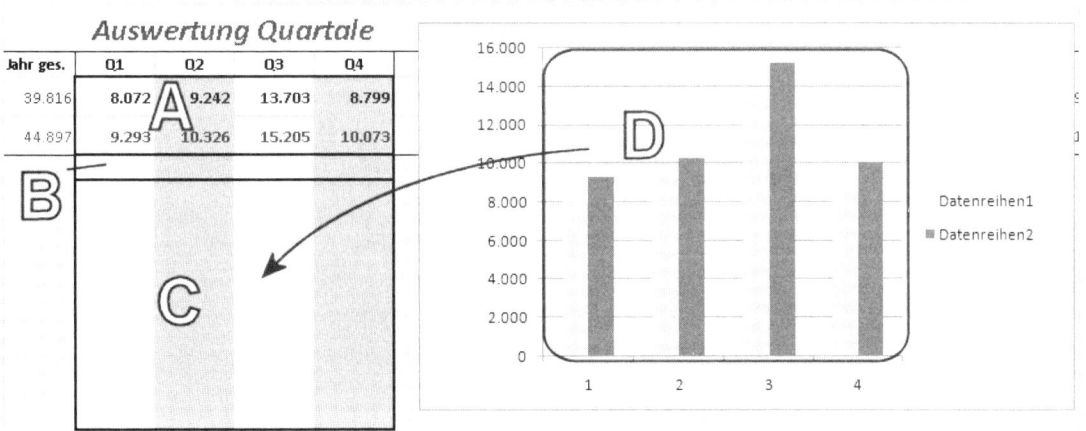

Abbildung 7.22 Die Fläche *D* gehört auf Fläche *C*

Die Aufgabenstellung im Zusammenhang mit den Flächenkennzeichnungen der Abbildung 7.22:

- Die Fläche *A* enthält die *Datenquelle* des Diagramms.

- Die Fläche *B* enthält Formeln der Art =WENN(rL1.Gruppe01Ausw=1;K$6/K$5%;""), deren Ergebnisse also nur, wie oben bereits erwähnt, unter bestimmten Bedingungen erscheinen.

- Die Fläche *C* ist leer. Ihre Tabellenzellen haben dieselben Farbfüllungen wie die Zellen der Bereiche *A* und *B*.

- Die Fläche *D* (die *Zeichnungsfläche* des Diagramms) soll mit Fläche *C* deckungsgleich werden.

Die dazu notwendigen Arbeiten als kurz gefasste Schritt-für-Schritt-Anleitung:

1. Alle Einrichtungen der Tabelle sind fertig, das Formelwerk funktioniert, sämtliche Formate sind gesetzt. Legen Sie die Farben fest, die hinter dem Diagramm erscheinen sollen. Farben, Rahmungen, Spaltenbreiten, Zeilenhöhen usw.; alles soll so sein und bleiben, wie es gegenwärtig ist. Speichern Sie diesen Zustand, um ggf. zu ihm zurückkehren zu können.

2. Erzeugen Sie das Diagramm. Formatieren Sie die Säulen. Machen Sie die *Diagrammfläche* und die *Zeichnungsfläche* transparent und entfernen Sie alle weiteren Diagrammelemente, außer den Säulen. Fügen Sie vertikale *Gitternetzlinien* ein und formatieren Sie diese mit einer dezenten Farbe.

3. Geben Sie der *Zeichnungsfläche* des Diagramms (Fläche *D*) Abmessungen, die in beiden Richtungen größer sind als die der Zielfläche *C*.

4. Schieben Sie das Diagramm an seine ungefähre Position. Richten Sie dabei die Fläche D so aus, dass sie Fläche C auf allen Seiten überragt.

5. Manipulieren Sie in kleinen Schritten die Größe der *Diagrammfläche* und/oder der *Zeichnungsfläche* und ggf. auch die Position des gesamten Diagramms so lange, bis die vertikalen *Gitternetzlinien* des Diagramms exakt mit den Spaltengrenzen der darunter liegenden Tabellenzellen übereinstimmen.

6. Probieren Sie mit mehreren unterschiedlichen Einstellungen der Steuerelemente aus, ob das Erscheinungsbild des Diagramms Ihren Wünschen und Vorstellungen entspricht.

Kapitel 8

Sonst noch was?

Im praktischen Teil A dieses Seminarbuchs ist dies das letzte Kapitel. Der danach folgende Nachschlageteil B beschäftigt sich ausschließlich mit Arbeitstechniken und Organisationsthemen.

Am Ende eines Präsenzseminars versuche ich meistens, noch Fragen zu beantworten oder Themen abzuhandeln, die liegen geblieben sind oder die sich nicht so recht in den geplanten Verlauf einfügen ließen. Meistens allerdings ist die Zeit dann ziemlich knapp geworden; so bleibt etliches dann doch unbehandelt oder es wird in ungebührlicher Hast nur gestreift oder bleibt gänzlich ungesagt.

Ein Seminar in Buchform hat solche Probleme eher nicht. Ganz im Gegenteil, hier lässt sich ausleitend noch einiges wiederholend ansprechen oder gar vertiefen.

In diesem Kapitel werden Sie keine strukturierten Arbeitsmappen mit Lösungscharakter mehr finden, sondern vorwiegend Fragmente, die sich mit speziellen Problemen und deren Bearbeitung beschäftigten. Allerdings wird der rote Faden des Seminars weiter fortgeführt: Es geht hauptsächlich um den variablen Umgang mit Daten und mit Elementen: automatisches Sortieren, sich selbst anpassende Formeln und die praktische Verwendung dynamischer Bereichsnamen.

Automatisches Sortieren

Sie können eine Datentabelle so einrichten, dass sich ihre Sortierung automatisch dem aktuellen Zustand ihres Zahlenmaterials anpasst. Absteigend oder aufsteigend, wie Sie wollen. Neue Zahlen, neue Sortierung. Das kann sehr interessant sein, wenn beispielsweise die monatlich aktuellen »Spitzenreiter« auszuweisen sind und Ähnliches. Voraussetzung für ein einwandfreies Gelingen ist es, dass keine der Zahlen doppelt vorkommt. Diese Einschränkung lässt sich jedoch, wie Sie weiter unten noch sehen werden, in vielen Fällen leicht umgehen.

Lottospiel mit Sofortentscheid

Was hat eine Excel-Lottospielerei mit automatischen Sortierungen zu tun? Ziemlich viel, denn mit der Datei *0801_Lotto* lassen sich die dazu notwendigen Komponenten gut erklären – und nebenbei noch ein wenig mehr.

CD-ROM   Bitte öffnen Sie von der CD-ROM aus dem zu Ihrer Excel-Version passenden Ordner die Datei *0801_Lotto*. Das Arbeitsblatt ist ohne Kennwort geschützt.

Sie sehen ein zweigeteiltes Lottospiel (6 aus 49), das bei jedem Drücken von F9 in seinen »Scheinen« neue Zahlenkombinationen erzeugt. Auf der linken Seite wird ein Tipp abgegeben, dem auf der rechten Seite eine Sofortziehung gegenübersteht. Wie viele Richtige Sie erreicht haben, wird mit Farbmarkierungen gezeigt und als Textinformation ausgewiesen. Was Ihre Chancen betrifft: Die sind leider nicht besser als beim »echten« Spiel – und die Gewinnquoten sind eher mäßig, um es mal nett auszudrücken.

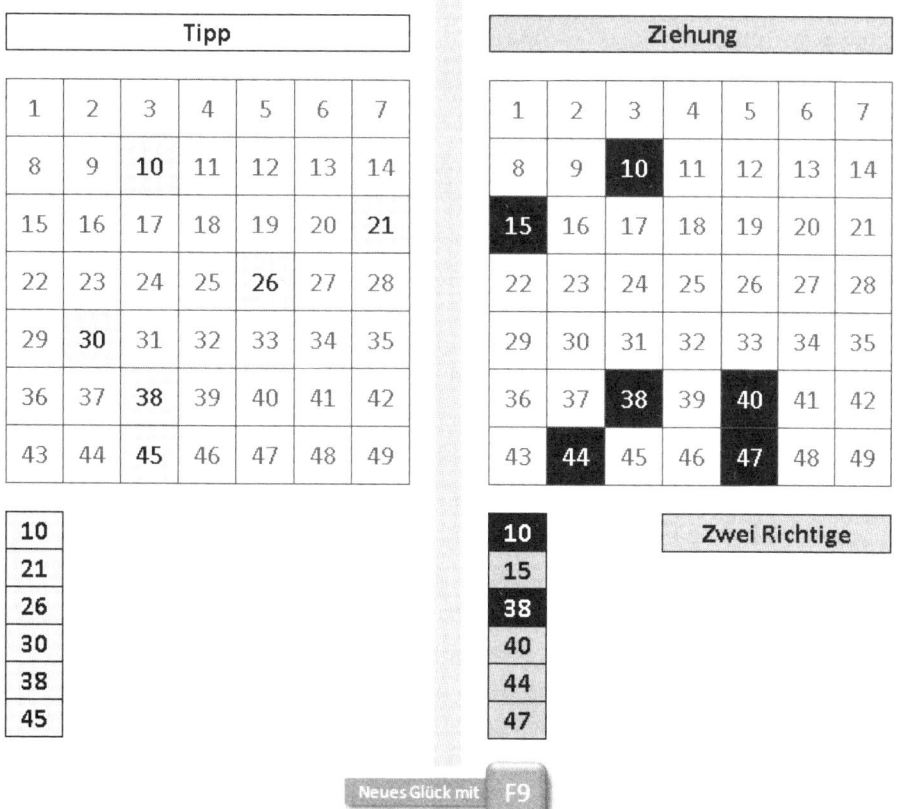

Abbildung 8.1 Keinesfalls so einfach, wie es aussehen mag

Die Auflistung der Anforderungen an ein solches Spielzeug macht klar, dass seine Konstruktion einige Probleme mit sich bringt:

- Es sollen auf beiden Seiten, unabhängig voneinander, sechs Zahlen zwischen 1 und 49 entwickelt werden.

- Keine dieser Zahlen darf auf einer Seite doppelt vorkommen.

- Die getippten bzw. gezogenen Zahlen müssen in einem Lottoschein erkennbar gemacht werden und zusätzlich in einer vertikalen Auflistung erscheinen. Diese muss aufsteigend sortiert sein.

- In der Auflistung der Ziehungszahlen (rechte Seite also) müssen jene Zahlen optisch hervorgehoben werden, die richtig getippt wurden. Deren Anzahl ist in einen Text zu übertragen.

Zur Beurteilung der nachstehenden Erläuterungen müssen Sie im Arbeitsblatt *Lotto 1* einige Bereiche sichtbar machen, deren Inhalte durch Farbformatierung (Schriftfarbe = Hintergrundfarbe) ausgeblendet sind. Zu deren Lokalisierung finden Sie in Abbildung 8.2, Abbildung 8.3 und Abbildung 8.4 entsprechende Hilfen.

Zuerst soll die einfachere der beiden Seiten, der »Tipp«-Sektor links im Blatt betrachtet werden. Im Zusammenhang mit Abbildung 8.2:

- Im Bereich B12:B60 befindet sich eine laufende Nummerierung von 1 bis 49.

- Daneben, in Spalte C, werden mit Formeln =ZUFALLSZAHL()+ZUFALLSZAHL() bei jeder Neuberechnung des Blattes Werte ermittelt, die mit 15 Nachkommastellen zwischen 0 und 2 schwanken. Dass dabei eine dieser Zahlen doppelt auftaucht, ist sehr viel unwahrscheinlicher als ein Lottogewinn mit gleichzeitigem Abräumen des Jackpots, kann hier also als extreme Ausnahmemöglichkeit hingenommen werden.

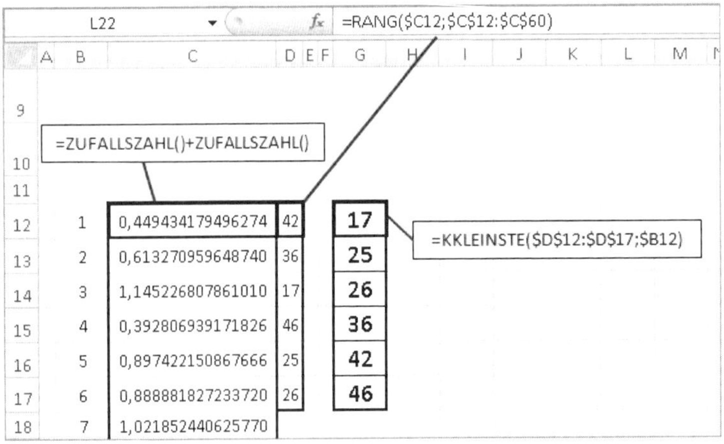

Abbildung 8.2 Das ist die »Tipp«-Seite des Modells ...

- In den Zellen D12:D17 sind sechs RANG-Formeln hinterlegt. Sie untersuchen, welchen Rangplatz ihre links benachbarte Zufallszahl unter allen 49 Zufallszahlen hat. Wenn anzunehmen ist, dass keine der Zufallszahlen doppelt vorkommt, sind hiermit bereits die 6 aus 49 ermittelt, sechs Rangplätze aus 49 Werten. Die so ermittelten Zahlen sind jedoch nicht sortiert.

- Die Formeln im Bereich G12:G17 bringen die »getippten« Werte aus D12:D17 in eine aufsteigende Reihenfolge. Die in Abbildung 8.2 gezeigte Formel =KKLEINSTE($D$12:$D$17;$B12) als Anweisung: »Ermittle im Bereich D12:D17 den k-kleinsten Wert«. Hierbei bestimmt k, der »wievielt-kleinste« zu suchen ist. Die Vorgabe der Ziffer 1 in Zelle B12 bestimmt hier den erstkleinsten – 1 der kleinste, die 2 in Zelle B13 den zweitkleinsten usw.). Da die Vorgaben in Spalte B von 1 bis 6 aufsteigen, entsteht im Effekt aller sechs Formeln also automatisch eine entsprechende Sortierung.

HINWEIS   Für eine absteigende Sortierung gibt es zwei Lösungsvarianten:

- Die Vorgabewerte in Spalte B werden absteigend angelegt.

- Die Vorgabewerte in Spalte B bleiben aufsteigend, aber Sie verwenden statt KKLEINSTE die alternative Funktion KGRÖSSTE (mehr dazu weiter unten und auch in Teil B, Kapitel 11).

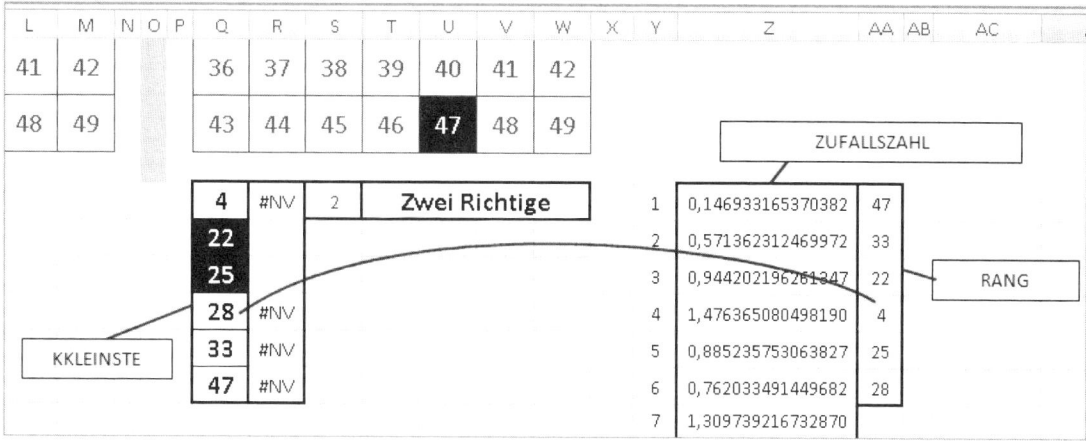

Abbildung 8.3   ... und das ist die »Ziehung«-Seite

Etwas schwieriger wird es auf der rechten Seite des Blattes, im »Ziehung«-Sektor. Hier sind ja nicht nur Zahlen zu ermitteln, sondern sie sind auch noch mit den »getippten« zu vergleichen: Welche Übereinstimmungen gibt es und ggf. wie viele?

Zuerst aber, im Zusammenhang mit Abbildung 8.3, die Ermittlung der Gewinnzahlen selbst. Hier gibt es keine funktionellen Unterschiede zur vorstehend beschriebenen Konstruktion. Lediglich bei den relativen Positionierungen der entsprechenden Bereiche sind Abweichungen vorhanden. Welche Formelgruppen sich wo befinden, ist in der Abbildung bezeichnet. Wie Sie sehen, hat sich die Abteilung KKLEINSTE deutlich von ihren »Lieferanten«, den RANG-Formeln entfernt und nach links verschoben – was ihrem einwandfreien Funktionieren natürlich keinen Abbruch tut.

Es sind also sechs Gewinnzahlen ermittelt und im Bereich Q12:Q17 in eine aufsteigende Reihenfolge gebracht worden.

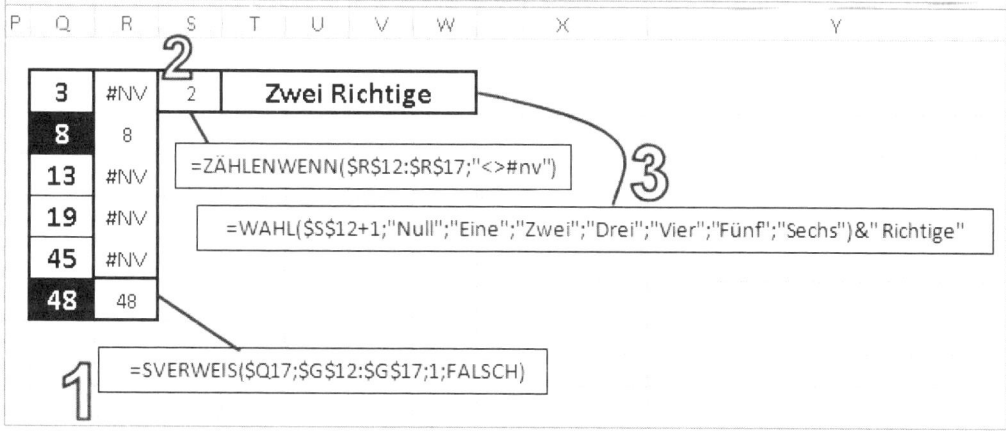

Abbildung 8.4   So werden die Richtigen gezählt und das Resultat in einen Text übertragen

In Abbildung 8.4 sehen Sie, mit welchen Formeln nun die »Richtigen« gezählt und mitgeteilt werden. In der Reihenfolge der Nummerierung und am Beispiel der in der Abbildung gezeigten Formeln:

1. Die Formel =SVERWEIS($Q17;$G$12:$G$17;1;FALSCH) in Zelle R17, exemplarisch für den Bereich R12:R17, überprüft, ob der Suchbegriff (die Zahl) aus ihrer linken Nachbarzelle Q17 in der ersten (und einzigen) Spalte der Matrix $G$12:$G$17 (dort stehen die »getippten« Zahlen) vorhanden ist. Wenn ja, liefert sie diese Zahl. Welche, das ist hier ohne Bedeutung, es kommt nur darauf an, dass die Formel entweder eine Zahl liefert, oder aber, wenn im referenzierten Bereich nicht vorhanden, den Fehlerwert #NV.

2. Die Formel =ZÄHLENWENN($R$12:$R$17;"<>#nv") in Zelle S12 ermittelt die Anzahl der Treffer. So viele Zahlen (im Sinn der Formel besser gesagt, so viele Nicht-#NV-Werte) gibt es im geprüften Bereich, so viele Richtige hat der ⟨F9⟩-Spieler getippt.

3. Nun soll dieses Ergebnis in einen Text übertragen werden, der umgangssprachlichen Gewohnheiten ähnelt: »Ich habe nur zwei Richtige«, »Endlich hab ich mal wieder drei Richtige«, »Natürlich hatte ich auch diesmal wieder sechs Richtige – irgendwie langweilig das Ganze«.

   Die Formel

   ```
   =WAHL($S$12+1;"Null";"Eine";"Zwei";"Drei";"Vier";"Fünf";"Sechs")
   &" Richtige"
   ```

   leistet die gewünschte »Übersetzung« einer Ziffer in Text und hängt noch das Wort »Richtige« an.

HINWEIS   Der Wert in Zelle S12 kann (häufig) null sein und wäre deshalb als Indexargument der WAHL-Formel untauglich, eine »nullte« Auswahl kann die Formel nicht treffen, als Formelergebnis würde #WERT! erscheinen. Deswegen ist das Argument Index hier um den Wert 1 zu erhöhen.

Bis dahin also der Ablauf von Tipp und Ziehung sowie die Auflistung der Ergebnisse. Präsentabel wäre das noch nicht, eine große Rolle bei dieser Konstruktion spielen natürlich die optischen Signale. Sie werden selbstverständlich mit *bedingter Formatierung* erzeugt.

Die beiden auf dem Arbeitsblatt gezeigten »Lottoscheine«, der Bereich G4:M10 für den Tipp und der Bereich Q4:W10 für die Ziehung, stellen identische Ansprüche an die Formatierungssignale. Die getippten bzw. die gezogenen Zahlen sollen deutlich hervorgehoben werden.

Wie das funktioniert, wird für den Bereich Q4:W10 mit Abbildung 8.5 vorgestellt:

Abbildung 8.5 Diese bedingte Formatierung gilt für den gesamten »Lottoschein« der Ziehung

Die Formatierung der Ziehungszahlen wechselt den farbigen Zellhintergrund von Weiß nach Dunkelblau und die Schriftfarbe von Rot nach Weiß. Potenzieller Auslöser ist die als Formel hinterlegte Regel

```
=NICHT(ISTNV(SVERWEIS(Q4;$Q$12:$Q$17;1;FALSCH)))
```

die, in dieser Form für den gesamten markierten Bereich Q4:W10 festgelegt, natürlich nicht nur für die Zelle Q4 wirkt, sondern durch ihre automatische Anpassung (Q4 ist als relativer Bezug eingetragen) für alle Zellen des Bereichs.

Zur Erläuterung der Regel:

1. Der innere Teil der Formel führt einen SVERWEIS-Versuch aus und sucht dabei die Zahl aus Q4 in der sechszelligen Matrix Q12:Q17 (in den gezogenen Zahlen). Wird sie dort nicht gefunden, reagiert dieser Teil der Formel mit #NV.

2. Die ISTNV-Hülle prüft nun, ob das SVERWEIS-Ergebnis #NV ist. Trifft das zu, wäre das Ergebnis der Prüfung bis hierhin WAHR.

3. Die äußere NICHT-Hülle dreht die Logik aus 1 und 2 quasi um. Wenn das Ergebnis aus 1 und 2 also *nicht* WAHR ist (weil es die Zahl aus Q4 im Bereich Q12:Q17 gibt), dann wird das bedingte Format gesetzt.

Die Regel =NICHT(ISTNV(SVERWEIS(G4;$G$12:$G$17;1;FALSCH))) im Tippschein auf der linken Seite des Arbeitsblatts leistet dasselbe, lediglich mit anderen Bezügen und mit anderem Formatierungsergebnis.

Fehlt noch die *bedingte Formatierung* des Bereichs Q12:Q17. Im Zusammenhang mit Abbildung 8.6 wird klar, dass es zur Regel =NICHT(ISTNV(SVERWEIS(Q12;$G$12:$G$17;1;FALSCH))) nichts Neues mehr zu berichten gibt.

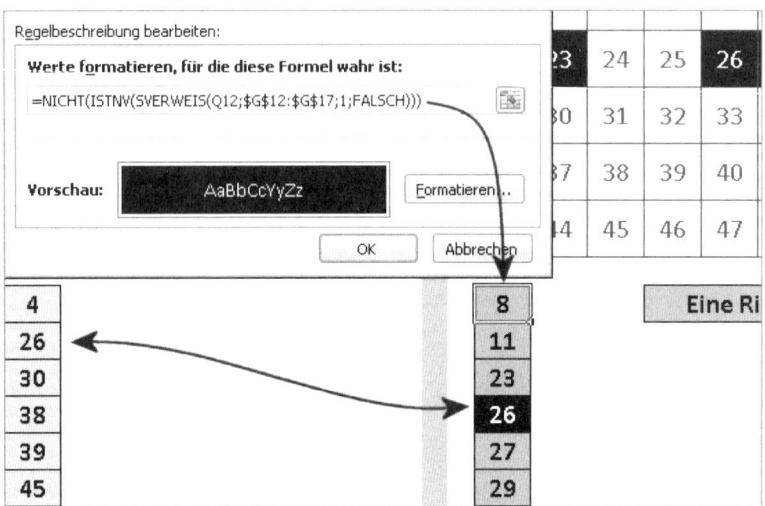

Abbildung 8.6   Diese bedingte Formatierung gilt für die Auflistung der gezogenen Zahlen

Die Besten nach oben

Nach dieser eher spielerischen Vorbereitung nun zur Simulation eines Praxisbeispiels.

CD-ROM   Bitte öffnen Sie von der CD-ROM aus dem zu Ihrer Excel-Version passenden Ordner die Datei *0802_AutoSort*. Die Arbeitsblätter sind nicht geschützt.

Beachten Sie das Blatt *Namensliste* mit der Aufstellung der vier in dieser Arbeitsmappe existierenden Bereichsnamen.

Im Zusammenhang mit Abbildung 8.7 zu den Elementen im Arbeitsblatt *Test 1*:

- In Zelle J8, hervorgehoben mit der typischen Formatierung, befindet sich der *rT1.Knoten01*; in Zeile 3 und in Spalte G die bekannten Hilfsnummerierungen (Zahlen als Abstände vom Knoten).

- Der Bereich K8:M55 ist in diesem Beispiel die Datenquelle. Er enthält die Erlösdaten von 47 Kostenstellen aus zwei verschiedenen Geschäftsjahren (Abschnitte A und B der Abbildung). Jedes Drücken von F9 erzeugt hier neue Daten. Das entspräche z. B. dem Einlesen von Erlössummen aus dem Absatz verschiedener Produkte.

- Der Bereich Q8:X55 entspricht einer automatisch generierten Doppel-Diagrammbasis oder einer vergleichenden Berichtstabelle in einem Focusblatt. Jedes Mal, wenn sich die Quelldaten ändern, entstehen hier zwei neue, jeweils zweispaltige Listen in absteigender Sortierung: Die Kostenstellen und Erlösdaten aus Abschnitt A (*Erlöse 09*) im Abschnitt C sowie die Kostenstellen und Erlösdaten des Abschnitts B (*Erlöse 08*) im Abschnitt D. Dic erfolgreichsten Kostenstellen werden nach oben gerückt. Das bedarf keiner manuellen Sortierung oder einer Programmierung, weil hier die sortierende Umsetzung der Quelldaten in Berichtsdaten mit Anwendung von Formeln geschieht.

		K	L	M		Q	S	T		W	X
	00	01	02	03	# # 07	09	10	#	13	14	
			A	B			1	2		1	3
8	00	KSt	Erlöse 09	Erlöse 08		Nr	Kst	Erlöse 09		Kst	Erlöse 08
9	01	Aachen	5.085,44	37.581,30		01	ZB_K04	48.702,08		ZB_K14	47.799,29
10	02	Augsburg	21.190,20	16.132,24		02	Krefeld	48.648,24		ZB_K07	47.721,74
11	03	Berlin 01	2.417,04	38.395,36		03	Essen	47.643,16		Hamburg 02	46.581,58
12	04	Berlin 02	39.965,15	42.344,02		04	Bremen	46.250,21		Kiel	43.165,69
13	05	Berlin 03	11.326,72	30.311,66		05	Berlin 04	45.428,70		Berlin 04	42.907,29
14	06	Berlin 04	45.428,70	42.907,29		06	Nürnberg	44.777,81		Dresden	42.894,68
15	07	Braunschweig	9.876,30	35.111,13		07	ZB_K10	43.873,19		Berlin 02	42.344,02
48	40	ZB_K07	22.953,06	47.721,74		40	Berlin 03	11.326,72		Köln 01	12.229,07
49	41	ZB_K08	11.862,81	22.663,79		41	Kiel	11.234,19		München 01	11.921,72
50	42	ZB_K09	21.172,22	8.267,61		42	Braunschweig	9.876,30		ZB_K12	9.527,29
51	43	ZB_K10	43.873,19	42.288,78		43	Dresden	7.710,72		ZB_K09	8.267,61
52	44	ZB_K11	26.892,51	14.446,25		44	ZB_K03	6.469,49		Frankfurt / M	7.327,56
53	45	ZB_K12	30.429,22	9.527,29		45	Aachen	5.085,44		ZB_K13	5.843,55
54	46	ZB_K13	30.379,00	5.843,55		46	München 02	3.665,86		Köln 02	5.094,98
55	47	ZB_K14	22.287,59	47.799,29		47	Berlin 01	2.417,04		Hannover	3.399,04

Abbildung 8.7 Neue Erlösdaten in *A* und *B*? Dann automatische, absteigende Neusortierung in *C* und *D*.

Die zentrale Leistung des Vorgangs findet in den beiden ausgeblendeten Spalten R und V statt. Nach deren Einblenden sehen Sie unter den Überschriften *Pos* (steht für *Position*) mit roter Schrift formatierte Zahlen – Formelergebnisse.

Zu den Formeln des Arbeitsblatts im Zusammenhang mit Abbildung 8.8. Zunächst die Übersicht:

- Die Formeln =ZUFALLSBEREICH(1000;49999)+RUNDEN(ZUFALLSZAHL();2) in den Spalten L und M stellen fiktive Erlösdaten in einer Spanne von 1.000,00 bis 49.999,99 her. Die beiden Blocks haben die Bereichsnamen *rT1.Erlöse2009* bzw. *rT1.Erlöse2008*.

- Die Formeln in den jetzt sichtbaren Spalten R und V ermitteln in den Bereichen *rT1.Erlöse2009* bzw. *rT1.Erlöse2008* die Zeilenpositionen von Rangplätzen.

- Die Offset-Formeln in den Spalten S, T, W und X benutzen diese Positionsbestimmungen als Zeilenargumente, um die gewünschte, automatische Sortierung herzustellen.

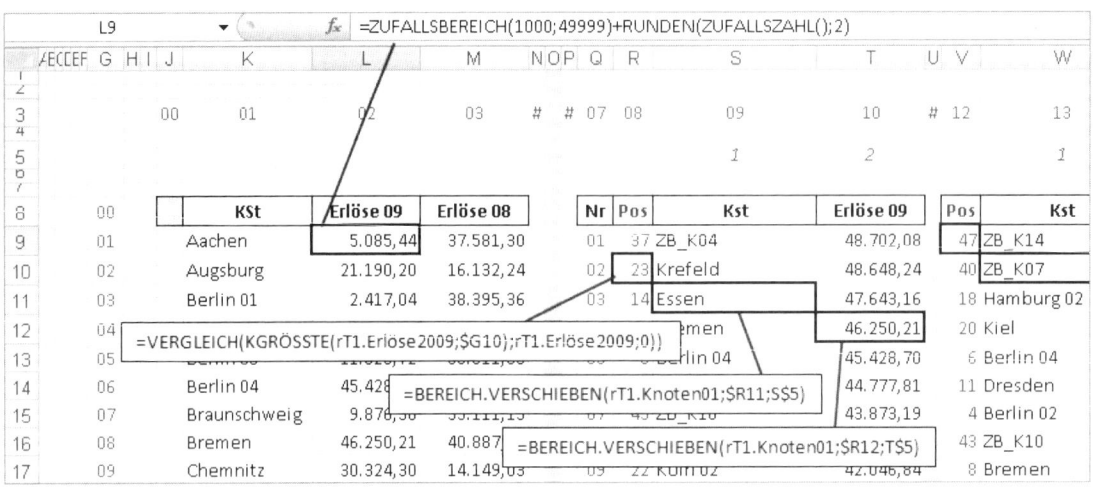

Abbildung 8.8 Die Formeln in den ausgeblendeten Spalten bereiten das Sortieren vor

Die in der Abbildung 8.8 hervorgehobenen Formeln im Einzelnen:

Beim Lottobeispiel wurde die Funktion KKLEINSTE eingesetzt. Hier nun kommt deren Gegenstück KGRÖSSTE zum Zuge: Die Zeilenpositionsbestimmung eines Wertes geschieht, am Beispiel der Zelle R10, auf folgende Weise:

```
=VERGLEICH(KGRÖSSTE(rT1.Erlöse2009;$G10);rT1.Erlöse2009;0)
```

Die Syntaxdarstellung =VERGLEICH(Suchkriterium;Suchmatrix;Vergleichstyp) macht deutlich, dass der Formelteil KGRÖSSTE(rT1.Erlöse2009;$G10) in der VERGLEICH-Formel das Suchkriterium bildet. In G10 steht als Vorgabewert die Ziffer 2. Demzufolge wird von diesem Formelteil der zweitgrößte Wert in der Matrix *rT1.Erlöse2009* ermittelt. Dieser ist dann also das Suchkriterium, dessen Zeilenposition sich in der Matrix *rT1.Erlöse2009* bestimmen lässt.

Die so in Spalte R ausgewiesenen Zeilenpositionen werden nun von den Offset-Formeln in den rechts benachbarten Spalten als Zeilenargumente benutzt. Die beiden Beispiele aus der Abbildung

```
S11     =BEREICH.VERSCHIEBEN(rT1.Knoten01;$R11;S$5)

T12     =BEREICH.VERSCHIEBEN(rT1.Knoten01;$R12;T$5)
```

zeigen die bekannte Gestaltungsart: vom Knoten ausgehend so viele Zeilen nach unten, wie es der Vorgabe (dem Formelergebnis) in Spalte R entspricht, und so viele Spalten nach rechts, wie es der Vorgabe (der numerischen Konstante) in Zeile 5 entspricht.

Die Formeln für das Jahr 2008 (Spalten W und X) sind gleichartig aufgebaut.

Vermeidung von Doppeln

Die hier vorgestellte, in der Anwendungspraxis sehr interessant einsetzbare Form der automatischen Sortierung mittels Formeln gelingt nur dann problem- und lückenlos, wenn in der zu sortierenden Quelle komplett unterschiedliche Werte, also keine Doppel vorliegen. Eine Unterschiedlichkeit kann sich für Excel allerdings auch noch in der zehnten oder einer weiteren Nachkommastelle zeigen. Die Zahlen 523,000000459887 und 523,000000762384 etwa sind, wenn es um Geld geht, bei einer Standardzahlenformatierung mit in der Regel höchstens zwei Dezimalstellen für den Betrachter natürlich identisch, für Excel sind sie es keinesfalls.

Wenn ich in dynamischen Modellen Datenmaterial, bei dem ein Auftreten von Doppeln wahrscheinlich ist, automatisch sortieren will, verändere ich jeden aus der Datenquelle extrahierten Wert mit einem winzigen Korrekturfaktor.

Im Zusammenhang mit Abbildung 8.9: G7+ZUFALLSZAHL()/1000000 ist das Beispiel einer Formel, die eine derartige Korrektur leistet. Dem ursprünglichen Wert wird eine Winzigkeit (das Millionstel einer zufälligen Zahl, die zwischen 0 und 1 liegt und die bis zu 15 Dezimalstellen hat) hinzugezählt. Dass zwei vormals identische ganzzahlige Werte nach der Addition dieses Korrektivs zufällig auch noch weiterhin identisch bleiben, ist extrem unwahrscheinlich.

Es gibt natürlich Werte, Wertekonstellationen, Kalkulationsarten und Darstellungsanforderungen, bei denen eine derartige, ja sogar auch eine noch behutsamere Manipulation von Quelldaten unzulässig wäre. Dies ist jedoch z. B. bei »normalen« Geschäftsdaten (Stückzahlen, Währungsdaten, Kennzahlen usw.) kaum der Fall, weil etwa eine Weiterverrechnung von 523 oder alternativ von 523,000000762384 erst nach einer ganzen Kaskade von Kalkulationen zu einem geringfügigen, nur in extremen Ausnahmefällen wirklich »zählenden« oder gar sichtbaren Unterschied führen würde.

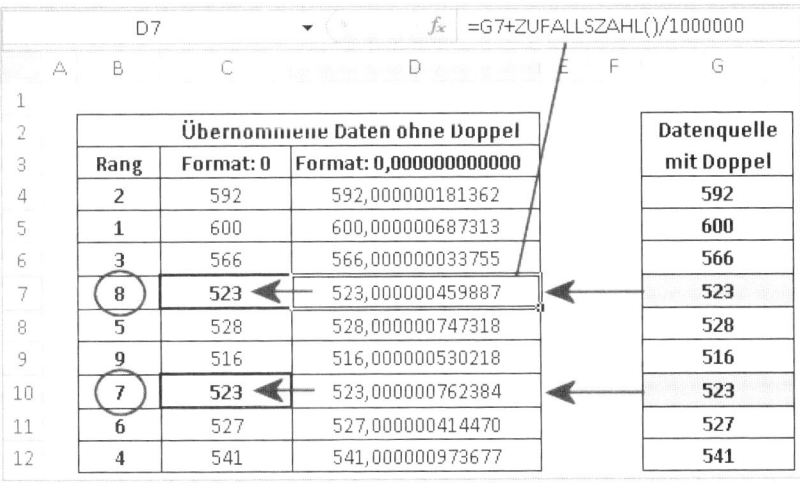

Abbildung 8.9 Die Vermeidung von Doppeln mittels minimaler Veränderungen

Zentrale Datenpflege

In Kapitel 3 hatte ich Ihnen ein Modell vorgestellt, das mit zwei inhaltsgleichen, jedoch voneinander unabhängigen Personalnummernlisten – eine im Blatt *Parameter 1*, die andere im Blatt *Listen 1* – ausgestattet war, und hatte dies als prinzipielle Schwäche des Modells eingeordnet. Jede Konstruktion, die eine Behandlung gleicher Daten an mehreren Stellen erfordert, sollte auf Chancen einer gemeinsamen, zentralen Datenpflege überprüft werden. Wie so etwas in seiner Grundform aussehen kann, zeigt die Datei *0803_Parameter*.

CD-ROM　　Bitte öffnen Sie von der CD-ROM aus dem zu Ihrer Excel-Version passenden Ordner die Datei *0803_Parameter*. Die Arbeitsblätter der Datei sind nicht geschützt.

Dieser Torso eines Präsentationsmodells enthält nur die Arbeitsblätter *Namensliste, Parameter 1, Daten 1 und Listen 1*.

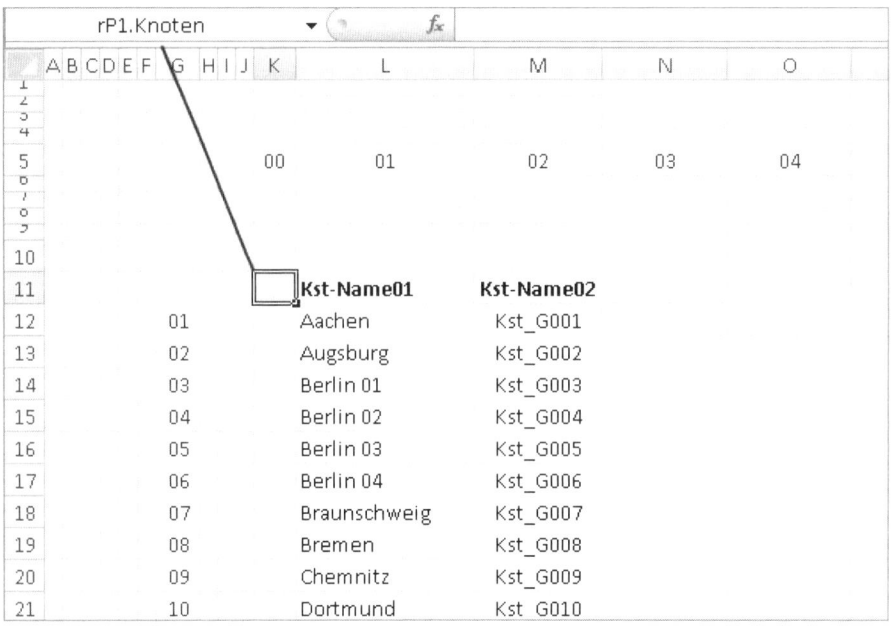

Abbildung 8.10　Für die Kostenstellen sind zwei unterschiedliche Namenssysteme hinterlegt

Nur im Arbeitsblatt *Parameter 1* soll eine Stammdatenpflege stattfinden. Dort sind zwei Versionen von Kostenstellennamen hinterlegt (vgl. Abbildung 8.10), eine Klartextinformation für den Gebrauch durch die Geschäftsführung und eine alphanumerische Kurzfassung, wie sie gelegentlich gerne von den Controllern des Unternehmens bei internen Berichterstattungen benutzt wird. Nach rechts ist reichlich Platz, es könnte also noch zahlreiche weitere Listeneinträge geben. Der *rP1.Knoten*, platziert an typischer Stelle, erleichtert den Zugriff bei Verwendung von Offset-Formeln.

Eine dementsprechende Struktur ist im Blatt *Daten 1* angelegt (vgl. Abbildung 8.11) – und wäre in beliebig vielen weiteren Arbeitsblättern gleicher Art identisch.

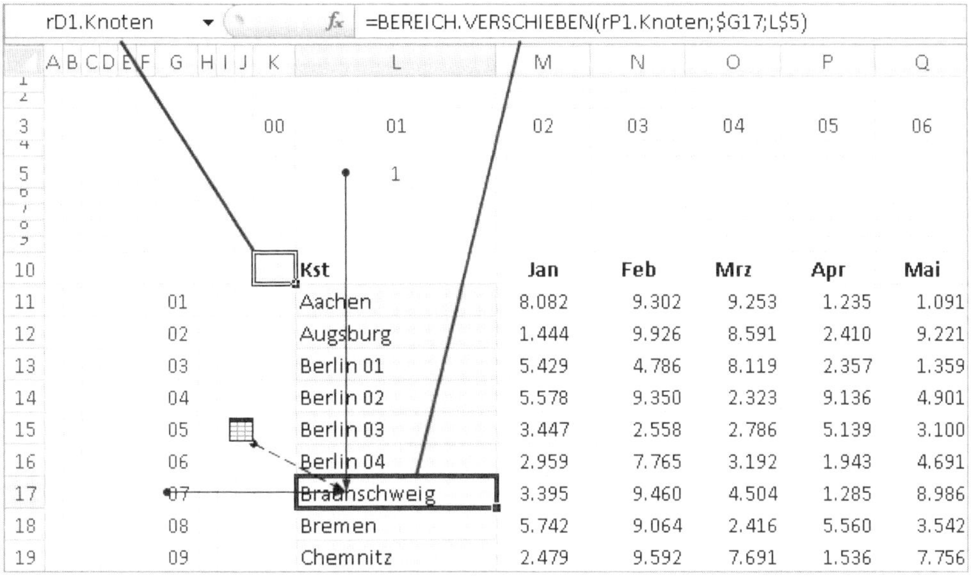
rD1.Knoten =BEREICH.VERSCHIEBEN(rP1.Knoten;$G17;L$5)

	G	K	L	M	N	O	P	Q
3		00	01	02	03	04	05	06
5			1					
10			Kst	Jan	Feb	Mrz	Apr	Mai
11	01		Aachen	8.082	9.302	9.253	1.235	1.091
12	02		Augsburg	1.444	9.926	8.591	2.410	9.221
13	03		Berlin 01	5.429	4.786	8.119	2.357	1.359
14	04		Berlin 02	5.578	9.350	2.323	9.136	4.901
15	05		Berlin 03	3.447	2.558	2.786	5.139	3.100
16	06		Berlin 04	2.959	7.765	3.192	1.943	4.691
17	07		Braunschweig	3.395	9.460	4.504	1.285	8.986
18	08		Bremen	5.742	9.064	2.416	5.560	3.542
19	09		Chemnitz	2.479	9.592	7.691	1.536	7.756

Abbildung 8.11 Die Textbezeichnungen werden direkt aus dem Parameterblatt übernommen

Die Formeln in Spalte L übernehmen die Bezeichnungen aus dem Blatt *Parameter 1*. Das dabei benutzte Spaltenargument wird von einer Vorgabe in Zelle L5 bestimmt. Stünde dort die Ziffer 2, würden die Kurzbezeichnungen eingelesen. (Es handelt sich hier um eine statische Vorgabe. Dass es auch eine variable sein könnte, ergibt sich aus dem nachfolgenden Beispiel.) Jede im Blatt *Parameter 1* vorgenommene Änderung von Schreibweisen, seien es notwendige Korrekturen, Ergänzungen oder Abkürzungen, was auch immer, wird direkt in die verbundenen Arbeitsblätter übertragen. Ein weiteres – eines, das in diesem Zusammenhang eine noch wichtigere Rolle spielt – ist *Listen 1*. Wichtiger deshalb, weil die hier benutzten Kostenstellenbezeichnungen in den Dropdownlisten der Steuerelemente erscheinen, also unmittelbar der Benutzerauswahl dienen.

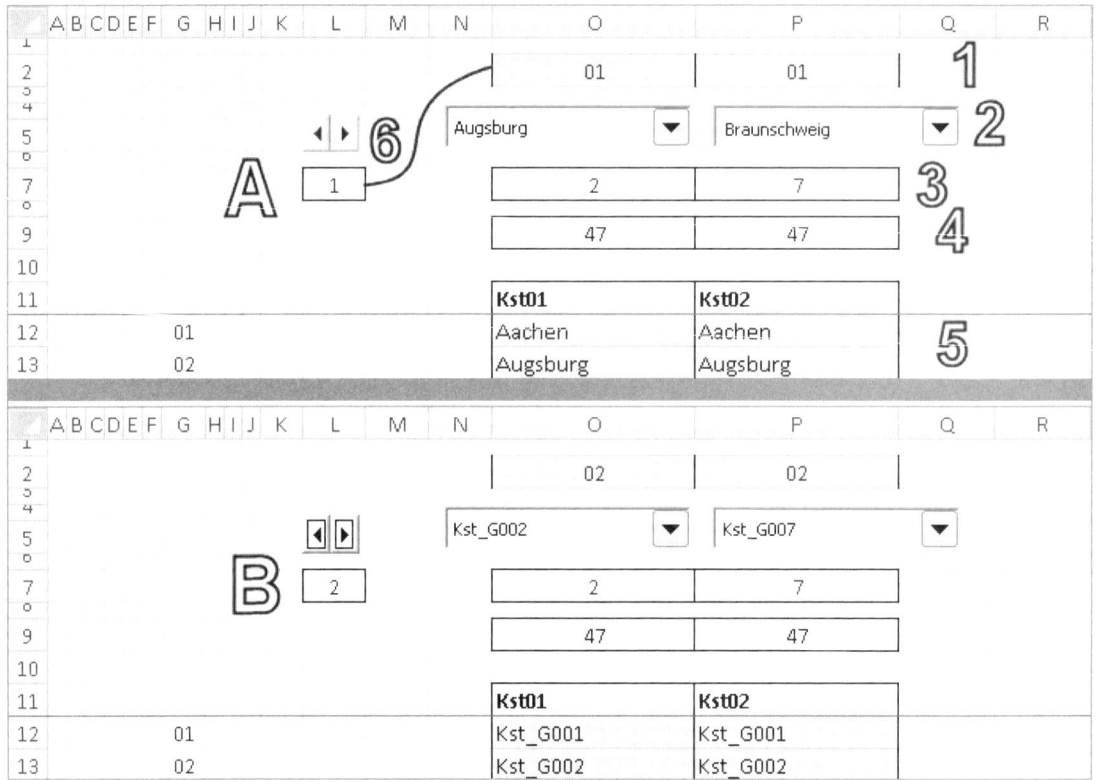

Abbildung 8.12 Der Anwender entscheidet, welche Bezeichnungsart in den Auswahllisten angeboten wird

Da es verschiedene Benutzeransprüche an eine Auswahlsystematik geben kann, ist es in vielen Fällen durchaus sinnvoll, die Listenangebote variabel zu gestalten.

Im Zusammenhang mit Abbildung 8.12: Im Arbeitsblatt *Listen 1* sind Strukturen angelegt, die Sie aus Beispielen früherer Kapitel teilweise kennen. In den Spalten O und P zwei Bereiche, deren Inhalte im unmittelbaren Zusammenhang mit der Funktionalisierung von Steuerelementen stehen.

Gemäß Nummerierung in Bildabschnitt A:

1. In Zeile 2 sind Formeln eingetragen, deren Ergebnisse wiederum von anderen Formeln als Spaltenargumente benutzt werden.

2. Auf Höhe von Zeile 5 sind vorübergehend die beiden *Kombinationsfelder* deponiert, deren Funktionalisierung hier im Blatt organisiert und realisiert wurde und die später an anderen Stellen der Arbeitsmappe (Focusblätter) zum Einsatz kommen werden. Diese Steuerelemente zeigen im Abschnitt A der Abbildung ihre Inhalte als Klartext, im Abschnitt B der Abbildung, bei identischer Benutzerwahl, als Kurzform.

3. Die beiden *Verknüpfungszellen* der Steuerelemente (Zeile 7) zeigen in den Abschnitt A und B der Abbildung identische Einträge, der Benutzer hat im linken Steuerelement auf den zweiten, im rechten Steuerelement auf den siebten Listeneintrag geklickt.

4. Die Zählung der Listeninhalte (Zeile 9) ist ein Standard der rS1.Methode, in manchen Lösungen von Bedeutung für eine Weiterverarbeitung mit Formeln (spielt hier im Seminar aber keine Rolle und kann deshalb unbeachtet bleiben).

5. Die Listeninhalte werden mit Formeln generiert. Deren Ergebnisse zeigen im Abschnitt A der Abbildung Klartext, im Abschnitt B der Abbildung eine Kurzform.

6. Ein zusätzliches Steuerelement, in diesem Fall ein *SpinButton* (*ActiveX-Steuerelement*), sorgt indirekt für den Wechsel der Listeninhalte. Mehr dazu im Zusammenhang mit Abbildung 8.13 und Abbildung 8.14.

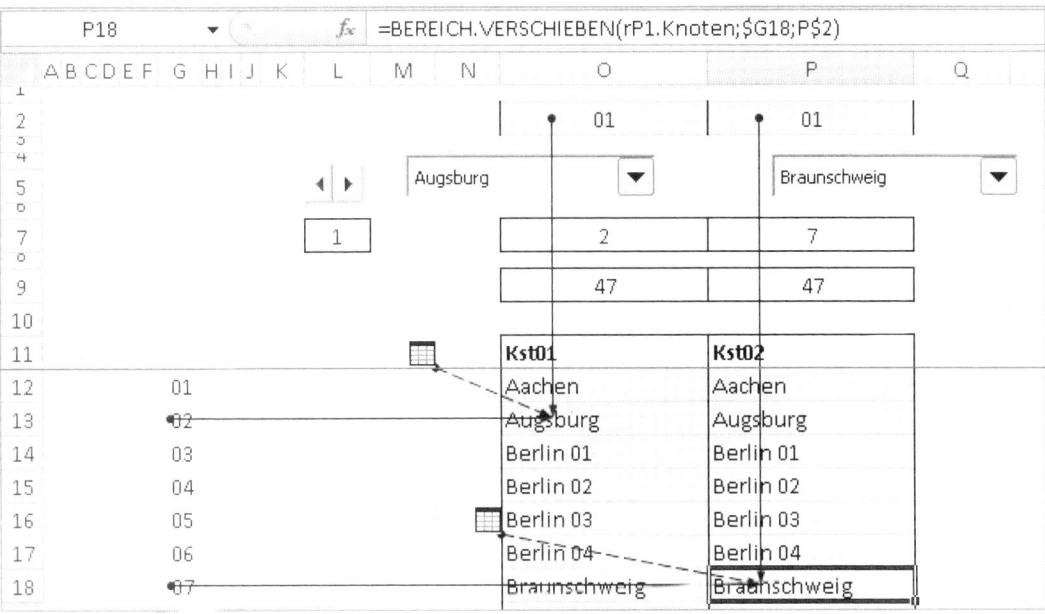

Abbildung 8.13 Zeilen- und Spaltenargumente der Offset-Formeln in der typischen Anordnung

In Abbildung 8.13 erkennen Sie, dass die Offset-Formeln der Listen ihre Spaltenargumente aus Zeile 2 beziehen. Die dort hinterlegten Formeln übernehmen ihren Inhalt direkt aus der Zelle L7, die den Namen *rL1.SpinListenAusw* hat. Der funktionale Zusammenhang wird in Abbildung 8.14 deutlich.

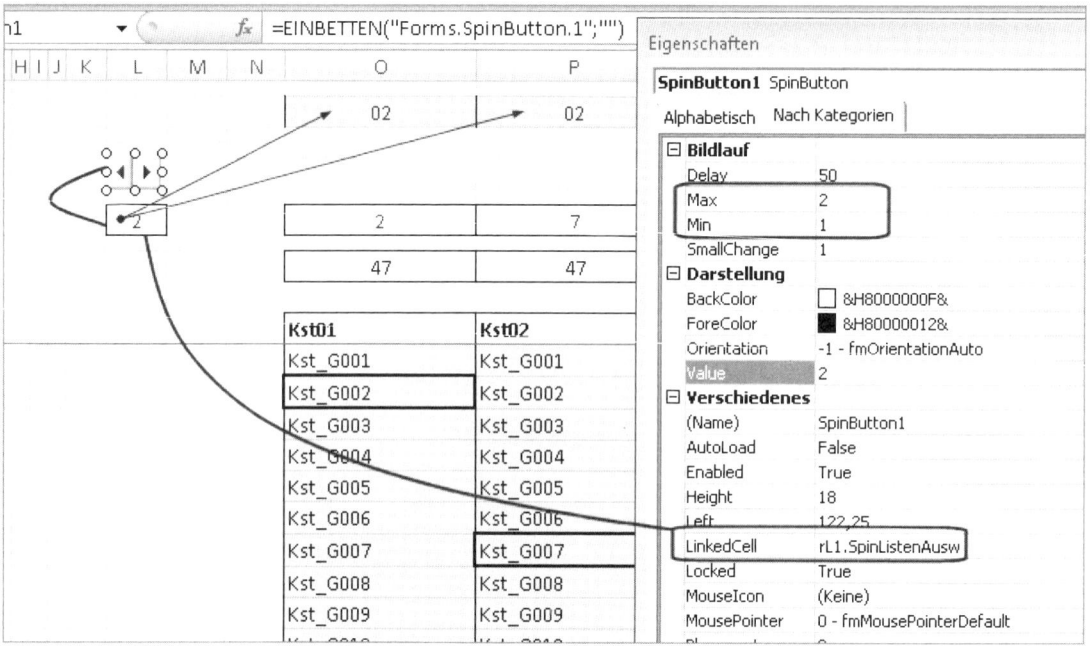

Abbildung 8.14 Die Spaltenargumente der Offset-Formeln sind mittels Steuerelement veränderbar

- Der *SpinButton* benutzt die Zelle mit dem Namen *rL1.SpinListenAusw* als *LinkedCell*. Da die Spanne seiner Ausgabewerte auf 1 und 2 begrenzt wurde, funktioniert dieses Steuerelement als Wechselschalter.

- Die Formeln =rL1.SpinListenAusw in den Zellen O2 und P2 übernehmen den Ausgabewert des *SpinButtons*.

- Die BEREICH.VERSCHIEBEN-Formeln in den Bereichen *rL1.Kst01Liste* und *rL1.Kst02Liste* verwenden die Werte der Zellen O2 und P2 als Spaltenargumente.

Auf diese Weise also können Sie mit einem Steuerelement die Art der für den Benutzer sichtbaren Listeninhalte beeinflussen. Hier ist es lediglich ein Hin und Her, ein Wechsel. Würden in der Quelle *Parameter 1* (vgl. nochmals Abbildung 8.10) mehr als zwei Varianten vorgehalten, könnten Sie die Spannweite des *SpinButtons* entsprechend erweitern und ihn so vom Wechsel- zum »Durchlauf-Schalter« machen.

HINWEIS   Sie haben in früheren Kapiteln den Einsatz des *Kontrollkästchens* (als *ActiveX-Steuerelement* wäre es die *CheckBox*) als An-und-Aus-Schalter kennengelernt.

Für einen Wechselschalter sollten Sie diesen Typ jedoch nicht benutzen, sondern ein *Drehfeld* (als *ActiveX-Steuerelement* einen *SpinButton*) einsetzen.

Dynamisierte und dynamisierende Formeln

In diesem Hauptabschnitt beschreibe ich in vier exemplarischen Beispielen, wie Sie mit Formeln auf unterschiedliche Ausgangs- bzw. Datenlagen oder auf wechselnde Bedürfnisse reagieren können, ohne dabei die Formeln selbst verändern zu müssen.

Gleichzeitig will ich damit noch einige formelbasierte *bedingte Formatierungen* vorstellen, die ein wenig anspruchsvoller aufgebaut sind als in den bisherigen Beispielen.

Bei den Erläuterungen zu Formeln und Regeln kommen nur noch die wichtigsten Details zur Sprache. Bitte forschen Sie ggf. die nicht näher bezeichneten Sachverhalte und deren Zusammenhänge direkt in den Arbeitsblättern aus. Wechseln Sie mit `Strg`+`#` zwischen Ergebnis- und Formelansicht hin und her, um in schneller Übersicht zu erkennen, an welchen Stellen sich welche Formeln welcher Art befinden.

CD-ROM   Bitte öffnen Sie von der CD-ROM aus dem zu Ihrer Excel-Version passenden Ordner die Datei *0804_Kumulation01*.

Die Arbeitsblätter *Daten 1* bis *Daten 3* der Datei sind ohne Kennwort geschützt. Eingabefähige Zellen sind auswählbar.

Parallelrechnung mit BEREICH.VERSCHIEBEN

Im ersten Beispiel (Blatt *Daten 1*) liegen die Monatswerte des Jahres 2009 komplett vor, während Sie für das Jahr 2010 mit dem Drücken von `F9` jeweils neue Datenstände erzeugen. Deren Summierung wird automatisch mit ihrer äquivalenten Kumulation in der Nachbarspalte (Jahr 2009) verglichen. Die Einzelheiten im Zusammenhang mit der Nummerierung in Abbildung 8.15:

1. In Spalte M sind als »Spielmaterial« Quelldaten eines kompletten Jahres 2010 hinterlegt.

2. In Zelle H3 wird bei jedem Drücken von `F9` eine zufällige Zahl zwischen 1 und 12 erzeugt. Dies gibt einen wechselnden Datenstand nach Monaten vor.

3. Die Formeln im Bereich H9:H20 übernehmen aus den Quelldaten (siehe 1) fortlaufend so viele, wie in Zelle H3 aktuell vorgeben ist.

4. Der zweizeilige Formelblock in den Zeilen 21 und 22 enthält Formeln unterschiedlicher Art:

   ■ Die Formel in Zelle G21 erzeugt einen Text, der den aktuellen »bis«-Kumulationsstand angibt.

   ■ Die Formel in Zelle H21 summiert die aufgelaufenen Daten des Jahres 2010. Diese Zahl wird unsichtbar (bedingte Formatierung), wenn die Daten aller 12 Monate vorliegen und deswegen die Gesamtsumme in Zelle H22 erscheinen soll. (Dieselbe *bedingte Formatierung* gilt auch für die Nachbarzellen I21 und J21.)

   ■ Die Formel in Zelle I21 wird weiter unten noch näher betrachtet. Sie führt, als Kernstück dieses Beispiels, eine Parallelrechnung aus: Der Datenstand des Jahres 2010 wird für das Jahr 2009 in gleicher Kumulation abgebildet. Diese Information wird durch eine bedingte Formatierung der Monatsdaten verdeutlicht.

   ■ Die Formel in Zelle I22 zeigt permanent die Jahres-Gesamtsumme aus 2009 an.

5. Die Formeln in Spalte J ermitteln fehlergepuffert die Differenzen zwischen 2010 und 2009.

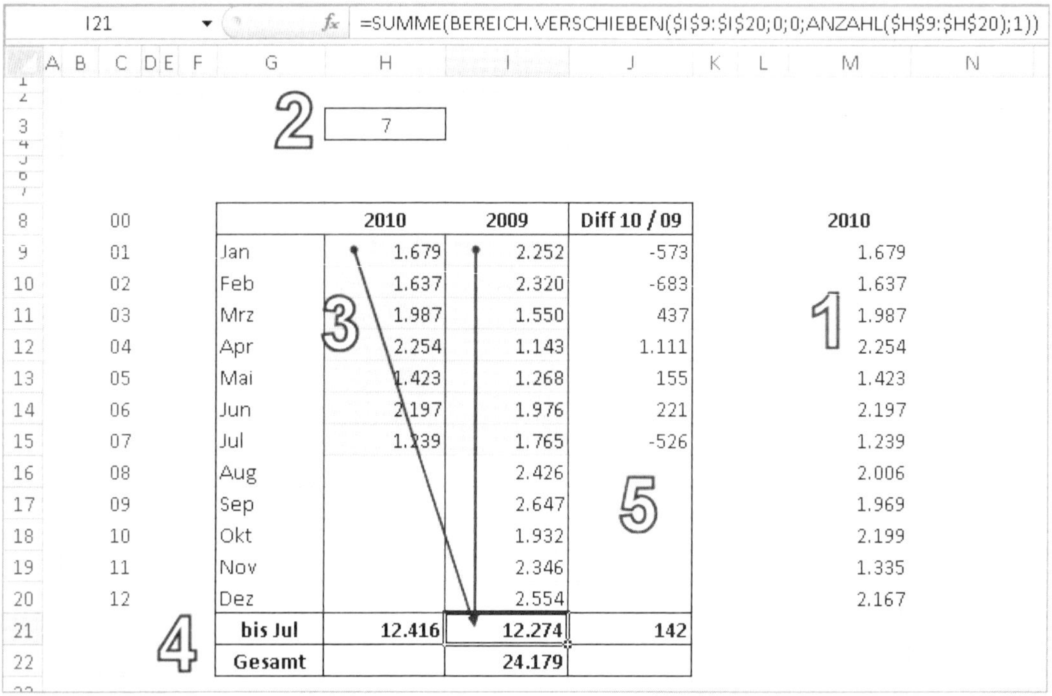

I21 =SUMME(BEREICH.VERSCHIEBEN($I$9:$I$20;0;0;ANZAHL($H$9:$H$20);1))

7

		2010	2009	Diff 10 / 09	2010
00					
01	Jan	1.679	2.252	-573	1.679
02	Feb	1.637	2.320	-683	1.637
03	Mrz	1.987	1.550	437	1.987
04	Apr	2.254	1.143	1.111	2.254
05	Mai	1.423	1.268	155	1.423
06	Jun	2.197	1.976	221	2.197
07	Jul	1.239	1.765	-526	1.239
08	Aug		2.426		2.006
09	Sep		2.647		1.969
10	Okt		1.932		2.199
11	Nov		2.346		1.335
12	Dez		2.554		2.167
	bis Jul	**12.416**	**12.274**	**142**	
	Gesamt		**24.179**		

Abbildung 8.15 Die nummerierten Bereiche enthalten Formeln unterschiedlicher Art

Zur Formel in Zelle I21, in der die Funktion BEREICH.VERSCHIEBEN mit allen ihren fünf Argumenten auftritt (etwas Ähnliches wurde in Kapitel 5, siehe Abbildung 5.9, schon einmal vorgestellt):

```
=SUMME(BEREICH.VERSCHIEBEN($I$9:$I$20;0;0;ANZAHL($H$9:$H$20);1))
```

Wieder von innen nach außen betrachtet: Die Formel erzeugt ein Array, dessen Inhalte dann summiert werden. Der innere, der BEREICH.VERSCHIEBEN-Teil, als Anweisung: »Definiere ein Array. Gehe dazu vom genannten Bezug I9:I20 null Zeilen nach unten oder oben und null Spalten nach links oder rechts, benutze also den gesamten Bereich. Bilde aus diesem Bereich einen Teilbereich, der so viele Zeilen hoch ist, wie es der Anzahl von Zahlen im Nachbarbereich H9:H20 entspricht und der eine Spalte breit ist.« Die dies umhüllende Summenformel summiert also immer nur so viele Werte, wie in der Nachbarspalte des Jahres 2010 enthalten sind.

Die bedingten Formatierungen im Bereich H9:I20 arbeiten in ihren Regeln mit der Funktion ISTZAHL. Wenn in der Zelle eine Zahl steht (so in Spalte H), soll die Formatierung zur Anzeige kommen. In der Spalte I gilt: Wenn in der Nachbarspalte H eine Zahl steht, dann auch hier die entsprechende Formatierung.

Die bedingten Formatierungen in Zeile 21 arbeiten in ihren Regeln mit der Funktion IDENTISCH und bei der Formatzuweisung mit einer Anpassung der Schriftfarbe an die Hintergrundfarbe.

Summe bis Datum

Im zweiten, recht ähnlichen Beispiel (Blatt *Daten 2*) liegen die Dinge nicht schwieriger, sondern anders: Das Volumen des Summierungsbereichs wird nicht automatisch, sondern benutzerdefiniert bestimmt. Der Anwender entscheidet, bis zu welchem Kalendertag summiert werden soll.

Was ist eingerichtet, was ist möglich?

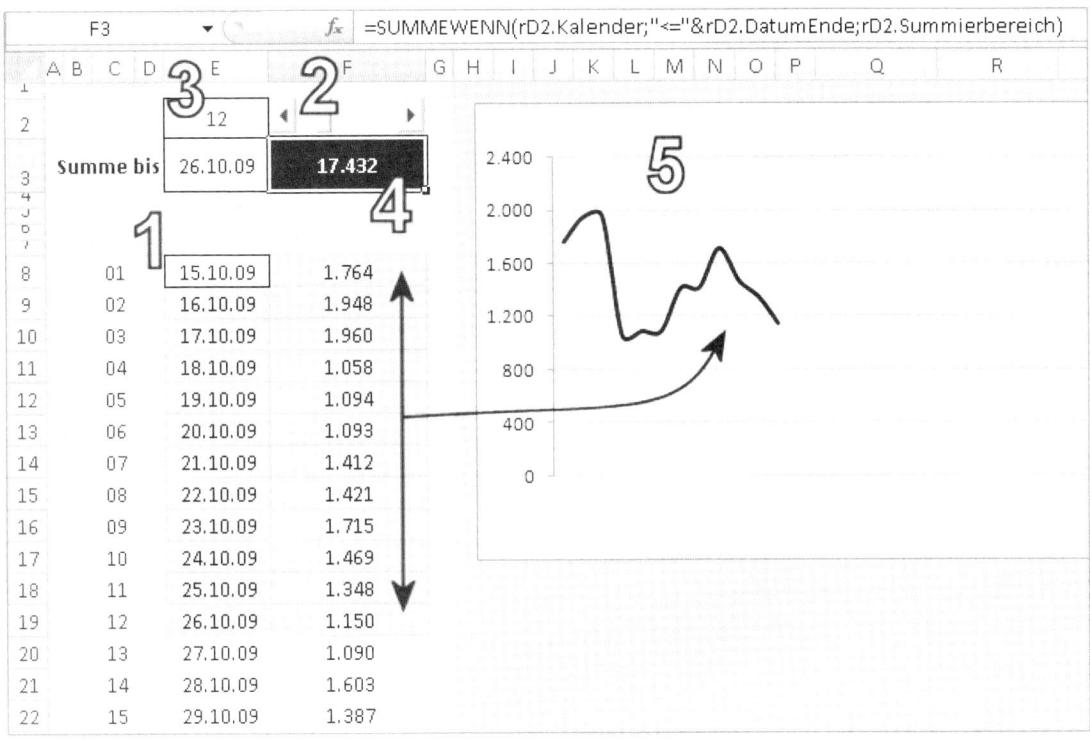

Abbildung 8.16 Bis zu welchem Tag Sie summieren und die Linie zeigen, bestimmen Sie mit einer *ScrollBar*

Im Zusammenhang mit Abbildung 8.16 und der dortigen Nummerierung:

1. Geben Sie in die hellgelbe Zelle E8 ein beliebiges Datum ein. Durch fortzählende Formeln entsteht eine Reihe von 50 Kalendertagen. Der entsprechende Gesamtbereich hat den Namen *rD2.Kalender*.

2. Benutzen Sie das Steuerelement (eine *ScrollBar* aus der Gruppe der *ActiveX-Steuerelemente*), um einen der 50 Kalendertage auszuwählen.

3. Die Zelle E2 mit dem Bereichsnamen *rD2.DatumAusw* ist die *LinkedCell* der *ScrollBar*.

4. Die Formel in Zelle F3 wird weiter unten noch näher betrachtet. Sie führt, als Kernstück dieses Beispiels, in *rD2.Summierbereich* (den Zellen F8:F57) eine Summierung aus, die sich

vom ersten Tag des Kalenders bis zum per Steuerelement ausgewählten Tag (einschließlich) erstreckt. Eine wandernde Formatierung zeigt den Bereich an, dessen Summe in Zelle F3 erscheint. Mit der *ScrollBar* können Sie, z. B. bei Dauerdruck auf einen ihrer Pfeile, diese Formatierung (und damit den summierten Bereich) wie eine Jalousie nach unten und oben fahren lassen.

5. Was dort nach unten und oben fährt, bewegt sich im zugehörigen Liniendiagramm nach links oder nach rechts. Im indirekt formulierten Zusammenhang: Sie beeinflussen mit einem Steuerelement die Länge einer Datenreihe in einer variablen Ausdehnung zwischen 1 und 50 Datenpunkten. (Wenn Sie die Reihe auf nur den ersten Datenpunkt verkürzen, wird dieser, jedenfalls bei der gewählten Formatierungsart, nicht sichtbar sein.)

Die Ursachen solcher Dynamik finden Sie in Spalte G. Dort befindet sich, unsichtbar formatiert, die *Datenquelle* des Diagramms. Eine nähere Beschreibung unterbleibt hier, denn die benutzte Taktik war, jedenfalls sinngemäß, bereits in Kapitel 6 ein Thema (vgl. Abbildungen 6.24 und 6.25 und damit zusammenhängende Texte).

Zu einigen der Formeln in den Spalten E und F:

Mit =INDEX(rD2.Kalender;rD2.DatumAusw;1) wird in Zelle E3 (die den Namen *rD2.DatumEnde* hat), das Datum ermittelt, das der aktuellen Einstellung der *ScrollBar* entspricht.

Die Formel in Zelle F3

```
=SUMMEWENN(rD2.Kalender;"<="&rD2.DatumEnde;rD2.Summierbereich)
```

erzeugt in ihrem zweiten Argument ein Suchkriterium, das die seriellen Zahlen der Kalenderdaten vergleicht. Wenn in der Zelle *rD2.DatumEnde* z. B. das Datum 18.06.2010 stünde, würden Sie, nachdem Sie in der Formel den Teil "<="&rD2.DatumEnde markiert und dann ⌜F9⌝ gedrückt hätten, das Suchkriterium "<=40347" entdecken.

HINWEIS   An dieser Stelle sei nochmals ein unmittelbarer Vergleich zwischen einer rS1-Bereichsnamen verwendenden Formel und derselben Formel in konventioneller Schreibweise erlaubt:

```
=SUMMEWENN(rD2.Kalender;"<="&rD2.DatumEnde;rD2.Summierbereich)
```
```
=SUMMEWENN($E$8:$E$57;"<="&$E$3;$F$8:$F$57)
```

Das Ergebnis wäre identisch, die Interpretierbarkeit ist – nun ja – unterschiedlich.

Kurz zu den bedingten Formatierungen, am Beispiel der Zelle E9: Die Regel arbeitet mit der Formel =$E9<=rD2.DatumEnde.

TIPP   Zum Abschluss dieses Beispiels eine Anregung, die aus einem Projektmanagement-Praxisbeispiel stammt: Es soll eine Summierung von Leistungsdaten erfolgen, entweder bis zum heutigen Tag oder bis zu einem wählbaren Datum.

- Wenn beides nebeneinander sichtbar sein soll, wären, unter Anwendung des hier vorgestellten Modells, die beiden Formeln aus Zeile 2 zu verdoppeln: In der einen Zeile würde so gearbeitet wie hier gezeigt, in einer weiteren stünde dann, statt des mit der ScrollBar ausgewählten Datums, die Formel =HEUTE(). In deren Nachbarzelle wiederum eine SUMMEWENN-Formel, die funktional der hier vorgestellten entspricht.

- Wenn die Ergebnisse alternativ sichtbar sein sollen, wäre ein Wechselschalter (*SpinButton*) einzubauen, auf den in der Zelle *rD2.DatumEnde* eine WENN-Formel reagiert. Das Konstruktionsmuster als fiktives Beispiel:

```
=WENN(rL1.SpinDatumAusw=1;INDEX(rD2.Kalender;rD2.DatumAusw;1);HEUTE())
```

Zweidimensional wählbare Kumulation

Die von mir so sehr geschätzte Funktion BEREICH.VERSCHIEBEN leistet noch ein wenig mehr, als sie bisher in diesem Buch zeigen durfte. Das nachstehend beschriebene Beispiel macht einen vorübergehenden Ausflug in eine andere Datei nötig, soll aber dennoch an dieser Stelle eingefügt werden, weil es eine Fortsetzung und Vertiefung des zuvor beschriebenen Modells ist.

CD-ROM Bitte öffnen Sie von der CD-ROM aus dem zu Ihrer Excel-Version passenden Ordner die Datei *0805_Kumulation02*.

Es handelt sich dabei um die direkte (und in diesem Buch einzige) Übernahme eines Beispiels aus einem anderen meiner bei Microsoft Press erschienenen Bücher.

Das Arbeitsblatt *Daten 1* ist ohne Kennwort geschützt. Die eingabefähigen Zellen sind auswählbar.

Die Auftragsanforderung hieß: Es gibt eine Matrix aus zwölf Monaten und Produktionskosten, bestehend aus drei zusammengehörenden Kostenarten (Materialkosten, Personalkosten und Kosten der Auslieferung und Installation). Bitte stellen Sie eine benutzerfreundliche Lösung her, die in dieser Matrix kumulierend summieren kann – und zwar in beiden Achsen gleichzeitig. Gebraucht werden:

- Zusammenfassungen einer beliebigen, zusammenhängenden Kette von Monaten, also nicht nur das übliche Januar bis Juni, Januar bis Oktober und Ähnliches, sondern z. B. auch Perioden wie etwa Februar bis August oder Mai bis September usw.

- Gleichzeitig damit eine Zusammenfassung der Kosten nach dem Muster

  - Materialkosten allein,

  - Materialkosten plus Personalkosten,

  - alle drei Kostenarten gemeinsam.

Das Ergebnis soll in einem Säulendiagramm vergleichend betrachtet werden können; die Gesamtkosten in Relation zu den vom Benutzer zusammengestellten Teilkosten.

Zur Bewältigung des Grundanspruchs (die benutzerdefiniert steuerbare, zweiachsig kumulierende Summierung) benötigen Sie nicht mehr als drei Listen-Steuerelemente und eine einzige, keineswegs besonders komplizierte Formel. Im Zusammenhang mit Abbildung 8.17:

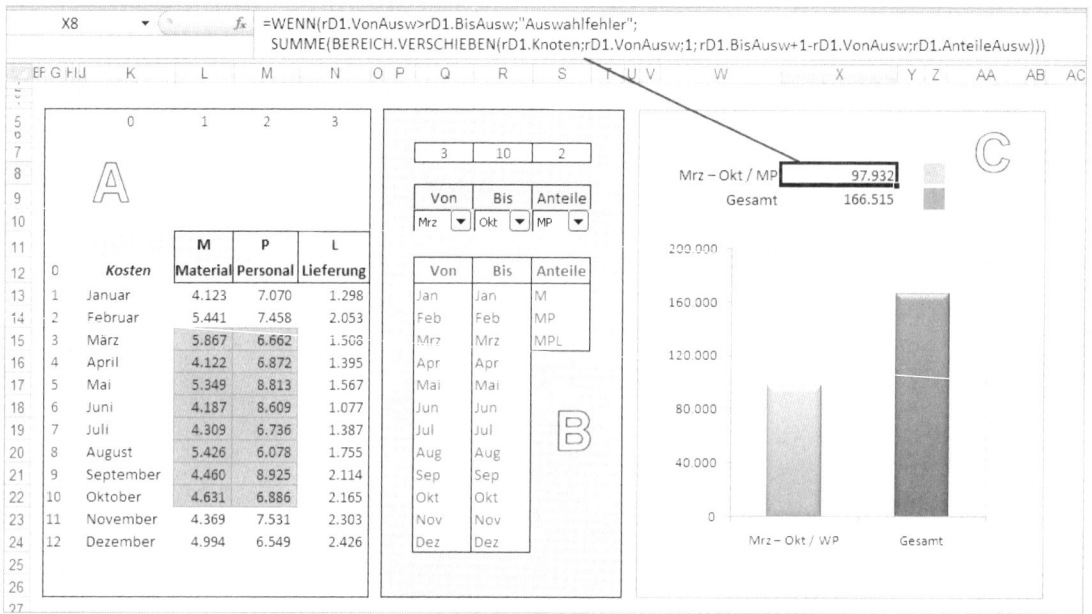

Abbildung 8.17 Beliebige zweiachsige Kumulationen mit *BEREICH.VERSCHIEBEN*

- Bereich A: Die vierspaltige Liste enthält die zu berechnenden Daten, entspricht also in einem »ordentlichen« rS1-Modell dem Arbeitsblatt *Daten 1*.

- Bereich B: Diese Strukturen und Inhalte gehören den Steuerelementen, deren Definitionsbereiche sich sonst im Arbeitsblatt *Listen 1* befinden.

- Bereich C: Hier wurde der Focus der Lösung platziert, das nach den Vorgaben des Benutzers errechnete und beschriftete Ergebnis sowie das zugehörige Säulendiagramm.

Derartige Ausstattungen sind in diesem Seminar bereits behandelt worden. Was noch einiger Erläuterung bedarf, sind die Formeln in den beiden Zellen W8 und X8. Bevor Sie die genauer ansehen, sollten Sie sich verdeutlichen, welche Bereichsnamen vergeben sind und wo sich die ihnen entsprechenden Zellen befinden. Besonders wichtig sind die drei Zellen mit den Namen *rD1.VonAusw*, *rD1.BisAusw* und *rD1.AnteileAusw*, in denen die Klickergebnisse der Steuerelemente erscheinen.

HINWEIS   Wenn Sie die Zellen W8 und X8 ansteuern und markieren wollen, müssen Sie die Pfeiltasten der Tastatur benutzen; die Zellen liegen hinter dem transparenten Diagramm.

Zu Funktion und Ansicht:

- Sie stellen in den drei Dropdownlisten eine Auswahlkombination her: Monat *von*, Monat *bis*, Zusammensetzung der Kosten*anteile*. Wenn der Monat *von* zeitlich *nach* dem Monat *bis* liegt, kommt es in X8 zur Anzeige des Textes *Auswahlfehler* mit roter Schrift. Bei korrekter Auswahl einer Periode – die kann auch nur einen Monat kurz sein –, erscheint dort hingegen das Summierungsergebnis in schwarzer Schriftfarbe. Den Farbwechsel erzeugt eine bedingte Formatierung, deren Regel mit =ISTTEXT($X$8) prüft, ob die Zelle aktuell Text enthält. Trifft das zu, wird die ansonsten schwarze Schrift rot gefärbt.

- Die Auswahl des Benutzers wird in Zelle W8 als Text angezeigt, der auch *Rubrikenachsenbeschriftung* im Diagramm ist.

- Das Diagramm entsteht und in der Datentabelle wird der Bereich, dessen Zellen (indirekt) die grüne Diagrammsäule bilden, entsprechend farbig markiert.

Wie aber entsteht die direkte Zahlengrundlage der grünen Diagrammsäule? Damit also zur Kalkulation in Zelle X8 und damit auch zu der von mir so hoch geschätzten und gerne gebrauchten Offset-Funktion in ihrer ganzer Pracht: =BEREICH.VERSCHIEBEN(Bezug;Zeilen;Spalten;Höhe;Breite) darf hier nun alle fünf seiner Argumente zum vollen, beweglichen Einsatz bringen.

```
X8    =WENN(rD1.VonAusw>rD1.BisAusw;"Auswahlfehler";
      SUMME(BEREICH.VERSCHIEBEN(rD1.Knoten;rD1.VonAusw;1;
      rD1.BisAusw+1-rD1.VonAusw;
      rD1.AnteileAusw)))
```

Der erste Teil dieser Formel dient dem optionalen Erzeugen der Fehlermeldung.

Der Wert für die grüne Diagrammsäule wird im zweiten Teil der Formel kalkuliert. Dieser Offset-Teil erzeugt eine Wertematrix. Sie enthält alle Werte eines Zellbereichs, der an einer bestimmten Stelle liegt und eine bestimmte Anzahl von Zeilen hoch und eine bestimmte Anzahl von Spalten breit ist. Der so definierte Datenbereich wird nun, wie im vorigen Beispiel auch, in eine Summenformel eingebunden.

Wie erzeugt BEREICH.VERSCHIEBEN diese Wertematrix? Dazu die nachstehende Gegenüberstellung. Links der entsprechende Teil der Formel, rechts zum Vergleich die Syntax:

BEREICH.VERSCHIEBEN(	=BEREICH.VERSCHIEBEN(
rD1.Knoten;	Bezug;
rD1.VonAusw;	Zeilen;
1;	Spalten;
rD1.BisAusw+1-rD1.VonAusw;	Höhe;
rD1.AnteileAusw)	Breite)

Also: Erst mal vom Knoten in Zelle K12 so viele Zeilen nach unten, wie es dem Wert *rD1.VonAusw* entspricht (Bestimmung des Startmonats). Dann eine Spalte nach rechts. Das ist nun die oberste linke Zelle einer Matrix, deren Höhe und Breite nun noch zu bestimmen sind. Beides ergibt sich aus den Mausklicks des Benutzers. Mit den Werten des abgebildeten Beispiels:

- rD1.BisAusw+1-rD1.VonAusw, somit 10+1-3. Die Wertematrix ist also acht Zeilen hoch.

- rD1.AnteileAusw, somit 2. Die Wertematrix ist also zwei Spalten breit.

Die Einzelwerte des Zellbereichs L15:M22 werden also Elemente der Wertematrix und somit von der umhüllenden Summenformel addiert.

Damit das im Modell übersichtlicher ist, kommt per bedingter Formatierung auch noch eine Farbmarkierung der Wertematrix zum Einsatz (vgl. Abbildung 8.18):

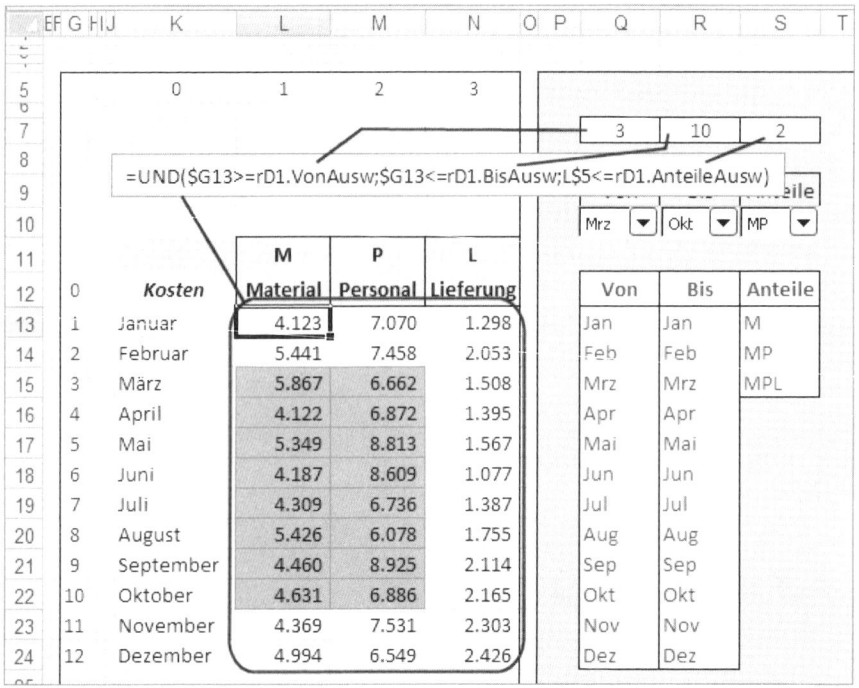

Abbildung 8.18   Die bedingte Formatierung basiert auf einer dreiteiligen *UND*-Regel

Die dreiteilige UND-Formel der Formatierungsregel prüft für jede Zelle die Übereinstimmung oder Nicht-Übereinstimmung der zeilen- und spaltenspezifischen Referenzwerte aus Hilfsspalte G und aus Hilfszeile 5 mit den Ausgabewerten der drei Steuerelemente:

```
=UND($G13>=rD1.VonAusw;$G13<=rD1.BisAusw;L$5<=rD1.AnteileAusw)
```

Bleibt noch zu berichten, wie die Beschriftung in Zelle W8 entsteht. Das erledigt eine Verkettung dreier INDEX-Formeln:

```
W8    =INDEX(rD1.VonListe;rD1.VonAusw;1)&" – "
      &INDEX(rD1.BisListe;rD1.BisAusw;1)&" / "
      &INDEX(rD1.AnteileListe;rD1.AnteileAusw;1)
```

Variable Kalkulation mit TEILERGEBNIS – aber ohne Filter

Zum Abschluss des Themas »Dynamisierte Formeln« noch eine ungewöhnliche Verwendung der Funktion TEILERGEBNIS, teilweise verbunden mit einer ebenso ungewöhnlichen Formatierungsregel.

CD-ROM   Bitte kehren Sie zur Datei *0804_Kumulation01* zurück bzw. öffnen Sie diese erneut von der CD-ROM.

Was ist im Blatt *Daten 3* der Datei *0804_Kumulation01* eingerichtet?

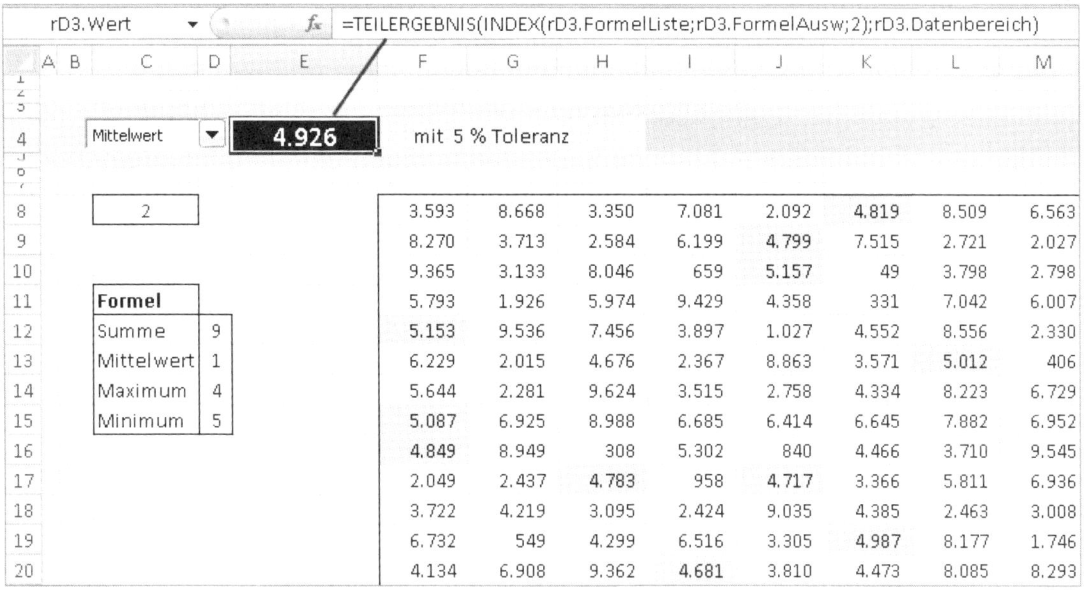

	F	G	H	I	J	K	L	M
8	3.593	8.668	3.350	7.081	2.092	4.819	8.509	6.563
9	8.270	3.713	2.584	6.199	4.799	7.515	2.721	2.027
10	9.365	3.133	8.046	659	5.157	49	3.798	2.798
11	5.793	1.926	5.974	9.429	4.358	331	7.042	6.007
12	5.153	9.536	7.456	3.897	1.027	4.552	8.556	2.330
13	6.229	2.015	4.676	2.367	8.863	3.571	5.012	406
14	5.644	2.281	9.624	3.515	2.758	4.334	8.223	6.729
15	5.087	6.925	8.988	6.685	6.414	6.645	7.882	6.952
16	4.849	8.949	308	5.302	840	4.466	3.710	9.545
17	2.049	2.437	4.783	958	4.717	3.366	5.811	6.936
18	3.722	4.219	3.095	2.424	9.035	4.385	2.463	3.008
19	6.732	549	4.299	6.516	3.305	4.987	8.177	1.746
20	4.134	6.908	9.362	4.681	3.810	4.473	8.085	8.293

Abbildung 8.19 Wenn *MITTELWERT*, dann mit Toleranzanzeige

Im Zusammenhang mit Abbildung 8.19:

- Der Bereich F8:N27 mit dem Namen *rD3.Datenbereich* enthält zufällige Ganzzahlen zwischen 1 und 9.999, die bei jedem Drücken von [F9] wechseln; das zu kalkulierende Datenmaterial.
- Links im Blatt, unterhalb von Zeile 7, sehen Sie Strukturen, die sonst in das Blatt *Listen 1* gehören: Definitionsbereiche für ein Steuerelement.
  - Die *rD3.FormelListe* enthält vier Texte von Kalkulationsarten. Sie ist mit dem Bezug C12:D15 zweispaltig definiert, im sich darauf beziehenden *Kombinationsfeld* sind jedoch nur die Inhalte der ersten Spalte zu sehen. (Ein Listenelement aus der Gruppe der *Formularsteuerelemente* kann nur eine Spalte darstellen, ein Listenelement aus der Gruppe der *ActiveX-Steuerelemente* kann mehrere Spalten darstellen. Näheres dazu in Teil B, Kapitel 13.)
  - Die Zelle C8 mit dem Namen *rD3.FormelAusw* ist die *Verknüpfungszelle* des *Kombinationsfelds*.
- Links oben können Sie im *Kombinationsfeld* eine der vier Kalkulationen auswählen. Danach erscheint rechts daneben, in der Zelle E4 mit dem Namen *rD3.Wert*, das zur ausgewählten Kalkulation gehörende und sich auf *rD3.Datenbereich* beziehende Ergebnis. Sie bestimmen also per Mausklick, welche von vier Kalkulationsarten auf einen Kalkulationsbereich anzuwenden ist.

Wählen Sie aus, beobachten Sie in der dunkelblau gefärbten Zelle das Ergebnis und die ihm entsprechende Formatierung (siehe nachstehend) im Kalkulationsbereich. Ändern Sie mit [F9] die Quelldaten, um die Ergebnis- und Formatwechsel zu beurteilen.

- Wenn Sie *Summe* wählen, ändert sich an der Formatierung in *rD3.Datenbereich* nichts.

- Wenn Sie *Maximum* wählen, erhält in *rD3.Datenbereich* die Zelle mit dem Maximalwert (es könnte mehr als eine sein) eine grüne Farbfüllung.

- Wenn Sie *Minimum* wählen, erhält in *rD3.Datenbereich* die Zelle mit dem Minimalwert (es könnte mehr als eine sein) eine orange Farbfüllung.

- Wenn Sie *Mittelwert* wählen, erhalten in *rD3.Datenbereich* alle Zellen, deren Wert in einer bestimmten, benutzerdefinierten Toleranz um den errechneten Mittelwert schwankt, eine blaue Farbfüllung. Gleichzeitig wird der Inhalt der Eingabezelle F4, sie hat den Namen *rD3.MwToleranz*, sichtbar. Sie können hier also die Schwankungsbreite (positiv und negativ identisch) einer Toleranz bestimmen. (Wenn Sie als Toleranzwert eine 0 angeben, wird wahrscheinlich keine Zelle des Kalkulationsbereichs blau gefärbt, weil der Mittelwert dieser Zahlen nur äußerst selten ganzzahlig sein wird.)

Die im vorstehenden Text angesprochenen Bereichsnamen sind wichtig, um die Konstruktion der Formeln und Formatregeln zu verstehen.

Zunächst die Formel in der Zelle E4 (*rD3.Wert*): Hier kommt die Funktion TEILERGEBNIS (erstmals vorgestellt in Kapitel 7) zum Einsatz, obwohl im Arbeitsblatt weder etwas gefiltert noch gegliedert wird.

Die Formel

```
=TEILERGEBNIS(INDEX(rD3.FormelListe;rD3.FormelAusw;2);rD3.Datenbereich)
```

führt ihre Kalkulation in *rD3.Datenbereich* aus. Mit welcher Funktion, das wird – Sie erinnern sich – mit einer Codierungsziffer bestimmt. Sie wird in diesem Fall durch den Mausklick im Steuerelement bestimmt. Der INDEX-Teil der Formel als Anweisung: »Ermittle in der Matrix *rD3.FormelListe* einen Wert. Die Zeilenposition entspricht der aktuellen Vorgabe in *rD3.Formel-Ausw*, als Spalte nimm die zweite.«

Für die weiteren Betrachtungen wählen Sie bitte mit dem Steuerelement die Kalkulationsart *Mittelwert*. Dann weiter im Zusammenhang mit Abbildung 8.20:

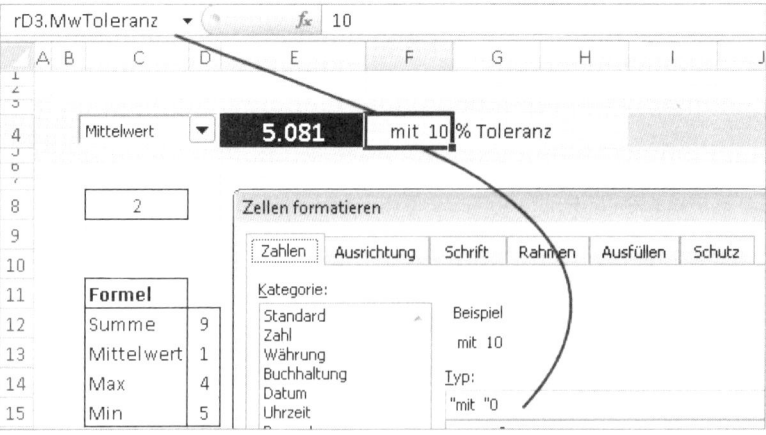

Abbildung 8.20   Hier wird die Toleranz der Mittelwertformatierungen bestimmt

- Die Zellen F4:H4 zeigen nur dann ihren Text (bedingte Formatierung), wenn *Mittelwert* ausgewählt wurde.

- Der Zelle F4 mit dem Namen *rD3.MwToleranz* wurde das benutzerdefinierte Zahlenformat "mit "0 zugewiesen. Sie geben hier also nur eine Zahl ein. Die Eingabemöglichkeiten sind per Gültigkeitsprüfung auf Ganzzahlen zwischen 1 und 100 beschränkt.

- die Ergänzung *% Toleranz* steht als Text in Zelle G4.

Die Festlegungen der bedingten Formate im Bereich *rD3.Datenbereich* ergeben sich aus Abbildung 8.21 in Verbindung mit Tabelle 8.1:

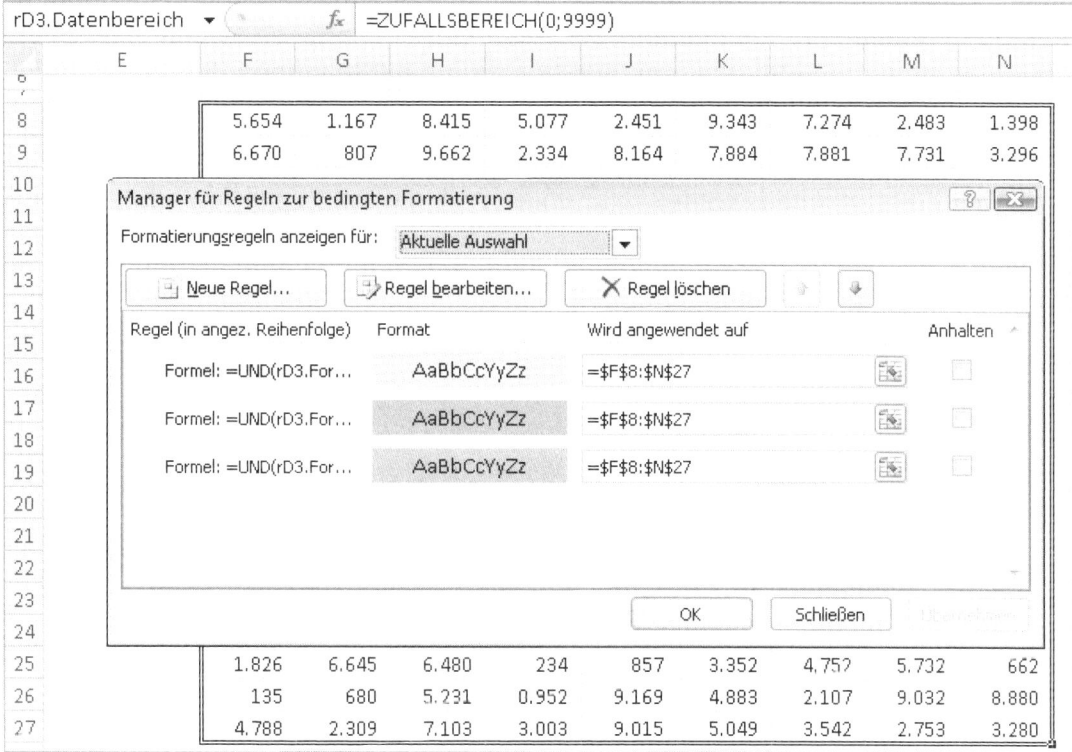

Abbildung 8.21 Für *MITTELWERT, MIN* und *MAX* spezielle Farbsignale, für *SUMME* keines

Es sind drei Regeln festgelegt. Die Überschrift *Ausw* in Tabelle 8.1 bezieht sich auf die Benutzerauswahl einer der vier Kalkulationsarten, also auf den Wert in Zelle *rD3.FormelAusw*, der *Verknüpfungszelle* des Steuerelements.

Formel	Ausw	Regel der bedingten Formatierung
Summe	1	keine
Mittelwert	2	=UND(rD3.FormelAusw=2; UND(F8<rD3.Wert*(100+rD3.MwToleranz)%; F8>rD3.Wert*(100-rD3.MwToleranz)%))
Max	3	=UND(rD3.FormelAusw=4;F8=rD3.Wert)
Min	4	=UND(rD3.FormelAusw=4;F8=rD3.Wert)

Tabelle 8.1 Für *MITTELWERT, MIN* und *MAX* spezielle Formatierungsregeln, für *SUMME* keine

Zur Mittelwert-Regel: Nehmen Sie an, in der Zelle *rD3.MwToleranz* wurde vom Benutzer die Zahl 10 eingegeben. Dann greift, verkürzend dargestellt, die Regel unter nachstehenden Bedingungen:

- Der Benutzer hat im Steuerelement auf den zweiten Eintrag geklickt UND

- der Wert in der zu formatierenden Zelle ist kleiner als die Zahl in Zelle *rD3.Wert*, multipliziert mit 110 % UND

- der Wert in der zu formatierenden Zelle ist größer als die Zahl in Zelle *rD3.Wert*, multipliziert mit 90 %.

Dynamische Namen

Dynamische, also nicht-statische Bereichsnamen können bei manchen Anforderungen eine sehr große Hilfe und Arbeitserleichterung sein.

Allgemeine Informationen

Im Normalfall ist ein Bereichsname statisch, bezieht sich direkt auf eine Zelle oder einen Zellbereich und benutzt dazu, wie in Abbildung 8.22 zu sehen, eine absolute Adresse: Die Zelle $B$3 im Blatt *Daten 1* hat den Namen *rD1.Eingabe* erhalten.

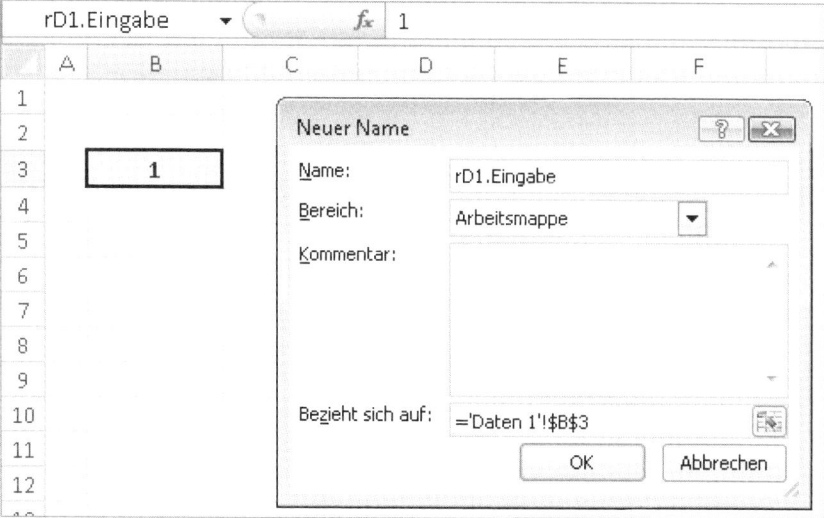

Abbildung 8.22 Ein statischer Name bezieht sich auf eine absolute Zell(en)adresse

Ein dynamischer Name hingegen bezieht sich nicht direkt, sondern indirekt und variabel auf eine Zelle oder einen Zellbereich. Das gelingt, wenn Sie den Bezug des Namens nicht als Adresse festlegen, sondern als Formel, die ihrerseits wiederum mehrere, wechselnde oder in ihrer Ausdehnung variable Adressen ansprechen kann. Im Zusammenhang mit dem Beispiel aus Abbildung 8.23:

Wenn Sie in die Zelle *rD1.Eingabe* die Ziffer 1 eingeben, wird der Bereichsname *rD1.Monate* der vertikalen Monatsliste, dem Bereich D3:D14 zugewiesen. Jeder andere Wert in *rD1.Eingabe* sorgt dafür, dass der Bereichsname *rD1.Monate* für die horizontale Monatsliste, den Bereich F3:Q3 gilt.

Dies gelingt, weil *rD1.Monate* ein dynamischer, mittels Formel definierter Name ist. Nachstehend seine Darstellung in zwei Fassungen:

Anzeigeform von Excel	=WENN(rD1.Eingabe=1;'Daten 1'!$D$3:$D$14;'Daten 1'!$F$3:$Q$3)
Eingabeform	=WENN(rD1.Eingabe=1;$D$3:$D$14;$F$3:$Q$3)

HINWEIS

- Wenn Sie bei der Definition des Namens die Formel eines dynamischen Namens in der Eingabezelle *Bezieht sich auf* eingeben oder einfügen, genügt eine Version, die vorstehend als *Eingabeform* bezeichnet wurde.

- Wenn Sie einen so festgelegten Namen in einer Namensliste oder in einem Dialogfeld zur Anzeige bringen, Letzteres um ihn ggf. zu korrigieren, werden innerhalb seiner Formel mit spezifischer Schreibweise auch Blattnamen angezeigt, die Excel selbstständig hinzugefügt hat und die Sie weder entfernen noch editieren sollten.

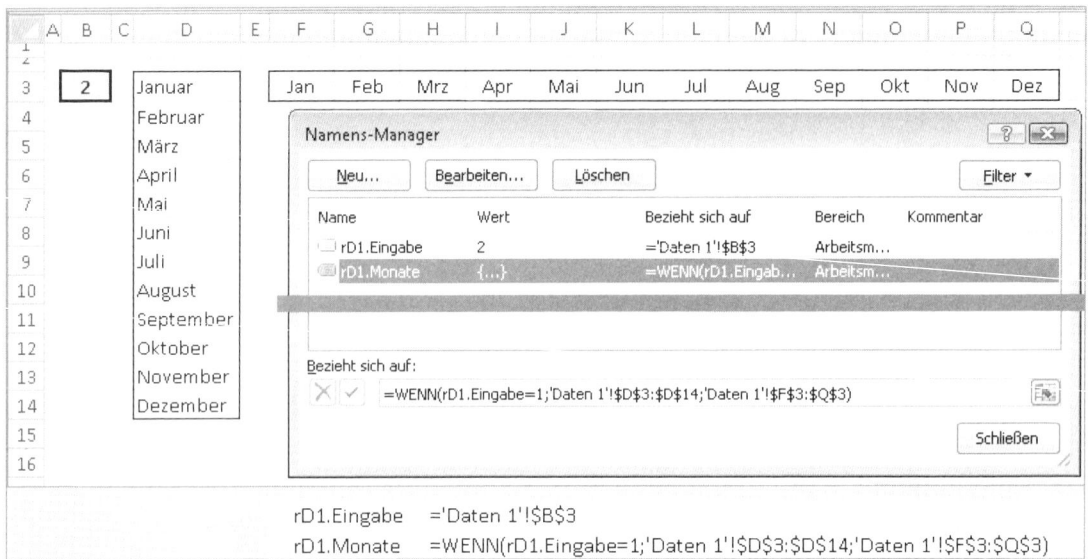

Abbildung 8.23 Hier ist der dynamische Bereichsname *rD1.Monate* mit einer *WENN*-Formel definiert

Im Zusammenhang mit Abbildung 8.24 die wichtigsten Basisinformationen:

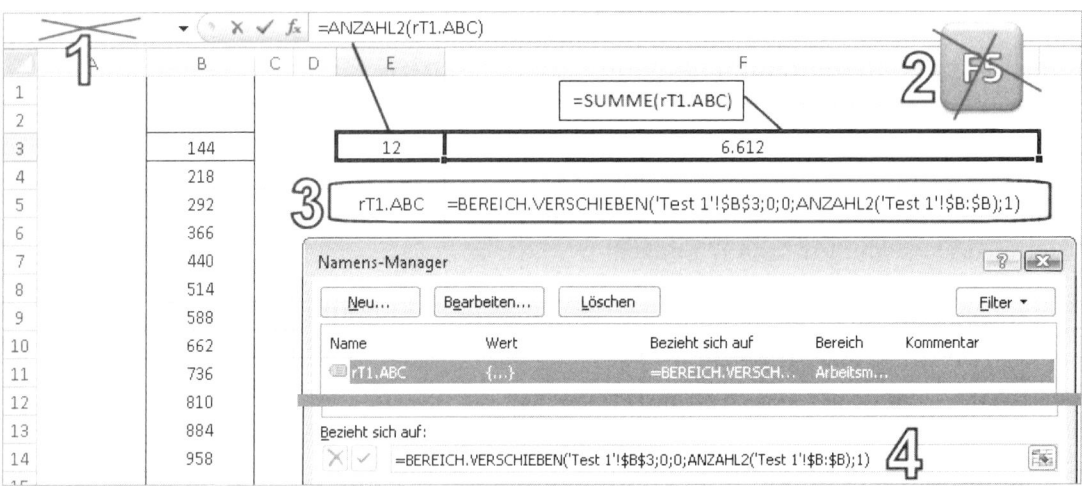

Abbildung 8.24 Beim Umgang mit dynamischen Namen gibt es einiges zu beachten

Ein dynamischer Name, dessen Bezug (Definition) eine Formel ist,

1. wird *nicht* im *Namenfeld* der *Bearbeitungsleiste* angezeigt.
2. ist *nicht* mit dem Befehl *Gehe zu* (Taste F5) ansteuerbar.
3. kann, wie jeder andere Name auch, mit F3 in eine Formel eingefügt werden und wird in den Namensauflistungen, wie sie nach Drücken von F3 und dann Klicken auf *Liste einfügen* entstehen, mit seiner Formel angezeigt.

4. muss, wie oben gesagt, in seiner Formel auch die Blattnamen der in die Formel aufgenommenen Zellbezüge enthalten.

CD-ROM   Bitte öffnen Sie von der CD-ROM aus dem zu Ihrer Excel-Version passenden Ordner die Datei *0806_DynamischeNamen.*

Die Arbeitsblätter der Datei sind nicht geschützt.

Im Arbeitsblatt *Test 1* finden Sie die in Abbildung 8.24 gezeigten Strukturen. Es gibt den dynamischen Namen *rT1.ABC* mit der Formeldefinition

```
=BEREICH.VERSCHIEBEN('Test 1'!$B$3;0;0;ANZAHL2('Test 1'!$B:$B);1)
```

In der vereinfachenden »Übersetzung«: Der Namensbereich beginnt in Zelle B3. Zeilen- und Spaltenoffset finden nicht statt, beide entsprechenden Argumente stehen auf null. Der Name ist also, von B3 aus gesehen, immer so viele Zellen hoch, wie es in Spalte B Einträge gibt, und eine Spalte breit.

In Zelle E3 steht die Formel =ANZAHL2(rT1.ABC). Ihr Ergebnis teilt Ihnen mit, wie viele Einträge es gegenwärtig im so benannten Bereich gibt.

In Zelle F3 steht die Formel =SUMME(rT1.ABC), mit der die Zahlen im so benannten Bereich addiert werden.

Prüfen Sie die Dynamik des Namens:

- Markieren Sie die beiden letzten Zahlen in Spalte B und ziehen Sie dann mit dem Ausfüllkästchen (also unter Beibehaltung des vorgegebenen Inkrements 74) in Spalte B beliebig weit nach unten. Die beiden Formeln in E3 und F3 werden Ihnen signalisieren, dass der Namensbereich entsprechend erweitert wurde.

- Entfernen Sie untere Teile der Zahlenkolonnen, um anhand der beiden Formelergebnisse zu sehen, dass sich der Name wieder entsprechend verkürzt.

Das Ergebnis dieses simplen Experiments können Sie nun auf alle anderen benannten Bereiche übertragen, bei denen die Beachtung bzw. Verarbeitung einer wechselnden Anzahl von Einträgen wichtig ist. Dies gilt vor allem dann, wenn z. B. eine periodisch aktualisierte Datenliste von Zeitstand zu Zeitstand unterschiedlich lang und/oder breit ist sowie bei der Anfertigung von Diagrammen, deren Datenreihen sich automatisch der Anzahl vorhandener Quelldaten anpassen sollen.

Dynamische Namen als Diagrammbezüge

Das Netzdiagramm ist ein ausgezeichnetes und in seiner Darstellungskraft kaum schlagbares Visualisierungsmittel, wenn es um die Analyse von Verteilungsmustern und anderen Profilen jeglicher Art geht. Völlig untauglich wird es allerdings, wenn es so, wie in Abbildung 8.25, Abschnitt A, gezeigt zum Einsatz kommt.

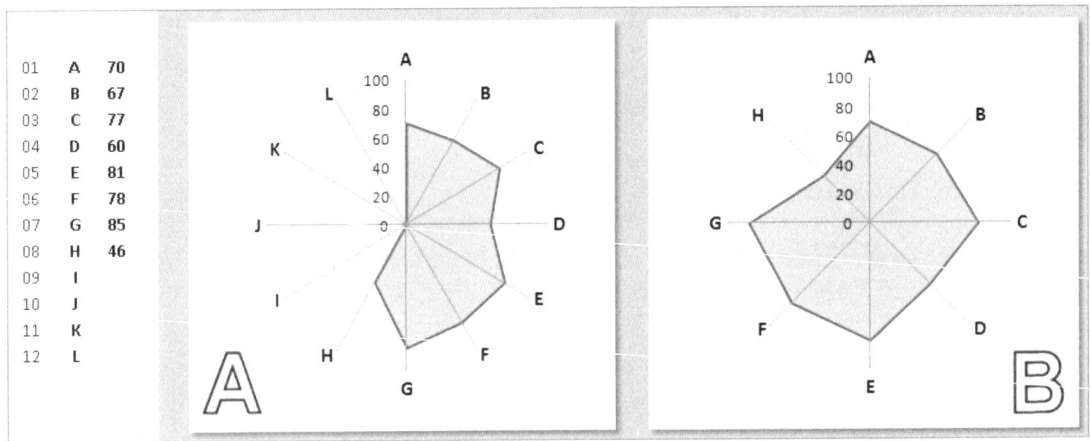

Abbildung 8.25   Version *A* ist Unsinn, Version *B ist* in Ordnung, aber untauglich, wenn Werte hinzukommen

- Die Fassung A des Diagramms wurde mit statischen Datenreihen- und Achsenbeschriftungsbezügen auf zwölf Daten ausgelegt. Es sind aber nur acht Daten vorhanden. Diese in einem zwölfachsigen Netz zu zeigen ist blanker Unsinn und verfälscht die Bildaussage ins Groteske. Erlaubt (und dann auch richtig) wäre so etwas nur, wenn die fehlenden vier nicht angezeigten Werte zum Material der Betrachtung gehörten und tatsächlich auf null stünden.

- Die Version B ist, bei identischem Datenstand, mit statischen Bezügen auf acht Daten ausgelegt. Sie zeigt das vorhandene Material perfekt, versagt aber, wenn weitere Daten hinzukommen. Dann würde nur eine manuelle Änderung der Diagrammbezüge helfen.

Beides muss nicht sein. In solchen und vergleichbaren Fällen ist die Verwendung dynamischer Namen als Diagrammbezüge das Mittel der ersten Wahl. Ein entsprechendes Beispiel finden Sie im Arbeitsblatt *Test 2* der Datei *0806_DynamischeNamen*.

Beachten Sie zunächst, auch im Zusammenhang mit Abbildung 8.26, folgende Einzelheiten und Funktionsweisen:

- Bei jedem Drücken der Taste [F9] verändern sich das Diagramm sowie seine primären und sekundären Quelldaten.

- Die Quelldaten in Spalte G schwanken zwischen 40 und 90. Das simuliert das Einlesen von z. B. Punktwerten aus Befragungsergebnissen.

- Die unmittelbaren Quelldaten des Diagramms werden in wechselnder Anzahl aus Spalte G übernommen. Es können zwischen vier und zwölf sein. Verantwortlich dafür sind die Formeln in Zelle E2 und im Bereich E5:E16.

- Die Anzahl der im Netz darzustellenden Zahlen schwankt also zwischen vier und zwölf. Dem entspricht eine jeweilige, automatisch erfolgende Anpassung des Diagramms: so viele Werte – so viele Achsen.

HINWEIS   Natürlich funktioniert das auch mit anderen Diagrammtypen, beim Netzdiagramm allerdings ist die Methode besonders wichtig. Obendrein sind hier die Wechsel der optischen Gestalt besonders eindrucksvoll. Gerade deshalb ist dieser Typ so wichtig für Profildarstellungen oder Profilvergleiche.

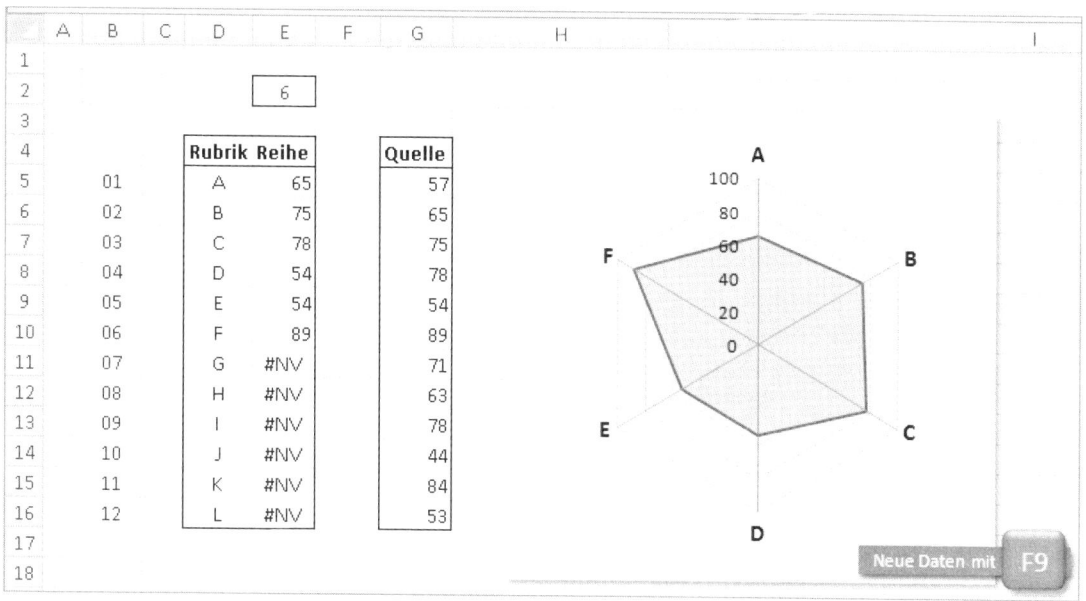

Abbildung 8.26 Dieses variable Diagramm zeigt so viele Achsen, wie es in seiner Datenquelle Zahlen gibt

Wenn Sie in der Datenquelle eines Diagramms dynamische Namen vergeben wollen, müssen Sie besonders beachten, dass Sie für die Zahlen und für die Achsenbeschriftung jeweils eigene Namen festlegen. Dies deswegen, weil Excel in seinen das Diagramm bestimmenden Datenreihenformeln beide Bezüge an unterschiedlichen Stellen benutzt. Im vorgestellten Beispiel wurden folgende Namen (Anzeigeform) mit folgenden Formeln definiert:

rT2.DiagReihe	=BEREICH.VERSCHIEBEN ('Test 2'!$E$5:$E$16;0;0;ANZAHL('Test 2'!$E$5:$E$16);1)
rT2.DiagRubrik	=BEREICH.VERSCHIEBEN ('Test 2'!$D$5:$D$16;0;0;ANZAHL('Test 2'!$E$5:$E$16);1)

Beachten Sie bitte, dass sich der Name *rT2.DiagReihe* nur auf den Zellbereich Spalte E bezieht, der Name *rT2.DiagRubrik* auf Spalte D und – für sein Argument Höhe – auf Spalte E.

Wie lässt sich ein derart »anpassungsbereites« Diagramm erzeugen? Das wird nachstehend als skizzenhafte, sich auf das gezeigte Beispiel beziehende Schritt-für-Schritt-Anleitung beschrieben.

HINWEIS   Informationen über den in Excel 2003 und Excel 2007 unterschiedlich organisierten Zugang zu verschiedenen Diagrammbefehlen bzw. -optionen finden Sie in Teil B in Kapitel 15.

1. Die oben vorgestellten dynamischen Namen wurden definiert. (Bei deren Definition wurden die Blattnamensbezüge – 'Test 2'! – nicht mit eingegeben.)

2. Ändern Sie temporär die Formel in Zelle E2 in =ZUFALLSBEREICH(12;12), damit der Quelldatenbereich E5:E16 konstant zwölf Werte aufweist.

3. Erstellen Sie aus dem »Maximalbereich« D4:E16 ein Diagramm und formatieren Sie es nach Ihren Wünschen.

WICHTIG   Im Zusammenhang mit dem gleich folgenden Schritt 4 von besonderer Bedeutung: Die Bezüge, die Sie im Datenquellen-Dialogfeld eines fertigen Diagramms antreffen, enthalten normalerweise den Blattnamen. Diesen dürfen Sie bei der Eingabe des dynamischen Bereichsnamens *nicht entfernen*.

Fügen Sie also den dynamischen Namen *hinter* dem Eintrag des Blattnamens ein. Ändern Sie dabei *nichts* von dem, was, egal in welcher Schreibweise, *vor* dem Ausrufezeichen steht.

Nach dem Schließen des Dialogfelds wird Excel wahrscheinlich in diesen Bezügen die Namen des Arbeitsblatts durch den Namen der Arbeitsmappe ersetzen (Bereichsnamen sind in Excel 2003 mappenspezifisch, in Excel 2007 sind sie es immer dann, wenn Sie nichts anderes festlegen).

---

4. Öffnen Sie das Dialogfeld zur Bestimmung bzw. Veränderung der Diagrammdatenquelle. Hinterlegen Sie als Datenreihenbezug den oben erwähnten und gezeigten Namen *rT2.Diag-Reihe*. Als Bezug für die Achsenbeschriftung verwenden Sie den ebenfalls oben gezeigten Namen *rT2.DiagRubrik*.

5. Setzen Sie die Formel in Zelle E2 auf =ZUFALLSBEREICH(4;12) zurück, damit der Quelldatenbereich E5:E16 wieder nach jedem Drücken von F9 unterschiedlich viele Zahlen enthält.

6. Testen Sie mit F9, ob das Diagramm die beabsichtigte Dynamik zeigt.

Austausch von Grafikobjekten per Mausklick

HINWEIS   Wenn Sie das Beispiel dieses Abschnitts nachbauen wollen, benötigen Sie das Excel-Werkzeug *Kamera*. Wie Sie es verfügbar machen, erfahren Sie in Teil B, Kapitel 16.

Ein Beispiel, das auch sehr erfahrene Excel-Anwender noch überraschen kann: Mit der Datei *0807_Bildwechsel* will ich Ihnen zeigen, wie Sie in einem Excel-Arbeitsblatt per Mausklick nicht nur Beschriftungen oder Diagramminhalte, sondern auch schmückende Grafikelemente austauschen können – ganz ohne Programmierung. Mit solchen Einrichtungen lassen sich in aufwendig gestalteten Präsentationsmodellen sehr starke Effekte erzielen. Das vorgestellte Modell ist allerdings noch weit von solcher Klasse entfernt; sein einziger Zweck ist die Vorstellung einer bestimmten Arbeitstechnik.

CD-ROM   Bitte öffnen Sie von der CD-ROM aus dem zu Ihrer Excel-Version passenden Ordner die Datei *0807_Bildwechsel*.

Das Arbeitsblatt *Test 1* ist ohne Kennwort geschützt. Die eingabefähigen Zellen sind auswählbar.

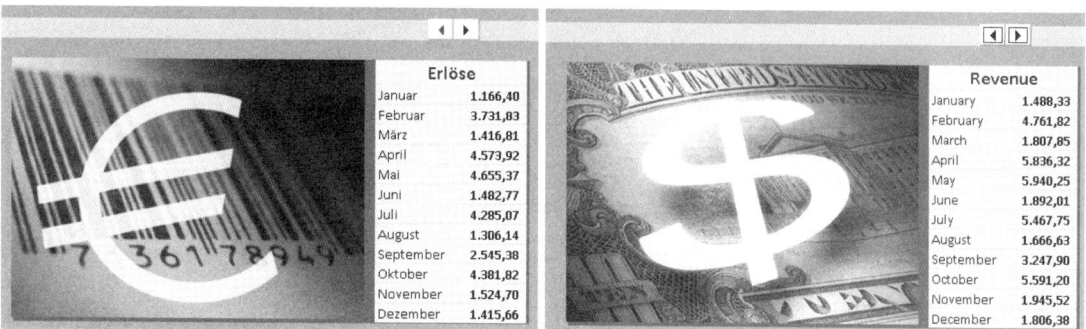

Abbildung 8.27 Ob in Euro oder in US-Dollar – das entscheidet ein Mausklick auf den *SpinButton*

Betrachten Sie die linke Seite des Arbeitsblatts *Test 1* wie das Focusblatt einer Präsentation. Was gibt es zu sehen?

- Über einer Monatstabelle befindet sich ein *SpinButton*, der, wie oben schon mit einem anderen Beispiel vorgestellt, als Wechselschalter angelegt ist.

- Wenn Sie in diesem Steuerelement nach links klicken, erscheinen die Tabellendaten in Euro und mit deutschsprachiger Beschriftung. Gleichzeitig wird eine Euro-Grafik angezeigt.

- Wenn Sie nach rechts klicken, erscheinen die Tabellendaten in – aus den Euro-Werten umgerechneten – US-Dollar und mit englischsprachiger Beschriftung. Gleichzeitig wird statt der Euro-Grafik eine US-Dollar-Grafik angezeigt.

HINWEIS   Quellenangabe:

Die Euro-Grafik stammt aus dem Angebot von Office-Online (*http://office.microsoft.com/de-de*).

Die Dollar-Grafik stammt von der Kommunikationsdesignerin *Nina Schiller* (siehe Autoreninfo am Ende des Buches).

Beide Grafiken, und etliche mehr, finden Sie auch auf der CD-ROM im Ordner *\Materialien\Grafik*. Alle der dort hinterlegten Bilder entstammen einer der beiden vorgenannten Quellen.

Zunächst aber zu den Einrichtungen rechts im Arbeitsblatt; sie dienen dem Auswechseln der Zahlen und Texte in der Präsentationstabelle. Im Zusammenhang mit der Nummerierung in Abbildung 8.28:

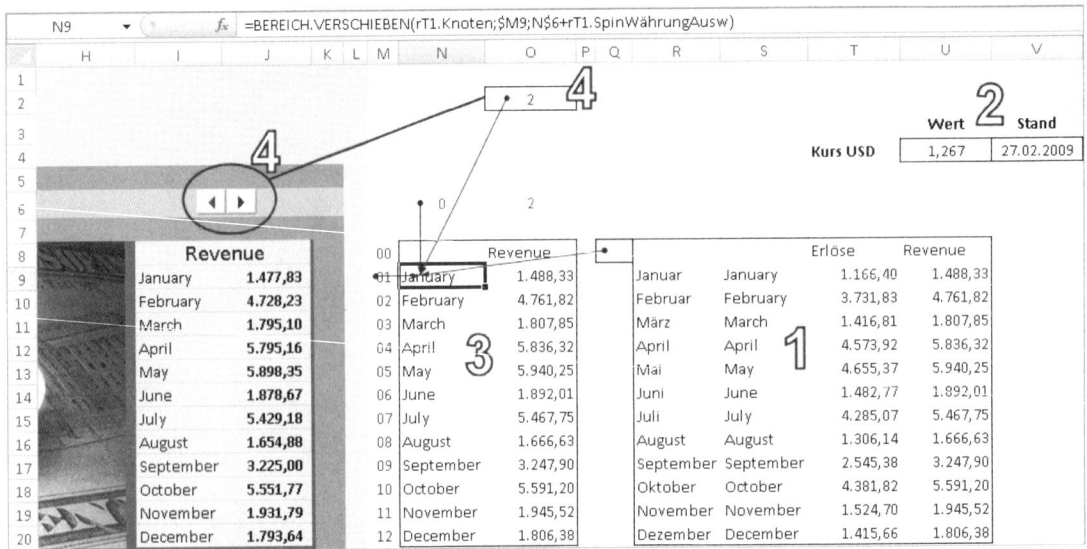

Abbildung 8.28   Die Elemente zum Austausch der Tabelleninformation

1. In der vierspaltigen Datenquelle sind die Monatsnamen zweisprachig hinterlegt. Die Eurowerte befinden sich als Konstanten in der mit *Erlöse* beschrifteten Spalte. Die Dollarwerte werden in der Spalte *Revenue* aus den Eurowerten errechnet – z. B. in Zelle U9 mit =$T9*rT1.KursUSD.

2. In den hellgelb gefärbten Eingabezellen U4 und V4 werden die Werte zur Umrechnung in US-Dollar hinterlegt: In Zelle U4 mit dem Namen *rT1.KursUSD* der Kurswert zum Euro und in der Nachbarzelle das Datum, an dem dieser Kurswert gültig war bzw. unternehmensintern fixiert wurde.

3. Der Bereich N8:O20 ist Basis für ein Diagramm (das allerdings hier nicht mit im Angebot) und für die im Focus erscheinende Tabelle. Zu den Formeln dieses Bereichs mehr weiter unten.

4. Die Zelle O2 mit dem Namen *rT1.SpinWährungAusw* ist *LinkedCell* eines *ActiveX-Steuerelements* des Typs *SpinButton*. Die Focustabelle unterhalb des Steuerelements bedient sich mit einfachen Bezugsformeln einer Direktübernahme aus dem mit Ziffer 3 bezeichneten Bereich.

Im Zusammenhang mit dem Bereich N8:O20 (Ziffer 3): Beispielhaft für den Wechsel der Tabelleninhalte nachstehend die Formel aus Zelle N9 (vgl. auch Bezugslinien dieser Zelle in Abbildung 8.28):

```
=BEREICH.VERSCHIEBEN(rT1.Knoten;$M9;N$6+rT1.SpinWährungAusw)
```

Sie benutzt den Knoten in Zelle Q8, als Zeilenargument die Vorgabe aus Spalte M und als Spaltenargument die Vorgabe aus Zeile 6. Letzterer wird der Wert aus *rT1.SpinWährungAusw* hinzugezählt. Auf diese einfache Weise gelingt es, aus einer vierspaltigen Quelle eine zweispaltige Tabelle wechselnden Inhalts zusammenzusetzen (natürlich funktioniert eine derartige Zwei-Spalten-Zusammenführung auch mit Bezügen auf Quellen, die sechs oder acht oder mehr Spalten haben).

Viel spannender aber ist natürlich, wie das Auswechseln der Grafik mittels Steuerelement-Schalter eingerichtet ist. Zuerst eine zusammenfassende Beschreibung, dann eine Anleitung:

- In der Arbeitsmappe sind zwei Grafiken auf zwei mit Bereichsnamen versehenen Tabellenbereichen deponiert.

- Dazu gibt es einen übergeordneten, dynamischen Namen, dessen Formel auf die Stellung eines Schalters reagiert, und der entweder den Tabellenbereich der einen Grafik oder den der anderen anspricht.

- Im Focusblatt existiert ein mit der Excel-Kamera erzeugtes »Foto«, das nicht auf einen Tabellenbereich referenziert, sondern auf den vorgenannten, dynamischen Namen.

Durch diese Konstruktion können Sie eine Einschränkung von Excel »austricksen«: Ein mit der Excel-Kamera erzeugtes Grafikobjekt kann entweder auf einen Zellbereich oder aber auf einen Bereichsnamen referenzieren. Der Bezug kann nicht mit einer Formel, wie etwa einer WENN-Variante, gebildet werden. Damit also ist der Bezug eines solchen Fotos statisch. Wenn Sie jedoch einen Bereichsnamen als Bezug verwenden, der seinerseits dynamisch ist (und, wie hier, mit einer WENN-Formel »im Hintergrund« arbeitet), dann haben Sie die Wahl – im Beispiel zwischen zwei Grafikobjekten, es könnten auch vier oder sieben oder noch mehr sein.

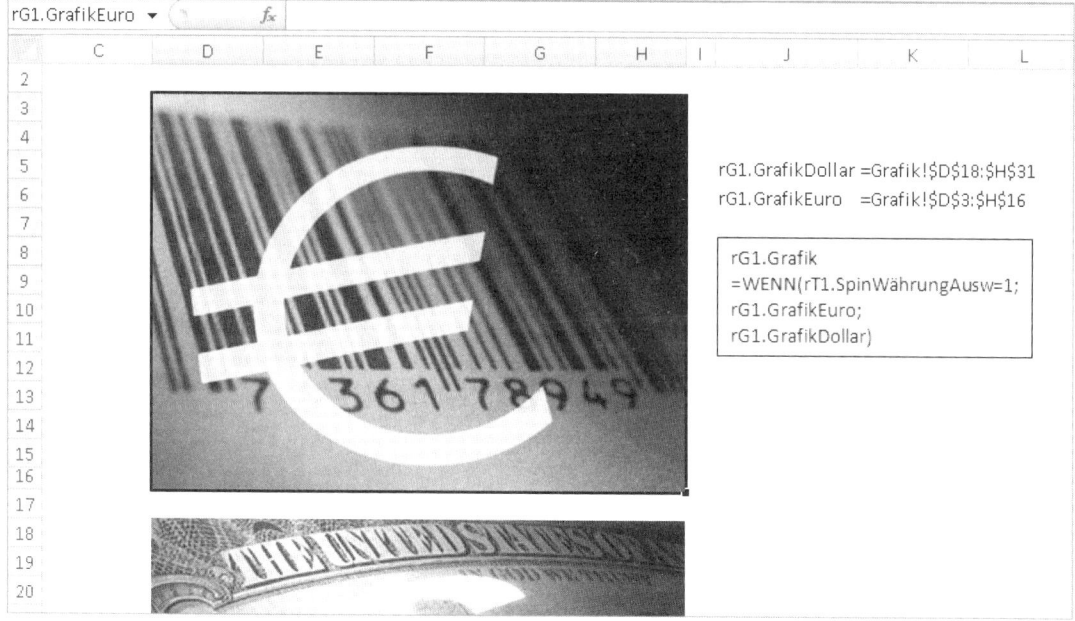

Abbildung 8.29 Zwei statische Bereichsnamen und ein übergeordneter dynamischer Name lösen die Aufgabe

Nachstehend die nötige Vorgehensweise, als Schritt-für-Schritt-Anleitung formuliert (technische Basisinformationen zum Umgang mit Grafikobjekten finden Sie im Teil B, Kapitel 14). Vorausgesetzt wird bei dieser Schilderung, dass die oben beschriebenen Einrichtungen im Blatt *Test 1* bereits erfolgt sind bzw. dass zumindest ein *SpinButton* (oder ein *Drehfeld*) mit der Verknüpfung zur benannten Zelle *rT1.SpinWährungAusw* existiert.

1. Fügen Sie die beiden gewünschten Grafiken aus dem Ordner *Materialien\Grafik* in das Arbeitsblatt *Grafik* ein.

2. Legen Sie für beide Grafiken mittels des Dialogfelds *Größe und Eigenschaften* vollständig identische Abmessungen fest und bestimmen Sie die Objekteigenschaft *Von Zellposition und -größe unabhängig*. Jetzt können Sie die Zeilenhöhen und Spaltenbreiten hinter den Grafiken nach Belieben verändern, ohne die Grafiken selbst zu bewegen oder zu verzerren.

3. Richten Sie mit Veränderung von Zeilenhöhen und Spaltenbreiten zwei Zellbereiche ein, deren Grenzen haargenau mit denen der Grafiken übereinstimmen. Es ist gleichgültig, ob ein solcher Bereich letztlich aus einer einzigen Zelle oder aus mehreren besteht. Wichtig ist, dass er genau »hinter« der Grafik liegt. Deswegen können Sie ihn auch nicht mehr mit Mausaktionen markieren, sondern müssen dazu die Pfeiltasten der Tastatur, ggf. im Zusammenwirken mit ⟨⇧⟩ benutzen.

4. Markieren Sie den Bereich hinter der Euro-Grafik und geben Sie ihm den Namen *rG1.GrafikEuro*. (Danach können Sie ihn jederzeit mit *Gehe zu* (⟨F5⟩) ansteuern.) Markieren Sie den Bereich hinter der Dollar-Grafik und geben Sie ihm den Namen *rG1.GrafikDollar*.

5. Richten Sie einen dynamischen Namen ein:

rG1.Grafik	=WENN(rT1.SpinWährungAusw=1;rG1.GrafikEuro;rG1.GrafikDollar)

Der dynamische Name *rG1.Grafik* bezieht sich jetzt also auf zwei mögliche Zellbereiche. Anders formuliert und den Effekt besser beschreibend: *rG1.Grafik* ist *rG1.GrafikEuro* oder, wenn Sie so wollen und es so schalten, dann ist *rG1.Grafik* eben *rG1.GrafikDollar*.

6. Markieren Sie den vom Grafikobjekt bedeckten Zellbereich *rG1.GrafikEuro* und fotografieren Sie ihn mit der Excel-Kamera. Dabei gelangt er (der Zellbereich) in die Zwischenablage.

7. Wechseln Sie zum Arbeitsblatt *Test 1* und fügen Sie den Inhalt der Zwischenablage ein. Es erscheint ein *Bild* der Euro-Grafik (es ist nicht die Grafik selbst, sondern ein Abbild des Zellbereichs *rG1.GrafikEuro*). In der Bearbeitungsleiste wird nun der Bezug des Bildes, seine Verknüpfung, mit führendem Gleichheitszeichen als absolute Zelladresse angezeigt. Ersetzen Sie diesen Bezug durch den Eintrag =rG1.Grafik. (Das Einlesen des Namens mit Taste ⟨F3⟩ funktioniert hier nicht.)

8. Testen Sie mit dem Wechselschalter (*SpinButton*) den Austauscheffekt.

9. Nochmals: Sie haben hier das Bild eines Zellbereichs platziert. Sie können dieses Bild verändern (z. B. vergrößern, verkleinern, seinen Rahmen entfernen oder ihn anders gestalten), ohne dass dies irgendeinen Einfluss auf die Quellen, auf die Grafiken im Blatt *Grafik 1* hätte. Wenn Sie dort allerdings etwas verändern (Größe, Position, Zuschnitt, Farbton der Grafiken, was auch immer), wird diese Veränderung in Blatt *Test 1* im verknüpften Bild gezeigt.

HINWEIS   Auf diese Weise lässt sich allerhand Verblüffendes realisieren. Deshalb noch eine Anregung für die Tüftler (nicht ganz einfach allerdings – das braucht Zeit!): Im Ordner *Materialien\Grafik* finden Sie Umrisskarten von Deutschland, Österreich und der Schweiz. Es soll ein Präsentationsmodell entstehen, bei dem diese drei Karten als dynamisierte Grafiken in einem Focusblatt erscheinen. Dort werden Daten dieser drei Länder präsentiert. Dabei können wahlweise die Zahlen nur eines Landes erscheinen oder in Kombination aller drei Länder oder in jeder möglichen Zweierkombination. Die Landkarten-Grafiken sollen dem in ihrem Erscheinungsbild folgen: Jedes Land, dessen Zahlen gegenwärtig *nicht* zur Anzeige kommen, wird in der Grafik *ab*geblendet – nicht *aus*geblendet. Als hinzutretende Schwierigkeiten: Die nationalen Zahlen sollen *innerhalb* der Landesgrenzen erscheinen und die jeweiligen Nationalflaggen, je nach Dateneinstellung sollen sie ein- oder ausgeblendet sein, gehören natürlich auch dazu.

Dann, weil es an dieser Stelle gut passt, die Auflösung zum Abschnitt »Verbesserung gefällig?« am Ende des Kapitels 4 (vgl. Abbildung 4.31): Die das *Kontrollkästchen* teilweise abdeckende Fläche mit dem Häkchen ist das Foto einer Zelle an anderem Ort. Dort wird mit einer WENN-Formel das Häkchen erzeugt (das ANSI-Zeichen 252 in der Schriftart *Wingdings*) oder aber leerer Text, und gleichzeitig per bedingter Formatierung der Farbhintergrund der Zelle gewechselt. Das verknüpfte Foto zeigt den jeweiligen Zustand seiner Quelle.

Variable Zugriffe mit statischen Steuerelementen

Sie haben bisher in schon einigen Kapiteln etwas über den Einsatz von Listen-Steuerelementen gelesen. Dabei bin ich stets von einer einfachen, statischen Grundsituation ausgegangen: Es gibt eine Datenquelle mit Datenzeilen (oder -spalten) und eine dieser Struktur entsprechende Auflistung von Zugriffstexten in einem Steuerelement: Ein Klick auf den dritten Eintrag der Dropdownliste eines *Kombinationsfelds* oder einer *ComboBox* veranlasst den Zugriff auf die dritte Zeile oder die dritte Spalte einer Datenquelle. In der Praxis gibt es allerdings viele Konstellationen und Strukturen, die eine solche glatte und steife Beziehung nicht zulassen. Zum Beispiel:

- In der Datenquelle existiert eine andere Sortierung als in der Auswahlliste des Steuerelements.

- In der Datenquelle existieren mehr Inhalte, als in der Auswahlliste gebraucht werden.

- Die Inhalte der Datenquelle haben wechselnde Positionen, die Inhalte der Auswahlliste nicht.

Deswegen hier zwei Zugriffsvarianten, die sich mit den etwas schwierigeren Sachverhalten beschäftigen. Die erste davon gestattet nochmals einen Rückblick auf frühere Kapitel, insbesondere auf die Inhalte des Kapitels 7.

CD-ROM   Bitte öffnen Sie von der CD-ROM aus dem zu Ihrer Excel-Version passenden Ordner die Datei *0808_Listen01*.

Die Arbeitsblätter sind nicht geschützt.

Bei der Datei *0808_Listen01* handelt es sich um den Torso einer relativ großen und komplexen Excel-Lösung für die Managementinformation. Sie finden in der Arbeitsmappe nur noch die Blätter *Namensliste*, *Liste 1* und *Daten 1 2009*, Letzteres reduziert auf die Zeileninformationen, also ohne Zahlen.

Im Blatt *Liste 1* sind acht Definitionsbereiche für Steuerelemente angelegt, entsprechend viele *rL1*-Bereichsnamen gibt es im Blatt *Namensliste* zu sehen. Aus den Definitionsbereichen lässt sich erkennen, welcher Aufgabenkomplex im Original zu organisieren ist (natürlich entsprechen die hier benutzten Texte und Bezeichnungen nicht dem Echtfall): ein kombiniertes Filter- und Berichtsmodell über

- vier Jahre,

- vier Zusammenfassungen von Monatsdaten,

- elf ausgewählte Konten (BWA-Daten und Kundenzahlen, der Übersicht halber hier reduziert, im echten Modell sind es 52 Konten pro Kostenstelle) und

- 47 Betriebsteile (Kostenstellen) sowie zehn nach verschiedenen Kriterien aus diesen Betriebsteilen zusammengestellte Gruppen.

Bevor ich zum Kern des Themas komme, einige Angaben zur Struktur des Quelldatenblatts *Daten 1 2009*, auch als Wiederholung einiger Informationen aus Kapitel 7. Das Blatt ist in zwei Segmente geteilt. Das obere enthält die Gruppendaten, das untere die Daten der einzelnen Betriebsteile. Als Erstes, in Zusammenhang mit Abbildung 8.30, ein Ausschnitt aus dem unteren Bereich des Blattes (unterhalb der Excel-Zeile 135):

▼		f_x	=VERKETTEN($G145;$H145;$I145;$J145;$N145)										

	C	D	E	F	G	H	I	J	K	L	M	N	O
141			**Kostenstelle**		**Typisierung (Gruppe)**							**Konten und Daten**	
142													
143	*ZNr*		**Nr**	**Name**	**Art**	**G**	**U**	**K**	**T05**	**T06**	**T_Total**	**Nr**	**Art**
144	*131*	01	KV01 Aachen	V	o	C	C			VoCC20	20	Umsatzerlöse
145	*132*	02	KV01 Aachen	V	o	C	C			VoCC60	60	Mat. Stoffe u. Waren
146	*133*	03	KV01 Aachen	V	o	C	C			VoCC67	67	Wareneinsatz
147	*134*	04	KV01 Aachen	V	o	C	C			VoCC80	80	Rohertrag
148	*135*	05	KV01 Aachen	V	o	C	C			VoCC100	100	Personalkosten
149	*136*	06	KV01 Aachen	V	o	C	C			VoCC280	280	Gesamtkosten I
150	*137*	07	KV01 Aachen	V	o	C	C			VoCC300	300	Betriebsergebnis
151	*138*	08	KV01 Aachen	V	o	C	C			VoCC345	345	Ergebnis I (Cash Flow)
152	*139*	09	KV01 Aachen	V	o	C	C			VoCC360	360	Abschreibungen
153	*140*	10	KV01 Aachen	V	o	C	C			VoCC600	600	Ergebnis III
154	*141*	11	KV01 Aachen	V	o	C	C			VoCCK01	K01	Anzahl Kunden
155	*142*	01	KV02 Augsburg	V	o	B	C			VoBC20	20	Umsatzerlöse
156	*143*	02	KV02 Augsburg	V	o	B	C			VoBC60	60	Mat. Stoffe u. Waren

Abbildung 8.30   Ein komplexes Suchkriterium wird aus Einzelmerkmalen zusammengefügt

- Die Zeilen 136 bis 140 sind völlig leer, sie bilden eine Trennung zwischen dem oberen und dem unteren Blattsegment.

- In den Zeilen 141 bis 143 wird der dreizeilige Überschriftenbereich aus den Zeilen 11 bis 13 wiederholt. Die Zeile 142 ist leer, deshalb ist hier das Einsetzen von Filterschaltflächen für das untere Blattsegment problemlos möglich.

- Die grünen Zahlen in Spalte C – hier für Prüfzwecke von besonderer Bedeutung – zeigen fortlaufend den Abstand vom *rD1.Knoten* an, der sich in Zelle D13 befindet.

- Die roten Zahlen in Spalte D sind, in jedem Unterabschnitt immer von 1 bis 11, Zeilennummern der jeweiligen Kostenstelle (für jede Kostenstelle und jede Kostenstellengruppierung sind in diesem Modell elf Konten enthalten).

- Die Nummern und die Textbezeichnungen jeder Kostenstelle werden elfmal wiederholt, weil es im Original des Modells Komplettzugriffe auf einzelne Zeilen gibt.

- In den Spalten G bis J sind Typisierungsmerkmale der Kostenstellen hinterlegt. Auch diese werden in jeder Zeile wiederholt. Sie unterstützen verschiedene Filteranalysen. Die Spalten K und L sind leer.

- In Spalte N sind die Nummern der Konten aufgelistet, in Spalte O die zugehörigen Texte.

- In Spalte M werden mit Verkettungsformeln die Typisierungsmerkmale und die Kontennummer jeder Zeile zu einem komplexen Suchkriterium (Verwendung in SUMMEWENN-Formeln) zusammengefasst. Es bleibt hier bei Formeln, weil es, auch unterjährig, geschehen kann, dass einer Kostenstelle andere Merkmale zugewiesen werden als bisher.

- Ab der Spalte P folgen im Original dann nach rechts die Daten (Jahr gesamt, Quartale, einzelne Monate).

In Abbildung 8.31 sehen Sie einen Ausschnitt aus dem oberen, dem gruppenspezifischen Blattsegment. Gleicher Aufbau, aber unterschiedliche Inhalte. Besonders wichtig und interessant ist hier die Spalte mit der Überschrift *T_Total*. Sie enthält die vorstehend angesprochenen Suchkriterien, hier jedoch mit Fragezeichen als Platzhalter an unterschiedlichen Stellen. Deshalb ist es hier ein Leichtes, mit den schnellen SUMMEWENN-Formeln aus den 47 Kostenstellen des unteren Blattsegments beliebige, kontenorientierte Gruppenergebnisse zusammenzustellen.

11 12 13	000	K	Nr	Name	Art	G	U	K	T05	T06	T Total	Nr	Art
				Gruppen			**Typisierung (Gruppe)**					**Konten und Daten**	
45	032	10	G03	VKSt mit Gastro		m					Vm??600	600	Ergebnis III
46	033	11	G03	VKSt mit Gastro		m					Vm??K01	K01	Anzahl Kunden
47	034	01	G04	VKSt ohne Gastro		o					Vo??20	20	Umsatzerlöse
48	035	02	G04	VKSt ohne Gastro		o					Vo??60	60	Mat. Stoffe u. Waren
49	036	03	G04	VKSt ohne Gastro		o					Vo??67	67	Wareneinsatz
50	037	04	G04	VKSt ohne Gastro		o					Vo??80	80	Rohertrag
51	038	05	G04	VKSt ohne Gastro		o					Vo??100	100	Personalkosten
52	039	06	G04	VKSt ohne Gastro		o					Vo??280	280	Gesamtkosten I
53	040	07	G04	VKSt ohne Gastro		o					Vo??300	300	Betriebsergebnis
54	041	08	G04	VKSt ohne Gastro		o					Vo??345	345	Ergebnis I (Cash Flow)
55	042	09	G04	VKSt ohne Gastro		o					Vo??360	360	Abschreibungen
56	043	10	G04	VKSt ohne Gastro		o					Vo??600	600	Ergebnis III
57	044	11	G04	VKSt ohne Gastro		o					Vo??K01	K01	Anzahl Kunden
58	045	01	G05	VKSt Umsatz A (> 800 T)			A				V?A?20	20	Umsatzerlöse
59	046	02	G05	VKSt Umsatz A (> 800 T)			A				V?A?60	60	Mat. Stoffe u. Waren
60	047	03	G05	VKSt Umsatz A (> 800 T)			A				V?A?67	67	Wareneinsatz

Abbildung 8.31 Bei der Gruppensummierung mit *SUMMEWENN* kommen Platzhalter zum Einsatz

Beachten Sie den mit Rahmung hervorgehobenen Bereich in Abbildung 8.31 und die dort zu sehenden drei unterschiedlichen Suchkriterienarten mit ihren Fragezeichen-Platzhaltern.

HINWEIS   Die Verwendung von Platzhaltern in Suchkriterien ist eines der Themen im Hauptabschnitt »Variable Gruppenvergleiche« des Kapitels 7.

Bei den vorstehend beschriebenen Strukturen ergeben sich für einen Zeilenzugriff mit Listen-Steuerelementen und Offset-Formeln folgende Probleme:

- Es wäre unsinnig, für die 47 Kostenstellen und die zehn Gruppen in jedem Quelldatenblatt 57 Knoten einzurichten. Es soll bei einem einzigen bleiben.

- Jede Kostenstelle oder Gruppe belegt elf Zeilen. Anders gesagt: Jeder Eintrag in einer kostenstellen- bzw. gruppenspezifischen Auswahlliste gilt für elf Zeilen. Ein Klick auf einen Kostenstellennamen kann also elf unterschiedliche Zeilendistanzen vom *rD1.Knoten* betreffen.

- Der Rhythmus 11 wird in den Blattzeilen 135 bis 144 durch die dort vorhandene Segmenttrennung unterbrochen.

Nochmals die Problemstellung an zwei Beispielen:

- Sie möchten *Personalkosten* der *Zentralbereiche Gesamt* auslesen. Dazu müssen Sie mit der Kombination von zwei Mausklicks eine Zeile treffen, die 115 Zeilen vom Knoten entfernt ist.

- Sie möchten den Cashflow des Betriebsteils Mannheim auslesen. Dazu müssen Sie mit zwei Mausklicks eine Zeile treffen, die 413 Zeilen vom Knoten entfernt ist. Wenn es jedoch um die Kundenzahlen dieser Kostenstelle geht: die wiederum stehen 416 Zeilen vom Knoten entfernt.

Was sich wie eine komplizierte Aufgabe anhören mag, ist recht einfach zu lösen. Die Grundlage dazu ergibt sich aus den Strukturen im Blatt *Listen 1* und der zugehörigen, ausschnittsweisen Abbildung 8.32. Im Zusammenhang mit der dortigen Nummerierung:

1. Jeder Listendefinitionsbereich wird rechts von einer manuell eingefügten Zahlenkolonne begleitet. Sie gibt den Zeilenoffset vor, der bei Klick auf einen Listeneintrag zu erfolgen hat. Im Fall der elf Konten beginnt diese Reihe mit null, weil bei Auswahl einer Kostenstelle (siehe Ziffer 2) bereits die erste Zeile dieser Kostenstelle getroffen wird – und diese erste Zeile enthält die Umsatzerlöse.

2. Bei der Auswahl der Gruppen und Kostenstellen ist die begleitende Zahlenreihe mit einem Inkrement von 11 angelegt. Eine Zeile weiter beim Klick im Steuerelement entspricht also elf Zeilen weiter beim Offset der damit verbundenen Formeln.

3. Der Elfer-Rhythmus ist an der Stelle, an der es im Quelldatenblatt die Segmenttrennung gibt, unterbrochen. Nach 112 kommt 131, dann wieder geht es mit dem Inkrement 11 weiter.

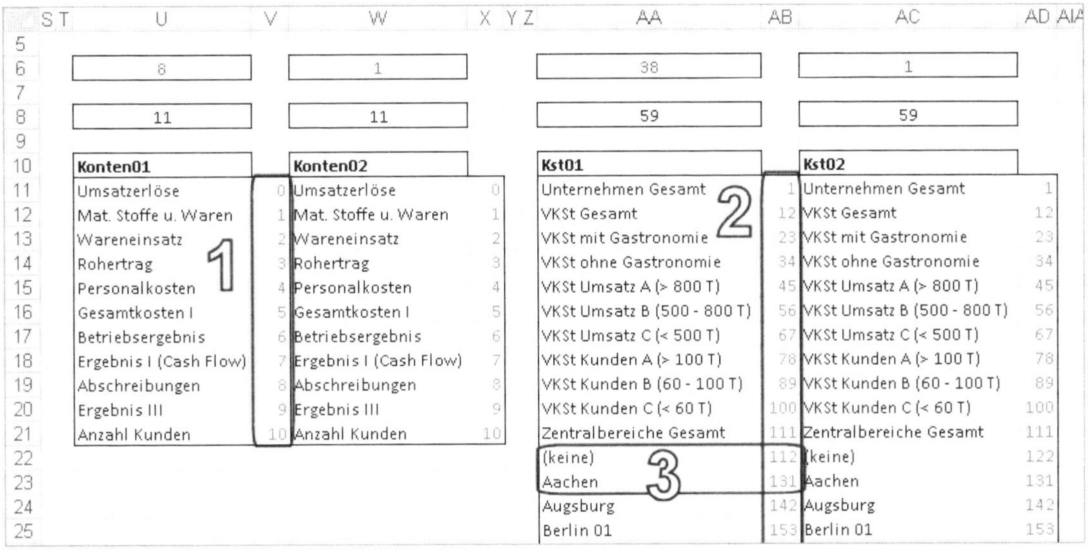

	S T	U	V	W	X Y Z	AA	AB	AC	AD AlA
5									
6		8		1		38		1	
7									
8		11		11		59		59	
9									
10		Konten01		Konten02		Kst01		Kst02	
11		Umsatzerlöse	0	Umsatzerlöse	0	Unternehmen Gesamt	1	Unternehmen Gesamt	1
12		Mat. Stoffe u. Waren	1	Mat. Stoffe u. Waren	1	VKSt Gesamt	12	VKSt Gesamt	12
13		Wareneinsatz	2	Wareneinsatz	2	VKSt mit Gastronomie	23	VKSt mit Gastronomie	23
14		Rohertrag	3	Rohertrag	3	VKSt ohne Gastronomie	34	VKSt ohne Gastronomie	34
15		Personalkosten	4	Personalkosten	4	VKSt Umsatz A (> 800 T)	45	VKSt Umsatz A (> 800 T)	45
16		Gesamtkosten I	5	Gesamtkosten I	5	VKSt Umsatz B (500 - 800 T)	56	VKSt Umsatz B (500 - 800 T)	56
17		Betriebsergebnis	6	Betriebsergebnis	6	VKSt Umsatz C (< 500 T)	67	VKSt Umsatz C (< 500 T)	67
18		Ergebnis I (Cash Flow)	7	Ergebnis I (Cash Flow)	7	VKSt Kunden A (> 100 T)	78	VKSt Kunden A (> 100 T)	78
19		Abschreibungen	8	Abschreibungen	8	VKSt Kunden B (60 - 100 T)	89	VKSt Kunden B (60 - 100 T)	89
20		Ergebnis III	9	Ergebnis III	9	VKSt Kunden C (< 60 T)	100	VKSt Kunden C (< 60 T)	100
21		Anzahl Kunden	10	Anzahl Kunden	10	Zentralbereiche Gesamt	111	Zentralbereiche Gesamt	111
22						(keine)	112	(keine)	122
23						Aachen	131	Aachen	131
24						Augsburg	142	Augsburg	142
25						Berlin 01	153	Berlin 01	153

Abbildung 8.32 Die Listen für die Steuerelemente sind mit Offset-Informationen ergänzt

Sie haben in mehreren Beispielen gesehen, wie in der rS1.Methode ein funktionaler Zusammenhang zwischen Knoten, Steuerelementen und BEREICH.VERSCHIEBEN-Formeln gebildet wird. Deswegen will ich nachstehend auf eine weitere Detailbeschreibung des Auslesens von Daten und deren Vergleich oder Analyse in Focusblättern verzichten. Es gilt hier lediglich darzustellen, wie die Formelzugriffe auf vom Anwender angeforderte Zeilen organisiert sind. Dazu habe ich im Blatt *Daten 1 2009* zwei Steuerelemente deponiert, eines für die Auswahl der Kostenstelle, ein zweites für die Auswahl des Kontos (vgl. Abbildung 8.33). Wenn Sie dort eine beliebige Kombination einstellen, wird rechts daneben ein sog. Knotenoffset angezeigt: So viele Zeilen vom Knoten entfernt befindet sich die Zeile, die der Auswahlkombination des Benutzers entspricht. Diese Information wird von folgender Formel erzeugt:

```
="Knotenoffset: "&
BEREICH.VERSCHIEBEN(rL1.Kst01Kopf;rL1.Kst01Ausw;1)
+BEREICH.VERSCHIEBEN(rL1.Konten01Kopf;rL1.Konten01Ausw;1)
```

Nach dem einleitenden Text folgt die Anweisung: »Ermittle zwei Zahlen und addiere sie. Für die erste gehe von der Zelle mit dem Namen *rL1.Kst01Kopf* (der Überschriftzelle der entsprechenden Liste) so viele Zeilen nach unten, wie es der aktuellen Vorgabe in *rL1.Kst01Ausw* entspricht, dann eine Spalte nach rechts. Zur dort gefundenen Zahl addiere eine zweite. Um die zu finden, gehe von der Zelle mit dem Namen *rL1.Konten01Kopf* (Überschriftzelle der entsprechenden Liste) so viele Zeilen nach unten, wie es der aktuellen Vorgabe in *rL1.Konten01Ausw* entspricht, dann eine Spalte nach rechts.«

Probieren Sie einiges aus: Stellen Sie Auswahlkombinationen zusammen und prüfen Sie dann mit Scrollen nach unten, ob das Ergebnis der Formel die richtige Zeilendistanz vom Knoten ermittelt hat (grüne Zahl in Spalte C).

Im abgebildeten Beispiel (Abbildung 8.33) heißt die »Rechenaufgabe« *Mannheim* plus *Ergebnis I (Cash Flow)*, das ist 406 plus 7, die zu treffende Position ist also 413 Zeilen vom Knoten entfernt. Genau nach diesem Prinzip arbeiten dann in einem solchen Modell die Formeln z. B. des Blattes *Basis 1*, mit denen die Daten zur Präsentation in den Focusblättern zusammengestellt werden.

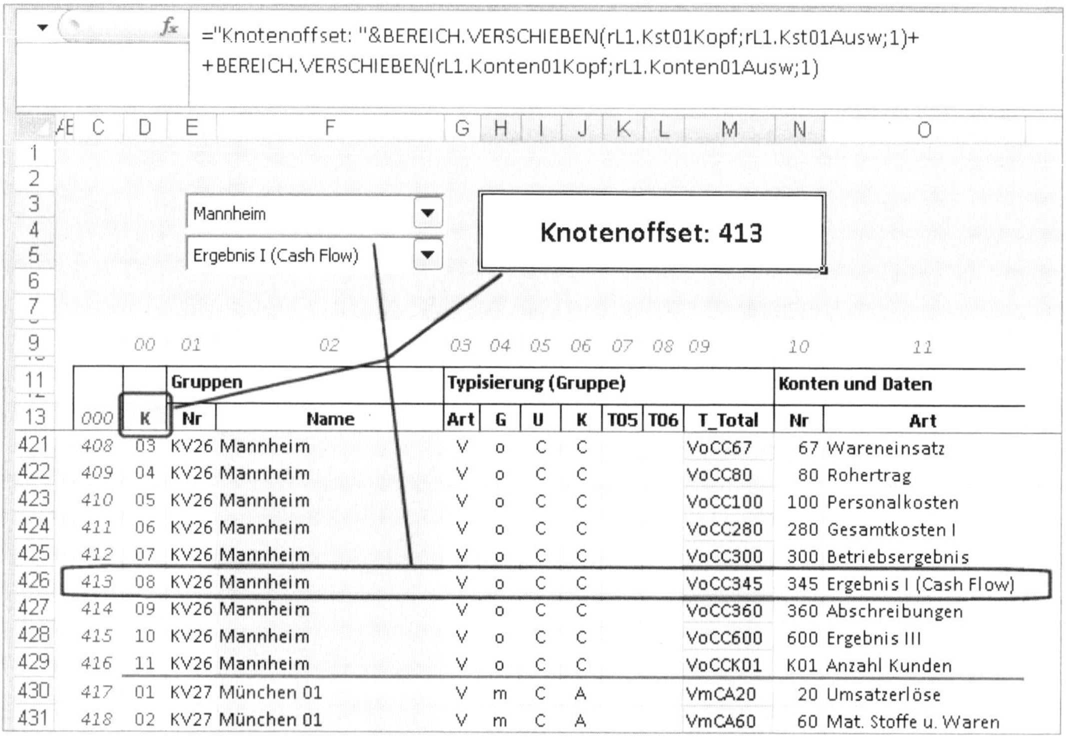

| | | | | fx | ="Knotenoffset: "&BEREICH.VERSCHIEBEN(rL1.Kst01Kopf;rL1.Kst01Ausw;1)+ +BEREICH.VERSCHIEBEN(rL1.Konten01Kopf;rL1.Konten01Ausw;1) |

ÆE	C	D	E	F	G	H	I	J	K	L	M	N	O
1													
2													
3			Mannheim	▼			Knotenoffset: 413							
4													
5			Ergebnis I (Cash Flow)	▼										
6													
7													
9	00	01		02	03	04	05	06	07	08 09		10	11
11			Gruppen		Typisierung (Gruppe)						Konten und Daten		
13	000	K	Nr	Name	Art	G	U	K	T05	T06	T_Total	Nr	Art
421	408	03	KV26 Mannheim		V	o	C	C			VoCC67	67	Wareneinsatz
422	409	04	KV26 Mannheim		V	o	C	C			VoCC80	80	Rohertrag
423	410	05	KV26 Mannheim		V	o	C	C			VoCC100	100	Personalkosten
424	411	06	KV26 Mannheim		V	o	C	C			VoCC280	280	Gesamtkosten I
425	412	07	KV26 Mannheim		V	o	C	C			VoCC300	300	Betriebsergebnis
426	413	08	KV26 Mannheim		V	o	C	C			VoCC345	345	Ergebnis I (Cash Flow)
427	414	09	KV26 Mannheim		V	o	C	C			VoCC360	360	Abschreibungen
428	415	10	KV26 Mannheim		V	o	C	C			VoCC600	600	Ergebnis III
429	416	11	KV26 Mannheim		V	o	C	C			VoCCK01	K01	Anzahl Kunden
430	417	01	KV27 München 01		V	m	C	A			VmCA20	20	Umsatzerlöse
431	418	02	KV27 München 01		V	m	C	A			VmCA60	60	Mat. Stoffe u. Waren

Abbildung 8.33   Eine kombinierte Auswahl mit zwei Steuerelementen trifft eine spezifische Zeile

Bis dahin also eine differenzierte, zusammengesetzte Zugriffsart, die zwar »Sprünge machen« kann, sich dabei aber dennoch in einem statischen Modell bewegt und auf manuell erzeugte Hilfsinformationen angewiesen ist.

Wie nun aber, wenn es *so* nicht funktionieren kann, wenn also z. B. die zu findenden Zeilen in den Datenquellen häufig wechselnde Positionen haben, die Inhalte der dem Benutzer angebotenen Auswahlliste hingegen nicht? Einen solchen Zustand treffen Sie in der Datei *0809_Listen02* an.

Bitte öffnen Sie von der CD-ROM aus dem zu Ihrer Excel-Version passenden Ordner die Datei *0809_Listen02*.

Die Arbeitsblätter sind nicht geschützt.

Es handelt sich um eine erweiterte Fassung der Datei *0802_AutoSort*, die eingangs des Kapitels unter der Überschrift »Die Besten nach oben« ihren Einsatz hatte. Kurz wiederholend wie auch ergänzend:

- Ganz links im Blatt *Test 1* gibt es den mit *Quelldaten* überschriebenen Datenbereich. So aufgelistet kommen die Erlösdaten zweier Jahre aus einem Vorsystem in die Excel-Arbeitsmappe. Mit jedem Drücken von F9 simulieren Sie einen neuen Datenimport. Die Zelle J11 hat den Bereichsnamen *rT1.Knoten01*.

- Zwischen Spalte P und Spalte Y gibt es den mit *Nach Erlösen absteigend sortierte Quelldaten* überschriebenen Datenbereich. Die Sortierung erfolgt mit Verwendung von Formeln automatisch. Es entstehen zwei Datenlisten, in denen jeweils eine eigene Sortierung der Kostenstellen herrscht. Bei jedem neuen Datenimport (F9) verändern sich diese Sortierungen. Die Zelle Q11 hat den Bereichsnamen *rT1.Knoten02*.

- Zwischen den Spalten AA und AI gibt es jetzt zusätzlich einen Bereich, der einem Arbeitsblatt *Listen 1* entspricht. Hier befinden sich zwei Listendefinitionsbereiche, jeder von einer Spalte mit Formeln begleitet, die den aktuellen Zeilenoffset berechnen. In den Spalten AH und AI ein *ActiveX-Steuerelement* des Typs *ComboBox*, das Ihnen die Auswahl einer von 47 Kostenstellen anbietet. Darunter dann eine Minitabelle, in der die Erlösdaten der ausgewählten Kostenstelle verglichen werden. (Es ist klar, dass dies nur ein winziger Ausschnitt eines großen Modells ist.)

Das Problem: Das Auswahlangebot für den Benutzer ist natürlich statisch strukturiert, die Zugriffsorte sind es nicht. Also ist eine Lösung zu schaffen, die für eine einzige Benutzerauswahl zwei verschiedene, unbekannte Zugriffsorte sucht und deren Daten liefert. (Die hier gezeigte Lösung wurde strukturell für noch komplexere Aufgaben geschaffen, für das gezeigte Beispiel ist sie in Teilen redundant, zeigt aber gut die auch in größeren Modellen verwendbaren Techniken.)

Im Zusammenhang mit Abbildung 8.34:

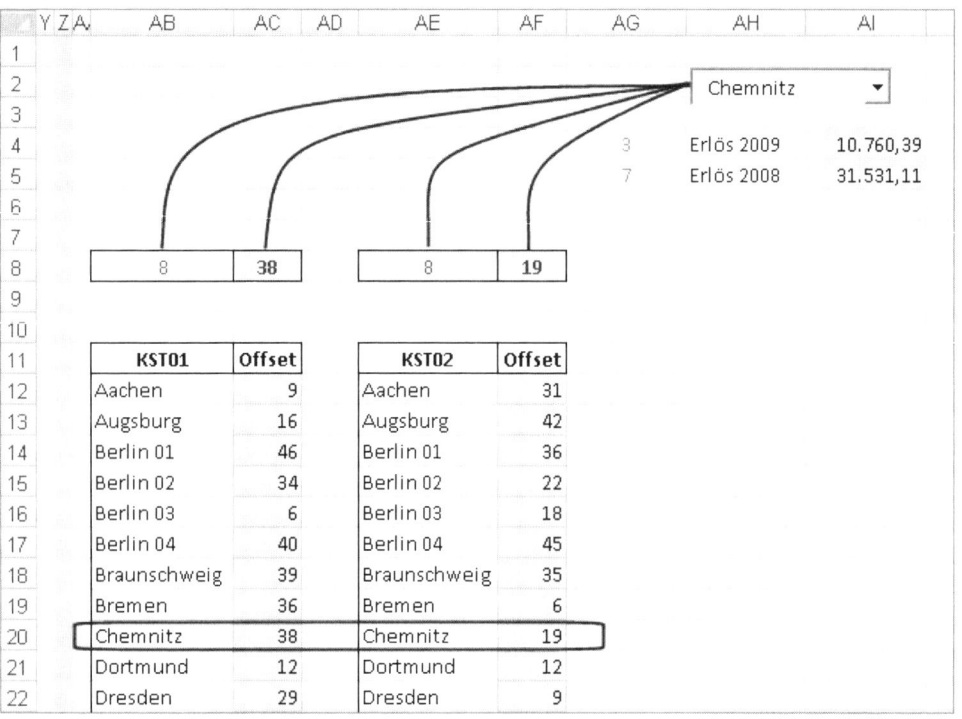

Abbildung 8.34 Ein Steuerelement, zwei Zugriffslisten mit wechselnden Offsetpositionen

- Die Kostenstelle *Chemnitz* befindet sich in der alphanumerischen Sortierung der Auswahlliste an Position 9. Der Klick auf den neunten Eintrag der *ComboBox* (deren Index-Zählung mit null beginnt) liefert in ihrer *LinkedCell* den Wert 8.

- In der linken der beiden abgebildeten Listen wird als Zeilenoffset für *Chemnitz* der Wert 38 angegeben, in der rechten Liste der Zeilenoffset 19. Das kann sich für *Chemnitz* bei jedem neuen Datenimport ändern, der Vorgabewert 8 in der *LinkedCell* nicht.

Welche Formeln hier in welcher Weise zur Problemlösung beitragen, ergibt sich aus Tabelle 8.2. Untersuchen Sie bitte auch in der Datei die Zusammenhänge. Die VERGLEICH-Formeln ab Zeile 12 der Spalten AC und AF liefern die variablen Zeilenpositionen. Die Offset-Formeln in den Zellen AC8 und AF8 verwandeln den Wert aus der *LinkedCell* des Steuerelements in das richtige Zeilenargument. Beachten Sie bitte die Namensgebungen: Die *LinkedCell* mit der üblichen Suffixendung *Ausw*, die damit verbundene, den tatsächlich zu benutzenden Offsetwert enthaltende Zelle mit der Suffixendung *AuswOff*.

LNr	Zelle	Name	Formel
1	AB8	*rT1.KST01Ausw*	keine
2	AC8	*rT1.KST01AuswOff*	=BEREICH.VERSCHIEBEN (rT1.KST01Kopf;rT1.KST01Ausw+1;1)
3	AE8	*rT1.KST02Ausw*	=rT1.KST01Ausw
4	AF8	*rT1.KST02AuswOff*	=BEREICH.VERSCHIEBEN (rT1.KST02Kopf;rT1.KST02Ausw+1;1)
5	AC12	ohne	=VERGLEICH($AB12;$S$12:$S$58;0)
6	AF12	ohne	=VERGLEICH($AE12;$W$12:$W$58;0)
7	AI4	ohne	=BEREICH.VERSCHIEBEN (rT1.Knoten02;rT1.KST01AuswOff;$AG4)
8	AI5	ohne	=BEREICH.VERSCHIEBEN (rT1.Knoten02;rT1.KST02AuswOff;$AG5)

Tabelle 8.2 So sind die Zugriffe organisiert

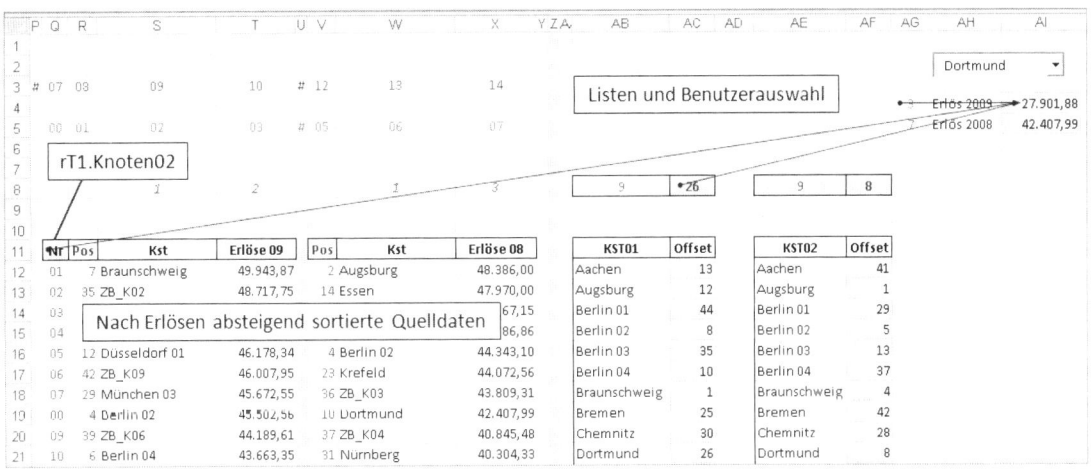

Abbildung 8.35 So greifen die Formeln auf die variablen Datenquellen zu

Aus Abbildung 8.35 ergibt sich, wie die beiden Ergebnisformeln (vgl. Position 7 und 8 der Tabelle 8.2) unter Verwendung der aktuellen Zeilenoffset-Werte in *rT1.KST01AuswOff* und *rT1.KST02AuswOff* und auf dem Weg über den *rT1.Knoten02* arbeiten.

Wichtiges zum Schluss

Das Seminar ist damit beendet. Was bin ich Ihnen – außer dem noch folgenden, technischen Nachschlageteil B – jetzt noch schuldig?

Nun – das könnte praktisch alles sein, von dem ich in diesem Seminarbuch *nicht* berichtet habe. Beim Thema Excel ist das so gigantisch viel, dass ich, erstens, zwar um Nachsicht für derart gewaltige Lücken bitten muss, zweitens allerdings überlege, ob es jemals gelingen könnte, so viel Stoff – »Alles über Excel« – in ein einziges Seminar oder ein einziges Buch zu packen, und ob es, drittens, dann wirklich auch noch mutige Menschen genug gäbe, die sich freiwillig solcher Mega-Informationsflut aussetzen.

Bleibt also zu hoffen, dass meine Auswahl der hier vermittelten Inhalte richtig und wichtig für Sie war. Wichtig in dem Sinne, dass sie Ihnen hilft, das eine oder andere Problem zu lösen, bisweilen Freude an Ihren Arbeitsergebnissen zu haben und damit gelegentlich auch anderen eine Freude machen zu können.

Wichtig? Das ist natürlich sehr relativ.

Ich fuhr vor etlichen Jahren mit der Bahn von Dortmund zurück nach Berlin und arbeitete mit dem Laptop an einem meiner Bücher. Mir gegenüber saß eine junge, aufgeweckte Dame; sie mag etwa fünf oder sechs Jahre alt gewesen sein.

»Was machsten du da?«, fragte sie mich irgendwann.

Ich erklärte, an einem Buch zu arbeiten.

»Aber das ist doch gar kein Buch.«

Auch dazu ließ sich eine ihr einleuchtende Antwort finden.

»Von was issen das Buch?«

Ich versuchte, es ihr zu beschreiben. Das war nicht leicht. Da sie mehrere, interessierte Nachfragen hatte – ja doch, die hatte sie –, erzählte ich ihr einiges mehr über Excel und was damit alles anzufangen sei. Ein einführendes Mini-Kurzseminar also in die große, die weite, die wichtige Welt der Tabellenkalkulation – was wären wir ohne sie. Als ich gerade anfangen wollte, zufrieden damit zu sein, so etwas einer Fünfjährigen halbwegs ordentlich erklärt zu haben, meinte sie:

»Das ist doch gaaaanz langweilig – nur mit Kästchen und so, oder?«

»Nun ja, also nein – ich meine, für mich eher nicht, weil …«

»Wusstest du eigentlich«, unterbrach sie mich, »dass Vögel mit roten Schnäbeln im Winter nach Afrika fliegen, Vögel mit gelben Schnäbeln aber nicht?«

Eigentlich wusste ich es nicht. Deshalb hat sie mir, zwischen Wolfsburg und Spandau, ausführlich ihre Theorien dazu erklärt. Es gibt also noch sehr viel Wichtigeres, als viel Wichtiges über Excel zu wissen.

Teil B

Kapitel 9

Grundeinstellungen

Dieses Kapitel ist von besonderer Wichtigkeit für Ihre Arbeit mit diesem Buch. Bitte beachten Sie die hier gemachten Angaben, damit Sie die Beispiele des Teils A so antreffen und bearbeiten können, wie es den dort gemachten Angaben entspricht. Darüber hinaus können die nachstehend abgegebenen Empfehlungen helfen, die Arbeit mit Excel ggf. angenehmer und einfacher zu machen.

Wichtige Grundeinstellungen in Excel 2003

Menüs und Symbolleisten anpassen

Wählen Sie im Menü *Extras* den Befehl *Anpassen* und im dann erscheinenden Dialogfeld die Registerkarte *Optionen*.

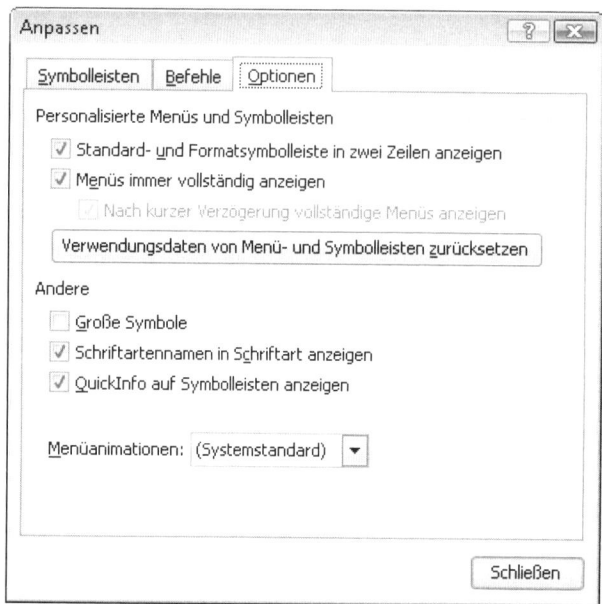

Abbildung 9.1　Einstellungen im Dialogfeld *Anpassen*

Wählen Sie die beiden oberen Optionen bei *Personalisierte Menüs und Symbolleisten* gemäß Abbildung 9.1. Die daraus resultierenden Vorteile:

- Die beiden wichtigsten Symbolleisten werden übersichtlich angezeigt. Dies ist besonders dann von großem Vorteil, wenn Sie diese Symbolleisten benutzerdefiniert erweitern, also mit weiteren Schaltflächen bestücken.

- Sie sehen bei der Wahl eines Menüs sämtliche seiner Befehle auf den ersten Blick. Ein zweiter Klick zum Aufsuchen eines Befehls – von dem Sie oft nicht einmal wissen, ob er sich tatsächlich im ausgeblendeten Bereich befindet – entfällt.

Standards setzen oder unterdrücken

Sehr viel komplexer sind die Möglichkeiten, unter denen Sie wählen können (oder müssen), wenn Sie im Menü *Extras* den Befehl *Optionen* wählen:

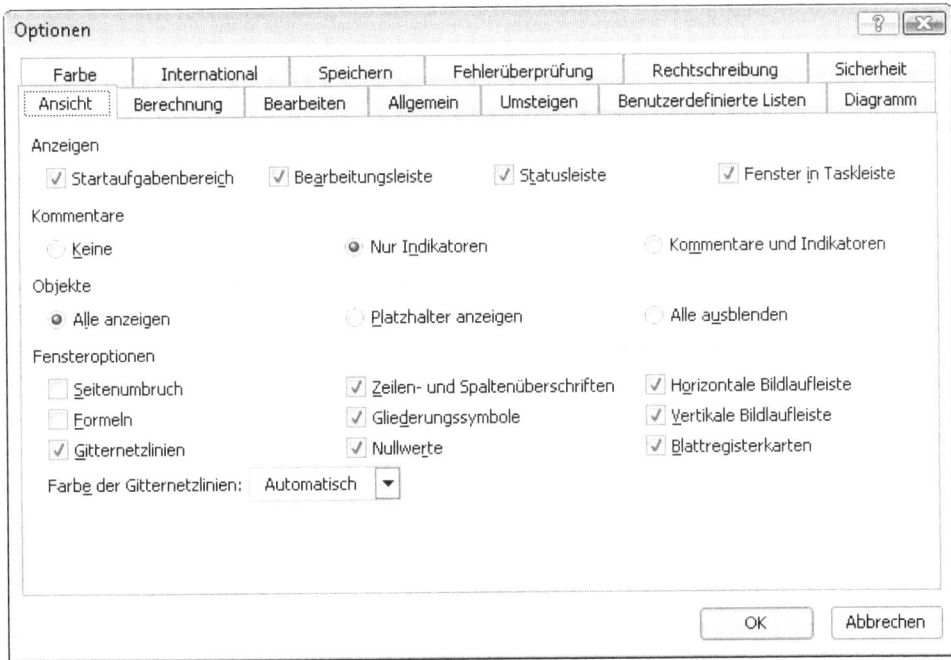

Abbildung 9.2 Sehr viele Entscheidungsmöglichkeiten – aber eine Durchsicht lohnt sich

Empfehlungen für die Registerkarte *Ansicht* sind in Abbildung 9.2 zu sehen. Die restlichen Informationen entnehmen Sie bitte der nachstehenden Tabelle 9.1. (Für dort nicht erwähnte Registerkarten oder Optionen gebe ich keine Empfehlungen, die von der Standardinstallation abweichen.)

Registerkarte	Option	Empfehlung	Bemerkung
Berechnung	*Automatisch*	An	Die automatische Berechnung ist für die Funktionsfähigkeit der in diesem Buch vorgestellten Modelle unerlässlich.
Bearbeiten	*Direkte Zellbearbeitung aktivieren*	Aus	Sie sollten nur noch in der Bearbeitungsleiste editieren. Das erleichtert die Übersicht in der Tabelle.
Bearbeiten	*Markierung nach dem Drücken der Eingabetaste verschieben*	Aus	Sie müssen häufig eine Formel nach der ersten Eingabe »anfassen«, um sie zu ändern oder zu prüfen. Dann ist es lästig, wenn Sie die betreffende Zelle erneut markieren müssen.

Tabelle 9.1 Empfehlungen zu Grundeinstellungen unter *Extras/Optionen*

Registerkarte	Option	Empfehlung	Bemerkung
Bearbeiten	*AutoVervollständigen für Zellwerte aktivieren*	Aus	Diese Option ist bei komplexen Modellen eher verwirrend als hilfreich.
Bearbeiten	*Automatische Prozentwerteingabe aktivieren*	Aus	Vermeiden Sie in jedem Fall, dass Zahlen, egal welche, andere Werte erhalten, als es ihrem eingegebenen oder per Formel errechneten Wert entspricht.
Bearbeiten	*Optionen-Schaltfläche beim Einfügen kopierter Daten anzeigen*	Aus	Für geübte Anwender oft eher verwirrend als hilfreich.
Bearbeiten	*Optionen-Schaltfläche beim Einfügen von Zellen und Objekten anzeigen*	Aus	Für geübte Anwender oft eher verwirrend als hilfreich.
Allgemein	*Feedback mit Sound*	Aus	Dies kann bei Präsentationen äußerst unangenehm wirkende Effekte haben.
Allgemein	*Standardschriftart*	Arial 10	Es gibt wenige andere Schriftarten, die auch bei kleinen Schriftgrößen so gut lesbar ist. Für Präsentationen natürlich sehr wichtig.
Diagramm, Diagrammtipps	*Namen anzeigen* *Werte anzeigen*	Aus Aus	Verhindert das bei Präsentationen lästige und verwirrende Anzeigen von Textfeldern im Diagramm, die ansonsten immer dann erscheinen, wenn Sie auf irgendein Diagrammelement zeigen.
Speichern	*AutoWiederherstellen-Info speichern alle*	An 5 Minuten	Wenn Sie mit grafischen Objekten arbeiten (Diagramme gehören dazu), kann es häufiger zu »Hängern« oder zu Abstürzen kommen als bei anderen Arbeiten in Excel. Schützen Sie sich vor Verlusten.
Speichern	*AutoWiederherstellen deaktivieren*	Aus	Siehe oben
Fehlerüberprüfung	*Fehlerüberprüfung im Hintergrund aktivieren*	Aus	Generell eher störend als hilfreich, jedenfalls für einen geübten Anwender, der bewusst Formeln in mehreren Stufen entwickelt, prüft und ändert.
Rechtschreibung	*AutoKorrektur-Optionen*		Legen Sie hier fest, was automatisch korrigiert werden soll und vor allem auch, was *nicht*.

Tabelle 9.1 Empfehlungen zu Grundeinstellungen unter *Extras/Optionen (Fortsetzung)*

Add-In *Analyse-Funktionen*

Ich beschreibe und benutze in diesem Buch Funktionen, die zwar zum Lieferumfang von Excel 2003 gehören, nicht aber zum Repertoire der Standardinstallation. Die wichtigste davon, in zahlreichen Beispielen des Teils A benutzt, ist =ZUFALLSBEREICH(Untere_Zahl;Obere_Zahl). Zu deren Aktivierung ist unter Excel 2003 die Aktivierung des Add-Ins *Analyse-Funktionen* erforderlich. Ab Excel 2007 gehört die Funktion ZUFALLSBEREICH zum Installationsstandard.

Abbildung 9.3 Die Analyse-Funktionen werden in diesem Buch gebraucht

Wählen Sie im Menü *Extras* den Befehl *Add-Ins* und klicken Sie dann bei *Verfügbare Add-Ins* auf den Eintrag *Analyse-Funktionen*, dann auf *OK*. Das *Add-In* und seine Möglichkeiten stehen jetzt zur Verfügung. Gleichzeitig wurde das Menü *Extras* durch den Befehl *Analyse-Funktionen* ergänzt.

Sollte der Eintrag *Analyse-Funktionen* im Dialogfeld *Add-Ins* nicht vorhanden oder nicht aktivierbar sein, müssen Sie ggf. eine Nachinstallation unter Verwendung Ihrer Office-CD vorzunehmen.

Wichtige Grundeinstellungen in Excel 2007

Optionen

Was in den Vorgängerversionen überwiegend mithilfe des Dialogfelds *Extras/Optionen* einzustellen war, ist nun auf gänzlich anderem Weg zu erreichen:

1. Klicken Sie auf die *Office-Schaltfläche*.
2. Klicken Sie am unteren Rand des jetzt geöffneten Menüs auf die Schaltfläche *Excel-Optionen*.
3. Wählen Sie im Dialogfeld *Excel-Optionen* eine Kategorie aus.
4. Treffen Sie unter den Vorgaben der jeweils ausgewählten Kategorie Ihre Entscheidungen.

Nachstehend eine Übersicht zu jenen Einstellungen, die ich Ihnen bei der Arbeit mit diesem Buch und auch bei anderen Arbeiten mit Excel 2007 empfehle.

HINWEIS Beachten Sie bitte, dass in der folgenden Aufstellung weder alle Kategorien noch alle verfügbaren Excel-Optionen angesprochen werden, sondern nur solche, die im engeren Zusammenhang mit den Themen und Inhalten des Buches stehen.

Kategorie *Häufig verwendet*

Minisymbolleiste für die Auswahl anzeigen

Bitte aktivieren: Sie haben dann nicht nur nach dem Klick mit der rechten Maustaste auf eine Zelle, sondern auch bei markiertem Text einen unmittelbaren Zugriff auf eine mit den wichtigsten Formatierungstools bestückte kleine Symbolleiste, die entweder in Verbindung mit dem Kontextmenü oder allein erscheint.

Livevorschau aktivieren

Bitte aktivieren: Diese Option ist für die Gestaltung Ihrer Modelle besonders wichtig und gegenüber den früheren Versionen von Excel eine äußerst angenehme Arbeitserleichterung. Sie sehen, was besonders bei Formatierungsarbeiten sehr nützlich ist, schon beim bloßen Zeigen auf eine Auswahlmöglichkeit den Effekt dieser Auswahl in einer Vorschau, also noch bevor Sie sich für eine tatsächliche Festlegung entscheiden. Erst wenn Sie mit dem Vorschauergebnis zufrieden sind, treffen Sie durch Mausklick Ihre Entscheidung. Das erspart Ihnen natürlich viele überflüssige Arbeitsschritte.

Entwicklerregisterkarte in der Multifunktionsleiste anzeigen

WICHTIG   Bitte aktivieren: Die mit dieser Einstellung zu erreichende Anzeige der Registerkarte *Entwicklertools* in der Multifunktionsleiste ist für Ihre Arbeit mit diesem Buch unerlässlich. Dies gilt ganz besonders hinsichtlich der Verwendung von Steuerelementen, zu denen Sie ohne die Registerkarte *Entwicklertools* keinen Zugang hätten.

QuickInfo-Format

Wählen Sie *Featurebeschreibungen in QuickInfos anzeigen* aus, um beim Zeigen auf eine Befehlsschaltfläche Erläuterungen zu dieser Schaltfläche zu erhalten.

Beim Erstellen neuer Arbeitsmappen

Bestimmen Sie hier bezüglich Schriftart, Schriftgröße, Arbeitsblattansichten und der Anzahl neuer Blätter jene Standards, die beim Öffnen neuer Arbeitsmappen benutzt werden sollen.

HINWEIS   Die mit Office 2007 neu verfügbare Schriftart *Calibri* ist für viele Darstellungszwecke sehr gut geeignet und deshalb genauso empfehlenswert wie *Arial* unter Office 2003.

Kategorie *Formeln*

Berechnungsoptionen

Die Arbeitsmappenberechnung sollte bei Nutzung der in diesem Buch beschriebenen Lösungen nach Möglichkeit immer *Automatisch* erfolgen. Dies deshalb, weil große Teile der Funktionalität und Dynamik durch Verwendung von Tabellenformeln realisiert werden, die bei jeder benutzerdefinierten Änderung einer Ansicht, z. B. mittels Steuerelement, ihre Anpassungsleistungen vollbringen müssen.

Arbeiten mit Formeln

AutoVervollständigen-Formel bitte aktivieren: Bei Verwendung dieser Option erscheint nach der Eingabe des Gleichheitszeichens und einiger Buchstaben unterhalb der *Bearbeitungsleiste* eine zu Ihrem Eintrag passende Vorschlagsliste mit Funktionen, aus der Sie, um das korrekte Schreiben Ihrer Formel zu erleichtern, die passende auswählen können. Übertragen Sie die ausgewählte Formel mit Doppelklick oder durch Drücken der Taste ⬒ in die *Bearbeitungsleiste*.

Fehlerüberprüfung

Die Vorgabe *Fehlerüberprüfung im Hintergrund aktivieren* finde ich nach wie vor recht unpraktisch und eher störend, besonders weil eine Anzeige von Fehlerindikatoren auch dann erfolgen kann, wenn Excel eine richtige, aber kompliziert aufgebaute Formeln nicht richtig interpretiert.

Wenn die Fehlerüberprüfung ausgeschaltet bleibt, ist die Auswahl unter den *Regeln für die Fehlerüberprüfung* ignorierbar.

Kategorie *Dokumentprüfung*

AutoKorrektur und Rechtschreibkorrektur sind schon seit längerer Zeit einheitlich gestaltete Features unter Microsoft Office. Dies findet nun endlich auch seinen Ausdruck in gleichartigen Zugriffs- und Einstellmöglichkeiten.

Legen Sie hier – oder z. B. auch in Word – fest, welche Ihrer Eingaben automatisch geändert bzw. angepasst werden sollen und welche Rechtschreibregeln zur Anwendung kommen.

Kategorie *Speichern*

Natürlich werden Sie die Mehrzahl Ihrer Excel 2007-Dateien im Standarddateiformat **.xlsx* speichern. Dennoch ist ein Blick in die entsprechende Dropdownliste von Interesse. Sie finden hier eine Aufstellung aller Dateiformate, die Ihnen zur Verfügung stehen, wenn Sie den Befehl *Speichern unter* wählen.

Stellen Sie für das Speichern der *AutoWiederherstellen-Informationen* eine nur relativ kurze Zeit (5 Minuten) ein. Wenn Sie komplexe Lösungen bearbeiten, kommt es darauf an, bei einem eventuellen Absturz von Excel oder Windows keine wesentlichen Teile der Arbeit zu verlieren.

Kategorie *Erweitert*

HINWEIS   Die nachstehenden Vorschläge mögen einigen von Ihnen, die anders zu arbeiten gewohnt sind, befremdlich erscheinen. Sie basieren auf meinen persönlichen Erfahrungen und natürlich auf meinen Angewohnheiten – wenn Sie wollen, auch »Macken« – im Umgang mit Excel. Im Kern geht es mir darum, alles, was hinderlich, störend oder irritierend sein kann, nicht zuzulassen.

Optionen für das Bearbeiten

Die Vorgabe *Markierung nach Drücken der Eingabetaste verschieben* sollten Sie deaktivieren. Beim Schreiben, Prüfen und Korrigieren komplexer Formeln ist es unsinnig, nach dem Drücken der Taste ⏎ die aktive Zelle zu verlassen. Wenn die Markierung auf der aktuell benutzten Zelle stehen bleibt, sparen Sie sich manchen überflüssigen Arbeitsschritt.

Auch die Vorgabe *Direkte Zellbearbeitung zulassen* sollten Sie *nicht* wählen. Bei der direkten Zellbearbeitung und dem Schreiben langer Formeln kommt es häufig zu unerfreulichen Darstellungen, nämlich immer dann, wenn die Formel länger als die aktive Zelle breit ist und deshalb benachbarte Tabellenbereiche, die möglicherweise zur Kontrolle oder zur Bearbeitung der Formel wichtig sind, optisch überlagert. Wenn Sie die direkte Zellbearbeitung unterdrücken, können Sie Formeln nur noch in der *Bearbeitungsleiste* schreiben und editieren. Dies ist der gewünschte Zustand.

Ausschneiden, Kopieren und Einfügen

Das automatische Auftauchen von Optionsschaltflächen im Arbeitsblatt finde ich bei meinen Arbeiten nach wie vor störend. Deshalb empfehle ich, die beiden oberen Vorgaben dieser Gruppe auszuschalten.

Recht sinnvoll hingegen ist die Option *Eingefügte Objekte mit übergeordneten Zellen ausschneiden, kopieren und sortieren.*

Anzeige

Ich habe oben unter »Kategorie *Formeln*/Arbeiten mit Formeln« vorgeschlagen, die Vorgabe *AutoVervollständigen-Formel* zu aktivieren. Wenn Sie dem gefolgt sind, ist es sinnvoll, hier nun auch *QuickInfos für Funktionen anzeigen* zu wählen. Dadurch kommt es neben der Auswahlliste immer dann zur Anzeige einer kurzen Erläuterung, wenn Sie einen der Listeneinträge markieren (vgl. Abbildung 9.4).

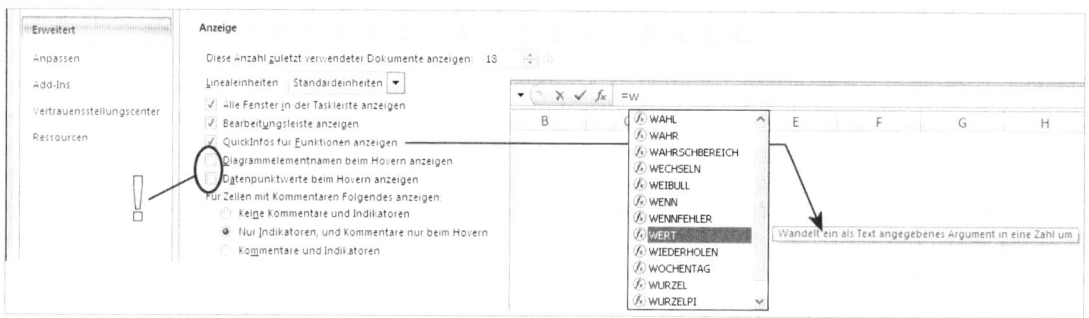

Abbildung 9.4 Die beiden diagrammspezifischen Einstellungen in dieser Gruppe sind besonders wichtig

Etliche Beispiele in diesem Buch sind Empfehlungen zur Entwicklung von Präsentationsdiagrammen. In einer Publikumspräsentation wirkt es außerordentlich störend, wenn beim Zeigen auf ein Diagrammelement oder auf einen Datenpunkt Texte oder Werte in QuickInfos zur Anzeige kommen. Deaktivieren Sie bitte also beide entsprechenden Optionen, nämlich *Diagrammelementnamen beim Hovern anzeigen* und *Datenpunktwerte beim Hovern anzeigen.*

Anzeigeoptionen für ausgewählte Arbeitsmappen und Arbeitsblätter

Zu den sehr erfreulichen Neuerungen von Excel 2007 gehört, dass Sie nun dialoggestützt die Anzeigeoptionen für die aktuell geöffneten Arbeitsmappen sowie für die einzelnen Arbeitsblätter dieser Arbeitsmappen differenziert festlegen können.

Formeln

Natürlich sollten Sie Excel das Optimum der Leistungsfähigkeit Ihres Computers zur Verfügung stellen. Dies gilt ganz besonders immer dann, wenn Sie von Excel umfangreiche Kalkulationen verlangen, die zudem in hoher Geschwindigkeit ausgeführt werden sollen. Die sog. *Multithread-berechnung* sollte also aktiviert sein und natürlich sollte Excel *Alle Prozessoren auf dem Computer verwenden*.

Berechnungsoptionen und Allgemeines

Sie können hier Berechnungsoptionen differenziert für die aktuell geöffneten Arbeitsmappen festlegen.

Kategorie *Anpassen*

Die *Symbolleiste für den Schnellzugriff* ist eine benutzerdefinierte Zusammenfassung von Befehlsschaltflächen, die häufig benötigt werden und die deswegen nicht über die Multifunktionsleiste angesteuert werden sollten, sondern besser im Direktzugriff des Anwenders liegen. Das entspricht also nach Sinn, Zweck und Konstruktionsart einer *benutzerdefinierten Symbolleiste* aus früheren Versionen von Excel. Allerdings kann der moderne Typ nicht mehr, wie das vordem möglich war, frei auf dem Arbeitsfenster bewegt und platziert werden, sondern ist an zwei wählbare Positionen gebunden: Entweder befindet sich diese Symbolleiste über der Multifunktionsleiste oder unterhalb davon.

Das Erzeugen und Ändern der Symbolleiste ist relativ einfach und vor allem ablaufsicher geregelt, die früher leicht möglichen Fehler – bis hin zur versehentlichen Zerstörung der Standardsymbolleisten – sind nicht mehr zu befürchten.

Für die erstmalige Erstellung empfehle ich im Zusammenhang mit der Nummerierung in Abbildung 9.5 folgende Arbeitsschritte:

1. Klicken Sie auf die *Office-Schaltfläche*, dann auf *Excel-Optionen* und anschließend auf *Anpassen*.

2. Bestimmen Sie dann im Dropdown-Listenfeld bei *Befehle auswählen* die Vorgabe *Alle Befehle*, um eine komplette, alphabetisch geordnete Übersicht jener Befehlsschaltflächen zu erhalten, die Sie in die Symbolleiste übertragen können.

3. Wählen Sie, bei alphabetischer Vorgehensweise, einen Befehl, der Bestandteil der Symbolleiste werden soll, und klicken Sie dann auf die Schaltfläche *Hinzufügen*. Damit wird der Befehl in die rechte Auswahlliste übertragen. Über eine logische oder ergonomische Anordnung müssen Sie sich jetzt noch keine Gedanken machen, weil Sie später die Positionen beliebig verändern können. Verfahren Sie nach diesem Muster so lange, bis Sie den gewünschten Befehlssatz zusammengestellt haben. Achten Sie darauf, auch einige *Trennzeichen* einzufügen, damit Sie später in der Symbolleiste übersichtliche Gruppierungen herstellen können. (Die Trennzeichen sind vertikale Linien. Der Eintrag *<Trennzeichen>* befindet sich in der alphabetischen Liste ganz oben.) Markieren Sie nun, eine nach der anderen, die übertragenen *Befehlsschaltflächen* bzw. die *Trennzeichen* und verschieben Sie diese mithilfe der beiden Pfeil-Schaltflächen an die gewünschte Position.

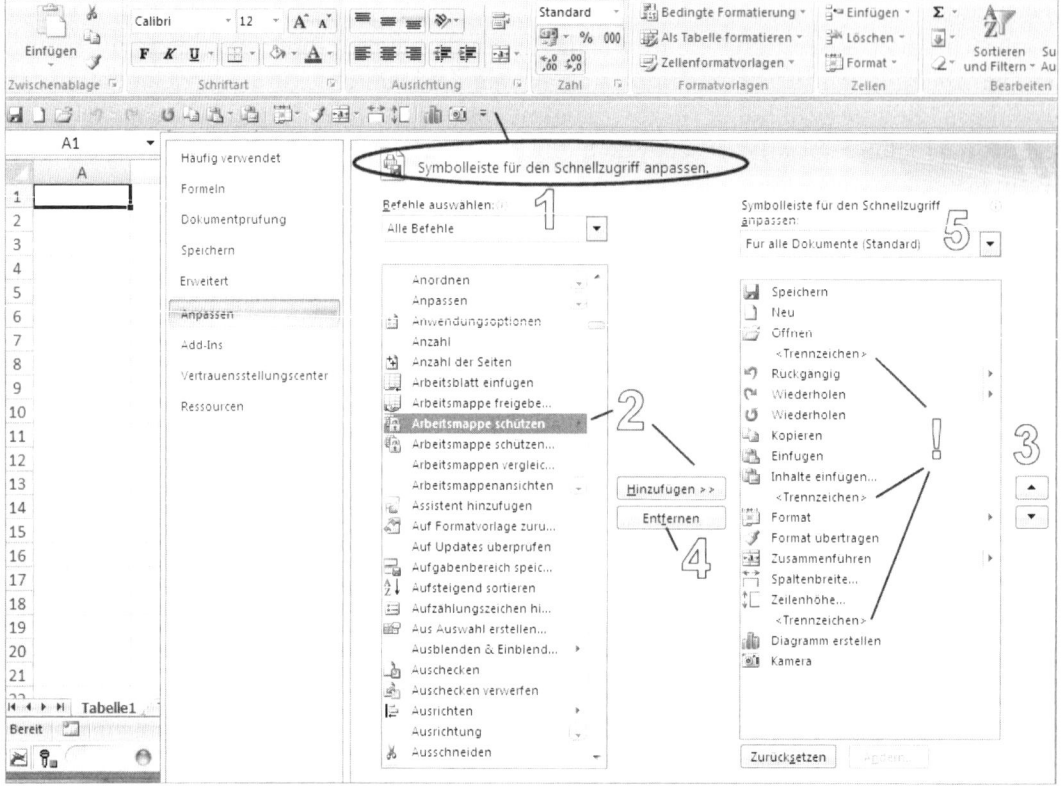

Abbildung 9.5　So wird die Symbolleiste für den Schnellzugriff geändert

4.　Wenn Sie eine *Befehlsschaltfläche* oder ein *Trennzeichen* entfernen möchten, markieren Sie sie bzw. es in der rechten Liste des Dialogfelds und klicken dann auf die Schaltfläche *Entfernen*.

5.　Im Dialogfeld oben rechts sehen Sie, dass Sie eine Symbolleiste für den Schnellzugriff als Excel 2007-Standard einrichten können, aber auch die Möglichkeit haben, bestimmten Arbeitsmappen eigene, spezielle Symbolleisten in dieser Art zuzuordnen.

Kategorie *Add-Ins*

Hier finden Sie eine listenartige Zusammenstellung jener Add-Ins, die gegenwärtig installiert und verfügbar sind. Zum Verwalten (d. h. Verfügbarmachen, Entfernen) der Add-Ins gab es früher den *AddInManager*. Das vertraute Dialogfeld (vgl. Abbildung 9.3) erreichen Sie, wenn Sie bei *Verwalten* z. B. die Vorgabe *Excel-Add-Ins* auswählen und dann auf die Schaltfläche *Gehe zu* klicken. Bei der Arbeit mit diesem Buch werden unter Excel 2007 keine spezifischen Add-Ins benötigt, weil einige der in früheren Versionen nur per Add-In verfügbar zu machenden Formeln jetzt zum Standardformelangebot gehören.

Design

Bei den in diesem Buch häufig angesprochenen Präsentationsvarianten spielen naturgemäß Layout und Design eine besonders große Rolle. Gerade auf diesem Sektor nun hat Excel neuerdings Fähigkeiten zu bieten, wie es bei der scheinbar doch eher spröden Tabellenkalkulation noch niemals der Fall war. (Spröde ist Excel schon lange nicht mehr, schon seit vielen Jahren nicht, aber das Programm wurde bisher von vielen benutzt, als wäre es so.)

In Excel 2007 spielen sog. *Formatvorlagen* eine ganz erheblich größere Rolle, als dies bei einer Tabellenkalkulation jemals der Fall war. Sehr interessant nutzbar, teilweise von hohem ästhetischen Wert, in seinem Variantenreichtum aber auch für viele Anwender, die bisher von Excel nicht mehr wollten als die Verwaltung von Zahlen und deren Kalkulation, hart an der Grenze des noch Beherrschbaren. Das gilt besonders dann, wenn klar wird, dass nahezu jede per Formatvorlage zugewiesene Formatierung in jedem ihrer Details auch wieder benutzerdefiniert geändert werden kann.

Um in diesem Zusammenhang nicht allzu viel Verwirrung aufkommen zu lassen, biete ich alle Beispiele des Buches in einem einzigen Designstandard an, nämlich unter Verwendung des integrierten Designs *Larissa*. Eine sehr wichtige Grundvoraussetzung beim Erstellen einer Lösung ist unter Excel 2007 das möglichst frühzeitige Festlegen eines Designs. Die zentrale Bedeutung dieses Themas besteht darin, dass Sie bei einer späteren, pauschalen Änderung eines Designs an zahlreichen Stellen Ihres Modells veränderte Farben, Schriften und Formatierungseffekte antreffen, ohne das so gewünscht zu haben und ohne es mit akzeptablem Arbeitsaufwand wieder in eine Ihnen genehme Form bringen zu können – es sei denn, Sie kehren pauschal zum Ursprungsdesign zurück.

Die Festlegung eines Designs ist recht einfach:

1. Öffnen Sie eine neue, leere Arbeitsmappe, aktivieren Sie in der Multifunktionsleiste die Registerkarte *Seitenlayout* und klicken Sie in der Gruppe *Designs* auf die Befehlsschaltfläche *Designs*.

2. Wählen Sie in der dann angezeigten Übersicht durch Mausklick eines der Designs aus, das Sie mit seinen Farben, Schriften und Effekten Ihrer Arbeitsmappe als Standard zuweisen möchten.

3. Unabhängig davon können Sie – da wird es aus meiner Sicht kritisch – in der Gruppe *Designs* auch differenziert und selektiv vorgehen, nämlich für Farben, Schriftarten und Effekte jeweils unterschiedliche der integrierten Vorgaben bestimmen (wobei ich ausdrücklich zu einer solchen Vorgehensweise nicht etwa rate, sondern sie als eher unsinnig bezeichne).

Ihre so getroffenen primären Festlegungen bedeuten nicht, dass Sie im Laufe Ihrer weiteren Arbeit daran gehindert wären, bei diversen Details andere Entscheidungen zu Farben, Schriften oder Effekten zu treffen. Es werden Ihnen jedoch, z. B. bei den speziellen Formatierungsvorlagen der Diagrammtools, nur jene Möglichkeiten angeboten, die zum voreingestellten Design passen.

Kapitel 10

Planung und Organisation

Die sieben W

Wenn Sie den Anregungen und Beispielen dieses Buches folgen, können Sie multivariable, dynamische Excel-Lösungen anfertigen. Das Ergebnis solcher Arbeiten ist ein Produkt – z. B. eine Excel-Datenpräsentation oder ein Bericht für die Geschäftsleitung –, seine Anfertigung ein Projekt. Das Bemühen um eine präzise Formulierung von Projektzielen wäre einer der möglichen Ansätze, um das Produkt gelingen zu lassen. Eine andere Herangehensweise ist die Methode der »Sieben W«. Dabei geht es um die am Produkt orientierte Beantwortung der sieben Fragen: »Wer, Wem, Wozu, Wann, Was, Wie und Warum?« Die können Sie sich selbst stellen und beantworten oder in einem Team erörtern. Wenn Sie dann bei allen sieben Fragen zu eindeutigen und klaren Resultaten kommen, arbeiten Sie nicht nur erfolgreich, sondern ganz sicher auch effizient.

Ich verstehe die sieben W als nützliche Grundlage von Systematisierung, Standardisierung und Planung, als Basis des Nachdenkens und als Gerüst zur Durchführung. Dazu ein wenig ausführlicher:

- **Wer?** Der Ausführende: Entweder Sie machen es selbst oder Sie beauftragen jemanden. Sie wollen oder sollen es selbst machen? Sehr gut. Aber haben Sie alles, wissen Sie alles, können Sie alles? Haben Sie Lust dazu und Zeit genug? Rentiert sich der Zeitaufwand? Haben Sie so etwas schon einmal gemacht? Wo und wie finden Sie Hilfe, wenn die eigenen Kenntnisse oder Erfahrungen nicht reichen? Welche Teile der Arbeit können, wollen oder sollten Sie abgeben? Alles klar? Prima, dann mal los.

- **Wem?** Die Zielgruppe oder der Auftraggeber: Die häufig so sehr unterschätzte Adressatenfrage. Für wen ist das bestimmt? Was wollen, wissen, kennen und können die Adressaten? Was sind die bekannten, wahrscheinlichen oder vermuteten Bedürfnisse dieser Zielgruppe? Wie setzt sie sich zusammen?

- **Wozu?** Der Zweck: Was soll das Produkt »transportieren«? Welche Inhalte werden dafür benötigt? Geht es um Information (Geschäftsleitung) oder um Stimmung (Bankgespräch)? Wenn um beides, in welchen Verteilungsgewichten? Gibt es auch gute Gründe dafür, die Anfertigung des Produkts lieber sein zu lassen?

- **Wann?** Der Termin: Bis wann soll das alles fertig sein? Und was heißt überhaupt »fertig« sein? (Eben nicht nur Ihre Arbeit am Excel-Modell, sondern alles Weitere, was ggf. sonst noch dazugehört.) Ist der Termin realistisch und passt er auch zu Art, Inhalt und Absicht des Produkts?

- **Was?** Die Produktart und die Inhalte: ein weites Feld. Ein sehr weites. Es gibt aberwitzig viele Möglichkeiten. Die richtige, die passende zu finden, das hat sehr viel mit den anderen sechs W zu tun. Und dann noch eine Fassung zu wählen, die vielleicht ein wenig anders, besser, intelligenter, spritziger daherkommt als die Ideen der Konkurrenz – oder doch wieder der eigene kalte Kaffee von vorgestern? Einen guten Standard benutzen oder gar einen neuen Standard kreieren? Sie haben sich endgültig entschieden? Und die lieben Kollegen meinen auch, dass es so richtig ist? Dann bleiben Sie dabei und vergessen Sie Ihre Zweifel. Denn ein Mangel an Überzeugung und Sicherheit mindert fast automatisch die Qualität Ihrer Arbeit.

- **Wie?** Die Ausführung: Gibt es Muster, Vorlagen, Beispiele, Regeln, Anforderungen, Vorgaben, Pflichten? Gar nicht schlecht oft, wenn strenge Verbindlichkeiten existieren. DIN oder ISO, Corporate Design oder formulierte Anforderungen der Adressaten. Das entriebt Sie mancher Überlegung. Und außerdem hilft es zur Kritikprophylaxe. Bisweilen allerdings ist es gar nicht so gut, wenn es klare Vorgaben gibt. Jedenfalls dann nicht, wenn die Ihre Fantasie lahmlegen oder wenn sie von Ihnen innerlich nicht akzeptiert werden.

- **Warum?** Die Sinnfrage. Die leider so schwer zu beantworten ist. Was ist der wirkliche, der ehrliche Grund für die Anfertigung Ihres Produkts? Wenn Sie das nicht beantworten können oder nicht beantworten wollen, ist und bleibt natürlich fragwürdig, ob das Produkt überhaupt seine Existenzberechtigung hat. Der reine Selbstzweck sollte jedenfalls eher nicht der wahre Anlass für die Entstehung einer Präsentations- oder Berichtslösung sein.

Das Grundmodell

Die Informationen in diesem und den folgenden Abschnitten stehen im engen Zusammenhang mit der Anwendung meiner »rS1.Methode«, einer geregelten Kombination aus Tabellenfunktionalitäten, Verwendung bestimmter Funktionen bzw. Formeln und dem Gebrauch von Steuerelementen. Viele Beispiele in diesem Buch benutzen diese Methode. Die entsprechenden Erläuterungen sind aus rechtlichen Gründen nicht in den laufenden Text eingefügt, sondern auf der CD-ROM abgelegt.

CD-ROM   Sie finden die entsprechende Datei unter \Materialien\rS1_Methode_2007.pdf. Die dort enthaltenen Angaben sind sinngemäß auch auf die früheren Versionen von Excel anwendbar.

Die Entwicklung einer Lösung nach der rS1.Methode lässt sich, vereinfacht, als fünfstufiges Modell betrachten. Dabei ist vorläufig unerheblich, ob in jeder Lösung jede dieser Stufen benötigt wird bzw. ob bei komplexen Anforderungen noch mehr Stufen erforderlich werden.

Bitte verstehen Sie die nachstehend skizzierten Stufen als mehr oder weniger komplexe Arbeitsgänge. Sie können in wenigen, glatten und schnellen Takten ablaufen, aber auch umfangreiche Prozesse mit vielen, aufwendigen Schritten beinhalten.

Im Zusammenhang mit Abbildung 10.1:

Stufe A: Die benötigten Daten befinden sich in einem Vorsystem beliebiger Art. Das kann im Konzern beispielsweise SAP heißen, für den Kleinbetrieb ist es vielleicht DATEV, für den Mittelständler wäre es möglicherweise ein Datawarehouse, eine branchenspezifisch gestaltete Datenbank oder Microsoft Access. Auch eine andere, Prozesse begleitende Software – Microsoft Project wäre ein typischer Fall – kommt als Lieferant infrage. Was auch immer, ein Daten enthaltendes System also, dessen Inhalte, gleich auf welche Art, nach Excel übertragen werden können. Nach einer entsprechenden Abfrage oder nach einem Download entsteht eine mehr oder weniger voluminöse Datensammlung, vielleicht als Arbeitsmappe mit zahlreichen Blättern, vielleicht als Pivot-Tabelle – nennen wir sie einfach »Primärdatensammlung«.

Stufe B: Die in Stufe A entstandene Datensammlung hat, als Grundlage einer dynamisierbaren und präsentablen Excel-Lösung betrachtet, häufig entscheidende Schwächen:

1. Sie enthält oft sehr viel mehr Daten, als benötigt werden.

2. Sie enthält oft nicht alle Daten, die benötigt werden.

3. Sie enthält oft Daten in einer nicht unmittelbar brauchbaren Form.

Die verfügbaren und nutzbaren Daten werden deshalb zunächst geprüft, dann selektiv und geordnet in eine Excel-Arbeitsmappe übertragen. Dies geschieht entweder mithilfe von Formeln, oder, wenn es nicht anders geht, auch mit Kopieren und Einfügen.

HINWEIS   Die in Abbildung 10.1 auf dem Sockel stehenden Arbeitsblätter, gegliedert in die Abschnitte C, D, E, symbolisieren eine einzige Arbeitsmappe, wie sie an vielen Stellen des Buches als »Lösung« oder als »Modell« bezeichnet wird.

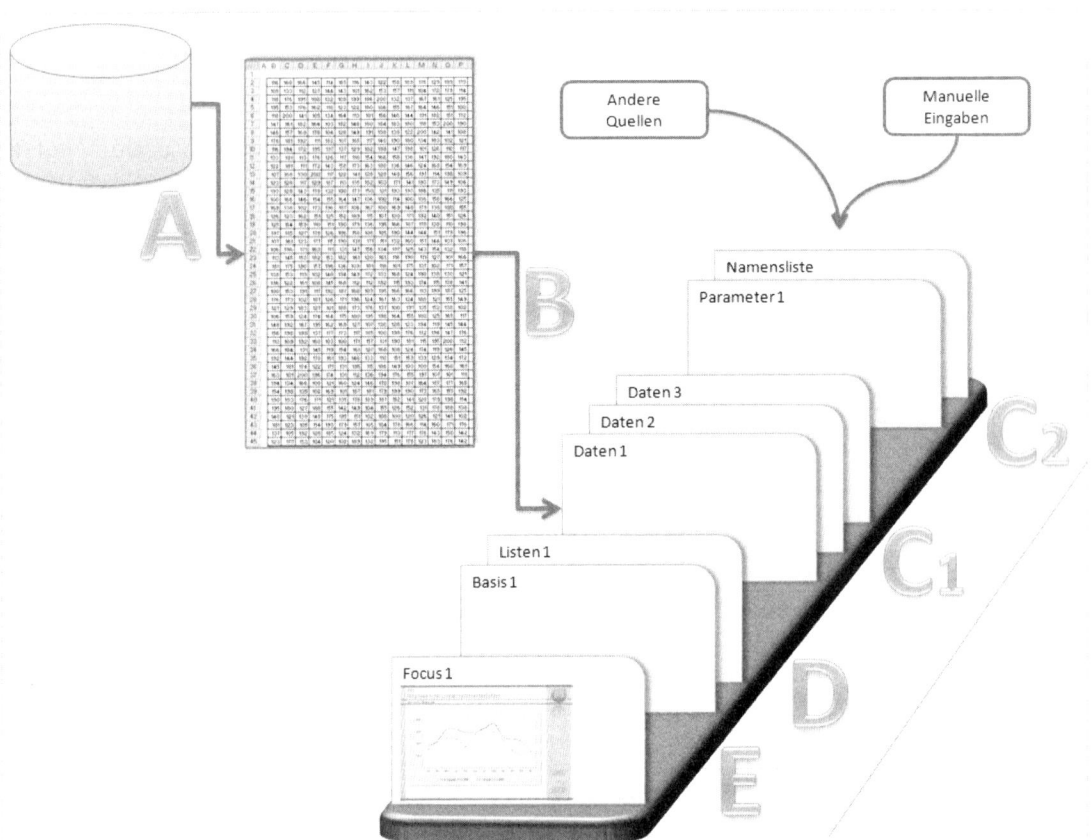

Abbildung 10.1 Fünf Stufen von A bis E – aber unterschiedlich viele Arbeitsschritte

Stufen C1 und C2: Die übernommenen Daten werden für den Präsentationszweck im erforderlichen Umfang aufbereitet. Es entstehen die »Quelldatenblätter« des Modells. Sie sind in der Mehrzahl aller Fälle die direkt nutzbare Datenquelle der Berichts- oder der Präsentationslösung.

In dieser Arbeitsstufe C geschieht meistens mehrerlei:

1. Die Daten werden in mehreren, strukturell identischen Arbeitsblättern hinterlegt (*Daten 1* bis *Daten n*). Gelegentlich reicht für den Zweck auch ein einziges Arbeitsblatt – *Daten 1*.

2. Die Daten werden im erforderlichen Umfang bereinigt (angepasst, korrigiert und vervollständigt). Dies kann schnell gehen oder auch eine aufwendige Arbeit sein. So z. B. dann, wenn Prognosen erwartet werden und es zwar stark gegliederte Istdaten gibt, denen aber keine äquivalenten Plandaten gegenüberstehen, oder wenn es, was häufig vorkommt, Anlass zu komplexen Verdichtungen gibt.

3. Die Daten werden im erforderlichen Umfang kalkuliert und indiziert. Die dafür zu benutzenden Werte und Parameter sind meistens von Art und Ziel der Lösung abhängig und werden in aller Regel nicht von Vorsystemen übergeben.

4. Im Arbeitsblatt *Parameter 1* werden die von der Lösung benötigten Stammdaten hinterlegt und gepflegt, das Blatt *Namensliste* enthält dokumentarisch und für Kontrollzwecke die Bereichsnamen des Modells sowie deren Bezüge.

Stufe D: Aus den in Stufe C erstellten Datenblättern entsteht das Blatt *Basis 1*. Es zu erstellen ist meist der kreativste und auch der anspruchsvollste Schritt bei der Anfertigung solcher Lösungen. Diese Basis besteht zum größten Teil – gelegentlich auch vollständig – aus Formeln. Deren Aufgabe ist es, auf Mausklicks des Anwenders (des Präsentators) zu reagieren, die dieser im *Focus* (Stufe E) unter Nutzung von Steuerelementen ausführt.

Die für die Funktionalisierung der Steuerelemente benötigten Daten und Strukturen werden im Arbeitsblatt *Listen 1* hinterlegt.

Als Ergebnis des Zusammenwirkens von Steuerelementen und Formeln erscheinen im Blatt *Basis 1* (und ggf. in weiteren solcher Basisblätter) benutzerdefinierte Zusammenstellungen von Daten der Quelldatenblätter (aus Stufe C also). Es handelt sich dabei um

- Teilmengen von Daten,

- Resultate aus Berechnungen von Teilmengen,

- strukturelle Umwandlungen der Teilmengen von Daten (z. B. ihre automatische Sortierung).

HINWEIS   Der Begriff »Teilmengen« kommt hier deshalb so konsequent zum Einsatz, weil es fast niemals vorkommt, dass alle Daten der Quelldatenblätter gleichzeitig in einem Präsentationsblatt zu sehen sind.

Stufe E: Der sog. Focus (ein Arbeitsblatt oder mehrere) ist die Schaufassade des Modells und in der finalen Fassung das Einzige, was von der Arbeitsmappe noch sichtbar bleibt. Das also ist es, was präsentiert wird. Die Anfertigung dieses lebendig wirkenden, im Grunde aber passiven Elements – es zeigt nur das, was in seiner Basis generiert wurde – verlangt sorgfältige Überlegungen zur adressatengerechten Gestaltung. Der höchste dieser Ansprüche: das Offensichtliche entfernen, das Bedeutungsvolle hinzufügen – also die Kunst der Einfachheit praktizieren.

Denken von E nach A – Machen von A nach E

Sie müssen Ihre Lösung aus zwei gegensätzlichen Richtungen vorbereiten. Wie das gemeint ist, fasst die Abbildung 10.2 zusammen:

Bedenken müssen Sie das Modell vom Ziel her, also von E nach A. Als Fragestellungen formuliert:

1. Was will ich wem wie zeigen?
2. Mit welchen Mitteln und Methoden kann ich dieses Zeigen einrichten?
3. Wie muss ich die Quelldatenblätter organisieren und strukturieren, um die gedachten Methoden anwenden zu können? Welche Daten werden dort in welcher Form gebraucht?
4. Wie kann ich die benötigten Primärdaten zusammenführen?
5. Sind die Daten in einem Vorsystem vorhanden und wie kann ich sie von dort übernehmen?

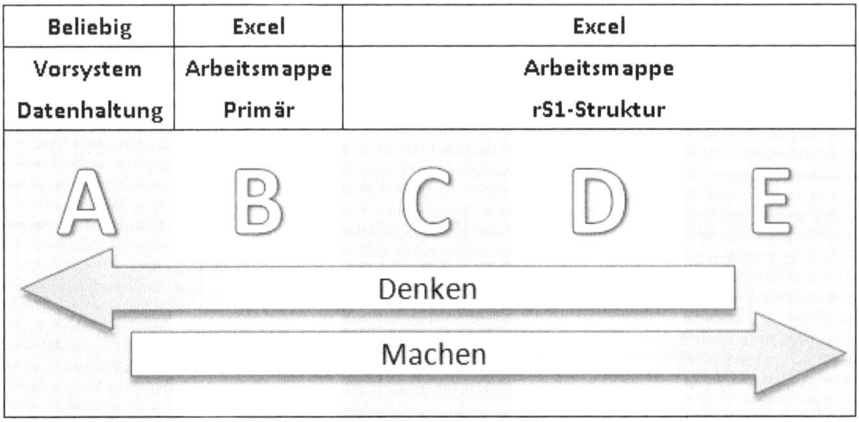

Beliebig	Excel	Excel	
Vorsystem	Arbeitsmappe	Arbeitsmappe	
Datenhaltung	Primär	rS1-Struktur	

Abbildung 10.2   Die beiden Vorbereitungsrichtungen innerhalb des Modells

Anfertigen müssen Sie das Modell von A nach E. Als Handlungsstrang formuliert:

1. Sie besorgen oder erhalten Daten aus einem Vorsystem.
2. Sie erstellen aus solchen Daten, falls erforderlich, unter Excel eine Primärdatensammlung.
3. Sie übertragen die Daten komplett oder teilweise, mit Formeln oder manuell, in eine weitere Excel-Arbeitsmappe, wo sie organisiert und ggf. überarbeitet sowie ergänzt werden. Im Ergebnis entsteht dort die lösungsspezifische Datenquelle.
4. Sie erstellen unter variabler Nutzung dieser Datenquelle eine mit Steuerelementen beeinflussbare Präsentationsbasis.
5. Sie zeigen die Daten der Präsentationsbasis in einem Focus.

Wenn das Ergebnis schließlich gelungen ist und gut »ankommt«, lohnt es sich natürlich, die einzelnen Schritte zu systematisieren und somit in eine gleichmäßig reproduzierbare Form zu bringen. Dies vor allem dann, wenn einer der häufigsten Anwendungszwecke solcher Modelle verlangt ist: ein periodisches, adressatenorientiertes Berichtswesen.

Bis hierhin rede ich von den glatten Varianten. Natürlich kann es auf den beschriebenen Wegen allerlei Probleme und deshalb auch Umwege, Umgehungsstraßen oder auch ganz gezielte Rückschritte geben.

Probleme und ihre Lösungsansätze

Das in der Abbildung 10.1 gezeigte Strukturmodell ist idealisiert. In dieser reinen Form wird es in vielen Fällen nicht umsetzbar sein. Hauptgrund: Die primären Datenquellen (Vorsysteme) können die Daten nicht so liefern, wie sie unmittelbar für eine komplexe und variantenreiche Berichterstattung oder für eine Präsentation benötigt werden. Dies ist nur selten eine Schwäche der Software. In den meisten Fällen ist es ein strukturelles oder ein aufgabenspezifisches Problem, und wenn es das nicht ist, dann ist es häufig ein Organisationsmangel.

So weit, so schlecht. Aber auch in ökonomisch sinnvoll strukturierten, gut organisierten DV-Systemen kann es zu Problemen der schon weiter oben aufgelisteten Art kommen. Wer multivariable oder gar szenarische Präsentationen zeigen möchte, wird bei Prüfung der Daten aus Vorsystemen sehr häufig Folgendes feststellen:

1. Es gibt viel mehr oder viel stärker differenzierte Daten, als benötigt werden.
2. Es gibt nicht alle Daten, die benötigt werden. Oder aber, es gibt sie, jedoch an unterschiedlichen Fundorten, in unterschiedlicher Fassung und Form sowie zu unterschiedlichen Lieferterminen (Zeittakten).
3. Es gibt Daten in einer nicht unmittelbar brauchbaren, sprich überarbeitungspflichtigen Form.

Aus diesen Gründen wird das gezeigte Strukturmodell in der Praxis häufig etwas komplizierter aussehen müssen.

Zu **Stufe A:** Es kann sein, dass Sie zwei oder auch mehr Vorsysteme abfragen müssen. Einige, nur beispielhafte Gründe dafür:

- Plandaten sind anders organisiert und gespeichert als Istdaten.

- Kalkulationsparameter (z. B. Personalstatistik in Verbindung mit Budgetdaten) sind organisatorisch gleichsinnig zusammenzuführen.

- Zur Prognoserechnung oder zum Langzeit-Kennzahlenbericht werden Kombinationen aus aktuellen operationalen Daten und bereits archivierten Altdaten benötigt.

Sie erstellen dann vielleicht zwei oder mehr Primärdatensammlungen aus verschiedenen Quellen. Damit bisweilen nicht genug. Es kann sein, dass ein Teil dieser Daten eine manuelle Ergänzung oder Bearbeitung erfordert. Einige Beispiele:

- Plandaten sind nicht oder nicht vollständig vorhanden. Oder aber es gibt sie, jedoch in anderer Verdichtung als die Istdaten.

- Istdaten sind zum definierten Zeitpunkt der Berichtspflicht noch nicht im System vorhanden.

- Benötigte Daten sind nicht in einer abfragbaren Datenbank vorhanden, weil sie nicht entsprechend behandelt und gepflegt sind oder weil es technische Probleme gibt.

- Benötigte Daten liegen an unterschiedlichen Orten in diversen Excel-Listen vor oder, schlimmer, es gibt sie zwar, aber nicht in digitalisierter Form, sondern nur in gedruckten Listen oder, ganz schlimm, es gibt sie gar nicht, weil z. B. zwar zugesagt, jedoch nicht ermittelt oder geliefert.

- Kalkulationsparameter verschiedenster Art sind nicht im System vorhanden.

Sie stehen dann vor der Aufgabe, entweder die Primärdaten oder aber direkt die Quelldatenblätter innerhalb Ihrer Lösung (die Arbeitsblätter der Stufe C) manuell zu bearbeiten.

Stufe B: Sie übergeben die Primärdaten in unveränderter oder bearbeiteter Form an die Präsentationsdatei und/oder Sie ergänzen dann manuell die Quelldaten innerhalb der Präsentationsdatei, indem Sie dort (Stufe C) Daten eingeben bzw., aus anderen Quellen kopiert, einfügen.

Dies ist keinesfalls als genereller Nachteil und auch nicht als organisatorische Schwäche zu bewerten. Oft trifft das Gegenteil zu. In diesem Sinne noch zwei Argumente:

- Viele besonders hochwertige Excel-Lösungen gelingen deswegen so glanzvoll, weil sie vollkommen auf die Bedürfnisse einer spezifischen Zielgruppe oder eines bestimmten Entscheiders zugeschnitten sind. Hier ist es sehr oft notwendig, mit Ergänzungsdaten, Steuerparametern und szenarischen Vorgaben zu arbeiten, die in einem Vorsystem gar nicht enthalten sein können, weil sie zur individuellen Ausstattung nur dieser Präsentation gehören und ausschließlich für diesen einzigen Zweck (z. B. für ein wichtiges Bankgespräch) entwickelt und eingesetzt werden.

- In vielen Fällen ist es weder nützlich noch opportun oder gar möglich, die Primärdaten direkt für Präsentations- oder Berichtszwecke zu benutzen. Dieser Fall tritt typischerweise ein, wenn die Präsentation Ergebnisse von Befragungen oder Messreihen zeigt. Hier sind auf dem Weg von der Erfassung bis zum »Schaufenster« mancherlei Gruppierungen, Verdichtungen und Kalkulationen erforderlich, damit das Ergebnis überhaupt darstellbar und begreifbar wird.

Arbeitsfortschritte und Ergebnisse sichern

Welche Lösung auch immer Sie mit welchen Zielsetzungen realisieren: Vergessen Sie nicht, Zwischenstände und Resultate so aufzubewahren, dass die Wege zum fertigen Produkt entspannt zu gehen sind und dass einer Weiter- oder Wiederverwendbarkeit nicht allzu viel im Wege steht.

Sichern von Versionsständen

Bei der Entwicklung von Projekten der in diesem Buch beschriebenen Art ist es sehr nützlich, Versionsstände zu speichern. Gehen Sie wie folgt vor:

1. Legen Sie über den Windows-Explorer einen Ordner mit einem Namen an, der sinntragend Ihr Arbeitsprojekt bezeichnet.

2. Legen Sie in diesem Ordner bei Bedarf weitere Unterordner an, die z. B. zur Aufbewahrung von Arbeitsmaterialien (Beispieldateien, Texte, Bilder, Objekte usw.) dienen.

3. Einer dieser Unterordner soll fortlaufend die Versionsstände des Projekts aufnehmen und entsprechend benannt werden.

4. Erzeugen Sie die erste Excel-Datei des Projekts. Legen Sie die Grundstrukturen an und speichern Sie diese Datei im Versionsordner unter einem Namen, dessen Syntax Ihnen das Speicherdatum, den Projektnamen und den Versionsstand verrät (z. B. entspräche der Dateiname *091022_JahresPräs_01* der Syntax *JJMMTT_Projektname_00*).

> **HINWEIS**   Die in Deutschland leider sehr wenig akzeptierte Datumssyntax *JJMMTT* (wie in *091022*) erzeugt im Windows-Explorer ganz automatisch eine leicht sortierfähige Reihenfolge nach Zeitständen, wie sie mit der hierzulande üblichen Syntax *TTMMJJ* (das entspräche also *221009*) leider nicht realisierbar ist.

5. Nach einigen weiteren Überarbeitungen haben Sie einen Zwischenstand erreicht, der Ihnen gefällt, der den Anforderungen genügt und der eine vernünftige Basis für weitere Schritte ist. Speichern Sie jetzt diesen Stand wieder nach dem gleichen Muster wie in Schritt 4 beschrieben und erhöhen Sie das Versionssuffix um 1 (also z. B. *091024_JahresPräs_02*).

6. Verfahren Sie bei jedem neuen Zwischenstand, der Ihnen aufbewahrungswürdig erscheint, gemäß Schritt 5. Bedenken Sie bitte, dass Sie mit solchen Stufenspeicherungen Ihrer »Rohbaufassungen« auch sehr nützliche Grundlagen für andere Projekte erzeugen können.

Sichern von Ergebnissen

Zum Sichern Ihrer Arbeitsergebnisse schlage ich vier verschiedene Varianten vor, die sich im Wesentlichen nach der Art des gespeicherten Inhalts unterscheiden und die, zumindest bei der Namensgebung, besser auch noch nach Speicherorten, deutlich getrennt sein sollten.

Ideensammlungen

Es handelt sich um Excel-Dateien mit Vorgaben für Projekte oder Teile von Projekten aus der Kategorie »Muss ich mir merken, kann ich vielleicht mal gebrauchen« oder »Sollte ich aufheben, kann ich möglicherweise in einem anderen Projekt nochmals verwenden«. Vergessen Sie nicht, in diesen Dateien kurze Textnotizen zu hinterlegen, die Ihnen nach einigen Monaten oder auch nach Jahren noch erläutern, warum Sie dieses Material gespeichert haben bzw. was seine Besonderheiten sind.

Gebrauchsmuster

Solche Dateien sind den vorstehend erwähnten Ideensammlungen recht ähnlich, enthalten aber keine Sammlung von Einzelteilen, sondern sind vollständig einem bestimmten Zweck dienende Excel-Dateien. Es handelt sich also um gestaltbare oder ergänzbare Hüllen bzw. Hülsen für verschiedene Aufgabenstellungen, die zum Zweck der leichten Weiterverarbeitung keine Schutzvorrichtungen oder ähnliche Bearbeitungshindernisse aufweisen sollten. Solche Musterdateien stammen in der Regel aus früher abgeschlossenen Projekten und wurden für eine leichte Wiederverwendbarkeit inhaltlich neutralisiert sowie von Spezifika des ursprünglichen Projekts befreit. Es handelt sich hierbei aber nicht um die nachstehend angesprochenen *Mustervorlagen*.

Mustervorlagen

Eine Excel-*Mustervorlage* im Sinne dieses Buches enthält wenige oder gar keine Funktionselemente, wohl aber sämtliche Strukturen, die eine Projektarbeit spezifischer Art erleichtern. Es handelt sich um eine stets reproduzierbare Fassung, die Ihnen den Aufbau eines immer wieder gleichen Grundgerüsts erspart. Zur Erstellung einer Mustervorlage finden Sie Hinweise in Kapitel 16.

Archive

Sichern Sie fertige Projekte (zusammen mit allen Zwischenständen und allen ggf. erstellten Varianten!) in Archiven und vergessen Sie nicht, dort auch zusätzliche Projektkommentare zu hinterlegen. Solche Archive können im Lauf der Jahre zu sehr kostbaren Sammlungen heranwachsen. Es wäre schade, wenn Sie dort für eine neue Aufgabenstellung die (eigentlich) perfekte Lösung fänden, leider aber mangels Kommentierung deren Konstruktion nicht mehr verstehen und deshalb für eine Rekonstruktion genauso viel Zeit aufwenden müssten wie für einen Neubeginn

Kapitel 11

Funktionen und Fehleranzeigen

In diesem Kapitel erhalten Sie im Wesentlichen Informationen zu Excel-Funktionen, die in den Kapitel 1 bis 8 des Teils A zum Einsatz kommen bzw. dort angesprochen werden.

Ein darüber hinausgehendes, umfangreiches und filterbares Funktionsverzeichnis finden Sie auf der CD-ROM.

CD-ROM   Bitte öffnen Sie von der CD-ROM aus dem Ordner *Materialien* und dem zu Ihrer Excel-Version passenden Unterordner die Datei *Funktionen*.

Funktionsverzeichnis Excel 2003 und 2007 folgende

Reinhold Scheck: Das Excel-Profiseminar • Microsoft Press 2009 • ISBN-13: 978-3-86645-662-4

Anzahl Gesamt	63	5	346		Quelle: Excel 2007 Hilfe
Im Filter	16				

LNr	Gruppe	Buch	nur 07	Id_01	Funktion	Beschreibung
043	Text	X			CODE	Gibt die Codezahl des ersten Zeichens in einem Text zurück
085	Text	X			FINDEN	Sucht nach einem Textwert, der in einem anderen Textwert enthalten ist (Groß-/Kleinschreibung wird unterschieden)
104	Text	X			GLÄTTEN	Entfernt Leerzeichen aus Text
106	Text	X			GROSS	Wandelt Text in Großbuchstaben um
107	Text	X			GROSS2	Wandelt den ersten Buchstaben aller Wörter eines Textwerts in Großbuchstaben um
118	Text	X			IDENTISCH	Prüft, ob zwei Textwerte identisch sind
174	Text	X			LÄNGE	Gibt die Anzahl der Zeichen in einer Zeichenfolge zurück
176	Text	X			LINKS	Gibt die Zeichen ganz links in einem Textwert zurück
235	Text	X			RECHTS	Gibt die Zeichen ganz rechts in einem Textwert zurück
265	Text	X			SUCHEN	Sucht nach einem Textwert, der in einem anderen Textwert enthalten ist

Abbildung 11.1 Auf der CD-ROM ist eine filterbare Liste mit 346 Funktionen hinterlegt

Einige Erläuterungen dazu im Zusammenhang mit Abbildung 11.1:

- Neben der laufenden Nummer ist eingetragen, zu welcher Gruppe die jeweilige Funktion gehört. Sie können die Liste also nach thematischen Zuordnungen filtern. Im abgebildeten Zustand sind z. B. nur die Textfunktionen angezeigt.

- In der Spalte *Buch* sind jene Funktionen mit *X* markiert, die im Teil A des Buches vorkommen bzw. die (teilweise ergänzend zu Teil A) weiter unten in diesem Kapitel mit ihren Syntaxen und Eigenschaften beschrieben sind. Im abgebildeten Zustand wurde zusätzlich auch nach diesem Kriterium – »kommt im Buch vor« – gefiltert. Die zusammenfassende Aussage in den beiden Kalkulationszeilen *Anzahl Gesamt* und *Im Filter* ist also: »Von den 346 Funktionen dieser Liste kommen 63 im Buch vor, davon gehören 16 zur Gruppe der Textfunktionen.«

- In der Spalte *nur 07* sind jene fünf Funktionen markiert, die im Buch angesprochen werden und zu den Neuheiten von Excel 2007 gehören, in früheren Versionen also nicht zur Verfügung stehen.

- Die Spalte *Id_01* dient eigenen Markierungen des Benutzers. Hier (und in ggf. weiteren Spalten gleicher Art) könnten Sie beispielsweise Merkmale eingeben, die Ihnen auf bequeme Art ein Filtern nach eigenen Informationsbedürfnissen gestatten.

- In den beiden Nachbarspalten stehen dann die Funktion selbst und die Beschreibung ihres Zwecks; überwiegend so formuliert, wie es in der Hilfedatei von Excel 2007 hinterlegt ist.

Die Syntaxbeschreibung der Funktionen, beschränkt auf die im Buch vorkommenden, finden Sie nachstehend in diesem Kapitel. Dabei gilt es, eine Abweichung von jenen Darstellungen zu beachten, wie sie in Excel benutzt werden. In den Hilfedateien des Programms gibt es bei den Erläuterungen zu Funktionen und ihrer Verwendung weder einen einheitlichen noch einen praxisnahen Sprachgebrauch. Zu Letzterem mit Abbildung 11.2 ein Beispiel aus der Funktionsreferenz von Excel 2007:

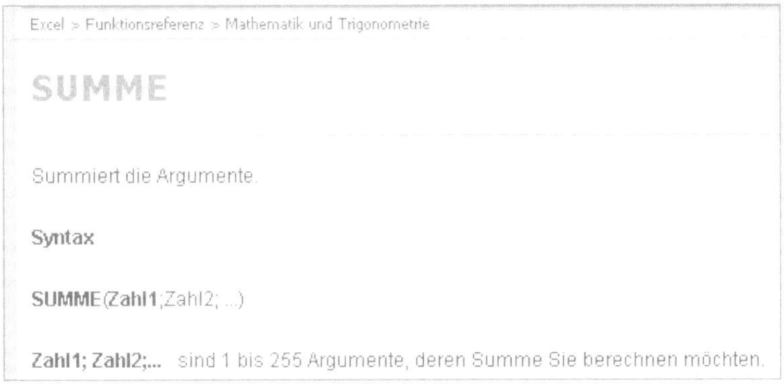

Excel > Funktionsreferenz > Mathematik und Trigonometrie

SUMME

Summiert die Argumente.

Syntax

SUMME(Zahl1;Zahl2; ...)

Zahl1; Zahl2;...   sind 1 bis 255 Argumente, deren Summe Sie berechnen möchten.

Abbildung 11.2   Diese Darstellung ist praxisfremd

Die Syntaxdarstellung SUMME(Zahl1;Zahl2; ...) und der sie begleitende Text bezieht sich auf eine Formelschreibweise, bei der Sie, mit Semikola getrennt, bis zu 255 Zahlen in die Formel eingeben würden, um sie summieren zu können, also etwa =SUMME(135;67;213578;5485;68786;212;...). So etwas werden Sie bei der praktischen Anwendung dieser Funktion selten sehen, höchstens die Verwendung mehrerer Bezüge wie z. B. in =SUMME($F$8:$F$18;$H$9:$H$19;$J$10:$J$20). Fast immer aber wird die einfache Form =SUMME(Bezug) benutzt, also etwa =SUMME($B$2:$B$2001) oder, bei der Verwendung von Namensbezügen, z. B. als =SUMME(rD1.KostenSonstige) und Ähnliches.

Demzufolge werde ich also hier in vergleichbaren Fällen für ein Syntaxargument immer dann die Bezeichnung *Bezug* benutzen, wenn dies der üblichen Verwendung einer Funktion entspricht.

Auch was sonstige Ungereimtheiten der Hilfedateien betrifft, wähle ich nachstehend gelegentlich einen abweichenden Sprachgebrauch, der mir einleuchtender und deswegen besser erklärend erscheint.

Funktionen

Die im Buch behandelten oder erwähnten Funktionen werden nachstehend in alphabetischer Reihenfolge beschrieben.

ANZAHL

Die Funktion =ANZAHL(Bezug) zählt in Bezug nur Zahlen.

Der Bezug kann Daten unterschiedlichen Typs enthalten oder sich auf Daten unterschiedlichen Typs beziehen, für die Zählung werden aber nur Zahlenwerte berücksichtigt.

ANZAHL2

Die Funktion =ANZAHL2(Bezug) zählt die Häufigkeit von Einträgen verschiedener Art in Bezug. Als Eintrag gilt hierbei eine beliebiger Zellinhalt, auch sog. leerer Text ("").

WICHTIG   Das folgende Beispiel verweist auf ein gelegentlich vorkommendes Problem:

1. Sie haben in einem Bereich mit WENN-Formeln gearbeitet, die entweder eine Zahl oder leeren Text ausgeben, z. B. =WENN($B2>=rP1.Sollwert;$B2;""). Ein Teil der Zellen enthält im Ergebnis also Zahlen, ein anderer Teil leeren Text (scheinbar nichts).

2. Sie kopieren den Bereich in die Zwischenablage und fügen ihn an anderer Stelle mit der Option *Inhalte einfügen/Werte* wieder ein.

3. Im so eingefügten Bereich sind nun Zahlen und scheinbar leere Zellen enthalten – Letztere enthalten nichts Sichtbares und, natürlich, auch kein Leerzeichen. Dennoch werden sie bei Verwendung der Funktion ANZAHL2 mitgezählt, denn für Excel ist leerer Text eben nicht *nichts*, sondern ein Wert.

BEREICH.VERSCHIEBEN

Die Funktion =BEREICH.VERSCHIEBEN(Bezug;Zeilen;Spalten;Höhe;Breite)– im englischen Original schlicht und einleuchtender als OFFSET bezeichnet – spielt im Teil A des Buches eine sehr große Rolle und wird in mehreren Kapiteln vorgestellt. Entsprechende Formeln sind dort häufig auch als *Offset-Formeln* bezeichnet. Sie liefert als Ergebnis einen Wert, der sich in einer Zelle befindet, die gegenüber dem angegebenen Argument Bezug um eine bestimmte Anzahl von Zeilen und Spalten versetzt ist. Das Argument Bezug definiert also den Ausgangspunkt für einen Zugriff auf eine andere Zelle oder einen Zellbereich.

Die Argumente Zeilen und Spalten können auch negative Zahlen sein, dann erfolgt der Offset von Bezug aus nach oben bzw. nach links. Sie können mit der Formel also von jeder Stelle eines Arbeitsblatts aus jede andere Stelle in diesem Arbeitsblatt (oder in anderen Blättern) ansprechen.

Die Argumente Höhe und Breite sind optional. Sie werden dann gebraucht, wenn die Formel eine Matrix definieren soll, die gegenüber Bezug um eine bestimmte Anzahl von Zeilen und Spalten versetzt ist *und* die eine bestimmte Höhe (Zeilenzahl) und Breite (Spaltenzahl) aufweisen soll. In solchen Fällen wird die Funktion meistens in eine andere eingebunden.

Entsprechende Verwendungen nach dem Muster

```
=SUMME(BEREICH.VERSCHIEBEN(Bezug;Zeilen;Spalten;Höhe;Breite))
```

finden Sie u. a. in Kapitel 8.

CODE

Die Funktion =CODE(Text) ermittelt die Codeziffer (vgl. Kapitel 16, Zeichensätze) eines Zeichens. Wenn, bei Verwendung einer Standardschriftart wie z. B. Arial, Times Roman, Calibri oder Cambria und vielen anderen mehr, in Zelle B4 das Zeichen »A« steht, liefert die Formel =CODE(B4) das Ergebnis 65 (vgl. auch Funktion ZEICHEN).

DATEDIF

Die Funktion =DATEDIF(Startdatum;Enddatum;"Zeiteinheit") berechnet unter Verwendung des Schalters "Zeiteinheit" die Differenz zwischen Startdatum und Enddatum. Dabei ist auf die Reihenfolge zu achten: Startdatum muss kleiner oder gleich Enddatum sein.

Die Funktion ist in Excel nicht dokumentiert. Sie kann deshalb auch nicht entsprechend einfach in die Bearbeitungsleiste eingefügt oder dort mit ihrer Syntax ([Strg]+[⇧]+[A]) dargestellt werden.

Das Argument "Zeiteinheit" muss in Anführungszeichen stehen und benutzt aus dem Englischen stammende Abkürzungen. Ob Sie dabei Groß- oder Kleinschreibung benutzen, spielt keine Rolle.

Zeiteinheit	Kalkulationsergebnis als
"y"	Anzahl vollständiger Jahre
"m"	Anzahl vollständiger Monate
"d"	Anzahl von Tagen
"md"	Differenz in Tagen ohne Mitberechnung von Monaten und Jahren
"ym"	Differenz in Monaten ohne Mitberechnung von Tagen und Jahren
"yd"	Differenz in Tagen ohne Mitberechnung von Jahren

Tabelle 11.1 Die Parameter von *DATEDIF* – die letzten drei in der Praxis von geringer Bedeutung

DATUM

Die Funktion =DATUM(Jahr;Monat;Tag) liefert die serielle Zahl, die Excel intern zur Bestimmung eines Kalendertags benutzt. Die Formel =DATUM(2009;7;6) hat, wenn die Zelle im Zahlenformat *Standard* formatiert wird, das Ergebnis 40000, der 06. Juli 2009 ist der vierzigtausendste Tag nach dem 01. Januar 1900. Dies setzt voraus, dass bei Ihrer Excel-Installation die Tageszählung ab dem 1.1.1900 eingestellt ist (Standardeinstellung unter Windows).

FINDEN

Die Funktion =FINDEN(Suchtext;Bezug;Erstes_Zeichen) ermittelt eine Zahl, die Position von Suchtext in Bezug und beginnt mit dem Suchen an der Position, die Sie als Erstes_Zeichen vorgeben.

Im Gegensatz zur Funktion SUCHEN (siehe dort) wird bei FINDEN zwischen Groß- und Kleinschreibung unterschieden und es dürfen keine Platzhalterzeichen verwendet werden.

GANZZAHL

Die Funktion =GANZZAHL(Bezug) ist eine Rundungsfunktion. Sie rundet die Zahl aus Bezug auf die nächstkleinere ganze Zahl ab.

GLÄTTEN

Die Funktion =GLÄTTEN(Bezug) löscht alle Leerzeichen aus einem Text in Bezug, die nicht als einzelne Trennzeichen zwischen Wörtern stehen.

Diese Funktion ist besonders gut einsetzbar, wenn Sie Texte aus fremden Quellen (z. B. aus dem Internet) übernehmen, die wegen der dort herrschenden Strukturbedingungen häufig mehr Leerzeichen enthalten, als zum Trennen von Wörtern erforderlich sind.

GROSS

Die Funktion =GROSS(Bezug) wandelt alle Buchstaben einer in Bezug stehenden Zeichenfolge in Großbuchstaben um. Es werden nur Buchstaben umgewandelt, andere Zeichen werden ignoriert.

GROSS2

Die Funktion =GROSS2(Bezug) wandelt alle ersten Buchstaben der in Bezug stehenden Wörter in Großbuchstaben und alle anderen Buchstaben in Kleinbuchstaben um.

Aus BERlin, BERLIN oder berlin wird jeweils Berlin.

HEUTE

Die Funktion =HEUTE() liefert die serielle Zahl des Systemdatums Ihres Computers. Wenn die Zelle bei Eingabe der Funktion im Zahlenformat *Standard* formatiert war, wird die serielle Zahl automatisch in ein Datumsformat umgewandelt.

Als Konstante können Sie das aktuelle Datum mit der Tastenkombination Strg + . (Punkt) eingeben.

IDENTISCH

Die Funktion =IDENTISCH(Bezug1;Bezug2) prüft, ob zwei beliebige Zeichenfolgen identisch sind. Wenn ja, liefert eine entsprechende Formel das Ergebnis WAHR, anderenfalls das Ergebnis FALSCH. Beim Vergleich von Texten werden Groß- und Kleinschreibung beachtet, Formatierungsunterschiede hingegen nicht.

Zum Letztgenannten im Zusammenhang mit (vgl. weiter oben) der Funktion DATUM: Schreiben Sie in eine Zelle das Datum 06.07.2009, in eine andere die Zahl 40000. Das Ergebnis einer Prüfung mit IDENTISCH für die beiden Zellen ist WAHR.

INDEX

Die Funktion INDEX hat zwei unterschiedliche Syntaxen, von denen in diesem Buch aber nur die erste, nämlich =INDEX(Matrix;Zeile;Spalte), benutzt wird. Ermittelt wird ein Wert aus einer vorgegebenen Matrix (aus einem zweidimensionalen Zellbereich). Die Lokalisierung des zu ermittelnden Wertes wird innerhalb der Matrix durch die numerische Angabe von Zeile und Spalte erreicht.

Die Funktion INDEX ist immer dann besonders gut einsetzbar, wenn eine Matrix bekannt und konstant ist, sich die zu ermittelnden Werte also nicht an von Fall zu Fall unterschiedlichen Positionen befinden. Dass die Funktion allerdings mit ihrem Argument Matrix auf einen definierten Zellbereich angewiesen ist, macht sie deutlich weniger flexibel als BEREICH.VERSCHIEBEN.

INDIREKT

Mit der Funktion =INDIREKT(Bezug;A1) können Sie einen Text, der in Bezug, in einer Zelle außerhalb einer beliebigen Formel steht, als Bezugsargument innerhalb dieser Formel benutzen. In vielen meiner Modelle verwende ich INDIREKT zur Herstellung dynamischer Bezüge, nämlich zur Definition variabler Bezugsargumente. Entsprechende Beispiele finden Sie in den Kapiteln 4 und 5.

In der Syntax =INDIREKT(Bezug;A1) steht das optionale Argument A1 für einen Wahrheitswert, der angibt, welche Bezugsart in der Zelle enthalten ist (WAHR für die *A1*-Schreibweise, FALSCH für die *Z1S1*-Schreibweise). Da Letztere in Modellen dieses Buches keine – und auch sonst kaum eine – Rolle spielt, kann das Argument unberücksichtigt bleiben (was dann von Excel als WAHR interpretiert wird).

ISTFEHLER

Die Funktion =ISTFEHLER(Wert) liefert das Ergebnis WAHR, wenn Wert ein Fehlerwert (wie z. B. #NV, #WERT!, #BEZUG!, #DIV/0!, #ZAHL! oder #NAME?) ist, wenn also z. B. ein Bezug einen solchen Fehler enthält oder, bei einer Fehlerpufferung, die Vorprüfung einer Berechnung einen solchen Fehler ergibt (vgl. Abschnitt »Fehleranzeigen und mögliche Ursachen« am Ende dieses Kapitels).

Anwendungsbeispiel: =WENN(ISTFEHLER($C2/$B2);"";$C2/$B2) dient zur #DIV/0!-Fehlerpufferung unter Excel 2003. Zur gleichartigen, aber einfacheren Verwendung unter Excel 2007 siehe weiter unten bei WENNFEHLER.

ISTLEER

Die Funktion =ISTLEER(Bezug) prüft, ob Bezug leer ist, und reagiert mit dem Ergebnis WAHR oder FALSCH.

Eine Zelle, die leeren Text enthält (vgl. oben Funktion ANZAHL2) ist nicht leer. ISTLEER liefert bei Bezug auf eine solche Zelle also das Ergebnis FALSCH.

ISTNV

Die Funktion =ISTNV(Bezug) prüft, ob in Bezug der Wert #NV steht, und reagiert mit dem Ergebnis WAHR oder FALSCH.

ISTTEXT

Die Funktion =ISTTEXT(Bezug) prüft, ob in Bezug Text steht, und reagiert mit dem Ergebnis WAHR oder FALSCH.

ISTZAHL

Die Funktion =ISTZAHL(Bezug) prüft, ob in Bezug eine Zahl steht, und reagiert mit dem Ergebnis WAHR oder FALSCH.

JAHR

Die Funktion =JAHR(Bezug) wandelt eine in Bezug stehende serielle Zahl in eine Jahreszahl um.

Beispiel: In Zelle B2 steht entweder das Datum 06.07.2009 oder die Zahl 40000. In beiden Fällen liefert die Formel =JAHR($B$2) das Ergebnis 2009.

JETZT

Die Funktion =JETZT() liefert die serielle Zahl des Systemdatums und der Systemuhrzeit Ihres Computers (vgl. mit Funktion HEUTE). Wenn die Zelle bei Eingabe der Funktion im Zahlenformat *Standard* formatiert war, wird das Ergebnis von =JETZT() automatisch in ein Datums- und Uhrzeitformat umgewandelt.

Als Konstante können Sie die aktuelle Uhrzeit mit der Tastenkombination [Strg]+[:] (Doppelpunkt) eingeben.

KALENDERWOCHE

Die Funktion KALENDERWOCHE steht Ihnen unter Excel 2003 nur dann zur Verfügung, wenn Sie das Add-In *Analyse-Funktionen* aktiviert haben (vgl. Kapitel 9).

Die Funktion =KALENDERWOCHE(Datum;Zahl_Typ) ermittelt die Zahl der Kalenderwoche, in die das Datum fällt, auf das sich die Formel bezieht. Zahl_Typ ist ein Wert, durch den festgelegt wird, mit welchem Tag eine Woche beginnt. Die Standardeinstellung ist 1 und geht davon aus, dass eine Woche am Sonntag beginnt. Wird das Argument Zahl_Typ mit der Zahl 2 belegt, geht Excel davon aus, dass die Woche an einem Montag beginnt.

Diese Funktion ist in Europa leider nur eingeschränkt nutzbar. Sie bezeichnet grundsätzlich die Woche, in die der 1. Januar fällt, als Woche 1. Das aber ist in Europa anders normiert: Hier gilt als Woche 1 jene Woche, von der mindestens vier Tage in das neue Jahr fallen. Somit liefern hierzulande Formeln, die die Funktion KALENDERWOCHE benutzen, in manchen Jahren Ergebnisse, die nicht mit den europäischen Kalenderangaben übereinstimmen. Zur Korrektur gibt es verschiedene, mehr oder weniger aufwendige Verfahren (Formelkonstruktionen, VBA-Prozeduren). Ich halte das Problem jedoch für sehr geringfügig. Es taucht einmal in manchen Jahren auf, es gibt zahlreiche Fundstellen, die Ihnen für jedes Jahr in absehbarer Zukunft sagen, welche Woche in Europa die Zahl 1 haben wird, und die Korrektur eines Formelergebnisses mit plus 1 oder minus 1 ist, einmal im Jahr für sämtliche Wochen, schnell und sicher eingerichtet.

KGRÖSSTE

Die Funktion =KGRÖSSTE(Matrix;k) liefert den k-größten Wert von Matrix. Wenn das Argument k z. B. den Wert 3 hat – wenn Sie den Wert mit dem Rang 3 aus einer Liste ermitteln möchten –, würde die entsprechende Formel also den drittgrößten Wert von Matrix liefern.

(Das Gegenstück zu dieser Funktion ist =KKLEINSTE(Matrix;k), liefert also den k-kleinsten Wert von Matrix.)

Wenn Werte in Matrix identisch sind (z. B. 100, 100, 100, 99, 99, 95), ist das für Excel kein Problem: Dann ist der größte Wert 100 und der zweitgrößte eben auch 100 und der drittgrößte ebenfalls. Schwieriger wird es dann aber für unser Verständnis und auch in einigen kalkulatorischen Weiterverarbeitungen. Denn dann ist, um die Zahlenreihe fortzuführen, 99 eben nach 100 der viertgrößte Wert. Und eine weitere 99 ist der fünftgrößte. Und 95 dann der sechstgrößte. Wir finden das bisweilen komisch, Excel nicht.

Es gibt nicht viele Beispiele, in denen so etwas wirklich zum Problem wird. Anders aber sieht es aus, wenn die Logik von KGRÖSSTE mit der schönen Funktion RANG (vgl. weiter unten) umgedreht wird (KGRÖSSTE ermittelt die Zahl, die einem Rang entspricht, RANG ermittelt den Rang, der einer Zahl entspricht.)

KKLEINSTE

Siehe vorstehend, KGRÖSSTE.

LÄNGE

Die Funktion =LÄNGE(Bezug) liefert die Anzahl von Zeichen in Bezug.

Gelegentlich wird dabei übersehen: Ein Leerzeichen ist ein Zeichen, wird also gezählt.

LINKS

Die Funktion =LINKS(Bezug;Anzahl_Zeichen) ermittelt aus Bezug von links aus so viele Zeichen, wie durch das Argument Anzahl_Zeichen bestimmt wird. Wird Anzahl_Zeichen nicht angegeben, nimmt Excel dafür den Wert 1 an.

MAX

Die Funktion =MAX(Bezug) liefert die größte Zahl jener Zahlen, die in Bezug vorhanden sind.

MIN

Die Funktion =MIN(Bezug) liefert die kleinste Zahl jener Zahlen, die in Bezug vorhanden sind.

MITTELWERT

Die Funktion =MITTELWERT(Bezug) liefert nach dem Muster »Summe geteilt durch Anzahl« das arithmetische Mittel jener Zahlen, die in Bezug vorhanden sind.

MITTELWERTWENN

Diese Funktion steht in Excel 2003 *nicht* zur Verfügung, kann dort aber mit SUMMEWENN, dividiert durch ZÄHLENWENN, (siehe dort) nachgebildet werden.

Die Funktion =MITTELWERTWENN(Bereich;Kriterien;Mittelwert_Bereich) liefert das arithmetische Mittel jener Zellen in einem Bereich, die indirekt oder direkt einem angegebenen Kriterium entsprechen.

Bereich ist ein Zellbereich, in dem auf Übereinstimmung mit Kriterien geprüft wird.

Kriterien ist ein beliebiger Suchbegriff, der in Bereich vorhanden sein muss.

Mittelwert_Bereich entspricht den Zellen, für die dann tatsächlich der Durchschnitt ermittelt werden soll. Das sind jene Zellen, für die in Bereich in gleicher Achse eine Übereinstimmung mit dem Suchbegriff gefunden wurde (unten das erste der beiden Beispiele). Bei Auslassung von Mittelwert_Bereich in einer Formel wird Bereich selbst zur Berechnung des Mittelwerts verwendet (vgl. zweites Beispiel).

Beispiele:

- =MITTELWERTWENN($B$25:$B$52;"A";$C$25:$C$52) oder besser, mit dem Suchbegriff z. B. in Zelle D5, dann also =MITTELWERTWENN($B$25:$B$52;$D$5;$C$25:$C$52)

- =MITTELWERTWENN($C$25:$C$52;"<>#NV")

MITTELWERTWENNS

Diese Funktion ist eine Erweiterung von MITTELWERTWENN, die mit mehr als einem Bereich und mit mehr als einem Suchbegriff arbeiten kann. Sie steht in Excel 2003 *nicht* zur Verfügung. Sie entspricht in Syntax und Wirkung der Funktion SUMMEWENNS, deren Erläuterung Sie weiter unten finden.

MONAT

Die Funktion =MONAT(Bezug) wandelt eine in Bezug stehende serielle Zahl in eine Monatszahl um.

Beispiel: In Zelle B2 steht entweder das Datum 06.07.2009 oder die Zahl 40000. In beiden Fällen liefert die Formel =MONAT($B$2) das Ergebnis 7.

NICHT

Die Funktion =NICHT(Wahrheitswert) kehrt den Wahrheitswert um.

Beispiel: Angenommen, der ISTFEHLER-Teil einer Formel würde das Ergebnis WAHR liefern. Darauf kann mit einer Prüfung nach dem Muster =WENN(NICHT(ISTFEHLER(... prophylaktisch reagiert werden. Als Anweisung formuliert:

»Wenn ISTFEHLER nicht WAHR ergibt, es also kein Fehler ist, dann …«

ODER

Die Funktion =ODER(Wahrheitswert1;Wahrheitswert2;...) liefert als Ergebnis den Wert WAHR, wenn mindestens *eine* ihrer Prüfungen den Wahrheitswert WAHR ergibt. Dies macht die Funktion natürlich besonders geeignet, um in WENN-Formeln mehrere Bedingungsprüfungen gleichzeitig durchzuführen.

In Excel 2003 können Sie in einer einzigen ODER-Formel bis zu 30 Prüfungen durchführen, in Excel 2007 bis zu 255 Prüfungen.

Das logische Äquivalent dazu ist die Funktion =UND(Wahrheitswert1;Wahrheitswert2;...); sie liefert als Ergebnis den Wert WAHR, wenn *alle* ihrer Prüfungen den Wert WAHR ergeben.

PRODUKT

Mit der Funktion =PRODUKT(Bezug1; Bezug2;...) können Sie in Excel 2003 bis zu 30 Bezüge miteinander multiplizieren, in Excel 2007 bis zu 255 Bezüge.

RANG

Die Funktion =RANG(Zahl;Bezug;[Reihenfolge]) liefert den Rangplatz, den Zahl innerhalb von Bezug einnimmt. Wenn Werte in Bezug identisch sind (wie z. B. 100, 100, 100, 99, 99, 95), entsteht für etliche Ergebnispräsentationen ein Problem. Denn in deren Auflistung gibt es dann den Rang 1 dreimal, den Rang 2 nicht, den Rang 3 nicht, den Rang 4 zweimal, den Rang 5 nicht, abschließend den Rang 6. Das ist mathematisch in Ordnung, für eine Präsentation aber eher nicht (erklären Sie das mal – vielleicht unter Zeit- und Erfolgsdruck – einem heiklen Publikum). Dies also ist der Grund dafür, dass unter Umständen – nicht unter allen – eine kleine, benutzerdefinierte Veränderung solcher Werte um ein paar Millionstel legitim sein kann, so wie ich es in Kapitel 8 vorgestellt habe. Legitim besonders dann, wenn die beiden folgenden Aspekte wichtig sind:

- Sie müssen in einer Präsentation eine Rangfolge tatsächlich auch mit Zahlen enthaltenden Beschriftungen (*Rang 1, Rang 2* usw.) vorstellen und ausweisen. Dann könnte da ruhig auch *Rang 1 = 100, Rang 2 = 100* usw. stehen, das stört erfahrungsgemäß nur selten einen Betrachter. Viel mehr irritiert es offenbar, wenn in einer Übersicht einige Ränge völlig fehlen.

- Sie müssen die ermittelten Ränge in einer fortsetzenden Kalkulation verwenden. Dabei kann es bisweilen vorkommen, dass Sie alle Rangplätze als lückenlose Serie benötigen.

RECHTS

Die Funktion =RECHTS(Bezug;Anzahl_Zeichen) ermittelt aus Bezug von rechts aus so viele Zeichen, wie durch das Argument Anzahl_Zeichen bestimmt wird. Wird Anzahl_Zeichen nicht angegeben, nimmt Excel dafür den Wert 1 an.

REST

Die Funktion =REST(Zahl;Divisor) liefert den Rest einer Division. Das Ergebnis hat dasselbe Vorzeichen wie Divisor.

Beispiele:

In Zelle B2 steht die Zahl 5, in Zelle C2 die Zahl 3. =REST(B2;C2) liefert das Ergebnis 2.

In Zelle B2 steht die Zahl 5, in Zelle C2 die Zahl -3. =REST(B2;C2) liefert das Ergebnis -1.

In Zelle B2 steht die Zahl -5, in Zelle C2 die Zahl 3. =REST(B2;C2) liefert das Ergebnis 1.

In Zelle B2 steht die Zahl -5, in Zelle C2 die Zahl -3. =REST(B2;C2) liefert das Ergebnis -2.

Eine Verwendung bei der Berechnung von Zeitdifferenzen finden Sie in Kapitel 2.

RUNDEN

Die Funktion =RUNDEN(Bezug;Anzahl_Stellen) rundet eine Zahl aus Bezug auf die vorgegebene Anzahl_Stellen. Ist dabei Anzahl_Stellen 0 oder positiv, betrifft das Argument die Nachkommastellen. Ist Anzahl_Stellen negativ, betrifft das Argument die Stellen *vor* dem Komma.

Beispiele: In Zelle B2 steht das Kalkulationsergebnis 1.212,2565

- =RUNDEN(B2;2) hat das Ergebnis 1.212,26

- =RUNDEN(B2;1) hat das Ergebnis 1.212,3

- =RUNDEN(B2;-1) hat das Ergebnis 1.210

- =RUNDEN(B2;-2) hat das Ergebnis 1.200

SUCHEN

Die Funktion =SUCHEN(Suchtext;Bezug;Erstes_Zeichen) ermittelt eine Zahl; die Position von Suchtext in Bezug und beginnt mit dem Suchen an der Position, die Sie als Erstes_Zeichen vorgeben.

Im Gegensatz zur Funktion FINDEN (siehe dort) wird bei SUCHEN nicht zwischen Groß- und Kleinschreibung unterschieden und es dürfen Platzhalterzeichen verwendet werden.

SUMMEWENN

Die Funktion =SUMMEWENN(Bereich;Kriterien;Summe_Bereich) liefert die Summe jener Zellen in einem Bereich, die indirekt oder direkt einem angegebenen Kriterium entsprechen.

Bereich ist ein Zellbereich, in dem auf Übereinstimmung mit Kriterien geprüft wird.

Kriterien ist ein beliebiger Suchbegriff, der in Bereich vorhanden sein muss.

SUMME_Bereich entspricht den Zellen, für die dann tatsächlich die Summe ermittelt werden soll. Das sind jene Zellen, für die in Bereich in gleicher Achse eine Übereinstimmung mit dem Suchbegriff gefunden wurde (unten das erste der beiden Beispiele). Bei Auslassung von SUMME_Bereich in einer Formel wird Bereich selbst zur Summierung verwendet (vgl. zweites Beispiel).

Beispiele:

- =SUMMEWENN($B$25:$B$52;"A";$C$25:$C$52) oder besser, mit dem Suchbegriff z. B. in Zelle D5, dann also =SUMMEWENN($B$25:$B$52;$D$5;$C$25:$C$52)

- =SUMMEWENN($C$25:$C$52;"<>#NV")

Die für SUMMEWENN benutzten Suchkriterien dürfen Platzhalter (Stellvertreterzeichen) enthalten. Beispiele für entsprechende Arbeitsweisen finden Sie in den Kapiteln 7 und 8.

SUMMEWENNS

Diese Funktion steht in Excel 2003 nicht zur Verfügung.

Die Funktion

```
=SUMMEWENNS(Summe_Bereich;
Kriterium_Bereich1;Kriterium1;
Kriterium_Bereich2;Kriterium2;
usw. bis
Kriterium_Bereich127;Kriterium127)
```

funktioniert wie SUMMEWENN, kann aber nicht nur ein Suchkriterium, sondern bis zu 127 Suchkriterien und Suchbereiche gleichzeitig (!) benutzen. Das ermöglicht Ihnen extrem vielgestaltige, mehrfach filternde Kalkulationen. Der Aufbau entsprechender Formeln weicht von SUMMEWENN ab. Dies ist besonders zu beachten.

Das Argument Summe_Bereich bezeichnet den Bereich (Bezug), in dem die Summe zu bilden ist. Dem folgen dann die Argumente für Lokalisation und Art der Suchkriterien.

Die Argumente Kriterium_Bereich1;Kriterium_Bereich2 usw. sind bis zu 127 Bereiche (Bezüge), in denen die Suchkriterien zu finden sein sollen.

Die Argumente Kriterium1;Kriterium2; usw. sind bis zu 127 Suchkriterien (bzw. – und in der Praxis natürlich viel besser – Bezüge auf Zellen, die Suchkriterien enthalten).

Wenn Sie SUMMEWENNS nicht verwenden können oder wollen, bietet sich die Verwendung von SUMMEWENN mit einem Einsatz von Suchkriterien an, die ihrerseits Platzhalter benutzen. Dadurch kann ein einziges Suchkriterium viele verschiedene Formen annehmen. Beispiele für entsprechende Arbeitsweisen finden Sie in den Kapiteln 7 und 8.

SVERWEIS

Die Funktion =SVERWEIS(Suchkriterium;Matrix;Spaltenindex;Bereich_Verweis) sucht das Suchkriterium in der am weitesten links gelegenen Spalte der Matrix. Vom (Zeilen-)Fundort aus ermittelt sie jene Spalte der Matrix, die durch den Spaltenindex vorgegeben ist, und liefert den dort vorhandenen Wert.

Als Argument Bereich_Verweis ist der logische Wert WAHR oder FALSCH anzugeben, der bestimmt, ob SVERWEIS eine genaue oder eine nur ungefähre Entsprechung von Suchkriterium suchen soll.

Das S in SVERWEIS steht für *senkrecht* (für das vertikal orientierte Abarbeiten der ersten Matrixspalte).

WICHTIG   Ich verwende für Bereich_Verweis fast immer den logischen Wert FALSCH. Das hat zwei Vorteile: Es werden, was durchaus wünschenswert ist, nur genaue Entsprechungen von Suchkriterium gefunden. Dies zwingt dazu, die Formel nur dann einzusetzen, wenn in der ersten Spalte der Matrix (der Spalte, in der gesucht wird also) ein-eindeutige Kriterien, wie z. B. Konten- oder Personal- oder Kundennummern, vorliegen.

Wenn der Suchbegriff nicht gefunden wird, gibt die entsprechende Formel den Fehlerwert #NV zurück, eine in manchen Anwendungsfällen durchaus erwünschte Reaktion. Zum Beispiel dann, wenn im Zielbereich Daten erwartet werden, die im Quellbereich nicht – oder noch nicht – vorhanden sind.

Der Bereich, in dem gesucht wird, muss in diesem Fall (Bereich_Verweis ist mit FALSCH belegt) nicht alphanumerisch sortiert sein. Achten Sie aber darauf, dass immer in der ersten Spalte der Matrix gesucht werden muss.

TEIL

Die Funktion =TEIL(Bezug;Erstes_Zeichen;Anzahl_Zeichen) ermittelt aus Bezug eine Zeichenfolge.

Erstes_Zeichen ist die numerische Position eines Zeichens innerhalb von Bezug, die ihrerseits meistens durch eine an dieser Stelle integrierte Formel, z. B. des Typs SUCHEN oder FINDEN, bestimmt wird. Entsprechende Beispiele finden Sie in Kapitel 3.

Anzahl_Zeichen betrifft die Anzahl der Zeichen, die, von Erstes_Zeichen aus gerechnet, übergeben werden sollen. Wenn Anzahl_Zeichen größer ist, als Zeichen vorhanden sind, werden nur die vorhandenen übergeben. Sie können also in bestimmten Fällen für dieses Argument »zur Sicherheit« Werte vorgeben, die deutlich zu hoch sind.

TEILERGEBNIS

Die Funktion =TEILERGEBNIS(Funktion;Bezug) führt in Bezug eine bestimmte Berechnung aus, deren Art durch das Argument Funktion (eine numerische Codierung) bestimmt ist. Entsprechende Formeln sind also multifunktional. Sie können, je nach benutzerdefinierter Festlegung, unterschiedliche Rechenoperationen durchführen.

Bei Verwendung in Filtertabellen beziehen sich die Formelresultate auf das Filterergebnis, also nur auf die aktuell sichtbaren Zeilen der gefilterten Liste. Entsprechende Verwendungen finden Sie in Kapitel 7. Eine Verwendung in einer nicht gefilterten Tabelle ist in Kapitel 8 beschrieben (vgl. Text in Zusammenhang mit Abbildung 8.19).

Für das Argument Funktion wird eine Zahl benötigt. Hier die wichtigsten Vorgaben zur Festlegung der Kalkulationsart, jene Zahlencodes also, die als Argument Funktion einzusetzen sind.

1 = MITTELWERT

2 = ANZAHL

3 = ANZAHL2

4 = MAX

5 = MIN

9 = SUMME

TEXT

Die Funktion =TEXT(Bezug;Textformat) liefert einen in Bezug vorhandenen Wert in jener Formatierung, die Sie mit dem Argument Textformat definieren. Dabei ist gleichgültig, ob Textformat ein in Excel integriertes oder ein benutzerdefiniertes Format ist. Wichtig ist aber immer, dass Sie Ihre Vorgabe zu Textformat in Anführungszeichen setzen. Letzteres gilt natürlich auch dann, wenn der benutzerdefinierte Code selbst eigene Anführungszeichen enthält. Entsprechende Beispiele finden Sie in Kapitel 3; dort im Zusammenhang mit den Abbildungen 3.3 und 3.4.

UND

Die Funktion =UND(Wahrheitswert1;Wahrheitswert2;...) liefert als Ergebnis den Wert WAHR, wenn *alle* ihrer Prüfungen den Wahrheitswert WAHR ergeben. Dies macht die Funktion natürlich besonders geeignet, um in WENN-Formeln mehrere Bedingungsprüfungen gleichzeitig durchzuführen.

In Excel 2003 können Sie in einer einzigen UND-Formel bis zu 30 Prüfungen durchführen, in Excel 2007 bis zu 255 Prüfungen.

Das logische Äquivalent dazu ist die Funktion =ODER(Wahrheitswert1;Wahrheitswert2;...); sie liefert als Ergebnis den Wert WAHR, wenn mindestens *eine* ihrer Prüfungen den Wert WAHR ergibt.

VERGLEICH

Die Funktion =VERGLEICH(Suchkriterium;Suchmatrix;Vergleichstyp) liefert die numerische Position von Suchkriterium innerhalb von Suchmatrix.

Dies ist besonders dann von großem Nutzen, wenn Sie beispielsweise mit INDEX- oder mit BEREICH.VERSCHIEBEN-Formeln Zugriffe auf Daten in variablen Systemen (wechselnde Sortierungen) organisieren müssen und dafür Zeilenargumente benötigen. Beispiele für derartige Verwendungsweisen finden Sie in Kapitel 8.

Vergleichstyp ist die Zahl -1, 0 oder 1. Sie gibt an, auf welche Weise die Werte Suchmatrix mit dem Suchkriterium verglichen werden.

Für die meisten Verwendungen, so auch in diesem Buch, ist der Vergleichstyp 0 der richtige. Er gibt die Position des ersten Wertes zurück, der gleich Suchkriterium ist. Die Elemente der Suchmatrix können dabei in beliebiger Reihenfolge angeordnet sein.

Ist der Vergleichstyp 1, gibt die Funktion den größten Wert zurück, der kleiner gleich Suchkriterium ist. Die Elemente der Suchmatrix müssen dabei in aufsteigender Sortierung geordnet sein.

Ist der Vergleichstyp -1, gibt die Funktion den kleinsten Wert zurück, der größer gleich Suchkriterium ist. Die Elemente der Suchmatrix müssen dabei in absteigender Sortierung geordnet sein.

WICHTIG ACHTUNG: Fehlt das Argument Vergleichstyp, wird es als 1 angenommen, die Formel würde also bei den in Kapitel 8 vorgestellten Beispielen falsche Ergebnisse liefern.

VERKETTEN

Die Funktion =VERKETTEN (Bezug1;Bezug2; ...) verbindet Zeichenfolgen aus mehreren Bezügen zu einer einzigen.

In Excel 2003 können Sie in einer einzigen VERKETTEN-Formel bis zu 30 Verkettungen durchführen, in Excel 2007 bis zu 255 Verkettungen.

Den gleichen – in der Praxis oft günstiger verwendbaren – Effekt erreichen Sie mit Verwendung des Textoperators &. Mehrere Beispiele dafür finden Sie in Kapitel 3.

WAHL

Die Funktion =WAHL(Index;Wert1;Wert2;...) verwendet ihren numerischen Index, um einen Wert aus einer Liste von Werten zu ermitteln. Diese Liste kann Zahlen, Zellbezüge, definierte Namen, Formeln, Funktionen oder Texte enthalten.

Das Beispiel aus Kapitel 8 (Lottoschein):

```
=WAHL($S$12+1;"Null";"Eine";"Zwei";"Drei";"Vier";"Fünf";"Sechs")
&" Richtige"
```

In Excel 2003 kann die Liste bis zu 29 Werte enthalten, in Excel 2007 bis zu 254 Werte.

WENN

Die häufig zu verwendende Funktion =WENN(Prüfung;Dann_Wert;Sonst_Wert) liefert in ihrer Grundform als Ergebnis von Prüfung den logischen Wert WAHR oder FALSCH. Sie formulieren im Formelteil Prüfung quasi eine »Behauptung« und Excel untersucht, ob diese Behauptung zutrifft. Ist das Ergebnis von Prüfung WAHR, führt Excel das aus, was im Formelteil Dann_Wert definiert ist. Ist das Ergebnis von Prüfung FALSCH, führt Excel das aus, was im Formelteil Sonst_Wert definiert ist.

Zur Erledigung komplizierterer Aufgaben können Sie in Excel 2003 bis zu sieben WENN-Funktionen, in Excel 2007 bis zu 64 WENN-Funktionen ineinander verschachteln.

WENNFEHLER

Diese Funktion steht in Excel 2003 nicht zur Verfügung.

Die Funktion =WENNFEHLER(Wert;Wert_falls_Fehler) gehört zu den effizienten Neuheiten von Excel 2007. Das Argument Wert steht für eine spezifische Rechenoperation. Wenn diese einen Fehlerwert wie z. B. #NV, #WERT!, #BEZUG!, #DIV/0!, #ZAHL! oder #NAME? ergibt, kommt Ihre benutzerdefinierte Vorgabe des Arguments Wert_falls_Fehler in der Zelle zur Anzeige, ansonsten, wenn also die Rechenoperation fehlerfrei gelingt, erscheint deren Ergebnis in der Zelle. Damit wird, im Vergleich zu den früheren Programmversionen, das Abfangen von möglichen Fehlerwertanzeigen deutlich vereinfacht.

Anwendungsbeispiel: =WENNFEHLER($C2/$B2;"") dient zur #DIV/0!-Fehlerpufferung unter Excel 2007. Zur gleichartigen, aber komplizierteren Verwendung unter Excel 2003 siehe weiter oben bei ISTFEHLER.

WERT

Die Funktion =WERT(Bezug) wandelt einen in Bezug als Text vorliegenden Zahlenwert in eine Zahl um. Dies einzusetzen ist nur selten erforderlich, weil Excel Text bei Bedarf automatisch in Zahlen umwandelt.

WIEDERHOLEN

Die Funktion =WIEDERHOLEN(Text;Multiplikator) wiederholt Text so häufig, wie Sie mit Multiplikator vorgeben. Text ist ein beliebiges Zeichen oder eine Folge mehrerer Zeichen.

Das Ergebnis dieser Funktion darf nicht mehr als 32.767 Zeichen enthalten.

WOCHENTAG

Die Funktion =WOCHENTAG(Bezug;Typ) ermittelt den Wochentag eines Datums, das in Bezug steht. Je nach Formatierung der Zelle, in der Sie die Funktion benutzen, wird der Wochentag als Zahl oder als Kürzel oder als Volltext dargestellt. Beispiele dafür finden Sie in Kapitel 2.

Das Argument Typ ist eine Zahl (1, 2 oder 3), die den Typ des Rückgabewerts bestimmt:

Typ 1 oder nicht angegeben: im Ergebnis Zahl 1 (Sonntag) bis 7 (Samstag)

Typ 2: im Ergebnis Zahl 1 (Montag) bis 7 (Sonntag)

Typ 3: im Ergebnis Zahl 0 (Montag) bis 6 (Sonntag)

WVERWEIS

Die Funktion =WVERWEIS(Suchkriterium;Matrix;Zeilenindex;Bereich_Verweis) entspricht der oben beschriebenen Funktion SVERWEIS. Der Unterschied besteht in einer funktionalen Rotation um 90 Grad: WVERWEIS sucht in der obersten Zeile einer Matrix und benötigt als Argument einen Zeilenindex, während SVERWEIS in der ersten Spalte einer Matrix sucht und als Argument einen Spaltenindex benötigt.

Das *W* in WVERWEIS steht für *waagerecht* (für das horizontal orientierte Abarbeiten der ersten Matrixzeile).

ZÄHLENWENN

Die Funktion =ZÄHLENWENN(Bereich;Suchkriterium) zählt in Bereich die Häufigkeit von Suchkriterium. Normalerweise platzieren Sie den Suchbegriff nicht in der Formel selbst, sondern in einer Zelle, auf die sich die Formel bezieht. Der Suchbegriff kann Platzhalter (Stellvertreterzeichen) enthalten.

WICHTIG   Diese Funktion unterscheidet *nicht* zwischen Groß- und Kleinschreibung.

ZÄHLENWENNS

Diese Funktion steht in Excel 2003 nicht zur Verfügung.

Die Funktion =ZÄHLENWENNS(Bereich1;Kriterien1;Bereich2;Kriterien2 ...) funktioniert wie ZÄHLENWENN, ist aber praktisch eine Vervielfachung dieser Funktion. Sie kann nicht nur *einen* Bereich mit *einem* Suchkriterium auswerten, sondern gleichzeitig bis zu 127 Bereiche mit ihnen zugeordneten 127 Suchkriterien (also bis zu 127 Suchbereich-Suchkriterium-Paare).

ZEICHEN

Das Gegenstück zur Funktion =CODE(Bezug) ist die Funktion =ZEICHEN(Zahl). Sie erzeugt jenes Zeichen, dessen Codeziffer in der Zeichensatztabelle (vgl. Kapitel 16, Zeichensätze) dem Wert von Zahl entspricht. Welches Zeichen Sie dann tatsächlich sehen, ist zusätzlich von der für diese Zelle eingestellten Schriftart abhängig. Bei Standardschriftarten erzeugt z. B. die Formel =ZEICHEN(70) das Zeichen *F*. Bei anderen Zeichensätzen kann der Code 70 aber zu einem ganz anderen Zeichen gehören.

ZUFALLSBEREICH

Die Funktion ZUFALLSBEREICH steht Ihnen unter Excel 2003 nur dann zur Verfügung, wenn Sie das Add-In *Analyse-Funktionen* aktiviert haben (vgl. Kapitel 9).

> **WICHTIG**   Die Funktion wird in vielen Beispielen dieses Buches benutzt. Wenn Sie unter Excel 2003 nicht aktiviert wurde, sind diese Beispiele nicht zu benutzen.

Die Funktion =ZUFALLSBEREICH(Untere_Zahl;Obere_Zahl) erzeugt eine zufällige Ganzzahl in einer durch Untere_Zahl und Obere_Zahl definierten Spanne. Bei jeder Neuberechnung des Blattes (Taste F9) wird eine andere Zahl ausgegeben.

Untere_Zahl und/oder Obere_Zahl dürfen auch negative Zahlen sein, jedoch muss Untere_Zahl immer kleiner sein als Obere_Zahl.

> **HINWEIS**   Ich verwende die Funktion sehr häufig in der Entwicklungsphase von Projekten. So z. B. wenn der Auftraggeber keine Originaldaten zur Verfügung stellen kann oder darf oder wenn solche Daten (noch) nicht vorliegen. Dann ist es zum Testen von Funktionen und zum Formatieren von Tabellen und Diagrammen unerlässlich, »Spielmaterial« zu haben, das in seinen Größen und Zusammensetzungen den in der fertigen Lösung zu erwartenden Daten entspricht.

Wenn ich zufällige Werte mit z. B. zwei Dezimalstellen benötige, verwende ich Formeln, die dem Muster =ZUFALLSBEREICH(Untere_Zahl;Obere_Zahl)+RUNDEN(ZUFALLSZAHL();2) entsprechen.

ZUFALLSZAHL

Die Funktion =ZUFALLSZAHL() liefert eine zufällige Zahl zwischen 0 und 1 mit bis zu 16 Nachkommastellen. Sie kann auch als Ersatz für ZUFALLSBEREICH eingesetzt werden. Dazu das Beispiel aus Kapitel 2:

Die Formel =ZUFALLSBEREICH(101;999) erzeugt eine zufällige Ganzzahl zwischen 101 und 999. Dasselbe würden Sie mit der Formel =GANZZAHL(ZUFALLSZAHL()*(999-101)+101) erreichen, deren Wertespanne also nach dem Muster =ZUFALLSZAHL()*(b-a)+a definiert wird.

Fehleranzeigen und mögliche Ursachen

In diesem Abschnitt ist (nicht vollständig) zusammengestellt, welche Fehlermeldungen von Formeln erzeugt werden können und welche Ursachen das haben könnte.

Bis auf die Anzeige #### können Sie die nachstehend genannten Fehler mit Formeln des Typs WENN(ISTFEHLER… oder, unter Excel 2007, mit WENNFEHLER abfangen. Mehr dazu weiter oben in der Auflistung der Funktionen.

####

Der berühmt-berüchtigte »Lattenzaun« kann zwei Ursachen haben:

- Eine Spalte ist nicht breit genug, um den Inhalt anzuzeigen.
- Datums- und Zeitangaben sind negative Zahlen.

#BEZUG!

- Sie haben Zellen, auf die sich Formeln beziehen, gelöscht.

- Sie benutzen in Formeln Bereichsnamen, die nach Erstellen der Formeln gelöscht wurden.

- Nur Excel 2003: Bereichsnamen, die in Formeln benutzt werden, wurden nachträglich geändert.

- Sie aktivieren eine Verknüpfung mit einem Programm, das aktuell nicht ausgeführt wird.

#DIV/0!

Sie versuchen eine – mathematisch unzulässige – Division durch null. Entweder der Divisor ist tatsächlich null oder die als Divisor referenzierte Zelle ist leer.

#NAME?

- Sie verwenden unter Excel 2003 eine Funktion aus dem Add-In *Analyse-Funktionen* (z. B. die Funktion ZUFALLSBEREICH), obwohl dieses Add-In nicht aktiviert bzw. nicht installiert ist (vgl. Kapitel 9).

- Sie haben im Text einer Funktion oder eines Bereichsnamens einen Schreibfehler gemacht.

- Sie haben in einer Formel, die Anführungszeichen erwartet, eines oder mehrere dieser Zeichen nicht eingegeben.

- Sie haben in einem Bereichsbezug den Doppelpunkt (:) weggelassen.

#NV

- Die von der Formel referenzierten Daten sind noch nicht vorhanden und an deren Quelle war der Wert #NV bewusst als Platzhalter eingefügt.

- Sie führen eine Kalkulation über einen Bereich aus, der einen oder mehrere #NV-Werte (ob als Konstanten oder als Formelergebnisse) enthält.

- Von einer der Funktionen SVERWEIS, WVERWEIS oder VERGLEICH (siehe oben) wurde das in der Kalkulation benutzte Suchkriterium nicht gefunden.

- Sie haben bei der Eingabe einer Funktion eines oder mehrere der erforderlichen Argumente nicht angegeben.

Ein Auftreten des Fehlerwerts #NV als Formelergebnis ist in vielen Modellen ausdrücklich erwünscht und wird deshalb gelegentlich gezielt (z. B. mittels WENN-Formeln) erzeugt. Dies vor allem, wenn eine Übertragung der so behandelten Daten in ein Liniendiagramm ansteht.

Der Wert #NV in einer Diagrammbasis unterdrückt im resultierenden Diagramm das Zeichnen eines Datenpunkts. Das ist besonders in Liniendiagrammen von Bedeutung, wenn in der tabellarischen Basis einer Datenreihe einige Werte fehlen sollten. Deren völliges Auslassen würde zu einer Lücke in der Linie führen. Die Verwendung von Null würde die Linie natürlich auf null fallen lassen. Die Verwendung von #NV aber führt dazu, dass die entsprechende Zelle für die Zeichnung des Diagramms völlig ignoriert und die Linie einfach zum nächsten verfügbaren Datenpunkt durchgezeichnet wird oder dass sie, wenn am Ende einer Linie nur noch #NV-Werte existieren, wunschgemäß abreißt. Und wenn alle Zellen der Datenreihe den Wert #NV beinhalten, entsteht eben gar kein Datenpunkt, also auch keine Linie. Dies können Sie sich beispielsweise zunutze machen, um mittels Steuerelementen bestimmte Diagrammlinien ein- und auszublenden.

Entsprechende Konstruktionen finden Sie in Kapitel 6.

#WERT!

Sie haben für ein Argument oder für einen Operanden einen falschen Typ verwendet, z. B. in einer Formel, die als Argument eine Zahl erwartet, an der betreffenden Stelle einen Text oder einen Bezug auf einen Text angegeben.

#ZAHL!

- Sie haben eine Funktion benutzt, die Iterationen ausführt (kein Beispiel in diesem Buch), und diese Funktion kann kein Ergebnis liefern.

- Ein Zahlen-Formelergebnis ist zu groß oder zu klein, um in Excel dargestellt zu werden (vgl. Kapitel 17).

Kapitel 12

Bereichsnamen definieren und verwalten

Bei den in diesem Buch vorgestellten Modellen spielt die Verwendung von Bereichsnamen eine zentrale Rolle. Nachstehend die wichtigsten Angaben zur Definition und Verwaltung solcher Namen. Die Unterschiede zwischen den beiden hier behandelten Excel-Versionen beziehen sich vorwiegend auf das Namensmanagement, das in Excel 2007 erhebliche Verbesserungen erfahren hat.

Die in den Abbildungen zu sehenden Namen entsprechen den Regeln der rS1.Methode, wie sie in vielen Beispielen dieses Buches zur Anwendung kommt. Eine entsprechende Einführung und ausführliche Regelbeschreibungen liefert ein auf der CD-ROM hinterlegter, bebilderter Text.

CD-ROM   Sie finden die entsprechende Datei unter *\Materialien\rS1_Methode_2007.pdf*. Die dort enthaltenen Angaben sind sinngemäß auch auf die früheren Versionen von Excel anwendbar.

Verfahren unter Excel 2003

Namen festlegen

Es gibt zwei grundsätzliche Möglichkeiten, einen Bereichsnamen zu definieren. Im Zusammenhang mit Abbildung 12.1:

Variante A: Eingabe im Namenfeld

1. Markieren Sie die Zelle oder den Zellbereich, für die/den ein Name festgelegt werden soll.
2. Klicken Sie in das sog. *Namenfeld* links oben in der *Bearbeitungsleiste* und geben Sie dort den Namen ein (ohne Leerzeichen, ohne Sonderzeichen).
3. Schließen Sie mit der Taste ⏎ ab. Das dürfen Sie nicht vergessen, weil Excel sonst den eingegebenen Namen nicht festgelegt.
4. Testen Sie die korrekte Lokalisation durch einen Navigationszugriff: Öffnen Sie mit Klick auf den Dropdownpfeil neben dem *Namenfeld* die Liste der verfügbaren Namen und klicken Sie in der dann erscheinenden Liste auf den Namen Ihrer Wahl. Die entsprechende Zelle bzw. der Zellbereich muss markiert werden. Alternative: Öffnen Sie mit der Taste F5 das Dialogfeld *Gehe zu* und doppelklicken Sie in dessen Auflistung auf den Namen, den Sie ansteuern möchten.

HINWEIS   Der Name wird arbeitsmappenspezifisch verwaltet. Das unter 4 beschriebene Ansteuern gelingt also auch von jedem anderen Arbeitsblatt aus.

Wenn Sie bei dieser Art der Namensfestlegung einen Fehler gemacht haben, müssen Sie die Korrektur mithilfe des Verwaltungsdialogfelds durchführen (siehe nachstehend, Variante B).

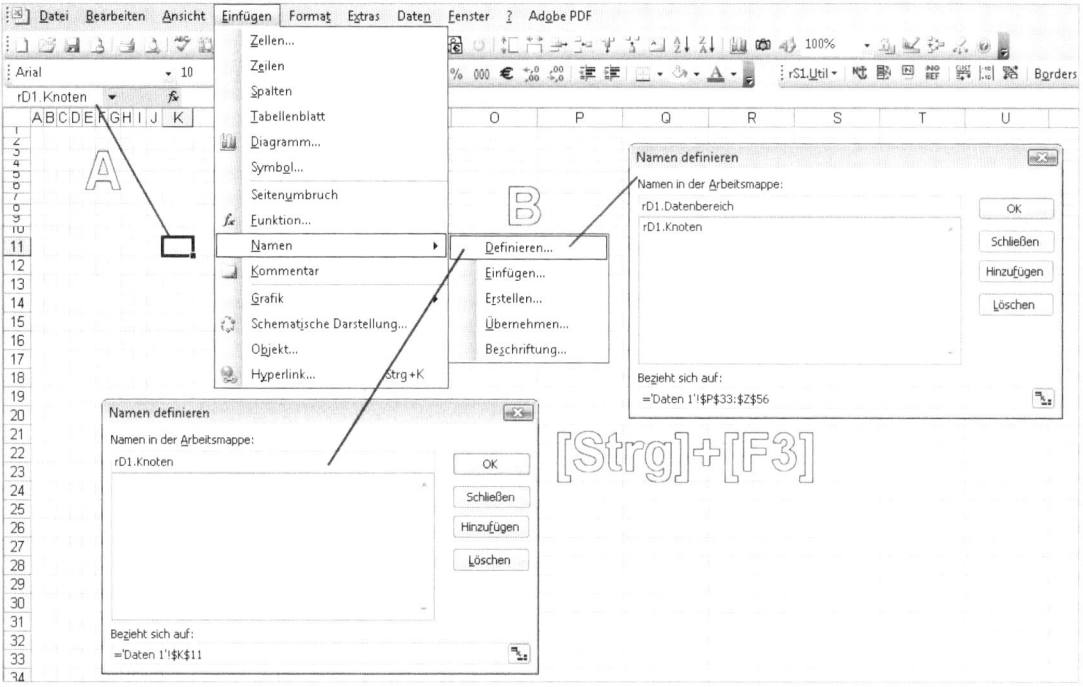

Abbildung 12.1 Die Variante B ist eindeutig vorzuziehen

Variante B: Eingabe im Dialogfeld

1. Markieren Sie (optional) die Zelle oder den Zellbereich, für die/den ein Name festgelegt werden soll.

2. Öffnen Sie, entweder mit dem Befehlsweg *Einfügen/Namen/Definieren* oder mit der Tastenkombination ⌐Strg⌐+⌐F3⌐ das Dialogfeld *Namen definieren*.

3. Geben Sie im Eingabefeld *Namen in der Arbeitsmappe* den Namenstext ein.

4. Jetzt mehrere Möglichkeiten:

   ▪ Der Zellbereich, der den Namen erhalten soll, ist bereits markiert und sein Bezug wird im Eingabefeld *Bezieht sich auf* richtig angezeigt. Klicken Sie auf *OK*, wenn Sie die Festlegung so treffen und das Dialogfeld schließen möchten, oder klicken Sie auf *Hinzufügen*, wenn Sie die Festlegung so treffen und dann im Dialogfeld weiterarbeiten möchten.

   ▪ Der Zellbereich, der den Namen erhalten soll, ist nicht oder nicht richtig markiert, der im Eingabefeld *Bezieht sich auf* angezeigte Bezug ist also falsch: Markieren Sie (sichere Methode) den gesamten Eintrag in diesem Eingabefeld, um ihn überschreibbar zu machen, und markieren Sie dann »im Hintergrund« mit der Maus oder mithilfe der Tastatur den gewünschten Zellbereich. Klicken Sie dann, wie vorstehend beschrieben, entweder auf *OK* oder auf *Hinzufügen*.

HINWEIS   Die vorstehend als »sichere Methode« bezeichnete ist, wie üblich, die etwas aufwendigere. Sie könnten natürlich auch den im Eingabefeld *Bezieht sich auf* angezeigten Bezug manuell editieren.

5. Testen Sie, wie oben bei Variante A beschrieben, die korrekte Lokalisation durch einen Navigationszugriff.

Namen aus Textvorgaben benachbarter Zellen erstellen

Manchmal kann es sinnvoll sein, eine bestehende Zeilen- oder Spaltenbeschriftung (eine Überschrift) zu benutzen, um deren Text in einem halbautomatischen Verfahren als Namen für einen benachbarten Zellbereich zu verwenden. Dies ist bei Anwendung der rS1.Methode allerdings recht selten möglich, weil dort alle Namen eine bestimmte Syntax besitzen sollen und außerdem Präfixe und Trennzeichen benutzen – nur selten wird es Zeilen- oder Spaltenbeschriftungen geben, die solchen Vorgaben entsprechen, die also direkt für eine Namensfestlegung verwendbar wären.

Eine Ausnahme betrifft die mit Abbildung 12.2 beispielhaft vorgestellte Situation:

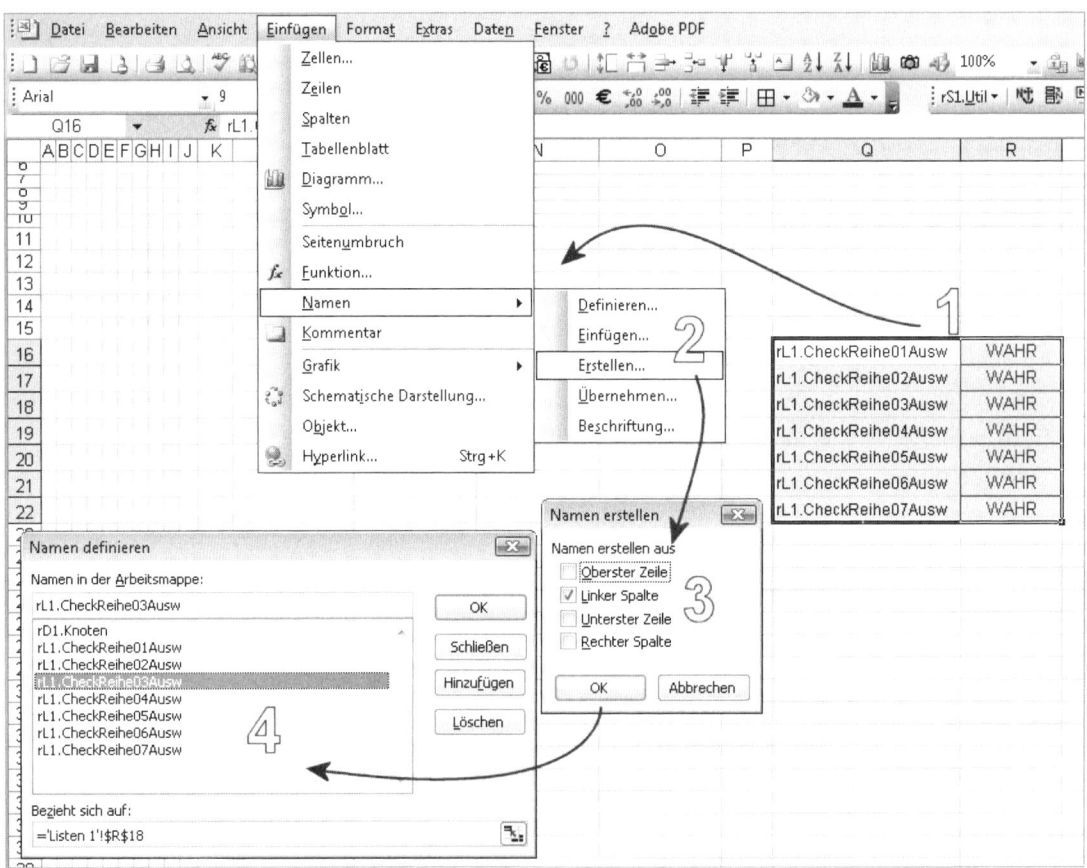

Abbildung 12.2   Die Namen in Spalte R werden aus den Textvorgaben in Spalte Q erstellt

Es gibt in einem Arbeitsblatt mit dem Blattnamen *Listen 1* sieben Zellen, die als Verknüpfungszellen für Steuerelemente des Typs *Kontrollkästchen* dienen sollen. Jede der Zellen im Bereich R16:R22 muss deshalb einen eigenen Namen erhalten. Gleichzeitig ist es wichtig, später diese Zellen richtig identifizieren und zuordnen zu können. Deswegen soll ihr Bereichsname auch links daneben, in Spalte Q, als Text (quasi als Hinweis oder als Kommentar) eingetragen werden. Wenn das also ohnehin geschehen soll, können diese Einträge auch gleich für ein sehr schnelles und sicheres Namensübernahmeverfahren benutzt werden.

Das Ziel: Jede Zelle im Bereich R16:R22 soll den Namen erhalten, der links daneben in Spalte Q als Text hinterlegt ist. Im Zusammenhang mit der Nummerierung in Abbildung 12.2:

1. Markieren Sie den zweispaltigen Bereich Q16:R22.
2. Wählen Sie den Befehl *Einfügen/Namen/Erstellen* oder benutzen Sie die Tastenkombination Strg + ⇧ + F3 .
3. Im dann erscheinenden Dialogfeld *Namen erstellen* zeigt Excel auf Basis der unter 1 gesetzten Markierung bereits die richtige Einstellung, nämlich *Namen erstellen aus – Linker Spalte*. Klicken Sie auf *OK*.
4. Öffnen Sie das Dialogfeld *Namen definieren*, um den raschen Erfolg dieser Aktion zu begutachten.

Namen verwalten

Die Verwaltung der Bereichsnamen ist in Excel 2003 leider noch recht sperrig und deswegen auch fehleranfällig. Die nachstehenden Hinweise sind deshalb überwiegend nach den Bedürfnissen einer hohen Verfahrenssicherheit formuliert. Dies bedeutet, dass ich im einen oder anderen Zusammenhang Vorgehensweisen beschreibe, die umständlicher sind als es nötig wäre.

Die Verwaltung findet mithilfe des schon angesprochenen und in den Abbildungen gezeigten Dialogfelds *Namen definieren* statt. Für die nachstehenden Angaben wird unterstellt, dass dieses Dialogfeld geöffnet ist.

- **Kontrollieren:** Klicken Sie in der Auflistung einen Namen an und kontrollieren Sie den im Eingabefeld *Bezieht sich auf* angezeigten Bezug.

- **Ändern des Namenstextes:** Klicken Sie in der Auflistung den betreffenden Namen an und geben Sie dann oben im Eingabefeld den neuen Namen ein. Klicken Sie auf *Hinzufügen*. Klicken Sie dann in der Liste auf den ursprünglichen Namen und entfernen Sie ihn mit *Löschen*.

WICHTIG

- Sie können einer Zelle oder einem Zellbereich mehr als einen Namen zuweisen. Das sollten Sie aber tunlichst vermeiden, denn es kann, wenn Sie in komplexen Modellen Namen in Formeln verwenden, zu heilloser Verwirrung führen und die Kontrolle von Kalkulationswegen erheblich erschweren.

- Wenn Sie einen Namenstext ändern, der bereits in Formeln verwendet wird, liefern diese Formeln anschließend als ihre Ergebnisse Fehlermeldungen. Sie müssen also die Namen in den Formeln anpassen. Dies gelingt in größeren Modellen am besten und sichersten mit *Suchen – Ersetzen*, wenn auch nicht generell (z. B. nicht, wenn sich der Name in Formel-Regeln bedingter Formatierungen befindet). Das Problem existiert in Excel 2007 so nicht mehr; dort werden die Änderungen automatisch in die Formeln übertragen.

- **Ändern des Namensbezugs:** Klicken Sie in der Auflistung den betreffenden Namen an. Markieren Sie (sichere Methode) den gesamten Eintrag im Eingabefeld *Bezieht sich auf*, um ihn überschreibbar zu machen. Markieren Sie dann »im Hintergrund« mit der Maus oder mithilfe der Tastatur den gewünschten Zellbereich. Klicken Sie abschließend entweder auf *OK* oder auf *Hinzufügen.*

- **Namen löschen:** Klicken Sie in der Auflistung den betreffenden Namen an und klicken Sie dann auf *Löschen.* Unter Excel 2003 können Sie leider nicht mehrere Namen gemeinsam markieren, um sie gleichzeitig zu löschen.

Namen auflisten und verwenden

Bei Anwendung der rS1.Methode wird in jeder entsprechenden Arbeitsmappe das Arbeitsblatt *Namensliste* eingerichtet. Es enthält eine Auflistung aller Namen und ihrer Bezüge. Wenn Sie eine solche Liste erstellen möchten, gehen Sie wie folgt vor (vgl. Abbildung 12.3):

1. Markieren Sie die obere linke Zelle des zweispaltigen Bereichs, der Ihre Liste aufnehmen soll. Wenn im Arbeitsblatt bereits eine solche Liste vorhanden ist, entfernen Sie diese bitte vollständig und markieren dann die genannte Zelle (nur diese eine; keinen Bereich).

2. Öffnen Sie mit der Taste `F3` das Dialogfeld *Namen einfügen* und klicken Sie auf *Liste einfügen.*

3. Passen Sie die Spaltenbreiten an.

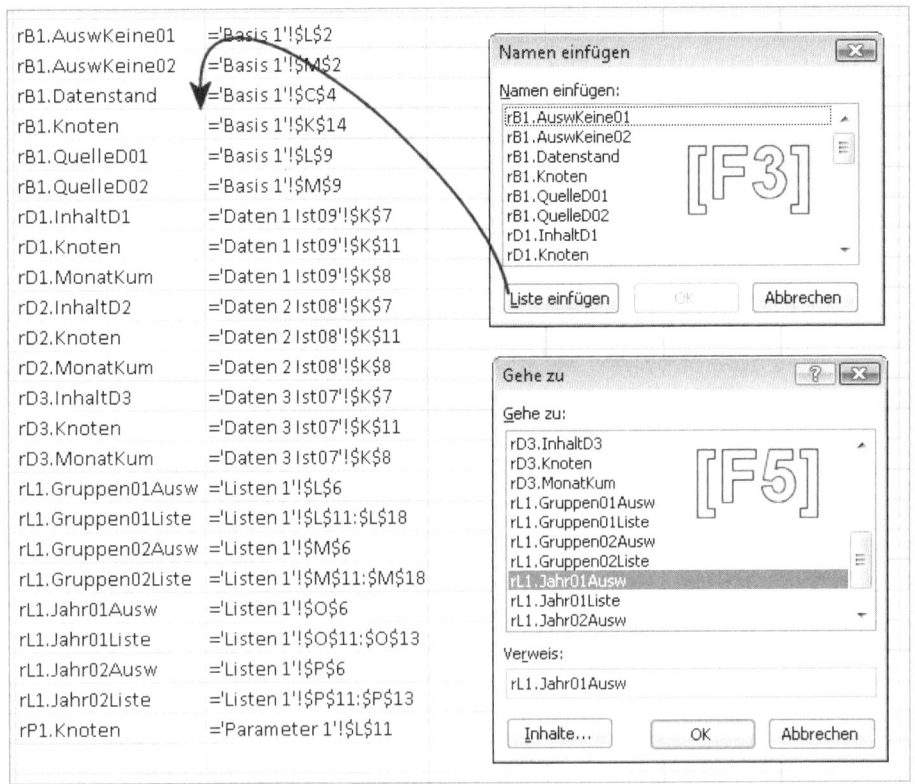

Abbildung 12.3　Namen einfügen mit `F3`, Namen ansteuern mit `F5`

Wenn Sie einen Namen in eine Formel einfügen wollen, setzen Sie den Cursor in der Formel an die entsprechende Stelle und drücken die Taste $\boxed{\text{F3}}$ (oder wählen Sie, viel umständlicher, den Befehl *Einfügen/Namen/Einfügen*). Wählen Sie im dann erscheinenden Dialogfeld den gewünschten Namen aus und klicken Sie auf *OK* oder, schneller, fügen Sie den Namen mit einem Doppelklick in die Formel ein.

HINWEIS   Das Einfügen eines Bereichsnamens mit $\boxed{\text{F3}}$ oder mittels Menübefehl funktioniert in manchen Zusammenhängen und in einigen Dialogfeldern nicht. Dann muss der Name von Hand eingegeben werden oder Sie können ihn, nach vorherigem Kopieren des Namenstextes, aus der Zwischenablage einfügen.

Oben schon erwähnt: Zum Ansteuern eines benannten Bereichs benutzen Sie die Taste $\boxed{\text{F5}}$, dann das Dialogfeld *Gehe zu.*

Verfahren unter Excel 2007

Namen festlegen

Es gibt zwei grundsätzliche Möglichkeiten, einen Bereichsnamen zu definieren. Im Zusammenhang mit Abbildung 12.4:

Variante A: Eingabe im Namenfeld

1. Markieren Sie die Zelle oder den Zellbereich, für die/den ein Name festgelegt werden soll.
2. Klicken Sie in das sog. *Namenfeld* links oben in der *Bearbeitungsleiste* und geben Sie den Namen ein (ohne Leerzeichen, ohne Sonderzeichen).
3. Schließen Sie mit der Taste $\boxed{\hookleftarrow}$ ab. Das dürfen Sie nicht vergessen, weil Excel sonst den eingegebenen Namen nicht festlegt.
4. Testen Sie die korrekte Lokalisation durch einen Navigationszugriff: Öffnen Sie mit Klick auf den Dropdownpfeil neben dem *Namenfeld* die Liste der verfügbaren Namen und klicken Sie in der dann erscheinenden Liste auf den Namen Ihrer Wahl. Die entsprechende Zelle bzw. der Zellbereich muss markiert werden. Alternative: Öffnen Sie mit der Taste $\boxed{\text{F5}}$ das Dialogfeld *Gehe zu* und doppelklicken Sie in dessen Auflistung auf den Namen, den Sie ansteuern möchten.

HINWEIS   Sie können in Excel 2007 festlegen, ob ein Bereichsname in der gesamten Arbeitsmappe gültig sein soll (das ist der Standard) oder nur in einem bestimmten Arbeitsblatt. In allen Beispielen dieses Buches gibt es nur arbeitsmappenspezifisch verwaltete Namen. Das unter 4 beschriebene Ansteuern gelingt von jedem beliebigen Arbeitsblatt aus.

Wenn Sie bei dieser Art der Namensfestlegung einen Fehler gemacht haben sollten, Sie die Korrektur mithilfe des Dialogfelds *Namens-Manager* durchführen (vgl. dazu auch Abbildung 12.5).

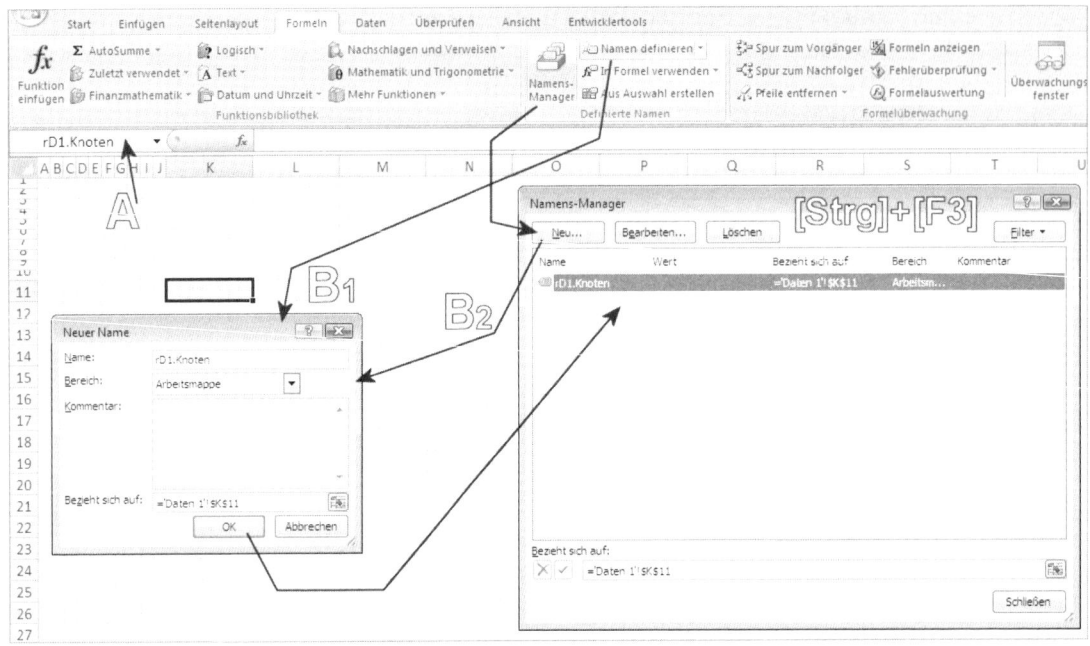

Abbildung 12.4 Benutzen Sie die Variante A nur im Ausnahmefall

Varianten B: Eingabe im Dialogfeld

Vorab (und weiterhin im Zusammenhang mit Abbildung 12.4): Das Dialogfeld *Neuer Name* erreichen Sie auf zwei Wegen:

- Variante B1: Sie aktivieren in der Multifunktionsleiste die Registerkarte *Formeln* und wählen in der Gruppe *Definierte Namen* den Befehl *Namen definieren*.

- Variante B2: Sie wählen auf demselben Zugangsweg den Befehl *Namens-Manager* oder, weniger umständlich, öffnen dieses Dialogfeld mit der Tastenkombination ⌈Strg⌉+⌈F3⌉ und klicken dann auf die Schaltfläche *Neu*. (Diese Methode ist eindeutig zu bevorzugen, wenn Sie mehrere Namen hintereinander festlegen möchten.)

Damit zur Beschreibung des Vorgangs:

1. Markieren Sie (optional) die Zelle oder den Zellbereich, für die/den ein Name festgelegt werden soll.

2. Öffnen Sie auf einem der vorstehend beschriebenen Wege das Dialogfeld *Neuer Name*.

3. Geben Sie im Eingabefeld *Name* den Namenstext ein.

4. Bestimmen Sie in der Auswahlliste *Bereich* den Gültigkeitsbereich (soll und kann bei Anwendung der rS1.Methode immer die gesamte Arbeitsmappe sein).

5. Hinterlegen Sie (optional) bei *Kommentar* einen Erläuterungstext (mit maximal 255 Zeichen).

- Das Hinterlegen eines Kommentars ist bei Anwendung der rS1.Methode weitestgehend überflüssig, weil sich, jedenfalls bei Beachtung der Konventionen, die Lokalisation und die funktionale Bedeutung eines Namens meistens direkt aus dem Namenstext selbst erschließen.

- Nicht nur ein Kommentar, auch der Name selbst darf bis zu 255 Zeichen lang sein. Dies auszuschöpfen wäre allerdings in der Praxis nur selten nützlich.

---

6. Jetzt mehrere Möglichkeiten:

   ■ Der Zellbereich, der den Namen erhalten soll, ist bereits markiert und sein Bezug wird im Eingabefeld *Bezieht sich auf* richtig angezeigt. Klicken Sie auf *OK*, wenn Sie die Festlegung so treffen und das Dialogfeld schließen möchten. Wenn Sie, Variante B2, über den *Namens-Manager* in das Dialogfeld gelangt sind, gelangen Sie jetzt auch wieder dorthin zurück.

   ■ Der Zellbereich, der den Namen erhalten soll, ist nicht oder nicht richtig markiert, der im Eingabefeld *Bezieht sich auf* angezeigte Bezug ist also falsch: Markieren Sie (sichere Methode) den gesamten Eintrag in diesem Eingabefeld, um ihn überschreibbar zu machen, und markieren Sie dann »im Hintergrund« mit der Maus oder mithilfe der Tastatur den gewünschten Zellbereich. Klicken Sie abschließend auf *OK*.

HINWEIS Die vorstehend als »sichere Methode« bezeichnete ist, wie üblich, die etwas aufwendigere. Sie könnten natürlich auch den im Eingabefeld *Bezieht sich auf* angezeigten Bezug manuell editieren.

---

7. Testen Sie, wie oben bei Variante A beschrieben, die korrekte Lokalisation durch einen Navigationszugriff.

Namen aus Textvorgaben benachbarter Zellen erstellen

Das Verfahren und das zu nutzende Dialogfeld entsprechen exakt der Vorgehensweise unter Excel 2003. Nur der Zugangsweg ist ein anderer: Multifunktionsleiste, Registerkarte *Formeln*, Gruppe *Definierte Namen*, Befehl *Aus Auswahl erstellen*. Ansonsten können Sie aber auch hier zum Aufrufen des Dialogfelds die Tastenkombination `Strg`+`⇧`+`F3` benutzen.

Zu den weiteren Aspekten dieses Themas – es ist für die Beispiele in diesem Buch von sehr nachrangiger Bedeutung – darf ich deshalb auf den obigen, gleichnamigen Abschnitt und auf Abbildung 12.2, Ziffern 1 und 3, verweisen.

Namen verwalten

Sehr viel besser, übersichtlicher und auch sicherer als früher ist der Umgang mit Namen unter Einsatz des Dialogfelds *Namens-Manager*.

Zu seinen Einzelheiten im Zusammenhang mit Abbildung 12.5 und der dortigen Nummerierung:

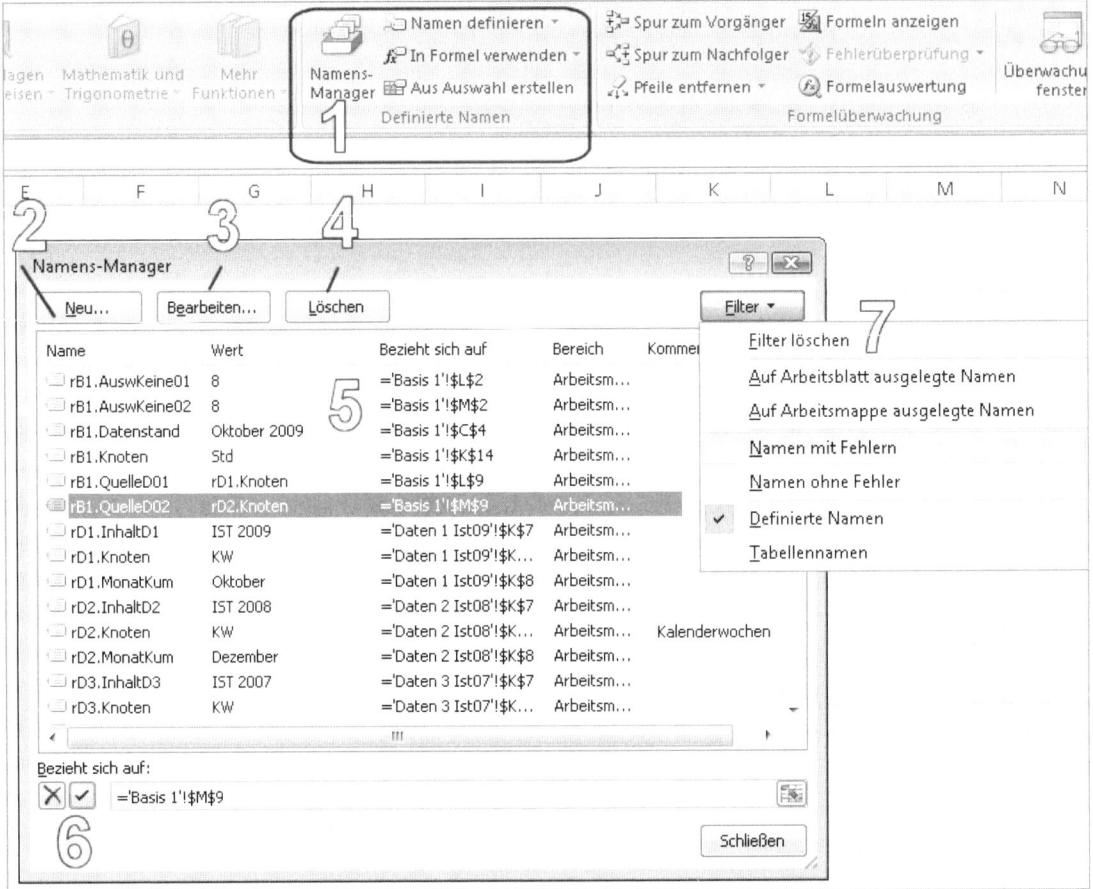

Abbildung 12.5 Der Namens-Manager – ein großer Fortschritt gegenüber früheren Programmfassungen

1. Sie öffnen den *Namens-Manager* auf dem Befehlsweg Multifunktionsleiste, Registerkarte *Formeln*, Gruppe *Definierte Namen* oder, schneller und von jeder beliebigen Stelle aus, mit
    Strg + F3 .

2. Mit der Schaltfläche *Neu* öffnen Sie das Dialogfeld *Neuer Name* (vgl. weiter oben den Text im
    Zusammenhang mit Abbildung 12.4).

3. Wenn Sie in der mehrspaltigen Liste einen Namen markieren und dann auf die Schaltfläche
    Bearbeiten klicken, öffnet sich das Dialogfeld *Name bearbeiten* (strukturell identisch mit
    Neuer Name). Mehr zum Bearbeiten von Namen weiter unten.

4. Wenn Sie einen oder – endlich geht das (!) – mehrere Namen der Liste markieren, können Sie
    diese(n) mit Klick auf *Löschen* entfernen.

5. Die fünf Informationsspalten der Liste schaffen eine gute Übersicht. Dies auch deshalb, weil
    sie in ihrer Breite veränderbar sind.

6. Mit diesen beiden Schaltflächen können Sie eine im Eingabefeld *Bezieht sich auf* vorgenommene Bezugsänderung eines Namens bestätigen oder verwerfen.

7. Mit der Schaltfläche *Filter* öffnen Sie eine differenzierende Zugriffsliste. Hier ist in der Praxis insbesondere der Eintrag *Namen mit Fehlern* von großem Interesse – ganz besonders in der Entwicklungsphase eines Projekts. Ein Klick, und schon erhalten Sie eine Liste jener Namen, die nach entsprechender Prüfung entweder korrigiert oder, weil überflüssig geworden, entfernt werden können.

Für die nachstehenden Angaben wird unterstellt, dass das Dialogfeld *Namens-Manager* geöffnet ist.

■ **Kontrollieren:** Klicken Sie in der Auflistung einen Namen an und kontrollieren Sie die zu ihm gehörenden Einträge. Sein Bezug wird zusätzlich auch unten, im Eingabefeld *Bezieht sich auf*, angezeigt.

■ **Ändern des Namenstextes:** Wählen Sie in der Auflistung den betreffenden Namen aus und klicken Sie dann auf die Schaltfläche *Bearbeiten*. Es erscheint das Dialogfeld *Name bearbeiten*. Geben Sie in dessen Eingabezeile *Name* die Neufassung ein. Klicken Sie auf *OK*.

HINWEIS Eine wesentliche und komfortable Neuerung gegenüber früheren Excel-Versionen: Wenn Sie einen Namenstext ändern, der bereits in Formeln verwendet wird, werden die Änderungen automatisch in diese Formeln übertragen. Dies gilt auch für Namen, die Sie in Regeln einer bedingten Formatierung eingefügt haben.

■ **Ändern des Namensbezugs:** Wählen Sie in der Auflistung den betreffenden Namen aus. Markieren Sie (sichere Methode) den gesamten Eintrag im Eingabefeld *Bezieht sich auf*, um ihn überschreibbar zu machen. Markieren Sie dann »im Hintergrund« mit der Maus oder mittels der Tastatur den gewünschten Zellbereich. Klicken Sie dann auf eine der in Abbildung 12.5 mit Ziffer 6 bezeichneten Schaltflächen, um Ihre Änderung entweder zu bestätigen und damit festzulegen oder um sie zu verwerfen.

■ **Namen löschen:** Wählen Sie in der Auflistung einen oder mehrere Namen aus (Auswahlmethoden wie im Windows-Explorer) und klicken Sie dann auf die Schaltfläche *Löschen*.

Namen auflisten und verwenden

Hier gelten dieselben Vorgaben, Arbeitsweisen, Dialogfelder und Einschränkungen, wie Sie oben im Zusammenhang mit Abbildung 12.3 für Excel 2003 beschrieben wurden.

Steuerelemente

Bei etlichen der in diesem Buch vorgestellten Modelle spielt die Verwendung von Steuerelementen eine sehr wichtige Rolle. Nachstehend die wichtigsten Angaben zur Erzeugung, Funktionalisierung und Formatierung dieser Objekte. Die Unterschiede zwischen den beiden hier behandelten Excel-Versionen 2003 und 2007 beziehen sich lediglich auf den Zugriff, d. h. auf die Positionierung der zu verwendenden Symbole bzw. Befehle. Deswegen muss nur an wenigen Stellen dieses Kapitels zwischen den Versionen unterschieden werden. Bedeutsamer sind die Unterschiede zwischen den zwei Arten von Steuerelementen, nämlich

- *Formularsteuerelemente* und

- *ActiveX-Steuerelemente*,

die in beiden Programmversionen zur Verfügung stehen und die nachstehend erläutert werden – dies in einer einschränkenden Auswahl und nur in dem Umfang, wie er im Zusammenhang mit Inhalten dieses Buches von Bedeutung ist.

Allgemeines

Wenn Sie nach den Regeln der rS1.Methode arbeiten, sind die in Excel verfügbaren Steuerelemente von zentraler Bedeutung für die Dynamisierung Ihrer Lösungen.

CD-ROM   Informationen zur rS1.Methode finden Sie unter *\Materialien\rS1_Methode_2007.pdf*. Die dort enthaltenen Angaben sind sinngemäß auch auf die früheren Versionen von Excel anwendbar.

Der kurze Abschnitt 3.4.4 dieses Skripts, dessen Kenntnisnahme hier vorausgesetzt wird, beschäftigt sich ebenfalls mit Steuerelementen.

Das hier zur Dynamisierung benutzte Prinzip ist recht einfach: Sie treffen in oder mit einem Steuerelement durch Mausklick eine Auswahl und erzeugen dadurch einen Ausgabewert, den Sie in eine von Ihnen bestimmbare Zelle lenken. Solche Ausgabewerte sind z. B.

- variable Zahlen, die Sie direkt oder indirekt als Argument einer Formel benutzen können, oder

- logische Werte (WAHR oder FALSCH), die Sie direkt oder indirekt mit z. B. einer WENN-Formel verarbeiten können, oder

- Texte, die Sie z. B. direkt oder indirekt als Suchkriterium einer Formel (wie etwa in SVERWEIS oder SUMMEWENN) benutzen können.

In diesem Buch kommen beide Arten von Steuerelementen zur Anwendung. Welche davon Sie für welche Lösung benutzen, hat sehr wenig mit technischen Aspekten und sehr viel mit formalen Aspekten zu tun. Die diesbezüglichen Unterschiede:

- Verwenden Sie die schlichten und kaum formatierbaren *Formularsteuerelemente* für einfache Aufgaben in solchen Lösungen, die keine aufwendige und formal anspruchsvolle Gestaltung benötigen. Diese Elemente sind in jederlei Hinsicht relativ anspruchslos und lassen bei ihrer Funktionalisierung und Nutzung kaum Probleme erwarten.

■ Verwenden Sie die umfangreich gestaltbaren *ActiveX-Steuerelemente* in solchen Lösungen, die hohe Anforderungen an das Erscheinungsbild stellen und deshalb auch diverse Formatierungsmöglichkeiten von Steuerelementen verlangen. Das Arbeiten mit Elementen dieser Gruppe ist relativ anspruchsvoll und kann bei einigen Systemumgebungen unter bestimmten Bedingungen auch zu kleinen Darstellungsfehlern führen. Sie bieten jedoch in den sog. »programmfreien Anwendungen« weit gefächerte Möglichkeiten der Gestaltung und lassen sich überdies hervorragend mit Programmcode beeinflussen. (*ActiveX-Steuerelemente* wurden primär für den Einsatz in programmierten Modellen geschaffen, ihre Verwendung zur Dynamisierung nicht programmierter Lösungen gehört zu den Eigenarten der rS1.Methode.)

Im nachstehenden Text werden bei der Beschreibung der *Formularsteuerelemente* in erster Linie deutsche Bezeichnungen und bei der Beschreibung der *ActiveX-Steuerelemente* in erster Linie englischsprachige Bezeichnungen benutzt. Letzteres deswegen, weil Sie bei der Verwendung in Excel auch mit diesen Bezeichnungen umgehen und arbeiten müssen.

In Tabelle 13.1 finden Sie eine Zusammenstellung der Steuerelemente, die in diesem Buch zum Einsatz kommen, entweder als *Formularsteuerelement* oder, funktionsgleich, als *ActiveX-Steuerelement* oder auch in beiden Fassungen. (Die Verwendungsmöglichkeiten sind natürlich erheblich vielgestaltiger, als sie in diesem Seminar benutzt werden.)

LNr	Formularsteuerelement	*ActiveX-Steuerelement*	Verwendung in diesem Buch
1	Kontrollkästchen	CheckBox	Schalter (An-Aus, Ja-Nein)
2	Optionsfeld	OptionButton	Auswahl (Option *x* von *n* Optionen)
3	Listenfeld	ListBox	Auswahl (Listeneintrag als Index aus Liste)
4	Kombinationsfeld	ComboBox	Auswahl (Listeneintrag als Index aus Liste)
5	Bildlaufleiste	ScrollBar	Auswahl (in Kombination mit Listenelement) und Steuerung dynamischer Namen/Datenreihen
6	Drehfeld	SpinButton	Schalter (Hin-Her, Schrittfolgen)

Tabelle 13.1 Steuerelemente dieser Art sind in Beispielen dieses Buches enthalten

1. Verwenden Sie ein *Kontrollkästchen* bzw. eine *CheckBox*, wenn Sie dem Anwender ein Schalten nach dem Muster *Ja* oder *Nein* ermöglichen wollen (in einem Diagramm werden bestimmte Datenreihen angezeigt oder nicht).

2. Verwenden Sie *Optionsfelder* bzw. *OptionButtons*, wenn der Anwender unter mehreren ähnlichen, aber alternativen Angeboten eine Auswahl treffen soll (z. B. eine von vier angebotenen, themengleichen Datenreihen zur Ansicht bestimmen) und – eine wichtige Komponente – wenn der Platz auf dem Bildschirm für mehrere Optionsfelder ausreicht (ansonsten können Sie die Auswahl von Optionen auch in einem *Kombinationsfeld* (*ComboBox*) unterbringen).

3. Verwenden Sie ein *Listenfeld* bzw. eine *ListBox*, wenn der Anwender aus nur wenigen Listeneinträgen eine Auswahl treffen soll und der Platz auf dem Bildschirm für das Objekt ausreicht (ansonsten können Sie kurze Listen auch in den für umfangreichere Aufstellungen gedachten *Kombinationsfeldern* (*ComboBox*es) unterbringen).

4. Verwenden Sie ein *Kombinationsfeld* bzw. eine *ComboBox* immer dann, wenn Sie eine Liste von (zumeist) Texten zur Selektion anbieten und mehrere Auswahlmöglichkeiten platzsparend unterbringen wollen bzw. müssen oder wenn Ihre Auswahlliste zahlreiche Einträge hat.

5. Verwenden Sie eine *Bildlaufleiste* bzw. eine *ScrollBar*, wenn der Anwender sich mit kleinen oder mit großen Schritten durch einen umfangreichen Informationsbereich bewegen soll.

6. Verwenden Sie ein *Drehfeld* bzw. einen *SpinButton*, wenn Sie dem Anwender anbieten wollen, sich Schritt für Schritt bzw. hin und her (Schalter) in einem kleinen Informationsbereich zu bewegen.

Steuerelemente erstellen

In diesem Abschnitt ist beschrieben, wie Sie auf die Steuerelemente zugreifen und wie Sie sie erzeugen können. Die Nummerierungen und Bezeichnungen in den Abbildungen folgen der Zusammenstellung in Tabelle 13.1 und sind auch auf die dort bezeichneten Steuerelemente beschränkt.

Wo finde ich die Steuerelemente?

Die Fundstellen sind in Excel 2003 und Excel 2007 deutlich unterschiedlich.

Excel 2003

Die Zugriffe auf die Steuerelemente sind in zwei Symbolleisten zusammengefasst.

> **HINWEIS**   Klicken Sie mit der rechten Maustaste auf eine beliebige Symbolleiste, um eine Auflistung aller verfügbaren Symbolleisten zu sehen, und klicken Sie dann auf einen Eintrag in dieser Liste, um die gewünschte Symbolleiste anzuzeigen.

Wenn Sie auf die *Formularsteuerelemente* zugreifen wollen, benötigen Sie die Symbolleiste *Formular* (Abbildung 13.1).

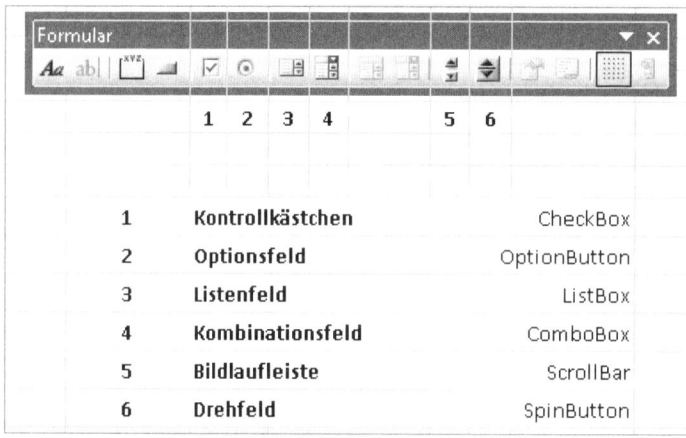

1	**Kontrollkästchen**	CheckBox
2	**Optionsfeld**	OptionButton
3	**Listenfeld**	ListBox
4	**Kombinationsfeld**	ComboBox
5	**Bildlaufleiste**	ScrollBar
6	**Drehfeld**	SpinButton

Abbildung 13.1 Ausgewählte Steuerelemente der Symbolleiste *Formular*

In Abbildung 13.1 sehen Sie die Positionen und die Bezeichnungen der *Formularsteuerelemente* (links die deutsche, rechts die englische des funktionsgleichen *ActiveX-Steuerelements*). Die deutsche Bezeichnung erscheint auch als Informationstext, wenn Sie mit der Maus auf ein Steuerelement in der Symbolleiste zeigen, ohne zu klicken.

Wenn Sie auf die *ActiveX-Steuerelemente* zugreifen wollen, benötigen Sie die Symbolleiste *Steuerelement-Toolbox* (Abbildung 13.2).

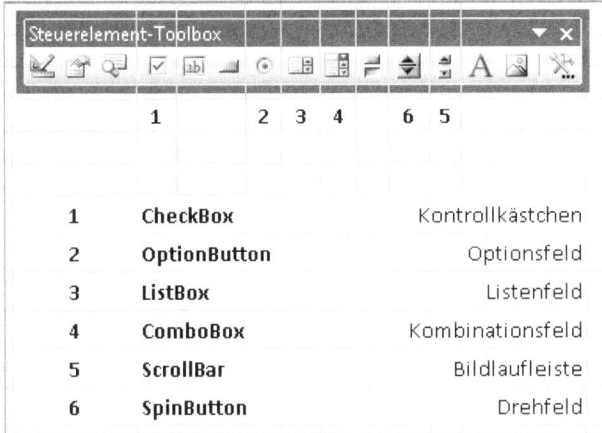

Abbildung 13.2 Ausgewählte Steuerelemente der Symbolleiste *Steuerelement-Toolbox*

In Abbildung 13.2 sehen Sie die Positionen und Bezeichnungen der *ActiveX-Steuerelemente*. (Links die englische, rechts die deutsche des funktionsgleichen *Formularsteuerelements*. Die Nummerierungen 5 und 6 sind nicht aufsteigend, um Gleichheit mit den Inhalten von Tabelle 13.1 und Abbildung 13.1 herzustellen.) Wenn Sie mit der Maus auf ein Steuerelement in der Symbolleiste zeigen, ohne zu klicken, erscheint die deutsche Bezeichnung als Informationstext, wenn Sie jedoch das Objekt ausgewählt und erstellt haben und es bearbeiten, wird Ihnen in verschiedenen Zusammenhängen nur noch seine englische Bezeichnung gezeigt.

Excel 2007

Die Befehle zur Einrichtung und Gestaltung von Steuerelementen befinden sich in der Multifunktionsleiste, Registerkarte *Entwicklertools*, Gruppe *Steuerelemente*.

WICHTIG   Die Registerkarte *Entwicklertools* wird nach der Installation von Excel 2007 *nicht* automatisch angezeigt.

Sie kann jedoch auf dem folgenden Befehlsweg dauerhaft verfügbar gemacht werden: *Office-Schaltfläche/Excel-Optionen*/Kategorie *Häufig verwendet/Entwicklerregisterkarte in der Multifunktionsleiste anzeigen* (vgl. auch Kapitel 9 »Grundeinstellungen«).

Wie Sie in Abbildung 13.3 erkennen, sind nun beide Arten in einer gemeinsamen, aus zwei jeweils zweizeiligen Segmenten bestehenden Zugriffstruktur zusammengefasst, die sich öffnet, wenn Sie auf den Befehl *Einfügen* klicken.

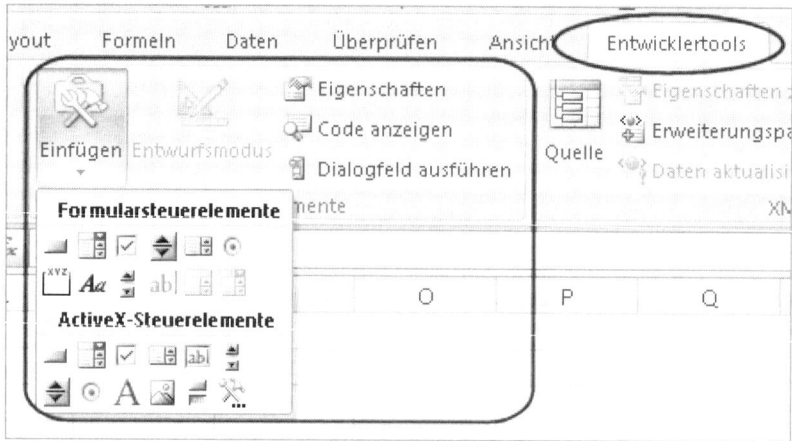

Abbildung 13.3 Für beide Arten ein gemeinsamer Zugriffsort unter Excel 2007

Wenn Sie mit der Maus auf eines der Symbole zeigen, ohne zu klicken, erscheint die deutsche Bezeichnung als Informationstext, wenn Sie jedoch das Objekt ausgewählt und erstellt haben und es bearbeiten, wird Ihnen in verschiedenen Zusammenhängen nur noch seine englische Bezeichnung gezeigt.

Wie erzeuge ich ein Steuerelement und wie ist es markierbar?

Alle Steuerelemente sind grafische Objekte. Als solche haben sie Eigenschaften, wie sie generell für grafische Objekte unter Microsoft Office gelten.

HINWEIS   Allgemeine Hinweise zum Umgang mit grafischen Objekten finden Sie in Kapitel 14.

Wenn Sie ein neues Steuerelement anfertigen wollen, egal welcher Art, gehen Sie in beiden Programmversionen wie folgt vor:

1. Klicken Sie in dem Angebot auf das Steuerelement Ihrer Wahl. Lassen Sie dann die Maustaste los.

2. Bewegen Sie dann den Mauszeiger, der jetzt zu einem kleinen Kreuz geworden ist, an die Stelle der Tabelle, an der Sie das Objekt erzeugen möchten.

3. Ziehen Sie nun mit gedrückter Maustaste eine Form auf (Vorschaurahmen wird gezeigt), die in etwa der von Ihnen gewünschten Größe und Lage entspricht (bei *Kombinationsfeld/ComboBox* betrifft das den geschlossenen Zustand des Objekts).

4. Lassen Sie die Maustaste los; das Objekt erscheint und ist bearbeitungsfähig.

HINWEIS Mit dem beschriebenen Verfahren stellen Sie in einem Arbeitsgang die vorläufig richtige Form des Objekts her. Wenn Sie im Schritt 3 einfach auf eine Stelle der Tabelle klicken, entsteht auch das Objekt, allerdings oft in einer Form, die Sie so nicht gebrauchen und deshalb ohnehin ändern müssen. Das gilt für *ActiveX-Steuerelemente* manchmal, für *Formularsteuerelemente* fast immer.

Für die erneute Markierung eines Steuerelements gilt Folgendes:

Ein *Formularsteuerelement* können Sie wie jedes andere Grafikobjekt markieren, es also bei gedrückter Taste ⌈Strg⌋ anklicken (oder es mit der rechten Maustaste anklicken und dabei gleichzeitig das Kontextmenü öffnen). Dabei wird es mit Markierungselementen versehen, die Sie wie bei jedem anderen Grafikobjekt zum Skalieren benutzen können. Zum Markieren mehrerer Steuerelemente klicken Sie bei gedrückter Taste ⌈Strg⌋ die Elemente Ihrer Wahl nacheinander an.

Komplizierter ist es bei den *ActiveX-Steuerelementen*. Diese sind unter zwei Modi ansprechbar: Entwurfsmodus und Funktionsmodus. Zwischen den beiden Modi ist immer explizit hin- und herzuschalten. Korrekter gesagt: Sie schalten den Entwurfsmodus jeweils an oder aus. Im Zusammenhang mit Abbildung 13.4:

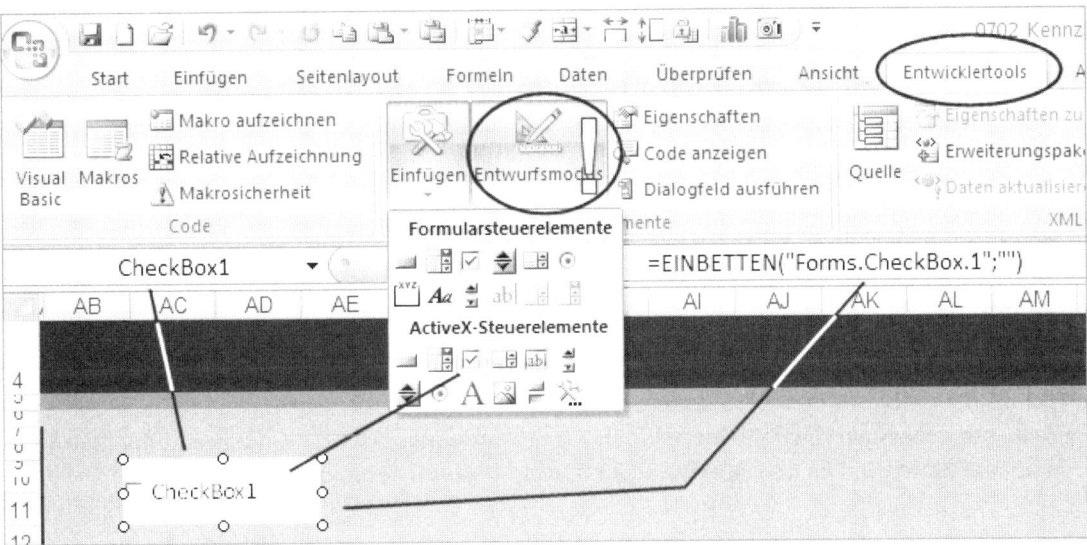

Abbildung 13.4 Beachten Sie den Entwurfsmodus bei der Bearbeitung von *ActiveX-Steuerelementen*

Wenn Sie ein *ActiveX-Steuerelement* erzeugen, wird automatisch sein Entwurfsmodus aktiviert. (Das entsprechende Symbol ist in der Abbildung mit Kreismarkierung und Ausrufezeichen hervorgehoben, bei Excel 2003 befindet es sich in der Symbolleiste *Steuerelement-Toolbox*, ganz links.) Solange Sie den Entwurfsmodus nicht aufheben, können Sie das Objekt in jeder Hinsicht (Form und Funktion) gestalten. Wenn Sie den Entwurfsmodus jedoch durch Klick auf das Symbol aufgehoben haben, z. B. um die Funktion zu testen, können Sie das Objekt nicht mehr markieren – auch nicht mit gedrückter Taste ⌈Strg⌋. Um es erneut markieren zu können, müssen Sie explizit den Entwurfsmodus wieder einschalten. Dann weiter wie oben: Sie können das Steuer-element im Entwurfsmodus wie ein Grafikobjekt markieren, es also bei gedrückter Taste $\boxed{\texttt{Strg}}$ anklicken (oder es mit der rechten Maustaste anklicken und dabei gleichzeitig das Kontextmenü öffnen). Dabei wird es mit Markierungselementen versehen und kann mit deren Nutzung belie-big skaliert werden. Zum Markieren mehrerer Steuerelemente klicken Sie bei gedrückter Taste $\boxed{\texttt{Strg}}$ die Elemente Ihrer Wahl nacheinander an.

WICHTIG   Vermeiden Sie, ein markiertes *ActiveX-Steuerelement* doppelt anzuklicken!

Wenn Sie auf ein markiertes *ActiveX-Steuerelement* versehentlich doppelklicken, erzeugen Sie Programmcode. Wie Sie damit umgehen können, ist weiter unten im Abschnitt »ActiveX-Steuerelemente« unter »Versehentliches Erzeugen von Programmcode« erwähnt.

Formularsteuerelemente

HINWEIS   Die nachstehenden Beschreibungen sind überwiegend technisch-theoretischer Natur. Den prak-tischen Einsatz von *Formularsteuerelementen* lernen Sie in Teil A des Buches kennen.

Wie kann ich ein Formularsteuerelement funktionalisieren?

Ein *Formularsteuerelement* benötigt zu seiner Funktionsfähigkeit eine Definition seiner Inhalte bzw. seiner Eigenschaften und eine *Zellverknüpfung*, in die es seinen Ausgabewert (das Resultat der Anwenderaktion) lenken kann. Am einfachen Beispiel: Ein *Kombinationsfeld* benötigt zur Füllung seiner dem Benutzer angebotenen Dropdownliste einen Quellbereich (bestehend aus Einträgen in Tabellenzellen) und eine Zelle, in die es den Indexwert übergeben kann, der ent-steht, wenn der Anwender im Steuerelement auf einen der Listeneinträge geklickt hat.

Die dazu erforderlichen Tabellenstrukturen werden bei Anwendung der rS1.Methode in aller Regel im Arbeitsblatt *Listen 1* eingerichtet und mit Bereichsnamen versehen. Diese Namen sind in den entsprechenden Dialogfeldern einzutragen, mit denen Sie die Funktionalitäten der Steu-erelemente festlegen. Dazu in Abbildung 13.5 und Abbildung 13.6 drei Beispiele.

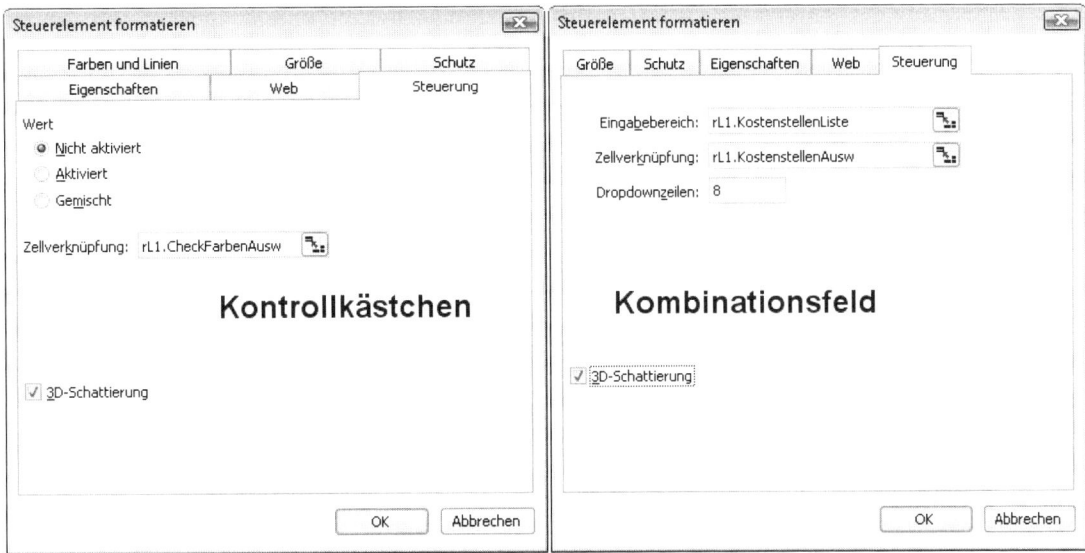

Abbildung 13.5 Festlegungen für *Kontrollkästchen* und *Kombinationsfeld*

Abbildung 13.6 Festlegungen für eine *Bildlaufleiste*

Das mag als exemplarische Auswahl genügen, weil es zu den Steuerungen der hier nicht abgebildeten Objekte in dieser Hinsicht kaum Unterschiede gibt:

■ *Optionsfeld* entspricht *Kontrollkästchen*

■ *Listenfeld* entspricht *Kombinationsfeld*

■ *Drehfeld* entspricht *Bildlaufleiste*

In der Abbildung 13.7 finden Sie eine Zusammenstellung, die Ihnen zeigt, welche Festlegungen für die jeweiligen Objekte in den Dialogfeldern zu treffen sind und welche Werte (in welchem Wertebereich) sie in ihre *Zellverknüpfungen* ausgeben können.

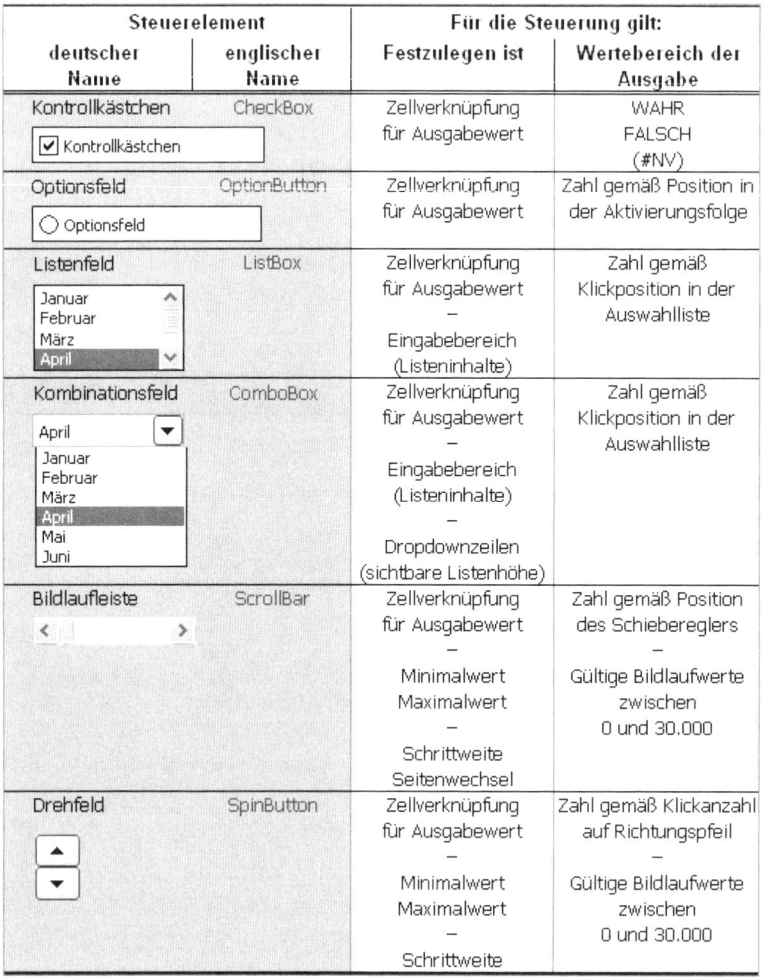

Steuerelement		Für die Steuerung gilt:	
deutscher Name	englischer Name	Festzulegen ist	Wertebereich der Ausgabe
Kontrollkästchen ☑ Kontrollkästchen	CheckBox	Zellverknüpfung für Ausgabewert	WAHR FALSCH (#NV)
Optionsfeld ◯ Optionsfeld	OptionButton	Zellverknüpfung für Ausgabewert	Zahl gemäß Position in der Aktivierungsfolge
Listenfeld Januar Februar März April	ListBox	Zellverknüpfung für Ausgabewert – Eingabebereich (Listeninhalte)	Zahl gemäß Klickposition in der Auswahlliste
Kombinationsfeld April Januar Februar März April Mai Juni	ComboBox	Zellverknüpfung für Ausgabewert – Eingabebereich (Listeninhalte) – Dropdownzeilen (sichtbare Listenhöhe)	Zahl gemäß Klickposition in der Auswahlliste
Bildlaufleiste	ScrollBar	Zellverknüpfung für Ausgabewert – Minimalwert Maximalwert – Schrittweite Seitenwechsel	Zahl gemäß Position des Schiebereglers – Gültige Bildlaufwerte zwischen 0 und 30.000
Drehfeld ▲ ▼	SpinButton	Zellverknüpfung für Ausgabewert – Minimalwert Maximalwert – Schrittweite	Zahl gemäß Klickanzahl auf Richtungspfeil – Gültige Bildlaufwerte zwischen 0 und 30.000

Abbildung 13.7 Übersicht zur Steuerung der *Formularsteuerelemente*

Wie kann ich ein Formularsteuerelement formatieren?

Zu dieser Frage gibt es nur kurze Antworten.

■ Wenn Sie das Dialogfeld zur Formatierung eines *Formularsteuerelements* öffnen, finden Sie für *Kontrollkästchen* und für *Optionsfelder* die Registerkarte *Farben und Linien*. Sie können damit eine Flächenfarbe sowie Art, Farbe und Stärke des Rahmens bestimmen.

Für die übrigen Objekte gilt das nicht. Hier sind im Zusammenhang mit den Beispielen in diesem Buch nur noch drei Registerkarten zu erwähnen (die es für die beiden vorgenannten Objekte natürlich auch und zusätzlich gibt):

- Besonders WICHTIG: Belassen Sie auf der Registerkarte *Schutz* die Standardeinstellung *Gesperrt*. Es handelt sich hier um einen Zugriffsschutz, nicht um einen Funktionsschutz. Anders gesagt: Wenn Sie später im fertigen Modell das Arbeitsblatt schützen, funktioniert das dort platzierte Steuerelement weiterhin, lässt sich aber nicht mehr markieren und somit nicht mehr verändern – also genau so, wie es sein soll!

- Benutzen Sie die Registerkarte *Größe*, um metrische Abmessungen der Objekte zu bestimmen. Das ist vor allem dann wichtig, wenn mehrere Steuerelemente eines Arbeitsblatts identische bzw. zueinander harmonische Maße aufweisen sollen.

- Benutzen Sie die Registerkarte *Eigenschaften*, um festzulegen, wie sich das Steuerelement in Relation zu den Zellen seiner »gastgebenden« Tabelle verhalten soll und ob es mit auszudrucken ist (vgl. Abbildung 13.8).

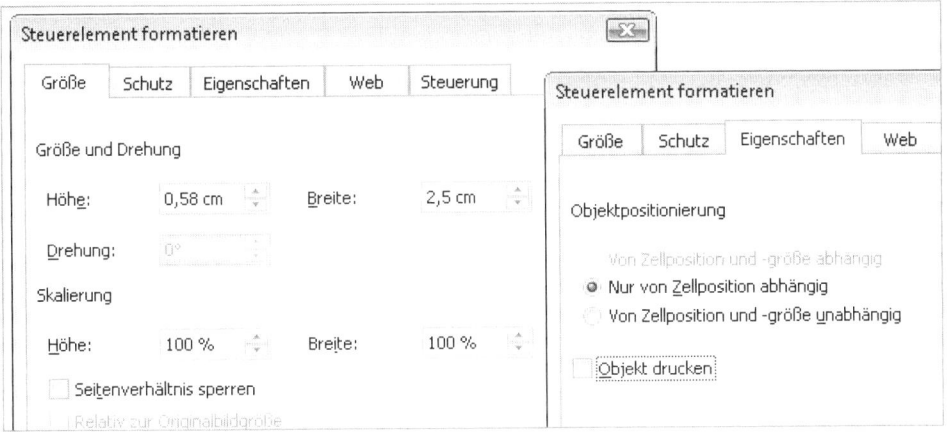

Abbildung 13.8 Festlegungen von Größe und Eigenschaften für *Formularsteuerelemente*

HINWEIS   Ausgedruckte *Formularsteuerelemente* sehen meistens nicht besonders gut aus. Schalten Sie also, wenn immer möglich, diese Option aus.

ActiveX-Steuerelemente

HINWEIS   Die nachstehenden Beschreibungen sind überwiegend technisch-theoretischer Natur. Die praktische Verwendung von *ActiveX-Steuerelementen* stimmt im Wesentlichen mit dem Einsatz von *Formularsteuerelementen* überein, wie er im Teil A des Buches an Beispielen erläutert wird.

Angaben zum weitergehenden Gebrauch und zu im Teil A nicht erwähnten Besonderheiten der *ActiveX-Steuerelemente* finden im nachstehenden Text an einigen Stellen Berücksichtigung.

Grundsätzliches zu ActiveX-Steuerelementen

Bei den ActiveX-Steuerelementen handelt es sich um einen in diversen Microsoft-Anwendungen ein-setzbaren Standard. Er wurde zur Verwendung in programmierten Lösungen entwickelt und wird ganz überwiegend auch so benutzt. Der in diesem Buch behandelte Gebrauch zur Steuerung zwar dynamischer, dennoch aber programmfreier Lösungen ist eher ungewöhnlich. Das beinhaltet eine tröstliche Komponente: Sie müssen sich von den eindrucksvoll langen, englischsprachigen und anfangs schwer verständlichen Eigenschaftenlisten dieser Elemente kaum schrecken lassen, weil Sie nur einen kleinen Bruchteil der dort angebotenen Möglichkeiten in Anspruch nehmen müssen. Der ganze große, schöne Rest wird lediglich in der Programmierung benötigt.

Standards

Folgendes ist grundsätzlich wichtig:

- *ActiveX-Steuerelemente* sind keine integralen Bestandteile von Excel und verhalten sich auch nicht so wie Excel- oder Office-Objekte – nur so ähnlich. Das ist für den Einsteiger gewöhnungsbedürftig, besonders in der Konstruktionsphase eines Modells.

- *ActiveX-Steuerelemente* sind, wie oben schon erwähnt, unter zwei Modi ansprechbar: Im Entwurfsmodus funktionieren sie nicht, im Funktionsmodus sind sie nicht gestaltbar. Beachten Sie dazu bitte die Ausführungen weiter oben im Zusammenhang mit Abbildung 13.4.

- *ActiveX-Steuerelemente* haben komplexe, vielfältig definierbare Eigenschaften, die nur mit englischsprachigen Programmierbegriffen aufgelistet sind.

- *ActiveX-Steuerelemente* haben mehrere Arten (Gruppen) von Eigenschaften:

  - Funktionseigenschaften, mit denen Inhalte und Verhalten des Objekts geregelt werden (Was zeigt das Steuerelement und wie reagiert es?)

  - Formateigenschaften, die das Erscheinungsbild des Objekts und seiner Inhalte bestimmen (Was zeigt das Steuerelement wie?)

- *ActiveX-Steuerelemente* haben Eigenschaften, die im Entwurfsmodus auf unterschiedliche Weise veränderbar sind:

  - Indirekt durch Aktionen und Manipulationen an und mit dem Steuerelement. Beispiel: Sie verändern mit der Maus die Breite und die Höhe des Objekts. Dadurch bestimmen Sie dessen Eigenschaften *Width* und *Height*. Sie können jedoch diese Eigenschaften auch in einem Dialogfeld festlegen (bzw. dort ändern).

  - Direkt durch explizite Festlegung der jeweiligen Eigenschaft in einem Dialogfeld. Beispiel: Sie tragen im Eingabefeld *LinkedCell* den Bereichsnamen einer Zelle ein.

Versehentliches Erzeugen von Programmcode

Wenn Sie *ActiveX-Steuerelemente* erzeugen, können Sie sich nur schwer einer Unbequemlichkeit entziehen, der Sie auch bereits bei Ihrem ersten Versuch begegnen könnten: dem versehentlichen Erzeugen von VBA-Programmcode. Das ist lästig, aber, wie Sie gleich sehen werden, kein wirkliches Problem.

Dass Sie sich dieser Unbequemlichkeit kaum entziehen können, kann zwei Gründe haben. Irgendwann einmal werden Sie, wenn der Entwurfsmodus eingeschaltet und ein Steuerelement markiert ist,

- versehentlich in der Multifunktionsleiste den Befehl *Code anzeigen* wählen (bzw. unter Excel 2003 in der Symbolleiste *Steuerelement-Toolbox* auf das entsprechende Symbol klicken),

- versehentlich auf das markierte Steuerelement doppelklicken.

Beides wird von Excel als Aufforderung verstanden, für dieses Steuerelement eine VBA-Prozedur anzulegen und ehe Sie es sich versehen, sind Sie in einer Ihnen vielleicht gänzlich unvertrauten Arbeitsumgebung gelandet, dem *Visual Basic-Editor*. Und der beglückt Sie in seinem Code-Fenster jetzt auch gleich mit einer frisch erzeugten Prozedur, erwartungsfroh, dass Sie zwischen *Private Sub* und *End Sub* allerlei Programmzeilen schreiben möchten, die später beim Anklicken des Steuerelements abzuarbeiten wären. Wollen Sie aber nicht. Was also tun?

Korrektur unter Excel 2007

Unter Excel 2007 können Sie das Missgeschick ignorieren (unter früheren Versionen nicht) und den *Visual Basic-Editor* einfach wieder schließen. Denn beim nächsten Speichern wird sich das Programm mit der Nachricht melden:

»Die folgenden Features können in Arbeitsmappen ohne Makros nicht gespeichert werden

- *VB Projekt*

… (weitere Hinweise)

Klicken Sie auf 'Ja', um die Datei als Arbeitsmappe ohne Makros zu speichern.«

Das genau ist es, was Sie jetzt tun sollten. Denn damit wird die versehentlich erzeugte VBA-Prozedur aus der Arbeitsmappe entfernt.

Korrektur unter Excel 2003

Es erscheint das Entwurfsfenster von Visual Basic mit einer automatisch angelegten VBA-Prozedur. So z. B.:

```
Private Sub OptionButton1_Click()

End Sub
```

1. Markieren Sie diese Zeilen Text komplett und löschen Sie sie mit der Taste Entf.
2. Schließen Sie dann das Entwurfsfenster von *Visual Basic* mit Klick auf die *Schließen*-Schaltfläche (Kreuz oben rechts in der Titelleiste des Fensters).
3. Speichern Sie die Datei.

Wie kann ich ein ActiveX-Steuerelement funktionalisieren?

Ein *ActiveX-Steuerelement* benötigt zu seiner Funktionsfähigkeit die Festlegung seiner *Eigenschaften*.

Die dazu erforderlichen Tabellenstrukturen werden bei Anwendung der rS1.Methode in aller Regel im Arbeitsblatt *Listen 1* eingerichtet und mit Bereichsnamen versehen. Diese Namen tauchen dann in den entsprechenden Dialogfeldern auf, mit denen die *Eigenschaften* des Steuerelements bestimmt werden.

Verfahren

Es stehen zwei Zugangswege zur Verfügung (vgl. dazu Abbildung 13.9 mit der Anzeige der Multifunktionsleiste von Excel 2007 und daneben der Symbolleiste *Steuerelement-Toolbox* aus Excel 2003):

- Sie schalten den *Entwurfsmodus* ein, klicken mit der linken Maustaste auf das Element, um es zu markieren, und wählen dann in der Multifunktionsleiste bzw. in der Symbolleiste *Steuerelement-Toolbox* den Befehl *Eigenschaften*.

- Sie schalten den *Entwurfsmodus* ein, klicken mit der rechten Maustaste auf das dadurch automatisch markierte Element und wählen im Kontextmenü den Befehl *Eigenschaften*.

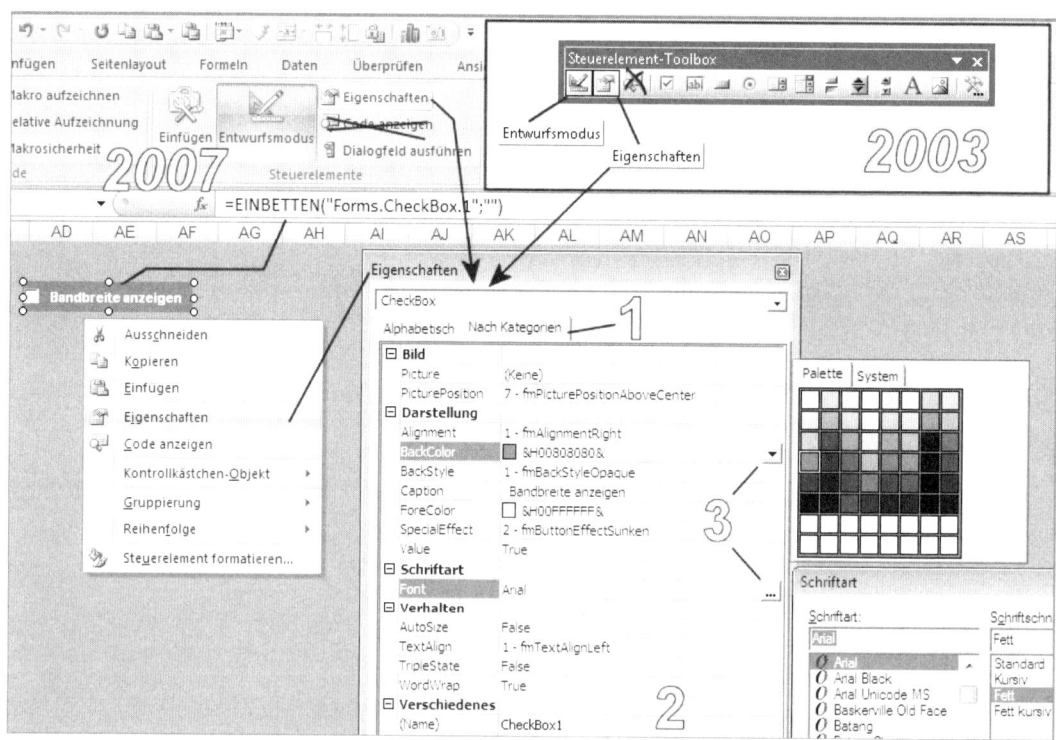

Abbildung 13.9 Der Zugang ist unterschiedlich, das weitere Vorgehen nicht

Die dann anstehende, allgemeine Vorgehensweise ist in beiden Programmversionen identisch. Dazu weiter im Zusammenhang mit der Nummerierung in Abbildung 13.9:

1. Im Dialogfeld *Eigenschaften* wählen Sie die Registerkarte *Nach Kategorien*, die jedenfalls für Einsteiger sehr viel übersichtlicher ist als die ebenfalls angebotene alphabetische Auflistung.

2. Die Eigenschaften legen Sie durch manuelle Eingaben in der rechten Spalte des Dialogfelds fest oder

3. durch die Auswahl von Vorgaben (wenn nach Klick in die rechte Spalte der betreffenden Zeile eine Schaltfläche angeboten wird).

Abschließend dann das Dialogfeld schließen, den *Entwurfsmodus* ausschalten und das Ergebnis prüfen bzw. die Funktionen testen.

Im Standard festzulegende Eigenschaften

Die Abbildung 13.10 zeigt eine Übersicht zu den für die Beispiele dieses Buches bedeutsamen *ActiveX-Steuerelementen*. Zusammengestellt sind dort die mindestens festzulegenden Eigenschaften und die Art der Ausgabewerte.

Zu den dort vorhandenen englischen Begriffen einige wichtige Erläuterungen allgemeiner Art:

- *LinkedCell* ist die Zelle, in die der Ausgabewert des Steuerelements gelenkt wird. Sie entspricht der *Verknüpfungszelle* eines *Formularsteuerelements*.

- *Caption* ist der Text, der als Beschriftung eines Steuerelements, z. B. einer *CheckBox* oder eines *OptionButtons* erscheint.

- *ListFillRange* ist der Zellbereich, in dem die Inhalte einer Auswahlliste hinterlegt sind (betrifft *ListBox* und *ComboBox*) und entspricht dem *Eingabebereich* eines *Formularsteuerelements*. Der Bereich kann auch mehrspaltig sein und er kann mehrspaltig im Steuerelement angezeigt werden.

- *ListRows* betrifft die *ComboBox* und lässt Sie festlegen, wie viele Zeilen der Dropdownliste bei ihrem Öffnen sichtbar werden.

- *Max* und *Min* sind Grenzwerte der Laufweite von *SpinButtons* und *ScrollBars*.

- *BoundColumn* bestimmt, ob von einem Listenelement eine Zahl oder ein Text ausgegeben wird. Mehr dazu weiter unten.

Steuerelement		Festzulegende Eigenschaften Muss (bei rS1.Methode)	Ausgabewerte
1	☑ CheckBox	Caption LinkedCell	WAHR FALSCH
2	⦿ OptionButton	Caption, LinkedCell, GroupName	Zahl gemäß Position in der Aktivierungsfolge
3	Januar Februar März April Listbox	BoundColumn LinkedCell ListFillRange	Zahl gemäß Klickposition in der Auswahlliste (wenn BoundColumn = 0)
4	April März April Mai Juni Combobox	BoundColumn LinkedCell ListFillRange ListRows	Zahl gemäß Klickposition in der Auswahlliste (wenn BoundColumn = 0)
5	◀ ▶ ScrollBar	LinkedCell Max, Min	Zahl gemäß Position des Bildlauffelds
6	◀ ▶ SpinButton	LinkedCell Max, Min	Zahl gemäß Wert nach Klick auf Pfeil

Abbildung 13.10 Übersicht zu ausgewählten *ActiveX-Steuerelementen*

Besonderheiten der Eigenschaften einiger ActiveX-Steuerelemente

Bei den *ActiveX-Steuerelementen* gibt es etliche *Eigenschaften*, die einen größeren funktionalen Gestaltungsspielraum ermöglichen, als es bei den *Formularsteuerelementen* möglich ist. Einige solcher Vorteile sind nachstehend zusammengestellt.

Besonderheit bei *OptionButtons*

Sie können die sich gegenseitig ausschließenden Steuerelemente an beliebigen, unterschiedlichen Stellen platzieren und/oder mehrere Gruppen solcher Steuerelemente in einem Arbeitsblatt verwenden, ohne sie jeweils zu einer Gruppe zusammenfassen zu müssen. Ihre Zusammengehörigkeit lässt sich allein durch die Verwendung der Eigenschaft *GroupName* bestimmen. Für alle Steuerelemente einer bestimmten Gruppe wird derselbe, benutzerdefinierte *GroupName* festgelegt.

Besonderheiten bei *ListBox* und *ComboBox*

Mit der Eigenschaft *BoundColumn* legen Sie fest, ob das Steuerelement in seine *LinkedCell* den Listeneintrag (den Text) ausgibt, auf den geklickt wurde, oder die numerische Position (den *ListIndex*) dieses Eintrags. Die Grundeinstellung für diese Eigenschaft ist 1. Wenn Sie den *List-Index* ausgeben wollen (was bei den meisten Beispielen in diesem Buch gewünscht ist), müssen Sie die Eigenschaft auf 0 (null) setzen. Dabei ist dann zu beachten, dass die Zählung nicht mit 1 beginnt, sondern mit null. Wenn Sie auf den ersten Eintrag der Liste klicken, erscheint in der *LinkedCell* eine Null, der zweite erzeugt die 1 usw. Dies ist zu beachten, wenn Sie die Werte der *LinkedCell* als Zeilen- oder als Spaltenargumente in Formeln z. B. des Typs INDEX oder BEREICH.VERSCHIEBEN weiterverwenden.

Wenn die Eigenschaft *BoundColumn* auf 1 steht (oder höher), gibt das Steuerelement in seine *LinkedCell* den Eintrag selbst (in der Regel also einen Text) aus, auf den geklickt wurde. Dies ist ideal, wenn Sie das »Klickergebnis« als Suchkriterium z. B. einer SUMMEWENN- oder einer SVERWEIS-Formel benutzen möchten. Höher als 1 können Sie die Eigenschaft setzen, wenn Sie ein mehr-spaltiges Steuerelement eingerichtet haben (gleich dazu mehr) und dann mit *BoundColumn* bestimmen wollen, welcher Spalteninhalt aus der jeweils angeklickten Zeile in die *LinkedCell* aus-gegeben wird.

Mit der Eigenschaft *ColumnCount* bestimmen Sie die Anzahl der Spalten, die im Steuerelement angezeigt werden sollen. Dies können auch weniger Spalten sein, als für die *ListFillRange* defi-niert wurden. Wenn Sie ein mehrspaltiges Element einrichten, müssen Sie auch die Eigen-schaften *ColumnWidths* und, bei der *ComboBox*, *ListWidth* definieren. *ColumnWidths* (in der Syntax *Zahl;Zahl;Zahl* usw.) gibt die Breite der einzelnen Spalten im mehrspaltigen Steuerele-ment an. Mit *ListWidth* bestimmen Sie, wie breit die gesamte Dropdownliste sein soll. Die Drop-downliste kann auch breiter sein als die *ComboBox* bei geschlossener Liste (Letzteres entspricht der Eigenschaft *Width*).

Mit der Eigenschaft *MatchEntry* bestimmen Sie, wie das Steuerelement seine Liste durchsucht, wenn der Benutzer über die Tastatur Zeichen eingibt. Dies ist natürlich besonders hilfreich, wenn Sie in Auswahllisten mit sehr vielen Einträgen arbeiten. Die drei möglichen Einstellungs-varianten:

0 - fmMatchEntryFirstLetter	Basisabgleich. Das Steuerelement sucht nach dem nächsten Eintrag, der mit dem eingegebenen Zeichen beginnt. Bei wiederholtem Eingeben des gleichen Buchstabens werden nacheinander alle Einträge durchlaufen, die mit diesem Buchstaben beginnen.
1 - fmMatchEntryComplete	Erweiterter Abgleich. Sobald ein Zeichen eingegeben wird, sucht das Steuerelement nach einem Eintrag, der mit allen bisher eingegebenen Zeichen übereinstimmt (Voreinstellung).
2 - fmMatchEntryNone	Der Abgleich ist ausgeschaltet.

Besonderheit bei *ScrollBar* und *SpinButton*

Sie können bei der *ScrollBar* und beim *SpinButton* die Werte der Eigenschaften *Max* und *Min* austauschen, um die »Laufrichtung« des Elements bzw. seiner Steuerung umzukehren. Anders gesagt: Bei diesen Steuerelementen darf der Wert von *Min* größer sein als der von *Max*. Dies ist bei *Formularsteuerelementen* nicht möglich.

Wenn Sie einen *SpinButton* so formen, dass er höher ist als breit, stehen die Pfeile in der Vertika-len; wenn er breiter ist als hoch, stehen sie in der Horizontalen. Dies ist bei einem *Drehfeld* aus der Gruppe der *Formularsteuerelemente* nicht möglich.

Wie kann ich ein ActiveX-Steuerelement formatieren?

Neben der Bestimmung der Größe (entweder mit der Maus am markierten Objekt oder durch Festlegung der Eigenschaften *Height* und *Width*) haben Sie zahlreiche Möglichkeiten, das Erscheinungsbild eines *ActiveX-Steuerelements* zu bestimmen. Dies kann z. B. so weit gehen, dass Sie in einer fertigen Lösung ein Steuerelement gar nicht mehr als solches erkennen, weil es nach Art, Schrift, Rahmung und Färbung vollständig in seine Umgebung integriert ist.

Natürlich variieren die Möglichkeiten je nach Art des Objekts. Die nachstehende Zusammenstellung im Zusammenhang mit Abbildung 13.11 und Tabelle 13.2 betrifft die *ComboBox*.

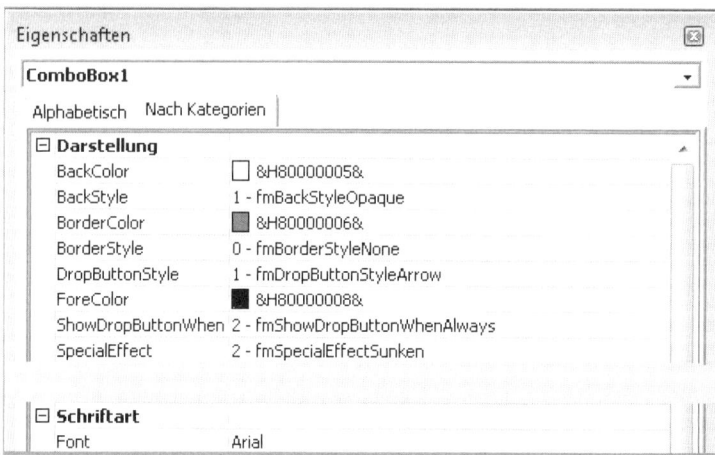

Abbildung 13.11 Die Darstellungseigenschaften lassen umfangreiche Formatierungen zu

LNr	Eigenschaft	Formatierungsart
1	BackColor	Hintergrundfarbe (Flächenfüllfarbe)
2	BackStyle	Hintergrundeigenschaft; undurchsichtig (Standard) oder transparent
3	BorderColor	Farbe des Objektrahmens
4	BorderStyle	Objektrahmen als Linie (Standard) oder unsichtbar
5	DropButtonStyle	Art des Symbols, das auf der Dropdown-Schaltfläche gezeigt wird (vier Möglichkeiten)
6	ForeColor	Schriftfarbe (bzw. Farbe der Pfeile bei *ScrollBar* und *SpinButton*)
7	ShowDropButtonWhen	Legt fest, unter welchen Umständen die Dropdown-Schaltfläche zur Anzeige kommt (drei Möglichkeiten)
8	SpecialEffect	Legt das Gesamterscheinungsbild des Objekts fest (z. B. Rahmengestaltung, Hervorhebungen, Einsenkungen; bei diesem Objekt fünf Möglichkeiten)
9	Font	Schriftart, Schriftschnitt und Schriftgrad

Tabelle 13.2 Ausgewählte Formatierungseigenschaften einer *ComboBox*

Grafische Objekte

In Teil A ist an etlichen Stellen von »Excel-Präsentationen« die Rede. Zu deren Ausstattung gehören immer auch grafische Objekte verschiedener Art. Deren Anfertigung, Formatierung und Verwendung als Gestaltungsmittel ist unter Microsoft Office ein sehr umfangreiches und vielfältiges Thema und wäre durchaus, ganz besonders seit der Einführung von Office 2007, eines eigenen Buches wert. Hier in diesem Rahmen muss ich mich allerdings auf einige kurze Basisinformationen beschränken.

Objektarten, Zugriffe und Befehle

Zur Gestaltung eines Excel-Arbeitsblatts können verschiedenartige grafische Objekte benutzt werden:

Zeichnungsobjekte

Zeichnungsobjekte sind alle grafischen Objekte, die Sie mit den in Excel verfügbaren Features und Werkzeugen selbst erstellen und/oder deren Elemente sowie Inhalte Sie in bestimmten Grenzen wahlfrei verändern können. Dazu zählen:

- Flächige *Formen*
- *Textfelder* (eine spezifische Variante der flächigen Formen)
- Linien und Kurven (die ebenfalls zu den *Formen* zählen)
- *WordArt* (Text als Grafik)

Ein Zeichnungsobjekt fügen Sie in ein Excel-Arbeitsblatt ein, indem Sie es mithilfe eines in Excel vorhandenen Werkzeugs erstellen oder es von anderer Stelle (ggf. auch aus einem anderen Office-Programm) als Kopie übernehmen.

Bildobjekte

Bildobjekte sind alle grafischen Objekte, die Sie mit den in Excel verfügbaren Features und Werkzeugen *nicht* erstellen und deren Elemente und Inhalte Sie *nicht* verändern können. Die Gestaltungsmöglichkeiten betreffen Umgebungsstrukturen (z. B. Rahmen und Schatten) oder die Gesamterscheinung (z. B. Kontrast, Helligkeit, Größe oder Form), nicht aber den tatsächlichen Inhalt. Typische Vertreter dieser Gruppe sind beispielsweise digitalisierte Fotos oder Objekte, die mit einem Grafikprogramm erzeugt und dann als Bilddatei beliebigen Formats (*bmp, tif, jpg, png* usw.) gespeichert wurden.

Ein Bildobjekt fügen Sie in ein Excel-Arbeitsblatt ein, indem Sie es als Datei oder von anderer Stelle als Kopie übernehmen.

Besondere Objekte

Neben den vorstehend erwähnten Standards sind noch weitere, nicht so eindeutig klassifizierbare Objekte zu erwähnen:

Diagramme

Zahlenbasierte Diagramme (vgl. Kapitel 15) sind ebenfalls grafische Objekte, nehmen aber eine Zwitterstellung ein. Sie sind weder reine Zeichnungsobjekte noch reine Bildobjekte. Sie weisen zwar Strukturen, Elemente und Inhalte auf, die Sie mit in Excel verfügbaren Features und Werkzeugen erstellen und verändern können, entziehen sich aber andererseits in vielerlei Hinsicht einer freien, benutzerdefinierten Gestaltbarkeit.

WICHTIG Auf ein Diagramm (als Ganzes) sind etliche der in diesem Kapitel erwähnten Befehle anwendbar, wenn Sie es mit gedrückter Taste `Strg` anklicken und es damit als Grafikobjekt markieren, erkennbar an den »Anfassern«, den kleinen, kreisförmigen Randmarkierungen.

Steuerelemente

Auch Steuerelemente (vgl. Kapitel 13) sind grafische Objekte, die sich hinsichtlich ihrer Erstellung und grafischen Veränderbarkeit im Wesentlichen wie Zeichnungsobjekte behandeln lassen.

Werkzeuge und Befehle

Es gibt in Excel (ebenso wie in Word und in PowerPoint) zahlreiche Werkzeuge und Befehle, mit denen Sie Zeichnungsobjekte erstellen und sie – sowie im eingeschränkten Rahmen auch Bildobjekte – verändern können. Dazu nachstehend eine zusammenfassende Übersicht.

Unterschiede: Excel 2003 und Excel 2007

Die hier beschriebenen Ressourcen sind in beiden Programmen vorhanden. Die Unterschiede beziehen sich im Wesentlichen auf zwei Aspekte. Dazu und zu den daraus resultierenden Konsequenzen für die Inhalte des Kapitels:

- Die Zugriffsarten auf die Features und Werkzeuge sind zum Teil identisch oder ähnlich, zum Teil aber völlig unterschiedlich. Dies hier in allen Details zu beschreiben, würde den verfügbaren Rahmen bei Weitem sprengen. Ich darf deshalb die Anwender von Excel 2007 bitten, die Informationen zur Version 2003 ebenfalls zu lesen, da sie einige Angaben grundsätzlicher Art enthalten, die an anderer Stelle nicht mehr wiederholt werden. Andererseits gilt für die Anwender von Excel 2003, dass sich die Texte und Abbildungen im Hauptabschnitt »Grundlegende Arbeitstechniken« generell auf Excel 2007 beziehen. Auf wesentliche Unterschiede zur Version 2003 (das sind nur sehr wenige) wird dort dann entsprechend hingewiesen.

- Die Veränderungs- und Formatierungsmöglichkeiten für Grafikobjekte sind bereits in der Version 2003 von erheblichem Umfang und werden in der Praxis nur sehr selten ausgeschöpft. Was nun aber in der Version 2007 an Erweiterungen und Verbesserungen noch hinzugekommen ist, zeigt eine nahezu überbordende Vielfalt. Sie auch nur annähernd zu erschließen, bedarf viel eigener Initiative, Zeit und Übung – wer das investieren kann, wird zahllose Möglichkeiten zu grafisch anspruchsvollen Arbeitsblattgestaltungen jeglicher Art entdecken. Anleitungen dazu kann ich in diesem Buch nicht geben.

Excel 2003

Die Werkzeug- und Befehlssammlung ist überwiegend in den beiden Symbolleisten *Zeichnen* und *Grafik* sowie in den Kontextmenüs der Objekte zusammengefasst.

> **HINWEIS**   Klicken Sie mit der rechten Maustaste in eine beliebige Symbolleiste, um eine Auflistung aller verfügbaren Symbolleisten zu sehen, und klicken Sie dann auf einen Eintrag in dieser Liste, um die gewünschte Symbolleiste anzuzeigen.

Zeichnungsobjekte

Zu den grundsätzlichen Arbeitsmöglichkeiten mit Einsatz der Symbolleiste *Zeichnen* orientieren Sie sich bitte an Tabelle 14.1. Deren Nummerierung entspricht der Unterteilung in Abbildung 14.1. Einige der Befehle sind zu Gruppen zusammengefasst.

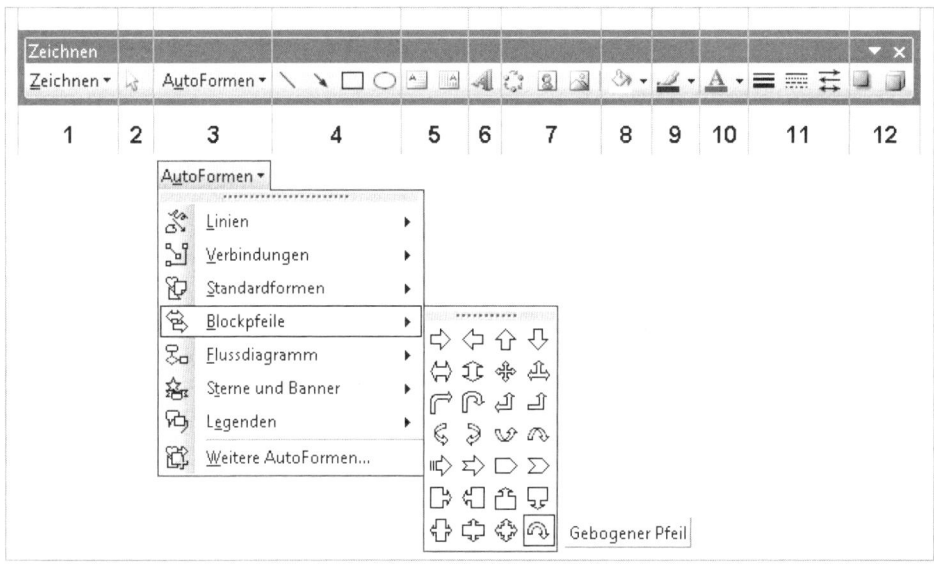

Abbildung 14.1   Große Auswahl in der Symbolleiste *Zeichnen*; Material für viele Übungsstunden

LNr	Befehl/Menü	Arbeitsmöglichkeiten
1	Menü *Zeichnen*	Zahlreiche Befehle zum Gruppieren und Schichten (Reihenfolge), die auch im Kontextmenü der Objekte (siehe weiter unten) angeboten werden; des Weiteren Befehle zur Ausrichtung und Positionierung sowie zum Drehen und Kippen von Objekten; Umwandeln einer AutoForm in eine andere (mit Übernahme von ggf. vorhandenen Textinhalten und Formaten)
2	*Objekte markieren*	Mehrere Objekte großräumig mit Rechteckmarkierung umgeben, um sie gemeinsam zu markieren

Tabelle 14.1   Symbolleiste *Zeichnen*: Unterteilung und Arbeitsmöglichkeiten

LNr	Befehl/Menü	Arbeitsmöglichkeiten
3	*AutoFormen*	Auswahl von zahlreichen Zeichnungsobjekten unterschiedlicher Art (mehr dazu noch weiter unten)
4	*Linie, Pfeil, Rechteck, Ellipse*	Auswahl häufig benutzter Zeichnungsobjekte aus der Gruppe der *AutoFormen*
5	*Textfelder*	Textfeld mit horizontaler oder mit vertikaler Textausrichtung erstellen
6	*WordArt einfügen*	Den *WordArt-Katalog* aufrufen (grafische Gestaltungen und Variationen von Zeichenfolgen)
7	*Organigramm, ClipArt und Grafik einfügen*	Aufruf von Vorlagen zu Organigrammen und anderen Objekten ähnlicher Art; Zugang zu ClipArt-Sammlungen Grafik (Bildobjekt) aus Datei einfügen
8	*Füllfarbe*	Flächige Objekte mit Farben oder mit Fülleffekten versehen
9	*Linienfarbe*	Linien und Rahmen mit Farben und/oder mit Linienmustern versehen
10	*Schriftfarbe*	Schriftfarbe für oder in Zeichnungsobjekten festlegen
11	*Linienart, Strichart, Pfeilart*	Stärke und Art von Linien und Rahmen bestimmen, Gestaltung von Pfeilen
12	*Schatten, 3D-Art*	Umfangreiche Optionen mit weiteren Verzweigungen zur Gestaltung von dreidimensionalen und/oder schattierten Objekten

Tabelle 14.1 Symbolleiste *Zeichnen*: Unterteilung und Arbeitsmöglichkeiten *(Fortsetzung)*

Ihrer ganz besonderen Beachtung möchte ich, nochmals mit Rückgriff auf Abbildung 14.1, das Menü *AutoFormen* empfehlen. Hier finden Sie eine Vielzahl von Werkzeugen (in den Untermenüs *Linien* und *Verbindungen*) sowie mehrere, thematisch gruppierte Sammlungen von vorgefertigten, flächigen Formen. Was für den Einsatz der Letztgenannten als Gestaltungsmittel von besonderer Wichtigkeit ist:

- Jede dieser Formen kann mit aller Vielfalt der Symbolleiste *Zeichnen* behandelt werden.

- Jede dieser Formen kann in mehr oder weniger zahlreichen Variationen verwandelt (umgeformt) werden (dazu mehr weiter unten im Hauptabschnitt »Grundlegende Arbeitstechniken«).

- Fast jede dieser Formen kann Text aufnehmen und damit Eigenschaften eines Textfelds erhalten.

Wenn Sie ein Zeichnungsobjekt erstellt haben und es mit der rechten Maustaste anklicken, finden Sie in seinem Kontextmenü etliche Befehle, von denen einige nachstehend besondere Erwähnung finden:

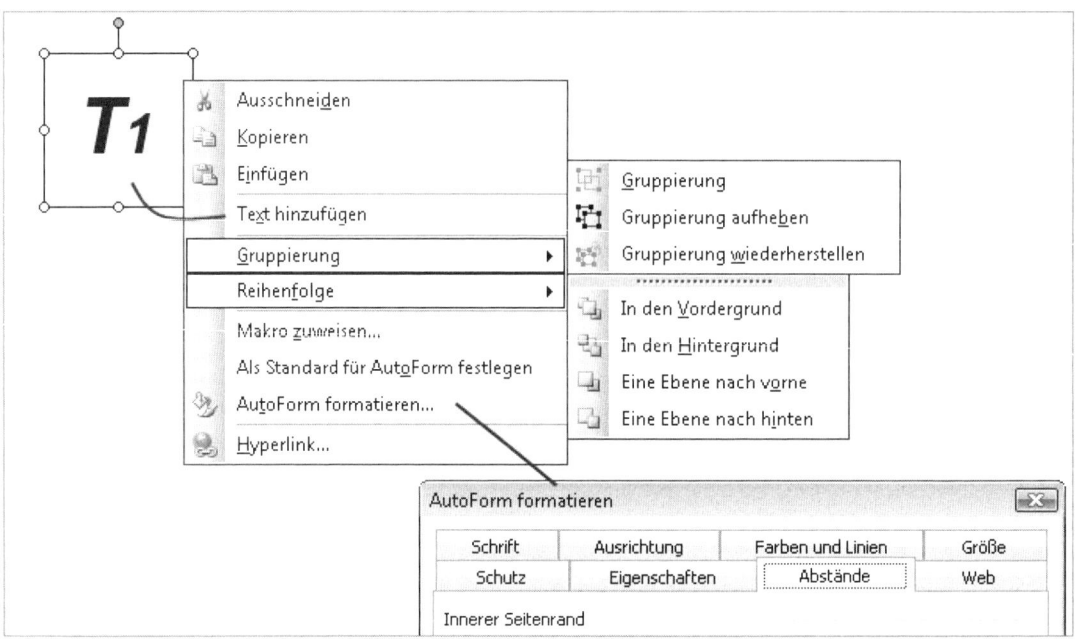

Abbildung 14.2 Weitere Möglichkeiten zur Objektformatierung eröffnet das Kontextmenü

Im Zusammenhang mit Abbildung 14.2:

- Befehl *Text hinzufügen*: Aktivieren Sie den Textmodus des Objekts. Wenn es bereits Text enthält, können hier auch die Befehle *Text bearbeiten* oder *Textbearbeitung beenden* stehen.

- Befehle *Gruppierung*: Verbinden Sie mehrere markierte Objekte zu einer Gruppe, die Sie dann als Einheit behandeln können. Heben Sie ggf. die Gruppierung wieder auf, um einzelne Objekte der Gruppe isoliert zu bearbeiten, und stellen Sie eine aufgehobene Gruppierung wieder her.

- Befehle *Reihenfolge*: Bestimmen Sie, wenn Objekte sich ganz oder teilweise überlagern, welche davon vorn oder hinten liegen, bzw., wenn es mehr als zwei Objekte sind, welches davon sich in welcher »Schicht eines Objektstapels« befindet.

- Befehl *AutoForm formatieren*: Öffnen Sie ein Dialogfeld, mit dessen Registerkarten Sie diverse Festlegungen treffen können. Bei Objekten, die Text enthalten, können Sie hier auch dessen Ausrichtung und die Abstände vom Objektrand bestimmen.

- Befehl *Hyperlink*: Machen Sie aus dem Objekt z. B. eine Navigationsschaltfläche, indem Sie es mit einem Hyperlink versehen. Eine entsprechende Verwendung volltransparenter Objekte wird in Kapitel 6 (dort im Zusammenhang mit Abbildung 6.18) beschrieben.

Bildobjekte

Zu den grundsätzlichen Arbeitsmöglichkeiten mit Einsatz der Symbolleiste *Grafik* orientieren Sie sich bitte an Tabelle 14.2. Deren Nummerierung entspricht der Unterteilung in Abbildung 14.3. Einige der Befehle sind zu Gruppen zusammengefasst.

Abbildung 14.3 Verändern Sie das Erscheinungsbild einer eingefügten Grafik

- Normalerweise ist die Verfügbarkeit der Symbolleiste *Grafik* an das Markieren eines entsprechenden Objekts gebunden. Es kann jedoch vorkommen, dass Sie ein Bildobjekt einfügen oder ein bereits eingefügtes Bildobjekt markieren und die Symbolleiste *Grafik* dennoch nicht automatisch erscheint. In diesem Fall klicken Sie das Objekt mit der rechten Maustaste an und wählen im Kontextmenü den Befehl *Grafiksymbolleiste anzeigen*.

- Auf der CD-ROM finden Sie im Ordner *\Materialien\Grafik* etliche Bildobjekte, die Sie u. a. für Experimente mit der Symbolleiste *Grafik* benutzen können.

- Alle mit diesen Werkzeugen bewirkten Änderungen sind faktisch »Formate«, sie verändern das Bild tatsächlich nicht, sie lassen es nur anders erscheinen (und können jederzeit – pauschal – zurückgenommen werden – vgl. Ziffer 11 in Tabelle 14.2).

LNr	Befehl	Arbeitsmöglichkeiten
1	Grafik aus Datei einfügen	Entspricht dem Menübefehl Einfügen/Grafik/Aus Datei
2	Farbe	Wählen Sie unter den Originalfarben, einer Graustufenversion, einer Schwarz-Weiß-Version und einer Wasserzeichenversion des Objekts.
3	Kontrast	Erhöhen oder vermindern Sie – jeder Klick eine Stufe – den Bildkontrast.
4	Helligkeit	Erhöhen oder vermindern Sie – jeder Klick eine Stufe – die Bildhelligkeit.
5	Zuschneiden	Werkzeug zum Beschneiden des Objekts (die »abgeschnittenen« Teile werden nicht entfernt, sie werden ausgeblendet)
6	Linksdrehung 90 Grad	selbsterklärend

Tabelle 14.2 Symbolleiste *Grafik*: Unterteilung und Arbeitsmöglichkeiten

LNr	Befehl	Arbeitsmöglichkeiten
7	*Linienart*	Fügen Sie einen Rahmen hinzu und formatieren Sie ihn.
8	*Bilder komprimieren*	Reduzieren Sie die Auflösung der eingefügten Bildobjekte (auf 96 dpi für Webdarstellungen und auf 200 dpi für Druckausgabe), um das Speichervolumen der Datei zu verkleinern.
9	*Grafik formatieren*	Öffnen Sie ein Dialogfeld mit weiteren Bearbeitungs- und Einstellmöglichkeiten.
10	*Transparente Farbe bestimmen*	Löschen Sie eine Farbe aus dem Bildobjekt (nur eine einzige, mehr ist nicht möglich; siehe Anleitung weiter unten)
11	*Grafik zurücksetzen*	Machen Sie die am Bildobjekt vorgenommenen Änderungen rückgängig (alle gleichzeitig).

Tabelle 14.2 Symbolleiste *Grafik*: Unterteilung und Arbeitsmöglichkeiten *(Fortsetzung)*

Bei der Anfertigung von Präsentationsmodellen ist, was den Einsatz der Symbolleiste *Grafik* betrifft, eine der wichtigsten Aktionen das Löschen einer Farbe aus einem Bildobjekt. So z. B. wenn Sie ein nicht rechteckiges Logo einfügen möchten, das Ihnen jedoch nur als Bilddatei auf einem rechteckigen, gefärbten Hintergrund vorliegt (der bei Einsatz des Werkzeugs allerdings nur aus einer einzigen Farbe bestehen darf).

Zur Technik am Beispiel des in Abbildung 14.3 zu sehenden Fotos einer Euromünze:

1. Wählen Sie den Menübefehl *Einfügen/Grafik/Aus Datei* und fügen Sie von der CD-ROM aus dem Ordner *Materialien\Grafik* die Datei *EuroMünze* ein (es handelt sich um ein Foto im Bildformat .*tif*). Das Objekt ist markiert, die Symbolleiste *Grafik* ist zu sehen.

2. Wählen Sie in der Symbolleiste das Werkzeug *Transparente Farbe bestimmen* und klicken Sie dann in das die Münze umgebende Grau. Diese Farbe wird entfernt.

Sie können es bei dieser Teiltransparenz belassen – für die Mehrzahl der Anwendungsfälle genau der gewünschte Effekt – oder aber die so entstandene »Leere« mit einer anderen Farbe auffüllen:

3. Das Objekt, dem jetzt eine seiner Farben fehlt, ist markiert, die Symbolleiste *Grafik* ist zu sehen. Klicken Sie auf den Befehl *Grafik formatieren* (vgl. Ziffer 9 in Abbildung 14.3), um das entsprechende Dialogfeld zu öffnen.

4. Aktivieren Sie die Registerkarte *Farben und Linien* und bestimmen Sie bei *Ausfüllen* eine Farbe oder einen *Fülleffekt*.

Wenn Sie das Kontextmenü eines Bildobjekts (siehe Abbildung 14.4) mit dem eines Zeichnungsobjekts (siehe Abbildung 14.2) vergleichen, finden Sie einige Übereinstimmungen. Das bedeutet u. a., dass Sie z. B. mit Objekten beider Arten »gemischte Gruppen« herstellen oder Reihenfolgen (Schichten) mit solchen Objekten bilden können.

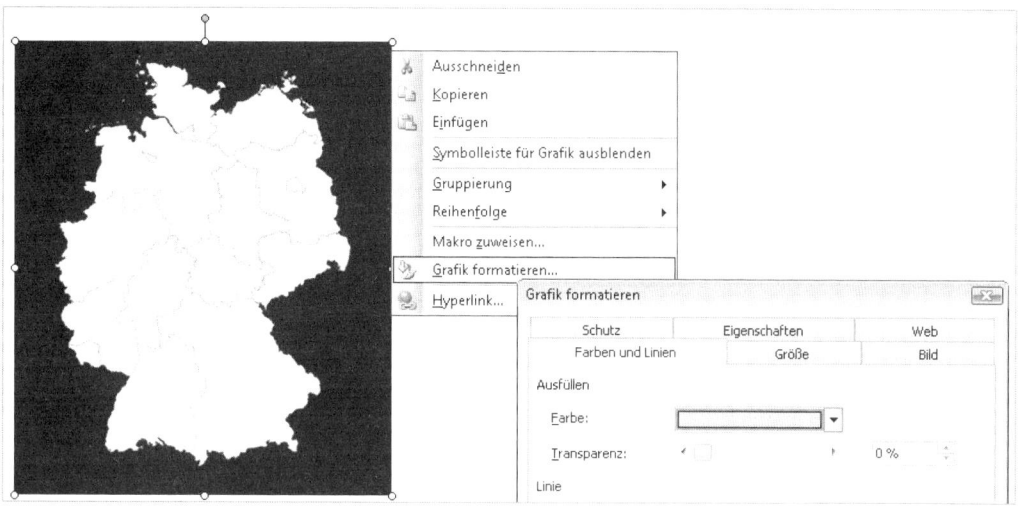

Abbildung 14.4 Weitere Möglichkeiten zur Objektformatierung eröffnet das Kontextmenü

Excel 2007

HINWEIS Zunächst sei meine Bitte an Anwender von Excel 2007 wiederholt, die vorstehenden Informationen zur Version 2003 ebenfalls durchzulesen, da sie einige Angaben grundsätzlicher Art enthalten, die hier in diesem Abschnitt nicht mehr wiederholt werden.

Ein Arbeitsblatt enthält ein grafisches Objekt, nachdem Sie es entweder aus einer beliebigen Quelle eingefügt oder es innerhalb der Arbeitsmappe mit den dafür geeigneten Werkzeugen angefertigt haben. Den Zugang zu beiden Tätigkeiten finden Sie u. a. in der Multifunktionsleiste, Registerkarte *Einfügen*, Gruppe *Illustrationen*.

Die Werkzeuge zur Bearbeitung der eingefügten Objekte sind auf spezifischen Registerkarten der Multifunktionsleiste und/oder in den Kontextmenüs der Objekte zu finden.

Im Zusammenhang mit Abbildung 14.5:

- Wenn Sie eine *Form* (entspricht der *AutoForm* unter Excel 2003) einfügen wollen oder ein Formenwerkzeug benötigen, klicken Sie in der Gruppe *Illustrationen* auf *Formen*. Sie erhalten dann Zugriff auf eine umfangreiche Auswahl (vgl. dazu auch Abbildung 14.9).

- Wenn Sie ein Bildobjekt einfügen wollen, klicken Sie in der Gruppe *Illustrationen* auf *Grafik*. Es öffnet sich dann ein Dialogfeld, das Ihnen den Zugriff auf gespeicherte Dateien ermöglicht.

- Wenn Sie eine eingefügte *Form* oder eine eingefügte Grafik weiter bearbeiten möchten:

  - Klicken Sie das Objekt mit der rechten Maustaste an, um sein Kontextmenü zu öffnen. (Dort gibt es etliche Übereinstimmungen mit den entsprechenden Kontextmenüs der früheren Excel-Versionen.)

  - Doppelklicken Sie auf das Objekt, um in der Multifunktionsleiste entweder die *Zeichentools* mit der Registerkarte *Format* (vgl. Abbildung 14.6) oder die *Bildtools* mit der Registerkarte *Format* (vgl. Abbildung 14.7) zu aktivieren.

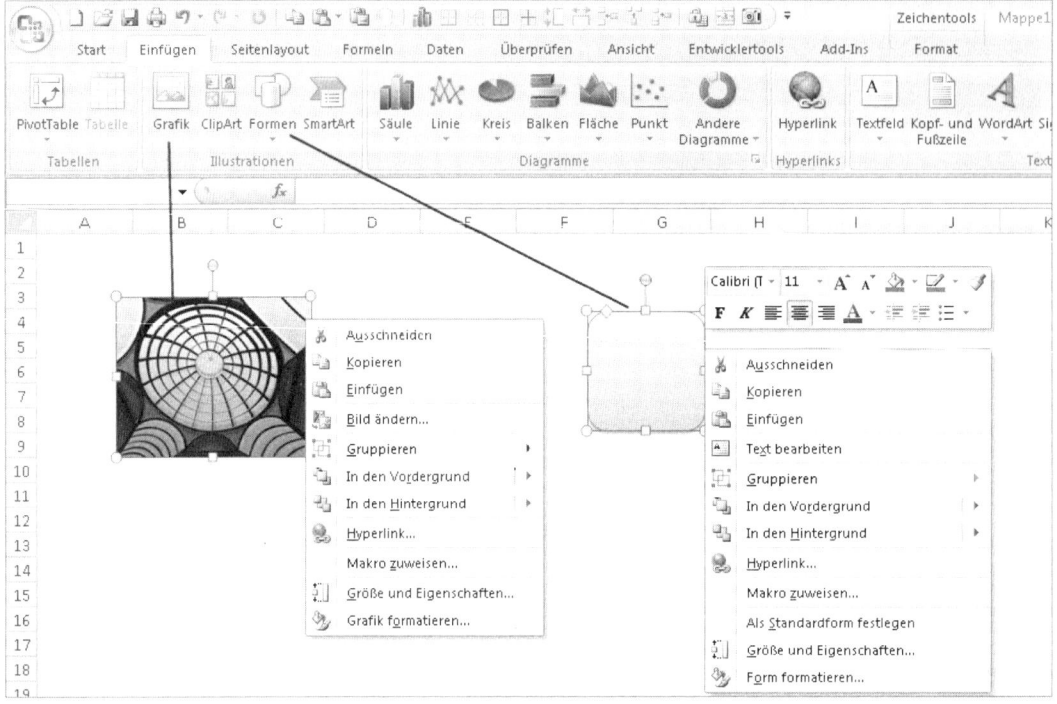

Abbildung 14.5 Auf diesen Wegen fügen Sie die Objekte ein

Die zur Bearbeitung von Zeichnungsobjekten als *Zeichentools* angebotenen Befehle und Werkzeuge entsprechen im Wesentlichen dem, was in früheren Versionen in der Symbolleiste *Zeichnen* (vgl. Abbildung **14.1** und Tabelle 14.1) zur Verfügung stand. Der Leistungsumfang ist
jedoch erheblich erweitert worden.

Im Zusammenhang mit Abbildung 14.6 und der dortigen Nummerierung:

1. Gänzlich neu sind die *Schnellformatvorlagen* in der Gruppe *Formenarten* und in der Gruppe
   WordArt-Formate. Hier weisen Sie dem Zeichnungsobjekt und/oder seinem Textinhalt mit
   einem einzigen Mausklick komplexe, vorgefertigte Formate zu, die Sie später dann auch noch
   nach eigenem Gutdünken verändern können (siehe Ziffer 4).

2. Beim Öffnen des Kontextmenüs kommt – sehr praktisch – zusätzlich die Minisymbolleiste
   zum Vorschein, die mit jenen Symbolen bestückt ist, die Ihnen eine rasche Basisformatie-
   rung des Objekts oder seiner Textinhalte ermöglichen.

3. Das Dialogfeld *Größe und Eigenschaften* erreichen Sie auf zwei Wegen: entweder mit dem
   »Launcher« in der Gruppe *Größe* der *Zeichentools* oder mit dem Befehl *Größe und Eigenschaften* im Kontextmenü.

4. Der Befehl *Form formatieren* im Kontextmenü (oder, bei markiertem Objekt, die Tastenkombination [Strg]+[1]) öffnet das entsprechende Dialogfeld mit seinen acht Kategorien und
   zahlreichen Möglichkeiten. Wenn Sie mal ein paar Stunden Zeit haben, probieren Sie aus,
   was Sie mit Ihrem Zeichnungsobjekt so alles anstellen können.

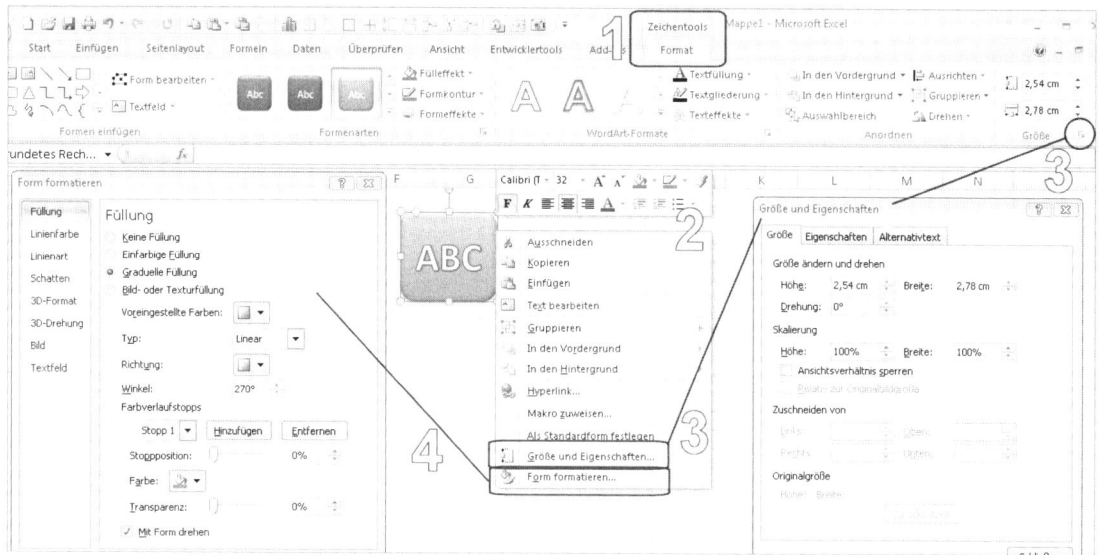

Abbildung 14.6 Zugangswege für Gestaltungen von Zeichnungsobjekten

Gleiches bzw. Ähnliches gilt (vgl. Abbildung 14.7) für die Behandlung der Bildobjekte. Hier stehen Ihnen mit den *Bildtools* z. B. die komplexen und nach Zuweisung vielfältig veränderbaren *Bildformatvorlagen* zur Verfügung. (Zugriff für anschließende, benutzerdefinierte Veränderungen aller Art: Befehl *Grafik formatieren* im Kontextmenü oder $\boxed{\text{Strg}}+\boxed{1}$)

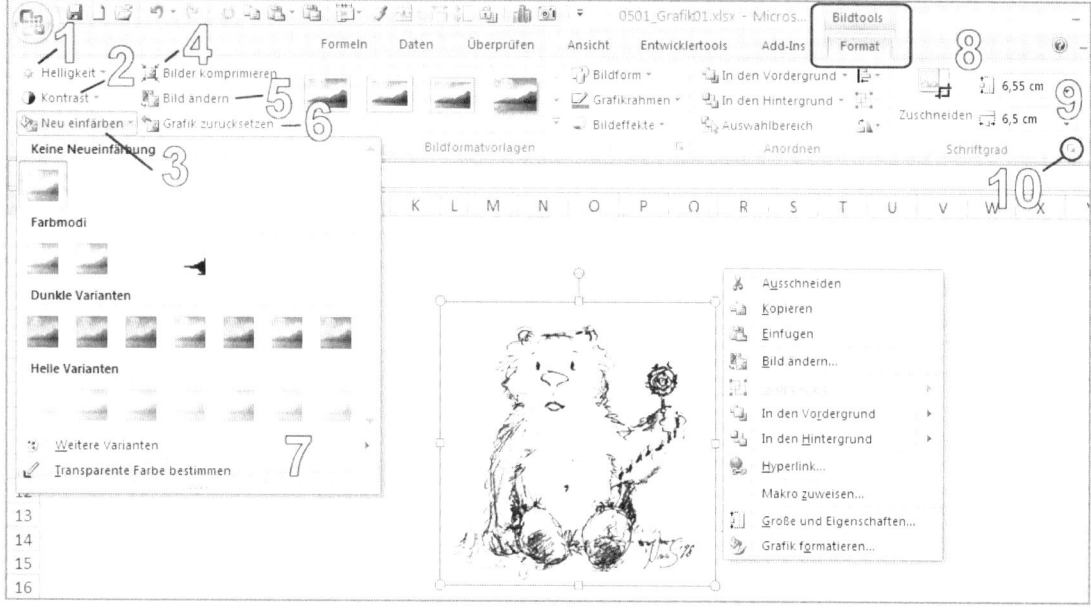

Abbildung 14.7 Zugangswege für Gestaltungen von Bildobjekten

Die Ihnen aus früheren Excel-Versionen bekannte, sehr effektiv nutzbare Symbolleiste *Grafik* (vgl. auch Abbildung 14.3 und Tabelle 14.2 gibt es nicht mehr. Die Features bzw. Befehle sind jedoch noch vorhanden, bloß anders verteilt. Die Mehrzahl befindet sich in der Gruppe *Anpassen* der *Bildtools*. Die entsprechende Zusammenstellung entnehmen Sie bitte den Nummerierung in Abbildung 14.7, die mit der in Tabelle 14.3 übereinstimmt.

LNr	Befehl	Arbeitsmöglichkeiten
1	*Helligkeit*	Erhöhen oder vermindern Sie die Bildhelligkeit.
2	*Kontrast*	Erhöhen oder vermindern Sie den Bildkontrast.
3	*Neu einfärben*	Weisen Sie andere Farbmodi, Farbtönungen und Helligkeitsvarianten zu.
4	*Bilder komprimieren*	Öffnen Sie ein Dialogfeld zur Festlegung von Komprimierungseinstellungen, um das Speichervolumen der Datei zu verkleinern.
5	*Bild ändern*	Ersetzen Sie das eingefügte Bild durch ein anderes, als Datei gespeichertes Bild.
6	*Grafik zurücksetzen*	Machen Sie die am Bildobjekt vorgenommenen Änderungen rückgängig (alle gleichzeitig).
7	*Transparente Farbe bestimmen*	Steht erst nach dem Klick auf *Neu einfärben* (vgl. Ziffer 3) zur Verfügung: Löschen Sie eine Farbe aus dem Bildobjekt (nur eine einzige, mehr ist nicht möglich; siehe Anleitung weiter oben im Kasten bei Tabelle 14.2).
8	*Zuschneiden*	Werkzeug zum Beschneiden des Objekts (die »abgeschnittenen« Teile werden nicht entfernt, sie werden ausgeblendet)

Tabelle 14.3 Befehle zur Anpassung von Bildobjekten

Noch weiter im Zusammenhang mit Abbildung 14.7:

Ziffer 9: Benutzen Sie für eine exakte, metrische Größenbestimmung die Eingabemöglichkeiten in der Gruppe *Schriftgrad* (ja, doch – sie heißt im deutschen Excel so. Übersetzungsfehler) oder öffnen Sie mit dem »Launcher« (Ziffer 10) das Dialogfeld *Größe und Eigenschaften*.

Excel 2007 hat, was Grafikleistungen betrifft, eine große Fülle von Neuerungen zu bieten. Eine davon will ich hier noch im Zusammenhang mit Abbildung 14.8 kurz vorstellen:

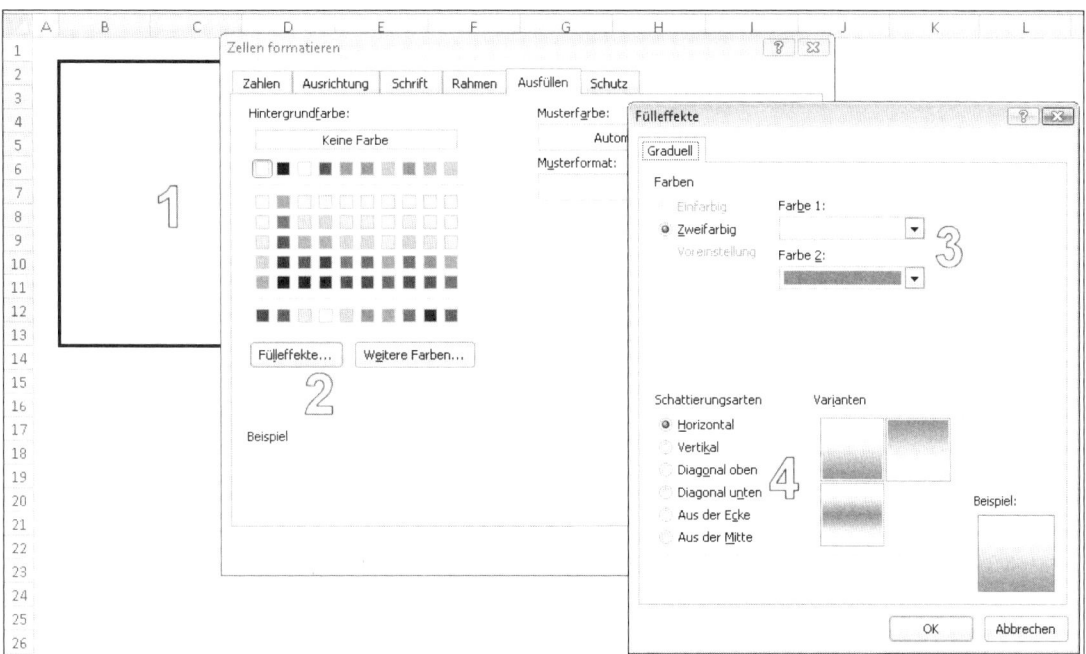

Abbildung 14.8 In Excel 2007 können Sie auch Zellbereiche mit graduellen Farbfüllungen ausstatten

Sie können jetzt eine Zelle nicht nur mit einer Farbfüllung versehen, sondern auch mit einem graduellen, zweifarbigen Farbverlauf. Wenn Sie diesen einrichten, gilt das Ergebnis für jede einzelne der aktuell markierten Zellen. Wenn Sie einen größeren Zellbereich mit dem Fülleffekt versehen möchten, können Sie die entsprechenden Zellen miteinander zu einer einzigen verbinden (Befehl in Multifunktionsleiste, Registerkarte *Start*, Gruppe *Ausrichtung*). Das kann auch erst geschehen, nachdem Sie den graduellen Fülleffekt eingerichtet haben.

Die Ausführung ist einfach:

1. Markieren Sie die Zelle(n) und öffnen Sie mit Strg + 1 das Dialogfeld *Zellen formatieren*.

2. Aktivieren Sie die Registerkarte *Ausfüllen* und klicken Sie dort auf die Schaltfläche *Fülleffekte*.

3. Bestimmen Sie die beiden Farben, die den Effekt bilden sollen.

4. Wählen Sie eine *Schattierungsart* und dann eine der dazugehörenden *Varianten*. Beachten Sie die Vorschaufläche *Beispiel*: So wird der Verlauf zugewiesen, wenn Sie abschließend auf *OK* klicken.

Grundlegende Arbeitstechniken

Die hier beschriebenen Arbeitstechniken beim Umgang mit Zeichnungs- oder Bildobjekten gelten in Excel 2003 und 2007 nahezu gleichartig; lediglich die Zugangswege sind verschieden. Deswegen will ich bei der Mehrzahl der nachstehenden Informationen vereinfachend unterstellen, dass Sie nach Klick mit der rechten Maustaste auf das Objekt die relevanten Befehle der Kontextmenüs benutzen.

Zeichnungsobjekte erzeugen und skalieren

Klicken Sie auf die Befehlsschaltfläche *Formen* (Excel 2007, Abbildung 14.9) oder das Menü *AutoFormen* (Excel 2003, Abbildung 14.1) und wählen Sie anschließend aus dem umfangreichen Angebot ein Symbol aus. Entscheiden Sie sich dabei für eine von drei Erstellungsvarianten:

- Doppelklicken Sie auf das Auswahlsymbol, um eine symmetrische Basisvariante in Ihr Arbeitsblatt einzufügen. (»Symmetrisch« bedeutet in diesem Fall, dass die Abmessungen der Form beispielsweise ein Quadrat oder einen Kreis ausfüllen würden.)

- Klicken Sie ein Mal auf das Symbol Ihrer Wahl und zeigen Sie mit der Maus (der Mauszeiger wird zum Kreuz) auf jene Stelle im Arbeitsblatt, an der das Objekt gezeichnet werden soll. Dann

  - klicken Sie erneut, um eine symmetrische Basisvariante an dieser Stelle zu erzeugen, oder

  - ziehen Sie mit gedrückter Maustaste in beliebiger Richtung diagonal eine Form auf, die Sie als Vorschau sehen. Solange Sie die Maustaste nicht loslassen, können Sie die Form beliebig verändern.

Ein auf diese Weise erzeugtes Objekt ist markiert und zeigt dabei eine typische Ansicht. Gemäß der Nummerierung in Abbildung 14.9.

1. Die Ziehpunkte (oft auch als »Anfasser« bezeichnet) an den Kanten des Objekts werden benutzt, um die Form mithilfe der Maus in einer Ebene (Breite, Höhe) bzw. Richtung zu skalieren (in seinen Abmessungen zu verändern). Mehr dazu in Verbindung mit Abbildung 14.10.

2. Die Ziehpunkte an den Ecken des Objekts werden benutzt, um es in zwei Richtungen zu skalieren.

3. Etliche Zeichnungsobjekte zeigen zusätzlich kleine, rautenförmige, gelb gefärbte Markierungspunkte in unterschiedlicher Anzahl. Sie werden benutzt, um das Objekt mithilfe der Maus zu verformen. Mehr dazu in Verbindung mit Abbildung 14.13.

4. Der »gestielte« grüne Markierungspunkt oben am Objekt dient einer stufenlosen Rotation mithilfe der Maus.

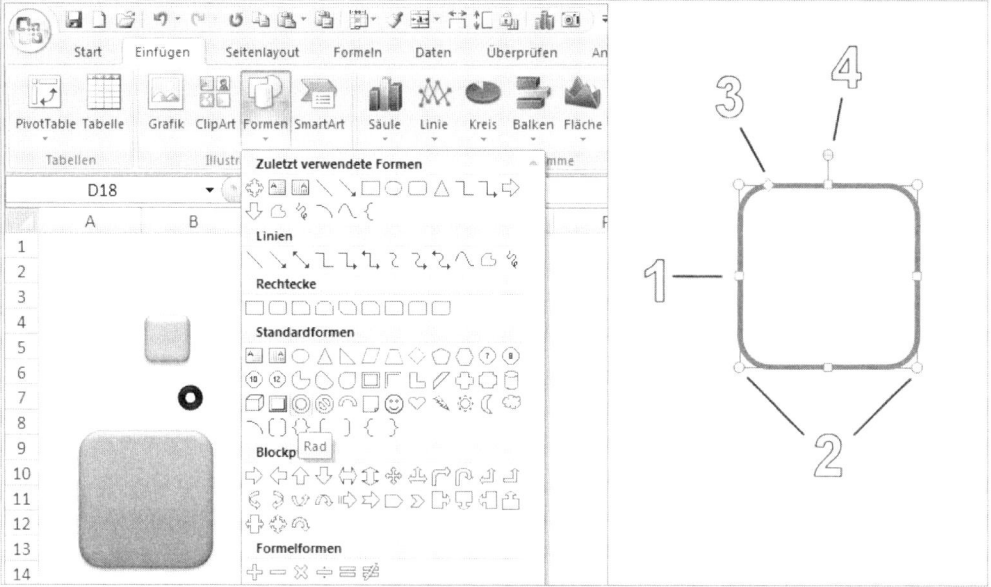

Abbildung 14.9 Die *Formen*: Ein großes Reservoir und mannigfaltige Variationsmöglichkeiten

Unter der Skalierung eines Objekts ist seine proportionale oder disproportionale Größenänderung zu verstehen. Um ein Objekt zu skalieren, müssen Sie es zuvor markieren. Im Zusammenhang mit Abbildung 14.10:

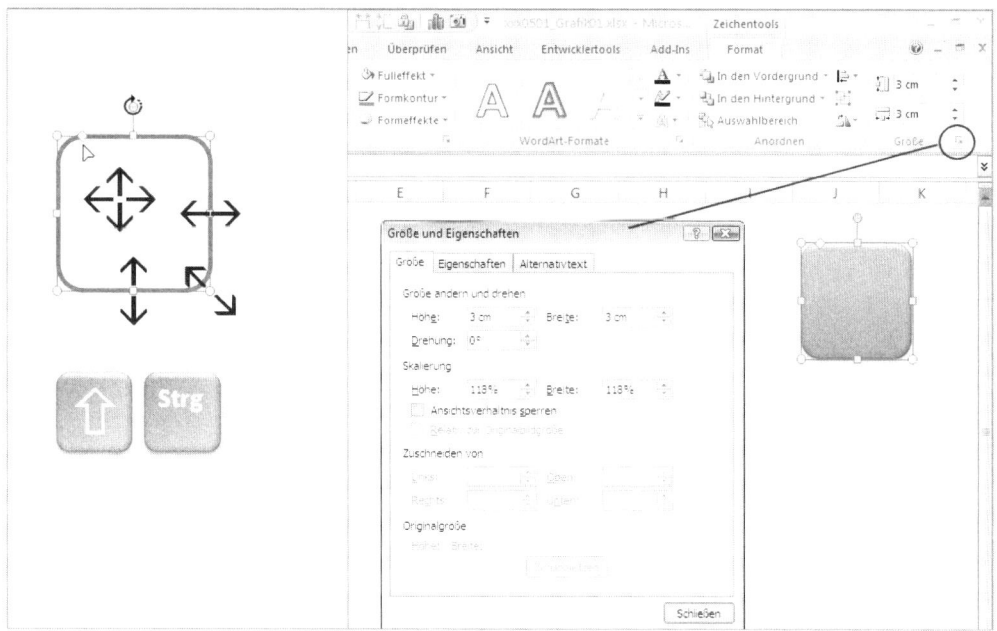

Abbildung 14.10 Abbildung 14.10: Skalieren mit der Maus und unter Einsatz des Dialogfelds

- Wenn Sie mit der Maus auf einen der vier Ziehpunkte an einer Kante des Objekts zeigen, wird der Mauszeiger zum horizontal bzw. vertikal ausgerichteten Doppelpfeil und Sie können das Objekt mit der Bewegung dieser Kante stufenlos verkleinern oder vergrößern. Diese Skalierung erfolgt in nur einer Achsenrichtung und ist demnach disproportional. Wenn Sie dabei die Taste `Alt` gedrückt halten, wird die Größenveränderung dem Gitternetz der Tabellenzellen angepasst.

- Wenn Sie mit der Maus auf einen der vier Ziehpunkte an einer Ecke des Objekts zeigen, wird der Mauszeiger zum diagonal ausgerichteten Doppelpfeil und Sie können das Objekt mit der Bewegung dieser Ecke stufenlos in zwei Richtungen verkleinern oder vergrößern. Diese Skalierung ist ebenfalls disproportional, es sei denn, Sie würden – das ist eher zufällig möglich, als gezielt einsetzbar – mit der Maus exakt in einem Winkel von 45° ziehen.

- Wenn Sie beim Skalieren über einen Eck-Ziehpunkt die Taste `⇧` gedrückt halten, wird die Skalierung proportional, das Objekt wird in beiden Richtungen gleichmäßig vergrößert oder verkleinert. Die Größenveränderung geschieht in Richtung des Ziehens – das Objekt verlagert dabei also seinen Mittelpunkt – und die zusätzliche Verwendung der Taste `Alt` führt wiederum zur Anpassung an das Tabellengitternetz.

- Wenn Sie beim Skalieren über einen Eck-Ziehpunkt die Taste `Strg` gedrückt halten, wird die Skalierung ebenfalls proportional. Die Größenveränderung geschieht in diesem Fall vom Mittelpunkt des Objekts aus – der Mittelpunkt bleibt also an seiner Stelle und das Objekt bläht sich gleichmäßig auf oder es schrumpft gleichmäßig.

Des Weiteren im Zusammenhang mit Abbildung 14.10:

- Um das Objekt zu rotieren, zeigen Sie mit der Maus auf den gestielten grünen Punkt. In diesem Fall »wickelt« sich der Mauszeiger als Pfeil um diesen Drehpunkt. Sie können jetzt mit gedrückter Maustaste das Objekt beliebig rotieren.

- Wenn Sie mit der Maus *in* ein markiertes Objekt zeigen, wird der Mauszeiger zum Vierfachpfeil und Sie können das Objekt dann mit gedrückter Maustaste im Arbeitsblatt an andere Positionen ziehen.

HINWEIS   Eine exakt in Graden bemessene Rotation oder deren Rücksetzung gelingt freihändig nur selten. Benutzen Sie dafür im Dialogfeld *Größe und Eigenschaften*, Registerkarte *Größe*, die Eingabemöglichkeit bei *Drehung*.

Für Feinpositionierungen können Sie ein markiertes Objekt auch mithilfe der Tasten `←`, `→`, `↑` und `↓` bewegen.

Objekte anordnen

Das Anordnen von Objekten ist eine Aufgabe, der Sie bei der Gestaltung attraktiver Präsentationslösungen sehr häufig begegnen werden. Es geht einerseits darum, mehrere Objekte quasi zu »schichten«, also Objektstapel aufzubauen, auf die der Betrachter von oben schaut und dabei eines der Elemente oder deren mehrere nur teilweise sehen kann, und andererseits (bzw. oft auch gleichzeitig) geht es darum, verschiedene Objekte zu einer Gruppe zu verbinden, die dann als Einzelobjekt erscheint und die (optional) auch so zu behandeln ist. Letzteres, auch nur temporär eingesetzt, ist natürlich insbesondere in der Entwicklungsphase ein Arbeitsvorteil, z. B. wenn Sie für mehrere Objekte gleichzeitig mehrfach Positionsänderungen durchführen müssen.

Vordergrund und Hintergrund

Klicken Sie mit der rechten Maustaste auf das Objekt, dessen Position im Stapel Sie verändern möchten. Im Kontextmenü haben Sie nun die Auswahl, die Position des Objekts um eine Ebene zu verschieben oder aber das Objekt ganz in den Hintergrund bzw. ganz in den Vordergrund zu stellen (vgl. Abbildung 14.11).

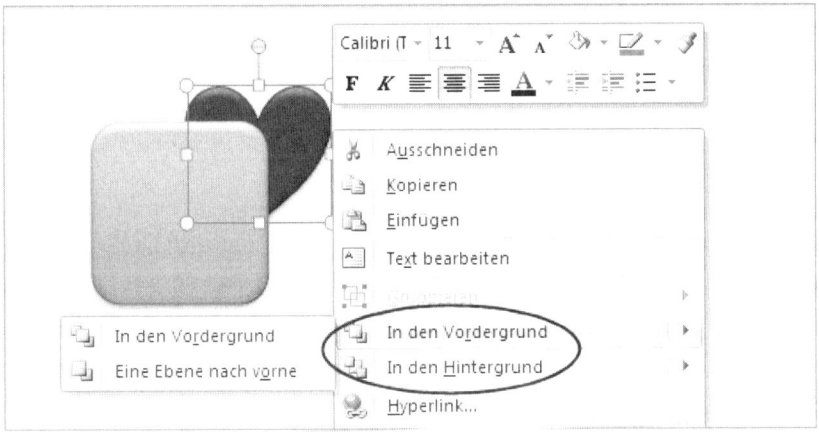

Abbildung 14.11 Zwei Zugangswege zum Bilden von Objektstapeln

HINWEIS   Office 2007 hat beim Stapeln von Objekten erheblich mehr zu bieten als seine Vorgängerversionen. Dies gilt vor allem deshalb, weil Sie die Farbfüllungen der Objekte ganz oder teilweise transparent machen können und damit sehr interessante Effekte zu erreichen sind.

Objekte gruppieren

Dem Stapeln sehr ähnlich ist das Verfahren beim Gruppieren von Objekten.

Sie haben mehrere Objekte markiert und wollen daraus eine Gruppe bilden, die Sie in weiteren Bearbeitungen als ein einziges Objekt behandeln möchten.

Zur Vorgehensweise im Zusammenhang mit Abbildung 14.12:

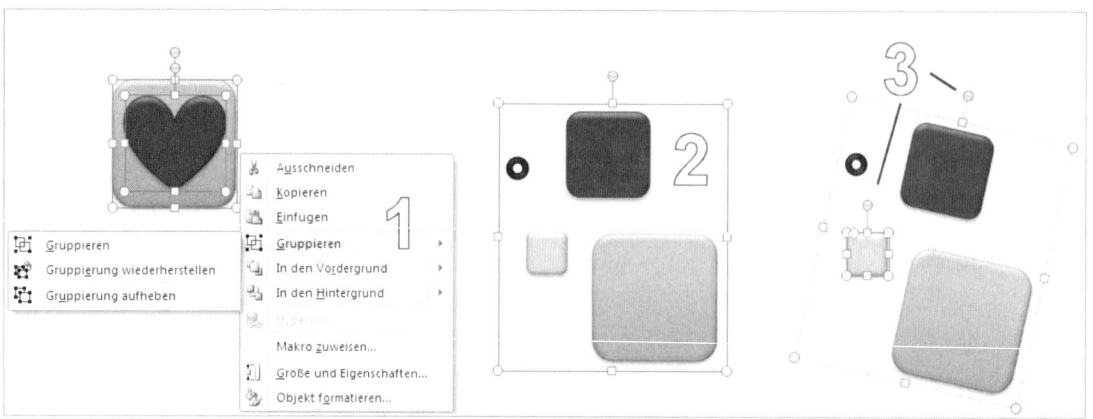

Abbildung 14.12   Die Mitglieder von Objektgruppen können auch als Einzelobjekt behandelt werden

1. Erzeugen Sie, z. B. mit Anklicken bei gedrückter Taste [Strg], eine Mehrfachmarkierung verschiedener Objekte. Klicken Sie dann eines der markierten Objekte mit der rechten Maustaste an und wählen Sie im Kontextmenü den Befehl *Gruppieren/Gruppieren*.

2. Wenn Sie nun ein einzelnes Mitglied (Objekt) einer Gruppe anklicken, wird die gesamte Gruppe markiert. Dabei entsteht ein rechteckiger Rahmen, in dem alle Mitglieder der Gruppe platziert sind. In diesem Zustand finden alle jetzt anschließend ausgeführten Befehle auf jedes Mitglied der Gruppe gleichartige Anwendung. Sie können also die gesamte Gruppe bewegen, positionieren, anordnen, formatieren usw.

3. Sie wollen ein einzelnes Mitglied einer Objektgruppe isoliert bearbeiten, ohne die Gruppe selbst aufzulösen. Klicken Sie zunächst das betreffende Objekt ein Mal an, um die Gruppe zu markieren, und anschließend ein zweites Mal, um das Objekt in der Gruppe individuell zu markieren. In diesem Zustand finden alle jetzt anschließend ausgeführten Befehle nur auf das aktive Element Anwendung. (Unter Excel 2003 sieht die Markierung eines Einzelobjekts in der Gruppe anders aus, als in der Abbildung gezeigt. Eine gruppenunabhängige Rotation eines Gruppenmitglieds ist dort nicht möglich.)

Als relativ selbstverständlich sollte jetzt gelten, dass es (vgl. Abbildung 14.12, links) natürlich auch die Befehle gibt, mit denen Sie eine Gruppierung aufheben oder eine temporär aufgehobene Gruppierung erneut wieder einrichten können.

Die Gestalt von Formen verändern

Sehr viele der integrierten *Formen* (bzw. *AutoFormen*) zeigen nach dem Anklicken neben ihren Ziehpunkten an den Ecken und Kanten sowie dem grünen Rotationspunkt auch noch weitere »Anfasser«: gelb gefüllte, rautenförmige Ziehpunkte. Wenn Sie mit der Maus auf einen solchen Ziehpunkt zeigen, verwandelt sich der Mauszeiger in einen ungestielten Pfeil (vgl. Abbildung 14.13, links oben) und Sie können die gelbe Markierung in verschiedene, durch interne Vorgaben beschränkte Richtungen ziehen. Damit verändern Sie die Gestalt der gesamten Form.

Für einige Formen steht diese Option nicht zur Verfügung, manche haben nur einen der gelben Verformungsziehpunkte, andere zwei, drei oder vier. Je mehr solcher Ziehpunkte, umso variantenreicher natürlich die daraus zu kombinierenden Verformungsmöglichkeiten.

Die so vorgenommenen Veränderungen betreffen ausschließlich die »Figur«, die äußere Form des Objekts – andere Einrichtungen, wie etwa Formatierungen verschiedener Art oder die Implementierung von Text, werden davon nicht bzw. nur indirekt beeinflusst.

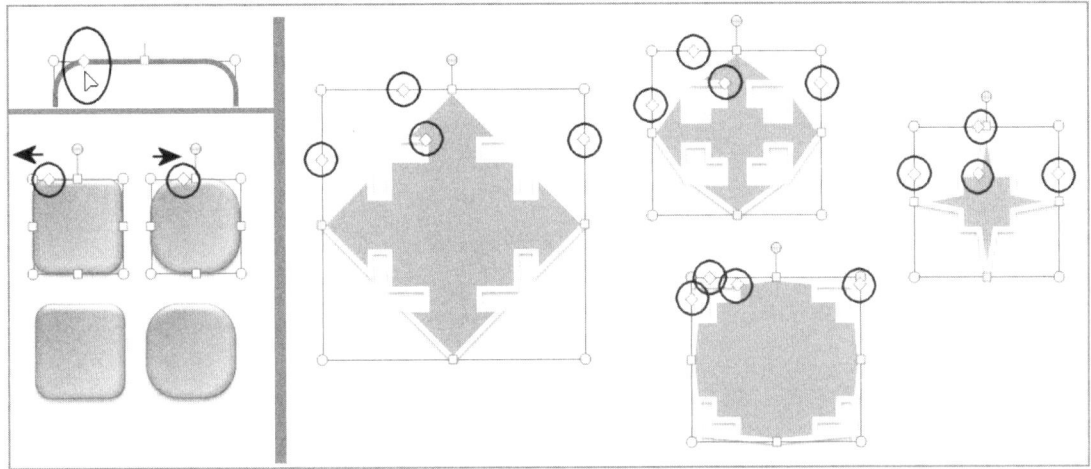

Abbildung 14.13 Aus eins mach x: Verformungsmöglichkeiten gibt es in großer Zahl

In Abbildung 14.13 sehen Sie sechs von Tausenden möglicher Varianten.

- Auf der linken Seite der Abbildung: Das abgerundete Rechteck weist an seiner Oberkante nur einen der gelben Ziehpunkte auf. Wenn Sie den nach rechts ziehen, also zur vertikalen Mittelachse hin, werden die Abrundungen der Ecken verstärkt, die Form wird weicher. Wenn Sie ihn ganz in die Mitte ziehen wird folgerichtig aus dem Rechteck eine Ellipse (bzw. aus einem abgerundeten Quadrat ein Kreis). Umgekehrt funktioniert es natürlich genauso: Je weiter Sie den Ziehpunkt nach links bewegen, umso weniger rund werden die Ecken des Objekts, die Form wird härter – am Ende angelangt werden die Ecken rechtwinklig. Daraus ergibt sich ein wichtiger Gedanke für Ihre Grund-Auswahlentscheidungen: Sie können aus der Form *Rechteck* keine andere Form machen, aus der Form *Abgerundetes Rechteck* hingegen mehrere verschiedene – das Standardrechteck eingeschlossen.

- Auf der rechten Seite der Abbildung: Die Form *Legende mit Pfeil in vier Richtungen* hat gleich vier der gelben Verformungsziehpunkte. Probieren Sie einiges aus, wenn Sie mögen. Vier Variationen sehen Sie in der Abbildung, sehr viel mehr lassen sich anfertigen. Und das ist nur eines jener Objekte, für die solch ein Gestaltungsreichtum gilt.

HINWEIS   Wenn Sie sich bei derartigen Übungen nicht nur von zufälligen Ergebnissen überraschen lassen wollen, versuchen Sie – bei Verwendung unterschiedlicher Objekte – herauszufinden, wie diese Verformungen technisch gestaltet sind. Einen ersten Überblick dazu können Ihnen die auf der rechten Seite der Abbildung 14.13 mit Kreisen hervorgehobenen, unterschiedlichen Positionen der Verformungsziehpunkte bieten.

Formen mit Text versehen

Dass Sie nahezu jede flächige Form mit einem Text versehen können, ist von herausragender Bedeutung für eine Vielzahl von Gestaltungsaufgaben – besonders auch, was die Anfertigung von Präsentations- oder Publikationslösungen betrifft.

Die entsprechende Einrichtung ist höchst anspruchslos: Sie klicken das Objekt mit der rechten Maustaste an und wählen im Kontextmenü den Befehl *Text bearbeiten*. Danach blinkt der Cursor in der Form und wartet auf Ihre Eingabe. Die flächige Form ist damit – zusätzlich zu ihren sonstigen Eigenschaften – mit jenen Attributen ausgestattet, die zu einem *Textfeld* gehören.

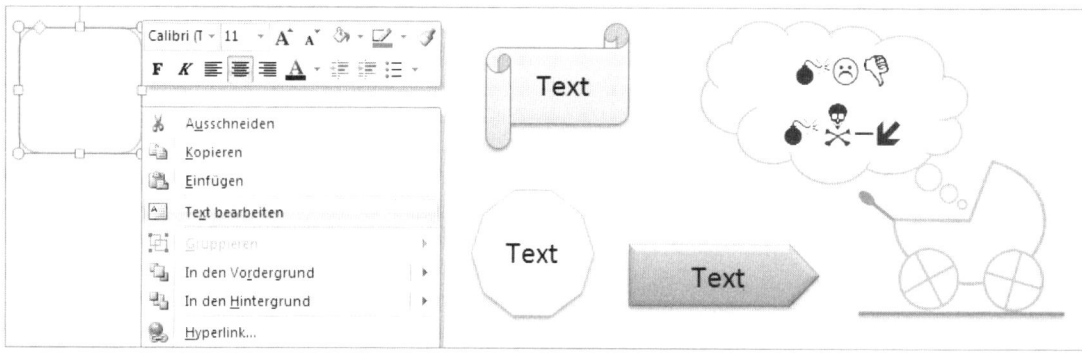

Abbildung 14.14   Die Betextung von flächigen Formen unterliegt kaum einer Begrenzung

---

HINWEIS   Eine Anmerkung zum Detail ganz rechts in Abbildung 14.14: Das im Kinderwagen still vor sich hin fluchende Baby denkt offenkundig in der Schriftart *Wingdings* – hat also offenbar schon den Abschnitt »Zeichensätze« in Kapitel 16 gelesen. Respekt!

Textfelder und ihre Eigenschaften

Das *Textfeld* ist eine spezielle Variante der integrierten, flächigen Formen. In seiner einfachsten Gestalt ist es ein mit Text zu füllendes, vielfältig formatierbares Rechteck, auf das Sie über verschiedene Befehlswege Zugriff haben.

■ Unter Excel 2003 wählen Sie ein *Textfeld* bestimmter Textausrichtung in der Symbolleiste *Zeichnen*.

■ Unter Excel 2007 gibt es mehrere Zugriffsmöglichkeiten. Damit dann weiter im Zusammenhang mit Abbildung 14.15 (beschrieben ist Excel 2007, die Unterschiede zur Version 2003 sind jedoch unwesentlich).

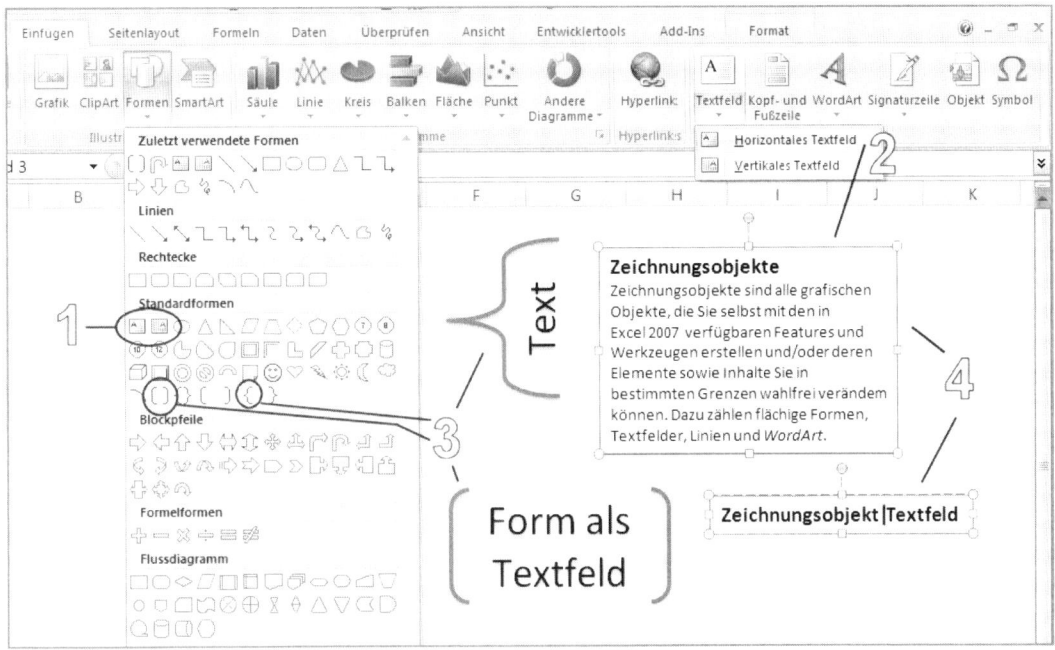

Abbildung 14.15 Ein *Textfeld*? Das kann alles Mögliche sein.

1. Bei dem Gesamtangebot der Formen finden Sie in der Gruppe *Standardformen* zwei *Textfelder*. Das rechte davon ist als *vertikales Textfeld* bezeichnet. Dies betrifft die Grundausrichtung des einzugebenden Textes, der bei diesem Typ von vornherein um 90° gedreht erscheint. Der Unterschied zum linken der beiden Objekte, dem »normalen« Textfeld mit seiner primär horizontalen Textausrichtung, ist jedoch eher bedeutungslos, weil Sie die Textausrichtung in jedem *Textfeld* bzw. in jedem Objekt, das Textfeldeigenschaften hat, ohnehin in mehreren Varianten definieren können.

2. Auch in der Multifunktionsleiste werden die beiden Textfeldarten angeboten, zu finden auf der Registerkarte *Einfügen*, Gruppe *Text*.

3. Wie bereits erwähnt kann jede flächige Form die Eigenschaften eines Textfelds annehmen. Beachten Sie, dass auch nicht als geschlossene Figur erscheinende Formen Flächen sein können. Nicht nur die als Paare angebotenen Klammern können also Text aufnehmen, sondern auch die vier Einzelklammern.

4. Ein Textfeld kann zwei verschiedene Modi einnehmen und ist entsprechend unterschiedlich bearbeitungsfähig:

   ▪ Formmodus: Sie haben den Rand des Objekts angeklickt; das Objekt ist als flächige Form bearbeitbar.

   ▪ Textmodus: Sie haben *in* das Textfeld geklickt – der Cursor blinkt im Objekt.

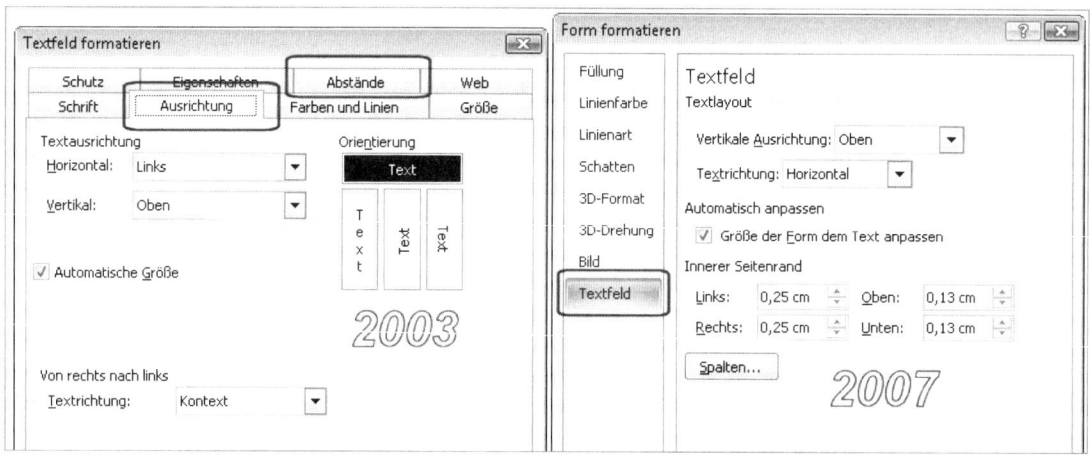

Abbildung 14.16   Legen Sie im Dialogfeld Ausrichtung und Abstände des Textes vom Rand fest

Um weitere Eigenschaften des Textfelds oder einer Text enthaltenden Form zu bestimmen, markieren Sie das Objekt und öffnen sein Formatierungsdialogfeld über das Kontextmenü oder mit Strg + 1 .

HINWEIS   Sie können in Excel 2007 ein Zeichnungsobjekt, in das Sie Text eingegeben haben, zusammen mit diesem Text rotieren. Das gelingt in Excel 2003 nicht.

Basisinformationen zu Diagrammen

Lassen Sie mich bitte an dieser Stelle nochmals auf die anderen Bücher verweisen, die ich während der letzten Jahre in Zusammenarbeit mit Microsoft Press geschrieben habe – die Titel sind im Einführungskapitel genannt. Viele Hunderte Seiten davon betreffen die Auswahl, Gestaltung, Formatierung und Dynamisierung von Präsentations- und Publikationsdiagrammen. Das soll erwähnt sein, um deutlich zu machen, dass es völlig unmöglich ist, den ganzen Reichtum dieses Themas auch nur annähernd in ein kleines, technisches Kapitel zu packen.

Sie werden nachstehend also lediglich eine zusammenfassende und knappe Übersicht finden: Was sind die Elemente eines zahlenbasierten Diagramms und wie kann ich auf sie zugreifen, um sie zu verändern? – Wie ich in Präsenzseminaren häufig bemerke, ist das als Basisthema wichtig genug. *Was* es dann alles zu verändern gibt und vor allem *wie*, dies auch noch unter Berücksichtigung zweier in dieser Hinsicht sehr unterschiedlicher Programmversionen, das hat hier keinesfalls Raum genug, nicht mal im Ansatz.

Der erste Hauptabschnitt des Kapitels stellt, pauschal für beide Programmversionen, die wichtigsten Diagrammelemente vor. Dann folgen, differenziert nach Excel 2003 und Excel 2007, generelle Informationen über die verschiedenen Arten der Markierung einzelner Elemente, gefolgt von tabellarischen Übersichten mit Zugangsinformationen für verschiedene, grundlegende Aufgaben.

Basisinformationen zu Begriffen und Elementen

HINWEIS   In den deutschen Fassungen des Programms weicht der Sprachgebrauch bei der Bezeichnung von Diagrammelementen zwischen Excel 2003 und Excel 2007 teilweise deutlich ab. In den Darstellungen dieses Hauptabschnitts werden in erster Linie die (aus meiner Sicht besseren) Bezeichnungen aus der Version 2003, dazu dann ggf. in Klammern die Bezeichnungen aus der Version 2007, benutzt.

Typen und Quellen

Folgende **Diagrammtypen** mit einer jeweils unterschiedlich großen Anzahl von *Diagrammuntertypen* stehen zur Verfügung:

- Säulendiagramme

- Liniendiagramme

- Kreisdiagramme (die unter Excel 2007 an einigen Stellen auch als *Tortendiagramme* bezeichnet werden)

- Balkendiagramme

- Flächendiagramme (die unter Excel 2007 an einigen Stellen auch als *Bereichsdiagramme* bezeichnet werden)

- Punkt (XY)-Diagramme

- Kursdiagramme

- Oberflächendiagramme

- Ringdiagramme
- Blasendiagramme
- Netzdiagramme

Die **Datenquelle** eines Diagramms kann ein zusammenhängender, Zahlen und Texte enthaltender Zellbereich sein oder aus mehreren, voneinander unabhängigen Zellbereichen bestehen. Die Bezüge des Diagramms – wie auch die seiner einzelnen Elemente – auf Quellbereiche sind einzeln festlegbar und editierbar.

Formatierbare Diagrammelemente

Ein mit Standardbearbeitungsvorgängen erstelltes Diagramm wird in der Regel gebildet aus einer *Diagrammfläche* (*Diagrammbereich*), der *Zeichnungsfläche*, einer oder mehreren *Datenreihen*, den *Achsen*, *Beschriftungen* verschiedener Art und – optional – diversen Analyseelementen.

Für alle der nachstehend aufgezählten Elemente eines Diagramms gilt:

- Sie sind vielfältig formatierbar,
- sie können (bis auf die *Zeichnungsfläche*) aus dem Diagramm entfernt werden,
- sie können durch spezifische Färbungen (Elementfarbe = Umgebungsfarbe) unsichtbar gemacht werden.

Einige Erläuterungen im Zusammenhang mit Abbildung 15.1, Abbildung 15.2 und Abbildung 15.3. (Bitte beachten Sie, dass die Nummerierungen in diesen drei Abbildungen durchlaufend sind.)

Zu den Elementen in Abbildung 15.1:

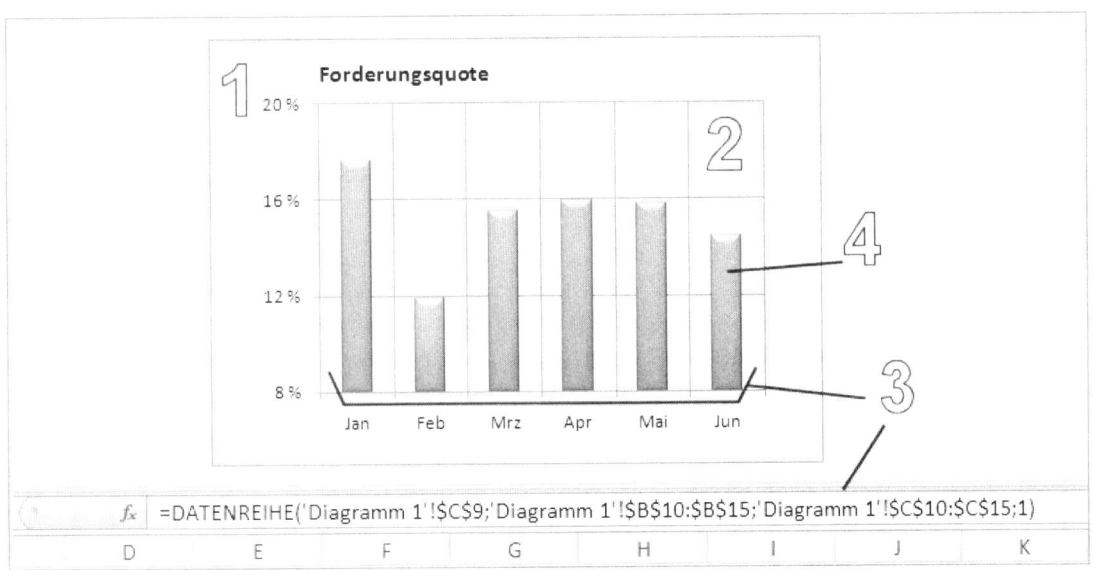

Abbildung 15.1 Diagrammfläche (1), Zeichnungsfläche (2), Datenreihe (3) und Datenpunkt (4)

1. Die **Diagrammfläche** (**Diagrammbereich**) ist das grafische Basiselement des Diagramms, gewissermaßen der »Träger« oder der »Container« aller Elemente, die im Diagramm vorhanden sind.

2. Auf der **Zeichnungsfläche** werden die *Datenreihen* und die *Gitternetzlinien* gezeichnet. Die *Zeichnungsfläche* kann innerhalb der *Diagrammfläche* bewegt und in ihrer Größe verändert werden.

3. Die **Datenreihen** sind jene Elemente des Diagramms, mit denen Sie die Werte und/oder die Relationen des Zahlenmaterials visualisieren. Wenn Sie eine *Datenreihe* markieren, wird die zu ihr gehörende Datenreihenformel in der Bearbeitungsleiste angezeigt. Welche grafischen Elemente Sie zur Anzeige einer *Datenreihe* verwenden, bestimmen Sie primär durch Auswahl von *Diagrammtyp* und *Diagrammuntertyp*. Unterschiedliche *Datenreihen* können innerhalb eines einzigen Diagramms unterschiedliche *Diagrammtypen* sein (z. B. ein kombiniertes Diagramm aus Säulen und Linie).

4. Ein **Datenpunkt** ist das Einzelelement einer *Datenreihe*, visualisiert also in der Regel einen einzigen Wert dieser *Datenreihe*. Eine *Datenreihe* besteht normalerweise aus mehreren *Datenpunkten*. Es kann auch sein, dass in einem Diagramm zwar eine komplette *Datenreihe* vorhanden ist, dass aber dennoch nur ein einziger ihrer Datenpunkte sichtbar gemacht wird (ein entsprechendes Beispiel finden Sie in Kapitel 4).

Zu den Beschriftungselementen des Diagramms im Zusammenhang mit Abbildung 15.2:

HINWEIS   Die Gestaltung des Objekts entspricht keinesfalls dem, was ich als gelungene Aufmachung bezeichnen würde. Die in der Abbildung gezeigte Form wurde nur deswegen gewählt, um die Elemente 5 bis 8 zusammenfassend vorstellen zu können.

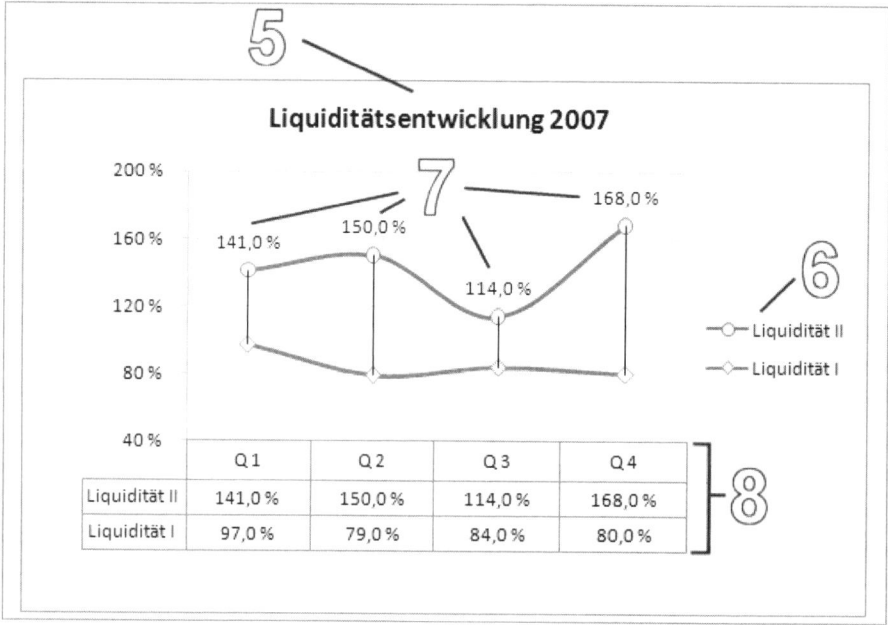

Abbildung 15.2   Diagrammtitel (5), Legende(6), Datenbeschriftung (7) und Datentabelle (8)

5. Der **Diagrammtitel** sollte eine klare Aussage darüber treffen, was im Diagramm zu sehen ist. Die Formatierung sollte den Text deutlich als Überschrift erkennbar werden lassen, aber nicht allzu plakativ sein.

6. Die **Legende** gehört zu den wesentlichen Gestaltungselementen eines Diagramms. Das gilt jedenfalls immer dann, wenn im Diagramm mehrere *Datenreihen* vorhanden sind, deren eindeutige Identifizierung meistens nur dann möglich ist, wenn die *Legendentexte* in Verbindung mit den *Legendensymbolen* dem Betrachter entsprechende Zuordnungsmöglichkeiten erlauben. Beachten Sie bitte, dass Sie eine *Legende* an beliebigen Stellen des Diagramms positionieren können und dass nicht nur die *Legende* insgesamt, sondern auch ihre Textelemente im Einzelnen formatiert werden können.

7. Die **Datenbeschriftungen** sind ergänzende Informationen zu einzelnen *Datenpunkten*. Sie sind immer dann zu verwenden, wenn es im Diagramm wichtig ist, eine genaue Information zu liefern, die auf andere Weise nicht vermittelt werden kann. Allerdings ist es generell nicht empfehlenswert, eine Visualisierung mit allzu vielen Begleitinformationen zu belasten. Verwenden Sie *Datenbeschriftungen* also nur dann, wenn es darauf ankommt, bestimmte Einzelheiten besonders hervorzuheben oder deutlich zu machen. In der Abbildung sind als *Datenbeschriftungen* die *Werte* der *Datenpunkte* zu sehen. Als alternative Möglichkeit steht (ersatzweise oder beliebig kombiniert) die Verwendung von *Datenreihen-* oder *Kategoriennamen* zur Verfügung.

8. Die **Datentabelle** ist eine Übernahme der tabellarischen Datenbasis des Diagramms in das Diagramm selbst. Sie wird mit jener *Achse* des Diagramms verbunden, in der die *Rubriken* (*Kategorien*) zu sehen sind. Die Breite und Aufteilung der *Datentabelle* und ihrer Zellen ist abhängig von der Größe der *Zeichnungsfläche* und der Differenziertheit des *Gitternetzes*. Verwenden Sie die Datentabelle nur, wenn Sie mit ihrer Hilfe einige wenige Werte darstellen wollen. Als mehrzeiliges Konstrukt ist sie in der Mehrzahl der Fälle eher verwirrend als hilfreich.

Zu den skalierenden und strukturierenden Elementen der *Zeichnungsfläche* des Diagramms im Zusammenhang mit Abbildung 15.3:

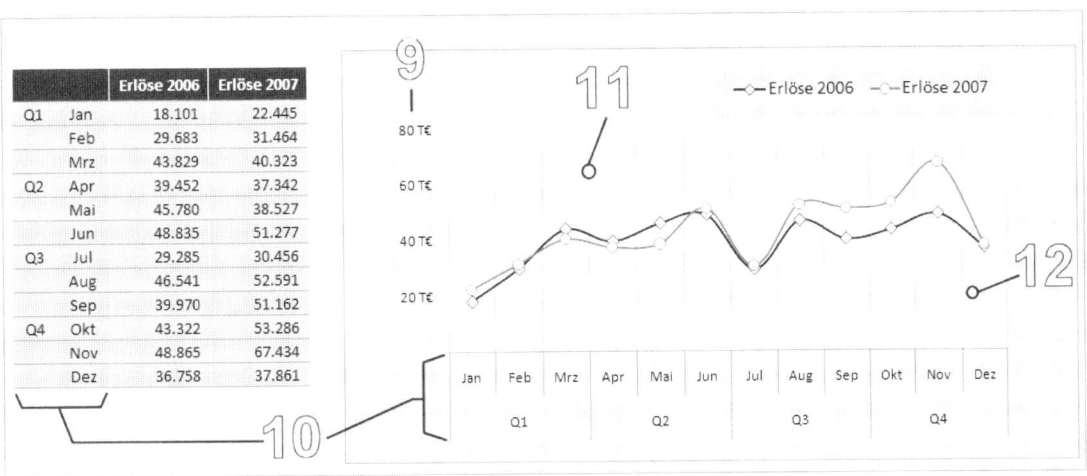

Abbildung 15.3   Achsen mit Achsenbeschriftungen (9, 10) und Gitternetzlinien (11, 12)

9. An der **Größenachse** (**vertikale Primärachse** oder **horizontale Primärachse**, gelegentlich auch *Wertachse*) kommen die Werte der *Datenreihen* in automatischer oder auch benutzerdefinierter Unterteilung (Skalierung) zur Anzeige. Die Werteanzeige wird vom Datenmaterial selbst bestimmt und ist benutzerdefiniert veränderbar.

   ■ Bei der Mehrzahl der *Diagrammtypen* ist die *Größenachse* die vertikale Achse.

   ■ Bei einem *Balkendiagramm* verläuft die *Größenachse* horizontal.

   ■ Ein *Punktdiagramm (XY)* hat zwei *Größenachsen*, eine vertikale und eine horizontale.

   ■ Ein Netzdiagramm hat so viele *Größenachsen*, wie es Datenpunkte hat.

10. An der **Rubrikenachse** (**horizontale Primärachse** oder **vertikale Primärachse**, gelegentlich auch *Kategorienachse*) kommen die Rubriken der *Datenreihe(n)* zur Anzeige. In der Mehrzahl der Fälle sind das Texte, die aus dem *Diagrammdatenbereich* übernommen werden. Wie Sie in der Abbildung erkennen, muss die Quelle der Achsenbeschriftungen keinesfalls nur einspaltig oder einzeilig sein. Die Unterteilung der *Rubrikenachse* orientiert sich an der Anzahl der in das Diagramm aufgenommenen *Datenpunkte* und ist benutzerdefiniert veränderbar.

   ■ Bei der Mehrzahl der Diagrammtypen ist die *Rubrikenachse* die horizontale Achse.

   ■ Bei einem *Balkendiagramm* verläuft die *Rubrikenachse* vertikal.

   ■ *Punktdiagramme (XY)* und kreisförmige Diagramme (Netz, Kreis, Ring) haben keine *Rubrikenachse*.

HINWEIS   Die **Gitternetzlinien** sind den Achsen strukturell unmittelbar zugeordnet. Sie führen die automatischen oder benutzerdefiniert bestimmten Unterteilungen (*Skalierungen*) der Achsen in der *Zeichnungsfläche* des Diagramms fort:

---

11. Von der *Rubrikenachse* aus werden (im abgebildeten Diagramm) die **vertikalen Gitternetzlinien** gezeichnet.

12. Von der *Größenachse* aus werden (im abgebildeten Diagramm) die **horizontalen Gitternetzlinien** gezeichnet.

Excel 2003 – Zugangsinformationen

Lesen Sie hier, wie Sie unter Excel 2003 Diagrammelemente markieren und wie Sie bei verschiedenen Arbeitsaufgaben Zugang zu den einzelnen Elementen bzw. deren Bearbeitungsmöglichkeiten finden.

Elemente markieren und allgemeine Zugangswege

Was geschieht, wenn Sie ein Diagrammelement markieren?

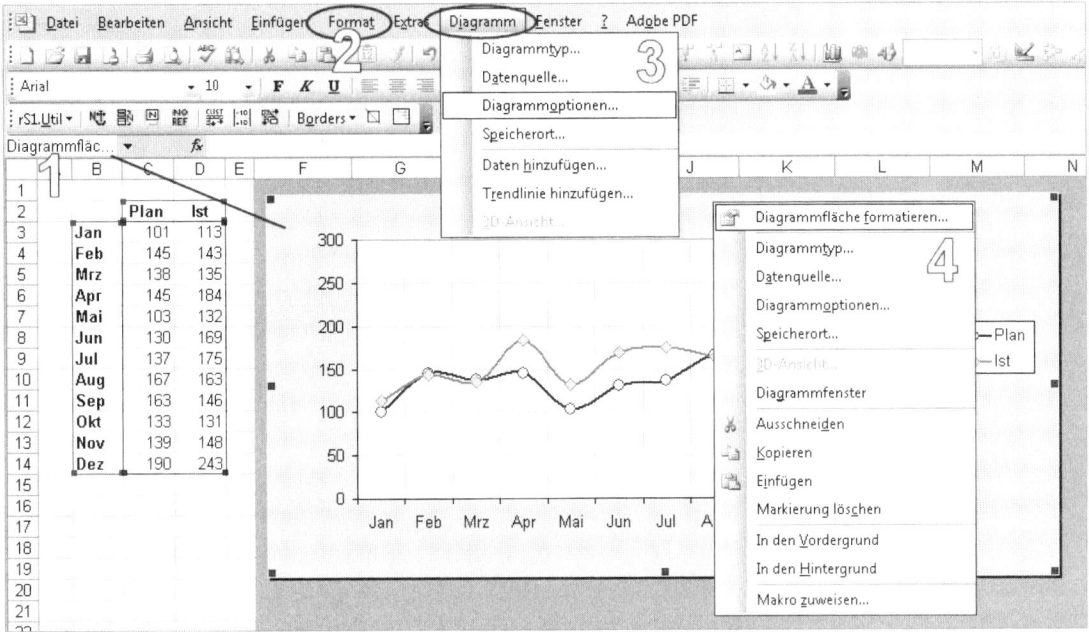

Abbildung 15.4 Verschiedene Veränderungen und Möglichkeiten nach dem Markieren eines Diagrammelements

Im Zusammenhang mit Abbildung 15.4 und der dortigen Nummerierung:

1. Die Bezeichnung des markierten Elements wird im *Namenfeld* der *Bearbeitungsleiste* angezeigt.

2. Im Menü *Format* wird das markierte Element benannt und zur Formatierung angeboten. Im abgebildeten Beispiel wird dort jetzt der Befehl *Markierte Diagrammfläche* zur Verfügung stehen.

3. In der Menüleiste erscheint das Menü *Diagramm* mit seinem spezifischen Befehlssatz.

4. Wenn Sie das Diagrammelement mit der rechten Maustaste anklicken, erscheint das zu ihm passende Kontextmenü, dessen jeweiliger erster Eintrag den Weg zum Formatierungsdialogfeld eröffnet.

WICHTIG   Beim Markieren von Diagrammelementen, insbesondere bei kleinen Diagrammen mit zahlreichen Einzelheiten, können Sie etliche Fehler machen. Überzeugen Sie sich bitte immer davon, dass Sie tatsächlich das Element markiert haben, das Sie auch formatieren oder entfernen wollen. Verwenden Sie ggf. sichere Verfahren (Pfeiltasten der Tastatur oder gezieltes Ansteuern mittels Symbolleiste, mehr dazu nachstehend), um das richtige Element zu treffen.

Wie können Sie ein Diagrammelement markieren?

- Wenn Sie auf ein Diagrammelement doppelklicken, öffnet sich sofort dessen Formatierungsdialogfeld mit einer für das Element spezifischen Anzahl von Registerkarten spezifischer Ausstattung (vgl. Abbildung 15.5). Achten Sie immer auf die Überschrift des Dialogfelds: Das markierte Element wird darin benannt.

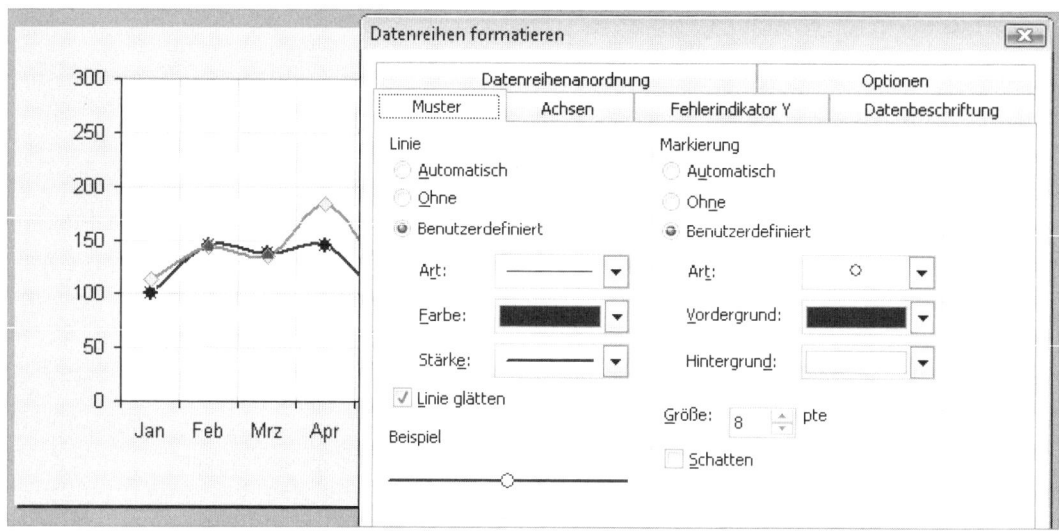

Abbildung 15.5 Für jedes Diagrammelement gibt es ein spezifisches Formatierungsdialogfeld

- Das Dialogfeld öffnet sich auch, wenn Sie das Diagrammelement auf andere Weise markiert haben und dann die Tastenkombination ⌈Strg⌉+⌈1⌉ drücken.

- Wenn es schwierig ist, ein Element mit der Maus zu treffen, können Sie auch die Pfeiltasten der Tastatur zum Markieren benutzen. Markieren Sie z. B. die *Diagrammfläche* und drücken Sie dann so häufig die Tasten ⌈↓⌉ oder ⌈↑⌉, bis Sie das gewünschte Element markiert haben. Achten Sie dabei nicht nur auf die Markierungsanzeige im Diagramm, sondern auch auf die Textbezeichnung des gerade markierten Elements im *Namenfeld* der *Bearbeitungsleiste*. Das besonders deswegen, weil Sie mit diesem Verfahren auch unsichtbar formatierte Elemente markieren können.

  Wenn Sie eine *Datenreihe* markiert haben, können Sie mit der Taste ⌈←⌉ oder der Taste ⌈→⌉ von *Datenpunkt* zu *Datenpunkt* wandern, um einen einzelnen *Datenpunkt* zu markieren.

- Das gezielte Ansteuern eines Elements gelingt mit der Symbolleiste *Diagramm* (vgl. Abbildung 15.6). Dort befindet sich links eine Dropdownliste, in der alle Elemente verzeichnet sind, die gegenwärtig im Diagramm vorhanden und ansteuerbar sind. Klicken Sie auf einen Listeneintrag, um das Element zu markieren. Der besondere Vorteil dieses Zugangswegs: Sie finden hier auch die Einträge jener Elemente, die Sie unsichtbar formatiert haben.

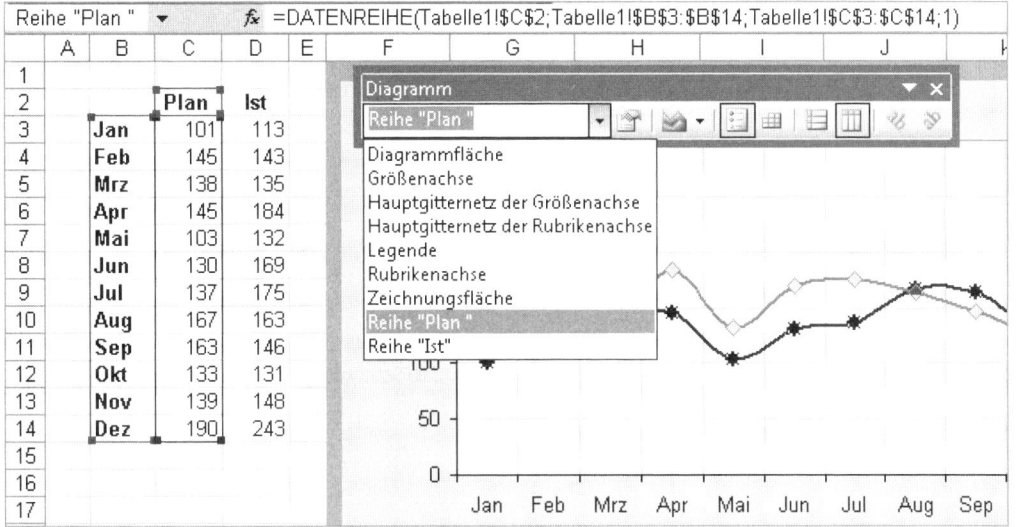

Abbildung 15.6 Wählen Sie das zu markierende Element aus einer Liste

Arbeitsaufgaben und spezielle Zugangswege

Die nachstehenden Tabellen sind wie folgt zu interpretieren:

■ In der Hauptüberschrift der jeweiligen Tabelle steht die Bezeichnung eines Diagrammelements.

■ In der Spalte *Aufgabe* ist eine Arbeitsaufgabe skizziert.

■ In der Spalte *Zugang* steht ein Hinweis, welchen Weg Sie beschreiten können, um zu den Befehlen oder Dialogfeldern zu gelangen, die mit der genannten Arbeitsaufgabe im Zusammenhang stehen. (Hier ist immer nur ein einziger von mehreren möglichen Zugangswegen erwähnt – welche verschiedenen Wege es gibt, war Thema des vorigen Abschnitts.)

■ In der Spalte *Dialogfeld/Registerkarte(n)* ist verzeichnet, welches Dialogfeld – *D* – und/oder welche Registerkarte(n) – *R* – ggf. zu benutzen sind.

Diagrammtyp

Aufgabe	Zugang	Dialogfeld/Registerkarte(n)
Diagrammtyp für ganzes Diagramm bestimmen	Kontextmenü in Diagrammfläche oder Zeichnungsfläche	D: Diagrammtyp R: Standardtypen
Diagrammtyp für einzelne Datenreihe bestimmen	Kontextmenü nach Rechtsklick auf Datenreihe	D: Diagrammtyp R: Standardtypen

Datenquelle

Aufgabe	Zugang	Dialogfeld/Registerkarte(n)
Datenquelle für ganzes Diagramm ändern	Kontextmenü in Diagrammfläche oder Zeichnungsfläche	D: Datenquelle R: Datenbereich
Datenquelle für einzelne Datenreihe ändern	Kontextmenü nach Rechtsklick auf Datenreihe	D: Datenquelle R: Reihe

Datenreihe

Aufgabe	Zugang	Dialogfeld/Registerkarte(n)
Datenreihe entfernen	Datenreihe anklicken, Taste `Entf`	
Datenreihe hinzufügen	Quelldatenbereich der Tabelle kopieren, Diagramm markieren, Einfügen	
Datenreihe formatieren (Aussehen)	Auf Datenreihe doppelklicken	R: Muster R: Optionen
Datenreihenbeschriftung erzeugen	Auf Datenreihe doppelklicken	R: Datenbeschriftung
Reihenfolge von Datenreihen ändern	Auf Datenreihe doppelklicken	R: Datenreihenanordnung
Namen von Datenreihen ändern	Kontextmenü in Diagrammfläche oder Zeichnungsfläche	D: Datenquelle R: Reihe

Datenpunkt

Aufgabe	Zugang	Dialogfeld/Registerkarte(n)
Datenpunkt formatieren (Aussehen)	Auf Datenpunkt doppelklicken	R: Muster R: Optionen
Datenpunkt beschriften	Auf Datenpunkt doppelklicken	R: Datenbeschriftung
Datenpunktbeschriftung formatieren	Auf Datenpunktbeschriftung doppelklicken	alle Registerkarten

Diagrammfläche

Aufgabe	Zugang	Dialogfeld/Registerkarte(n)
Diagrammfläche verformen	Diagrammfläche anklicken, Anfasser mit Maus ziehen	
Diagrammfläche formatieren (Aussehen, Schrift)	Auf Diagrammfläche doppelklicken	R: Muster R: Schrift Schrift pauschal für alle Elemente festlegen, Schrift *Automatisch skalieren* ausschalten!
Diagrammfläche von Tabelle unabhängig machen	Auf Diagrammfläche doppelklicken	R: Eigenschaften dort die dritte der Optionen

Zeichnungsfläche

Aufgabe	Zugang
Zeichnungsfläche verformen	Zeichnungsfläche anklicken, Anfasser mit gedrückter Maustaste ziehen
Zeichnungsfläche formatieren	Auf Zeichnungsfläche doppelklicken

Rubrikenachse

Aufgabe	Zugang	Dialogfeld/Registerkarte(n)
Position der Rubrikenachse ändern	Auf Größen(!)achse doppelklicken	R: Skalierung
Position der Rubrikenachsenbeschriftung ändern	Auf Rubrikenachse doppelklicken	R: Muster Teilstrichbeschriftungen
Unterteilung der Rubrikenachse ändern	Auf Rubrikenachse doppelklicken	R. Skalierung
Datenquelle für Rubrikenachsenbeschriftung ändern (z. B. mehrzeilige Achsenbeschriftungen)	Kontextmenü in Diagrammfläche oder Zeichnungsfläche	D: Datenquelle R: Reihe
Rubrikenachse entfernen	Rubrikenachse anklicken, Taste Entf	
Entfernte Rubrikenachse wiederherstellen	Kontextmenü in Diagrammfläche oder Zeichnungsfläche	D: Diagrammoptionen R: Achsen

Größenachse

Aufgabe	Zugang	Dialogfeld/Registerkarte(n)
Position der Größenachse ändern	Auf Rubriken(!)achse doppelklicken	R: Skalierung
Unterteilung der Größenachse ändern	Auf Größenachse doppelklicken	R: Skalierung
Position der Größenachsenbeschriftung ändern	Auf Größenachse doppelklicken	R: Muster Teilstrichbeschriftungen
Größenachse entfernen	Größenachse anklicken, Taste `Entf`	
Entfernte Größenachse wiederherstellen	Kontextmenü in Diagrammfläche oder Zeichnungsfläche	D: Diagrammoptionen R: Achsen
Datenreihe an sekundärer Größenachse zeichnen	Auf Datenreihe doppelklicken	R: Achsen

Gitternetzlinien

Aufgabe	Zugang	Dialogfeld/Registerkarte(n)
Gitternetzlinien erzeugen	Kontextmenü in Diagrammfläche oder Zeichnungsfläche	D: Diagrammoptionen R: Gitternetzlinien
Anzahl von Gitternetzlinien ändern	Auf Größenachse oder Rubrikenachse doppelklicken	R: Skalierung
Gitternetzlinien formatieren	Auf Gitternetzlinien doppelklicken	R: Muster
Gitternetzlinien entfernen	Gitternetzlinien anklicken, Taste `Entf`	
Entfernte Gitternetzlinien wiederherstellen	Kontextmenü in Diagrammfläche oder Zeichnungsfläche	D: Diagrammoptionen R: Gitternetzlinien

Legende

Aufgabe	Zugang	Dialogfeld/Registerkarte(n)
Legende erzeugen	Kontextmenü in Diagrammfläche oder Zeichnungsfläche	D: Diagrammoptionen R: Legende
Legende platzieren	Auf Legende doppelklicken oder markierte Legende frei verschieben	R: Platzierung
Legende formatieren	Auf Legende doppelklicken	R: Muster R: Schrift

Verschiedenes

Titel

Aufgabe	Zugang	Dialogfeld/Registerkarte(n)
Diagrammtitel erzeugen	Kontextmenü in Diagrammfläche oder Zeichnungsfläche	D: Diagrammoptionen R: Titel

Häufig besser, weil vielfältiger gestaltbar: Textfeld (siehe nachstehend) als Diagrammtitel verwenden.

Freie Texte

Freie Texte sind Textfelder, die Sie in ein Diagramm einfügen und damit zum Element des Diagramms machen, die Sie aber innerhalb des Diagramms an beliebigen Stellen positionieren und die Sie nach Belieben formatieren können.

Aufgabe	Zugang	Dialogfeld/Registerkarte(n)
Freie Texte als Elemente des Diagramms erzeugen	Diagrammfläche markieren, dann Texteingabe in Bearbeitungsleiste, dann Taste ⏎	

Datentabelle

Aufgabe	Zugang	Dialogfeld/Registerkarte(n)
Datentabelle in Diagramm erzeugen	Kontextmenü in Diagrammfläche oder Zeichnungsfläche	D: Diagrammoptionen R: Datentabelle
Datentabelle formatieren	Auf Datentabelle doppelklicken	R: Muster R: Schrift

Excel 2007– Zugangsinformationen

Lesen Sie hier, wie Sie unter Excel 2007 Diagrammelemente markieren und wie Sie bei verschiedenen Arbeitsaufgaben Zugang zu den einzelnen Elementen bzw. deren Bearbeitungsmöglichkeiten finden.

Elemente markieren und allgemeine Zugangswege

Was geschieht, wenn Sie ein Diagrammelement markieren?

Das hängt zunächst davon ab, was Sie zuvor gemacht haben und auf welche Weise Sie markieren. (Die beiden nachstehenden Varianten beziehen sich auf das Verwenden von Mausklicks. Weitere Varianten sind dann noch weiter unten beschrieben.)

Anklicken eines Diagrammelements

- Sie haben zuvor (letzter Arbeitsschritt) in der Tabelle gearbeitet: In der Multifunktionsleiste erscheinen die *Diagrammtools* mit den drei Registerkarten *Entwurf*, *Layout* und *Format*. Aktiv wird keine davon, sondern erst, wenn Sie eine bestimmte anklicken.

- Sie haben zuvor (letzter Arbeitsschritt) im Diagramm gearbeitet (und danach ggf. auch die Markierung eines Diagrammelements aufgehoben, aber nicht in der Tabelle gearbeitet): In der Multifunktionsleiste erscheinen die *Diagrammtools* mit den drei Registerkarten *Entwurf*, *Layout* und *Format*. Aktiv wird (oder bleibt) jene Registerkarte, die Sie als letzte benutzt haben.

Doppelklick auf ein Diagrammelement

WICHTIG   Wenn Sie sich in früheren Versionen des Programms angewöhnt haben, mit einem schnellen Doppelklick auf ein Diagrammelement dessen Formatierungsdialogfeld zu öffnen, müssen Sie sich das jetzt leider abtrainieren – es funktioniert nicht mehr.

- Sie haben zuvor (letzter Arbeitsschritt) in der Tabelle gearbeitet: In der Multifunktionsleiste erscheinen die *Diagrammtools* mit den drei Registerkarten *Entwurf*, *Layout* und *Format*. Aktiv wird die Registerkarte *Entwurf*.

- Sie haben zuvor (letzter Arbeitsschritt) im Diagramm gearbeitet (und danach ggf. auch die Markierung eines Diagrammelements aufgehoben): Aktiv wird die Registerkarte *Entwurf*.

Übersicht zur Elementmarkierung

Im Zusammenhang mit Abbildung 15.7 und der dortigen Nummerierung:

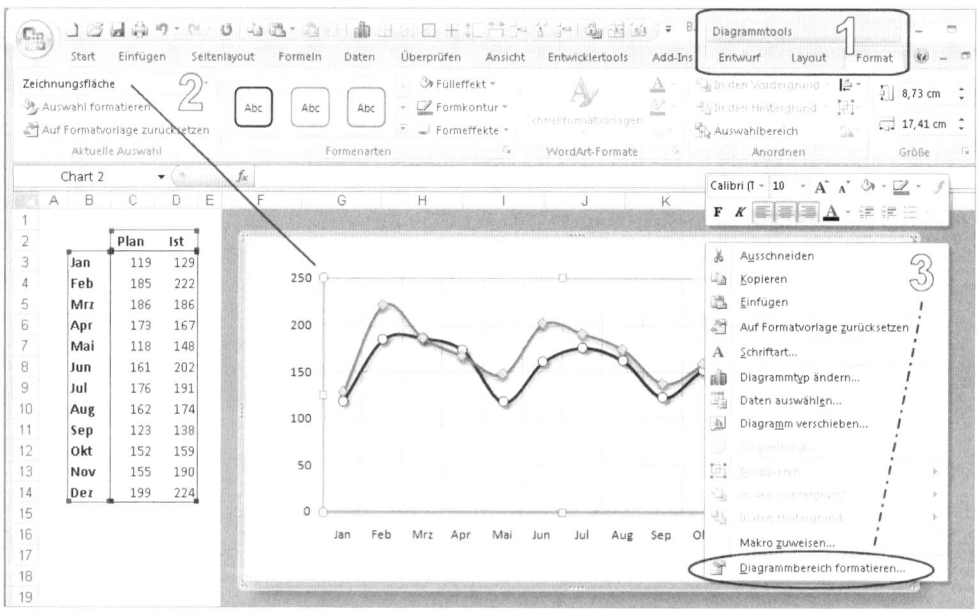

Abbildung 15.7 Verschiedene Veränderungen und Möglichkeiten nach dem Markieren eines Diagrammelements

1. In der Multifunktionsleiste sind die *Diagrammtools* mit den drei Registerkarten *Entwurf*, *Layout* und *Format* zu sehen. In jeder von ihnen sind zahlreiche Möglichkeiten zur Bearbeitung von Diagrammelementen vorhanden. Als wesentliche Neuerung unter Excel 2007 sind hier vor allem die integrierten *Diagrammlayouts* und *Diagrammformatvorlagen* zu erwähnen.

2. Wenn die Registerkarte *Layout* oder die Registerkarte *Format* aktiv ist, wird die Bezeichnung des markierten Elements in der Gruppe *Aktuelle Auswahl* benannt (nicht aber bei aktiver Registerkarte *Entwurf*).

3. Wenn Sie das Diagrammelement mit der rechten Maustaste anklicken, erscheint das zu ihm passende Kontextmenü, dessen jeweiliger letzter Eintrag den Weg zum elementspezifischen Formatierungsdialogfeld eröffnet.

WICHTIG   Beim Markieren von Diagrammelementen, insbesondere bei kleinen Diagrammen mit zahlreichen Einzelheiten, können Sie etliche Fehler machen. Überzeugen Sie sich bitte immer davon, dass Sie tatsächlich das Element markiert haben, das Sie auch formatieren oder entfernen wollen. Verwenden Sie ggf. sichere Verfahren (Pfeiltasten der Tastatur oder gezieltes Ansteuern mit Gebrauch der Elementnamen, mehr dazu nachstehend), um das richtige Element zu treffen.

Wie können Sie ein Diagrammelement markieren?

Drei Möglichkeiten:

- Sie klicken es mit der Maus an.

- Wenn es schwierig ist, ein Element mit der Maus zu treffen, können Sie auch die Pfeiltasten der Tastatur zum Markieren benutzen. Markieren Sie z. B. den *Diagrammbereich* und drücken Sie dann so häufig $\boxed{\downarrow}$ oder $\boxed{\uparrow}$, bis Sie das gewünschte Element markiert haben. Achten Sie dabei nicht nur auf die Markierungsanzeige im Diagramm, sondern auch auf die Textbezeichnung des gerade markierten Elements in der Multifunktionsleiste (Gruppe *Aktuelle Auswahl* der Registerkarte *Layout* oder *Format* – vgl. Abbildung 15.7, Ziffer 2). Das besonders deswegen, weil Sie mit diesem Verfahren auch unsichtbar formatierte Elemente markieren können.

  Wenn Sie eine *Datenreihe* markiert haben, können Sie mit $\boxed{\leftarrow}$ oder $\boxed{\rightarrow}$ von *Datenpunkt* zu *Datenpunkt* wandern, um einen einzelnen *Datenpunkt* zu markieren.

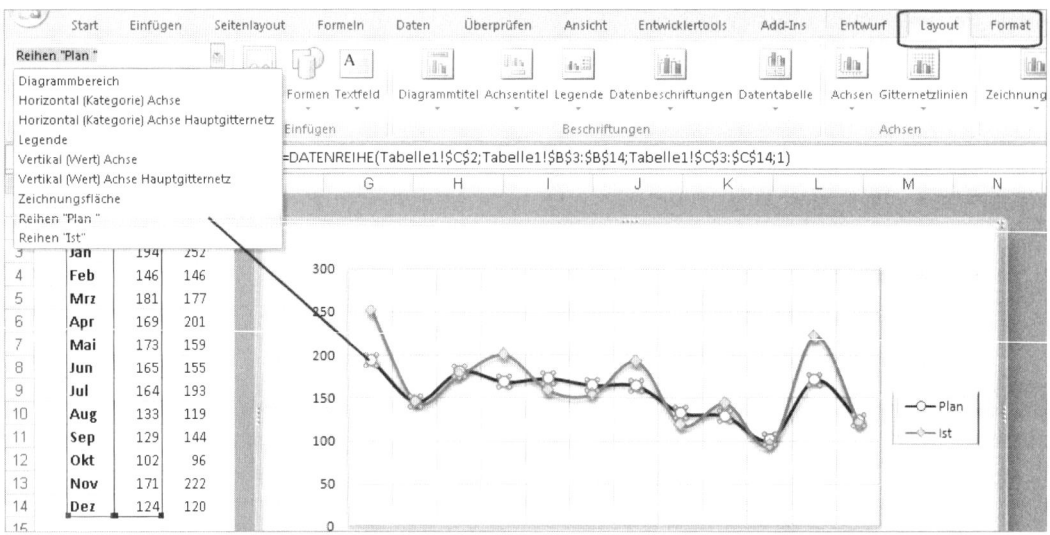

Abbildung 15.8 Wählen Sie das zu markierende Element aus einer Liste

- Das gezielte Ansteuern eines Elements gelingt mit der Dropdownliste in der Gruppe *Aktuelle Auswahl* der Registerkarte *Layout* oder *Format* (vgl. Abbildung 15.8), in der alle Elemente verzeichnet sind, die gegenwärtig im Diagramm vorhanden und ansteuerbar sind. Klicken Sie auf einen Listeneintrag, um das Element zu markieren. Der besondere Vorteil dieses Zugangswegs: Sie finden hier auch die Einträge jener Elemente, die Sie unsichtbar formatiert haben.

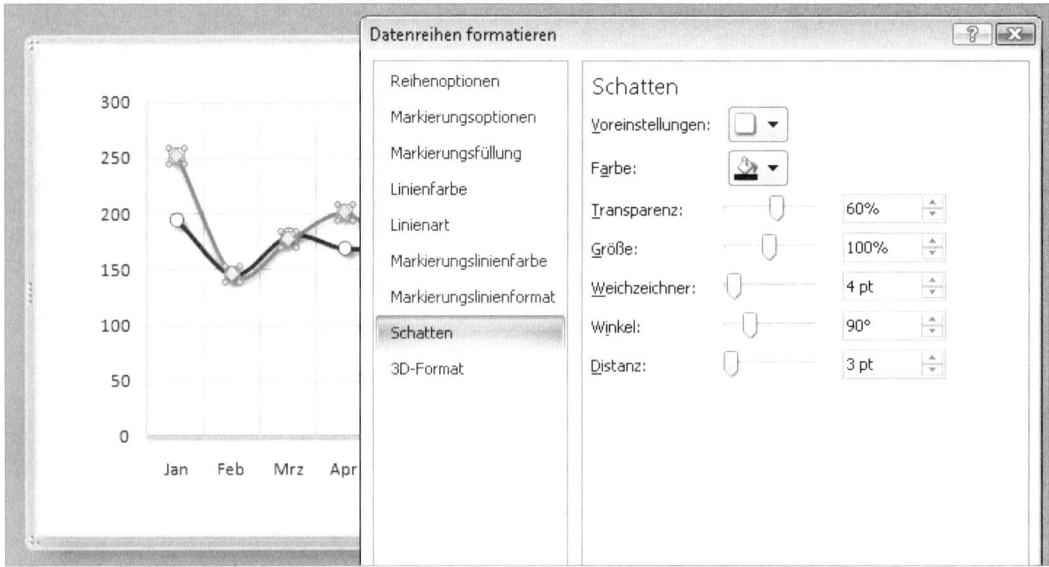

Abbildung 15.9 Für jedes Diagrammelement gibt es ein spezifisches Formatierungsdialogfeld

Wenn Sie das spezifische Formatierungsdialogfeld (vgl. Abbildung 15.9) eines Diagrammelements öffnen möchten, benutzen Sie unter Excel 2007 vorzugsweise zwei Zugriffsarten:

- Markieren Sie mit einem beliebigen Verfahren (siehe oben) das Element und drücken Sie dann die Tastenkombination $\boxed{\text{Strg}}$+$\boxed{1}$.

- Klicken Sie das Diagrammelement mit der rechten Maustaste an und wählen Sie im Kontextmenü den entsprechenden Befehl (vgl. Abbildung 15.7, Ziffer 3). Das markierte Element wird in diesem Befehl benannt, ebenso dann auch im Titel des nach dessen Auswahl erscheinenden Formatierungsdialogfelds.

HINWEIS Eine sehr angenehme, arbeitserleichternde Neuerung unter Excel 2007: Sie können das Formatierungsdialogfeld so lange geöffnet halten, wie Sie mit Formatierungsarbeiten beschäftigt sind. Wenn Sie mit einem Diagrammelement fertig sind (Sie sehen die Arbeitsergebnisse sofort, auch bei geöffnetem Dialogfeld), markieren Sie »im Hintergrund« einfach das nächste Diagrammelement, um nun dieses zu formatieren.

Sie können bei weiterhin geöffnetem Dialogfeld auch Aktionen rückgängig machen.

Arbeitsaufgaben und spezielle Zugangswege

Die nachstehenden Tabellen sind wie folgt zu interpretieren:

- In der Hauptüberschrift der jeweiligen Tabelle steht die Bezeichnung eines Diagrammelements.

- In der Spalte *Aufgabe* ist eine Arbeitsaufgabe skizziert.

- In der Spalte *Zugang* steht ein Hinweis, welchen Weg Sie beschreiten können, um zu den Befehlen oder Dialogfeldern zu gelangen, die mit der genannten Arbeitsaufgabe im Zusammenhang stehen. (Hier ist immer nur ein einziger von mehreren möglichen Zugangswegen erwähnt – welche verschiedenen Wege es gibt, war Thema des vorigen Abschnitts.) Wenn ein Zugriff über die Multifunktionsleiste erforderlich ist, werden folgende Abkürzungen benutzt:
  - *MFL* für Multifunktionsleiste
  - *R* für Registerkarte
  - *G* für Gruppe
  - *S* für Symbol oder Schaltfläche

- In der Spalte *Dialogfeld/Registerkarte(n)* ist verzeichnet, welches Dialogfeld – *D* – und/oder welche Registerkarte(n) – *R* – bzw. Kategorien ggf. zu benutzen sind. Optional werden hier auch kurze Angaben zu Verfahren gemacht oder Hinweise gegeben.

Diagrammtyp

Aufgabe	Zugang	Dialogfeld/Registerkarte(n)
Diagrammtyp für ganzes Diagramm bestimmen	Kontextmenü in Diagrammbereich oder Zeichnungsfläche	D: Diagrammtyp ändern
Diagrammtyp für einzelne Datenreihe bestimmen	Kontextmenü der Datenreihe (Datenreihen-Diagrammtyp ändern)	D: Diagrammtyp ändern

Datenquelle

Aufgabe	Zugang	Dialogfeld/Registerkarte(n)
Datenquelle für ganzes Diagramm ändern	Kontextmenü in Diagrammbereich oder Zeichnungsfläche (Daten auswählen)	D: Datenquelle auswählen, Diagrammdatenbereich ändern
Datenquelle für einzelne Datenreihe ändern	Kontextmenü in Diagrammbereich oder Zeichnungsfläche (Daten auswählen)	D: Datenquelle auswählen Dort Reihe auswählen, dann Bearbeiten-Schaltfläche D: Datenreihe bearbeiten

Datenreihe

Aufgabe	Zugang	Dialogfeld/Registerkarte(n)
Datenreihe entfernen	Datenreihe anklicken, Taste `Entf`	
Datenreihe hinzufügen	Quelldatenbereich der Tabelle kopieren, Diagramm markieren, Einfügen	
Datenreihe formatieren (Aussehen)	Datenreihe markieren, dann `Strg`+`1`	Alle Registerkarten (Kategorien) außer R: Reihenoptionen
Datenreihenbeschriftung erzeugen	Datenreihe markieren MFL, R: Layout, G: Beschriftungen S: Datenbeschriftungen	Datenbeschriftung in gewünschter Art auswählen
Reihenfolge von Datenreihen ändern	Kontextmenü in Diagrammbereich oder Zeichnungsfläche (Daten auswählen)	D: Datenquelle auswählen Dort Reihe auswählen und Pfeilsymbole benutzen
Namen von Datenreihen ändern	Kontextmenü in Diagrammbereich oder Zeichnungsfläche (Daten auswählen)	D: Datenquelle auswählen Dort Reihe auswählen und Bearbeiten-Schaltfläche D: Datenreihe bearbeiten

Datenpunkt

Aufgabe	Zugang	Dialogfeld/Registerkarte(n)
Datenpunkt formatieren (Aussehen)	Datenpunkt markieren, dann Strg + 1	Alle Registerkarten (Kategorien) außer R: Reihenoptionen
Datenpunkt beschriften	Datenpunkt markieren, MFL, R: Layout, G: Beschriftungen S: Datenbeschriftungen	Datenbeschriftung in gewünschter Art auswählen
Datenpunktbeschriftung formatieren	Datenpunktbeschriftung markieren, dann Strg + 1	R: Alle außer Beschriftungsoptionen

Diagrammbereich

Aufgabe	Zugang	Dialogfeld/Registerkarte(n)
Diagrammbereich verformen	Diagrammbereich anklicken, Anfasser ziehen	
Diagrammbereich formatieren (Aussehen, Schrift)	Diagrammbereich markieren, dann Strg + 1	R: Alle
Diagrammbereich von Tabelle unabhängig machen	Diagrammbereich markieren, MFL, R: Format, G: Größe S: Launcher	D: Größe und Eigenschaften R: Eigenschaften, dort die dritte der Optionen

Zeichnungsfläche

Aufgabe	Zugang	Dialogfeld/Registerkarte(n)
Zeichnungsfläche verformen	Zeichnungsfläche anklicken, Anfasser mit Maus ziehen	
Zeichnungsfläche formatieren	Zeichnungsfläche markieren, dann Strg + 1	R: Alle

HINWEIS   Für die nachstehenden Informationen zu den *Achsen* verwende ich zur Vermeidung von Verwirrungen die Bezeichnungen, wie sie in den vorherigen Programmversionen üblich und verständlicher waren:

- *Rubrikenachse* für jene Achse, unabhängig von ihrer Ausrichtung (horizontal oder vertikal), an der die Bezeichnungen der Rubriken (Kategorien) – meist Texte – zu sehen sind.

- *Größenachse* für jene Achse, unabhängig von ihrer Ausrichtung (horizontal oder vertikal), an der die *Werte* der *Datenreihen* (Kategorien) – meist Zahlen – zu sehen sind.

Rubrikenachse

Aufgabe	Zugang	Dialogfeld/Registerkarte(n)
Position der Rubrikenachse ändern	Größen(!)achse markieren, dann `Strg` + `1`	R: Achsenoptionen
Position der Rubrikenachsenbeschriftung ändern	Rubrikenachse markieren, dann `Strg` + `1`	R: Achsenoptionen
Unterteilung der Rubrikenachse ändern	Rubrikenachse markieren, dann `Strg` + `1`	R: Achsenoptionen
Datenquelle für Rubrikenachsenbeschriftung ändern (z. B. mehrzeilige Achsenbeschriftungen)	Kontextmenü in Diagrammbereich oder Zeichnungsfläche (Daten auswählen)	D: Datenquelle auswählen Dort bei ...Achsenbeschriftungen (Rubrik) Bearbeiten-Schaltfläche D: Achsenbeschriftung
Rubrikenachse entfernen	Rubrikenachse markieren, Taste `Entf`	
Entfernte Rubrikenachse wiederherstellen	Diagrammbereich markieren, MFL, R: Layout, G: Achsen S: Achsen	Gewünschte Achse in gewünschter Art auswählen

Größenachse

Aufgabe	Zugang	Dialogfeld/Registerkarte(n)
Position der Größenachse ändern	Rubriken(!)achse markieren, dann `Strg` + `1`	R: Achsenoptionen
Unterteilung der Größenachse ändern	Größenachse markieren, dann `Strg` + `1`	R: Achsenoptionen
Position der Größenachsenbeschriftung ändern	Größenachse markieren, dann `Strg` + `1`	R: Achsenoptionen
Größenachse entfernen	Größenachse anklicken, Taste `Entf`	
Entfernte Größenachse wiederherstellen	Diagrammbereich markieren, MFL, R: Layout, G: Achsen S: Achsen	Gewünschte Achse in gewünschter Art auswählen
Datenreihe an sekundärer Größenachse zeichnen	Datenreihe markieren, dann `Strg` + `1`	R: Reihenoptionen

Gitternetzlinien

Aufgabe	Zugang	Dialogfeld/Registerkarte(n)
Gitternetzlinien erzeugen	Diagrammbereich markieren, MFL, R: Layout, G: Achsen S: Gitternetzlinien	Gewünschte Gitternetzlinien auswählen
Anzahl von Gitternetzlinien ändern	Größenachse oder Rubrikenachse markieren, dann Strg + 1	R: Achsenoptionen
Gitternetzlinien formatieren	Gitternetzlinien markieren, dann Strg + 1	R: Alle
Gitternetzlinien entfernen	Gitternetzlinien anklicken, Taste Entf	
Entfernte Gitternetzlinien wiederherstellen	Diagrammbereich markieren, MFL, R: Layout, G: Achsen S: Gitternetzlinien	Gewünschte Gitternetzlinien auswählen

Legende

Aufgabe	Zugang	Dialogfeld/Registerkarte(n)
Legende erzeugen	Diagrammbereich markieren, MFL, R: Layout, G: Beschriftungen S: Legende	Legende in gewünschter Art auswählen
Legende platzieren	Legende markieren, dann Strg + 1 oder markierte Legende frei verschieben	R: Legendenoptionen
Legende formatieren	Legende markieren, dann Strg + 1	R: Alle außer Legendenoptionen

Verschiedenes

Titel

Aufgabe	Zugang	Dialogfeld/Registerkarte(n)
Diagrammtitel erzeugen	Diagrammbereich markieren, MFL, R: Layout, G: Beschriftungen S: Diagrammtitel	Diagrammtitel in gewünschter Art auswählen

Häufig besser, weil vielfältiger gestaltbar: Textfeld (siehe nachstehend) als Diagrammtitel verwenden.

Freie Texte

Freie Texte sind Textfelder, die Sie in ein Diagramm einfügen und damit zum Element des Diagramms machen, die Sie aber innerhalb des Diagramms an beliebigen Stellen positionieren und die Sie nach Belieben formatieren können.

Aufgabe	Zugang	Hinweis
Freie Texte als Elemente des Diagramms erzeugen	Diagrammbereich markieren, MFL, R: Einfügen, G: Text S: Textfeld Gewünschte Art auswählen Erneut in Diagrammbereich klicken (Textfeld erscheint)	Wenn Sie den ersten Schritt (Markierung des Diagrammbereichs) auslassen, wird das Textfeld nicht Element des Diagramms, sondern Element des Arbeitsblatts, ist also vom Diagramm unabhängig – auch dann, wenn es im Diagramm positioniert wird.

Datentabelle

Aufgabe	Zugang	Dialogfeld/Registerkarte(n)
Datentabelle in Diagramm erzeugen	Diagrammbereich markieren, MFL, R: Layout, G: Beschriftungen S: Datentabelle	Datentabelle in gewünschter Art auswählen
Datentabelle formatieren	Datentabelle markieren, dann `Strg`+`1`	R: Alle

Verschiedene Techniken und Werkzeuge

Im Teil A des Seminarbuchs wurden einige Techniken und Werkzeuge vorgestellt, bei deren Einsatz entweder Ihre entsprechende Erfahrung vorausgesetzt wurde oder aber ein Verweis auf Teil B zu lesen war. In diesem Kapitel nun sind sieben der entsprechenden Themen zusammengefasst.

Zeichensätze

Neben den vertrauten Zeichen der PC-Tastatur und denen der häufig verwendeten »Alltagsschriftarten« gibt es eine große Fülle von Zeichensätzen, deren Inhalte und Einsatzmöglichkeiten sich nur durch fleißiges Suchen und Ausprobieren erschließen.

Wichtige Grundbegriffe

Zunächst sind einige Grundbegriffe zu klären, die im Umgang mit Computerschriften wichtig sind:

- *ASCII*: Die Abkürzung steht für *American Standard Code for Information Interchange* und betrifft ein Verfahren, mit dem alphanumerische Zeichen und Steuerzeichen (z. B. zur Steuerung von Druckern) codiert werden. Jedem Zeichen ist ein Zahlencode zugeordnet, der es ermöglicht, zwischen verschiedenen Computern und anderen technischen Systemen Zeichenfolgen auszutauschen. Der ASCII-Code gilt für die Darstellung von insgesamt 128 Zeichen. Der gesamte Zeichenvorrat wird als »Zeichensatz« bezeichnet, der in numerischer Reihenfolge Inhalt einer »Zeichensatztabelle« ist. Die ersten 32 Zeichen der ASCII-Zeichensatztabelle sind Steuerzeichen. Die Zählung beginnt bei null. Das erste Schriftzeichen der Tabelle ist mit der Codeziffer 32 das Leerzeichen.

- *ANSI*: Die Abkürzung steht für *American National Standards Institute*. Der ANSI-Zeichensatz mit seinen 256 Zeichen ist eine Weiterentwicklung des ASCII-Zeichensatzes. Er stimmt in den Nummern 32 bis 127 mit dem ASCII-Zeichensatz überein und enthält darüber hinaus weitere Zeichen, wie beispielsweise die im Deutschen häufigen Umlaute, diakritische Zeichen oder besondere Schriftzeichen, etwa aus skandinavischen und anderen Sprachen.

HINWEIS   Diakritische Zeichen sind in der Regel kleine Zusatzzeichen, mit denen angezeigt wird, wie ein bestimmter Buchstabe zu betonen oder auszusprechen ist.

- *Unicode* ist ein Markenname für einen komplexen alphanumerischen Zeichensatz, der als moderne Entwicklung versucht, alle Textzeichen aller Schriften der Welt (also lateinische Schriften, arabische, asiatische usw.) in Standardcodierungen zusammenzufassen.

Fast jeder Zeichensatz (der Gesamtzeichenvorrat einer Schriftart also) umfasst erheblich mehr Zeichen, als auf Ihrer Tastatur zu sehen sind. Solche Symbole oder Sonderzeichen sind oft sehr sinnvoll einsetzbar und bei Gestaltungsaufgaben aller Art effektvolle Hilfen.

Unter Windows und den Office-Programmen gibt es mehrere Wege, Zeichen einzufügen. Dabei ist generell zu beachten, dass unterschiedliche Schriften auch unterschiedliche Zeichensätze haben können. Wählen Sie also grundsätzlich zuerst eine Schriftart und dann ein Zeichen dieser Schriftart.

Zeichen einfügen mit Dialogfeld

Relativ einfach gelingt das Einfügen im direkten Zugriff unter Excel oder anderen Office-Programmen. Im Zusammenhang mit Abbildung 16.1:

1. Schreiben Sie bis zu der Stelle, an der Sie ein nicht auf der Tastatur vorhandenes Zeichen einfügen möchten.

2. Wählen Sie den Befehl *Einfügen/Symbol*. Es öffnet sich ein entsprechendes Dialogfeld.

3. Wählen Sie das Zeichen aus und klicken Sie auf die Schaltfläche *Einfügen*.

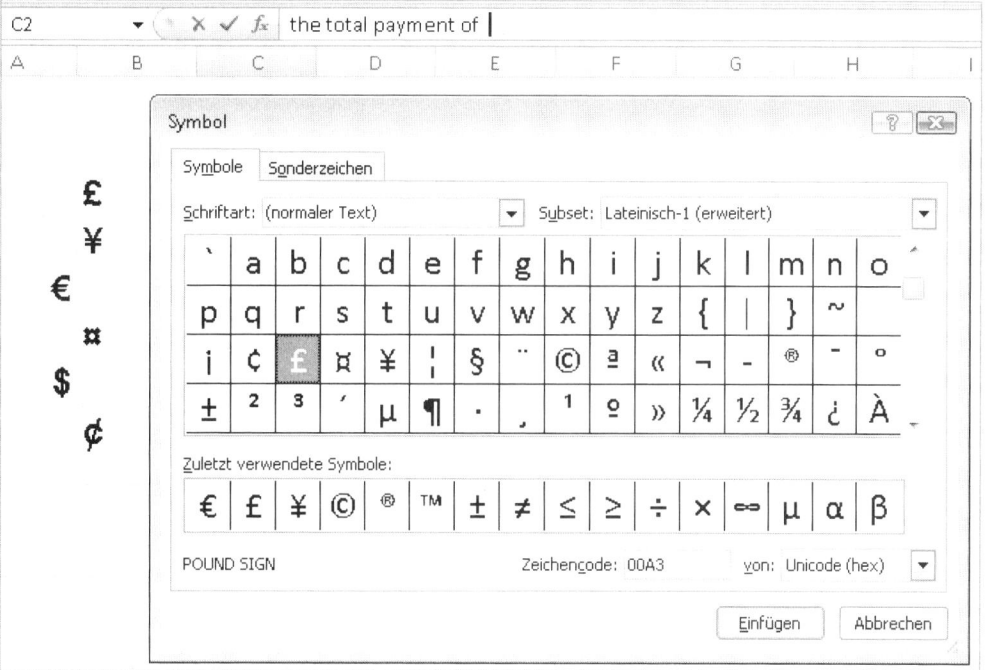

Abbildung 16.1 Die Zeichensatztabelle im Direktzugriff

Eingabe über die Tastatur

Für häufige und schnelle Verwendungen ist es besonders günstig, den numerischen Code eines Zeichens zu kennen. Dabei soll hier der ANSI-Zeichensatz mit seinen 256 Zeichen (Codeziffern 0 bis 255) genügen. Wenn Sie die Codeziffer eines ANSI-Zeichens kennen oder unter Nutzung von Tabellen ermitteln, können Sie das Zeichen auch direkt mit der Tastatur eingeben.

Dabei gilt für das Schreiben der Zeichen 32 bis 255: Taste Alt drücken, gedrückt halten und dann den Code zusammen mit einer führenden Null (wichtig, nicht vergessen!) auf der numerischen Tastatur (rechter Tastenblock Ihrer Tastatur) eintippen. (Wenn Sie eine Notebooktastatur benutzen, können Sie in vielen Fällen unter Anwendung der Taste Fn die numerische Tastatur simulieren. Lesen Sie in Ihrer Hardwaredokumentation nach, was Sie dabei beachten müssen.)

Eine sehr hilfreiche Unterstützung bei dieser Vorgehensweise liefern ausgedruckte Zeichensatztabellen ausgewählter Schriftarten, die Sie mit Excel auch schnell selbst herstellen können.

CD-ROM   Bitte öffnen Sie von der CD-ROM aus dem Ordner *Materialien* und dem zu Ihrer Excel-Version passenden Unterordner die Datei *Zeichensätze*. Sie enthält drei Arbeitsblätter, in denen unter Verwendung der Funktion =ZEICHEN(Zahl)Zeichensatztabellen verschiedener Schriftarten erzeugt werden

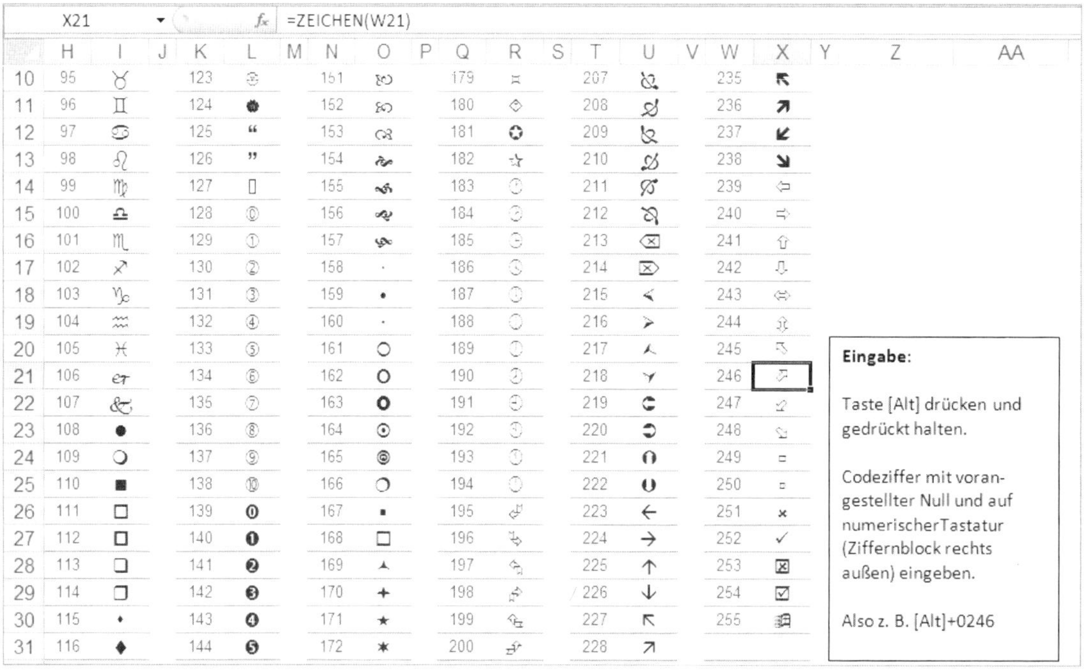

X21			fx	=ZEICHEN(W21)															
	H	I	J	K	L	M	N	O	P	Q	R	S	T	U	V	W	X	Y	Z / AA
10	95			123			151			179			207			235			
11	96			124			152			180			208			236			
12	97			125			153			181			209			237			
13	98			126			154			182			210			238			
14	99			127			155			183			211			239			
15	100			128			156			184			212			240			
16	101			129			157			185			213			241			
17	102			130			158			186			214			242			
18	103			131			159			187			215			243			
19	104			132			160			188			216			244			
20	105			133			161			189			217			245			
21	106			134			162			190			218			246			
22	107			135			163			191			219			247			
23	108			136			164			192			220			248			
24	109			137			165			193			221			249			
25	110			138			166			194			222			250			
26	111			139			167			195			223			251			
27	112			140			168			196			224			252			
28	113			141			169			197			225			253			
29	114			142			170			198			226			254			
30	115			143			171			199			227			255			
31	116			144			172			200			228						

Eingabe:

Taste [Alt] drücken und gedrückt halten.

Codeziffer mit vorangestellter Null und auf numerischer Tastatur (Ziffernblock rechts außen) eingeben.

Also z. B. [Alt]+0246

Abbildung 16.2   Eine an jede Schriftart anpassbare Zeichensatztabelle unter Excel

Deren unmittelbare Bildschirmverwendung ist eher uninteressant. Drucken Sie diese Arbeitsblätter aus und deponieren Sie sie in der Nähe Ihres Arbeitsplatzes. Sie werden sehen, dass eine gedruckte Vorlage in vielen Fällen hilfreicher und auch schneller umsetzbar ist als dialoggestützte Bildschirmangebote. Das gilt besonders dann, wenn Sie die rasche Eingabe unter Verwendung der Taste [Alt] eingeübt haben und einige der für Sie wichtigen Codes auswendig kennen. Dazu – bei Verwendung von Standardschriftarten – ein paar exemplarische Beispiele:

- Den sog. Halbgeviertstrich » – « (ich benutze es gerne als Formatierungsvorzeichen in Excel, vgl. Abbildung 16.4) können Sie mit [Alt]+0150 erzeugen.

- Das Zeichen » Ø « schreiben Sie mit [Alt]+0216.

- Der vertikal zentrierte Punkt, » • «, das Zeichen [Alt]+0149, zwischen Leerzeichen gesetzt, ist ein gut aussehendes Trennzeichen, wenn Sie in einzeiligen Texten keine Striche oder Satzzeichen als Trennzeichen benutzen wollen.

- Die in diesem Buch benutzten »französischen« Anführungszeichen, die auch in großformatigen Überschriften recht gut aussehen können, sind mit ⎡Alt⎤+0187 und ⎡Alt⎤+0171 einzugeben.

Wenn Sie Materialdatei *Zeichensätze* (vgl. Abbildung 16.2) auch für andere Schriftarten umsetzen wollen, stellen Sie Kopien der Arbeitsblätter her und formatieren einfach alle Zellen, die Formeln enthalten (Zugang: Taste ⎡F5⎤, *Inhalte, Formeln*), mit der gewünschten Schriftart. Vergessen Sie nicht, auf dem neuen Arbeitsblatt zu vermerken, zu welcher Schrift der jetzt angezeigte Zeichensatz gehört.

Wenn Sie sich Sonderzeichensätze wie beispielsweise *Wingdings, Wingdings 2* und *Wingdings 3* anschauen, werden Sie vieles entdecken, was sich in Gestaltungen verschiedenster Art hervorragend einsetzen und auch als Schmuckelement verwenden lässt. Ein Tipp dazu: Viele Zeichen sehen in extremer Vergrößerung völlig anders aus. Da müssen Sie einfach experimentieren und spielen.

HINWEIS   Sie können Sonderzeichen und Symbole auch in benutzerdefinierten Zahlenformaten verwenden. Der Zugriff über *Einfügen/Symbol* ist bei geöffnetem Dialogfeld *Zellen formatieren* allerdings nicht möglich. Deshalb müssen Sie entweder das nachstehend noch angesprochene Windows-Hilfsprogramm *Zeichentabelle* benutzen, also den Weg über die Zwischenablage gehen, oder aber, viel schneller und praktischer, die Eingabe mittels ⎡Alt⎤ und Zeichencode praktizieren.

Verwenden des Hilfsprogramms *Zeichentabelle*

Der Zugriff erfolgt auf Windows-Ebene. Es handelt sich um eine eigenständige Ressource, die selbstverständlich auch im Zusammenwirken mit Excel funktioniert, dort aber (siehe vorstehende Verfahrensweisen) im Grunde kaum benötigt wird. Die Darstellung erfolgt hier eher der Vollständigkeit halber.

1. Auf dem Befehlsweg *Start/Alle Programme/Zubehör/Systemprogramme* öffnen Sie das kleine Hilfsprogramm *Zeichentabelle*.

2. Dort bestimmen Sie zuerst die *Schriftart* und wählen dann das Zeichen aus. Wenn Sie mit der Maus auf das Zeichen zeigen, erhalten Sie eine Textinformation. Wenn Sie auf das Zeichen klicken, wird es vergrößert dargestellt.

3. Klicken Sie auf *Auswählen*, um das Zeichen in die Zeile *Zeichenauswahl* zu übertragen. Klicken Sie dann auf *Kopieren*, um es in die Zwischenablage zu übernehmen.

4. Wechseln Sie zu Excel, um das Zeichen an der aktuellen Cursorposition einzufügen.

Benutzerdefinierte Zahlenformate

Sie können benutzerdefinierte Zahlenformate komplett mit eigenen Eingaben von Formatcodes definieren oder Sie erstellen sie auf Basis bereits vorhandener Formate. Diese wiederum könnten sowohl integrierte Zahlenformate wie auch bereits vorhandene Eigenkreationen sein.

HINWEIS   Benutzerdefinierte Zahlenformate werden zusammen mit der Arbeitsmappe gespeichert, in der sie erzeugt wurden. Wenn Sie also in einer neuen, leeren Datei auf ein früher bereits erstelltes Zahlenformat zugreifen wollen, müssen Sie es zuerst in die neue Datei übertragen. Dazu einige Informationen weiter unten in diesem Kapitel beim Thema »Mustervorlagen«.

Zahlenformate erzeugen

Zahlenformate werden mithilfe von Codierungen definiert, die nach bestimmten syntaktischen Regeln zu hinterlegen sind.

Als einfaches Beispiel: In einer fortlaufenden, zweistelligen Zahlenreihe sollen auch die einstelligen Ziffern 1 bis 9 mit einer führenden Null versehen werden. Im Zusammenhang mit Abbildung 16.3:

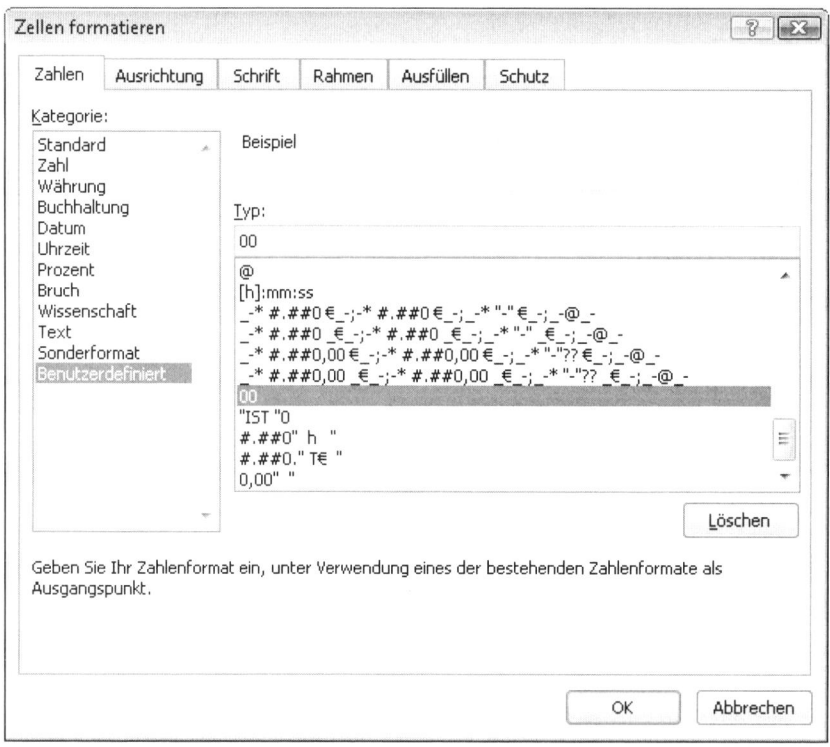

Abbildung 16.3   Die benutzerdefinierten Zahlenformate werden der Liste unten angefügt

1. Markieren Sie den Bereich, der die zu formatierenden Zahlen enthält, und öffnen Sie das Dialogfeld *Zellen formatieren* mit der aktiven Registerkarte *Zahlen*.

2. Wählen Sie auf der linken Seite bei *Kategorie* den Eintrag *Benutzerdefiniert*.

3. Markieren Sie in der Eingabezeile *Typ* den dort vorhandenen Inhalt (den aktuellen Formatcode), um ihn überschreibbar zu machen, oder entfernen Sie den Inhalt.

4. Geben Sie den Code 00 ein und weisen Sie ihn dem markierten Tabellenbereich mit *OK* zu.

Wenn Sie das so definierte Format in dieser Arbeitsmappe erneut benutzen möchten, öffnen Sie wieder das Dialogfeld und wählen das Benötigte in der Formatliste der Registerkarte *Zahlen* aus. (Die benutzerdefinierten Zahlenformate werden in den Formatlisten unten angeordnet.)

Zum Entfernen eines benutzerdefinierten Zahlenformats wählen Sie das Format aus und klicken dann auf die Schaltfläche *Löschen*.

Um die Codierung eines bereits vorhandenen Formats als Basis für ein neues zu benutzen, gehen Sie wie nachstehend beschrieben vor.

Die Aufgabenstellung: Sie wollen Zahlen, die bereits mit Tausender-Trennzeichen und mit zwei Dezimalstellen formatiert sind, verkürzend als Tausender ausweisen und die Textzeichen *T€* anfügen. Die Zahl 123456,78, aktuell ausgewiesen als *123.456,78* soll als *123,46 T€* erscheinen und um ein Leerzeichen vom rechten Zellrand abgerückt sein.

1. Markieren Sie die Zellen, deren bereits existierendes Format geändert werden soll, und öffnen Sie das Dialogfeld zur Zahlenformatierung (vgl. Abbildung 16.3).

2. Klicken Sie bei *Kategorie* auf *Benutzerdefiniert*. Wenn die markierten Zahlen einheitlich formatiert sind, wird deren aktueller Formatcode in die Eingabezeile *Typ* eingelesen. Die Codierung wird hier z. B. #.##0,00 sein. (Zu den Unterschieden zwischen den Formatcodes # und 0 mehr weiter unten.)

3. Ergänzen Sie den Code mit einem Punkt und der Zeichenfolge Anführungszeichen, Leerzeichen, T, €, Leerzeichen, Anführungszeichen. Aus #.##0,00 soll also #.##0,00." T€ " werden.

4. Nach dem *OK* ist die Aufgabe gelöst, die Zahl 123456,78 wird als 123,46 T€ gezeigt und das Ganze wird um ein Leerzeichen vom rechten Spaltenrand abgerückt.

Zur Bedeutung der Formatierungszeichen 0, # (Zifferplatzhalter) und . (Punkt, Tausender-format):

Um Zahlen mit Dezimalstellen zu formatieren, werden nach dem Komma Zifferplatzhalter in das Format eingefügt, so z. B. mit dem Formatcode 0,00. Hat eine Zahl mehr Ziffern nach dem Komma, als Platzhalter im Formatcode vorhanden sind, wird die Zahl in ihrer Darstellung entsprechend gerundet.

WICHTIG   Dies ist eine Rundung in der Anzeige, nicht im Wert. Wenn Excel die so formatierte Zahl in eine Berechnung einbezieht, wird weiterhin ihr tatsächlicher Wert benutzt. Das Formatieren einer Zahl hat also keinen Einfluss auf den gespeicherten Wert. Excel rechnet normalerweise mit einer Genauigkeit von 15 Nachkommastellen, unabhängig davon, ob Sie diese Stellen in einer Zelle sehen oder nicht.

Wenn *vor* dem Komma mehr Ziffern als Platzhalter vorhanden sind, werden auch diese Ziffern angezeigt. Enthält das Format nur Nummernzeichen (den Platzhalter #) vor dem Komma, beginnen Zahlen kleiner als 1 mit einem Komma.

Der Zifferplatzhalter 0 (Null) ist ein »Muss«-Zeichen. Die im Format so codierte Stelle muss angezeigt werden, auch wenn die so formatierte Zahl keinen entsprechenden Wert enthält. Deshalb wird z. B. aus einer 1 mit dem Format 0,00 eine 1,00 oder, wie oben beschrieben, aus der 1 mit dem Format 00 eine 01.

Der Zifferplatzhalter # (Nummernzeichen) ist ein »Kann«-Zeichen. Die im Format so codierte Stelle kann angezeigt werden, bleibt also unsichtbar, wenn die formatierte Zahl an dieser Stelle keinen entsprechenden Wert enthält. Die 1 im Format #.##0,0 wird als 1,0 angezeigt, die 12345,67 im selben Format als 12.345,7.

Das Formatierungszeichen . (Punkt) erzeugt *innerhalb* des Codes das Tausender-Trennzeichen, *am Ende* eines beliebigen Zahlencodes aber verkürzt es die Darstellung um Tausend. Zwei Punkte am Ende verkürzen somit auf Millionen. Beispiele dafür finden Sie im Zusammenhang mit Abbildung 16.5. Dort erhalten Sie auch Informationen zur Verwendung des Zifferplatzhalters ? (Fragezeichen).

Zahlenformate dokumentieren und übertragen

Auch wenn Sie im Erstellen benutzerdefinierter Zahlenformate geübt sind, kann es immer wieder Situationen geben, in denen Sie schnell ein spezifisches, benutzerdefiniertes Format zuweisen wollen, wegen des seltenen Gebrauchs aber vergessen haben, wie es zu codieren ist.

Wer solche Problemchen konsequent vermeiden möchte, legt sich dokumentierte Beispieldateien an, die nicht nur der Erinnerung auf die Sprünge helfen, sondern auch die direkte Übertragung des benötigten Formats in eine Zieldatei erlauben. Ein entsprechend vorbereitetes und ausbaufähiges Muster finden Sie als Datei *Zahlenformate* auf der CD-ROM.

CD-ROM   Bitte öffnen Sie von der CD-ROM aus dem Ordner *Materialien* und dem zu Ihrer Excel-Version passenden Unterordner die Datei *Zahlenformate*.

Zunächst zum Arbeitsblatt *Zahlenformate 1*:

Zur Aufgabenstellung: Die in den periodischen Berichten auftauchenden Zahlen sollen automatisch mit einer werteabhängigen Signalfarbe gezeigt werden: Erfolgswerte blau, Misserfolgswerte rot, Nullwerte schwarz. Da ein Mehr an z. B. Erlösen in der Regel günstig ist, eine Mehr an z. B. Kosten hingegen ungünstig, muss es hier also unterschiedliche Formate geben: Das eine färbt positive Zahlen blau und negative rot, beim anderen ist es umgekehrt. Erreicht wird solche Flexibilität durch Zahlenformate, wie sie auch in Abbildung 16.4 gezeigt werden. Sie sehen in den Spalten mit der Überschrift *Ergebnis* insgesamt vier Blocks mit formatierten Zahlen Die Klammern daneben verweisen auf den als Dokumentationstext hinterlegten Formatcode, wie er für die entsprechenden Zellen festgelegt wurde.

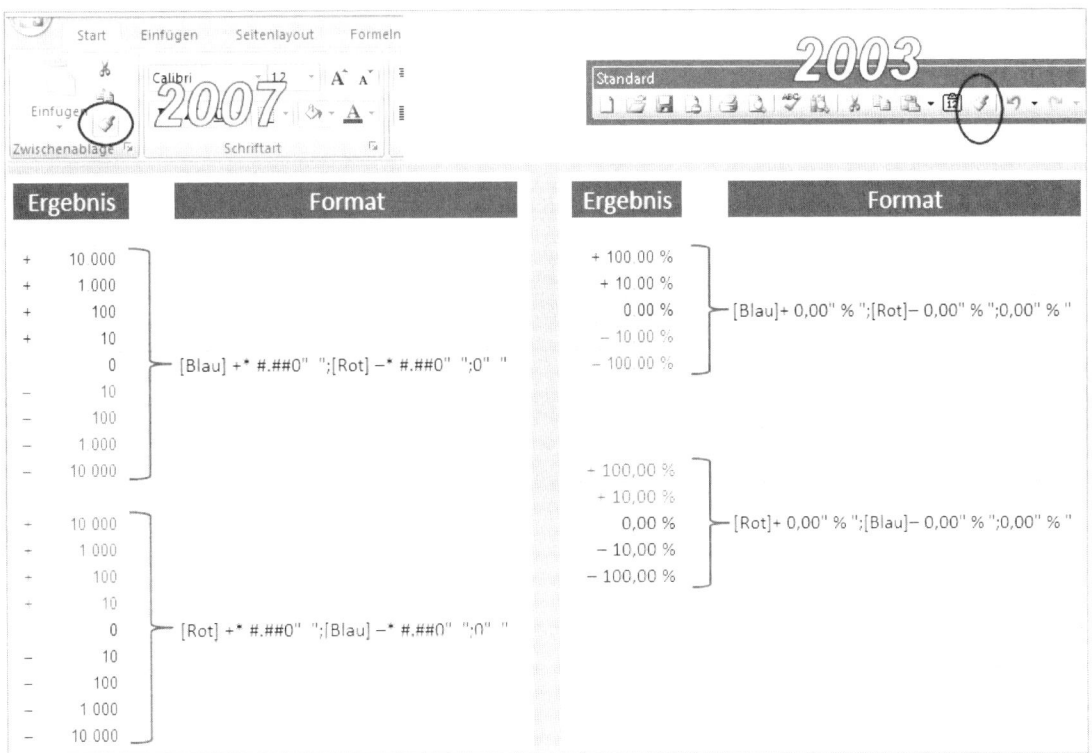

Abbildung 16.4 Eine Vorlage zur Übernahme von Zahlenformaten in andere Dateien

Benutzt wurden dreiteilige Formate, deren Abschnitte mit Semikola unterteilt sind. Der Formatcode des ersten Abschnitts gilt in diesem Fall für positive Zahlen, der des zweiten für negative Zahlen, der des dritten für Nullwerte.

Die Formatierung [Blau] +* #.##0" ";[Rot] −* #.##0" ";0" " für die Zellen C4:C12, beschrieben als umgangssprachliche Anweisung an Excel:

- **Erster Abschnitt:** »Schreibe positive Zahlen blau, beginne mit einem Leerzeichen, schreibe dann ein Pluszeichen, schreibe dann so viele Leerzeichen (das Zeichen nach dem Stern), wie in der Zelle bis zum Beginn der Zahl Platz ist, schreibe dann die Zahl mit Tausender-Trennzeichen und ohne Nachkommastellen, schließe mit zwei Leerzeichen ab.«

- **Zweiter Abschnitt:** »Schreibe negative Zahlen rot, beginne mit einem Leerzeichen, schreibe dann ein breites Minuszeichen (einen Halbgeviertstrich, das ANSI-Zeichen 150, nähere Informationen oben im Abschnitt »Zeichensätze«), schreibe dann so viele Leerzeichen, wie in der Zelle bis zum Beginn der Zahl Platz ist, schreibe dann die Zahl mit Tausender-Trennzeichen und ohne Nachkommastellen, schließe mit zwei Leerzeichen ab.«

- **Dritter Abschnitt:** »Schreibe Nullwerte ohne Farbfestlegung (verwende also die Standardschriftfarbe) und schließe mit zwei Leerzeichen ab.«

Mit dem hier definierten, von der Spaltenbreite abhängigen Einfügen einer unbestimmten Anzahl von Leerzeichen erzeugen Sie in einem Bericht vertikal einheitlich ausgerichtete Vorzeichenkolonnen, die besonders in gedruckten Fassungen die Übersicht sehr erleichtern und obendrein einen guten Eindruck machen.

Das Format in den Zellen C14:C22 ist bis auf die umgedrehten Farbwertungen (Plus = rot, minus = blau) identisch.

Die Formate in den Zellbereichen I4:I8 und I12:I16 benutzen das gerade beschriebene Prinzip, verzichten allerdings auf die Nutzung von Leerzeichen zwischen Vorzeichen und Zahl und zeigen als Besonderheit ein Leerzeichen zwischen der Zahl und dem Prozentzeichen. Letzteres wird hier benutzt, um der deutschen Textverarbeitungsnorm DIN 5008 zu entsprechen.

HINWEIS Die Farbzuweisungen für ein Format müssen immer in eckigen Klammern und an erster Stelle des betreffenden Formatierungsabschnitts stehen. Sie können folgende Text-Farbdefinitionen verwenden: [Schwarz], [Blau], [Zyan], [Grün], [Magenta], [Rot], [Weiß] und [Gelb].

Auch die in Formatcodes verwendbaren Bedingungsprüfungen werden in eckige Klammern gesetzt. Werden Farbzuweisungen und Bedingungsprüfungen gemeinsam benutzt, steht die Farbcodierung vor der Bedingungsprüfung. Am Beispiel: Das Format [Blau][>800]#.##0 €;[Rot][<300]0 € sorgt dafür, dass die Eurowerte größer als 800 blau gefärbt werden, Werte kleiner als 300 rot erscheinen und alle dazwischen liegenden Werte in der Standardschriftfarbe zur Anzeige kommen.

Wenn Sie bei mehrteiligen Formaten einzelne Abschnitte zwischen den Semikola leer lassen, werden die entsprechenden Werte nicht angezeigt, so z. B. bei Formaten der Art #.##0;;, wie ich sie gerne in Diagrammen benutze, um die Anzeige der Null in der Größenachse zu unterdrücken.

Das Format ;;; unterdrückt sämtliche Anzeigen von Zahlen oder Texten.

Das Arbeitsblatt enthält also Zellen mit formatierten Zahlen und als Dokumentation die entsprechenden Formatcodes. Beides können Sie nicht nur zum Nachschauen gebrauchen, sondern auch mühelos nutzen.

Sie benötigen eines der Formate in einer Zieldatei?

1. Markieren Sie in der Quelldatei eine Zelle, die das Format Ihrer Wahl enthält, und klicken Sie auf den »Formatpinsel« (die Befehlsschaltfläche *Format übertragen*, vgl. elliptische Markierungen in Abbildung 16.4).

2. Wechseln Sie zur Zieldatei und ziehen Sie mit gedrückter Maustaste über die Zellen, denen dieses Format zugewiesen werden soll.

Alternative: Formatierte Zelle der Quelldatei kopieren, zur Zieldatei wechseln, Zielzellen markieren, Befehl *Inhalte einfügen* mit der Option *Formate*.

Die Nutzung des Arbeitsblatts *Zahlenformate 2*, gezeigt in Abbildung 16.5, entspricht dem vorstehend Gesagten: Es ist eine Dokumentation und gleichzeitig eine Vorlage zur Formatübertragung. Hier finden Sie jedoch eine andere, erweiterte Dokumentationsstruktur. Sie erlaubt es Ihnen, die Auswirkungen von Formatierungen zu testen, ohne dass Sie dabei aus dem Blick verlieren, was Sie tatsächlich eingegeben haben und was die Formatierung aus dieser Eingabe macht.

Die linke Seite des Blattes wird nachstehend beschrieben, die rechte könnten Sie sich für eigene Zwecke entsprechend einrichten.

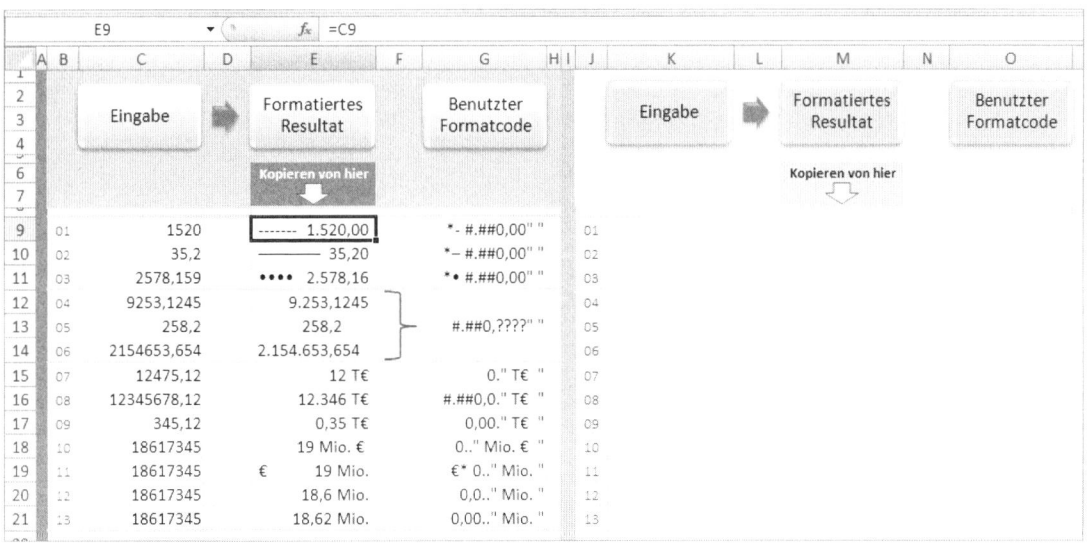

Abbildung 16.5 So könnten Sie Ihre benutzerdefinierten Zahlenformate übersichtlich dokumentieren

- Die Spalte C mit der Überschrift *Eingabe* ist als *Standard* formatiert. Hier geben Sie die Werte ein, deren formatiertes Aussehen Sie in Spalte E betrachten möchten.

- In Spalte E mit der Überschrift *Formatiertes Resultat* stehen einfache Bezugsformeln, die zeilengleich die Eingabewerte aus Spalte C übernehmen. Die einzelnen Zellen der Spalte E sind mit unterschiedlichen, benutzerdefinierten Zahlenformaten ausgestattet. Diese Formate können also auf den oben beschriebenen Wegen leicht in andere Dateien übernommen werden.

- Welche Zahlenformatcodes für die Zellen der Spalte E eingerichtet wurde, ist in deren Nachbarzellen der Spalte G dokumentiert.

Ein paar Anmerkungen zu den hinterlegten Formaten:

- Zellen E9:E11: Unterschiedliche, in ihrer Anzahl von der Spaltenbreite abhängige Füllzeichen, die, wie oben schon vorgestellt, im Formatcode nach dem Stern eingegeben werden. Von oben nach unten:

    - Der »Viertelgeviertstrich«, der normale Bindestrich (das Minuszeichen) der Tastatur.

    - Der doppelt so breite und bereits vorgestellte »Halbgeviertstrich« (das ANSI-Zeichen 150). Mit seiner mehrfachen Wiederholung erzeugen Sie, jedenfalls bei Verwendung der meisten Standardschriftarten, einen ununterbrochenen, vertikal mittigen Strich.

    - Der vertikal mittige Punkt (das ANSI-Zeichen 149).

- Zellen E12:E14: Verwenden Sie den Platzhalter ? (das Fragezeichen), um bei Zahlenkolonnen mit einer unterschiedlichen Anzahl von Nachkommastellen die Zahlen gleichmäßig am Dezimalkomma auszurichten. Dieser Platzhalter ersetzt nicht-signifikante Nullen durch Leerzeichen.

- Zellen E15:E21: Mehrere unterschiedliche Tausender- und Millionenformate, mit und ohne Währungszeichen (Tausender = ein Punkt hinter beliebiger Zahlenformatierung; Millionen = zwei Punkte hinter beliebiger Zahlenformatierung).

Aus Kapitel 2 (siehe dort Abbildung 2.2) bin ich Ihnen noch die Erklärung zu einer merkwürdig fehlerhaft erscheinenden Summierung schuldig.

CD-ROM   Bitte öffnen Sie von der CD-ROM aus dem Ordner *Materialien* und dem zu Ihrer Excel-Version passenden Unterordner die Datei *KurioseSumme*.

Standard	Täuschung	Werte in Spalte E	Formate in Spalte E
1013	1013 ←	101	[>100]0"3";[<=100]0"2";Standard
12	12 ←	1	[>100]0"0";[<=100]0"2";Standard
2000	2000 ←	200	[>100]0"0";[<=100]0"2";Standard
762	762 ←	76	[>100]0"0";[<=100]0"2";Standard
1214	1214 ←	1214	Standard
5001	**15920** ←	1592	[>100]0"0";[<=100]0"2";Standard

Abbildung 16.6 Auch purer Unsinn kann einiges erklären

Im Zusammenhang mit Abbildung 16.6:

- In Spalte C sehen Sie einige Zahlen und deren korrekte Summierung in Zelle C8.

- In Spalte G stehen die scheinbar selben Zahlen, mit einer allerdings höchst merkwürdigen Summe als Ergebnis der korrekten Formel =SUMME(G3:G7).

- Die Niedertracht des Ganzen ergibt sich aus den Hinweisen in den Spalten I und J.

  - In Spalte I ist dokumentiert, welche Zahlen tatsächlich in Spalte G stehen (nämlich nur in Zelle G7 die Zahl, die der Betrachter auch sieht, alle anderen sind Täuschungen).

  - In Spalte J ist dokumentiert, welche benutzerdefinierten Zahlenformate den einzelnen Zellen in Spalte G zugewiesen wurden. Die mit Bedingungsprüfungen ausgestatteten Codes sorgen dafür, dass den Zahlen weitere und unterschiedliche Zahlen unmittelbar angehängt werden, die aber faktisch keine Zahlen sind, sondern Textergänzungen.

Bedingte Formatierung

Die bedingten Formate verändern die Formatierung einer Zelle in Abhängigkeit von einem Wert. Dabei gibt es zwei Grundvarianten:

- Der die Formatierung beeinflussende Wert steht in der Zelle selbst.

- Der die Formatierung beeinflussende Wert steht in einer anderen Zelle und die Formatierung bezieht sich mit einer Formel direkt oder indirekt auf diese Zelle.

Das bedingte Format ist eine Eigenschaft der so ausgestatteten Zelle. Es kann also wie ein Zahlenformat auf jede andere Zelle kopiert werden.

Nachstehend finden Sie Basisangaben zur bedingten Formatierung, wobei nach den Versionen Excel 2003 und Excel 2007 unterschieden wird.

Excel 2003

Die Ausstattung dieses Features lässt pro Zelle vier Formatierungsvarianten zu. Im Dialogfeld sind (unter Verwendung der Schaltfläche *Hinzufügen*) nur drei definierbar, aber es wird häufig übersehen, dass das Grundformat einer Zelle, wenn es denn von anderen Zellen in ihrer Umgebung abweicht, das vierte ist.

Das Arbeitsprinzip der bedingten Formatierung ist das gleiche wie bei der Funktion WENN: Es wird eine Bedingung geprüft und – sollte das Ergebnis WAHR sein – mit einer Veränderung reagiert. Mit welcher Veränderung, das legen Sie mit einem Dialogfeld fest (siehe Abbildung 16.7), das Sie mit dem Menübefehl *Format/Bedingte Formatierung* erreichen. Dort geben Sie, assistiert von Auswahllisten und Eingabefeldern die zu prüfende Bedingung ein und definieren nach dem Klick auf die Schaltfläche *Format*, wie auf die Erfüllung der Bedingung zu reagieren ist.

Nach der Festlegung des ersten Formats klicken Sie ggf. auf *Hinzufügen*, um das nächste zu erstellen, und schließen nach einer, zwei oder drei Festlegungen mit *OK* ab.

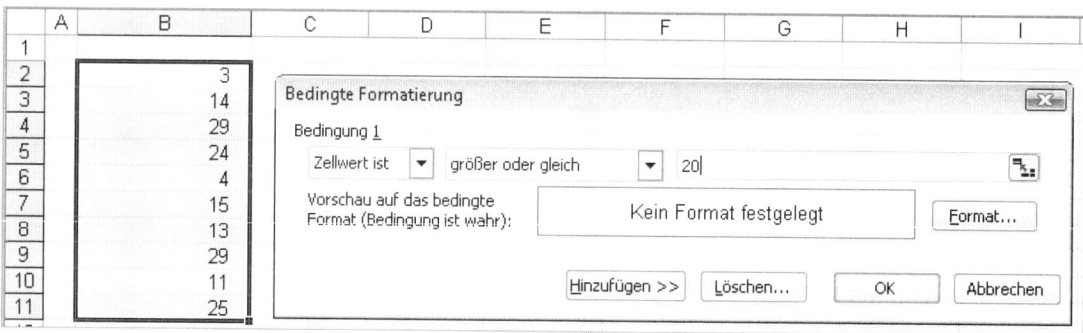

Abbildung 16.7 Ein Dialogfeld mit klarer Benutzerführung

Das erweiterte Dialogfeld sehen Sie in Abbildung 16.8. Es zeigt Festlegungen für ein dreiteiliges Ampelformat:

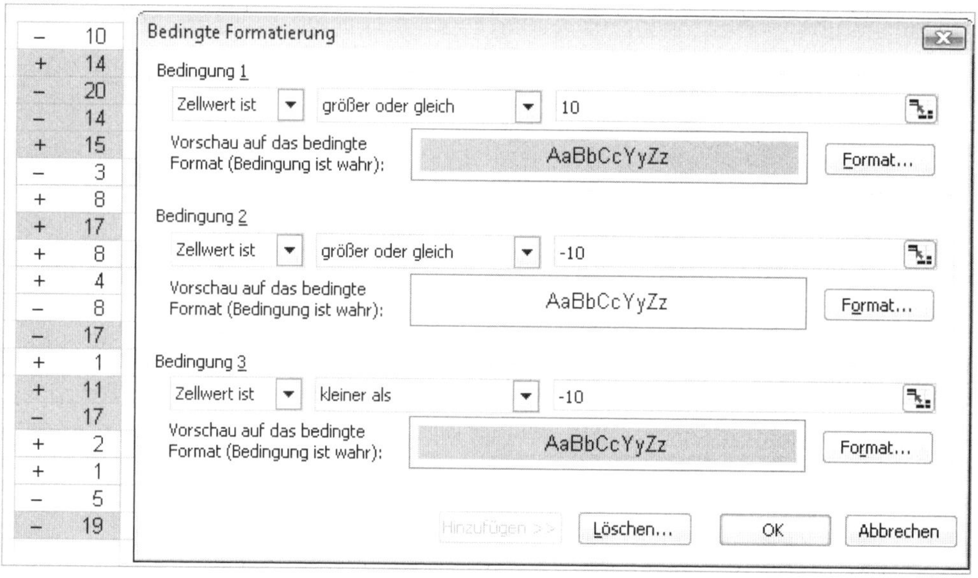

Abbildung 16.8 Achten Sie auf die Reihenfolge der Festlegungen und auf die Logik der Bedingungsprüfungen

Grün für alle Zahlen >=10, Gelb für alle Zahlen zwischen –10 und 9, Rot für alle Zahlen kleiner als –10. Das potenziell vierte, das Grundformat kommt hier nicht zum Zuge, weil mit den drei Bedingungsprüfungen der gesamte mögliche Zahlenbereich abgedeckt ist.

Mit der zweiten Grundvariante, der Verwendung von Formeln als Bedingungsprüfung, sind in Abbildung 16.9 die Zellen F2:F20 ausgestattet. Die Zellen beinhalten Formeln, die, bei einer Division durch null, den Fehler #DIV/0! erzeugen können. Dessen Anzeige soll hier per Formatierung unterdrückt werden. Der Fehlerwert als Formelergebnis wird zugelassen, aber er wird unsichtbar gemacht.

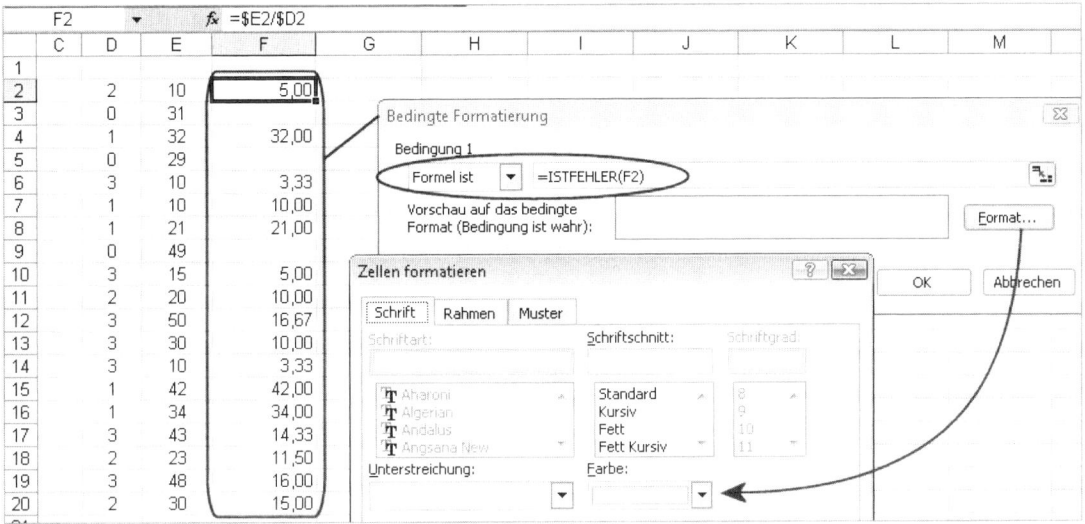

Abbildung 16.9 Wenn Fehler, dann unsichtbar

Die Bedingungsprüfung mithilfe der Funktion ISTFEHLER stellt fest, ob es WAHR ist, dass eine in Spalte F so formatierte Zelle einen Fehlerwert enthält. Ist es wahr, dann wird die Schrift weiß (Schriftfarbe = Hintergrundfarbe).

HINWEIS   Wenn Sie den gesamten Bereich markieren, müssen Sie im Dialogfeld nach Auswahl von *Formel ist* Ihre Formel mit einem Bezug eingeben, der sich automatisch anpassen kann und deswegen nach dem *OK* die bedingte Formatierung für alle markierten Zellen übernimmt. Im abgebildeten Beispiel war der zu formatierende Bereich F2:F20.

- Neben =ISTFEHLER(F2) wäre auch noch =ISTFEHLER($F2) möglich gewesen.

- Falsch hingegen wäre =ISTFEHLER($F$2), weil damit nur diese eine Zelle formatiert würde.

Fast alle der bedingten Formatierungen im Teil A dieses Buches arbeiten mit Formeln. Sie können jede beliebige Formel, auch wenn sie sehr komplex sein sollte, zur Bedingungsprüfung einsetzen. Die einzige Voraussetzung: Ihre Formel muss als Ergebnis den Wert WAHR oder den Wert FALSCH liefern.

Excel 2007

Das Arbeitsprinzip der bedingten Formatierung ist das gleiche wie bei der Funktion WENN: Es wird eine Bedingung geprüft und – sollte das Ergebnis WAHR sein – mit einer Veränderung reagiert.

Nicht ganz so einfach ist in Excel 2007 der Umgang mit diesem Feature. Es hat gegenüber den Vorgängerversionen, bei der Sie gerade mal – und meistens ausreichend – pro Zelle drei Formatierungsvarianten definieren konnten, eine sehr umfangreiche Erweiterung erfahren. Ob die neue Angebotsvielfalt tatsächlich zur Verbesserung der Informationsqualität beitragen kann, wird sich in der Praxis zeigen. Ganz sicher allerdings nicht, wenn sich der Gestalter einer Lösung dem Spieltrieb hingibt und nach dem Motto »Was machbar ist, wird auch gemacht« kunterbunt formatierte Tabellen abliefert, die dem Nutzer eher verwirrende Rätsel aufgeben, als seine Erkenntnisse zu vertiefen.

HINWEIS   Die menschliche Wahrnehmung ist hinsichtlich der Interpretation kleiner oder nicht bildhafter Symbole starken Beschränkungen unterworfen. Wenn Sie in einem Zellbereich zur Information des Anwenders mehr als drei unterschiedliche Signale erzeugen wollen, egal welcher Art, sollten Sie schon sehr gute Gründe dafür haben.

Wenn Sie tiefer und mit eigenen Übungen in dieses recht vielfältige Thema einsteigen wollen, empfehle ich Ihnen für die ersten, experimentellen Schritte die Anfertigung einer Datei, wie sie der Abbildung 16.10 entspricht:

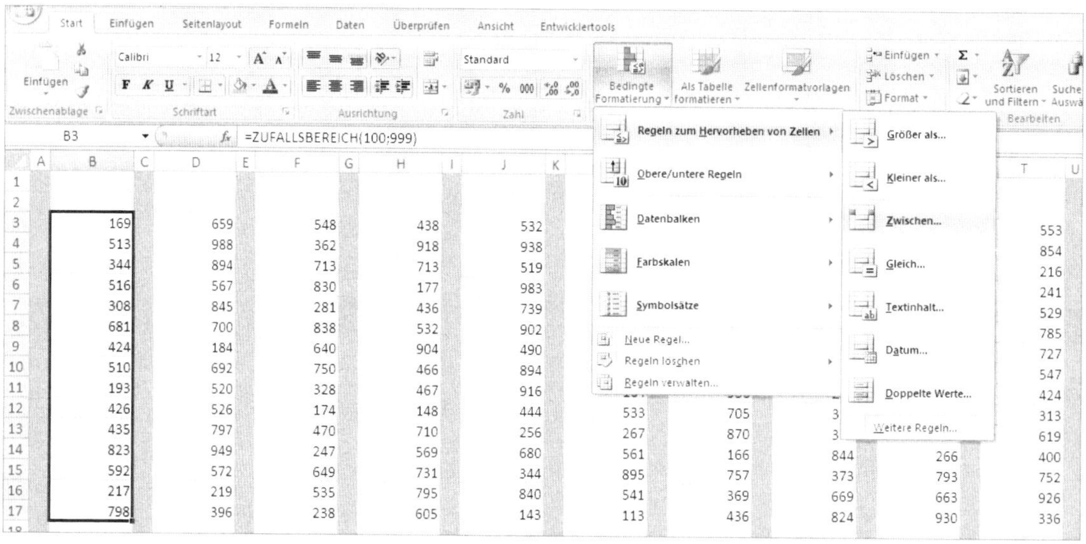

Abbildung 16.10   Zugriffe auf zahlreiche Varianten der bedingten Formatierung

Füllen Sie mehrere, durch Farbsäulen getrennte Spaltenbereiche mit Formeln, die variable Zahlenreihen innerhalb eines definierten Bereichs erzeugen, also z. B. mit =ZUFALLSBEREICH(100;999). Legen Sie Spalte für Spalte unterschiedliche bedingte Formatierungen an. Nach jedem Drücken der Taste F9 erhalten Sie neue Zahlen und die von Ihnen festgelegten Formatierungen passen sich den aktualisierten Werten an. Bearbeiten und verändern Sie dann auch die bedingten Formatierungen unter Beachtung der nachstehenden Informationen.

In Zusammenhang mit Abbildung 16.10 eines von vielen möglichen Beispielen. Sie wollen Zellen optisch hervorheben, deren Werte sich innerhalb eines bestimmten Bereichs befinden:

Markieren Sie die betreffenden Zellen, aktivieren Sie in der Multifunktionsleiste die Registerkarte *Start* und klicken Sie in der Gruppe *Formatvorlagen* auf die Befehlsschaltfläche *Bedingte Formatierung*. In der dann erscheinenden Liste treffen Sie die Auswahl *Regeln zum Hervorheben von Zellen* und entscheiden sich anschließend für die Art der Regel, die Sie benutzen wollen, hier also die Regel *Zwischen*.

Dann weiter und wie in Abbildung 16.11 gezeigt:

1. Bestimmen Sie in einem kleinen Dialogfeld den eingrenzende Wertebereich (*zwischen … und*).

2. Entscheiden Sie sich in der Dropdownliste für eine mit Text bezeichnete integrierte Format-vorlage oder klicken Sie dort auf den Eintrag *benutzerdefiniertem Format*.

3. Wenn Sie sich für den Eintrag *benutzerdefiniertem Format* entschieden haben, öffnet sich das Dialogfeld *Zellen formatieren* mit seinen Registerkarten *Zahlen*, *Schrift*, *Rahmen* und *Ausfüllen*.

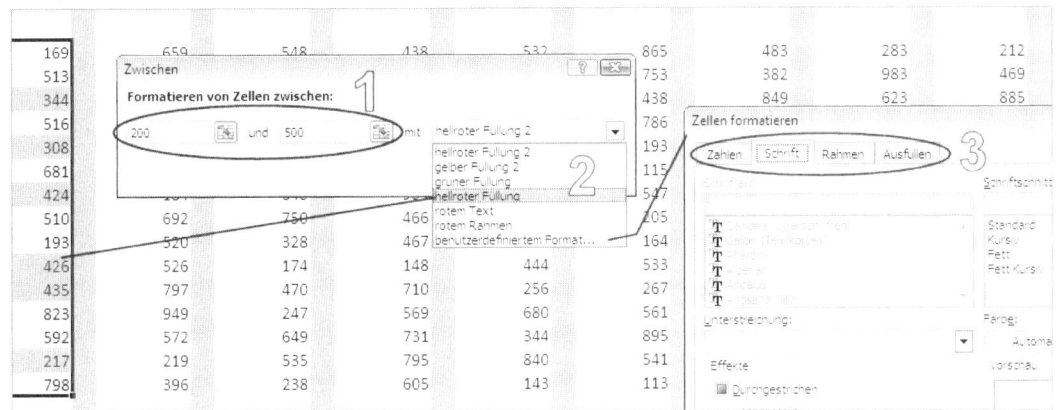

Abbildung 16.11 Einfache Möglichkeiten oder komplexe Gestaltungsvielfalt

Nachdem Sie herausgefunden haben, was alles und wie mit den integrierten Vorgaben zu machen ist, wollen Sie sich vielleicht weiteren – aus meiner Sicht interessanteren – Möglich-keiten zuwenden.

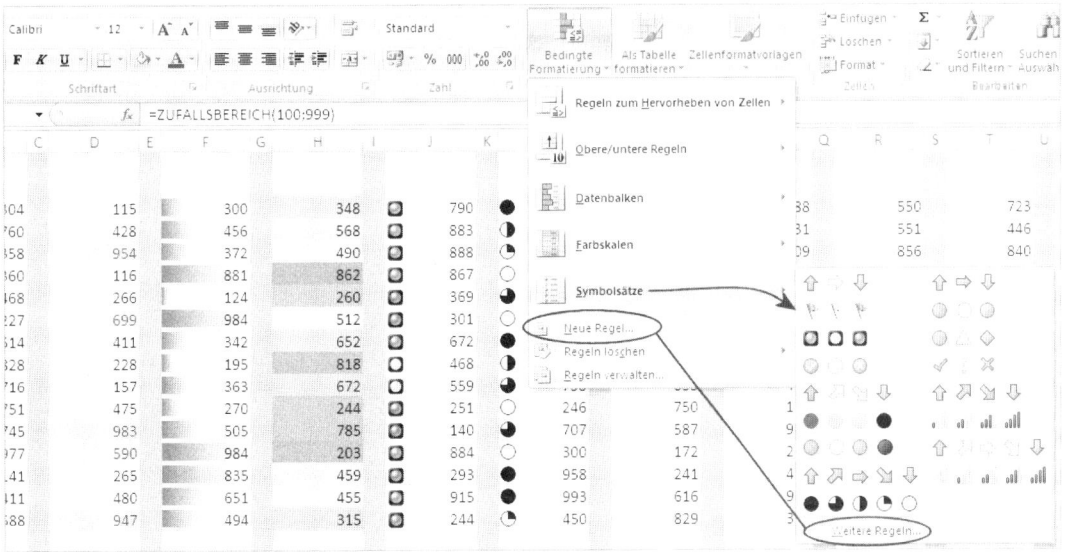

Abbildung 16.12 Integrierte Vorgaben und der Weg zu den benutzerdefinierten Möglichkeiten

Ein Klick auf *Neue Regel* oder *Weitere Regeln* (vgl. elliptische Markierungen in Abbildung 16.12) öffnet den Zugang zum Dialogfeld *Neue Formatierungsregel*, dessen Möglichkeiten im Zusammenhang mit Abbildung 16.13 skizziert sind:

HINWEIS　　Beachten Sie bitte in Abbildung 16.13, dass dieses Dialogfeld in Abhängigkeit vom eingestellten Regeltyp (Schritt 1 der unten folgenden Schritt-für-Schritt-Anleitung) erheblich unterschiedlich und deutlich anders aussehen kann als abgebildet. Verstehen Sie also die Schilderungen als beispielhaft und als sinngemäß auf andere Varianten übertragbar.

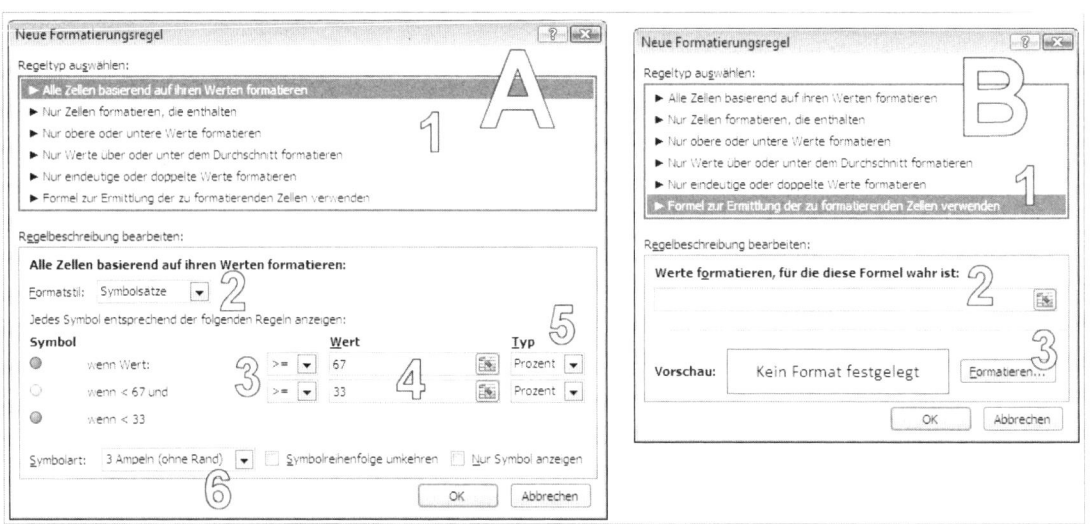

Abbildung 16.13　Das Dialogfeld zur Gestaltung benutzerdefinierter Möglichkeiten

Beispiel A:

1. Wählen Sie unter den Textvorgaben einen bestimmten *Regeltyp* aus.

2. Bestimmen Sie den *Formatsstil* durch Auswahl einer Formatierungsgruppe.

3. Wählen Sie Vergleichsoperatoren aus.

4. Bestimmen Sie bei *Wert* die zu verwendenden Werte. Sie können hier einen Wert oder einen Zellbezug oder eine Formel hinterlegen.

5. Wählen Sie unter *Typ* einen Datentyp, der zu Wert (Ziffer 4) gehören soll.

6. Entscheiden sich abschließend für eine spezifisches Symbolart innerhalb der von Ihnen bestimmten *Formatstil*-Gruppe (vgl. Ziffer 2)

Die als Beispiel B beschriebene Vorgehensweise, das Verwenden von Formeln zum Erzeugen bedingter Formatierungen, kommt in rS1-Modellen sehr viel häufiger zum Einsatz als die z B. A gehörenden Methoden.

1. Wählen Sie den Regeltyp *Formel …* aus.

2. Geben Sie eine Formel ein. Diese Formel ist, wie das Argument Prüfung einer WENN-Formel, eine »Behauptung«, also etwa =$K$5<=100 (der Wert in Zelle K5 ist kleiner oder gleich 100) oder =rL1.CheckAmpelAusw=WAHR (in der Zelle mit dem Namen *rL1.CheckAmpelAusw* steht aktuell der

Wert WAHR). Excel untersucht bei jeder Neuberechnung, ob diese Behauptung WAHR ist. Wenn ja, wird die mit Schritt 3 erzeugte bedingte Formatierung zugewiesen.

3. Klicken Sie auf die Schaltfläche *Formatieren*, um ein Format zu definieren.

Die Verwaltung der bedingten Formatierungen geschieht mithilfe des Dialogfelds *Manager für Regeln zur bedingten Formatierung*. Sie öffnen dieses Dialogfeld, indem Sie in der Multifunktionsleiste, Registerkarte *Start*, Gruppe *Formatvorlagen* auf die Befehlsschaltfläche *Bedingte Formatierung* klicken und anschließend den Befehl *Regeln verwalten* wählen.

- Im oberen Teil des Dialogfelds finden Sie Auswahlmöglichkeiten zur Anzeige von Regeln, zum Erstellen einer neuen Regel sowie zum Bearbeiten (Ändern) und zum Löschen vorhandener Regeln. (Den Zugang zu den Löschoptionen finden Sie auch – vgl. Abbildung 16.14, rechts unten – auf kürzerem Weg.)

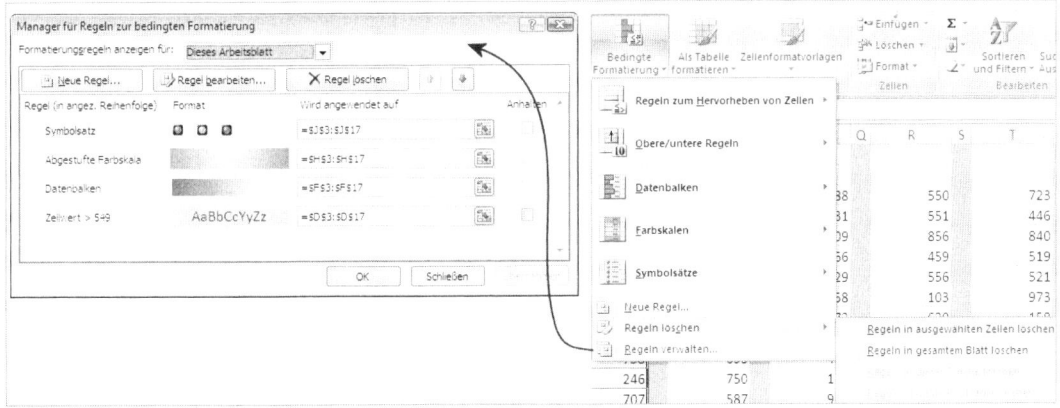

Abbildung 16.14 So werden die bedingten Formatierungen verwaltet

- Dem tabellarischen Teil des Dialogfelds können Sie in Zeilenorientierung die wesentlichen Informationen über die jeweilige Formatierung entnehmen.

- In der Spalte *Wird angewendet auf* haben Sie die Möglichkeit, den Bezug anzupassen.

- Der Doppelklick auf eine beliebige Stelle eines Zeileneintrags bringt Sie in das Dialogfeld *Formatierungsregel bearbeiten*, das mit dem Dialogfeld *Neue Formatierungsregel* (vgl. Abbildung 16.13, Abschnitt B) identisch ist.

TIPP   Das Verwaltungsdialogfeld ist durchaus hilfreich, kann aber, je nach Art, Umfang und Platzierung der bedingten Formatierungen, ziemlich verwirrend und unübersichtlich werden. Vor allem müssen Sie daran denken, im Listenfeld *Formatierungsregeln anzeigen für* das richtige Arbeitsblatt bzw. den richtige Tabellenbereich auszuwählen. Da hilft nur konzentriertes Üben mit Verwendung unterschiedlichster Formatierungsvarianten an unterschiedlichen Orten der Arbeitsmappe.

Auch insgesamt betrachtet gilt: Das Feature ist zwar sehr effizient, in seiner Gestaltung aber unnötig kompliziert und, was Ergonomie und Benutzerführung betrifft, dringend überarbeitungsbedürftig. Es ist zu hoffen, dass da in den nächsten Excel-Versionen ganz erheblich nachgebessert wird.

Gültigkeitsprüfung – Datenüberprüfung

Die Überschrift meint nicht zwei unterschiedliche Features – sie berücksichtigt lediglich einen Namenswechsel. Was bis Excel 2003 *Gültigkeitsprüfung* hieß, wird ab der Version 2007 *Datenüberprüfung* genannt. Ansonsten allerdings gibt es, außer dem geänderten Zugriffsweg, nicht viel Unterschiedliches zu vermelden.

Mit der *Gültigkeitsprüfung* bzw. *Datenüberprüfung* können Sie die Datentypen und/oder Werte steuern, die von Benutzern in eine Zelle eingegeben werden. Somit können Sie zur Vermeidung von Fehlern die Eingabemöglichkeiten beschränken, eingrenzen oder auch (temporär) unterbinden.

Wenn Sie eine entsprechende Festlegung treffen möchten, markieren Sie die betreffende(n) Zelle(n) und wählen dann unter Excel 2003 den Befehl *Daten/Gültigkeit* bzw. gehen unter Excel 2007 den Befehlsweg Multifunktionsleiste/Registerkarte *Daten*/Gruppe *Datentools/Datenüberprüfung*.

Sie öffnen damit ein Dialogfeld, dessen drei Registerkarten im Zusammenhang mit Abbildung 16.15 beschrieben sind:

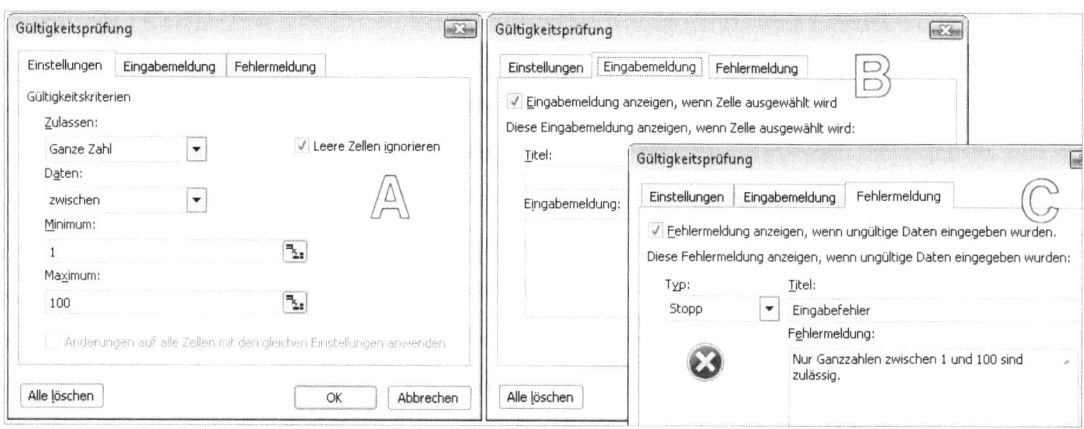

Abbildung 16.15   Die Gültigkeitsprüfung ist variantenreich gestaltbar

Registerkarte *Einstellungen* (Bildabschnitt A):

- Öffnen Sie die Dropdownliste bei *Zulassen*, um die Art der zulässigen Werte zu bestimmen.

- In Abhängigkeit von Ihrer Entscheidung werden weitere Eingabemöglichkeiten angeboten. So z. B., wie abgebildet, unter *Daten* die Festlegung von Vergleichskriterien und, wiederum Ihrer dortigen Entscheidung folgend, die Definition einer Wertegrenze oder einer zulässigen Wertespanne.

Registerkarte *Eingabemeldung* (Bildabschnitt B):

Hier definieren Sie (optional) die Inhalte einer Textinformation, die dann erscheint, wenn der Benutzer die Zelle auswählt. (Wenn Sie das also einrichten wollen: Eine Vorabinformation über die Eingabemöglichkeiten. Ich benutze das nicht gerne, weil es bei jedem Zugriff erscheint und nach kurzer Zeit störend wirkt. Besser finde ich eine andere Dokumentationsart, wie Sie z. B. in Abbildung 16.16 zu sehen ist.)

- Unter *Titel* erzeugen Sie die fett formatierte Überschrift des Textfelds.

- Unter *Eingabemeldung* bestimmen Sie den Text, mit dem Sie dem Benutzer z. B. mitteilen, was er hier eingeben kann oder soll.

Registerkarte *Fehlermeldung* (Bildabschnitt C):

Hier definieren Sie ein Dialogfeld, das dann erscheint, wenn der Benutzer eine Eingabe gemacht hat, die nicht den Einstellungen entspricht.

- Bei *Typ* legen Sie das Erscheinungsbild des Dialogfelds und die Art des weiteren Vorgehens fest:

  - *Stopp:* Der Benutzer wird definitiv daran gehindert, eine nicht zugelassene Eingabe zu machen.

  - *Warnung:* Der Benutzer wird informiert, dass ein Eingabeproblem vorliegt. Er kann sich aber entscheiden, dennoch so fortzufahren.

  - *Informationen:* Der Benutzer wird informiert, dass ein Eingabeproblem vorliegt. Er nimmt das mit *OK* zur Kenntnis oder er bricht ab.

- Unter *Titel* erzeugen Sie die Überschrift des bei Fehleingaben erscheinenden Dialogfelds.

- Unter *Fehlermeldung* bestimmen Sie einen Text, mit dem Sie dem Benutzer z. B. mitteilen, welche Gültigkeiten für diese Zelle definiert wurden oder welche Regeln aktuell zu beachten sind.

HINWEIS In diesem Zusammenhang sehr interessant einsetzbar sind gültige Vorgaben, die in Listen hinterlegt sind. Eine entsprechende Einsatzmöglichkeit finden Sie in Kapitel 3.

Recht wenig bekannt ist die Tatsache, dass Sie bei der Festlegung von Gültigkeiten auch mit Formeln arbeiten können. Dazu zwei Beispiele:

Beispiel 1: Sie wählen auf der Registerkarte *Einstellungen* bei *Zulassen* die Option *Benutzerdefiniert* und hinterlegen dann eine Formel, die, wie bei der benutzerdefinierten Formatierung, das Ergebnis WAHR oder FALSCH haben kann. Diese Formel betrifft entweder die Eingabezelle selbst (z. B. =$B5>$C5) oder bezieht sich auf eine andere Zelle (z. B. =rL1.CheckEingaben01=WAHR). Ist das Formelergebnis WAHR, sind Eingaben in der so formatierten Zelle frei bzw. akzeptiert, ansonsten erscheint das per Registerkarte *Fehlermeldung* definierte Dialogfeld – ggf. also auch mit völliger Abweisung einer Eingabe.

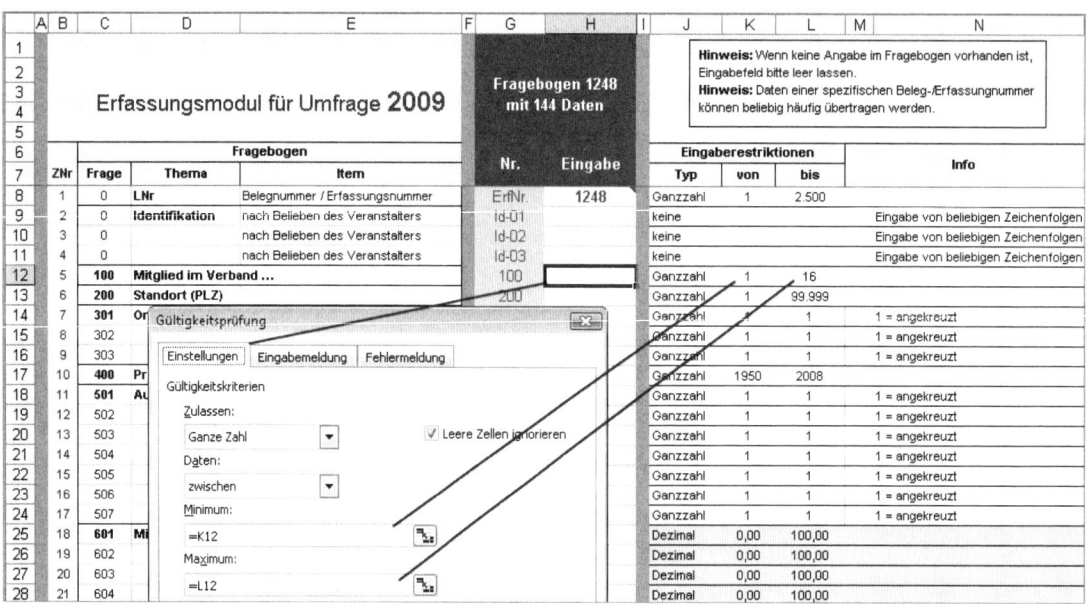

Abbildung 16.16 Sehr hilfreich: Gültigkeitsdefinitionen mit Formelbezug

Das zweite Beispiel stelle ich mit Abbildung 16.16 als Ausschnitt einer Praxisanwendung vor:

- Ein Excel-Erfassungsmodul für gedruckte und von den Teilnehmern handschriftlich ausgefüllte Fragebögen lässt in Spalte H pro Fragebogen 160 verschiedene Eingaben zu – nach jedem Eingabeturnus entsteht dann ein Datensatz der Umfrageergebnisse.

- Damit die Daten mit hoher Geschwindigkeit, dennoch aber fehlerfrei (oder zumindest fehlerarm) einzugeben sind, ist für jede der 160 Eingabezellen eine Gültigkeit definiert. Fehleingaben werden abgewiesen.

- Welche Eingaberestriktionen existieren, das ist in den Nachbarspalten J, K und L mit Typbeschreibung und Werteangaben dokumentiert.

- Die Gültigkeitseinstellungen selbst beziehen sich mit Formeln auf die Werte in den Spalten K und L (vgl. Formeln bei *Minimum* und *Maximum* im abgebildeten Dialogfeld). Damit also können alle Zellen, die z. B. den Eingabetyp *Ganze Zahl* oder den Typ *Dezimal* zulassen, dieselben Definitionen benutzen, während ihre Minima und Maxima »von außen« gesteuert werden und erforderlichenfalls auch leicht anpassbar sind.

- Sollte es sich nach der Umfrage in der Erfassungspraxis erweisen, dass die Beschränkungen zu verändern sind, genügt eine entsprechende Eingabe in Spalte K oder L – also eine Einstellungsänderung und gleichzeitig deren Dokumentation.

Filtern

Das Kapitel 7 des Seminars habe ich vollständig dem Filtern unter Excel gewidmet und dort geschrieben, dass ein Großteil aller analytischen Aufgaben in einem Unternehmen mit geschickt aufgebauten Filtermodellen lösbar ist. Diese Behauptung galt schon seit einigen Jahren und hat unter Excel 2007 noch erheblich an Beweisfähigkeit gewonnen.

Hier nur eine kurze Abhandlung zu den wichtigsten technischen Komponenten, unterschieden nach den Versionen 2003 und 2007.

Excel 2003

Sie schalten die Filtermöglichkeiten ein, indem Sie *innerhalb* einer filterbaren Liste eine Zelle markieren und dann den Befehl *Daten/Filter/Autofilter* wählen. Daraufhin erscheinen die Filterschaltflächen in jeder Spalte der Überschriftenzeile Ihrer Liste (vgl. Abbildung 16.17).

Sie entfernen die Filterschaltflächen, indem Sie den genannten Befehl erneut wählen.

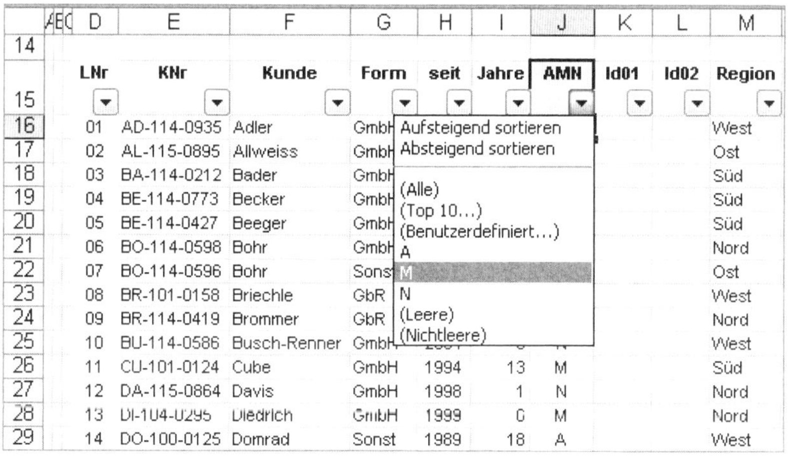

Abbildung 16.17 Das Standardangebot zum Filtern einer Spalte

Weiter im Zusammenhang mit Abbildung 16.17:

- Wenn Sie eine Filterschaltfläche anklicken, öffnen Sie eine Dropdownliste, in der u. a. alle Eintragsarten aufgelistet sind (in der Abbildung die Kürzel *A*, *M* und *N*), die Excel in dieser Spalte entdeckt hat. Wenn Sie auf einen dieser Einträge klicken, wird Ihre Liste auf jene Zeilen reduziert, die diesen Eintrag enthalten. Natürlich können Sie die Filterungen mehrerer Spalten miteinander verbinden. (Wie Sie mit solchen Filterungen strategisch, kalkulatorisch und praktisch umgehen können, ist in den Beispielen des Kapitels 7 beschrieben.)

- Wenn die Spalte leere Zellen enthält, werden auch die Vorgaben *(Leere)* und *(Nichtleere)* zum Filtern angeboten.

■ Oben in der Dropdownliste finden Sie Einträge, die Ihnen ein Sortieren der gesamten Liste nach den Einträgen in der aktuellen Spalte anbieten.

■ Wenn Sie die Filterung nach Kriterien dieser Spalte aufheben wollen, wählen Sie den Eintrag *(Alle)*.

■ Wenn Sie die Filterung der Liste generell aufheben wollen, wählen Sie entweder in jeder Spalte, in der Sie aktuell gefiltert haben, den Eintrag *(Alle)* oder aber, schneller und komfortabler, den Menübefehl *Daten/Filter/Alle anzeigen*.

Im Zusammenhang mit Abbildung 16.18:

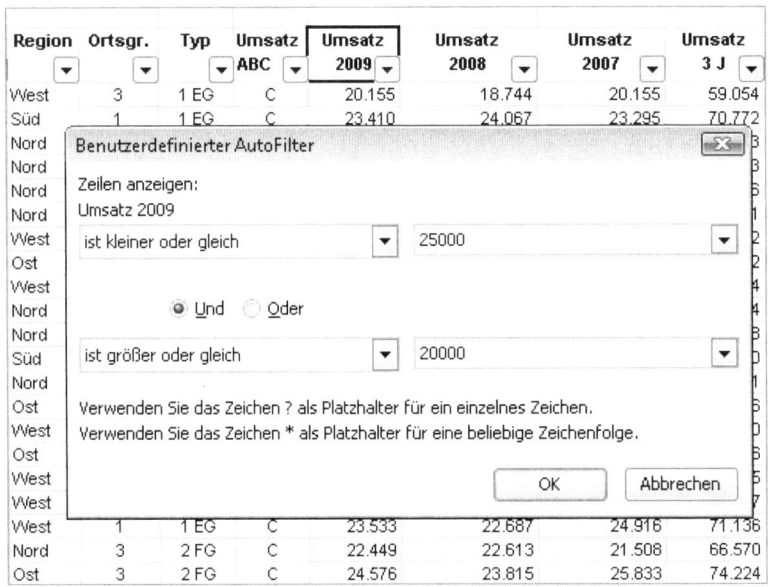

Abbildung 16.18 Hier will der Anwender nur die Umsätze zwischen 20.000 und 25.000 sehen

Wenn Sie in der Dropdownliste der Filterschaltfläche den Eintrag *(Benutzerdefiniert)* wählen, öffnet sich ein Dialogfeld, in dem Sie vergleichende Kriterien, dazugehörende Werte und (optional bei Benutzung der zweiten Zeile) Kombinationen bestimmen können.

HINWEIS   Beachten Sie bitte, dass die Kombinationslogik dieses Dialogfelds nicht immer der Logik unseres Sprechens und Denkens entspricht. Am abgebildeten Beispiel: Eine Zahl zwischen 20.000 und 25.000 ist nicht größer als 20.000 **oder** kleiner als 25.000 (das wären im Ergebnis alle Zahlen), sondern größer als 20.000 **und** kleiner als 25.000.

Excel 2007

Sie schalten die Filtermöglichkeiten ein, indem Sie *innerhalb* einer filterbaren Liste eine Zelle markieren und dann den Befehlsweg Multifunktionsleiste/Registerkarte *Daten*/Gruppe *Sortieren und Filtern*/Befehlsschaltfläche *Filtern* gehen.

Daraufhin erscheinen die Filterschaltflächen in jeder Spalte der Überschriftenzeile Ihrer Liste (vgl. Abbildung 16.19).

Sie entfernen die Filterschaltflächen, indem Sie den genannten Befehl erneut wählen.

Zu den Möglichkeiten im Zusammenhang mit Abbildung 16.19:

- Wenn Sie eine Filterschaltfläche anklicken, öffnen Sie eine Dropdownliste, in der u. a. alle Eintragsarten aufgelistet sind (in der Abbildung die Angaben *Nord*, *Ost*, *Süd* und *West*), die Excel in dieser Spalte entdeckt hat. Wenn Sie einen oder mehrere dieser Einträge wählen, wird Ihre Liste auf jene Zeilen reduziert, die diesem Eintrag oder dieser Eintragskombination entsprechen. Natürlich können Sie die Filterungen mehrerer Spalten miteinander verbinden. (Wie Sie mit solchen Filterungen strategisch, kalkulatorisch und praktisch umgehen können, ist in den Beispielen des Kapitels 7 beschrieben.)

- Wenn die Spalte leere Zellen enthält, wird Ihnen auch die Vorgabe *(Leere)* zum Filtern angeboten.

- Oben in der Dropdownliste finden Sie Einträge, die Ihnen ein Sortieren der gesamten Liste nach den Einträgen in der aktuellen Spalte anbieten.

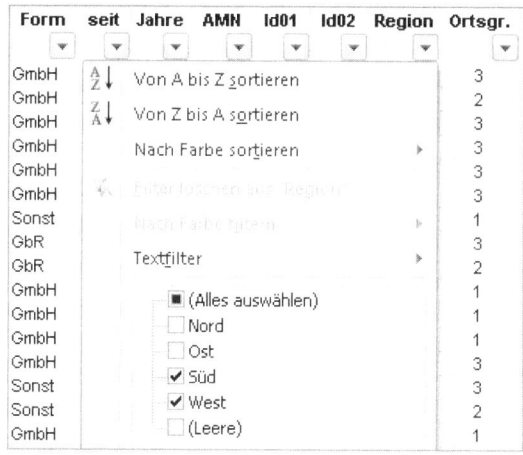

Abbildung 16.19 Das Standardangebot zum Filtern einer Spalte

- Wenn Sie die Filterung nach Kriterien dieser Spalte aufheben wollen, wählen Sie den Eintrag *Filter löschen aus ?* oder den Eintrag *(Alles auswählen)*.

- Wenn Sie die Filterung der Liste generell aufheben wollen, wählen Sie entweder in jeder Spalte, in der Sie aktuell gefiltert haben, den Eintrag *Filter löschen aus ?* bzw. den Eintrag *(Alles auswählen)* oder aber, schneller und komfortabler, auf dem oben genannten Befehlsweg in der Multifunktionsleiste, Registerkarte *Daten*, Gruppe *Sortieren und Filtern* den Befehl *Löschen*.

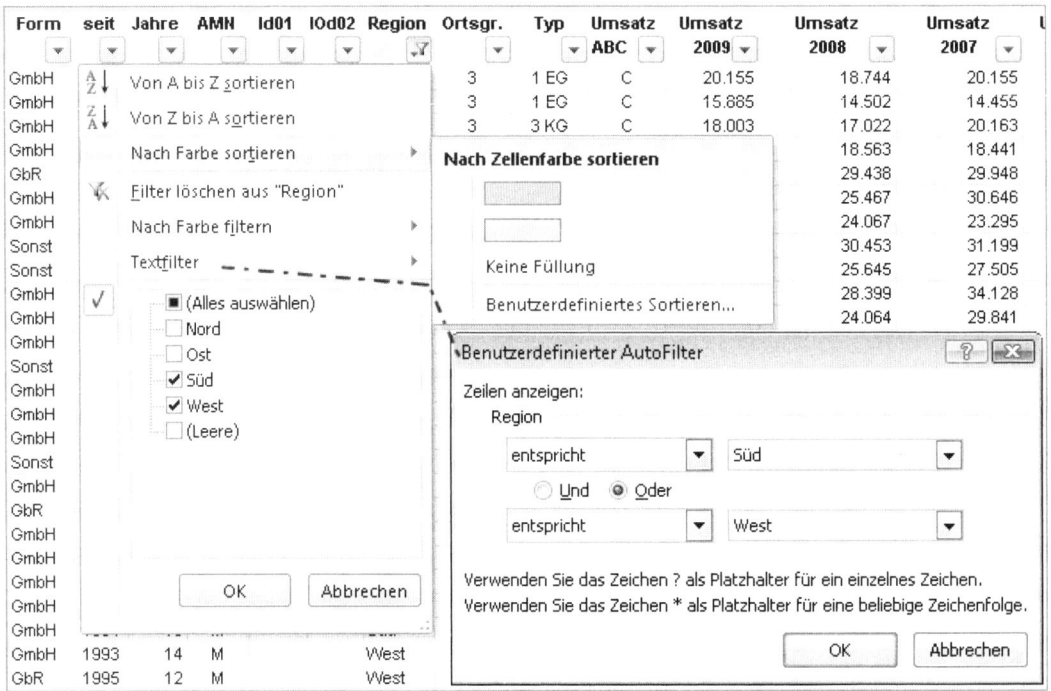

Abbildung 16.20   Erweiterte Filter- und Sortiermöglichkeiten

Zu den erweiterten Möglichkeiten im Zusammenhang mit Abbildung 16.20:

- Wenn die Zellen der zu filternden Spalte Farben enthalten, können Sie nach diesen Farben filtern und sortieren.

- Wenn die zu filternde Spalte Texte enthält, erhalten Sie nach einem Klick auf *Textfilter* eine Zusammenstellung von Vergleichs- und Kriterienangeboten oder den Zugang zum Dialogfeld *Benutzerdefinierter AutoFilter*, wie es auch in Excel 2003 vorhanden ist (vgl. dazu Abbildung 16.18)

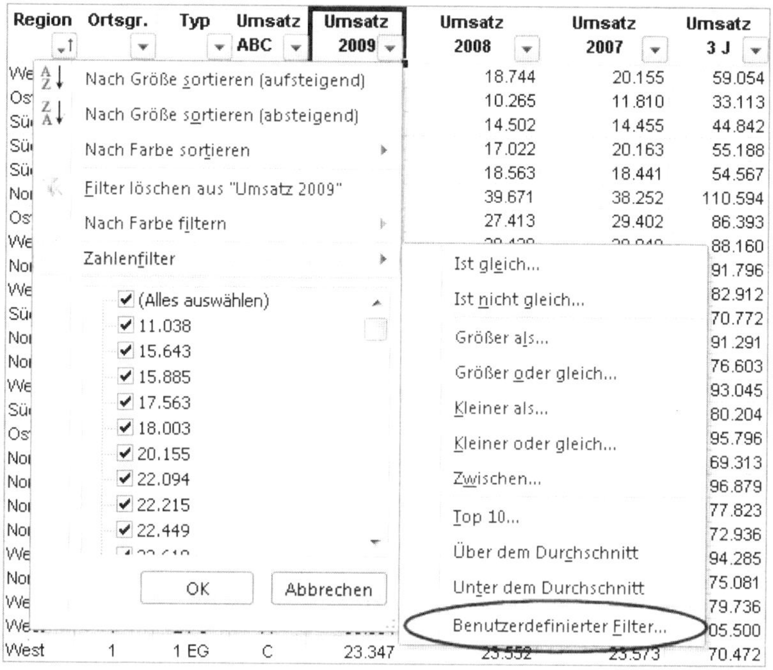

Abbildung 16.21 Die Vorgaben der Option *Zahlenfilter*

Wenn Ihre zu filternde Spalte Zahlen enthält, wird der *Zahlenfilter* angeboten (vgl. Abbildung 16.21), so wie der *Textfilter* mit einer Zusammenstellung von Vergleichs- und Kriterienangeboten oder dem Zugang zum Dialogfeld *Benutzerdefinierter AutoFilter*.

Mustervorlagen – Excel-Vorlage

Auch diese Überschrift berücksichtigt lediglich einen Namenswechsel. Was bis Excel 2003 *Mustervorlage* hieß (Dateityp *.xlt*), wird ab der Version 2007 *Excel-Vorlage* genannt (Dateityp *.xltx*).

Eine solche Vorlage ist eine stets reproduzierbare Dateifassung, die Ihnen den Aufbau eines immer wieder gleichen Grundgerüsts erspart. Diese spezifische Speicherform entspricht nach ihrer Art und Verwendung der *Dokumentvorlage* in Word.

Achten Sie bei der Verwendung solcher Vorlagen auf Gestaltungsfreiheit. Definieren Sie das »Große und Ganze«, vermeiden Sie aber zu spezielle Vorgaben. Denn mit einem Zuviel an Festlegungen werden Sie oft Ihre Arbeit eher einschränken als erleichtern – es sei denn, Sie erzeugen eine Vorlage für einen ganz bestimmten, häufig wiederkehrenden Zweck. Ansonsten sollte Ihre Vorlage normalerweise nur wenige oder keine Funktionselemente enthalten, wohl aber sämtliche Strukturen, die eine Entwicklung bestimmter Art erleichtern.

Was kann oder sollte eine solche Vorlage typischerweise enthalten? Als exemplarische Übersicht:

- Vorbereitete und benannte Arbeitsblätter mit spezifischen, allgemeinen Grundeinrichtungen wie Schriftarten, Zeilenhöhen, Spaltenbreiten und Ausrichtungen

- Spezielle Farben – wie z. B. Firmenfarben – bzw. spezifische Farbpaletten (gilt besonders unter Excel 2003)

- Benutzerdefinierte Zahlenformate, die Sie immer wieder, oder immer, benötigen

Wie ist eine Datei als Vorlage zu speichern?

1. Statten Sie eine normale Excel-Datei mit allen Eigenschaften und Attributen aus, die Ihre Vorlage enthalten soll.

2. Wählen Sie den Befehl *Speichern unter* und stellen Sie im Dialogfeld bei *Dateityp*

   - unter Excel 2003: *Mustervorlage (*.xlt)* ein.

   - unter Excel 2007: *Excel-Vorlage (*.xltx)* ein.

3. Geben Sie bei *Dateiname* den Namen Ihrer Wahl ein.

4. Nach dem Klick auf *Speichern* wird die Datei als Vorlage abgelegt und ist reproduzierbar.

5. Schließen Sie die Datei.

Möchten Sie nun ein Projekt beginnen, für das Sie die Vorlage benötigen, sind folgende Schritte erforderlich:

Öffnen einer Vorlage unter **Excel 2003**:

1. Wählen Sie den Befehl *Datei/Neu*.

2. Wählen Sie im Aufgabenbereich *Neue Arbeitsmappe* (rechts im Bildschirm) den Eintrag *Auf meinem Computer*.

3. Wählen Sie im dann erscheinenden Dialogfeld *Vorlagen* auf der Registerkarte *Allgemein* Ihre *Mustervorlage* aus und klicken Sie auf *OK*. Es wird daraufhin nicht die Vorlage selbst, sondern eine Kopie davon geöffnet.

Öffnen einer Vorlage unter **Excel 2007**:

1. Nach Klick auf die *Office-Schaltfläche* wählen Sie den Befehl *Neu*.

2. Wählen Sie im Dialogfeld *Neue Arbeitsmappe* die Option *Meine Vorlagen*.

3. Danach öffnet sich das Dialogfeld *Neu*, auf dessen Registerkarte *Meine Vorlagen* Ihre *Excel-Vorlagen* aufgelistet sind. Wählen Sie die Vorlage aus und klicken Sie dann auf *OK*. Es wird daraufhin nicht die Vorlage selbst, sondern eine Kopie davon geöffnet.

Gültig für beide Versionen: Wenn Sie nun die geöffnete Kopie der Vorlage speichern wollen, wird von Excel als Speichervariante bezüglich des Typs automatisch wieder die Standardvorgabe eingestellt. Sie speichern dann also routinemäßig die Kopie der Vorlage als eine »normale« Arbeitsmappe, als eine *xls*-Datei bzw., unter 2007, als *xlsx*-Datei.

Dieses Verfahren schützt die Vorlage vor versehentlichen Änderungen und Beschädigungen.

Excel-Kamera

In Kapitel 8 haben Sie eine Verwendung der Excel-Kamera kennengelernt. Leider führt dieses schöne Werkzeug von Version zu Version ein immer mehr verstecktes Dasein und muss von den meisten Anwendern erst verfügbar gemacht werden, bevor es für allerlei Tricks einsetzbar ist.

Einrichtung unter Excel 2003

1. Wählen Sie den Menübefehl *Extras/Anpassen* und öffnen Sie im Dialogfeld *Anpassen* die Registerkarte *Befehle*.

2. Wählen Sie in der Liste *Kategorien* den Eintrag *Extras*. Suchen Sie dann in der Liste *Befehle* den Eintrag *Kamera*.

3. Markieren Sie den Eintrag *Kamera* und ziehen Sie dann diese Markierung mit gedrückter Maustaste an eine beliebige Position einer beliebigen Symbolleiste.

4. Schließen Sie sofort und ohne weitere Mausaktionen das Dialogfeld *Anpassen*. Danach ist das Werkzeug einsatzbereit. Sie können nun von jedem markierten Bereich Ihres Excel-Bildschirms ein »Foto« herstellen und dieses z. B. nach den Vorgaben in Kapitel 8 einsetzen.

WICHTIG   Im Zusammenhang mit Schritt 4: Solange das Dialogfeld *Anpassen* geöffnet ist, befindet sich Excel im Anpassungsmodus. Dabei kann jede Aktion, die Sie mit Werkzeugen, Symbolleisten, Menübefehlen oder Menüs ausführen, zur Veränderung oder gar zum Verschwinden dieser Elemente führen – ohne dass Sie davor gewarnt würden. (Schlimmstenfalls hilft dann nur noch *Zurücksetzen* – auf den Auslieferungsstandard! – auf der Registerkarte *Symbolleisten*.)

Arbeiten Sie also mit äußerster Vorsicht und gehen Sie bei jedem einzelnen Schritt konzentriert und bewusst vor. Schließen Sie das Dialogfeld sofort nach dem erfolgreichen Abschluss Ihrer Aktion(en).

Einrichtung unter Excel 2007

Fügen Sie die Kamera in die *Symbolleiste für den Schnellzugriff* ein. Wie Sie diese *Symbolleiste* bestücken können, ist in Kapitel 9 im Abschnitt »Wichtige Grundeinstellungen in Excel 2007 – Optionen – Kategorie *Anpassen*« erläutert.

Um das Symbol *Kamera* in der alphabetischen Auflistung zu finden, müssen Sie im Dropdown-Listenfeld bei *Befehle auswählen* die Vorgabe *Alle Befehle* auswählen.

Nachdem Sie das Werkzeug in der *Symbolleiste für den Schnellzugriff* positioniert haben, ist es einsatzbereit. Sie können nun von jedem markierten Bereich Ihres Excel-Bildschirms ein »Foto« herstellen und dieses z. B. nach den Vorgaben in Kapitel 8 einsetzen.

Spezifikationen und Unterschiede

Die hier zusammengestellten kurzen Informationen und Hinweise beziehen sich vorwiegend auf den praktischen Einsatz von Microsoft Excel im Unternehmensalltag und beschränken sich dabei auf jene Aspekte, die in diesem Seminarbuch eine Rolle spielen.

Wer Excel schon seit Langem kennt, wird sich vielleicht gut daran erinnern, welche tief greifenden Änderungen aus der Einführung von Excel 5.0 resultierten. Ähnliches ist nun, nach vielen Jahren, mit dem Wechsel zur Version 2007 wieder geschehen.

Wenn Sie die Programmfassungen 2003 und 2007 vergleichen, ist natürlich nicht alles neu und anders, auch wenn es bisweilen so aussieht, auch wenn es sich manchmal so anfühlt. Dennoch – die Unterschiede zwischen den beiden Versionen sind in mancherlei Hinsicht »erheblich« zu nennen. Diese Wortwahl betrifft leider nicht nur die zahlreichen positiven Aspekte der Entwicklung. Denn nicht alles, was an Neuerungen oder geänderten Handhabungen angeboten wird, ist wirklich überzeugend oder benutzerfreundlich. Da ist ganz sicher in den nächsten Jahren noch etliches nachzubessern.

Was die weiter unten aufgelisteten Spezifikationen betrifft: Die Dimensionen des Programms und seiner Leistungen sind erfreulich gewachsen – was übrigens keinesfalls zulasten der Performance geht, eher im Gegenteil.

Nur eines von zahlreichen, sich aus den neuen Größenverhältnissen ergebenden Positiva:

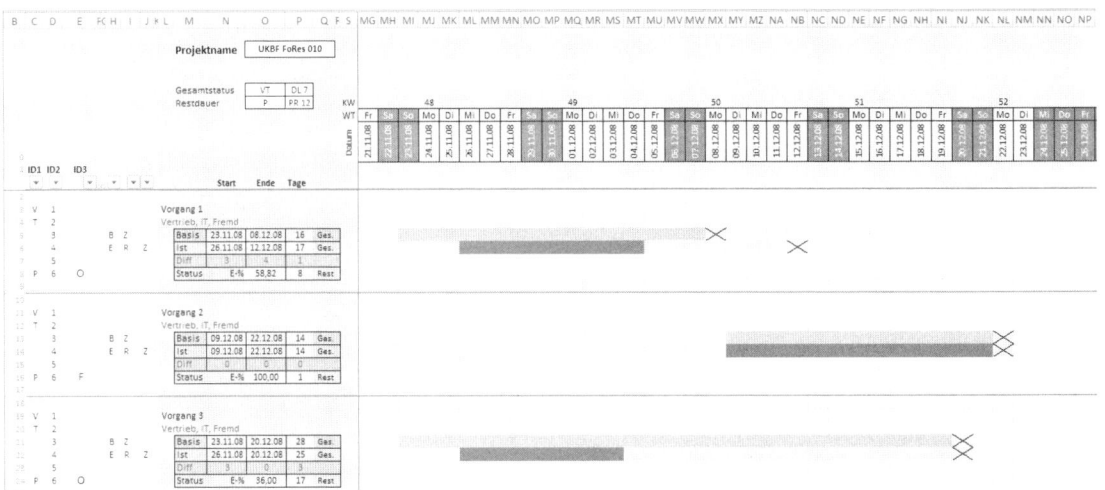

Abbildung 17.1 Projektmanagement und Gantt-Diagramme mit Tagesdaten in Excel? Kein Problem mehr.

Was bisher in Excel eine Behinderung war: Die horizontale Anordnung von Tageswerten eines ganzen Jahres scheiterte an dem Maximum von 256 Spalten. Jetzt aber, bei rund 16.000 Spalten, können Sie die Tagesdaten gleich mehrerer Jahre oder gar riesige Ketten von Stundenwerten nebeneinanderstellen. Gekoppelt mit anderen Neuerungen, wie z. B. den verbesserten Filter- und Kalkulationsstrukturen, entsteht so (vgl. Abbildung 17.1) die Chance, mit Excel »echtes« und variantenreiches Projektmanagement zu betreiben – aussagestarke Gantt-Diagramme eingeschlossen.

Nebenbei: Sie werden vielleicht überrascht sein, wie wenig Speicherplatz solche großvolumigen Modelle jetzt benötigen. Auch wenn ein leeres Arbeitsblatt der Version 2007 das Volumen von 1.024 Arbeitsblättern der Version 2003 hat – an der Dateigröße werden Sie solche Unterschiede nicht bemerken.

Nachstehend eine Auswahl der Größen und Begrenzungen im Vergleich beider Programmversionen:

Arbeitsmappe, Arbeitsblatt, Zelle

LNr	Thema	Excel 2003	Excel 2007
1	Geöffnete Arbeitsmappen	Durch den verfügbaren Speicher und die Systemressourcen begrenzt	Durch den verfügbaren Speicher und die Systemressourcen begrenzt
2	Blätter in einer Arbeitsmappe	Durch den verfügbaren Arbeitsspeicher begrenzt	Durch den verfügbaren Arbeitsspeicher begrenzt
3	Farben pro Arbeitsmappe	56	ca. 16,5 Millionen (bei 32 Bit Farbtiefe)
4	Benutzerdefinierte Zahlenformate	Durch den verfügbaren Speicher begrenzt	Durch den verfügbaren Speicher begrenzt
5	Namen pro Arbeitsmappe	Durch den verfügbaren Speicher begrenzt	Durch den verfügbaren Speicher begrenzt
6	Verknüpfte Arbeitsblätter	Durch den verfügbaren Speicher begrenzt	Durch den verfügbaren Speicher begrenzt
7	Anzahl Zeilen	65.536	1.048.576
8	Anzahl Spalten	256	16.384
9	Anzahl Zellen	16.777.216	17.179.869.184
10	Maximale Spaltenbreite	255 Zeichen	255 Zeichen
11	Maximale Zeilenhöhe	409 Punkte	409 Punkte
12	Länge des Inhalts der Zelle (Text)	32.767 Zeichen Nur 1.024 Zeichen werden in einer Zelle angezeigt; alle 32.767 werden in der *Bearbeitungsleiste* angezeigt.	32.767 Zeichen
13	Zoom-Bereich	10 bis 400 Prozent	10 bis 400 Prozent
14	Rückgängig-Stufen	16	100
15	Sortierbezüge	3	64

Zahlen und Kalkulationen

LNr	Thema	Excel 2003	Excel 2007
1	Rechengenauigkeit bei Zahlen	15 Dezimalstellen	15 Dezimalstellen
2	Größte Zahl, die in eine Zelle eingegeben werden kann	1,00E+308	1,00E+308
3	Größte zulässige negative Zahl	-1,00E-308	-1,00E+308
4	Länge des Formelinhalts	1.024 Zeichen	8.192 Zeichen
5	Iterationen	32.767	32.767
6	Ausgewählte Bereiche	2.048	2.048
7	Argumente in einer Funktion	30	255
8	Verschachtelte Funktionsebenen	7	64
9	Anzahl von verfügbaren Arbeitsblattfunktionen	329	341
10	Frühestes zulässiges Datum bei Berechnungen	1. Januar 1900 (1. Januar 1904 bei Verwendung des 1904-Datumssystems)	1. Januar 1900 (1. Januar 1904 bei Verwendung des 1904-Datumssystems)
11	Spätestes zulässiges Datum bei Berechnungen	31. Dezember 9999	31. Dezember 9999

Tastenkombinationen

CD-ROM   Ein Verzeichnis mit 73 ausgewählten *Tastenkombinationen* beider Programmversionen finden Sie auf der CD-ROM im Ordner *Materialien* und dem zu Ihrer Excel-Version passenden Unterordner.

Praxisindex

Im Praxisindex finden Sie Verweise auf Seiten mit Beschreibungen spezifischer Arbeitsgänge oder mit Schritt-für-Schritt-Anleitungen.

Stichwortverzeichnis

T

U

Über den Autor

 *Reinhold Scheck* (geb. 1945) lebt in Berlin. Er bringt in seine jetzigen freiberuflichen Tätigkeiten mehr als 25 Jahre Leitungserfahrung aus den Bereichen Pädagogik, Medizin und Softwareanwendung ein. Dazu gehörte auch, im Zusammenwirken mit KPMG, eine langjährige unternehmerische Aktivität, die sich mit dem Einsatz von Microsoft Excel für Aufgaben des operativen und strategischen Controllings befasste.

Seit einigen Jahren arbeitet er freiberuflich in dem Tätigkeitsspektrum Beratung, Entwicklung von DV-Lösungen auf Basis von Standardsoftware, Gestaltung von Lehr- und Lernkonzepten, Dozent für Spezialistenseminare. Er ist mit seinen hervorragend rezensierten Büchern Autor bei Microsoft Press und beantwortet Fachfragen zu Microsoft Windows und zu Microsoft Office in der Berliner Tageszeitung »Der Tagesspiegel«.

Als seine Grundhaltung für alle diese Tätigkeiten gilt:

Bevor ein Kunde viel Geld für teure Spezialanwendungen oder Fremdleistungen ausgibt, sollte er erst mal versuchen, seine Standardsoftware auszureizen – die kann und leistet sehr viel mehr, als die meisten Anwender wissen.

Kontakt:

www.reinhold-scheck.de
info@reinhold-scheck.de

Die meisten der in diesem Buch und seinen Beigaben benutzten Grafiken und Fotos stammen von der Kommunikationsdesignerin *Nina Schiller*. Sie arbeitet freiberuflich in Berlin, Deutschland. Zu ihrem Leistungsspektrum gehören anspruchsvolle Gestaltungen im Printbereich, hochwertige, illustrative Visualisierungen im Arbeitsgebiet Wissenschaftspräsentation und Wissenschaftsmarketing sowie die Entwicklung von Corporate Designs und von Gestaltungskonzepten für Websites.

Kontakt:

www.ninaschiller-design.de
info@ninaschiller-design.de

Wissen aus erster Hand

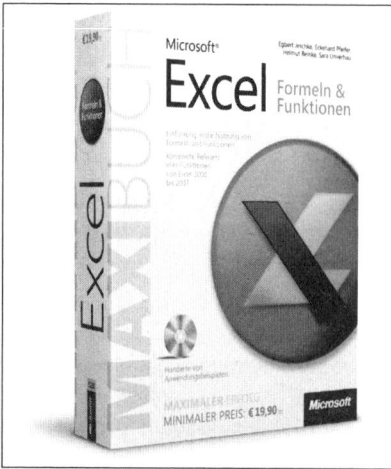

Funktionen sind eines der leistungs-
fähigsten Werkzeuge innerhalb von
Microsoft Excel. Das vorliegende Buch
macht Sie mit der Arbeit mit Formeln
und Funktionen vertraut und bietet
Ihnen Hunderte von Anwendungs-
beispielen für den Einsatz verschiedenster Funktionen. Zusätzlich stellt
das Buch eine komplette Referenz
aller Excel-Funktionen (von Version
2000 bis 2007) dar, die in Umfang,
Tiefe und Praxisrelevanz einzigartig ist.
Die beiliegende CD ist prall gefüllt mit
Beispielen.

Autor	Jeschke, Pfeifer, Reinke et al.
Umfang	914 Seiten, 1 CD
Reihe	Maxibuch
Preis	19,90 Euro [D]
ISBN	978-3-86645-231-2

http://www.microsoft-press.de

Microsoft Press

Microsoft Press-Titel erhalten Sie im Buchhandel.

Wissen aus erster Hand

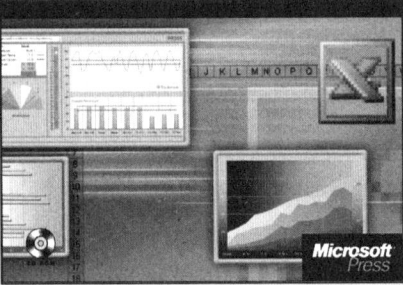

Ein Diagramm sagt mehr als tausend Zahlen! In diesem Buch zeigt Reinhold Scheck, wie Sie Ihr Datenmaterial mithilfe von Microsoft Excel perfekt organisieren und eindrucksvoll präsentieren. Sie lernen schnell und ohne jegliche Programmierung aussagestarke, dynamische Diagramme zu erstellen, die jeden überzeugen. Auf der Begleit-CD erhalten Sie dazu vielgestaltige Unterstützung: anpassbare Lösungen, fertige Gebrauchsmuster, nützliche Objekte sowie Arbeitsmaterialien und Arbeitshilfen.

Autor	Reinhold Scheck
Umfang	400 Seiten, 1 CD
Reihe	Fachbibliothek
Preis	49,90 Euro [D]
ISBN	3-86063-592-1

Microsoft Press-Titel erhalten Sie im Buchhandel, PC-Fachhandel und in den Fachabteilungen der Warenhäuser

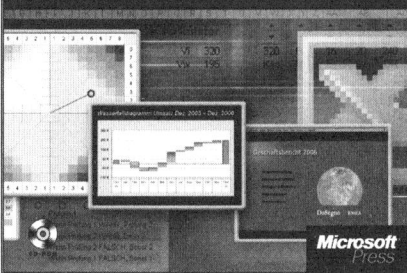